DemOkrit 2

Studien zur Parteienkritik und
           Parteienhistorie

DemOkrit

Studien zur Parteienkritik und Parteienhistorie
Schriftenreihe der Vereinigung Demokratische Offenheit
(*DemO*) e.V., Hamburg

Herausgeber:

Dr. phil. Dierk-Eckhard Becker, Hamburg
Dr. phil. Dipl. Pol. Ulrich Gill, Hamburg
Dr. jur. Bettina Kähler, Hamburg
Prof. Dr. phil. Axel Misch, Trier
Dr. phil. Dipl. Phys. Ulf Skirke, Hamburg
PD Dr. phil. Helmut Stubbe da Luz, Hamburg
Prof. Dr. phil. Elmar Wiesendahl, Hamburg/München

In memoriam

Gustav Radbruch (1878-1949)

Otto Heinrich von der Gablentz (1898-1972)

Winfried Steffani (1927-2000)

Anschrift der Redaktion:
DemOkrit
PD Dr. Helmut Stubbe da Luz
Bredenbekstieg 6
22397 Hamburg

Im Rahmen der Reihe *DemOkrit* werden Hochschulschriften und andere wissenschaftliche Beiträge zu Parteienkritik und Parteienhistorie veröffentlicht – vorzugsweise solche Arbeiten, die sich interdisziplinär in den Bereichen Politikwissenschaft (inklusive Politischer Psychologie), Soziologie (vor allem Organisationssoziologie), Geschichtswissenschaft, Rechtswissenschaft, Allgemeiner Verhaltensforschung (Ethologie) und Philosophie bewegen.

Lutz Nickel

Dehler – Maier – Mende
Parteivorsitzende der FDP:
Polarisierer –
Präsident –
Generaldirektor

m press »

Martin Meidenbauer Verlagsbuchhandlung

Die vorliegende Arbeit wurde 2005 von der Georg-August-Universität Göttingen als Dissertation angenommen.

Die Deutsche Bibliothek verzeichnet diese Publikation in der Deutschen Nationalbibliografie; detaillierte bibliografische Daten sind im Internet über http://dnb.ddb.de abrufbar.

© 2005 Martin Meidenbauer
Verlagsbuchhandlung, München

Coverabbildungen: Porträts Thomas Dehler (1954) und Reinhold Maier (1957): fot. Theo Schafgans, Bonn.
Erich Mende (Ende 1950er Jahre): Autor und Verlag haben sich bemüht, alle Inhaber von Abbildungsrechten ausfindig zu machen. Personen und Institutionen, die Bildrechte beanspruchen, aber nicht erreicht wurden, werden gebeten, sich mit dem Verlag in Verbindung zu setzen.

Quelle aller drei Bilder: Friedrich-Naumann-Stiftung, Archiv des Liberalismus, Gummersbach

Alle Rechte vorbehalten. Dieses Werk einschließlich aller seiner Teile ist urheberrechtlich geschützt. Jede Verwertung außerhalb der Grenzen des Urhebergesetzes ohne schriftliche Zustimmung des Verlages ist unzulässig und strafbar. Das gilt insbesondere für Nachdruck, auch auszugsweise, Reproduktion, Vervielfältigung, Übersetzung, Mikroverfilmung sowie Digitalisierung oder Einspeicherung und Verarbeitung auf Tonträgern und in elektronischen Systemen aller Art.

Printed in Germany

Gedruckt auf
chlorfrei gebleichtem, säurefreiem und alterungsbeständigem Papier (ISO 9706)

m-press ist ein Imprint der
Martin Meidenbauer Verlagsbuchhandlung

ISBN 3-89975-555-3

Verlagsverzeichnis schickt gern:
Martin Meidenbauer Verlagsbuchhandlung
Erhardtstr. 8
D-80469 München

www.m-verlag.net

Danksagung

Die vorliegende Dissertation wurde 2005 von der Sozialwissenschaftlichen Fakultät der Georg-August-Universität Göttingen als Dissertation angenommen.

Mein besonderer Dank gilt meinem Doktorvater, Herrn Prof. Dr. Franz Walter, für seinen Rat und seine Unterstützung sowie meinem Zweitgutachter, Herrn Prof. Dr. Peter Lösche. Für die Aufnahme meiner Dissertation in die Reihe DemOkrit, Studien zur Parteienkritik und Parteienhistorie, schulde ich der Vereinigung Demokratische Offenheit (DemO) e.V. in Hamburg Dank, besonders Herrn PD Dr. Helmut Stubbe da Luz für die Einführung zu diesem Buch.

Zudem danke ich allen, die mich in vielfältiger Weise in den letzten Jahren unterstützt und mir Denkanstöße gegeben haben. Besonders seien meine Mutter Elfriede Nickel sowie Ralf Iffert erwähnt.

Kassel, im September 2005   Lutz Nickel

Inhalt

1	Führungsqualitäten von Parteivorsitzenden im Lichte der „freiheitlich-demokratischen Grundordnung" – Eine Einführung von Helmut Stubbe da Luz	15
2	Dehler – Maier – Mende. Parteivorsitzende der FDP: Polarisierer – Präsident – Generaldirektor. Einleitung	35
2.1	Einführung in das Thema	35
2.2	Fragestellungen und Schwerpunkte	37
2.3	Forschungsinteresse	40
2.4	Methoden	41
2.5	Forschungsstand und Materiallage	42
3	Politische Führung in der FDP – Einleitende Bemerkungen	49
3.1	Zum Wesen politischer Führung	49
3.2	Zum Wesen der FDP und den Anforderungen an einen Vorsitzenden	52
4	Der Polarisierer – Thomas Dehler als Vorsitzender der FDP	59
4.1	Persönlichkeit und Prägungen	59
4.2	Konstellationsanalyse: Die FDP vor der Übernahme des Parteivorsitzes durch Dehler	66
4.2.1	Bundestagswahl 1953 – Quittung für parteiinterne Grabenkämpfe und Anpassungskurs an die CDU	66
4.2.2	Der Bundesvorsitzende Blücher – Die Personifizierung des Adenauer-Sogs	67
4.3	Wie wurde Dehler Parteivorsitzender der FDP?	69
4.3.1	Profilierung und Moderation – Persönliche Voraussetzungen	69
4.3.2	Der Wechsel von Blücher zu Dehler	75
4.4	Liberales Korrektiv – Die Strategie der Dehler-FDP	77

	Exkurs: Primat der Wiedervereinigung – Die veränderten außen- und deutschlandpolitischen Ansichten Dehlers	79
4.5	Dehler und die Machtzentren – Zur innerparteilichen Struktur der FDP	82
4.5.1	Machtzentren	82
4.5.2	Dehlers Strategie und die Flügel der Partei	83
4.5.3	Dehler und der Landesverband Nordrhein-Westfalen	84
4.6	Dehlers Agieren im Spannungsfeld von Landesverbänden, Bundestagsfraktion und Bonner Koalition – Eine Veränderungsanalyse in Etappen	88
4.6.1	Sommer 1954: Affäre John – Erste Unzufriedenheit mit dem „Retter" der Partei	88
4.6.2	Herbst 1954: Wahlniederlagen in Bayern und Berlin infolge außenpolitischer Kursänderung – Warnschuss für Dehler	89
4.6.3	Winter 1954/1955: Die Saarfrage – Die Etablierung zweier neuer Flügel	90
4.6.4	Juni 1955: Die Schlüter-Affäre – Zeichen der Führungsschwäche Dehlers	94
4.6.5	Herbst 1955: Außenpolitischer Amoklauf und Ultimatum Adenauers – Dehler vor dem Sturz	96
4.6.6	Februar 1956: „Aufstand der Jungtürken", Spaltung der Bundestagsfraktion und Gang in die Opposition – Unausweichliches Resultat Dehlers politischer Führung	98
4.6.7	April 1956: Würzburger Parteitag – Dehler als Vorsitzender auf Abruf unter Aufsicht der Jungtürken	106
4.6.8	Sommer 1956: Dehlers Sturz als bayerischer Landesvorsitzender – Eine letzte Machtbasis geht verloren	108
4.6.9	Juli 1956: Abstimmung über das Wehrpflichtgesetz – Dehlers fatale Fehleinschätzung und das Abrücken weiterer Landesverbände	109
4.6.10	September 1956: Kontakte zwischen Dehler und Adenauer – Die Jungtürken laden die Kanone	110
4.6.11	Herbst 1956: Wahlniederlagen und eklatante Entgleisungen Dehlers – Das Ende	110
4.7	Dehlers Sturz als Partei- und Fraktionsvorsitzender – Endpunkt einer absehbaren Entwicklung	113

4.8	Fazit	116
4.8.1	Persönlichkeitsfaktoren, Führungsstil, strukturelle Faktoren, Konstellation – Zum Sturz Dehlers	116
4.8.2	Thomas Dehler – Als Parteiführer gescheitert?	123

5 Der Präsident – Reinhold Maier als Vorsitzender der FDP 131

5.1	Persönlichkeit und Prägungen	131
5.2	Wie wurde Maier Parteivorsitzender der FDP?	137
5.2.1	Strukturelle und persönliche Voraussetzungen	137
5.2.2	Der Wechsel von Dehler zu Maier	144
5.2.3	Konfliktscheuer Zauderer und „Mann der Exekutive" – Warum übernahm Reinhold Maier den Parteivorsitz?	149
Exkurs:	Maiers Führungsstil als Ministerpräsident – Warum konnte er sich als FDP/DVP-Politiker acht Jahre an der Macht halten?	159
5.3	Unabhängigkeit und Distanz – Maiers Einstellung zum FDP-Parteivorsitz	161
5.4	Dritte Kraft – Die Strategie der FDP Maiers und Dörings bis 1958	164
5.5	Maier und die Machtzentren – Zur innerparteilichen Struktur der FDP	167
5.5.1	Nordrhein-Westfalen – Der Landesverband der Jungtürken	167
5.5.2	Der Landesverband Baden-Württemberg – Maiers Hausmacht	170
5.5.3	Die Achse Düsseldorf – Stuttgart	171
5.5.4	Die Bundestagsfraktion	171
5.5.5	Weitere Machtzentren	172
5.5.6	Zum Verhältnis von Bundestagsfraktion, Parteivorstand und Landesverbänden	174
5.6	Maiers Agieren zwischen den Machtzentren bis 1958 – Taktisches Lavieren zwischen den Flügeln	176
5.6.1	Wirtschafts- statt Außenpolitik – Maiers Strategie gegenüber den Jungtürken	176
5.6.2	Maiers Annäherung an die CDU im Wahlkampf 1957	177
5.6.3	Maier, die Wirtschaft und die Spenden – Der Joker gegenüber den Jungtürken	178

5.6.4	Bundestagswahl 1957: Dämpfer für die Jungtürken	180
5.6.5	Nach der Wahl: Maiers Taktieren und Lavieren um einen Regierungseintritt an der Seite der CDU	181
5.6.6	1957/1958: Erneute Grabenkämpfe – Der Taktiker Maier zwischen Offensive und Defensive	183
5.6.7	Landtagswahl in Nordrhein-Westfalen im Juli 1958: Das Scheitern der Jungtürken – Wendepunkt in der Ära Maier	192
5.7	Korrektiv zur CDU – Die Strategie der FDP Maiers und Mendes ab 1958	194
5.8	Erich Mende – Das neue Machtzentrum der FDP	197
5.9	Zwischen Scheitern der Jungtürken und Rückzug von der Parteispitze – Maiers Agieren in der zweiten Jahreshälfte 1958	198
5.9.1	Abrechnung mit den Jungtürken und Annäherung an die CDU – Ein gestärkter Maier in der Offensive	198
5.9.2	Ende der Grabenkämpfe	200
5.10	1959-1960: Maiers Ende als FDP-Vorsitzender	202
5.10.1	Rücktritt mit Ankündigung – Eigene Entscheidung oder Sturz?	202
5.10.2	Maiers letzte Monate – Machtlosigkeit und Rückzug	204
5.11	Fazit	206
5.11.1	Persönlichkeitsfaktoren, Führungsstil, strukturelle Faktoren, Konstellation – Zur unerwarteten Berufung Maiers und zum absehbaren Ende seiner Amtszeit	206
5.11.2	Glückloser Bundespolitiker? – Zum Erfolg von Reinhold Maiers politischer Führung der FDP	213
6	**Der Generaldirektor – Erich Mende als Vorsitzender der FDP**	**225**
6.1	Persönlichkeit und Prägungen	225
6.2	Mendes Weg in die Politik	233
6.3	Wie wurde Mende Parteivorsitzender der FDP?	236
6.3.1	Unentbehrlichkeit, Profilierung und Moderation eines Quotenaufsteigers – Persönliche Voraussetzungen	236
6.3.2	Mendes Wahl zum Parteivorsitzenden – Vorläufiger Höhepunkt eines unauffälligen Aufstiegs	250

6.4	Generationswechsel – Mende als Vertreter einer neuen Epoche in der FDP	251
6.5	Die 1960er Jahre: Veränderte Rahmenbedingungen der FDP-Führung	252
6.6	Mendes Ausgangsposition 1960	255
6.7	Mende und die Machtzentren – Zur innerparteilichen Struktur der FDP	256
6.7.1	Döring, Weyer, Rubin und der Landesverband Nordrhein-Westfalen	256
6.7.2	Achenbach, Dehler und der nationalliberale Flügel der Partei	259
6.7.3	Von Kühlmann-Stumm, Zoglmann und die Bundestagsfraktion	261
6.7.4	Kohut, Schneider, Lenz, Leverenz, Bucher, Mischnick – Mendes Stellvertreter im Parteivorsitz	262
6.7.5	Der Landesverband Berlin	264
6.7.6	Mendes „Brainpool"	265
6.7.7	Die linksliberalen Reformer in der Partei	268
6.7.8	Heuss und Maier – Liberale Monumente im Hintergrund	273
6.7.9	Mende und die Medien – Eine zwiespältige Beziehung	273
6.8	Der Parteivorsitzende Mende und die Organisation der FDP	274
6.9	Mendes Agieren zwischen den Machtzentren 1960/1961 – Der Weg zum Zenit parteipolitischer Macht	277
6.9.1	Sehnsucht nach Regierungsbeteiligung – Mendes Kurs bis zur Bundestagswahl 1961	277
6.9.2	Grandioser Wahlerfolg und fataler „Umfall" – Vom Siegerimage zum Buhmann der Liberalen	280
6.9.3	Am Scheitelpunkt parteipolitischer Macht – Der Pyrrhussieg und die Folgen für die politische Führung Mendes	291
6.10	Liberale Volkspartei oder bürgerliche Lagerpartei – Mende und die Ausrichtung der Freidemokraten	294
6.11	Mendes Agieren zwischen den Machtzentren 1962/1963 – Konfliktscheue und Moderation statt Führung im Zeichen von Konkurrenten	298
6.11.1	1962: Mende am Ende?	298
6.11.2	Zwischen traditionellen und neuen Konzepten – Zum zwiespältigen Kurs Mendes in der Deutschlandpolitik	301

6.11.3	Herbst 1962: Die „Spiegel-Affäre" – Mende als koalitionstreuer Bremser in der Defensive	305
6.11.4	1963: Das Schicksal und ein neuer Kanzler retten einen umstrittenen Parteichef	312
6.12	Mendes Agieren zwischen den Machtzentren 1963/1964 bis 1966 – Konfliktscheue und Moderation statt Führung im Zeichen exekutiver Macht	317
6.12.1	Bundesminister Mende – Nachspielzeit an der Parteispitze	317
6.12.2	Restauration versus Wandlung: Ein erbarmungsloser Mende und die Reformer	320
6.12.3	1964: Ein gestärkter Vorsitzender im Kreuzfeuer von Parteiflügeln und Koalitionspartnern	323
6.12.4	Mende und die „Trabanten-FDP" – Zur Wahlkampfstrategie 1965	330
6.12.5	Furcht vor einem erneuten „Umfall" – Mende, Strauß und die Koalitionsbildung 1965	333
6.12.6	Nach der Bundestagswahl 1965: Komplizierte Gratwanderung zwischen Parteiprofilierung und Koalitionstreue	336
6.12.7	Spätsommer / Herbst 1966: Mende in der Defensive – Die Machtzentren stellen sich gegen den Vorsitzenden	339
6.13	1966/1967: Vom Parteivorsitzenden des Ausgleichs zum „galligen Flügelmann" – Mende als Oppositionspolitiker	346
6.13.1	Koalitionsverhandlungen 1966: Mende als opportunistischer Mann der Exekutive	346
6.13.2	1967: Neue Machtverhältnisse in der Opposition – Mendes Position wankt	352
6.13.3	Januar 1967: Der „Brainpool" rebelliert – Mende verpasst den Moment zum Wandel	355
6.13.4	März / April 1967: Showdown – Ein polarisierender Mende gegen Reformer, „Brainpool" und Medien	360
6.13.5	Mende zwischen Hannover-Eklat und IOS-Engagement: Roulette um den Parteivorsitz und berufliche Neuorientierung	370
6.13.6	Ein neuer Parteiführer der Liberalen – Zum Aufstieg von Walter Scheel	377
6.13.7	Vom Parteivorsitzenden zum rechtskonservativen, isolierten Abtrünnigen – Mende nach 1967	380

6.14	Fazit	383
6.14.1	Persönlichkeitsfaktoren, Führungsstil, strukturelle Faktoren, Konstellation – Zur erwarteten Berufung Mendes und zum absehbaren Ende seiner Amtszeit	383
6.14.2	Erich Mende – Als Parteiführer gescheitert?	396

7 Thomas Dehler, Reinhold Maier und Erich Mende – Führungstypen, Führungsstile und Bedeutung für die FDP — 403

8 Bibliografie — 407

8.1 Quellen / Quelleneditionen — 407
8.2 Zeitungen und Zeitschriften — 412
8.3 Sekundärliteratur — 413

9 Personenregister — 427

1 Führungsqualitäten von Parteivorsitzenden im Lichte der „freiheitlich-demokratischen Grundordnung" – Eine Einführung von Helmut Stubbe da Luz

> *„Ein schöpferischer Geist wird vielleicht erst nach seinem Tod Parteiführer."*
> (Wilhelm Heinrich Riehl, 1864)
>
> *„Wo der Fanatismus am mächtigsten, da hält die Berechnung der Führer die beste Ernte."*
> (Wilhelm Wachsmuth, 1853)
>
> *„Allüberall Macht der gewählten Führerschaft über die wählenden Massen."*
> (Robert Michels, 1911)
>
> *Nietzsches Rat: „Wenn der Entschluß einmal gefaßt ist, das Ohr auch für den besten Gegengrund zu schließen: Zeichen des starken Charakters. Also ein gelegentlicher Wille zur Dummheit" findet auf alle politischen Führer seine Anwendung.*
> (Walter Sulzbach, 1921)
>
> *„Die Konferenz der Parteiführer trifft die staatlichen Entscheidungen."*
> (Hansfritz Röder, 1930)

Lutz Nickels vorzüglich lesbare, temperamentvolle und auch die Theorie anregende Studie über drei namhafte Parteivorsitzende einer nicht unbedeutenden deutschen Nachkriegspartei verdient es, in einer Einleitung dazu eine Grundlegung des Themenbereichs zu skizzieren. Nickels Arbeit bietet den Anlass dazu, und ihre besonderen Vorzüge sollen just im Lichte dieser Grundlegung herausgestellt werden. Dass es sich bei Nickels Studie zugleich um einen gewichtigen Beitrag zur politischen, in Sonderheit Parteiengeschichte der Nachkriegszeit handelt, wird im Folgenden nicht noch einmal hervorgehoben.

Menschliche Gesellschaften, Organisationen unterhalb der Gesellschaftsebene (Gruppierungen), ja oft schon Gruppen unterliegen politischer Führung, und dieser mit Machtmitteln betriebenen Führung bedürfen sie grundsätzlich auch. Der Häuptling, die Urzelle des Staat(sapparat)s, ist die erste und wichtigste, unersetzliche politische Institution. Das älteste politische Problem in einer jeden Gesellschaft oder Gruppierung besteht in der stets mehr oder weniger verbreiteten, mehr oder weniger von politischem Veränderungswillen getragenen Unzufriedenheit mit der Führung, die der Natur der Sache nach stets eine politische Führung ist. Wo eine formelle Führung (in gewissermaßen anarchistischer und insofern, als selbst Anarchisten einem Anführer zu folgen pflegen, paradoxer Intention) verhindert werden soll, da gelingt dies auf der Erscheinungsebene vielleicht eine Zeit lang, doch wirksam ist auch dann eine informelle Führung, die sich stets zu verfestigen neigt. Der Wortwahl von Lutz Nickel folgend, habe ich im Folgenden anstatt „Führer" jeweils „Anführer" formuliert.

Führertum ist also zunächst natürlich, aber in jeder Gesellschaft haben sich zusätzlich – für den *Homo sapiens* mit seinem entwickelten Hirn im Gegensatz auch zu seinen am weitesten entwickelten Vorgängern im Evolutionsprozess ebenfalls natürlich – sozialtechnische und moralische Maßstäbe entwickelt, in deren Licht das Verhalten der Anführer mehr oder weniger günstig beurteilt wird. Ob und wie selbst hohe Grade vor dem Hintergrund solcher Maßstäbe sich ergebender solcher Unzufriedenheit sich politisch auswirken, hängt mit dem Maß an sozialer Kontrolle zusammen, das in der betreffenden Gesellschaft zugunsten der Führung herrscht. Ein Teil der sozialen Kontrolle wirkt sich freilich stets (in Gegenrichtung) auch auf diese Führung aus – selbst auf die dem Hörensagen nach „absolute".

Die auf die Anführer selbst sich richtende Kontrolle kann (1.) von Führungen anderer, benachbarter Gemeinwesen ausgehen, (2.) von rivalisierenden (oder auch unterstützenden) „Fraktionen" innerhalb einer etwas umfangreicheren Führungsklasse, -mannschaft oder -clique, vor allem von Herausforderern, die in die Chefetagen ihrer Gesellschaft vorstoßen und deren bisherige Besetzer ablösen oder ergänzen wollen, (3.) schließlich von breiteren Kreisen der Bevölkerung, die sich entweder in kollektiver Verweigerung üben oder gar zum Aufstand sich formieren können.

Ein Anführer betritt Neuland

Das wichtigste Merkmal politischer Führung besteht darin, dass die Aktivitäten, die sie zusammengenommen ausmachen, sich nie ausschließlich im Rahmen von Tradition, von „Recht und Sitte" abspielen, sondern dass ein Anführer stets das Wagnis auf sich nimmt, sich auf Neuland zu begeben und die zu Führenden mehr oder minder nachdrücklich dazu anhält, ihm auf dieses potentiell „dünne Eis" zu folgen. Anführer und Gefolgschaft müssen ihren Standort gar nicht von sich aus verlassen; aber der Stand*ort* verändert sich „unter ihren Füßen", und wenn eine Ausweichmöglichkeit im Raum nicht besteht, bedarf es einer Neuorientierung *stante pede*. Diese erfolgt durch Veränderung des von den individuellen und kollektiven Einstellungen zusammengesetzten gemeinsames Stand*punkts*.

Aufgrund der neuen Herausforderungen, wie sie (von Tsunamis, Wirbelstürmen und Seuchen abgesehen) im Verlauf der Prozesse des soziokulturellen Wandels jederzeit entstehen, darf als Führungsqualität Nummer eins die Reaktions- und Entschlussfreudigkeit gelten – ein gerüttelt Maß an Dezisionismus (wie er von Nietzsche beschworen, von Sulzbach in dem eingangs angeführten Zitat unter dem Aspekt der „Parteiendemokratie" freilich mit Skepsis betrachtet worden ist). Die Maximen von „echten" Führungsakten lassen sich nicht einfach aus schon vertrauten Normen ableiten, initiieren vielmehr eine kollektive Neuorientierung, können dann freilich – insbesondere im Erfolgsfall – selbst (bis auf weiteres) zu Normen werden.

Führung zeichnet sich also notwendigerweise durch einen situationsbedingt größeren oder kleineren Anteil an Diktatur aus. Diktatur ist dabei zunächst im Sinne eines auf Ausnahmekompetenzen fußenden Krisenmanagements zu verstehen (mit nachträglichen legislatorischen Konsequenzen oder auch nicht). John Locke hat dafür die Begriffe der (quasi innenpolitischen) „Prärogative" und der (gewissermaßen außenpolitischen) „Föderative" benutzt – beides Begriffe, die eine weitergehende Bedeutung als Exekutive – im Sinne des bloßen Ausführens bereits gegebener Gesetze – aufweisen. Ferner kann mit Diktatur aber auch jede Art von Entartungserscheinung von Führung, Machtausübung und Herrschaft gemeint sein. Eine Führung ist stets versucht oder gar bestrebt, Kompetenzüberschreitungen zu vollziehen, sich (im Wege ihrer stets nur graduell einzuschränkenden Kompetenz-Kompetenz) unter gesamtgesellschaftlichem Aspekt als illegal oder illegitim zu betrachtende Kompetenzzuschreibungen zu gönnen – „bis sie an Grenzen stößt": Der Deutlichkeit halber sollte diese eindeutig negativ zu beurteilende Sorte von Diktatur mit Montesquieu besser als Despotie bezeichnet werden.

Protest gegen die Führung: „Demokratie!"

Demokratische Forderungen (wie sie von den oben genannten formellen oder informellen Kontrollinstanzen, vor allem Nr. 2 und 3 erhoben werden können, sind oft Reaktionen auf langandauernde, drückende Diktatur- oder Despotiesymptome. Zielen die demokratischen Forderungen und Ideale (in „weicher" Weise) auf bloß legitimatorische (nicht-partizipatorische) Absegnung der Führungspolitik oder aber (in „harter" Weise) auf „echt"-partizipatorische (plebiszitäre oder repräsentative) politische Teilhabe? Die jeweils gewollte oder verwirklichte Praxis der Demokratie kann entsprechend (en détail schwer differenzierbar) als „legitimatorische" oder als „partizipatorische" Spielart gelten – je nachdem, wie die Führungskräfte vorgeschlagen, gewählt, kontrolliert werden. Hierbei muss Kontrolle, die diesen Namen verdient, die Möglichkeit einer Abberufung einschließen.

Ungeachtet einschlägiger Verfassungsformulierungen (nicht nur Theodor Heuss hat 1949 kalkuliert eine „Magie des Wortes" empfohlen), ungeachtet auch freiwillig-offiziöser Formulierungen in Broschüren der Bundes- und Landeszentralen für Politische Bildung kann Demokratie keinesfalls soviel wie „Volksherrschaft" bedeuten – eine *contradictio in adjecto*, ein Paradox, ein Stück „verkehrte Welt". Demokratie bedeutet allein ein politisches System, worin Führung aus der *„Bottom-up"*-Richtung auf ein bestimmtes Maß an Zustimmung oder gar Mitwirkung formell und zwingend angewiesen ist (oder auch artifiziell, „sicherheitshalber", angewiesen gemacht wird), weil die institutionellen Arrangements dies verlangen.

Zur Verwirklichung derart verstandener Demokratie können Parteien unter günstigen wirtschaftlichen, sozialpsychologischen, konstitutionellen und institutionellen Bedingungen hervorragende Dienste leisten: durch eine vermittelnde Position und Aktion auf der „politischen Bühne" zwischen Bevölkerung und Staat(sapparat) –

(1.)   als Ausdruck sozialer Kräfte sowie ideologischer und / oder programmatischer Ziele und Forderungen

(2.)   als Instrumente der Machtausübung

(3.) als Vermittler demokratischer Legitimation für verbindliche Entscheidungen

(4a.) als Vermittler politischen Führungspersonals und (4b.) als Interessengruppen in eigener Sache.[1]

Dieser Funktions- und Aufgabenkatalog gilt – zumindest für die Ziffern 1. bis 4a. – sowohl innerhalb als auch außerhalb der Parteien: Es geht um die Vermittlung zwischen Gesellschaft und Staat in Sachen (1.) Programme (Zukunftsszenarien), (2.) Macht, (3.) Legitimation, (4a.) Personal. Sowohl in der Gesellschaft (im „Volk") als auch im Staat werden Zukunftsszenarien entworfen. Nicht nur der Staat, sondern – siehe Grundgesetz – auch das Volk gilt als Machtträger, „alle Staatsgewalt" soll sogar von ihm „ausgehen". Entsprechend muss nicht allein der Staat, sondern auch das Volk um eine Legitimation besorgt sein (insbesondere hinsichtlich seiner kollektiven Entscheidungs- und Handlungsfähigkeit): die Parteien „wirken an der Bildung des politischen Willens" mit; sie transportieren Willen und Macht des Volkes, aber auch – und nach Lage der Dinge vor allem – des Staates. Parteien können – wenn alles „gut geht" – für den Aufstieg politischer Anführer „aus dem Volke heraus" sorgen (ohne dabei ein Monopol bilden zu dürfen).

Es liegt auf der Hand, dass diese zentralen politischen Aufgaben nur von starken (und stark geführten) Parteien wahrgenommen werden können, und deshalb ist die Akkumulation von Macht, Geld und Prestige durch die Parteien für sich selbst funktional (Punkt 4b.): Es geht um Handlungs-, ja Kampagnefähigkeit, aber auch darum, so solide und flexibel zugleich organisiert zu sein, um innere Konflikte regeln zu können und mit einer erlesenen Streitkultur für Gesellschaft und Staat ein Vorbild zu sein.

Die demokratische Transmission von (natürlich interessegeleiteten) Programmen, von Machtausübung und von Legitimation in *„Bottom-up"*-Richtung kann unter dem funktionalen wie moralischen Aspekt nur von Parteien geleistet werden, die in sich entsprechend „durchlässig", nämlich mit einer „inneren Ordnung" versehen sind und die demokratischen Grundsätzen entsprechen. Von „innerparteilicher Demokratie" hängt also wesentlich die Qualität der Mitwirkung der Parteien an der Willensbildung des

---

[1] Steffanis hier (unter 4) leicht modifizierter Katalog von Funktionen und Analysebereichen aus dem Jahr 1988 scheint nach wie vor grundlegend. Zuletzt abgedruckt in: Steffani, Winfried: Gewaltenteilung und Parteien im Wandel, Opladen 1997, S. 189-202.

Volkes ab[2], an der Förderung der aktiven Teilnahme der Bürger am politischen Leben, an der Heranbildung von „zur Übernahme öffentlicher Verantwortung befähigten Bürgern" und daran, was Grundgesetz sowie Parteiengesetz sonst noch an „Aufgaben der Parteien" enumerieren, was also die „freiheitlich-demokratische Grundordnung" auf diesem Gebiet ausmacht.

Die Mitglieder der Staatsführung rekrutieren sich regelmäßig aus dem Kreis der Mitglieder der (hoffentlich) diversen Parteiführungen, und nicht ganz selten fungieren manche herausragenden Machtinhaber in Doppelbesetzung als (hoffentlich in dieser Reihenfolge:) Staats- und Parteiführer. Mit zunehmender Unübersichtlichkeit des politischen Geschehens und mit wachsendem Medieneinfluss konzentriert sich die Aufmerksamkeit bei Parlamentswahlen auf die prospektiven, vom Parlament *post electionem* zu bestimmenden Exekutiv-, Prärogativ- und Föderativführer.

„Anführer", „Leiter" und „Moderatoren"

Zu jeder Art von Führerprinzip steht das demokratische Prinzip in einem unaufhebbaren, aber immerhin regelbaren Spannungsverhältnis. Vorsitzende müssen in ihrer Partei – gemäß dem Prinzip der „innerparteilichen Demokratie" – einerseits als „Moderatoren" auftreten, um ein Mindestmaß an politischer Willensbildung in *„Bottom-up"*-Richtung zu ermöglichen. Sie müssen – nach einmal (wenn auch stets nur mittelfristig gültiger) demokratischer Entscheidungsfindung – als „Leiter" auftreten, um die „Exekution" des Beschlossenen zu gewährleisten, um innerparteiliche Opponenten – die prinzipiell funktional und erwünscht sind – entsprechend und unter Wahrung des Verhältnismäßigkeitsgebots in Schach zu halten. Sie müssen ferner als „Anführer" agieren, um das Ihrige dazu beizutragen, damit die Partei – in Sonderheit im Wahlkampf – als „kampagnefähig" sich behaupten kann. Parteiführer gelten in den Augen breiter Massen von Wählern als quasi plebiszitäre („bonapartistische") Identifikationspersonen. In der nicht selten gleichzeitig zum Amt des Parteivorsitzenden ausgeübten Führungsposition in einer Regierung wird von ihnen hartes Durchsetzungsvermögen verlangt (im Dienste von Wahlversprechen), zugleich Offenheit für neue Ansichten und Einsichten, schließlich ein erfolgreiches Krisenmanagement, das sich als geeignet erweist, nachträgliche demokratische Legitimation zu

---

[2] Vgl. jüngst: Gonitzke, Andreas: „Innerparteiliche Demokratie" in Deutschland. Das kritische Konzept und die Parteien im 20. Jahrhundert, München 2004 (DemOkrit 1).

erlangen. Selbstverständlich handelt es sich bei der Distinktion von „Anführer", „Leiter" und „Moderator" um ein noch ganz grobschlächtiges „Einsteiger"-Modell.[3]

„Sozialhistorisches" Interesse an Parteivorsitzenden

Die Parteivorsitzenden-Population in einer Gesellschaft ist relativ gering an Zahl. Aber, wenn wir uns auf deutsche Bundes- und Landesvorsitzende von im jeweiligen Parlament vertretenen Parteien konzentrieren, von größter politischer Bedeutung innerhalb der politischen, ja der gesamten herrschenden Klasse, worin immerhin auch die ungleich besser, ja fürstlich bezahlten, an Transparenzvorschriften noch kaum gebundenen, demokratisch unkontrollierbaren Konzernchefs eine Rolle spielen. Wie für Parteien insgesamt, so gilt auch für das Forschungsobjekt der Parteivorsitzenden: Erkenntnisse über deren Struktur (hier also Persönlichkeitsstruktur), Funktion und Verhalten sollten nicht nur auf der Grundlage von unmittelbar Beobachtbarem im Rahmen der knapp bemessenen Gegenwart gemacht werden. Also versuchen wir aus der Vergangenheit, aus der Geschichte, zu lernen, genauer: aus einer entsprechenden Aufbereitung der Geschichte in Form der Historie. Historische Erkenntnisobjekte werden räumlich, zeitlich und vor allem kategorial eingeordnet, und zwar de facto (wenn auch nebenbewusst-verdrängt) sogar von solchen Historikern, die als einzige Lehre der Geschichtswissenschaft verkünden, dass Lehren aus der Geschichte nicht zu ziehen seien, die ferner in einer bestimmten „historisti(zisti)schen" Manier vor Verallgemeinerungen, Kategorisierungen zurückschrecken und das Hohelied der Individualität, der Einzigartigkeit, der Inkommensurabilität

---

[3] Es braucht sich freilich hinter anderen Modellansätzen nicht zu verstecken. Davon zeugt der unter maßgeblicher Beteiligung von Peter Lösche und Franz Walter von Daniela Forkmann und Michael Schlieben herausgegebene Band: Die Parteivorsitzenden in der Bundesrepublik Deutschland 1949-2005, Wiesbaden 2005 (Göttinger Studien zur Parteienforschung). Nicht nur die „Fallstudien" über die Führungen der wichtigen deutschen Parteien bleiben im Essayistisch-Journalistischen stecken, sondern gerade auch die „systematischen" Reflexionen der Herausgeber und von Peter Lösche („Politische Führung" und Parteivorsitzende. Einige systematische Überlegungen, S. 349-368). Michael Schlieben (Missglückte politische Führung. Die gescheiterten Nachkriegsparteien, S. 303-348) meint, aus dem Scheitern einer Partei auf das Scheitern ihrer Führung zu schließen.

singen.⁴ Nickels Beobachtungen, die sich aus seiner Zusammen- und komparatistischen Gegenüberstellung von drei Parteivorsitzenden ergeben, zeigen deutlich, welches Ausmaß an epistemologischer Askese sich die genannten Historiker selbst zumuten, vor allem aber denjenigen, die sie über Geschichte belehren wollen.

Die Kategorie eines geschichtlichen Prozesses

Die Kategorialisierung eines Objekts der Historiografie (eines Ereignisses, eines Prozesses, einer Institution, eines Akteurs) geschieht durch die Herstellung eines Modells, welches gemäß der einschlägigen Ereignis- (etc.) Klasse benannt wird. Nickels Thema ist also gewissermaßen Bestandteil eines zu Teilen, auch unkoordiniert schon – offenbar gerade auch in Göttingen – in Angriff genommenen Forschungsprojekts „Deutsche Parteivorsitzende im 19. und 20. Jahrhundert". Was wollen wir wissen? Doch zweifellos, aufgrund welcher Skalen von zur Verfügung stehenden Handlungsmustern, gesellschaftlichen Normen, zu berücksichtigenden Risiken und Nebenwirkungen Parteivorsitzende (im Lichte bestimmter eigener Ziele, parteiprogrammatischer Desiderate, konstitutioneller Normen und im weitesten Sinne „demokratischer" Erwartungen von Mitglieder- und Wählerschaft, der Öffentlichkeit generell) ihre Entscheidungen getroffen und mehr oder minder dann auch durchgesetzt haben, insbesondere dort, wo von ihnen das „führungstypische" Neuland betreten worden ist. Mit Hilfe von Leitfragen, die aus einem Modell „Parteivorsitzende" abgeleitet werden, streben wir danach, beim Studium von Literatur und Quellen das Wichtige vom zu Vernachlässigenden zu trennen.

Die einleitend zusammengestellten Miniaturen aus dem nicht ganz schmalen Traditionsstrang deutscher Parteienkritik deuten exemplarisch an, was für Wege beschritten werden können.

Riehls These behauptet, Parteivorsitzende in spe dürften dem geistigen Niveau der Parteimitglieder nie signifikant überlegen sein, sonst hätten sie zu

---

[4] Karl R. Popper hat nicht allein – was seinerzeit aber vor allem beachtet worden ist – die „pronaturalistischen Doktrinen" des Historizismus attackiert (in Sonderheit des Marxismus), sondern auch die „antinaturalistischen Doktrinen", die in Deutschland meist mit dem Begriff des „Historismus" bezeichnet werden. Popper, Karl R.: Das Elend des Historismus, aus dem Englischen übersetzt von Leonhard Walentik, Tübingen 1965 (Die Einheit der Gesellschaftswissenschaften, Studien in den Grenzbereichen der Wirtschafts- und Sozialwissenschaften, Bd. 3).

Lebzeiten keine Chance, die erhoffte Position zu erlangen, sondern könnten höchstens posthum, wenn ihre Gedanken, dauerhafter als das Blabla der formell erfolgreichen Partei-Vorturner, der Nachwelt den Eindruck einflößen, genau sie wären die „eigentlich", nämlich geistig bestimmenden Figuren auf dem politischen Schachbrett gewesen.[5]

Wachsmuth bekräftigt die Schattenseiten der Parteiführer: kühl, aber auch niederträchtig berechnend handelten sie und betätigten sich gegenüber den lenk-, ja verführbaren Massen als gewissenlose Demagogen.[6]

Michels hat in klassischer Eindringlichkeit auf das real existierende Paradox der „gewählten Diktatoren" aufmerksam gemacht. Wahlen an sich, so lautet sein – an Montesquieu orientierter – Alarmruf, bedeuten noch nicht viel *in puncto* Demokratie und können sich in bloßer Formalität erschöpfen – als Legitimationsspender für die Parteiführer.[7]

Sulzbach bemüht für seine Parteienkritik das Diktum des Führer- und Übermenschenapostels Nietzsche, um auf die teils kalkulierte, jedenfalls erfolgreiche Beschränktheit von Führern ganz generell einzuschlagen.[8]

Gleichwohl – so lautet Röders nüchterne, aber bis heute empirisch bestens belegbare These[9] – bestimmten genau diese oft demagogischen, dezisionistischen, durch von oben her manipulierte Wahlen nur fadenscheinig legitimierten Parteiführer auf extrakonstitutionelle Weise (durch „Elefantenrunden" auf dem „Kanzlersofa" beispielsweise) das Geschehen in den verfassungsmäßigen Organen, vor allem Parlamenten, wo durch „Einpeitscher" disziplinierte Abgeordnete gehorsamst auf genau diejenigen Weisungen von oben warteten, von denen gebetsmühlenartig behauptet wird, dass von ihnen keinerlei bindende Wirkung ausgehe. Das wird von der „freiheitlich-demokratischen Grundordnung" nicht gedeckt, aber unver-

---

[5] Riehl, Wilhelm Heinrich: Die Partei (1864), in: Ders.: Freie Vorträge. Erste Sammlung, Stuttgart 1873, S. 343-382, hier: S. 356.
[6] Wachsmuth, Wilhelm: Geschichte der politischen Parteiungen alter und neuer Zeit. Erster Band: Geschichte der politischen Parteiungen des Alterthums, Braunschweig 1853, Neudruck Hildesheim 1968, S. 27.
[7] Michels, Robert: Zur Soziologie des Parteiwesens in der modernen Demokratie. Untersuchungen über die oligarchischen Tendenzen des Gruppenlebens [1911], dritte, unveränderte Aufl., Stuttgart 1957, S. 351. Stubbe da Luz, Helmut: Vor-Wahlen: Aufstellung, Zulassung und Präsentation von Kandidaten zu allgemeinen Hamburger Wahlen seit 1848, in: Zeitschrift des Vereins für Hamburgische Geschichte, Bd. 83/2 (1997), S. 95-131.
[8] Sulzbach, Walter: Die Grundlagen der politischen Parteibildung, Tübingen 1921, S. 8.
[9] Röder, Hansfritz: Parteien und Parteienstaat in Deutschland. System der politischen Partei und ihres Verhältnisses zum Staat in Recht und Wirklichkeit, München 1930, S. 61 f.

hohlen praktiziert. Um so bedeutsamer ist es, sich ein Bild von den zu postulierenden und tatsächlichen Qualitäten der so ungeheuer mächtigen Parteivorsitzenden zu machen, die nicht selten vielleicht doch (in *dieser* Reihenfolge) Partei- und Staatsführer sind.

Wer sucht nach Erkenntnissen über Parteivorsitzende?

Wissenschaftler wenden sich an einander, aber sie arbeiten nicht für sich selbst, sondern für „die Gesellschaft". Wer befragt aus welchem Grund und in welcher Absicht einen Experten für das Thema „Parteivorsitzende"? Parteivorsitzende selbst kommen in Frage, und solche, die es werden wollen; *Homines politici* ferner, die in direkter oder indirekter Weise an sozialen Prozessen beteiligt sind, in deren Verlauf Parteivorsitzende „gemacht werden"; die Wahlberechtigten, die ihre Wahlentscheidung wesentlich auch von ihren Vorstellungen über Vorsitzende und Spitzenkandidaten abhängig machen, bilden sicherlich die Mehrheit innerhalb des Demos. Multiplikatoren in den Medien und Bildungsinstitutionen sind berufsmäßig damit beschäftigt, Parteivorsitzende und deren Handlungen zu erläutern, zu erklären, zu beurteilen.

Wir lernen aus der Vergangenheit für die Zukunft. Wir wollen erfolgreich antizipieren können: Welcher Mensch, welche Sorte von Mensch sollte in bestimmten Situationen Parteivorsitzender, dann vielleicht auch Regierungsmitglied oder gar -chef sein? Wie wird ein einmal zum Vorsitzenden erkorener Kandidat vermutlich oder „bestenfalls" vorgehen? Wie ist das bisherige Verhalten zu beurteilen? Was dürfen die der Führung Unterworfenen, also die übergroße Mehrheit der Mitglieder von Partei wie Bevölkerung, von bestimmten politischen Führern weiterhin erwarten?

Führung in Wirtschaftsbetrieben

Das für die Modellbildung zur Verfügung stehende theoretische, notwendigerweise gesellschaftswissenschaftliche Instrumentarium (von Historikern häufig verschmäht) ist selbst in der Politologenzunft eher dürftig ausgeprägt, obwohl durch den Willen zur Interdisziplinarität hier schnell Abhilfe geschaffen werden kann, beispielsweise durch das Studium betriebswirtschaftlicher Kompendien, die sich mit Personalwirtschaft befassen.[10] Die Anwendung betriebswirtschaftlicher Kategorien auf Parteien steckt noch ganz in den Kinderschuhen, obwohl der Gedanke, dass es sich bei Parteien um Organisationen handele, die Wirtschaftsunternehmen so unähnlich nicht seien, alles andere als neu ist.[11] Als ein Produkt kann – folgen wir der Marketinglehre – jedes Objekt betrachtet werden, das auf einem Markt zur Beachtung oder Wahl, zum Kauf, zur Benutzung bzw. zum Verbrauch oder Verzehr angeboten wird und geeignet ist, damit Wünsche oder Bedürfnisse zu befriedigen. Damit gehören politische Dienstleistungen (Repräsentation, Gesetzgebung, Information, Legitimation vor allem) allemal zur Klasse der Produkte.[12]

Wir übersehen mit diesen Bemerkungen keineswegs die fundamentalen Unterschiede zwischen einem „Generaldirektor" (dieses Attribut hat Nickel dem FDP-Vorsitzenden Mende zugeordnet) und einem vorsitzenden Parteipolitiker. Der letztere, der heute notwendig Berufspolitiker ist, muss gelegentlich entscheiden, ob ihm im Einzelfall und Zweifel die eigenen Mitglieder (das regelmäßig wichtigere Personal, das er führt)[13] bedeutender sind, oder die Wählerschaft, der er sich als „Staatsmann" andient. Die eigenen Mitglieder, so mag er sich über zahlreiche Widerstände aus deren Reihen hinwegsetzen, werden es ihm danken, wenn er Wählererfolg und damit auch Patronage-Volumen sichert. Der Parteivorsitzende wird von seinem Personal gewählt, wenn sicherlich auch nicht buchstäblich, sondern von den Gefolgschaften, die (um im Bild zu bleiben) die Abteilungsleiter um sich geschart und oft schon vorprogrammiert haben. Der Parteivorsitzende

---

[10] Vgl.: Jung, Hans: Personalwirtschaft, fünfte, überarbeitete und erweiterte Aufl., München 2003. Hierin ist nicht nur das zentrale Kapitel über „Personalführung" (S. 402-553) von Interesse, sondern vor allem auch „Personalbeschaffung" (S.128-179), „Personaleinsatzplanung" (S. 180-243), „Personalentwicklung" (S. 244-307), „Personalbeurteilung" (S. 724-767) – vor dem Hintergrund des bedeutsamen Umstands begriffen, dass es sich beim „Personal" einer Partei (abgesehen von den besoldeten Kräften in den Zentralen, um die es hier nur am Rande geht) um Freiwillige handelt.
[11] Stubbe da Luz, Helmut: Parteien als politische Unternehmen: Der Parteienforscher Moisei Ostrogorski (1854-1919) und die heutige Parteienhistorie in Deutschland und Frankreich, in: Francia. Forschungen zur westeuropäischen Geschichte, Bd. 24/3 (1997), S. 169-182. Streitferdt, Lothar: Vorschläge zur Rechnungslegung der Parteien und Prüfung ihrer Rechenschaftsberichte aus betriebswirtschaftlicher Sicht. Gutachten, erstellt im Auftrag der Parteienfinanzierungskommission des Bundespräsidenten, Hamburg 2001.
[12] Kottler, Philip / Bliemel, Friedhelm: Marketing-Management, Stuttgart 1995, S. 106.
[13] Gelegentlich wird Parteivorsitzenden ins Gedächtnis gerufen, dass sie auch zur Führung, Leitung, Moderation und Betreuung von durch Arbeitsvertrag angestellten Personals verantwortlich sind. Vgl.: Tarifstreit. Parteimitarbeiter wollen vor der Wahl höhere Löhne durchsetzen. Die Wahlkämpfer der Nord-SPD wollen streiken, in: Hamburger Abendblatt, 3. September 2005.

steht nicht nur in ganz anderem Maße für das Produkt seiner Organisation als beispielsweise Wendelin Wedeking für Porsche-Autos, er ist vielmehr bis zu einem erheblichen Grade selbst das von der Partei auf dem Markt angebotene Produkt, welches auf mehr oder weniger Zustimmung stößt. Im Lichte des demokratischen Ideals zumindest (wenn auch selten noch in der harten Wirklichkeit) wird der Parteivorsitzende von den Wählern nicht zuletzt dafür belohnt oder bestraft, ob er in seiner Organisation „innerparteiliche Demokratie" walten lässt oder sich wie ein „Anführer" geriert, beispielsweise um – „populistisch" – einer Bevölkerungsmenge zu imponieren.

Gleichwohl dürfte sich im Werkzeugkasten der Personalführungstheoretiker manch auch für Parteivorsitzende adäquater theoretischer Approach finden.

(1.) Nimmt ein Parteiführer eher die Lokomotionsfunktion wahr – die der Ausrichtung von Organisation, Funktionären und Mitgliedern auf ein gemeinsames Ziel – oder konzentriert er sich (nicht in erster Linie situations-, sondern persönlichkeitsbedingt) auf die Kohäsionsfunktion, die darin besteht, „den Laden zusammenzuhalten"?

(2.) Übt der Parteivorsitzende die ihm gegebene oder sich selbst herausgenommene Macht vor allem durch „Belohnung" oder „Bestrafung" aus, oder setzt er stärker auf „Identifikation", „Legitimation", „Sachkompetenz" oder „Information(spolitik)"?

(3.) Entpuppt sich die Autorität des Parteivorsitzenden bei näherem Hinsehen vor allem als „personale" oder „charismatische" Autorität, als „Fachautorität" oder als „positionale" oder „Amtsautorität"?

(4.) Bevorzugt der Parteivorsitzende eine „direkte", „interaktive" Methode der Personal- respektive Mitgliederführung, oder neigt er der „indirekten", der „organisatorischen" Führung zu und beschränkt sich auf gelegentliche Interventionen?

(5.) Welcher Führungstheorie hängt der Parteivorsitzende explizit oder implizit (infolge konkludenten Verhaltens feststellbar) an – einer Spielart der „Eigenschaftstheorien", der „Verhaltenstheorien", der „Situationstheorien" oder der „Interaktionstheorien"?

(6.) Ist der Führungsstil des Parteivorsitzenden eher „patriarchalisch", „autokratisch", „bürokratisch" oder „charismatisch"?

(7.) Gibt sich der Parteivorsitzende eher „mitarbeiterorientiert" oder eher „aufgabenorientiert"? Detaillierter: Setzt er eher auf „Beziehungsstil", „Integrationsstil", „Verfahrensstil" oder „Aufgabenstil"? Kann er als „Gefälligkeitsapostel", als „Kompromissler", als „Kneifer" oder als „Autokrat" eingestuft werden, oder als „Förderer", „Integrierer", „Bürokrat" oder „Macher"? Ist er dem Typ des „beherrschten", des „fürsorglichen", des „lebhaften" oder des „unabhängigen" Managers zuzuordnen – oder welcher individuelle Mix läßt sich bei ihm feststellen?

(8.) Wo läßt sich der Parteivorsitzende in einem „Verhaltensgitter" verorten, worin die Felder „Glacéhandschuh-Management", „Team-Management", „Organisations-Management", „Überlebensmanagement" und „Befehl-Gehorsam-Management" unterschieden werden?

(9.) Pflegt der Parteivorsitzende – in weisem Verständnis für den „Reifegrad" der Parteimitglieder, Unterführer und sonstigen Funktionäre – eher den „partizipativen", den „integrierenden", den „Delegations"- oder den „autoritären" Führungsstil?

(10.) Erfolgen die Weisungen des Parteivorsitzenden regelmäßig in der expliziten oder impliziten Form eines „Befehls", eines „Kommandos", einer „Anweisung" oder eines „Auftrags"?

(11.) Bevorzugt der Parteivorsitzende eher „positive Kritik" (Lob, Anerkennung, Bestätigung) oder eher „negative Kritik" (Korrektur, Beanstandung, Tadel)?

(12.) Zeichnet sich der Parteivorsitzende durch *„Management by Exception"* (MbE) aus, oder eher durch *„Management by Delegation"* (MbD), *„Management by Objectives"* (MbO), *„Management by System"* (MbS) oder *„Management by Motivation"* (MbM)?

(13.) Lassen sich Affinitäten des Parteivorsitzenden zum „Harburger Modell" konstatieren, zum „St. Galler Modell", zum „Zürcher Ansatz" oder zum „7-S-Modell" (*Structure, Systems, Strategy, Style, Staff, Skills, Shared values*)?

(14.) Ist der Parteivorsitzende ein Beleg für das satirisch-soziologische „Peter-Prinzip", ist er also durch die erreichte Endplazierung in der Hierarchie zugleich endgültig an die Grenzen seiner Fähigkeiten gelangt?

Diese Aufzählung ließe sich verdoppeln, und es lohnte sich gewiss, alle die hier skizzierten – partiell einander überschneidenden – Modelle und Modellvarianten auf Parteivorsitzende zuzuschneidern und – ein ergiebiges Quellenmaterial vorausgesetzt – in Einzelfallstudien zu erproben. Eine Partei unterscheidet sich gewiss von einem Wirtschaftsbetrieb, befindet sich aber auch regelmäßig nicht – wie Lösche in nicht unverständlicher, gleichwohl übertriebener Reaktion auf die häufig artikulierte Kritik an den „Parteimaschinen" plausibel zu machen versucht hat – im Zustand „lose verkoppelter Anarchie".

Lutz Nickels „Approach" und Erkenntnisse

Nickel hat sich vor allem zum Ziel gesetzt, „den Einfluss von Persönlichkeitsfaktoren auf die politische Führung" zu untersuchen, und er hat sich unter Voranstellung dieser Prämisse für einen „interaktion(al)istischen" Ansatz entschieden – im Unterschied zu einem rein auf die Führerpersönlichkeit konzentrierten und einem rein system- bzw. organisationszentrierten Ansatz. Mit dem Göttinger Politikwissenschaftler Peter Lösche unterscheidet er zu Beginn „charismatische", „organisatorisch-bürokratische" und „präsidiale" Führung,[14] wobei es selbstverständlich weniger auf diese nicht eben originellen Begriffe als auf den ihnen jeweils beigegebenen Merkmalskatalog ankommt. Über Max Webers unauslöschliche Trias der Eigenschaften des erfolgreichen Politikers, „Leidenschaft", „Verantwortungsgefühl" und „Augenmaß", muss dasselbe zurückhaltende Urteil gefällt werden: Das von Nickel vorgefundene analytische Instrumentarium zum Zwecke der Ermittlung von Qualitäten eines Parteivorsitzenden ist nicht eben vielfältig.

Forschungsrichtend-zukunftsweisende Aspekte bei Nickel

Nickel ist eher „induktiv"-pragmatisch denn theoretisch und methodisch orientiert, geht aber – wohl nicht zuletzt aus diesem Grund – unbefangen und nicht ohne Erfolg eigene Wege und präsentiert auf der Grundlage umfangreicher Literatur- und Quellenrecherche eine Vielzahl relevanter Aspekte. Nur einige seien hier ausgewählt – und zwar solche, die zwar einerseits auch für die Professionalität der Führung von Wirtschaftsbetrieben

---

[14] Lösche, Peter: „Politische Führung" und Parteivorsitzende. Einige systematische Überlegungen, in: Forkmann, Daniela / Schlieben, Michael (Hrsg.): Die Parteivorsitzenden in der Bundesrepublik Deutschland 1949-2005, Wiesbaden 2005 (Göttinger Studien zur Parteienforschung), S. 349-368, hier: S. 364-368.

stehen können, die andererseits aber den Verfasser eher intuitiv und implizit denn ausdrücklich und „deduktiv" in die Richtung des oben angedeuteten, an den Funktionen und Aufgaben der Parteien orientierten Ansatzes sich haben bewegen lassen:

(1.) Unter Dehlers – des Polarisierers – Führung sei die FDP „aus der Regierung in die Opposition" geschritten. – (2.) Dehler sei ein „'Urgestein der Republik'" gewesen, habe entscheidend dazu beigetragen, „Parlament und Demokratie in der Bundesrepublik zu verankern". – (3.) Dehler habe sich nur seinem Gewissen unterworfen gefühlt und die Herrschaft der Parteiapparate nicht anerkannt. – (4.) Dehler habe nicht selten „selbst gegen den Widerstand aus den eigenen Reihen" gehandelt, dabei aber auch „leider die Gabe der Selbstbeherrschung, die ein Mann haben muß, der an der Spitze einer Partei steht", vermissen lassen, „sich nie als Moderator" verstanden.

(5.) Maier – der „Präsident" – sei „in seiner politischen Laufbahn als Zauderer" aufgetreten und in seine Ämter nur „gerufen" worden. – (6.) Maier habe „so gut wie nie direkt in parteiinterne Krisen oder Entscheidungsprozesse" eingegriffen. – (7.) Maier habe einen „konsensorientierten Politikstil" gepflegt. – (8.) Maier sei aber auch „ein pragmatischer Krisenmanager" gewesen und er habe „die FDP eindeutig in Richtung CDU geführt". – (9.) Von Maier sei im Gegensatz zu Dehler „ein starker und erfolgreicher Nachfolger" aufgebaut worden.

(10.) Mende – der „Generaldirektor" – habe es versäumt, in für die Partei zu „ruhigen" Zeiten „Unruhe" zu „schaffen". – (11.) Mende sei als Parteivorsitzender „zu gutmütig" gewesen und habe „nichts nachgetragen". – (12.) Mende habe keine „alltägliche Erscheinung im harten Politikgeschäft" dargestellt, „in dem gewöhnlich ein härterer Umgangston" herrsche. – (13.) Mende sei für „radikal-demokratische Programme" nicht zu haben gewesen. – (14.) Mende habe „seinen intellektuellen Mitarbeitern Freiraum gelassen, den sie ungeniert zur eigenen Profilierung" genutzt hätten. – (15.) Im Gegensatz zu Dehler sei es Mende aber gelungen, „seine Partei rücksichtsvoll und umsichtig zu lenken".

Es kommt an dieser Stelle nicht darauf an, darüber zu urteilen, ob man im einzelnen den von Nickel meist überzeugend vorgetragenen Urteilen folgen möchte. Wichtiger erscheint es, zunächst ein Gefühl, sodann einen „operationalisierbaren" Merkmalskatalog dafür zu entwickeln, unter welchen Aspekten an einen Parteivorsitzenden in einer demokratischen Idealen mehr oder minder stark nacheifernden Gesellschaft Erwartungen zu stellen sein könnten und sollten. Da nicht nur „Führung" und „Demokratie" in einem Spannungsverhältnis stehen, sondern – bisher zumindest – auch „Führung" und „Liberalismus", ist Nickels Thema klug gewählt. Das heißt natürlich nicht, dass die Rekonstruktion und Analyse beispielsweise sozialdemokratischer Führerschaft nicht ein hochinteressantes Thema wäre:[15] Größere, traditionsreiche Parteien pflegen über die Jahrzehnte einen bestimmten Politikstil zu kultivieren, in dessen Rahmen der Führungsstil einen nicht unbedeutenden Rang einnimmt. Dies nachvollziehen zu können, ist beispielsweise nützlich für jeden Demoten, der theoretisch oder praktisch mit einer Parteizugehörigkeit experimentiert.

Die 15 der von Nickel in viel größerer Zahl getätigten, hier aber unter dem Aspekt „demokratische Verfahrensweisen" ausgewählten Beobachtungen an der Führungstätigkeit von Dehler, Maier und Mende können den Ausgangspunkt bilden für einen Katalog von „demokratischen Führungspraktiken", der hier vorerst nur angedeutet werden soll, von dem aber feststeht, dass er – vor dem Hintergrund des Standes der „Politischen Bildung" der Mehrheit unseres Demos von den Akteuren ein gehöriges Maß an Askese verlangt und dringend der institutionellen Stützung bedarf.

(I.) Wechselbereitschaft (vgl. etwa 1, 8, 9, 15). – Es geht dabei beispielsweise um die Führung im Rahmen des Wechsels einer Regierung, einer Koalition, einer Parteiführung; des Wechsels von der Regierungs- auf die Oppositionsbank; des Wechsels von einem parlamentarischen Zweckbündnis in ein anderes; von einer Parteispitze zur nächsten, welch letzterer vielleicht mit einem Wechsel von Generation, „Flügel" oder Programm verbunden ist. Vor dem Hintergrund der Einsicht, dass soziokultureller Wandel höchstens in puncto Richtung, Tempo und Intensität beeinflusst, nicht aber als solcher verhindert werden kann, sind Wechselbereitschaft, ja Wechselfreudigkeit, von höchster Funktionalität – inklusive einer reflexiven, auf sich selbst bezogenen Wechselbereitschaft des Führungspersonals.

(II.) Offenheit und Durchsichtigkeit (vgl. etwa. 3, 14). – Es geht ebenso um die Offenhaltung von Situationen, Diskussionen und Positionen, um den Schutz von Organisationen und Institutionen vor Verkrustung und Verap-

---

[15] Vgl. „klassisch": Michels, Robert: August Bebel [1913], in: Ders.: Masse, Führer, Intellektuelle. Politisch-soziologische Aufsätze 1906-1933, mit einer Einführung von Joachim Milles, Frankfurt am Main – New York 1987, S. 231-255 (Theorie und Gesellschaft, Bd. 2).

paratung. Es geht ferner um die Transparenz politischer Entscheidungsprozesse in bewusster, absichtsvoller Gegensteuerung zur oft bevorzugten Geheimniskrämerei, dem Nährboden für jegliche Art von Ideologie und Korruption.

(III.) Streitkultur (vgl. etwa 4, 6, 11, 12, 15). – Es geht um die Pflege einer Konfliktkultur, der ein „Polarisierer" gelegentlich (aber nicht immer) mehr nützen kann als ein „konsensorientierter" Präsident.

(IV.) Programmatizität (vgl. etwa 13). – Ob Programme nun – wie von Mende verabscheut – „radikal-demokratisch" ausfallen oder nicht: Jeder Institution und Organisation nützt es, ihr – unausweichlich vorhandenes – Programm explizit zu fassen, dauernder Überprüfung zu unterwerfen und auf diese Weise allen an den einschlägigen Kommunikationsprozessen Beteiligten deutlich zu machen.

(V.) Konstitutionalität (vgl. etwa 2, 3). – Es geht um ein Stück „Verfassungspatriotismus", um den Willen und das Vermögen, eine Verfassung (hinter deren Normen das Geschehen auf der politischen Bühne ohnehin regelmäßig zurückbleibt) zu stützen, zu stärken, sicherlich auch fortzuentwickeln – nicht dagegen opportunistisch zurechtzuinterpretieren, auszuhöhlen und durch Verfahrenstricks zu entwerten, wie dies bei der Auflösung des Bundestags 2005 unter Umständen geschehen ist.

Der Parteivorsitzende – ein Künstler

So wie heute der Ausdruck *„Good government"* (in kanadischer Tradition *„Peace, order and good government"*) wieder verbreitet auftritt – dessen ungeachtet auch weiterhin undefinierbar und zur annäherungsweisen Realisierung auf echte Künstler angewiesen bleibt – so verhält es sich auch mit *„Good leadership"*. Führung, Leitung, Moderation läßt sich zweifellos bis zu einem gewissen Grad lernen, korrigieren, verbessern, perfektionieren, auf bestimmte Methoden (und ein bestimmtes Mischungsverhältnis davon) zurückzuführen. Eine gelungene Praxis von *„Good leadership"* bleibt letztlich aber ein Geheimnis. *„Good leadership"* „entsteht in den Augen des Betrachters", bleibt „Vollblut"-Führern, -Leitern und -Moderatoren vorbehalten, lässt sich oft erst *a posteriori* feststellen, also historisch, wobei der Gefahr der Verklärung kaum entgangen werden kann: Wenn Nickel feststellt, Dehlers Bedeutung für die FDP bestehe „weit über seinen Tod hinaus", so erhebt sich die Frage, ob die „Jury" für *„Good leadership"* eigentlich nur von den Mitlebenden des in Rede stehenden Parteivorsitzenden gebildet werden oder auch Angehörige nachfolgender Generationen einschließen könne. Unter Berücksichtigung unseres Vermögens und unseres Bedürfnisses, aus der Geschichte zu lernen, wird man sie bejahen müssen, auch deshalb, weil – in Ermangelung von Göttern – die geschichts- und lernbewusste Nachwelt das wichtigste Publikum für politische (und sonstige) Akte darstellt, die von der Gegenwart des Akteurs nicht anerkannt werden.

In einer Gesellschaft, die sich zu nennenswerten Teilen auf die schrittweise Vervollkommnung einer „freiheitlich-demokratischen Grundordnung" verpflichtet fühlt, stellt sich die Frage, in den Dienst welcher Funktionen und Aufgaben eventuelle Führerkunst in der Vergangenheit gestellt worden ist und was – daraus folgernd – hinsichtlich der Beurteilung gegenwärtiger und künftiger Parteivorsitzender verlangt werden sollte. Die Geschichtswissenschaft dient der Politikberatung – in einer demokratischen Ordnung nicht allein der Beratung von Politikern, sondern der Beratung all derer, die, wie oben schon angeführt, an der Auswahl von Parteivorsitzenden direkt oder indirekt beteiligt oder davon irgendwie betroffen sind und sich eine entsprechende Urteilsfähigkeit aneignen wollen.

Ist mit der Betonung der „freiheitlich-demokratischen Grundordnung" das Trojanische Pferd der Normativität in den Elfenbeinturm der reinen Politikwissenschaft geschmuggelt worden? Führungsleistungen als solche sind ambivalent, ein filmreif-genialer Räuberhauptmann ist entsprechend von dem (vielleicht nur vordergründig) „gescheiterten" Leiter einer Entdeckungs- oder Rettungsexpedition zu unterscheiden, der – nur durchschnittlich geschickt und von jeglicher Fortune verlassen – angesichts eines unverhältnismäßigen Risikos „das Handtuch wirft" und unverrichteter Dinge wieder zurückkehrt. Die Verantwortlichkeit des Führers, auf die spätestens seit Max Weber zum Glück fast immer die Rede kommt, muss als eine gesamtgesellschaftliche verstanden werden – und Parteien nehmen in der Gesellschaft eine andere Rolle ein als die sprichwörtlich unbedeutenden im Großen und Ganzen auf Schönwetter abonnierten Briefmarkensammlervereine. Parteien befinden sich fast ständig in einer nach Führung verlangenden Situation, zum Teil exakt wegen ihres partiell demokratischen Aufbaus. Deshalb wird der stereotype Ruf nach „Geschlossenheit" nie verstummen, aber auch unausweichlich in dauerhaftem Spannungsverhältnis zum Demokratiegebot stehen. Es gehört zu den fundamentalen (durch Rekonstruktion von Geschichte erhärtbaren) Erfahrungen der Menschheit, dass die natürlicherweise ausgeübte und auch verlangte Führerschaft zum einen durch sozialtechnische Klugheitserwägungen und – da dies nicht reicht – zum anderen auch durch moralische, Mäßigung fordernde Normen langfristig sozialverträglich gemacht und des eventuell ihr anhaftenden Charakters eines Selbstzwecks entkleidet werden muss. Riehl hat in dem ihm eingangs entlehnten Zitat auf die Möglichkeit einer geistigen und moralischen Führerschaft aufmerksam gemacht, die gelegentlich von anderen als denen ausgeübt wird, welche in die formal und material ausschlaggebenden Machtpositionen gelangt sind. Diese Art „geistiger" oder „moralischer" Anführer sind – als „Kontrastprogramm" – auch dann von Bedeutung, wenn historische und politikwissenschaftliche Forschung sich auf die förmlich zu Parteivorsitzenden erkorenen Akteure konzentriert.

Bibliografie

Forkmann, Daniela / Schlieben, Michael (Hrsg.): Die Parteivorsitzenden in der Bundesrepublik Deutschland 1949-2005, Wiesbaden 2005 (Göttinger Studien zur Parteienforschung).

Gonitzke, Andreas: „Innerparteiliche Demokratie" in Deutschland. Das kritische Konzept und die Parteien im 20. Jahrhundert, München 2004 (DemOkrit, 1).

Kottler, Philip / Bliemel, Friedhelm: Marketing-Management, Stuttgart 1995.

Jung, Hans: Personalwirtschaft, fünfte, überarbeitete u. erweiterte Aufl., München 2003.

Michels, Robert: Zur Soziologie des Parteiwesens in der modernen Demokratie. Untersuchungen über die oligarchischen Tendenzen des Gruppenlebens [1911], dritte, unveränderte Aufl., Stuttgart 1957.

Ders.: Masse, Führer, Intellektuelle. Politisch-soziologische Aufsätze 1906-1933, mit einer Einführung von Joachim Milles, Frankfurt am Main – New York 1987 (Theorie und Gesellschaft, Bd. 2).

Popper, Karl R.: Das Elend des Historizismus, aus dem Englischen übersetzt von Leonhard Walentik, Tübingen 1965 (Die Einheit der Gesellschaftswissenschaften, Studien in den Grenzbereichen der Wirtschafts- und Sozialwissenschaften, Bd. 3).

Riehl, Wilhelm Heinrich: Freie Vorträge. Erste Sammlung, Stuttgart 1873.

Röder, Hansfritz: Parteien und Parteienstaat in Deutschland. System der politischen Partei und ihres Verhältnisses zum Staat in Recht und Wirklichkeit, München 1930.

Steffani, Winfried: Gewaltenteilung und Parteien im Wandel, Opladen 1997.

Streitferdt, Lothar: Vorschläge zur Rechnungslegung der Parteien und Prüfung ihrer Rechenschaftsberichte aus betriebswirtschaftlicher Sicht. Gutachten, erstellt im Auftrag der Parteienfinanzierungskommission des Bundespräsidenten, Hamburg 2001.

Stubbe da Luz, Helmut: Vor-Wahlen: Aufstellung, Zulassung und Präsentation von Kandidaten zu allgemeinen Hamburger Wahlen seit 1848, in: Zeitschrift des Vereins für Hamburgische Geschichte, Bd. 83/2 (1997), S. 95-131.

Ders.: Parteien als politische Unternehmen: Der Parteienforscher Moisei Ostrogorski (1854-1919) und die heutige Parteienhistorie in Deutschland und Frankreich, in: Francia. Forschungen zur westeuropäischen Geschichte, Bd. 24/3 (1997), S. 169-182.

Sulzbach, Walter: Die Grundlagen der politischen Parteibildung, Tübingen 1921.

Wachsmuth, Wilhelm: Geschichte der politischen Parteiungen alter und neuer Zeit. Erster Band: Geschichte der politischen Parteiungen des Alterthums, Braunschweig 1853, Neudruck Hildesheim 1968.

2 Dehler – Maier – Mende. Parteivorsitzende der FDP: Polarisierer – Präsident – Generaldirektor. Einleitung

2.1 Einführung in das Thema

„Ich habe es oft meinen Freunden schwer gemacht, ich bin vorgestoßen. Taktik ist nicht meine Sache. Ich habe eigentlich selten versucht, taktisch zu handeln. Ich habe immer das Gefühl gehabt [...], daß es viel mehr darauf ankommt, daß bestimmte Menschen das, was sie für richtig halten, hart und unerbittlich sagen."[1]

(Thomas Dehler, 1963)

„Reinhold Maier ist keine Eiche im Sturm, er gleicht eher der Weide im Winde: wendig und wach, hellhörig und zupackend, instinktsicher und ein überlegener Pokerspieler im taktischen politischen Spiel, hat er immer schon in einer souveränen Art Schwierigkeiten zu umgehen und Möglichkeiten zu nutzen verstanden. [...] Das Spiel mit den Chancen des demokratischen Parlamentarismus macht ihm ersichtlich mehr Spaß als dogmatisches grundsatztreues Puritanertum. [...] Er hat seine sehr bestimmten konkreten Vorstellungen von der Politik; nur weiß eben niemand genau, wie diese Vorstellungen eigentlich aussehen und wohin seine Pläne eigentlich zielen."[2]

(Alois Winbauer, 1953)

„Ungeachtet der martialischen Aura, die der Ritterkreuzträger Mende stets in der Öffentlichkeit verbreitet, ist er auf der politischen Bühne alles andere als ein Kämpfertyp, eher ein Taktiker der Macht mit einem gehörigen Schuß Opportunismus, gelegentlich anpassungsfähig bis zur Selbstverleugnung."[3]

(Mathias Siekmeier, 1998)

---

[1] Gaus, Günter: Ich bin kein ungläubiger Thomas. Gespräch mit Thomas Dehler, in: Gaus, Günter: Zur Person. Von Adenauer bis Wehner. Porträts in Frage und Antwort, Köln 1987, S. 87-114, hier: S. 112-113 [im Folgenden zitiert als: Gaus, 1987].
[2] Heidelberger Tageblatt, 29. Januar 1953.
[3] Siekmeier, Mathias: Restauration oder Reform. Die FDP in den sechziger Jahren – Deutschland- und Ostpolitik zwischen Wiedervereinigung und Entspannung, Köln 1998 (Zeitgeschichtliche Studien), S. 94 [im Folgenden zitiert als: Siekmeier, 1998].

Die Zitate könnten kaum deutlicher die unterschiedlichen Führungsstile der drei ehemaligen Vorsitzenden der Freien Demokratischen Partei umschreiben. Sie lenken aber auch den Blick auf deren Selbstverständnis als Anführer wie auf deren Bedeutung für die Partei.

Dehler wie Maier schien als Parteivorsitzenden der Freien Demokraten auf den ersten Blick kein besonderer Erfolg vergönnt gewesen zu sein. Dehlers hartes und unerbittliches Auftreten bewirkte die Spaltung der Bundestagsfraktion und das Ausscheiden der FDP aus der Bonner Koalition. Die Ziele einer erfolgreichen politischen Führung erreichte er offensichtlich nicht. Die Beteiligung an der Macht opferte er geradezu. Die Flügel der Partei konnte er nicht integrieren. Im Gegenteil: Dehler spaltete. Als Parteiführer war er scheinbar ungeeignet.

Unter dem „Pokerspieler" Maier erlitt die FDP bei der Bundestagswahl 1957 eine herbe Schlappe und blieb vier weitere Jahre in der Opposition. Rechtzeitig vor der Bundestagswahl 1961 musste er den Vorsitz an Mende übergeben. Maier war eigentlich nur ein Übergangskandidat. Parteipolitik verachtete er, Bonn mied er. Stattdessen residierte er in Stuttgart und betonte schon allein dadurch sein Desinteresse an parteipolitischer Macht und einflussreicher politischer Führung. In Bonn hingegen übte erst Döring und nach 1958 Mende die eigentliche politische Führung der FDP aus. Maier selbst lavierte zwischen den Machtzentren und war ihnen scheinbar hilflos ausgesetzt. Lange Zeit war unklar, welchen Kurs er eigentlich einschlagen wollte.

Der Erfolg von Mendes politischer Führung wiederum scheint widersprüchlich. Sein Vorsitz stand unter dem Vorbehalt interner Kontrahenten. Dass er sich halten konnte, verdankte er oft für ihn günstigen Umständen. Mende etablierte die FDP als Korrektivpartei des bürgerlichen Lagers und führte sie 1961 zu ihrem bislang höchsten Wahlsieg. Andererseits passte er Programmatik, Ausrichtung und Selbstverständnis der Partei nicht den Entwicklungen in der Gesellschaft an. Er scheute sich vor Machtkämpfen und Konflikten. Daher mied er einseitige Festlegungen, lavierte zwischen verschiedenen Positionen, wirkte gar opportunistisch und klammerte an der Macht, für die er sogar umfiel. Dadurch aber konnte er eine Spaltung der auch in den 1960er Jahren über die Deutschlandpolitik und die eigene Ausrichtung zerstrittenen Partei verhindern. Doch unvorbereitet landete die FDP 1966 in der Opposition. Als er keinen Einfluss mehr auf den Kurs hatte, betrieb er eine Politik der verbrannten Erde und spaltete. Aus dieser

Perspektive erscheint seine politische Führung in einem äußerst negativen Licht, zumal er den Parteivorsitz eher als einen Managerposten betrachtete und sich 1967 schlichtweg beruflich neu orientierte. Die Bezeichnung „der schöne Erich" sowie das Ritterkreuz am Frack sind neben dem „Umfall" 1961 wohl die nachhaltigen Erinnerungen, die Mendes politische Karriere überdauert haben.

2.2 Fragestellungen und Schwerpunkte

Aber wie ist es angesichts der scheinbar miserablen Bilanz von Dehler und Maier zu erklären, dass die Mende-FDP sich bei den Bundestagswahlen 1961 – gerade einmal 20 Monate nach dem Rückzug Maiers – als eigenständige, drittstärkste Kraft im Parteiensystem der Bundesrepublik etablieren konnte, obwohl sie sich bei Dehlers, Maiers und auch Mendes Amtsantritt um ihre Existenz als eigenständige politische Kraft sorgte und fürchtete, von der übermächtigen CDU absorbiert zu werden? Wie war es zudem möglich, dass die FDP zumindest in der Öffentlichkeit ab 1959 als eine nicht mehr durch parteiinterne Grabenkämpfe gezeichnete Partei auftrat, zumal diese Konflikte – von ihm selbst angeheizt – Dehlers Sturz maßgeblich verursachten und auch Maiers Vorsitz lange Zeit belasteten? Warum konnte Dehler in den 1960er Jahren zum Märtyrer der Liberalen stilisiert werden? Wie gelang es wiederum, dass sich in den 1960er Jahren trotz Querelen vor allem um die Deutschlandpolitik und den Kurs der Freidemokraten Partei und Fraktion nicht spalteten und die Koalition bis 1966 hielt? Wie konnte die FDP ab Mitte der 1960er Jahre ihren Kurs ändern, ohne dass Mende bewusst darauf Einfluss nahm? Warum konnte sich vor diesem Hintergrund der vorwiegend mit negativem Image belastete Mende acht Jahre als Vorsitzender halten – länger als jeder seiner Vorgänger?

Waren die höchst unterschiedlichen Führungsstile von Maier und Dehler, die jeweils ihr Ende als Parteichef beschleunigten, letztendlich erfolgreich? Trug Dehlers Unbeugsamkeit dazu bei, dass die FDP sich als eigenständige Partei etablieren konnte? War Maiers Lavieren zwischen den Flügeln womöglich das ideale Mittel zur inneren Konsolidierung der föderalen und honorigen FDP?

Hat Mendes bürgerlicher Restaurationskurs und seine geschickte Gratwanderung zwischen den Interessen von Partei, Fraktion und Koalition wiederum dazu beigetragen, dass die FDP sich in den 1960er Jahren nicht spaltete, die Koalition nicht schon vor 1966 brach und sie sich langfristig als bürgerliche Lager- und Korrektivpartei etablieren konnte – auch wenn seine Politik Ende der 1960er Jahre in Verruf geriet? Unter welchen Voraussetzungen und wie gelang Mende die Gratwanderung? Hat sein Taktieren und Lavieren zwischen den Flügeln der Partei letztendlich den Reformern und ihrem Kurs die Chance zur Profilierung gegeben? Warum aber brüskierte er die Reformer – und das nicht erst ab 1967 –, obwohl er doch stets um Moderation und Konsens bemüht war?

Kann man unter diesen Voraussetzungen überhaupt pauschal von einem Scheitern oder Versagen Dehlers, Maiers bzw. Mendes sprechen? Bestimmen einzelne, im Gedächtnis verhaftete Assoziationen – wie die rhetorischen Ausfälle Dehlers, Maiers Distanz zu Bonn bzw. der „Umfall" Mendes 1961 – das gesamte Bild dieser Parteivorsitzenden? Was macht folglich das Geheimnis von Dehler, Maier bzw. Mende als Anführer aus? Was für eine Rolle spielten sie für die Freien Demokraten? Welche Bedeutung hatten sie für die Partei?

Von Erich Mende ist zudem kaum noch etwas der Nachwelt in Erinnerung – wenn, dann der „Umfall", das Ritterkreuz und die Redewendungen „Der schöne Erich" oder „Erich, aufstehen, Karriere machen". Er war einer der jüngsten Aufsteiger in der frühen Bundesrepublik, aber auch einer der am schnellsten Vergessenen. Warum? Was machte auch vor diesem Hintergrund das Geheimnis von Mende als politischer Anführer, als langjähriger Partei- und Fraktionsvorsitzender der FDP aus? Was für ein Amtsverständnis hatte er?

Inwiefern lässt zudem der Persönlichkeitstyp des Vorsitzenden Rückschlüsse auf die Situation der Partei zu? Der Individualist und Ideologe Dehler führte die FDP in einer Existenzkrise nach den Bundestagswahlen 1953, als sie fürchtete, von der CDU marginalisiert zu werden. Der zur Macht distanzierte Großvatertyp Maier wiederum war ihr Parteiführer, als sie nach Spaltung und Gang in die Opposition Konsolidierung suchte. Der Berufspolitiker Mende schien der ideale Vorsitzende einer FDP, die sich endgültig im Parteiensystem etabliert hatte.

Ziel dieser Arbeit ist es demnach, den von den jeweiligen Persönlichkeitsfaktoren, (Partei-) Strukturen, politischen wie gesellschaftlichen Konstellationen als auch Machtressourcen bedingten Führungsstil sowie die spezifische Bedeutung und Rolle von Dehler, Maier und Mende als Parteivorsitzende für die FDP zu ergründen. Dazu soll ihre politische Führung unter (partei-) strukturellen und konstellationsanalytischen wie auch auf die Persönlichkeit bezogenen Aspekten ergründet werden. Unmittelbar werden dabei persönliche Prägungen und Erfahrungen sowie strukturelle Verhältnisse in der eigenen Partei als auch politische und gesellschaftliche Konstellationen und Veränderungen in Verbindung gesetzt und deren Einfluss auf die politische Führung untersucht. Dabei nimmt der Einfluss von Persönlichkeitsfaktoren auf die politische Führung eine zentrale Stellung ein. Weshalb konnten Dehler 1954, Maier 1957 bzw. Mende 1960 Parteivorsitzende werden? Welche persönlichen und strukturellen Voraussetzungen befähigten sie, den Vorsitz zu übernehmen? Wie führten sie die Partei? Wie nutzten sie Ressourcen, die sich ihnen boten? Wie gingen sie mit Kontrahenten, mit Mitstreitern, mit politischem Nachwuchs um? Welches Amtsverständnis hatten sie? Wie prägten sie die Ämter? Wie agierten also Dehler, Maier und Mende aufgrund ihrer Charaktereigenschaften, ihrer Sozialisation, ihrer bisherigen politischen Laufbahn und ihrer Einstellung zur politischen Führung in den Strukturen der Partei und zwischen deren Machtzentren? Welchen Einfluss hatten sowohl diese Machtzentren wie auch ihre Charaktereigenschaften und die politische Konstellation neben ihrem Aufstieg und Agieren auf ihren Sturz? Inwiefern hatte ihr Führungsstil daran Anteil, dass sie 1957, 1960 bzw. 1968 ihr Amt aufgeben mussten? Welcher Generation gehörten sie an und welche folgte ihnen? Kurzum die Zentralperspektive der gesamten Arbeit: Wie und warum veränderten sich die Faktoren, die sie einige Jahre zuvor aufsteigen ließen, im Laufe der Zeit? Welchen Anteil hatten sie selbst daran?

Trotz der Betonung der Vorsitzenden soll jedoch der Blick auf Geschichte, Ideologie und Programmatik, Organisation, Position im Parteiensystem, Mitgliederstruktur sowie Wählerpotenzial und -struktur nicht außer Acht gelassen werden. Diese Arbeit versteht sich als ein Beitrag zur Parteienforschung, zur Praxis politischer Führung wie zur Biografieschreibung. Unter dem Blickwinkel der politischen Führung wird anhand der Parteivorsitzenden von 1954 bis 1968 ein Bild der Entwicklung der FDP dieser Epoche gezeichnet.

2.3 Forschungsinteresse

Insbesondere in Bezug auf die politische Führung ist nach Ansicht des Verfassers die FDP die interessanteste Partei. Dehler, Maier und Mende bewegten sich in einem Spannungsverhältnis zwischen einflussreichen Landesverbänden und einer vor allem in den 1950er Jahren strukturell schwachen Bundesführung sowie zwischen verschiedenen Flügeln und Generationen, deren Konflikte – über das Liberalismusverständnis, die Außen-, Deutschland- und Ostpolitik wie auch Koalitionsoptionen – in Grabenkämpfen eskalierten. Ein spezifisches liberales Selbstverständnis behinderte die Integration in der Partei. Ihre eigene Position war schwach. In schwierigen Zeiten konnten die Vorsitzenden kaum auf Rückendeckung und Geschlossenheit hoffen.

Der Zeitrahmen von 1954 bis 1968, zwischen der unmittelbaren Aufbauphase[4] und dem Auftakt zur sozialliberalen Ära, erweckte das Interesse des Verfassers, da so drei Vorsitzende aus drei verschiedenen Generationen – vom liberalen Honoratior bis zum Berufspolitiker aus der Frontgeneration des Zweiten Weltkriegs – in das Zentrum gerückt werden. Folglich werden unterschiedliche Prägungen und Erfahrungshintergründe sowie verschiedene Aufstiegsmuster in der Partei bzw. in ihren Vorgängerorganisationen thematisiert und deren Einfluss auf die politische Führung in einem Zeitraum sich wandelnder Strukturen und Konstellationen in Politik wie Gesellschaft untersucht. Allerdings birgt die Zeitspanne über die 1950er und 1960er Jahre auch Probleme in sich – nicht zuletzt wegen der sich wandelnden Rahmenbedingungen, denen sich die Parteiführer ausgesetzt sahen.[5] Die Relevanz dieser Arbeit wird jedoch dadurch verstärkt, dass sie sich mit Mende einem FDP-Vorsitzenden, Bundesminister, Vizekanzler und Parteiwechsler widmet, dessen Person und Bedeutung, unter anderem als erster moderner Berufspolitiker an der Spitze der Liberalen, bislang in der Forschung noch kaum betrachtet wurden.

---

[4] Die Entwicklungsphase endet mit der Debatte um die Nationale Sammlung, der Naumann-Affäre, der Bundestagswahl 1953 und der Ablösung Blüchers als Parteivorsitzender.
[5] Jansen vertritt die Meinung, man solle sich bei einer Analyse auf die Zeit von 1949 bis 1960 beschränken. Jansen, Hans-Heinrich: Probleme und Aufgaben einer „Geschichte der FDP 1949-1960", in: Jahrbuch zur Liberalismus-Forschung, 7. Jg., 1995, S. 206-216, hier: S. 211.

2.4 Methoden

Bei dieser Arbeit handelt es sich um eine Analyse der politischen Führung von drei FDP-Bundesvorsitzenden mit vergleichenden Aspekten. Sie ist nicht als ein expliziter Vergleich der politischen Führung von Dehler, Maier und Mende angelegt. Die Arbeit verfolgt einen interaktionistischen Ansatz. Neben (Partei-) Strukturen und Konstellationen stehen Faktoren im Mittelpunkt, die sich auf Persönlichkeit und Biografie des politischen Anführers beziehen.[6] Vor allem der Abschnitt über Mende ist eine Fallstudie für den Aufstieg der Frontgeneration des Zweiten Weltkriegs in politische Ämter sowie deren Führungsstil. Ausgehend von Betrachtungen über das Wesen politischer Führung, die FDP der 1950er und 1960er Jahre sowie den Anforderungen an einen Vorsitzenden, sollen Dehler, Maier und Mende zunächst unabhängig und getrennt voneinander in Bezug auf die Fragestellungen, Thesen und Schwerpunkte analysiert werden. Die Arbeit wird sich im Allgemeinen chronologisch – vom Aufstieg zum Parteivorsitz über eine Veränderungsanalyse bis zum Abtritt als Anführer – wie auch nach Gesichtspunkten[7] gliedern.[8] Darstellungen wechseln sich mit analytischen Strängen ab. An die Einzelanalyse jedes Vorsitzenden schließt sich jeweils

---

[6] Bei der Analyse politischer Führung wird zwischen einem auf die Person zentrierten, einem strukturellen bzw. institutionellen sowie einem interaktionistischen Ansatz unterschieden. Bei dem auf die Person zentrierten Ansatz steht die Persönlichkeit und Biografie des politischen Anführers sowie dessen Führungsstil im Mittelpunkt. Beim strukturellen bzw. institutionellen Ansatz ist der Untersuchungsgegenstand die politische Institution oder Organisation, in der sich der politische Anführer bewegt. Aufgabe ist es, Machtstrukturen, Machtressourcen und Grenzen politischer Führung zu untersuchen. Beim interaktionistischen Ansatz wird nach der Veränderung von Faktoren gefragt. Es sind personelle wie systematische Aspekte zu berücksichtigen, die einander bedingen. Politische Anführer agieren innerhalb eines bestimmten Umfelds. Es begrenzt den Handlungsspielraum und prägt ihr Verhalten wie ihre Ambitionen. Allerdings können sich die politischen Anführer sowohl von den strukturellen Rahmenbedingungen emanzipieren als auch diese prägen. Zudem sind kurzfristige Einflüsse und Konstellationen entscheidend, die mitunter nicht vorhersehbare windows of opportunity schaffen, die dem politischen Anführer bestimmte Möglichkeiten geben. Der interaktionalistische Ansatz ist zum dominanten Paradigma in der leadership-Forschung geworden. Siehe auch: Helms, Ludger: Politische Führung als politikwissenschaftliches Problem, in: Politische Vierteljahresschrift, 41. Jg., H. 3/2000, S. 411-434, hier: S. 420-421.
[7] Das sind v.a. Persönlichkeit und Prägungen, Ausgangssituation bei Amtsantritt, Strukturen und Konstellationen zu Beginn, während und am Schluss der Amtszeit, innerparteiliche und externe Konkurrenten und Verbündete sowie Politik- und Machtstrategie. Zudem sind Exkurse zu aufschlussreichen Punkten außerhalb des Analyserahmens vorgesehen, so zu den Vorstellungen Dehlers, Maiers und Mendes über die Außen-, Deutschland- und Ostpolitik, zu Dehler als Justizminister, Maier als Ministerpräsident und Mende als Bundesminister für gesamtdeutsche Fragen.
[8] Diese Art der Gliederung empfiehlt sich, um die Frage nach Bedeutung, Rolle und Scheitern zu beantworten wie auch der Übersichtlichkeit wegen. Eine rein auf Gesichtspunkte orientierte Gliederung oder ein expliziter Vergleich ermöglichen das nicht.

ein ausführliches Fazit über dessen politische Führung an, gefolgt von der Beantwortung der Frage nach Führungsstil, Rolle und Bedeutung für die FDP sowie nach Scheitern oder Erfolg als Parteiführer.[9] Am Ende ist ein kurzes Resümee zu Führungstypen, Führungsstilen und zum Zusammenhang der politischen Führung von Dehler, Maier und Mende vorgesehen.

Maiers und Mendes Art der politischen Führung sowie ihre Persönlichkeit und Biografie scheinen vielschichtiger als die Dehlers, wodurch die Phänomene Maier und Mende schwieriger zu erschließen sind. Deshalb schien es auch unausweichlich, intensiver als bei Dehler Maiers und vor allem Mendes Prägungen wie ihre politische Laufbahn vor der Übernahme des FDP-Vorsitzes zu betrachten, um persönliche und strukturelle Voraussetzungen für die Übernahme des Parteivorsitzes zu analysieren. Nur dadurch erschließt sich letztendlich die Art ihrer politischen Führung der FDP sowie ihr persönliches Wesen.

2.5 Forschungsstand und Materiallage

An der Einschätzung Theo Schillers 1993, dass die FDP zwar viele publizistische Kommentare und moralische Urteile auf sich gezogen habe, aber von den deutschen Traditionsparteien die am wenigsten erforschte Partei sei, hat sich bis heute kaum etwas geändert.[10]

Es gibt verschiedene Werke über die Geschichte der FDP, meist Überblicksdarstellungen mit Schwerpunkt auf innerparteilichen Strukturen und Entwicklungen, die Stellung im Parteiensystem sowie Wähler- und Mit-

---

[9] Die Frage nach Rolle, Bedeutung und Scheitern soll bewusst erst im Fazit jeder Einzelanalyse gestellt werden, um eine neutrale und vorurteilsfreie Betrachtung zu gewährleisten.
[10] Schiller, Theo: Stand, Defizite und Perspektiven der FDP-Forschung, in: Niedermeyer, Oskar / Stöss, Richard (Hrsg.): Stand und Perspektiven der Parteienforschung in Deutschland, Opladen 1993, S. 119-146, hier: S. 119 [im Folgenden zitiert als: Schiller, in Niedermeyer / Stöss]. Auch: Papke, Gerhard: Zum Stand der Forschung zur Geschichte der Freien Demokratischen Partei, in: liberal, 33. Jg. H. 4/1991, S. 34-41, hier: S. 34-36.

gliederanalysen[11] bzw. Arbeiten über die Außen-, Deutschland- und Ostpolitik der Partei.[12] Flügelkämpfe, Koalitionsstrategien und Organisationsstrukturen nehmen dabei einen großen Raum ein, vor allem bei den Arbeiten von Gutscher, Körper und Papke. Es sind – neben den neueren Werken von Peter Lösche und Franz Walter über Richtungsstreit und Zukunftszweifel der FDP sowie von Siekmeier über die Ost- und Deutschlandpolitik der 1960er Jahre – Arbeiten, die sich der FDP der 1950er und 1960er Jahren widmen. Die späten 1950er und der Beginn der 1960er Jahre allerdings sind – im Gegensatz zur Gründungs- und Konsolidierungsphase (1945 bis 1956) sowie zur Phase der Umorientierung (etwa 1966 bis 1972) – im Hinblick auf strukturelle Entwicklungen innerhalb der Partei noch nicht ausreichend beleuchtet worden.[13] Der Aspekt der politischen Führung fand noch kaum Beachtung in der Forschung. Die Führungsebene der Partei wurde vernachlässigt, ebenso die Frage nach Relationen zwischen Veränderungen

---

[11] So vor allem: Dittberner, Jürgen: FDP – Partei der zweiten Wahl. Ein Beitrag zur Geschichte der liberalen Partei und ihrer Funktionen im Parteiensystem der Bundesrepublik, Opladen 1987 [im Folgenden zitiert als: Dittberner, a. a. O.]. Gutscher, Jörg Michael: Entwicklung der FDP von ihren Anfängen bis 1961, Meisenheim am Glan 1967 [im Folgenden zitiert als: Gutscher, a. a. O.] Kaack, Heino: Zur Geschichte und Programmatik der Freien Demokratischen Partei. Grundriß und Materialien, Meisenheim am Glan 1976 (Studien zum politischen System der Bundesrepublik Deutschland, Bd. 18) [im Folgenden zitiert als: Kaack, a. a. O.]. Körper, Kurt J.: FDP. Bilanz der Jahre 1960-1966. Braucht Deutschland eine liberale Partei?, Köln 1968 (Kölner Schriften zur Sozialwissenschaftlichen Forschung, Bd. 1) [im Folgenden zitiert als: Körper, a. a. O.]. Lösche, Peter / Walter, Franz: Die FDP. Richtungsstreit und Zukunftszweifel. Darmstadt 1996 [im Folgenden zitiert als: Lösche / Walter, a. a. O.] Papke, Gerhard: Unser Ziel ist die unabhängige FDP. Die Liberalen und der Machtwechsel in Nordrhein-Westfalen 1956, Baden-Baden 1992 (Schriften der Friedrich-Naumann-Stiftung, Wissenschaftliche Reihe) [im Folgenden zitiert als: Papke, 1992]. Rütten, Theo: Der deutsche Liberalismus 1945 bis 1955. Deutschland- und Gesellschaftspolitik der ost- und westdeutschen Liberalen in der Entstehungsphase der beiden deutschen Staaten, Baden-Baden 1984 [im Folgenden zitiert als: Rütten, a. a. O.].
[12] Vor allem: Glatzeder, Sebastian J.: Die Deutschlandpolitik der FDP in der Ära Adenauer. Konzeptionen in Entstehung und Praxis, Baden-Baden 1980 [im Folgenden zitiert als: Glatzeder, a. a. O.]. Klingl, Friedrich: „Das ganze Deutschland soll es sein!" Thomas Dehler und die außenpolitischen Weichenstellungen der fünfziger Jahre. Eine Analyse der außenpolitischen Konzeption und des außenpolitischen Verhaltens Thomas Dehlers, München 1987 (Der politische Liberalismus in Bayern, Studienreihe des Thomas-Dehler-Instituts, Bd. 3) [im Folgenden zitiert als: Klingl, a. a. O.]. Siekmeier, 1998.
[13] Zur Phase der Umorientierung: Josten, Ulrich: Für einen erneuerten Liberalismus. Die Zeitschrift *liberal* und die FDP bis 1969, Hamburg 2001 (Schriftenreihe Studien zur Zeitgeschichte, Bd. 23) [im Folgenden zitiert als: Josten, a. a. O.]. Koerfer, Daniel: Die FDP in der Identitätskrise. Die Jahre 1966-1969 im Spiegel der Zeitschrift „liberal", Stuttgart 1981 [im Folgenden zitiert als: Koerfer, 1981]. Zülch, Rüdiger: Die dritte Partei im Kräftefeld des Koalitionssystems. Von der FDP zur F.D.P., Köln 1971 (Inauguraldissertation zur Erlangung des Doktorgrades der Wirtschafts- und Sozialwissenschaftlichen Fakultät der Universität zu Köln). Zundel, Rolf: Die Erben des Liberalismus, Freudenstadt 1971.

in der Führung und den Strukturen wie Entwicklungen der Partei.[14] Bei aller Wichtigkeit struktureller Erklärungsansätze verspricht jedoch die stärkere Berücksichtigung biografischer Elemente und des Aspekts der politischen Führung neue Erkenntnisse. Dieses Werk soll hierzu einen Beitrag leisten.

Über Maier wie Dehler erschienen zu ihrem jeweils 100. Geburtstag 1989 bzw. 1997 ausführliche Biografien. Udo Wengst vertritt in seiner Dehler-Biografie die These, Dehler sei nicht nur als Parteiführer gescheitert. Vor allem in der Deutschlandpolitik sei sein Versagen offensichtlich.[15] Friedrich Henning meint ebenfalls, Dehler sei als Parteivorsitzender gescheitert.[16] Detlev Rilling tituliert Dehler in seiner Dissertation als geistigen „Amokläufer".[17] Auch Lösche und Walter vertreten die Ansicht, Dehler taugte nicht zum Parteivorsitzenden und habe das Ausscheiden der FDP aus der Bonner Koalition wie auch die Abspaltung 1956 maßgeblich zu verantworten. Allerdings habe er durch seine Prinzipientreue, vor allem in der Außen- und Deutschlandpolitik, die Eigenständigkeit der FDP gesichert.[18] Stammen betont Dehlers Bedeutung als Mahner für die Einheit Deutschlands.[19] Nahezu allen Arbeiten über Dehler ist jedoch gemein, dass sie dessen langfristige Bedeutung für die Eigenständigkeit einer liberalen Partei nicht genügend würdigen, sondern nur auf die unmittelbare Hinterlassenschaft seiner politischen Führung schauen.

---

[14] Generell wurden in der deutschen Politikwissenschaft lange Zeit biografische Forschungsansätze sowie der Blick auf politische Anführer und Aspekte politischer Führung vernachlässigt. Im Gegensatz zu den angelsächsischen Ländern standen und stehen zum Teil heute noch strukturelle und parteiensoziologische Determinanten sowie Entwicklungsprozesse im Mittelpunkt.
[15] Wengst, Udo: Thomas Dehler 1897-1967. Eine politische Biographie, München 1997 (Eine Veröffentlichung des Instituts für Zeitgeschichte und der Kommission für Geschichte des Parlamentarismus und der politischen Parteien), S. 350-352 [im Folgenden zitiert als: Wengst, 1997].
[16] Henning, Friedrich: Thomas Dehler (1897-1967), in: Wendehorst, Alfred / Pfeiffer, Gerhard (Hrsg.): Fränkische Lebensbilder. Neue Folge der Lebensläufe aus Franken, Bd. 10, Neustadt / Aisch 1982, S. 239-257, hier: S. 251 (Veröffentlichungen der Gesellschaft für Fränkische Geschichte, Reihe VII A) [im Folgenden zitiert als: Henning, in Wendehorst / Pfeiffer].
[17] Rilling, Detlef: Thomas Dehler – Eine politische Biographie. Ein Leben in Deutschland, Inaugural-Dissertation zur Erlangung des Doktorgrades der Philosophischen Fakultäten der Universität Augsburg, Augsburg 1988, S. 154 [im Folgenden zitiert als: Rilling, a. a. O.].
[18] Siehe: Lösche / Walter, a. a. O., S. 40.
[19] Siehe: Stammen, Theo: Thomas Dehler, in: Bernecker, Walther L. / Dotterweich, Volker (Hrsg.): Persönlichkeit und Politik in der Bundesrepublik Deutschland. Politische Portraits, Bd. 1, Göttingen 1982, S. 97-104, hier: S. 100 [im Folgenden zitiert als: Stammen, Dehler, in Bernecker / Dotterweich].

Klaus-Jürgen Matz verfasste eine ausführliche Biografie über Reinhold Maier.[20] Er geht allerdings kaum auf die Rolle Maiers für die weitere Entwicklung der Bundes-FDP ein. Die Bedeutung, die er dem Parteivorsitzenden Maier zubilligt, wird bereits durch die Überschrift des Kapitels, unter welches die Amtszeit Maiers fällt, deutlich: „Der lange Abschied von der Politik. 1953-1960."[21] Matz beschreibt den FDP-Vorsitzenden Maier als „wenig erfolgreich"[22] und als „glücklose[n] Reichs- und Bundespolitiker"[23] Die Biografie ist sehr gut lesbar. Der Autor zieht fruchtbare Parallelen zwischen Maiers Agieren in der Weimarer Republik und der Bundesrepublik. Ebenso wie Matz ordnet auch Berg die parteipolitische Zeit eher dem Ausklang in Maiers politischem Leben zu.[24] Lösche und Walter hingegen werten die Rolle Maiers positiver.[25] Jansen attestiert Maier, er habe als „ideale[r] Kompromiß- und Übergangskandidat" und „zeitlich befristete[...] Lösung" die Partei in der kritischen Situation „recht ordentlich" geführt [26] Auch Gutscher betont, Maiers Distanz zur Partei wie zur Macht, seine innere Unabhängigkeit sowie seine pragmatisch-sachliche Politik seien entscheidend für Konsolidierung und Neuorientierung der FDP gewesen.[27] Die Bewertung von Maiers politischer Führung ist folglich zwiespältig und bedarf einer Klärung.

Über Mende gibt es noch keine Biografie, sondern nur einzelne Aufsätze. Die Geschichte der Mende-FDP wurde bislang eher als Wandlungsprozess von rechts der Union zu einer linksliberalen Partei gesehen. Abgesehen vom größten Wahlerfolg der FDP 1961, der maßgeblich als Mendes Verdienst gewürdigt wird, wird seine politische Führung vorwiegend negativ

---

[20] Matz, Klaus-Jürgen: Reinhold Maier (1889-1971). Eine politische Biographie, Düsseldorf 1989 (Beiträge zur Geschichte des Parlamentarismus und der politischen Parteien, Bd. 89) [im Folgenden zitiert als: Matz, 1989].
[21] Ebd., S. 435-477.
[22] Matz, Klaus-Jürgen: Reinhold Maier. 1889-1971, in: Schumann, Hans (Hrsg.): Baden-Württembergische Porträts. Gestalten aus dem 19. und 20. Jahrhundert, Stuttgart 1988, S. 345-350, hier: S. 346 [im Folgenden zitiert als: Matz, in Schumann].
[23] Ebd., S. 349.
[24] Vgl.: Berg, Gunter: Reinhold Maier, in: Bernecker, Walther L. / Dotterweich, Volker (Hrsg.): Persönlichkeit und Politik in der Bundesrepublik Deutschland. Politische Portraits, Bd. 2, Göttingen 1982, S. 60-70, hier: S. 61 [im Folgenden zitiert als: Berg, in Bernecker / Dotterweich].
[25] Vgl.: Lösche / Walter, a. a. O., S. 48. Auch: Walter, Franz: Der zwölfte Mann, in: Frankfurter Allgemeine Zeitung, 5. Mai 2001.
[26] Jansen, Hans-Heinrich: Erich Mende. Skizzen für eine Biographie und eine biographische Skizze, in: Jahrbuch zur Liberalismus-Forschung, 11. Jg., 1999, S. 158-167, hier: S. 164 [im Folgenden zitiert als: Jansen, 1999].
[27] Siehe: Gutscher, a. a. O., S. 215.

bewertet. Jansen stellt den „Umfall" in den Mittelpunkt seiner Überlegungen. Er meint, das bestimmte Mendes Image fortan. Die Ära Mende als Parteivorsitzender scheint folglich bereits im September 1961 ihren Zenit erreicht zu haben. Mendes „unspektakulären Aufstieg"[28] erklärt Jansen mit Fähigkeiten, Ehrgeiz, Fortüne, dem Abwarten und Ausnutzen günstiger Konstellationen sowie einer moderaten Haltung.[29] Sein Ende als Parteivorsitzender begründet er vordergründig damit, dass Mende 1967 nicht erneut – diesmal in der Deutschland- und Ostpolitik – „umfiel", um sich der Mehrheitsmeinung in der Partei anzuschließen. Stattdessen gab er seinen moderierenden Führungsstil auf.[30] Arnulf Baring und Daniel Koerfer sind der Ansicht, Mendes Karrieregipfel stellte das Amt des Gesamtdeutschen Ministers und Vizekanzlers dar. Diese Ämter kam seinem Selbstverständnis entgegen. In der Zeit nach seinem Rücktritt als Minister habe Mende glück-, takt- und erfolglos agiert.[31] Lösche und Walter bewerten Mende zwiespältig. Sie vertreten die Auffassung, der „verstockte[...] Altliberale[...]" Mende habe durch die Ergebenheit der CDU gegenüber die Entwicklungen der 1960er Jahre nahezu ignoriert.[32] Dass er als Exponent des nationalbürgerlichen Lagers sich bis 1968 als Vorsitzender halten konnte, habe er maßgeblich der uneinigen innerparteilichen Opposition sowie seiner lange Zeit recht erfolgreichen „Kompromisse und Leerformeln" zu verdanken.[33] Als die FDP ab 1966 in der Opposition war, wurde er, der sich vom Integrator zum „beleidigten Polarisierer" wandelte, zu einer „Last für die Liberalen".[34] Siekmeier wiederum kritisiert Mendes Schlingerkurs in der Deutschland- und Ostpolitik wie auch seinen taktischen Opportunismus und seine Geltungssucht.[35] Sachfragen interessieren ihn nur wenig, wenn die Macht auf dem Spiel steht, so Siekmeier.[36]

---

[28] Jansen, Hans-Heinrich: Erich Mende (1916-1998), in: Oppelland, Torsten (Hrsg.): Deutsche Politiker 1949-1969, Bd. 2: 16 biographische Skizzen aus Ost und West, Darmstadt 1999, S. 132-142, hier: S. 137 [im Folgenden zitiert als: Jansen, in Oppelland].
[29] Siehe: Jansen 1999, S. 161, 165, 167.
[30] Siehe: Jansen, in Oppelland, S. 141.
[31] Siehe: Baring, Arnulf / Koerfer, Daniel: Erich Mende, in: Bernecker, Walther L. / Dotterweich, Volker (Hrsg.): Persönlichkeit und Politik in der Bundesrepublik Deutschland. Politische Portraits, Bd. 2, Göttingen 1982, S. 80-91, hier: S. 81 [im Folgenden zitiert als: Baring / Koerfer, Mende, in Bernecker / Dotterweich].
[32] Siehe: Lösche / Walter, a. a. O., S. 61, 63, 71. Zitat: S. 71.
[33] Siehe: Ebd., S. 61, 66. Zitat: S. 66.
[34] Siehe: Ebd., S. 66, 69. Zitate: S. 66.
[35] Vgl.: Siekmeier, 1998, S. 451-459.
[36] Siehe: Ebd., S. 255.

Allen drei Politikern ist demzufolge gemein, dass sie in der wissenschaftlichen Diskussion eher negativ bewertet werden.

Eine wichtige und aufschlussreiche Quelle für die Zeit von Dehler, Maier und Mende als FDP-Vorsitzende sind die editierten Sitzungsprotokolle des Bundesvorstands.[37] Doch Sitzungsprotokolle zeigen nur eine Seite der Vorgänge. Kursbestimmungen finden oft in Kungelrunden im kleinen Kreis statt. Hier werden Koalitionen vorbereitet und Intrigen gesponnen. Taktisches Geschick ist dabei von Nöten, um Mehrheiten im Vorfeld wichtiger Entscheidungen zu organisieren. Einen Blick hinter die Kulissen der Gremien gestatten persönliche Notizen, Briefe, Tagebücher und Memoiren. Hier treten die Charaktere der Politiker hervor, die Binnenstruktur der Partei und das Verhältnis des Führungspersonals untereinander werden deutlich. Vor allem der Nachlass Thomas Dehlers gibt einen einzigartigen Einblick. Die Nachlässe von Dehler, Maier und Mende sind vollständig einsehbar. Dehlers Nachlass befindet sich im Archiv des deutschen Liberalismus in Gummersbach, der Nachlass von Maier – mit Ausnahme der Akten seines Stuttgarter Büros bzw. der Bundesparteileitung von 1957 bis 1960, die ebenfalls in Gummersbach sind – im Stuttgarter Hauptstaatsarchiv. Der Nachlass Mendes befindet sich teils in Gummersbach, teils im Archiv für Christlich-Demokratische Politik in Sankt Augustin.[38] Von Maier gibt es zudem autobiografisch geprägte Aufzeichnungen, die allerdings nur bis ins

---

[37] Bundesvorstand der FDP. Die Liberalen unter dem Vorsitz von Theodor Heuss und Franz Blücher. Sitzungsprotokolle 1949-1954, bearb. von Udo Wengst, zwei Halbbände, Erster Halbband, 1.-26. Sitzung, 1949-1952, Zweiter Halbband, 27.-43. Sitzung, 1953/1954, Düsseldorf 1990 (Quellen zur Geschichte des Parlamentarismus und der politischen Parteien, vierte Reihe, Deutschland seit 1945, Bd. 7/I) [im Folgenden zitiert als: Bundesvorstand]. Bundesvorstand der FDP. Die Liberalen unter dem Vorsitz von Thomas Dehler und Reinhold Maier. Sitzungsprotokolle 1954-1960, bearb. von Udo Wengst, Düsseldorf 1991 (Quellen zur Geschichte des Parlamentarismus und der politischen Parteien, vierte Reihe, Deutschland seit 1945, Bd. 7/II) [im Folgenden zitiert als: Bundesvorstand]. Bundesvorstand der FDP. Die Liberalen unter dem Vorsitz von Erich Mende. Sitzungsprotokolle 1960-1967, bearb. von Reinhard Schiffers, Düsseldorf 1993 (Quellen zur Geschichte des Parlamentarismus und der politischen Parteien, vierte Reihe, Deutschland seit 1945, Bd. 7/III) [im Folgenden zitiert als: Bundesvorstand]. Doch geben die Aufzeichnungen oftmals wenig Auskunft. Es sind meist Beschluss- oder Ergebnisprotokolle, nur selten jedoch Mitschriften. Die Protokolle des Vorstands der nordrhein-westfälischen Freidemokraten sind oftmals aufschlussreicher. Viele Spitzenpolitiker der Bundespartei kamen aus dem größten Landesverband. So wurden oftmals hier Themen beraten bzw. entschieden, die auch im Bundesvorstand eine Rolle spielten. Die Akten des Landesvorstands der nordrhein-westfälischen FDP befinden sich im Archiv der Wolfgang-Döring-Stiftung (AWDS) in Düsseldorf (Ia/5).
[38] Nachlass Thomas Dehler (NTD): AdL, N 1, N 53. Nachlass Reinhold Maier (NRM): HStAS, Q 1/8. Nachlass Erich Mende (NEM): AdL, A 26, A 31, A 32. Bestand Erich Mende vor allem nach 1970: ACDP I-269.

Jahr 1953 reichen.[39] Sie geben Aufschluss über die Persönlichkeit Maiers und sein Verhältnis zur Macht. Mende wiederum hat eine dreibändige Autobiografie verfasst.[40] Entscheidende Hintergrundinformationen zu dem Thema erfährt man allerdings kaum. Locker geschrieben ist es leicht und verständlich lesbar. Doch der Inhalt bleibt blass und substanzlos. Mendes Werk über die FDP liefert kaum aufschlussreiche Informationen. Er mischt parteiinterne Vorgänge mit Rechtfertigungen seines späteren politischen und beruflichen Werdegangs. Daraus entsteht eine Mischung aus Fakten, Beurteilungen und Vorwürfen.[41] Ferner sind zeitgenössische Presseartikel Grundlage dieser Arbeit. Wichtige Quelle sind zudem hintergründige Interviews, so von Günter Gaus mit Dehler und Mende.[42] Aufschlussreiche Quelle über die Deutschlandpolitik der Partei, aber auch über Maiers und Mendes politische Führung sind die Aufzeichnungen Schollwers.[43] Hier erfährt man viel über die in mancher Hinsicht ambivalente Haltung Mendes.

---

[39] Maier, Reinhold: Ende und Wende. Das schwäbische Schicksal 1944-1946. Briefe und Tagebuchaufzeichnungen, Stuttgart – Tübingen 1948. Ders.: Bedrängte Familie, Tübingen 1962 [im Folgenden zitiert als: Maier, 1962]. Ders.: Ein Grundstein wird gelegt. Die Jahre 1945-1947, Tübingen 1964 [im Folgenden zitiert als: Maier, 1964]. Ders.: Erinnerungen 1948-1953, Tübingen 1966 [im Folgenden zitiert als: Maier, 1966].
[40] Mende, Erich: Das verdammte Gewissen. Zeuge der Zeit 1921-1945, zweite Auflage, München – Berlin 1983 [im Folgenden zitiert als: Mende, 1983]. Ders.: Die neue Freiheit 1945-1961, zweite Auflage, München – Berlin 1984 [im Folgenden zitiert als: Mende, 1984]. Ders.: Von Wende zu Wende. Zeuge der Zeit 1962-1982, München – Berlin 1988 [im Folgenden zitiert als: Mende, 1988].
[41] Mende, Erich: Die FDP. Daten, Fakten, Hintergründe, Stuttgart 1972 [im Folgenden zitiert als: Mende, 1972].
[42] Interview mit Dehler: Gaus, 1987, S. 87-114. Interview mit Mende: Gaus, Günter: Was bleibt, sind Fragen. Die klassischen Interviews, hrsg. von Hans-Dieter Schütt, zweite Auflage, Berlin 2001, S. 232-253 [im Folgenden zitiert als: Gaus, 2001].
[43] Schollwer, Wolfgang: Liberale Opposition gegen Adenauer. Aufzeichnungen 1957 bis 1961, hrsg. von Monika Faßbender, München 1990 (Biographische Quellen zur deutschen Geschichte nach 1945, Bd. 9) [im Folgenden zitiert als: Schollwer, 1990]. Ders.: FDP im Wandel. Aufzeichnungen 1961-1966, hrsg. von Monika Faßbender, München 1994 (Biographische Quellen zur deutschen Geschichte nach 1945, Bd. 15) [im Folgenden zitiert als: Schollwer, 1994].

3 Politische Führung in der FDP – Einleitende Bemerkungen

3.1 Zum Wesen politischer Führung

Der Aspekt politische Führung ist in der Politikwissenschaft bislang ein noch wenig erforschter Bereich. Zu sehr stehen Strukturen und Entwicklungen bei Entscheidungsprozessen im Mittelpunkt des Forschungsinteresses. Politischer Erfolg, die Eroberung, der Erhalt und der Verlust von Macht, werden durch gesellschaftliche Konstellationen erklärt. Dem gegenüber steht das Bedürfnis nach Personalisierung der Politik. Der Konflikt in einer Partei, der Kampf um Macht, wird zunächst meist aus dem Blickwinkel eines Aufeinanderprallens verschiedener Charaktere betrachtet.[1]

Für eine erfolgreiche politische Führung sind mehrere Aspekte entscheidend. Die politische, wirtschaftliche und gesellschaftliche Konstellation sowie die Struktur der jeweiligen Organisationen bzw. Institutionen bestimmen die politische Arena, in welcher der Anführer agiert. Machtmittel und Machtressourcen sind wichtig, damit er sich in Partei und Öffentlichkeit legitimieren kann. Entscheidend sind aber auch die durch Prägungen und Erfahrungen geformten Persönlichkeitsmerkmale.[2] Prägungen und Erfahrungen beeinflussen zu einem großen Teil Erfolg und Misserfolg in der politischen Laufbahn. Sie definieren die Motivation, sich politisch zu betä-

---

[1] Murswieck vertritt die Meinung, Strukturen und Institutionen bestimmen den Führungsstil stärker als Persönlichkeitsmerkmale. Siehe: Murswieck, Axel: Führungsstile in der Politik in vergleichender Perspektive, in: Hartwich, Hans-Hermann / Wewer, Göttrik (Hrsg.): Regieren in der Bundesrepublik II. Formale und informale Komponenten des Regierens in den Bereichen Führung, Entscheidung, Personal und Organisation, Opladen 1991, S. 81-95, hier: S. 82-83. Mit der Institutionalismus-These kontrastiert die unter anderem von Robert Elgie vertretene Great-Man-Theory, die die Person und deren Merkmale in den Mittelpunkt stellt. Siehe: Elgie, Robert: Political Leadership in Liberal Democracies, London 1995, S. 5.

[2] Hierzu: Lösche, Peter: „Politische Führung" und Parteivorsitzende. Einige systematische Überlegungen, in: Forkmann, Daniela / Schlieben, Michael (Hrsg.): Die Parteivorsitzenden in der Bundesrepublik Deutschland 1949-2005, Wiesbaden 2005 (Göttinger Studien zur Parteienforschung), S. 349-368, hier: S. 351 [im Folgenden zitiert als: Lösche, in Forkmann / Schlieben, a. a. O.]. Schwarz, Hans-Peter: Persönlichkeit in der Entwicklung der Bundesrepublik Deutschland. Symposium am 27. Oktober 1984 aus Anlaß des 80. Geburtstages von Theodor Eschenburg, Kehl – Straßburg – Arlington 1985, S. 7-21, bes. S. 10-11. Auch: Walter, Franz: Führung in der Politik. Am Beispiel sozialdemokratischer Parteivorsitzender, in: Zeitschrift für Politikwissenschaft, 7. Jg., H. 4/1997, S. 1287-1336. Ferner: Greiffenhagen, Sylvia et al.: Politische Sozialisation, in: Greiffenhagen, Martin / Greiffenhagen, Sylvia (Hrsg.): Handwörterbuch zur politischen Kultur der Bundesrepublik Deutschland, zweite, völlig überarbeitete und aktualisierte Auflage, Wiesbaden 2002, S. 407-459.

tigen und formen den Politikstil, das Profil sowie das Gespür für politische Handlungsmöglichkeiten und -notwendigkeiten. Sie bestimmen die Zielsetzungen, die Auswahl und den Umgang mit politischen Themen sowie die Art und Weise, wie ein politisches Ziel artikuliert, verhandelt und durchgesetzt wird. Erfolgreiche politische Führung setzt voraus, dass die Persönlichkeit einerseits sowie die Struktur der jeweiligen Organisation oder Institution wie politische, wirtschaftliche und gesellschaftliche Konstellationen andererseits zueinander passen. Kunst der politischen Führung ist es also, ein Arrangement zwischen diesen einzelnen Sektoren zu bilden.

Wesentlich für politische Führung ist das Streben nach Gewinn, Gebrauch und Erhalt von politischer Macht.[3] Ein Parteivorsitzender kann aber nur dann als erfolgreich bezeichnet werden, wenn es ihm gelingt, die verschiedenen Flügel seiner Partei zu integrieren, und dabei selbst als starker und unumstrittener Vorsitzender zu erscheinen. Es gibt ein Spannungsverhältnis zwischen möglichst großen Freiräumen für die einzelnen Fragmente der Partei und einer starken und geeinten Truppe. Interessen müssen idealerweise durch Abstimmung aller Gremien und durch Einbindung von Konkurrenten gebündelt, integriert und koordiniert werden, um sie dann durchzusetzen. Ein erfolgreicher Anführer muss dazu kommunizieren, überzeugen und beeinflussen können, aber auch Härte zeigen, Entscheidungen treffen und somit politisch gestalten. Er sollte eine bestimmte Konstellation möglichst selbst herbeiführen, die Gelegenheit nutzen und seine Pläne realisieren, bevor die Blockierungskräfte die Oberhand gewinnen. Entscheidend hierfür ist eine Führungs- oder Leitungsstrategie. Sie spiegelt sich in einem mehrheitsfähigen Entwurf, einem politischen Programm, einem Ziel oder einer Vision wider und verdeutlicht, wohin geführt werden soll. Der politische Entwurf muss möglichst weit mit dem Befinden der Bevölkerung, der jeweiligen Konstellation sowie der historischen Situation in Einklang stehen. Zudem ist für eine erfolgreiche politische Führung ausschlaggebend, ob es dem Anführer gelingt, sich pragmatisch auf Veränderungen der politischen, gesellschaftlichen und wirtschaftlichen Situation in Staat, Gesellschaft und Partei einzustellen, dementsprechend Alternativen

---

[3] Nach Max Weber ist Politik „Streben nach Machtanteil oder nach Beeinflussung der Machtverteilung". Weber, Max: Politik als Beruf, in: Ders.: Wissenschaft als Beruf 1917/1919. Politik als Beruf 1919, hrsg. von Wolfgang J. Mommsen und Wolfgang Schluchter in Zusammenarbeit mit Birgitt Morgenbrod, Tübingen 1992, S. 156-252, hier: S. 159 (Max Weber Gesamtausgabe, Abteilung I, Schriften und Reden, Bd. 17 [im Folgenden zitiert als: Weber, a. a. O.].

vorzuweisen und Prioritäten zu setzen. Machtanteile durch Regierungsbeteiligung stärken die Position einer Partei und ihres Vorsitzenden. Damit der Chef einer Regierungspartei zu einem erfolgreichen politischen Anführer avancieren kann, muss er zudem seine wie die Position seiner Partei in der Koalition personell und inhaltlich herausstellen.

Doch erfolgreiche politische Führung heißt auch, Verantwortung abzugeben, ohne sich selbst, die Partei und den Nachfolger zu beschädigen. Einen erfolgreichen Anführer zeichnet aus, dass er politische Talente oder gar eine neue Generation fördert und einen Nachfolger aufbaut. Diesen sollte er aber im eigenen Interesse möglichst lange unter Kontrolle haben. Ein erfolgreicher politischer Anführer bewegt sich folglich in einem Spannungsverhältnis von eigener Machtsicherung und dem Aufbau eines Nachfolgers, der die Partei stark und erfolgreich weiterführen kann.

Maßgebliche persönliche Faktoren für den Erfolg von politischer Führung sind die Art seines Umgangs mit anderen Menschen, die Fähigkeit zur Teamarbeit und Delegierung von Aufgaben sowie zu Moderation und Integration. Ebenso sind persönliche Autorität, Selbstvertrauen, Ehrgeiz und Durchsetzungsfähigkeit, Ausstrahlung, menschlicher Charme, Charisma,[4] öffentliches Ansehen, persönliche Integrität, Erfahrung, rhetorische und kommunikative Fähigkeiten – die kommunikative Kompetenz –, ein ethisches Fundament, die Kraft des Arguments, aber auch schlicht Fortüne im politischen Geschäft ausschlaggebend.[5] Max Weber definiert resümierend drei notwendige persönliche Qualitäten eines Politikers: Leidenschaft, Verantwortungsgefühl und Augenmaß.[6] Strukturelle Aspekte, wie die personelle Ausstattung und Professionalisierung der Parteileitung, die mögliche Anhäufung mehrerer Ämter sowie die Kenntnis informeller Gruppierungen in der Partei beeinflussen den Erfolg eines politischen Anführers. Die Unterstützung durch eine Hausmacht ist wichtig, vor allem dann, wenn es andere Machtzentren in der Partei gibt. Ferner ist sein Verhältnis zum Fraktionsvorsitzenden – wenn er diese Position nicht selbst bekleidet –, zum

---

[4] Weber definiert Charisma als „Autorität der außeralltäglichen persönlichen Gnadengabe". Weber, a. a. O., S. 160.
Voraussetzung von Charisma ist die Fähigkeit eines Politikers, an einem zukunftsweisenden Projekt zu arbeiten, um hierdurch Anhänger zu überzeugen und Partei wie Öffentlichkeit zu mobilisieren. Siehe: Lösche, in: Forkmann / Schlieben, a. a. O., S. 365.
[5] Hennis, Wilhelm: Richtlinienkompetenz und Regierungstechnik, neu abgedruckt in: Berliner Republik, 4. Jg., H. 1/2002, S. 20-27.
[6] Siehe: Weber, a. a. O., S. 227.

Bundesgeschäftsführer und zum Bundeskanzler ebenso entscheidend wie die Unterstützung durch Mitglieder, Wähler und mittlere Parteieliten sowie fähige und realistische Berater. Weitere Kontextbedingungen, wie die Verankerung im Parteiensystem, eventuelle personelle Alternativen zum amtierenden Vorsitzenden sowie ein Einklang zwischen der jeweiligen politischen, gesellschaftlichen und wirtschaftlichen Situation und den Eigenschaften eines Parteivorsitzenden haben ebenso Einfluss auf die politische Führung wie Machtressourcen – der geschickte Umgang mit Medien, die Nutzung des Parteiapparats, Patronagepolitik als auch inhaltliche Kompetenz.[7]

Vor diesem Hintergrund können drei Typen politischer Führung unterschieden werden: charismatische, organisatorisch-bürokratische sowie präsidiale Führung.[8] Ein charismatischer Anführer kann in Krisenzeiten Politik strategisch-innovativ gestalten und seine Anhänger wie die Öffentlichkeit durch ein visionäres Projekt mobilisieren. Auf die charismatische Person projizieren Anhänger Erwartungen und Hoffnungen. Charismatiker führen die Partei von außen. Ein organisatorisch-bürokratischer Parteiführer kennt die Partei sehr genau und hat ein Gespür für Stimmungen und Veränderungen. Er kann die Partei integrieren, ist jedoch kein Visionär, sondern an Effizienz in der Parteiarbeit orientiert. Ein präsidialer Parteiführer ist eher ein symbolisches Oberhaupt einer meist heterogenen, fragilen Partei. Er lenkt die Partei durch eine effiziente Führungslosigkeit von außen und ist nicht primär an Machterhalt und der Durchsetzung einer bestimmten Politik interessiert.

3.2 Zum Wesen der FDP und den Anforderungen an einen Vorsitzenden

Der Vorsitz der FDP vor allem in den 1950er Jahren gestaltete sich als eine äußerst schwierige Aufgabe. Die Partei war durch Flügelkämpfe über das, was Liberalismus ausmachen sollte, tief gespalten. Dem Konflikt zwischen liberaldemokratischem und nationalliberalem Flügel, zwischen „liberale[r]

---

[7] Vgl. auch: Lösche, in: Forkmann / Schlieben, a. a. O., S. 352-364.
[8] Vgl.: Ebd., S. 364-368.

Milieupartei" und „nationale[r] Sammlungsbewegung"[9], um die Nationale Sammlung[10] und die Öffnung der Partei nach rechts vor allem um das Jahr 1952 schlossen sich ab 1954 Konflikte zwischen den Verfechtern und Gegnern der Adenauerschen Außen- und Deutschlandpolitik an. Zudem belasteten die FDP in diesem Zusammenhang Diskussionen über Koalitionen mit der SPD. Die Freidemokraten wirkten zerstritten, zerrissen, uneinheitlich und eher wie ein Haufen bürgerlicher Individualisten, denen es um Teilhabe an der politischen Macht ging, nicht aber wie eine geschlossene Partei.[11] Die speziellen Verhältnisse der Nachkriegsjahre hatten – vor dem Hintergrund der Vereinigung der liberalen Strömungen in einer Partei – eine Diskussion über das Liberalismusverständnis verhindert. Die neue FDP offenbarte sich eher als ein Gesinnungsverband. Der Kitt, um die Individualisten und heterogenen Gruppen – von der eher urbanen, bürgerlich-gebildeten und freisinnigen Mittelschicht auf dem linken Flügel bis zu den

---

[9] Hein, Dieter: Zwischen liberaler Milieupartei und nationaler Sammlungsbewegung. Gründung, Entwicklung und Struktur der Freien Demokratischen Partei 1945-1949, Düsseldorf 1985 (Beiträge zur Geschichte des Parlamentarismus und der politischen Parteien, Bd. 76) [im Folgenden zitiert als: Hein, a. a. O].
[10] Die liberaldemokratischen Landesverbände – vor allem Baden-Württemberg, Bayern, Hamburg und Bremen – waren an mehr oder minder noch existierende bürgerlich-altliberale Milieus gebunden und knüpften an die personellen Kontinuitätslinien der Weimarer Republik an. Sie vertraten den traditionellen (Links-) Liberalismus und konnten auf Länderebene auch mit der SPD koalieren. In den Hansestädten vertrat die föderalistische und eher freisinnige FDP das traditionelle Bürgertum der Reeder und Kaufleute und den protestantischen Mittelstand. In Bayern trat die FDP vorwiegend antiklerikal, im Südwesten als Partei des protestantischen und bürgerlich-liberalen Mittelstands auf. Der nationalliberale Flügel – vor allem die Landesverbände Hessen, Nordrhein-Westfalen und Niedersachsen sowie das frühere Württemberg-Hohenzollern – hingegen wollte seit Ende der 1940er Jahre mit der Strategie der nationalen Sammlung, nicht durch den politischen Katholizismus oder die Parteien der Arbeiterbewegung repräsentierten bürgerlich-nationalen und antisozialistischen Kräfte unter Einschluss der nationalen Rechten zu einem zweiten Machtzentrum im Rahmen des Bürgerblocks zusammenführen. So sollten die Enttäuschten und Frustrierten der Nachkriegsjahre gewonnen werden. Man sah angesichts der heimkehrenden Soldaten, der Flüchtlinge und Vertriebenen, der HJ-Generation und der von der Entnazifizierung Betroffenen ein noch unentschlossenes Potenzial für eine dritte große Partei auf der Rechten. Alle gegen die SPD gerichteten politischen Kräfte außerhalb der CDU wollte die FDP unter ihrer Führung vereinen, um die Zersplitterung des bürgerlichen Lagers zu überwinden. Die FDP wollte als Mehrheitsbeschaffer für die CDU agieren, sich aber auch eine Position als eigenständiger Faktor im politischen Leben rechts von der CDU schaffen. Im rechten Flügel standen so Unitarismus und Reichsgedanke sowie Forderungen nach einer Entnazifizierung und nach einer Generalamnestie im Mittelpunkt. Die Protagonisten der nationalen Sammlung sahen die altliberalen Honoratioren als „Steinzeit-Demokraten". Die anfänglichen Erfolge in Nordrhein-Westfalen unter Middelhauve sowie in Hessen unter Euler waren bezeichnend für das Potenzial, das sich bot. Vor allem in Nordrhein-Westfalen hielt die FDP die extrem rechten Parteien in Schach, kanalisierte die Ressentiments gegen den neuen Staat und die Demokratie und integrierte frühere Nationalsozialisten in das neue System. Vgl.: Dittberner, a. a. O., S. 31-32. Gutscher, a. a. O., S. 230. Lösche / Walter, a. a. O., S. 27-29.
[11] Siehe: Lösche / Walter, a. a. O., S. 39.

eher ländlichen, konservativen und deutschnationalen Anhängern auf der Rechten – zusammenzuhalten, waren der Antiklerikalismus, der Antisozialismus, die Frontstellung gegen die Gewerkschaften und den Sozialflügel in der CDU, die gemeinsame Position in sozial- und wirtschaftspolitischen Fragen sowie das Bekenntnis zur Freiheit des Einzelnen. Eine eher freie Marktwirtschaft ohne Sozialisierungstendenzen war gemeinsames Ideal.[12]

Seit dem preußischen Verfassungskonflikt, als sich 1866 – auf der Woge der nationalen Euphorie nach den von Preußen gewonnenen Kriegen 1864 und 1866 – die Nationalliberale Partei von der Deutschen Fortschrittspartei im Streit über die Indemnitätsvorlage zum Heereshaushalt abspaltete und als der die Politik Bismarcks unterstützende Part auftrat, gab es bei den liberalen Parteien in Deutschland oftmals Zerreißproben und Spaltungen. Die Liberalen zerschellten an einem starken preußischen Regierungschef Bismarck und dessen Politik und spalteten sich in einen gouvernementalen und einen oppositionellen Flügel. Dieser Vorgang wiederholte sich in den 1950er Jahren unter Dehler und drohte auch in den 1960er Jahren unter Mende.[13]

Der FDP fehlte eine feste, historisch gewachsene Milieubindung. Nur in einzelnen Regionen gab es Ansätze. Sie war nicht in einer bestimmten Wählerschicht verankert und hatte kein breites Organisationsumfeld durch Kirchen, Massenorganisationen, innerparteiliche Interessenverbände oder Vorfeldorganisationen, von denen sich Parteivorsitzende in schwierigen Zeiten Rückendeckung und Geschlossenheit erhoffen konnten. Im Gegenteil: Dem liberal gesinnten Besitz- und Bildungsbürgertum waren Parteidisziplin und Loyalität fremd. Die Liberalen waren Individualisten und keine Parteisoldaten. Autoritäten lehnten sie ab. Sie sahen sich selbst als Elite der Gesellschaft. Als Establishment bedurften sie nicht des Schutzraums einer Partei oder gar eines Milieus. Organisation und Zusammenhalt in einer Partei oder einem Milieu passten nicht zu ihrem Selbstverständnis. Zudem konnten sie auf den beschwörenden Appell an Visionen, Märtyrer und gemeinsame Erfahrungen der Verfolgung und Unterdrückung – bei Union und SPD Mittel zur Integration und Disziplinierung der eigenen Anhänger – nicht zurückgreifen, um Geschlossenheit zu erreichen. Der Liberalismus bot nicht die Möglichkeit für Utopien und Ideologien. Er verfügte auch

---

[12] So: Kaack, a. a. O., 12-13.
[13] Siehe: Dittberner, a. a. O., S. 35.

nicht über Märtyrer, um die sich Mythen rankten und auf deren Vermächtnis ein Vorsitzender hätte verweisen und in deren Tradition er sich hätte stellen konnte. Liberale Gründungsväter wie Rudolf von Bennigsen, Eugen Richter oder Friedrich Naumann waren keine Märtyrer.[14]

Parlamentszugehörigkeit und Regierungsbeteiligung waren für die FDP die wichtigsten Organisationsreserven. Die Honoratioren schlossen sich zur Nominierung von Kandidaten für eine Wahl mehr oder minder spontan zusammen. Eine feste Organisationsform an der Basis, wie einen Ortsverein, gab es kaum, ebenso wenig bezahlte Funktionsträger. Die Organisationsstruktur war flexibel, unverbindlich, weitmaschig. Selbst die programmatisch, ideologisch, emotional und mental bestimmten Flügel waren locker, lose, clubförmig und unverbindlich organisiert.[15] Die FDP der 1950er Jahre hatte bei etwa 70.000 Mitgliedern in Bezug auf ihre Wählerschaft die geringste Organisationsdichte der drei großen Parteien.[16] 1965 hatte die FDP etwa 96.000 Mitglieder.[17]

Infolge der Organisationsdefizite und Finanzierungsprobleme, fehlender Vorfeldorganisationen als auch des spezifischen Selbstverständnisses der Mitglieder gab es in der FDP keinen institutionalisierten Weg der innerparteilichen Willensbildung. Kommunikation lief primär über die Medien. Allerdings war die Kommunikation abhängig von der öffentlichen Meinung. Die Partei war anfällig für Stimmungen. Mende erkannte und nutzte das als einer der ersten. Zudem fielen Entscheidungen oft in tribalistischen Personenklüngeln, die sich kurzfristig zu Machterwerbs- und Machtsiche-

---

[14] Doch diese Bedingungen machten die Liberalen auch heimatlos und führten in Zeiten der Krise zum Verlust von Anhängern und Wählern. Der selbstständige Mittelstand war eine sehr treulose Klientel, der sich an der Gegenwart orientierte und die politische Präferenz nach den eigenen Interessen ausrichtete. Bei Schwierigkeiten war er leicht zu erschüttern und wechselte quer durch das rechte Spektrum des Parteiensystems. So landete er Anfang der 30er Jahre bei den Nationalsozialisten. Im Gegensatz hierzu gab es in festen Milieus, wie dem sozialistischen oder dem katholischen, langfristige Heilshoffnungen sowie Trost- und Erlösungsutopien im Dies- oder Jenseits, die durch Krisen nicht so leicht zu erschüttern waren. Auch: Walter, Franz / Dürr, Tobias: Die Heimatlosigkeit der Macht. Wie die Politik in Deutschland ihren Boden verlor, zweite Auflage, Berlin 2000, S. 24-27 [im Folgenden zitiert als: Walter / Dürr, a. a. O.].
[15] Vgl.: Lösche / Walter, a. a. O., S. 166-167, 179, 181.
[16] Ebd., S. 128. Dittberner und Gutscher sprechen hingegen von mehr als 80.000 Mitgliedern. Dittberner, a. a. O., S. 89. Gutscher, a. a. O., S. 74. Schiller gibt nicht mehr als 50.000 Mitglieder an. Schiller, in Niedermeyer / Stöss, S. 139. Vorländer spricht von 50.000 bis 70.000 Mitgliedern in der zweiten Hälfte der 1950er und ersten Hälfte der 1960er Jahre. Vorländer, Hans: Die Freie Demokratische Partei, in: Mintzel, Alf / Oberreuter, Heinrich (Hrsg.): Parteien in der Bundesrepublik Deutschland, Opladen 1992, S. 266-318, hier: S. 307. Halbwegs gesicherte Daten liegen erst seit 1968 vor. Es gab keine zentralen Mitgliederkarteien bei der Bundespartei oder den Landesverbänden.
[17] Körper, a. a. O., S. 41.

rungszwecken zusammenschlossen. Die Parteigremien legitimierten, was dort schon ausgehandelt wurde. In einer solchen Partei mit wenig Mitgliedern, starker Personalisierung von Konflikten, organisatorischer Schwäche und einem Faible für tribalistische Entscheidungsstrukturen konnte es einem kleinen auf die Karriere orientierten Personenkreis relativ leicht fallen, sich die Macht anzueignen, die innerparteiliche Balance zu zerstören und die Ausrichtung der Partei neu zu bestimmen. Eine parteiinterne Ochsentour war daher unüblich. Blitzkarrieren und -abstürze häufig.[18]

Die Finanzsituation der FDP war die prekärste aller Parteien. Schon aus finanziellen Gründen konnte die FDP in den 1950er Jahren ihre Organisation kaum ausbauen. Die Honoratioren hatten eine lasche Zahlungsmoral. Die geringen Mitgliedsbeiträge – in den 1960er Jahren lag das Minimum bei 1 DM pro Monat[19] – flossen spärlich und zudem nur an die unteren Parteigliederungen. Der parteiinterne Finanzausgleich funktionierte kaum. Die Landesverbände waren bedacht, möglichst wenig von ihren Einnahmen abzuführen. Staatliche Zuschüsse auf Bundesebene gab es erst seit Ende der 1950er Jahre. Die Partei war auf Unterstützung aus der Wirtschaft angewiesen und musste auf deren Interessen Rücksicht nehmen, durfte aber nicht von ihr abhängig werden. Das war ein Teufelskreis.[20]

Auf all diese liberalen Besonderheiten mussten sich die Parteivorsitzenden einstellen. Nur gute Wahlergebnisse und eine erfolgreiche Regierungsbeteiligung waren einigermaßen verlässliche Garanten, wenn ein Parteiführer der FDP in diesem Haifischbecken ohne weitere Loyalitätsschicht in Krisenzeiten bestehen wollte. Keine andere im Bundestag vertretene Partei hatte jemals solche Führungsprobleme wie die FDP in den 1950er Jahren. Von ihrer Gründung 1948 bis zum Ende der 1950er Jahre verbrauchte die FDP vier Parteivorsitzende. Innerparteiliche Opposition bildete sich bei den Freien Demokraten spontan und häufig diffus. Dabei richtete sie sich meist nicht gegen eine bestimmte Politik, sondern gegen einzelne Personen. Konflikte in der FDP wurden schnell personalisiert. Bei Amtsantritt wie ein Messias gefeiert, während der Amtszeit demontiert und schließlich unsentimental abserviert – so verlief meist die Ära eines freidemokratischen Parteichefs. Kein Vorsitzender konnte den Wunsch der liberalen Klientel

---

[18] Vgl.: Lösche / Walter, a. a. O., S. 181-188.
[19] Körper, a. a. O., S. 74.
[20] Vgl.: Lösche / Walter, a. a. O., S. 129, 135. Der Spendenanteil lag in den 1950er Jahren bei 80-85 Prozent der Einnahmen.

nach einer scharf pointierten Politik der Partei erfüllen. Zu vorsichtig musste er vor allem in den 1950er und 1960er Jahren zwischen den heterogenen Gruppen und Flügeln lavieren, um die unterschiedlichen Lebenswelten und divergierenden Einstellungen zusammenzuhalten. Der Vorsitzende durfte auf keinen Fall inhaltlich zu präzise Vorstellungen vertreten, sonst hätte er das fragile Konstrukt FDP gesprengt. Er stand dabei in einem Spannungsfeld: Seine Aufgabe war es, die Partei gegenüber den anderen Parteien, auch gegenüber dem Koalitionspartner, zu profilieren. Dabei durfte er der eigenen Partei und der Koalition nicht zuviel Profil zumuten. Kalkulierte Distanz zum Koalitionspartner zur eigenen Profilierung, ohne die Koalition zu sprengen, war die Ideallinie. Einer Sache musste sich der Vorsitzende dabei bewusst sein: Die liberalen Honoratioren wollten keinen innerparteilichen Streit. Auseinandersetzungen um die Niederungen der Parteipolitik passten nicht zu ihrem Selbstverständnis als gesellschaftliche Avantgarde.

Der Individualismus der Liberalen führte aber auch dazu, dass die politische Wirkung der Partei maßgeblich von ihrem Führungspersonal beeinflusst wurde. Doch erschwerend für einen Bundesvorsitzenden war, dass das Amt keine Autorität ausstrahlte. Die Bundespartei war mangelhaft organisiert, finanziell schlecht ausgestattet sowie ein eher schwacher Dachverband zerstrittener, unterschiedliche Richtungen vertretender und nahezu autonomer Landesverbände und Individualisten. Die Landesverbände hatten zudem, bedingt auch durch die Lizensierungspolitik der Alliierten, ein Übergewicht gegenüber der Bundespartei. Die dezentral und föderalistisch orientierte FDP war so in den 1950er und 1960er Jahren ein „Kartell von Landesparteien".[21] Führungseliten und Parteiorganisation orientierten sich in erster Linie an der Länderebene. Die Führungsfunktionen des Bundesvorstands und des Parteivorsitzenden gegenüber den Landesverbänden waren beschränkt. Die Landesvorsitzenden waren qua Amt Mitglieder des Bundesvorstands und hatten somit großen Einfluss auf die Bundesebene.[22] Der Bundesvorstand spiegelte die Flügelkämpfe innerhalb der Partei wider. Vor allem die süddeutschen Landesverbände beharrten auf einem ausgeprägten föderalen Parteiaufbau. In den einzelnen Besatzungszonen und Ländern wurden die Ortsgruppen unabhängig voneinander gegründet. Erst 1948 schlossen sich die Landesverbände und mit ihnen die unterschiedli-

---

[21] Lösche / Walter, a. a. O., S. 39, 170.
[22] Vgl.: Hein, a. a. O., S. 342.

chen Strömungen trotz unterschiedlicher Traditionen, Klientel und Ziele zu einer Bundesorganisation zusammen. Erst 1949 kam durch die Bundestagswahl und die Konstituierung der Bundestagsfraktion der entscheidende Anstoß, einen zentralen Parteiapparat zu schaffen. So konnte es der Bundestagsfraktion gelingen, sich allmählich zum nahezu unangefochtenen Einfluss- und Entscheidungsgremium der FDP auf Bundesebene zu entwickeln. Ihre Stellung war so stark, dass sie über Parteiangelegenheiten entschied. Personell war sie eng mit der Bundespartei verflochten. Neben der Bundestagsfraktion als eigentlichem Führungsgremium waren die FDP-Bundesminister Schaltstelle der Partei. In den Zeiten, in denen die FDP der Bundesregierung angehörte, wurde Parteiarbeit faktisch von den Ministerien und der Fraktion geleistet. Die FDP war so eine Fraktions- und Ministerpartei.[23] Erst nach der Abspaltung 1956 und dem endgültigen Scheitern der Bemühungen um eine Nationale Sammlung sowie unter dem Eindruck der absoluten Mehrheit der Union 1957 wurden Voraussetzungen für eine Straffung der Organisation geschaffen. Der Bundesvorstand wurde gestärkt. Die Tätigkeiten von Fraktion und Vorstand wurden stärker koordiniert. In der Regierungsphase der 1960er Jahre wiederum stieg der Einfluss der Fraktion, aber auch der Bundesgeschäftsstelle.

---

[23] Siehe: Lösche / Walter, a. a. O., S. 168.

4 Der Polarisierer – Thomas Dehler als Vorsitzender der FDP

4.1 Persönlichkeit und Prägungen

Thomas Dehler zeichnete sich in seiner Zeit als Partei- und Fraktionsvorsitzender der FDP durch Charaktereigenschaften sowie politische und gesellschaftliche Vorstellungen aus, die sich bereits in frühen Jahren verfestigt hatten und auf spezifische persönliche Erfahrungen zurückzuführen sind. Dehler verkörperte liberale Wertvorstellungen. Er war ein vehementer Verfechter der freiheitlich-demokratischen Grundordnung und des Rechtsstaats und warnte – getrieben von ständiger Revolutionsangst – vor links- wie rechtsextremistischen Tendenzen. Deutschland als ungeteilter, republikanischer, rechtsstaatlicher und zentralistischer Nationalstaat mit einer starken Exekutive war sein Ideal. Gegenüber dem Katholizismus hegte Dehler deutliche Vorbehalte, die sein Verhältnis zu Adenauer bestimmten. Auch sozialistischen Ideen stand er ablehnend gegenüber. Der glänzende Rhetoriker trat selbstsicher auf, war unbeugsam, handelte oft unüberlegt und scheute keine Konflikte. Sein Ton war meist anklagend, befehlerisch und bisweilen verletzend. Doch resignierte er auch oft.

Thomas Dehler, 1897 geboren, wuchs in einer bürgerlichen Familie im katholischen Lichtenfels in Oberfranken auf. Im Elternhaus wehte „ein liberaler Katholizismus, ein weitherziger, kein muffiger".[1] Sein Vater Georg Dehler, selbstständiger Metzger, Bierbrauer und Gastwirt, betätigte sich am administrativen Leben von Lichtenfels. Die wohlhabenden Dehlers waren akzeptiert und seit Generationen sehr angesehene Bürger. Dieser Hintergrund vermittelte Thomas Dehler frühzeitig das Bewusstsein, einer Familie mit langer historischer Tradition zu entstammen. Das bestimmte sein Selbstwertgefühl. So stellte er sich 1911, im Alter von 13 Jahren, bei der Aufnahmeprüfung für das Königliche Humanistische Alte Gymnasium in Bamberg mit den Worten vor: „Ich bin der Dehler aus Lichtenfels".[2]

---

[1] Gaus, 1987, S. 92.
[2] Dehler, Thomas: Ein Lob auf Franken. Vortrag zur Eröffnung der Sendereihe „Gespräche im Studio Nürnberg" des Bayerischen Rundfunks 1965, in: Dorn, Wolfram / Henning, Friedrich (Hrsg.): Thomas Dehler. Begegnungen – Gedanken – Entscheidungen, mit einem Vorwort von Walter Scheel, Bonn o. J., S. 22-37, hier: S. 27 [im Folgenden zitiert als: Dehler 1965, in Dorn / Henning].

Trotz dessen fühlte sich Dehler in der Minderheit. Er glaubte stets, sich rechtfertigen und um seine Position kämpfen zu müssen. Das kann bereits auf Erfahrungen in seiner Kindheit bzw. Jugend zurückgeführt werden: Hatte er in jungen Jahren „im Katholizismus wirklich eine bergende Kraft" gefunden und wollte sogar Priester werden, so distanzierte er sich bereits in der Schulzeit aufgrund persönlicher Erfahrungen.[3] Im katholischen Bamberg wie auch in Lichtenfels geriet er in eine – zumindest innere – Verteidigungsposition gegenüber der katholischen Mehrheit. Zudem litt Dehler seit seiner Kindheit an Asthma bronchiale. Er wirkte zeitlebens kränklich und war körperlich wenig belastbar. Dennoch: Willenskraft und Phantasie zeichneten ihn schon früh aus.[4] In seiner späteren politischen Karriere trat er selbstsicher auf. Er scheute keine Konflikte. Er provozierte sie geradezu.

Die Zeit auf dem Gymnasium in Bamberg hatte prägenden Einfluss auf Thomas Dehler. Seine Liebe zur Nation, zum Reich, zum Kaiser und zu Franken entwickelte sich in der alten Kaiserstadt, seinem „Lebensmittelpunkt",[5] mit einer für ihn einzigartigen Anziehungskraft. Hier formte sich seine „starke Bindung an das Vaterländische".[6] Für den Franken Dehler war die Bindung an das Reich eine historisch gewachsene Selbstverständlichkeit. Aufgewachsen in der Nähe der Hohenzollernstädte Kulmbach und Bayreuth, waren ihm antipreußische Ressentiments des Rheinländers Adenauer fremd. Aus seiner Herkunft erklärt sich so auch Dehlers Engagement für die deutsche Einheit, sein zentralistisches Politikverständnis wie auch seine Distanz zu bayerischen separatistischen Ansprüchen nach 1945.[7]

---

[3] Der junge Dehler erlebte, wie sein Religionslehrer einen Klassenkameraden „systematisch ausschaltete, weil er nichts von ihm hielt." Der Lehrer trieb den Schüler dazu, das Gottestum Christi zu leugnen. Daraufhin wurde dieser von der Schule verwiesen. Dehler: „Ein Erlebnis, das ich nicht verwunden habe." Siehe: Gaus, 1987, S. 93. Entscheidender für Dehlers Haltung gegenüber dem politischen Katholizismus war der Fechenbach-Prozess zu Beginn der Weimarer Republik, den er als Referendar verfolgte. In dem Prozess ging es um Landesverrat. Fechenbach, Sekretär des ermordeten bayerischen Ministerpräsidenten Eisner, wurde zu einer Zuchthausstrafe verurteilt. Er hatte geheime Dokumente der Presse zugespielt, woraus hervorging, dass der Vatikan in der Juli-Krise 1914 aus Eigeninteresse die Situation zu verschärfen suchte. Dehler empfand den politischen Katholizismus in der Folge als „gefährlich". Siehe: Gaus, 1987, S. 93-95. Wengst, 1997, S. 42.
[4] Auch: Hundt, Hanns: Einflüsse aus der Schulzeit, in: Dorn, Wolfram / Henning, Friedrich (Hrsg.): Thomas Dehler. Begegnungen – Gedanken – Entscheidungen, mit einem Vorwort von Walter Scheel, Bonn o. J., S. 18-21, hier: S. 18.
[5] Gaus, 1987, S. 91.
[6] Ebd., S. 94. Franken war für ihn Herzstück und „Inbegriff Deutschlands". Dehler 1965, in Dorn / Henning, S. 29.
[7] Siehe: Henning, in Wendehorst / Pfeiffer, S. 255-256.

Der überschwengliche Nationalismus vor, während und nach dem Ersten Weltkrieg beeinflusste das weitere Denken und Handeln Dehlers. So war er „tief bewegt" über die Steigerung nationaler Gefühle und den Ausbruch des Ersten Weltkriegs.[8] Er trat 1916 nach dem Abitur als Freiwilliger in die Armee ein und wurde Unteroffizier. Aufgrund seines Asthmas schied er im April 1918 aus der Armee aus. Sein Primat der Nation verstärkte sich in jener Zeit. Hier finden sich Ansätze seiner Konzeption zur Außen- und Deutschlandpolitik der Bundesrepublik. Souveränität und Unteilbarkeit der Nation sollten für ihn immer einen hohen Stellenwert einnehmen. Auch der Nationalsozialismus konnte ihm „den Sinn für den Wert des deutschen Volkes nicht nehmen".[9] Nation und Nationalismus waren für ihn keine Unwörter, sie waren nur vom Nationalsozialismus pervertiert worden.

Hinter Dehlers nationaler Rhetorik stand somit ein Weltbild, das in den Grundzügen dem 19. Jahrhundert entstammte. Seine Sozialisation fiel in eine Zeit, als die internationale Politik noch durch weitgehend souveräne Nationalstaaten bestimmt wurde.

Allerdings wandelte sich Dehler von einem Anhänger der Monarchie zu einem vehementen Verfechter der Republik, der freiheitlich-demokratischen Grundordnung und liberalen Gedankenguts. Auslöser waren die Ereignisse des November 1918 sowie die Kämpfe um Republik und Demokratie der frühen Weimarer Jahre. Maßgeblichen Einfluss auf den jungen Dehler hatte „das Erlebnis der Räterepublik mit ihren Exzessen in München" 1918/1919. Die Erfahrungen waren „bestimmend für meine weitere Entwicklung", so Dehler.[10] „Damals ist meine demokratische und liberale Überzeugung entstanden."[11] Während des Zusammenbruchs des Kaiserreichs überkam ihn der „Funke der politischen Verpflichtung, das Gefühl der Verantwortung, der Glaube, die Pflicht zur Neugestaltung zu

---

[8] Anlage zum Brief Dehlers an Luckemeyer vom 29. Oktober 1964, NTD, N 1-693.
[9] Gaus, 1987, S. 101. Dehler distanzierte sich zwar von rassistischem oder antisemitischem Gedankengut und lehnte die nationalsozialistische Weltanschauung ab, betonte aber auch nach 1933 sein staatsbürgerliches Pflichtgefühl. So war er stolz darauf, in der Wehrmacht dienen zu können, da er dem Staat gegenüber loyal sein wollte. Obwohl einberufen, war er in Kriegshandlungen nicht direkt verstrickt. 1940 wurde er aus der Wehrmacht entlassen, da er mit einer Jüdin verheiratet war und jüdische Interessen vor Gericht vertrat sowie während der Weimarer Zeit Mitglied einer liberalen Partei gewesen war und einer Freimaurerloge angehört hatte. Dehler fand die Entlassung aus der Wehrmacht als „schwerste persönliche Diffamierung". Dehler an den Kommandeur der Kraftfahrersatzabteilung 13 in Bamberg vom 29. April 1940, NTD N 53-214.
[10] Gaus, 1987, S. 95-96. Wengst, 1997, S. 30.
[11] Anlage zum Brief Dehlers an Luckemeyer vom 29. Oktober 1964, NTD, N 1-693.

haben".[12] Die Revolutionserfahrung während des Zusammenbruchs der alten politischen und gesellschaftlichen Ordnung sozialisierte Dehler und löste eine politische Bewusstseinsbildung und die Hinwendung zum politischen Liberalismus wie auch – angesichts der von ihm intensiv verfolgten Beratung und Verabschiedung der Bayerischen Verfassung – zum Rechtsstaat aus. Politischer Katholizismus und Sozialismus kamen für ihn aufgrund seiner Erfahrungen nicht in Betracht.

In den Münchner Erfahrungen 1918/1919 lag aber auch seine Revolutionsangst begründet, die ihn zeitlebens begleitete. Dehler sah im Rechts- wie Linksextremismus eine Gefahr für die junge demokratische Republik.[13] Hierdurch und vor allem durch das spätere Scheitern der Weimarer Republik und ihrer Demokratie gewarnt, fürchtete Dehler ein solches Schicksal auch für die Bundesrepublik.[14] Dehlers politische Einstellungen in der Bundesrepublik sind so vor dem Hintergrund der Erfahrungswelt des Ersten Weltkriegs und der frühen Weimarer Republik zu erklären. Das stark ausgeprägte Nationalgefühl und die Kämpfe um Demokratie und Republik sozialisierten ihn. Der Untergang von Demokratie, Republik und Rechtsstaat – hierin lässt sich der Anwalt Dehler wiedererkennen – sowie die Erfahrungen im Dritten Reich bestätigten ihn schließlich in seinem Streben nach einem demokratisch-republikanischen, rechtsstaatlichen und geeinten Nationalstaat.[15] Allein im Rahmen des Nationalstaats hielt er eine liberale und demokratische Politik für möglich.[16]

Nachhaltig bestimmten Dehlers Entwicklung auch Einflüsse aus dem Studium der Rechts- und Staatswissenschaften in Würzburg, Freiburg und München sowie persönliche Begegnungen. Dehlers liberales Weltbild mit seinen Idealen Demokratie, Republik und Rechtsstaat wurde entscheidend von Theodor Heuss geprägt. 1919 lernten sie sich kennen. Die Begegnun-

---

[12] Dehler, Thomas: Dankrede zur Verleihung der Wolfgang-Döring-Medaille am 17. April 1964, in: Dorn, Wolfram / Henning, Friedrich (Hrsg.): Thomas Dehler. Begegnungen – Gedanken – Entscheidungen, mit einem Vorwort von Walter Scheel, Bonn o. J., S. 217-219, hier: 217.
[13] Siehe: Gaus, 1987, S. 94-95. Wengst, 1997, S. 30.
[14] Vor allem in seinen Vorschlägen im Parlamentarischen Rat zum Aufbau eines künftigen Weststaats schlug sich diese Revolutionsangst nieder. Sein Ideal war eine starke Präsidialregierung nach US-amerikanischem Vorbild, die von einem durch Mehrheitswahlrecht gewählten Parlament weitgehend unabhängig sein sollte. Siehe: Wengst, Udo: Thomas Dehler (1897-1967), in: Oppelland, Torsten (Hrsg.): Deutsche Politiker 1949-1969, Bd. 1: 17 biographische Skizzen aus Ost und West, Darmstadt 1999, S. 141-151, hier: S. 144 [im Folgenden zitiert als: Wengst, in Oppelland].
[15] In diesem Sinn: Gaus, 1987, S. 98.
[16] Siehe: Wengst, in Oppelland, S. 144.

gen der beiden zwischen 1919 und 1921 hatten starke Wirkungen auf den jungen Dehler. Heuss wurde zu seinem Idol. „Alles, was der junge Thomas Dehler in der Zeit seiner akademischen Ausbildung als Impuls für politisches Engagement in sich aufnahm, lief wie ein weitverzweigtes System durch eine Schleuse: Theodor Heuss. Er riet zum Studium von Lujo Brentano, er vermittelte die Grundanliegen Friedrich Naumanns, er machte auf die Bedeutung Max Webers aufmerksam, er vermittelte, öffnete dem Jungen die Dimension der Geschichte, der Rechtsphilosophie, der Ästhetik, den goldenen Mittelweg zwischen Radikalismen von links und rechts."[17] Im Liberalismus sah Dehler zunehmend „die eigene staatsbildende Kraft".[18] Maßgeblich durch Heuss beeinflusst, wurde ab 1920 die DDP Dehlers politische Heimat.[19] Doch das politische Engagement ging – mit Unterstützung von Heuss – vom selbstbewussten Dehler aus.[20]

An Dehlers politischer Prägung zeigte sich, dass er vor allem über Heuss mit der Gedankenwelt und den Idealen des Liberalismus in Verbindung kam. Es besteht ein Unterschied zu Maier, der über sein mittelständisches Elternhaus im liberalen Stammland Württemberg geradezu selbstverständlich den Liberalismus als seine politische Heimat entdeckte. Maier interessierte sich nie für das Studium von liberalen Theorien. Er war ein bodenständiger Politiker, der nicht philosophieren mochte. Dehler wurde durch den Kontakt zu Heuss Idealist, Maier hingegen war von Haus aus Pragmatiker. Mende wiederum entschied sich aus schlichter Suche nach Arbeit für

---

[17] Ott, Gabriel: Thomas Dehler, Hof 1985, S. 45. Auch: Klingl, a. a. O., S. 22-23.
[18] Gaus, 1987, S. 96.
[19] Dehlers politisches Engagement begann in der zweiten Jahreshälfte 1920 in Lichtenfels, als er sich den Jungdemokraten anschloss und als Vorsitzender der Ortsgruppe der Deutschen Liga für Völkerbund agierte. Ab 1923/1924 wurde Dehler zunehmend in der DDP aktiv, nachdem er sich in den Jahren zuvor in verschiedenen liberal-nationalen Jugend- und Studentenorganisationen sowie in dem von ihm selbst begründeten antifaschistischen, republikanischen Bund Der Reichsadler und dem daraus entstandenen Reichsbanner Schwarz-Rot-Gold betätigt hatte. In den Tagen des Hitlerputsches 1923 half er in München, die Redaktion einer sozialdemokratischen Zeitung gegen faschistische Übergriffe zu verteidigen. Er gehörte dem Münchner Vorstand der DDP an. Kandidaturen zum bayerischen Landtag im April 1924 und zum Reichstag im Dezember 1924 scheiterten allerdings. In der Endphase der Weimarer Republik führte Dehler in Bamberg den Ortsverein der DDP bzw. der Deutschen Staatspartei. Vgl.: Ohlbrecht, Günther: Thomas Dehler als Jungdemokrat, in: Dorn, Wolfram / Henning, Friedrich (Hrsg.): Thomas Dehler. Begegnungen – Gedanken – Entscheidungen, mit einem Vorwort von Walter Scheel, Bonn o. J., S. 60-63.
[20] Zudem hatte ab 1916 die Freundschaft mit Edgar Jung, dem späteren, 1934 im Röhmputsch ermordeten politischen Berater Papens, seinen Reifeprozess in den Kriegsjahren stark beeinflusst. Hatte er sich vor seiner Kriegsteilnahme noch als Medizinstudent in München immatrikuliert, so wandte er sich nun der Jurisprudenz zu. Vgl.: Henning, in Wendehorst / Pfeiffer, S. 241.

die Betätigung in der FDP. In seinem Elternhaus war er mit liberalem Gedankengut nicht in Verbindung gekommen. Programmatische Anstöße waren von ihm daher auch nicht zu erwarten.

Durch das von Dehler erlebte Scheitern der ersten deutschen Demokratie und das Versagen des deutschen Liberalismus bildete sich die bestimmende Charaktereigenschaft des Bundespolitikers Dehler heraus, deren tiefer liegenden Ursachen bereits in den aufgewühlten Jahren des Ersten Weltkriegs und der frühen Weimarer Republik zu finden sind. Der Schlüssel für die befehlshaberische, attackierende Art, die polarisierende, geradezu zerstörerische Rhetorik und die unverrückbare Prinzipientreue des „fränkischen `Vulkan[s]`"[21] Dehler liegt aber um 1933, zumal er sich in der Weimarer Zeit noch nicht durch solche Eigenschaften ausgezeichnet hatte. Da war er eher maßvoll, blieb sachlich und vermied Beleidigungen. Allerdings konnte er seine Zuhörer damals schon mitreißen, konnte leidenschaftlich, zornig, auch ironisch reden. Er verfügte über einen großen Wortschatz. Bereits als 25-Jähriger war er überzeugt, dass man im politischen Leben „von einer tiefen Leidenschaft getragen sein" müsse. Ein Politiker müsse sich in den Dienst einer großen Sache stellen.[22]

Noch im November 1951 beschrieb ihn Walter Henkels als eher scheu und zurückhaltend: „Der mittelgroße Mann, hinter dessen funkelnder Brille etwas prüfende und versteckte blaue Augen liegen, die in den äußeren Augenwinkeln von kleinen Fältchen, sogenannten `Hahnenpfötchen`, begrenzt sind, könnte ebenso gut ein behutsamer Gelehrter sein, der ein Herbarium betreut. Manche bezweifeln, daß er herzhaft lachen kann. Er raucht viele Brasilzigaretten. Er spricht in seiner Rede immer frei; die Gedanken, die er sich manchmal weit herholen muß, sind mit einem ironischen Unterton gemischt. Das meist leise Organ schwillt gelegentlich, wenn ihn rechtschaffender Zorn überfällt, zu voller Stärke an. Dann benutzt er auch das Pathos, das sonst gar nicht zu dem etwas still wirkenden Mann paßt."[23] Doch bereits Anfang der 1950er Jahre produzierte er Schlagzeilen, die sich ab Mitte des Jahrzehnts zu seinem Markenzeichen entwickeln sollten: „Sturm um Bundesjustizminister Dehler", „Tumultszenen im Bundestag", „Stürmische Debatte um eine Behauptung des Justizministers", „Krach um Dehler", „Hochspannung in der Koalition wegen Dehler".

---

[21] Matz, 1989, S. 350.
[22] Siehe: Henning, in Wendehorst / Pfeiffer, S. 242.
[23] Walter Henkels, in: Stuttgarter Nachrichten, November 1951.

Wie auch der etwa gleichaltrige Kurt Schumacher gehörte Dehler zur Frontgeneration des Ersten Weltkriegs. Beide kamen aufgewühlt von der Front zurück. Schumacher trug schwere Kriegsverletzungen davon. Dehlers Asthma hatte sich verstärkt. Wertvolle Jahre in privater wie beruflicher Hinsicht gingen verloren. Beruflich und politisch konnten sie sich erst relativ spät orientieren. Private Bindungen waren erschwert. Dehler heiratete erst 1925 im Alter von 28 Jahren. Die Prägung durch die dramatischen Geschichtserfahrungen von Weltkrieg und Revolution konnte Dehler nie richtig verarbeiten. In der Weimarer Republik konnten sich Dehler wie auch Schumacher politisch nicht durchsetzen. Dehler war zwar innerhalb der DDP und später der Deutschen Staatspartei weit über Bamberg hinaus bekannt und einflussreich und war seit 1927 Mitglied im bayerischen Landes- und im Reichsvorstand seiner Partei,[24] wie auch Schumacher gehörte er aber nicht zur ersten Garde. Zudem erlebte Dehler in der Weimarer Zeit nur den Abstieg des Liberalismus. 1933 waren Schumacher und Dehler bereits Mitte dreißig – ein Alter, wo der Weg zu einer Erfolg versprechenden politischen Karriere eigentlich schon relativ weit fortgeschritten sein sollte. Stattdessen erlebten sie, dass ihre politischen Ideale scheiterten und ihre persönliche und politische Entfaltung nach der frühen Kriegsteilnahme erneut verhindert wurde.[25] Eine Sekundärprägung erlebte Dehler durch das Scheitern seiner Ideale Nation, Republik, Demokratie und Rechtsstaat. Dehler wie auch Schumacher entwickelten aufgrund dieser härtenden Erfahrungen und eines Zuviels an Ernstfall in der Bundesrepublik eine politisch nahezu fundamentalistische, unbeugsame und kompromisslose Haltung, die sich bei Dehler – angesichts seines Primats der Nation – vor allem in der Außen- und Deutschlandpolitik offenbarte und durch die er die Partei spaltete und in die Opposition beförderte. Dehler und Schumacher sahen in der Bundesrepublik ihre letzte Möglichkeit, politische Macht zu erlangen und ihre Ideale durchzusetzen. Sie sind die bedeutendsten Vertreter einer Frontgeneration, die hasst. Dehlers fundamentalistische Haltung wurde da-

---

[24] Die DDP schloss sich 1930 mit dem Jungdeutschen Orden zur Deutschen Staatspartei zusammen.
[25] In der Zeit des Nationalsozialismus vertrat Dehler – mit einer Jüdin verheiratet – weiterhin als Anwalt jüdische Interessen. Ihm gelang es, durch ein Beziehungsgeflecht in Bamberg und ohne Aufenthalt in Konzentrationslagern den Nationalsozialismus zu überdauern. Allerdings war er zwei Mal in Haft und musste Zwangsarbeit bei der Organisation Todt leisten. Er gehörte als wichtiger Kontaktmann Widerstandsgruppen an, wie der Robinsohn-Strassmann-Gruppe und dem Kreis um Carl Goerdeler.

durch verstärkt, da er meinte, der Kanzler hätte sich ab 1954/1955 mit der Teilung Deutschlands abgefunden.

4.2 Konstellationsanalyse: Die FDP vor der Übernahme des Parteivorsitzes durch Dehler

4.2.1 Bundestagswahl 1953 – Quittung für parteiinterne Grabenkämpfe und Anpassungskurs an die CDU

Die FDP erzielte bei der Bundestagswahl 1953 hohe Verluste von 2,4 Prozent gegenüber 1949. Sie kam nur noch auf 9,5 Prozent. Das war auf mehrere Faktoren zurückzuführen. Der FDP unter ihrem Vorsitzenden und Vizekanzler Franz Blücher war es in der ersten Legislaturperiode nicht gelungen, aus dem Schatten der Union und Adenauers hinauszutreten sowie eigene Akzente zu setzen. Blücher konnte sich gegenüber Adenauer nicht durchsetzen. Er sah die FDP nicht als eigenständige Kraft, sondern als gouvernementale Partei.[26] Im Wahlkampf gaben sich die Freidemokraten als bloßer Mehrheitsbeschaffer einer bürgerlichen Koalition. Eine Profilierung gegenüber der CDU in den bestimmenden Themen Wirtschaftspolitik und Wiedervereinigung war nicht angelegt. Von den (außen-) politischen Entscheidungen um Westintegration und Rückgewinnung der Souveränität sowie den sich abzeichnenden wirtschaftlichen Erfolgen profitierte nur die Union, obwohl die FDP entscheidenden Anteil daran hatte. Die FDP konnte zwar herausstellen, dass sie der Regierung Anregungen im außen-, wirtschafts- und sozialpolitischen Bereich gegeben hatte, konnte aber nicht verdeutlichen, warum die Wähler ihr und nicht gleich der Partei des Kanzlers die Stimme geben sollten. Die Prämie kassierte Adenauer. Die Ereignisse des 17. Juni 1953 in der DDR verstärkten die Angst vor der militärischen und ideologischen Expansion der Sowjetunion und kamen bei der Bundestagswahl Adenauers CDU zugute. Der starke Mann Adenauer zog die Liberalen an, so wie es schon bei der Präsidentenwahl 1925 der starke Mann Paul von Hindenburg getan hatte. Die Union begann ihren Siegeszug im protestantischen Bürgertum. Zudem machte der Gesamtdeutsche Bund / Bund der Heimatvertriebenen und Entrechteten (GB/BHE) – er trat erst-

---

[26] Siehe: Papke, Gerhard: Liberale Ordnungskraft, nationale Sammlungsbewegung oder Mittelstandspartei? Die FDP-Landtagsfraktion in Nordrhein-Westfalen 1946-1966, Düsseldorf 1998, S. 174 [im Folgenden zitiert als: Papke, 1998].

mals bei einer Bundestagswahl an – der FDP Wählerpotenzial streitig. Nicht zuletzt wirkten sich die finanziellen und organisatorischen Schwächen der FDP aus.

Entscheidend zur Wahlniederlage und zum fehlenden Profil der FDP innerhalb der Koalition trug auch ihr ungeklärtes Liberalismus- und Rollenverständnis bei, das seinen Ausdruck in innerparteilichen Feldschlachten und nationalistischer Unterwanderung gefunden hatte. Die Flügelkämpfe um die Nationale Sammlung und die aufgedeckte versuchte Unterwanderung des nordrhein-westfälischen Landesverbands durch frühere Nationalsozialisten um Werner Naumann, dem ehemaligen Staatssekretär im Reichspropagandaministerium und späteren persönlichen Referenten des Landesvorsitzenden Middelhauve, hatten der Partei geschadet und waren noch nicht überwunden. Das Konzept der Nationalen Sammlung war mit der Wahlniederlage gescheitert. Der Union war es gelungen, das Potenzial weitgehend zu absorbieren.[27]

4.2.2   Der Bundesvorsitzende Blücher – Die Personifizierung des Adenauer-Sogs

Blüchers Schicksal war es, dass er immer im Schatten Adenauers geblieben war und es nicht geschafft hatte, die Partei zu profilieren. Blücher selbst haftet der Ruf nach, kaum Spuren in der Geschichte der Bundesrepublik hinterlassen zu haben. Eigentlich nur als Bundesminister für den Marshall-Plan hatte der Wirtschaftspolitiker Blücher Einfluss. Der leitende Angestellte verschiedener Wirtschaftsunternehmen und ehemalige Bankdirektor im Ruhrgebiet war erst nach 1945 Politiker geworden und rasch aufgestiegen: 1946 bis 1948 FDP-Vorsitzender in der britischen Zone, 1946 bis 1947 Finanzminister in Nordrhein-Westfalen, 1948 bis 1949 Fraktionsvorsitzender der gemeinsamen Fraktion von FDP und DP im Frankfurter Wirtschaftsrat, ab 1949 Minister und Vizekanzler. Nach 1945 waren unbelastete Honoratioren gefragt. Blücher mit seiner zupackenden, praktischen Art, seinen guten Kontakten zur Schwerindustrie an der Ruhr sowie seinem Bekenntnis zur Marktwirtschaft schien für die Bewältigung der Aufgaben ein

---

[27] Vgl.: Kaack, a. a. O., S. 18.

idealer Kandidat – aber nur in den Zeiten des Neubeginns.[28] Nach der ersten Niederlage musste er bereits gehen.

Der wesentlich vom Ersten Weltkrieg geprägte, honorige und gebildete Großbürger war zu loyal.[29] Man rechnete es Blüchers politischer Unerfahrenheit, seinem leisen und zurückhaltenden Auftreten, seiner Verletzbarkeit und seiner mangelnden Widerstandsfähigkeit Adenauer gegenüber an, dass die FDP bei der Wahl 1953 einbrach. Der loyale Blücher personifizierte mit seiner Bewunderung für den Kanzler geradezu den „Adenauer-Sog".[30] Ihm gelang es nicht, 1951 erster Außenminister zu werden. Auch innerparteilich versagte der Zentralist.[31] Inhaltlicher Gestaltungswille lag ihm nicht. Blücher war kein Machtmensch, um den strukturellen Spagat der FDP zu überwinden und die verschiedenen Landesverbände an einen gemeinsamen Liberalismusbegriff heranzuführen. Bei der Klärung der versuchten nationalsozialistischen Unterwanderung des nordrhein-westfälisches Landesverbands war er führungsschwach. Anfangs galt er als Vertreter des Wirtschaftsliberalismus und als Repräsentant des nationalen Parteiflügels. Doch das entsprach weder seinem liberalen Selbstverständnis noch wurde es seiner Amtsführung gerecht. Er war „Kompromißvorsitzender"[32] und sah seine Aufgabe darin, „Moderator des Parteigeschehens" zu sein.[33] Er nahm nie an Sitzungen des nordrhein-westfälischen Parteivorstands teil. Er verzichtete so auf die Möglichkeit, seiner Politik Rückendeckung zu verschaffen und Kritik schon im Vorfeld im eigenen Landesverband zu begegnen. Es entstand der Eindruck, Blücher betrachtete es als unter seiner Würde, sich in die Niederungen der Parteipolitik zu begeben.[34] Hierin ähnelte er Mende.

---

[28] Eigentlich war Blücher in der FDP immer nur die Nummer Zwei – erst hinter der Hoffnung Ludwig Erhard, den man gern in den Reihen der Liberalen gesehen hätte und dann hinter Heuss. Als beide für die Parteiarbeit der FDP verloren waren, kam Blücher zum Zug.
[29] Zu Blücher vgl.: Henning, Friedrich: Das Porträt. Franz Blücher, in: Geschichte im Westen, 11. Jg., H. 2/1997, S. 216-223 [im Folgenden zitiert als: Henning, 1997]. Laak, Dirk van: Franz Blücher (1896-1959), in: Oppelland, Torsten (Hrsg.): Deutsche Politiker 1949-1969, Bd. 1: 17 biographische Skizzen aus Ost und West, Darmstadt 1999, S. 117-128.
[30] So eine Wortschöpfung von Middelhauve am 11. September 1953 im Bundesvorstand, S. 1149. Henning nennt Blücher Adenauers „wohl getreuesten Bewunderer in der FDP". Henning, 1997, S. 220. Doch hatte Adenauer Blücher auch noch aus einem anderen Grund in der Hand. Er wusste von außerehelichen Affären seines Vize. Damit konnte er ihn gefügig machen.
[31] 1951 stellte sein eigener Landesverband Nordrhein-Westfalen auf dem Bundesparteitag mit Hans Albrecht Freiherr von Rechenberg gar einen Gegenkandidaten zu ihm auf.
[32] Papke, 1998, S. 169.
[33] Schollwer, Wolfgang: Liberale Führungspersonen – die Parteivorsitzenden, in: Mischnick, Wolfgang (Hrsg.): Verantwortung für die Freiheit. 40 Jahre F.D.P., mit einem Vorwort von Otto Graf Lambsdorff, Stuttgart 1989, S. 440-463, hier: S. 443 [im Folgenden zitiert als Schollwer, in Mischnick].
[34] Vgl.: Papke, 1998, S. 174.

Spannungen und Spaltungstendenzen zwischen den Landesverbänden und ein schwacher, lavierender, einflussarmer, zermürbter und offensichtlich auch amtsmüder[35] Vorsitzender, der eher hilflos daneben stand und nicht wusste, was er machen sollte und zudem eher halbherzig mit der Bildung einer rechts von der CDU stehenden großen Partei liebäugelte – so offenbarte sich die Blücher-FDP. Sicher, die FDP brach unter Blücher nicht auseinander und die rechten Kräfte konnten gebremst werden, doch mehr hatte er kaum erreicht.

4.3 Wie wurde Dehler Parteivorsitzender der FDP?

4.3.1 Profilierung und Moderation – Persönliche Voraussetzungen

Die FDP fürchtete angesichts des Wahlausgangs von der übermächtig erscheinenden Union vereinnahmt zu werden und ihre Eigenständigkeit zu verlieren. Das Schicksal anderer kleiner bürgerlicher und rechter Parteien, deren Klientel von der CDU/CSU absorbiert wurde, ließ sie wachsam werden. Die Eigenständigkeit stand auf dem Spiel. Koalitionspolitisch gab es aber 1953 für die bürgerliche FDP keine Alternative zum Bürgerblock auf Bundesebene. Die CDU/CSU wiederum brauchte die FDP zur Verabschiedung der Wehrgesetze mit Zweidrittelmehrheit. Eine Koalition aus CDU/CSU, FDP, DP und GB/BHE kam auf diese Mehrheit. Allerdings benötigte die Union die FDP nicht mehr für die Garantie einfacher Mehrheiten. Aus dem Abhängigkeitsverhältnis der ersten Legislaturperiode war eine Dominanz der Union geworden.[36] Die innerparteiliche Struktur der FDP war auch in personeller Hinsicht instabil. Nach dem Ausscheiden von Heuss als Parteivorsitzender 1949 fehlte eine integrierende Führungspersönlichkeit.[37] Blücher als Kompromisskandidat war als Parteichef gescheitert. Mit Heuss, Euler und Schäfer gab es bereits drei Fraktionsvorsitzende.

---

[35] Blücher am 3. Mai 1953 im Bundesvorstand, S. 1009.
[36] So: Papke, 1992, S. 27.
[37] Allerdings hatte Heuss das Glück, sich als Vorsitzender nicht in den Niederungen von Bundespartei und Bundespolitik behaupten zu müssen. Rechtzeitig stieg er zum Bundespräsidenten auf. Er wäre wohl auch kein sonderlich erfolgreicher Parteichef geworden. Parteiroutine und Machtpolitik lagen dem Bildungsbürger mit seiner Vorliebe für intellektuelle Diskurse, Bücher, Rotwein und Zigarren nicht. Adenauer hätte er wohl nicht Paroli bieten können. Aber um Heuss wehte der Mythos der Tradition und des Integrators, nach dem sich die Liberalen die gesamten 1950er Jahre sehnten. Vgl.: Walter, Franz: Der zwölfte Mann, in: Frankfurter Allgemeine Zeitung, 5. Mai 2001.

Mit Beginn der neuen Legislaturperiode setzte die FDP auf einen personellen und taktischen Neuanfang in der Koalition. Die Liberalen versuchten genau das Gegenteil von Blüchers Anpassungspolitik. Hierzu war ein anderer Politikertypus erforderlich: ein rhetorisch begabter, kämpferischer und unnachgiebiger Mann, der nicht in die Kabinettsdisziplin eingebunden war und für den die Interessen der Partei vor denen der Koalition standen. Nur Dehler wurde zugetraut, das Profil stärker herauszustellen. Er hatte Durchsetzungswillen, scheute keinen Konflikt – auch nicht mit dem Kanzler – und hatte sich in der ersten Legislaturperiode als Bundesjustizminister hohes Ansehen erworben. Er erreichte schon zu seiner Zeit als Justizminister einen hohen Bekanntheitsgrad und schuf sich ein eigenes, unverwechselbares Profil.

Dehler hatte als Justizminister die Aufgabe, nach den Jahren der nationalsozialistischen Diktatur und der Besatzungszeit eine rechtsstaatliche Ordnung herzustellen, die Justiz zu erneuern und an die demokratischen Verhältnisse anzupassen. Er engagierte sich stark für sein Amt, verkörperte freiheitlich-rechtsstaatliche Prinzipien und nahm leidenschaftlich an den Auseinandersetzungen über rechtspolitische Grundsatzentscheidungen teil.[38]

Trotz seiner unbestreitbaren Erfolge als Justizminister schuf er sich politische Gegner – auch in der eigenen Partei. Wie kein zweiter Minister der ersten Legislaturperiode stand er in der öffentlichen Kritik. Ausgelöst wurden die Konflikte meist durch seine überschäumenden, leidenschaftlichen Reden, in denen er die Gewerkschaften, die katholische Kirche, die Partei-

---

[38] So wirkte er maßgeblich an der Etablierung der Bundesgerichte, unter anderem des Bundesverfassungsgerichts und des Bundesgerichtshofs, mit. Gegen den Widerstand Adenauers setzte Dehler in beiden Fällen Karlsruhe als Sitz durch. Er engagierte sich erfolgreich für die Abschaffung der Todesstrafe sowie in der Amnestiegesetzgebung. Mit allen zur Verfügung stehenden rechtsstaatlichen Mitteln wollte Dehler rechts- wie linksextremistischen Tendenzen entgegenwirken. Die Verbotsverfahren von SRP und KPD unterstützte er deshalb nachhaltig. Vgl. hierzu: Wengst, Udo: Thomas Dehler. 1949-1953 Bundesminister der Justiz (FDP), in: Kempf, Udo / Merz, Hans-Georg (Hrsg.): Kanzler und Minister 1949-1998. Biografisches Lexikon der deutschen Bundesregierungen, Wiesbaden 2001, S. 199-202.
Für das Ministeramt qualifiziert hatte er sich durch lokale und regionale Funktionen in Politik und Justiz sowie seine Beteiligung an der Ausarbeitung der Bayerischen Verfassung und des Grundgesetzes. Er war nach 1945 Berater der Amerikaner für den Wiederaufbau der Bamberger Gerichte, Landrat des Kreises Bamberg, Generalstaatsanwalt im Entnazifizierungsverfahren und Präsident des Oberlandesgerichts Bamberg. Durch seine Präsenz in den verschiedenen Ausschüssen des Parlamentarischen Rats war Dehler derjenige FDP-Abgeordnete, der sich am stärksten engagierte. Zudem war er als bayerischer Landesvorsitzender der führende Vertreter des süddeutschen, betont rechtsstaatlich orientierten Liberalismus und damit prädestiniert für das Amt des Justizministers.

en und auch die Alliierten – insbesondere den französischen Hochkommissar – angriff.[39] Besonders aber prägten Konflikte mit dem und um das Bundesverfassungsgericht seine Amtszeit. So beabsichtigte Dehler, das höchste deutsche Gericht in den Geschäftsbereich des Bundesjustizministeriums einzugliedern. Das Verfassungsgericht beanspruchte jedoch den Status eines Verfassungsorgans und setzte sich mit der Forderung durch. Ein weiterer Konflikt entzündete sich am Verhalten Karlsruhes zum Deutschland- / EVG-Vertrag von 1952. Die Opposition brachte bei der Ratifizierung der Verträge das Bundesverfassungsgericht ins Spiel und reichte eine Normenkontrollklage ein. Das Gericht nahm auch Heuss` Ersuchen um ein Gutachten an, dem sich Dehler vehement widersetzt hatte. Dehler – noch Anhänger Adenauers – fürchtete, dass Karlsruhe die Ratifizierung der Verträge verhindern würde. Dehler gingen die Kompetenzen des Bundesverfassungsgerichts entschieden zu weit. Er zweifelte die Fähigkeit der Richter und die Unparteilichkeit des Gerichts an und sah in ihm eine politische Instanz. Deswegen ließ er sich zu Äußerungen hinreißen, die sein Verhältnis zum Bundesverfassungsgericht und zu dessen Vorsitzenden Hermann Höpker-Aschoff, einem FDP-Mitglied, sowie zu Heuss nachhaltig verschlechterten und ihm in Sorge um die Unabhängigkeit der Justiz vehemente Kritik einbrachten.[40] Heuss zog seinen Antrag in Karlsruhe zurück. Es gab Gerüchte, Dehler habe ihn dazu gedrängt.

Mit Adenauer hatte sich Dehler in der ersten Legislaturperiode noch nicht überworfen. Doch als Konsequenz aus Dehlers Verhalten berief ihn der Kanzler nach der Bundestagswahl 1953 nicht wieder zum Justizminister. Ihn bewogen Interventionen von Höpker-Aschoff und Heuss zu dem Entschluss.[41] Wenn er wieder Minister werden würde, würden er und weitere Bundesrichter von ihren Ämtern zurücktreten, so der Präsident des Bun-

---

[39] Die Attacken auf die Gewerkschaften entzündeten sich an der Diskussion über die Montanmitbestimmung sowie außen- und sicherheitspolitischen Fragen. Er bezichtigte die Gewerkschaften, in der Frage der Montanmitbestimmung das Parlament zu nötigen, als sie mit Streik drohten. Dehler drohte Gewerkschaftern öffentlich mit Zuchthaus. In kulturkämpferischen Angriffen warf er der katholischen Kirche vor, über ihren „Strohmann" Adenauer die eigentliche Macht in der Bundesrepublik auszuüben.
[40] Vgl.: Wengst, 1997, S. 202-222.
[41] Hierzu: Schreiben von Heuss an Dehler vom 20. Oktober 1953, in: Heuss, Theodor: Lieber Dehler! Briefwechsel mit Thomas Dehler, hrsg. und kommentiert von Friedrich Henning, mit einem Geleitwort von Hildegard Hamm-Brücher, München – Wien 1983, S. 97-98 (Der politische Liberalismus in Bayern, Studienreihe des Thomas-Dehler-Instituts, Bd. 2). Auch: Baring, Arnulf: Im Anfang war Adenauer. Die Entstehung der Kanzlerdemokratie, dritte Auflage, München 1984, S. 438.

desverfassungsgerichts. Heuss drohte, er werde die Ernennungsurkunde nicht unterzeichnen.

Dehlers Äußerungen und sein Auftreten hatten zum Ministersturz geführt. Er beharrte trotz anderer angebotener Posten auf dem Justizressort und stand am Ende ohne Amt da. Von seiner Absetzung erfuhr er aus dem Radio, was seine Enttäuschung noch verstärkte. Dehler sah in Adenauer den Urheber, dass er nicht wieder Minister wurde. Die Ereignisse wirken wie ein Katalysator auf den Wandel Dehlers zum erbitterten Feind des Kanzlers. Als er jedoch die Hintergründe der Entscheidung erkannte, rückten stärker als zuvor auch Heuss und Höpker-Aschoff in seine Schusslinie. Ihnen warf er Verrat und mangelnde Freundestreue vor. Auch die Fraktion bekam ihr Fett weg, der er vorwarf, sie habe sich nicht entschieden genug für ihn eingesetzt.[42] Mende diagnostizierte bei Dehler nach seinem Sturz als Minister eine Enttäuschung, die er nie verwunden habe.[43]

Neben seiner Profilierung als Justizminister und seiner Enttäuschung, ja gar seinem Frust über Adenauer, war seine Rolle während der innerparteilichen Flügelkämpfe um die Nationale Sammlung 1952 ein weiterer Grund dafür, dass Dehler Partei- und Fraktionsvorsitzender der FDP werden konnte. Er war ein ausgewiesener Kenner der Partei.[44] Dehler selbst war stets linksliberal und freisinnig. Die nationale Komponente hatte bei ihm einen hohen Stellenwert, ohne dass er jedoch als Nationalliberaler bezeichnet werden kann. Dehler und der von ihm geführte bayerische Landesverband tendierten seit den 1940er Jahren eher zur politischen Linie der Württemberger, hegten mit Einschränkungen aber auch Sympathien für den Kurs in Nordrhein-Westfalen und Hessen, warnten dabei aber vor der Gefahr einer zu weit nach rechts greifenden Öffnung der FDP.[45] Während Blücher vergeblich versuchte, in den innerparteilichen Grabenkämpfen Anfang der 1950er

---

[42] Siehe: Mende, 1984, S. 284.
[43] Ebd.
[44] Bereits vor seiner Wahl war er in allen wichtigen Gremien vertreten. 1948 wurde Dehler in den engeren Bundesvorstand gewählt. Er gehörte zu den Gründern der FDP in Bayern, deren Vorsitz er 1946 übernahm und für die er bis 1949 in der Verfassunggebenden Landesversammlung und im Landtag saß. Dort machte Dehler durch häufige Redebeiträge auf sich und die FDP aufmerksam.
[45] Dehler vertrat zeitweise eine Kombination der beiden Richtungen: Er wollte Ende der 1940er Jahre eine starke Sammlungspartei der liberalen Mitte etablieren. Eine Zusammenarbeit mit der extremen Rechten wie in Nordrhein-Westfalen oder Hessen lehnte er ab. Doch für die Sammlung der nicht katholischen Rechten im hessischen Sinne boten die bayerischen Verhältnisse keine Voraussetzungen. Durch die Schlüsselstellung zwischen beiden Flügeln jedoch gelang es Dehler und seiner Landespartei, schon im Parlamentarischen Rat zu vermitteln. Vgl.: Hein, a. a. O., S. 71-74.

Jahre den neutralen Schiedsrichter und Vermittler zu spielen, ohne dass klar wurde, wo er eigentlich stand,[46] vermittelte Dehler zwischen den beiden Parteiflügeln aus seiner festen Verwurzelung im liberaldemokratischen Flügel der Partei heraus. Er war Moderator und wirkte maßvoll und ausgleichend.[47] Dabei war er bereit, auch den Nationalliberalen personelle und programmatische Zugeständnisse zu machen. So bekannte er sich noch im Herbst 1952 zur Sammlung dessen, „was nicht klerikal, was nicht sozialistisch" ist.[48] Ehemalige Nationalsozialisten wollte Dehler nicht ausschließen, doch gab es eine bestimmte Grenze für ihn.[49] Auf diese Weise trug er zu einer Beruhigung der Situation bei und verhinderte, dass sich die FDP auf dem Parteitag 1952 in Bad Ems spaltete. Er versuchte trotz harscher Kritik an der Auswahl der Gesandten aus Nordrhein-Westfalen, im Streit um den Delegiertenschlüssel zu den Parteitagen zu schlichten.[50] Dabei empfahl er sich als neuer Parteichef. In der Naumann-Affäre zu Beginn des Jahres 1953 bezog er als Vorsitzender einer parteiinternen Untersuchungskommission nach anfänglichem Zögern eindeutig Stellung gegen die rechten Kräfte und deren Unterstützer. Er übernahm die Rolle des Chefanklägers. „Ein wahrhaft demokratisches Parteileben ist doch in Nordrhein-Westfalen nicht mehr oder aber nur in sehr verkümmerter Form.", so sein Resümee.[51] Dehler verhinderte aber eine Spaltung, als er feststellte, die Partei sei nicht unterwandert.[52]

Zudem vermittelte Dehler 1952 nach der Stuttgarter Regierungsbildung aus SPD, FDP/DVP und BHE unter Ausschluss der stärksten Partei CDU zwischen Ministerpräsident Maier und der Bundespartei. Dehler wandte sich dagegen, Maier mit Sanktionen zu belegen, wie es die Landesverbände Hessen und Nordrhein-Westfalen gefordert hatten. Maier sollte lediglich in die Pflicht genommen zu werden, der Partei loyal zu folgen und die Politik

---

[46] Gutscher, a. a. O., S. 148.
[47] Vgl.: Hein, a. a. O., S. 72, 74.
[48] Dehler am 25./26. Oktober 1952 im Bundesvorstand, S. 560.
[49] Dehler am 6. Juli 1952 im Bundesvorstand, S. 377.
[50] Dehler am 19. November 1952 im Bundesvorstand, S. 601 602. Dehler am 21. November 1952 im Bundesvorstand, S. 648.
[51] Dehler am 24. Januar 1953 im Bundesvorstand, S. 822.
[52] Vgl.: Rütten, a. a. O., S. 247-254. Wengst, 1999, S. 147. Eine Unterwanderung gestand Dehler nicht öffentlich ein. Kein führendes Mitglied der FDP hatte demnach belastende Beziehungen zum Naumann-Kreis. Bundesvorstand am 7. Juni 1953, S. 1046. Der nordrhein-westfälische Landesvorsitzende Middelhauve und Landesgeschäftsführer Döring konnten trotz Verwicklung in die Affäre im Amt bleiben.

Adenauers nicht zu stören, so die von Dehler vorgegebene Strategie.[53] Wie kein anderer in der Partei setzte er sich dafür ein, Maier und die südwestdeutschen Liberalen auf Regierungskurs zu halten. Er trat hier wieder als Moderator auf und verteidigte die Entscheidung Maiers, ohne sich auf dessen Seite zu stellen. Selbst als Dehler im Frühjahr 1953 über Maiers Verhalten bei der Behandlung der Westverträge im Bundesrat erzürnt war, mahnte er seine Partei dennoch zur Mäßigung: „Reinhold Maier ist ein geprägter, sensibler Mann. Wir müssen ihn psychologisch richtig behandeln." Er setzte zwar Maier stark unter Druck, plädierte aber – im Gegensatz zu den Hardlinern in der FDP – für eine vorsichtige Taktik ihm gegenüber.[54]

Dehlers Auftreten als Justizminister im ersten Kabinett Adenauer sowie seine Position innerhalb der FDP – hierbei vor allem sein Verhalten in der innerparteilichen Zerreißprobe um die Nationale Sammlung – befähigten ihn schließlich, den Partei- und Fraktionsvorsitz einer FDP zu übernehmen, die nach der Bundestagswahl 1953 über ihre Rolle im Parteiensystem und ihr Selbstverständnis unsicher und zerstritten war. Mit Dehler war die Hoffnung verbunden, er könne eine weitere Integration der zerstrittenen Flügel bewirken, die schon sichtbar werdenden Differenzen in der Außen- und Deutschlandpolitik kanalisieren, die Partei profilieren und zudem nationale Aspekte stärker in den Mittelpunkt liberaler Politik rücken. Dehler war der ideale Kandidat hierfür. Er war folglich im Herbst 1953 kein „ausgesprochener Kompromißkandidat" sondern erste Wahl bei der Suche nach einem neuen Parteivorsitzenden.[55]

---

[53] Gutscher, a. a. O., S. 126. Matz, 1989, S. 391. Auch: Dehler am 6. Juli 1952 im Bundesvorstand, S. 389.
[54] Dehler am 25./26. April 1953 im Bundesvorstand, S. 977-978, Zitat: S. 978.
[55] Die Auffassung Hennings, Dehler war Kompromisskandidat, kann nicht geteilt werden. Henning, Friedrich: Thomas Dehler. Ein streitbarer liberaler Demokrat, in: Casdorff, Claus Hinrich (Hrsg.): Demokraten. Profile unserer Republik, Königstein / Taunus 1983, S. 88-97, hier: S. 92. Jansen sieht Dehler eher als Verlegenheitslösung. „Da die FDP auf Thomas Dehler nicht verzichten wollte und konnte, lag es nahe, ihm zunächst das Amt des Fraktionsvorsitzenden und dann bei nächster Gelegenheit auch das des Parteivorsitzenden zu übertragen." Jansen, 1999, S. 162. Die neuen Ämter als politische „Entschädigung" zu werten, ist eine zu pauschale Beurteilung. Henning, in Wendehorst / Pfeiffer, S. 249. Auch kann die Ansicht Görtemakers, Dehler machte als Justizminister kaum von sich reden und gewann erst als FDP-Chef Profil, nicht geteilt werden. Görtemaker, Manfred: Geschichte der Bundesrepublik Deutschland. Von der Gründung bis zur Gegenwart, München 1999, S. 100 [im Folgenden zitiert als Görtemaker, a. a. O.].

4.3.2 Der Wechsel von Blücher zu Dehler

Die Diskussionen, Dehler auch das Amt des Parteivorsitzenden anzutragen, fachten in aller Deutlichkeit erst nach seiner Wahl zum Fraktionsvorsitzenden am 20. Oktober 1953 auf. Nach dem ihm verwehrten erneuten Ministerposten galt der Fraktionsvorsitz als Entschädigung, aber auch als Belohnung für sein unerschrockenes Auftreten in der ersten Legislaturperiode. Dehler sollte die FDP gegenüber der CDU profilieren, so der ausdrückliche Grund für seine Wahl zum Fraktionschef als Nachfolger von Hermann Schäfer.[56] Der glücklos agierende Schäfer, bereits in der Weimarer DDP aktiv, hatte das Amt relativ freiwillig zur Verfügung gestellt. Der Vizepräsident des Parlamentarischen Rates hatte zwar Konflikte entschärfen können, aber ihm fehlte der ausgeprägte Machtwille.

In der Partei wurde der Ruf nach Trennung des Parteivorsitzes vom Regierungsamt laut. Ein Vizekanzler unter Adenauer war einem dauernden Loyalitätskonflikt ausgesetzt. Den Startschuss für die Personaldiskussion gab Bundesschatzmeister Hans Wolfgang Rubin, der auch unter Maier und Mende noch eine bedeutende Rolle spielen und das Ende ihrer Amtszeiten beschleunigen sollte: „In erster Linie steht doch die Frage an, ob ein Wechsel im Parteivorsitz eintreten soll oder nicht."[57] Die Macht in der FDP sollte „an der Spitze" auf eine „stärkstens profilierte Persönlichkeit" gebündelt werden, um in der Koalition stärker wahrgenommen zu werden. „Persönlichkeiten machen Geschichte und machen Politik". „Schaffen wir erst mal die richtige Person am richtigen Platz!"[58] „Bitte, geben Sie dem Liberalismus einen Inhalt und erfüllen Sie uns mit der Hoffnung, die wir alle brauchen.", so die Erwartung an den auserkorenen Retter Dehler.[59] Die treibende Kraft, Blücher abzulösen und Dehler auch den Parteivorsitz anzutragen, kam aus den Landesverbänden. Neben Bremen (Georg Borttscheller), Hamburg (Willy Max Rademacher), Berlin (Carl Hubert Schwennicke und Hans Reif), Schleswig-Holstein (Bernhard Leverenz) und seinem Landesverband Bayern (Hans Wellhausen, Dehlers Stellvertreter als Landesvorsitzender) unterstützten vor allem die einflussreichen Nordrhein-Westfalen (Friedrich Middelhauve, allerdings schon unter starker Einwirkung der

---

[56] Gutscher, a. a. O., S. 168. 45 von 47 Abgeordneten stimmten bei zwei Enthaltungen für Dehler. Stellvertreter wurde u.a. Erich Mende.
[57] Rubin am 23. Oktober 1953 im Bundesvorstand, S. 1179.
[58] Borttscheller am 23. Oktober 1953 im Bundesvorstand, S. 1201.
[59] Der baden-württembergische Landesvorsitzende Wolfgang Haußmann am 23. Oktober 1953 im Bundesvorstand, S. 1211. Hierzu auch: Wengst, 1997, S. 235.

„Jungtürken" um Wolfgang Döring und Willi Weyer) und die Baden-Württemberger (Wolfgang Haußmann und Reinhold Maier) die Kandidatur des neuen Fraktionsvorsitzenden. Auch verzeichnete er starken Rückhalt in der FDP-Bundestagsfraktion. Die nationalliberalen Landesverbände Hessen – unter dem durch hohe Wahlergebnisse einflussreichen, aber durch das Ende der Nationalen Sammlung mittlerweile geschwächten August Martin Euler – sowie Niedersachsen unter Artur Stegner unterstützten Dehler wegen seiner Äußerungen über die Naumann-Affäre und zu einer Annäherung an die SPD nicht. Sie trugen aber die Entscheidung vorerst loyal mit.

Mit der absehbaren Berufung Dehlers rückten die Landesverbände von dem sichtlich enttäuschen Blücher ab und drängten ihn dazu, nicht wieder zu kandidieren.

Dehler selbst hielt sich zurück und vermied es, sich ins Gespräch zu bringen – im Gegensatz zu den 1960er Jahren, als er Mende harsch kritisierte. Bereits 1949 hatte er sich nicht selbst in die Diskussion um einen Ministerposten eingebracht. In beiden Fällen lief alles auf seine Person hinaus. Auch zögerte er – wie schon 1952 –, Blücher öffentlich zu demontieren, obwohl er Kritik an dessen Führungsstil übte.[60] Blücher war sich aber bewusst, dass neben den Landesverbänden auch Dehler für seinen Sturz als Parteichef verantwortlich war. Er wehrte sich gegen die „Geschichtslüge", freiwillig oder aus gesundheitlichen Gründen abgetreten zu sein. Er wollte zudem seinen Verzicht auf eine erneute Kandidatur nicht mit seiner Zugehörigkeit zum Kabinett begründen. Auch kritisierte er die rücksichtslose Behandlung, die ihm widerfahren war.[61] Er legte Wert darauf, lediglich nicht mehr für den Parteivorsitz zu kandidieren.[62] Andere Begründungen bezeichnete er als „Verlogenheit".[63] Das Verhältnis war gestört. Dehler musste mit der Gegnerschaft Blüchers rechnen.

Auch das war ein Zeichen der bewussten Wendung der Dehler-FDP gegen Adenauer: Der Kanzler, wohl wissend, dass eine FDP unter Dehler aufmüpfiger werden würde, hoffte, Blücher bleibe Vorsitzender.

---

[60] Siehe: Ebd., S. 237.
[61] Blücher am 13. Februar 1954 im Bundesvorstand, S. 1390.
[62] Blücher am 5. März 1954 im Bundesvorstand, S. 1446.
[63] Blücher am 5. März 1954 im Bundesvorstand, S. 1449. Die Behauptung von Wengst, Blücher habe verzichtet, sich gegen die Vorwürfe zur Wehr zu setzen, ist so nicht nachzuvollziehen. Wengst, Udo: Mit und gegen Adenauer und Erhard, in: Mischnick, Wolfgang (Hrsg.): Verantwortung für die Freiheit. 40 Jahre F.D.P., mit einem Vorwort von Otto Graf Lambsdorff, Stuttgart 1989, S. 102-124, hier: S. 112.

Die mit überwältigender Mehrheit erfolgte Wahl des durch Adenauer nicht wieder berufenen Justizministers Dehler zum Partei- und Fraktionschef war eine Kampfansage an den Kanzler.[64] Beide, erstmals in einer Person vereinten Ämter ließen Dehler mit Unterstützung der Landesverbände zum eigentlichen politischen Gegenspieler Adenauers innerhalb der Koalition werden. Gerade weil Dehler nicht mehr im Kabinett vertreten war, bekam er nach dem Posten des Fraktionschefs auch den Parteivorsitz.[65] Dehler trat bereits in seiner ersten Rede als Fraktionsvorsitzender im Bundestag mit der Bemerkung an, er stehe hier, nachdem er aus der Zucht des Kabinetts entlassen sei, „nun zum ersten Mal als völlig freier Mann" und wirklich Freier Demokrat. Nun brauche er keine Rücksicht mehr auf die Sonntagsruhe des Kanzlers zu nehmen.[66] Für ihn standen ab Herbst 1953 die Interessen der Partei vor denen der Koalition. Eindeutiges Ziel war es, die Freien Demokraten in der Koalition zu profilieren – in die sie trotz der absoluten Mehrheit der Union eintraten, um die Wehrverfassung zu verabschieden, aber auch, um eine Wahlrechtsänderung zu verhindern. Dehlers Wahl bedeutete die „Institutionalisierung" des Konflikts zwischen Union und FDP.[67] Allerdings betrachtete Dehler die Posten in der FDP nur als Trostpflaster, nicht aber als gleichwertige Entschädigung für das Ministeramt.[68] Das war eine schwere Hypothek, welche die Partei bereuen sollte.

4.4 Liberales Korrektiv – Die Strategie der Dehler-FDP

In der Bürgerblockkoalition gab es einen Konsens über den Antikommunismus bzw. Antisozialismus und – allerdings mit Einschränkungen – über die Westorientierung der Bundesrepublik. Innerhalb dieses heterogenen Gebildes bildeten sich zwei Gravitationszentren heraus: Einerseits um den

---

[64] Siehe: Lösche / Walter, a. a. O., S. 37-38. 228 von 242 Delegierten votierten am 6. März 1954 für Dehler als Parteivorsitzenden. Stellvertreter wurde zum ersten Mal der Berliner Landesvorsitzende Schwennicke. Als Stellvertreter wiedergewählt wurden Schäfer und Middelhauve. Deren schwache Ergebnisse waren Zeichen für die erwünschte Kursänderung und den Wandel in der Partei zu einem neuen Profil.
[65] So auch der Bundesgeschäftsführer Werner Stephan. Stephan, Werner: Thomas Dehler als Vorsitzender der FDP., in: Dorn, Wolfram / Henning, Friedrich (Hrsg.): Thomas Dehler. Begegnungen – Gedanken – Entscheidungen, mit einem Vorwort von Walter Scheel, Bonn o. J., S. 133-142, hier: S. 133 [im Folgenden zitiert als: Stephan, in Dorn / Henning].
[66] Dehler am 28. Oktober 1953 im Bundestag, in: Verhandlungen des Deutschen Bundestages, Stenographische Berichte, II. Wahlperiode, Bd. 18, Bonn 1954, S. 51B.
[67] Kaack, Heino: Die Liberalen. Die FDP im Parteiensystem der Bundesrepublik, in: Löwenthal, Richard / Schwarz, Hans-Peter (Hrsg.): Die zweite Republik. 25 Jahre Bundesrepublik Deutschland – eine Bilanz, zweite Auflage, Stuttgart 1974, S. 415.
[68] Siehe: Wengst, in Oppelland, S. 147.

politischen Katholizismus der Union, anderseits um den protestantischen und laizistischen Liberalismus der FDP. Aufgrund der zunehmenden Dominanz der Unionsparteien unter Adenauer war es für die anderen Bürgerblockparteien zum Überleben wichtig, sich innerhalb dieses Bündnisses als eigenständige und unverzichtbare Kraft zu profilieren, um sich um neue Anhänger innerhalb und außerhalb der sozialen Basis der Bürgerblockkoalition zu bemühen. Das Selbstverständnis der FDP als bürgerliche Interessenpartei war nahezu unumstritten. Es war aber unklar, wie die Existenz langfristig gesichert und ihr Einfluss vermehrt werden sollte.[69] Die neue Taktik der FDP, ihr Überleben zu sichern, war auf die Person Dehlers zugeschnitten und zeichnet die Partei – wenn auch in unterschiedlichen Konstellationen – bis heute aus. Sie beabsichtigte, innerhalb der Koalition die Rolle eines politischen Korrektivs zu übernehmen. Man wollte sich vom Koalitionspartner abheben und Eigenständigkeit demonstrieren, jedoch nicht die Koalition sprengen. Die Strategie des begrenzten Konflikts zeigte sich unter dem Vorsitz Dehlers in der Außen- und Deutschlandpolitik gegenüber der CDU/CSU. In der zweiten Legislaturperiode standen wichtige außen-, deutschland- und sicherheitspolitische Entscheidungen an. Die FDP fürchtete mangelnden Einfluss.[70] Bezeichnenderweise erklärte Dehler nicht die Sozialdemokratie und die Gewerkschaften als Gefahr, sondern neben den Kirchen die CDU.[71] Vor allem die Saarfrage versprach, sich zu einem Konfliktthema ersten Ranges zu entwickeln. Bereits bei den Koalitionsverhandlungen hatte die FDP-Delegation eine Europäisierung des Saarlandes abgelehnt und eine den eigenen Vorstellungen nicht entsprechende Lösung als „erste[n] und beste[n] Abspringpunkt" aus der Koalition bezeichnet.[72] Die Minister unterzeichneten bereits 1953 vorsorglich Erklärungen, in denen sie sich zum Rücktritt verpflichteten, falls ihre Fraktion das verlange. Katalysator der Strategie eines begrenzten Konflikts innerhalb der Koalition waren Pläne Adenauers, das Wahlrecht zu ändern und ein Mehrheitswahlrecht nach englischem Muster einzuführen. Das hätte die FDP ihre parlamentarische Existenz gekostet.

---

[69] Vgl.: Dittberner, a. a. O., S. 104-105.
[70] In der ersten Legislaturperiode hatte die FDP den Verträgen zur Bildung der Europäischen Gemeinschaft für Kohle und Stahl sowie dem Deutschland- / EVG-Vertrag weitgehend widerstandslos zugestimmt.
[71] Dehler am 23. Oktober 1953 im Bundesvorstand, S. 1211.
[72] So Wellhausen am 23. Oktober 1953 im Bundesvorstand, S. 1192.

Nur vor dem Hintergrund der Außen-, Deutschland- und Sicherheitspolitik sowie der Diskussion um die Wahlrechtsreform kann der Partei- und Fraktionsvorsitz Dehlers und dessen Strategie eines begrenzten Konflikts innerhalb der Koalition interpretiert werden. Die FDP entwickelte sich zu einer Partei der Deutschlandpolitik und profilierte sich durch unverdrossene Attacken und Initiativen, die schon Züge einer späteren sozialliberalen Ostpolitik trugen.[73] Das führte zu scharfen Auseinandersetzungen mit der Politik der Bundesregierung. Zu dem sachlichen Konflikt trat das persönliche, außer Kontrolle geratene Duell zwischen Dehler und Adenauer. Die FDP hatte die Strategie des begrenzten Konflikts nicht mehr unter Kontrolle. Sie war nicht mehr Korrektiv, sondern wurde Fundamentalopposition zur eigenen Regierung. Dehler gefiel sich in der Rolle des „Hechts im Karpfenteich". Es war „eine Rolle, die seinem Temperament und seinem stets wachen und kritischen Geiste [lag] und die er [...] auch im Interesse seiner Partei gern [spielte]."[74]

Exkurs: Primat der Wiedervereinigung – Die veränderten außen- und deutschlandpolitischen Ansichten Dehlers

Nur schwer hatte sich Dehler nach 1945 dazu durchringen können, die deutsche Teilung anzuerkennen. Aber an dem Ziel der Einheit hielt er stets fest. Solange er glaubte, die Westintegration der Bundesrepublik führe zur Wiedervereinigung, unterstützte er Adenauers Außen- und Deutschlandpolitik wie kaum ein anderer in der FDP. Souveränität, Frieden und Freiheit sowie Sicherheit vor der kommunistischen Expansion waren nach Dehlers Ansicht nur durch die Westintegration und die europäische Einigung möglich. Dehler stand exemplarisch für die protestantische, liberal oder deutschnational gesinnte Klientel der FDP. Sie fürchtete die ideologische wie militärische Expansion des Kommunismus. Daher unterstützte sie die „Politik der Stärke" und der Westintegration des Katholiken Adenauer.[75] Alternative Vorstellungen, wie die Pläne Karl Georg Pfleiderers, fanden selbst in der eigenen Partei bis 1954 keine Beachtung. Sie zeigten aber, welche

---

[73] So Lösche / Walter, a. a. O., S. 39.
[74] Fritz René Allemann über Thomas Dehler. Kölner Stadtanzeiger, 13. November 1953.
[75] Siehe: Lösche / Walter, a. a. O., S. 38.

Möglichkeiten zur Abgrenzung von der Union sich der FDP boten.[76] Kritik am Kurs des Kanzlers gab es eigentlich nur, wenn sich die FDP vom Entscheidungsprozess ausgeschlossen sah.

Ab etwa 1954 vertraten Dehler und weite Kreise der FDP im Rahmen ihrer Korrektivfunktion zunehmend andere Ansichten und verfolgten den Denkansatz von Pfleiderer. Angesichts der Ablehnung der EVG durch die Französische Nationalversammlung und die Annahme des Saarstatuts durch Adenauer glaubte Dehler, einen Widerspruch zwischen der europäischen Integration und dem Streben nach Wiedervereinigung erkannt zu haben. Wenn in Frankreich Ressentiments gegen die deutsche Wiederbewaffnung herrschten und Paris auf seinen Ansprüchen im Saarland bestand, so müssten alle Versuche scheitern, mit dem Partner im Westen einmal die Wiedervereinigung Deutschlands zu erreichen, so Dehlers Gedankengänge. Er zweifelte zunehmend an einem Erfolg der „Politik der westlichen Stärke" gegenüber der Sowjetunion.[77] Die „NATO-Klammer" verhindere eine Zustimmung des Kreml zur Wiedervereinigung, so Dehler.[78] Die zögernde Haltung des Bundeskanzlers, in der deutschen Frage aktiv zu werden und mit Moskau Verhandlungen zu führen, ließ Dehler glauben, dass er die Wiedervereinigung bewusst verhindern wollte. Er hielt dem Kanzler vor, eine katholische Rheinrepublik anzustreben. Hier kommt der Antikatholik in Dehler deutlich zum Vorschein. Als Beweis für seine Vermutung sah Dehler die von Adenauer angestrebte Europäisierung des Saargebiets an.

---

[76] Ebd., S. 38-39. Pfleiderer meinte schon 1952, an eine Wiedervereinigung sei erst zu denken, wenn die Bundesrepublik sich aus ihrer Westbindung löse und auch die Sicherheitsinteressen der Sowjetunion anerkenne. Er trat für einen militärisch neutralen Status Gesamtdeutschlands ein und sprach sich für eine Forcierung der Ostpolitik und die Aufnahme diplomatischer Beziehungen mit den osteuropäischen Staaten aus. Er lehnte es ab, freie, gesamtdeutsche Wahlen an den Beginn des Wiedervereinigungsprozesses zu stellen. Pfleiderer, Karl Georg: Vertragswerk und Ostpolitik. Denkschrift vom 2. September 1952 für den Auswärtigen Ausschuss des Bundestags, in: Benz, Wolfgang / Plum, Günter / Röder, Werner: Einheit der Nation. Diskussionen und Konzeptionen zur Deutschlandpolitik der großen Parteien seit 1945, Stuttgart 1978, S. 167-175 (Neuzeit im Aufbau, Darstellung und Dokumentation, Bd. 3). Vgl.: Schlarp, Karl-Heinz: Alternative zur deutschen Außenpolitik 1952-1955: Karl Georg Pfleiderer und die „Deutsche Frage", in: Benz, Wolfgang / Graml, Hermann (Hrsg.): Aspekte deutscher Außenpolitik im 20. Jahrhundert. Aufsätze Hans Rothfels zum Gedächtnis, Stuttgart 1976, S. 211-248 (Schriftenreihe der Vierteljahreshefte für Zeitgeschichte, Sondernummer). Auch: Siekmeier, 1998, S. 21-23.
[77] „Politik der Stärke" bedeutete für Dehler „Politik brutaler Gewalt". Dehler am 8. November 1956 im Bundestag, in: Verhandlungen des Deutschen Bundestages, Stenographische Berichte, II. Wahlperiode, Bd. 32, Bonn 1956, S. 9275C [im Folgenden zitiert als: Dehler am 8. November 1956 im Bundestag].
[78] Dehler am 23. Januar 1958 im Bundestag, in: Verhandlungen des Deutschen Bundestages, Stenographische Berichte, III. Wahlperiode, Bd. 39, Bonn 1958, S. 387D [im Folgenden zitiert als: Dehler am 23. Januar 1958 im Bundestag].

Hierin erkannte der FDP-Politiker die Verhinderung einer „erste[n] Möglichkeit der deutschen Wiedervereinigung".[79] In den Verhandlungen über die Pariser Verträge und das Saarstatut im Herbst 1954 begannen deutlich sichtbar die Konflikte zwischen Dehler und Adenauer. Dehler vertrat die Ansicht, die Wiedervereinigung könne nur im Rahmen weltweiter Entspannung und durch eine aktive Deutschlandpolitik in Form von Verhandlungen mit dem Kreml erreicht werden. Pariser Verträge und Wiedervereinigung hielt er im Grunde genommen für unvereinbar. Die Bundesrepublik solle sich daher von der integrativen (West-) Europapolitik absetzen, sich als „Land der europäischen Mitte" verstehen und die Abgrenzungspolitik gegenüber dem Osten beenden.[80] Um die Zustimmung der Sowjetunion zu erlangen, setzte sich Dehler zunehmend für ein europäisches Sicherheitssystem ein, in das ein vereinigtes Deutschland integriert werden sollte. Hierüber sollten Volksabstimmungen in der Bundesrepublik und der DDR stattfinden. Trotzdem war für Dehler nur eine Wiedervereinigung in Frieden und Freiheit und unter Ausdehnung der freiheitlich-demokratischen Grundordnung und des rechtsstaatlichen Systems auf das wiedervereinigte Deutschland vorstellbar.[81] Allerdings sah Adenauer die Einbeziehung eines wiedervereinigten Deutschlands in die westliche Gemeinschaft als Voraussetzung für die Einheit an, während für Dehler die Bewahrung von Sicherheit und Freiheit Grundvoraussetzung für die Wiedervereinigung war.[82]

Der angebliche Widerspruch zwischen Westintegration und europäischer Einigung sowie Wiedervereinigung Deutschlands, der zum Bruch zwischen Dehler und Adenauer in der Außen- und Deutschlandpolitik führte,[83] lässt sich auf die gegensätzlichen Bezugspunkte in den außen- und deutschlandpolitischen Konzeptionen von Dehler bzw. Adenauer reduzieren: Während Adenauer der Westintegration und der europäischen Einigung willen bereit war, auf deutsche Gebiete zu verzichten, war für Dehler die Nation sakro-

---

[79] Ebd., S. 396C.
[80] Siehe: Dehler am 8. November 1956 im Bundestag, S. 9275D-9276B. Auch Klingl, a. a. O., S. 146.
[81] Vgl.: Zitelmann, Rainer: Thomas Dehler: „Ein Volk, das sich nicht selbst bejaht, wird untergehen", in: Zitelmann, Rainer: Adenauers Gegner. Streiter für die Einheit, Erlangen – Bonn – Wien 1991, S. 144 (Reihe Extremismus und Demokratie, Bd. 2).
[82] Vgl. hierzu: Klingl, a. a. O., S. 78-79.
[83] Ebd., S. 135. Auf die sachlich-politischen Differenzen folgten persönliche Zerwürfnisse. Sie lassen sich vor allem auf die Bundestagsdebatte über das Saarstatut am 27. Februar 1955 datieren.

sankt und deren Wiedervereinigung die erste rechtliche und geschichtliche Pflicht.[84]

Doch Dehler übersah, dass spätestens seit der gescheiterten Genfer Viermächtekonferenz im Juli 1955 ein geeintes Deutschland in den Planungen Moskaus nicht mehr vorkam. Der Kreml wollte den territorialen Status quo absichern und die Zweistaatlichkeit Deutschlands akzeptiert sehen. Doch die Freien Demokraten, allen voran Dehler, aber auch seine Nachfolger im Parteivorsitz Maier und Mende, wollten das lange Zeit nicht erkennen. So blieb deren Deutschlandpolitik auf die Vergangenheit orientiert.[85]

4.5 Dehler und die Machtzentren – Zur innerparteilichen Struktur der FDP

4.5.1 Machtzentren

Das eigentliche Führungszentrum der FDP waren die Bundestagsfraktion, die Bundesminister und die Landesverbände. Die Landesverbände waren relativ autonom und verfügten über großen Einfluss. Die Parteizentrale in Bonn war relativ klein. Die Bundes-FDP war finanziell schlecht gestellt und von den Landesverbänden abhängig. Der Bundesvorstand war geprägt von Richtungsstreitigkeiten. Dehlers zunehmend fundamentalistische Art verhinderte es, die unterschiedlichen Richtungen, die sich in den Landesverbänden und der Fraktion niederschlugen, zu integrieren. Nur in Oppositionszeiten ist die Bundeszentrale stärker. Dehler war aber mit Ausnahme einiger Monate Parteichef, als die FDP in der Regierung war. Parteiarbeit wurde von den mit FDP-Politikern besetzten Ministerien erledigt, die den

---

[84] In den Auseinandersetzungen mit Adenauer um den Kurs in der Außen- und Deutschlandpolitik spiegelten sich Ansichten wider, die bereits in der Prägungsphase Dehlers auftauchten. Die Vorstellungen von Europa und Westintegration sowie Nation widersprachen sich bereits zu jener Zeit, als Dehler noch die Außen- und Deutschlandpolitik des Bundeskanzlers befürwortete. Dehler sah angesichts der kommunistischen Bedrohung in der Westintegration und im europäischen Einigungsgedanken eher das Mittel, um die Wiedervereinigung zu erreichen. Nur durch eine „Politik der Stärke" und die Einheit des Westens schienen Souveränität, Sicherheit, Frieden, Freiheit und Wohlstand erreichbar, um als Magnet gegenüber dem Osten wirken zu können und die Wiedervereinigung zu erreichen. Nach der Erkenntnis, dass auf diese Weise die Lösung der deutschen Frage nicht erreichbar war, distanzierte sich Dehler vom europäischen Gedanken und von der „Politik der Stärke" und wandte sich verstärkt nationalstaatlichen Vorstellungen zu. Der Bruch mit Adenauer in der Außen- und Deutschlandpolitik vollzog sich.
[85] Siehe: Siekmeier, 1998, S. 26-27.

Kurs Adenauers vertraten. Die Minister und die Fraktion opponierten gegen Dehler.[86] Bedeutendes Machtzentrum war Bundespräsident Heuss, der bereits bei Dehlers Ministersturz eine entscheidende Rolle gespielt hatte und später auch dessen Sturz als Partei- und Fraktionsvorsitzender unterstützte. Das Verhältnis zwischen Heuss und Dehler war nach 1953 belastet. Heuss war ein entschiedener Gegner emotionaler Politik, wie sie Dehler betrieb. Er hatte Aversionen gegen das hitzige Temperament und lehnte politische Träumereien ab.[87] Bundesgeschäftsführer Lothar Weirauch spielte dagegen keine bedeutende Rolle in der Dehler-FDP. Im September 1954 trennte sich der Bundesvorstand von Weirauch. Nachfolger wurde 1955 der 65-Jährige Werner Stephan, der einen Neuaufbau der Bundesgeschäftsstelle einleitete. Die Personalie zeigte, dass die Lager der FDP sich auf einen nicht mehr eigener Ambitionen verdächtigen Übergangskandidaten einigten, um den einflussreichen Döring aus Nordrhein-Westfalen zu verhindern. Publizistische Unterstützung, besonders in der Deutschlandpolitik, bekam Dehler vor allem in der Zeitschrift *Der Spiegel*.

4.5.2 Dehlers Strategie und die Flügel der Partei

Seit Dehler kurz nach seinem Amtsantritt als Parteivorsitzender im März 1954 Sympathien für die Ideen Pfleiderers zeigte, stritten Fraktion und Partei um den Kurs in der Außen- und Deutschlandpolitik. Seine sich wandelnde Position fand am stärksten Unterstützung im anfangs deutschnational, später linksliberal geprägten nordrhein-westfälischen Landesverband unter Döring, Scheel, Weyer und Mende und dem FDP-Pressechef Ungeheuer. Aber auch im Südwesten, in den traditionellen liberalen Gebieten, erhob sich unter Maier, Haußmann und Pfleiderer Widerstand gegen die Außenpolitik der Bundesregierung. Die Gegner Dehlers und seines neuen Kurses kamen vor allem aus den Landesverbänden Hessen, Hamburg und Berlin, aber auch aus seinem eigenen Landesverband Bayern. Der national eingestellte Euler aus Hessen, die linksliberalen Matadoren Rademacher und Edgar Engelhard aus Hamburg, Schwennicke aus Berlin und Wellhausen aus Bayern, aber auch der Landesvorsitzende Middelhauve aus Nordrhein-Westfalen – folglich Vertreter beider Flügel – kritisierten die An-

---

[86] Hierzu: Lösche, Peter: Kleine Geschichte der deutschen Parteien, zweite Auflage, Stuttgart – Berlin – Köln 1994, S. 147 [im Folgenden zitiert als: Lösche, a. a. O.].
[87] Siehe: Schollwer, in Mischnick, S. 441, 445.

sichten Dehlers.[88] Nicht nur deutschnational geprägte Landesverbände widersetzten sich folglich Dehlers neuem Kurs. Schwennicke und Wellhausen verkörperten nunmehr die moderierende Mitte der FDP. Der bedeutendste deutschnationale Widersacher war der Hesse Euler. Zu den „klassischen" Flügeln innerhalb der FDP traten mit dem Dehler- und dem Adenauer-Flügel zwei weitere Richtungen. Hieran zeigte sich, dass seit den Konflikten um die Nationale Sammlung eine Umorientierung stattgefunden hatte. Damals standen Hessen im nationalliberalen, Hamburg und Berlin jedoch im liberaldemokratischen Lager. Unterstützung in ihrem Kampf gegen Dehler fanden die Landesverbände in der Bundestagsfraktion und den vier FDP-Bundesministern Blücher, Neumayer, Preusker und Schäfer.[89] Die in der Außen- und Deutschlandpolitik praktizierte Korrektivfunktion entzweite die Landesverbände und die Fraktion. Teile der Fraktion und die Minister betrieben mit Unterstützung Adenauers eine Ablösung Dehlers und eine Abspaltung von der eigenen Bundestagsfraktion.

4.5.3 Dehler und der Landesverband Nordrhein-Westfalen

Nordrhein-Westfalen war der bedeutendste Landesverband. Er hatte einen starken finanziellen Einfluss auf die Bundespartei. Durch enge Verbindungen zur Ruhrindustrie übernahm er maßgeblich die Finanzierung anderer Landesverbände wie auch der Bundespartei.[90] Rubin war zeitgleich Landes- und Bundesschatzmeister. Hiermit einher gingen politische Abhängigkeiten.

Die Landesverbände Nordrhein-Westfalen (deutschnational) und Baden-Württemberg (liberaldemokratisch) vertraten bei der Debatte um die Nationale Sammlung entgegengesetzte Positionen. Ihre spätere Kooperation und die gemeinsame Unterstützung Dehlers war auf die Erkenntnis zurückzuführen, dass ein Zusammenarbeiten der beiden stärksten Landesverbände ein wesentlicher Faktor dafür war, die FDP als selbstständigen Machtfaktor im Parteiensystem zu stärken. Die beiden Landesverbände bestimmten die Geschicke der Partei und trafen Personalabsprachen. Der Achse Düsseldorf – Stuttgart war es zu verdanken, dass sich Dehler bis 1957 als Partei- und

---

[88] Vgl.: Papke, 1992, S. 32. Wengst, 1997, S. 242-243.
[89] Vgl.: Lösche / Walter, a. a. O., S. 39.
[90] So stammten 1951/1952 73,2 Prozent der Mittel, die der Bundespartei zur Verfügung standen, aus Nordrhein-Westfalen. Bundesvorstand, 20. November 1952, S. 631-632.

Fraktionsvorsitzender halten konnte. Dehlers Gegner aus anderen Landesverbänden und der Fraktion konnten ihn nicht stürzen, solange er sich der Loyalität der beiden mächtigen Landesverbände sicher sein konnte und er vor allem den Kurs der Jungtürken und deren Ambitionen nicht gefährdete.

Die junge Spitze des nordrhein-westfälischen Landesverbands um Willi Weyer, Wolfgang Döring und Walter Scheel – die „Jungtürken"[91] – waren Zöglinge des vormaligen Landesvorsitzenden Middelhauves. Sie fanden über die Jungdemokraten den Zugang zur Politik. Von Middelhauve konnten sie sich aber schnell emanzipieren und ihn 1956 nach dem Koalitionswechsel in Düsseldorf, den er nicht unterstützte, ablösen. Landesminister Weyer wurde neuer Landesvorsitzender. Döring, der eigentlich führende Kopf,[92] war bereits seit 1950 (bis 1956) Hauptgeschäftsführer und damit Leiter des gesamten Organisations- und Personalapparats des Landesverbands.[93] Von 1956 bis 1958 war er Fraktionschef im Landtag. Scheel wiederum war als Bundestagsabgeordneter wichtiges Bindeglied zur Bonner Fraktion.

Die neuen Köpfe gehörten, zwischen 1917 und 1919 geboren, zur Frontgeneration und hatten den Zweiten Weltkrieg als junge Offiziere erlebt. Sie wurden nicht durch das liberale, humanistische und bürgerliche Honoratiorenmilieu sozialisiert, sondern durch Offizierskasino und Schützengraben.[94] Der Theorie Karl Mannheims zufolge verkörperten sie eine Generationeneinheit.[95] Der Korpsgeist der Schützengräben schweißte sie zusammen. Sie

---

[91] Der Begriff wurde von Terence Prittie in Anlehnung an die jungtürkische Reformbewegung im Osmanischen Reich geprägt. 1908 hatten vorwiegend jüngere Offiziere durch einen Staatsstreich ohne ein politisches Konzept und ohne politische Erfahrung die Macht erobert. Im Unterschied dazu hatten aber die Düsseldorfer Jungtürken bereits vor 1956 Schlüsselstellungen im Landesverband inne, ohne dass dies nach außen hin deutlich wurde. Demzufolge handelte es sich beim Regierungswechsel 1956 im engeren Sinne nicht um einen Putsch oder Aufstand.
[92] Siehe: Papke, 1992, S. 167.
[93] Vgl.: Papke, 1998, S. 162, 165, 172.
[94] Siehe: Lösche / Walter, a. a. O., S. 49.
[95] Mannheim schlägt zur Spezifizierung einer politischen Generation die Unterscheidung von Generationenlagerung, Generationenzusammenhang und Generationeneinheit vor. Während sich die Lagerung einer Generation durch die Geburt in einen bestimmten Kontext ergebe, entstehe der Zusammenhang erst durch eine Partizipation an gemeinsamen Schicksalen und Schlüsselerlebnissen. Werden diese Ereignisse auch einhellich interpretiert und verarbeitet, gibt es homogene Orientierungen und Verhaltensweisen, spricht Mannheim von einer Generationeneinheit. Die Bildung einer politischen Generation erfolgt folglich über eine politische Sozialisation. Mannheim, Karl: Das Problem der Generation, in: Ders.: Wissenssoziologie, Berlin 1964, S. 509-566. Vgl. auch: Lepsius, M. Rainer: Generationen, in: Greiffenhagen, Martin / Greiffenhagen, Sylvia (Hrsg.): Handwörterbuch zur politischen Kultur der Bundesrepublik Deutschland, zweite, völlig überarbeitete und aktualisierte Auflage, Wiesbaden 2002, S. 162-165.

waren eine neue Generation in der Partei und hatten nicht die ohnehin bei der FDP unübliche parteiinterne „Ochsentour" hinter sich. Sie vertraten nicht den freisinnigen Honoratioren-Altliberalismus und dessen kommunale Lebenswelten. Ideen vom bürgerlichen Nationalliberalismus, von liberalen Philosophien, von Utopien und langfristigen Konzeptionen waren ihnen fremd. Politische Grundsatz- und Weltanschauungsfragen verbanden sie mit dem Parteiensystem von Weimar, das sie mehr schlecht als recht aus ihrer Kindheit kannten und von dem sie sich bei jeder Gelegenheit distanzierten. Sie waren ideologisch ungebundene, zielorientierte Pragmatiker, Taktiker, Manager der Macht, politische Schachspieler und Vorläufer einer „Genscherisierung" der FDP. Politik sahen sie als Kunst an, Spielräume zu erkennen und zu nutzen, um ein Optimum an Macht zu erwerben. Eine straff organisierte und politisch gemanagte FDP war dafür Voraussetzung.[96] Der nordrhein-westfälische Landesverband zeichnete sich bald durch einen hohen Organisationsgrad, ein modernes politisches Management sowie Geschlossenheit und Disziplin aus – schließlich waren die neuen starken Männer früher Offiziere.[97]

Die Jungtürken – geprägt von der Nationalen Sammlung – beabsichtigten, nationale Aspekte stärker in den Mittelpunkt liberaler Politik zu rücken und der FDP einen eigenständigen Platz im Parteiensystem, unabhängig von der Union, zuzuweisen. Die FDP sollte Funktionspartei werden. Bereits Anfang der 1950er Jahre hatte vor allem Döring deshalb die Idee der Nationalen Sammlung unterstützt. Nachdem sie in den Jahren zuvor noch Kritik an der Kompromissbereitschaft Dehlers gegenüber Adenauer geübt hatten, unterstützten die jungen Düsseldorfer ab Mitte der 1950er Jahre Dehler in der Absicht, die Partei nach links zu öffnen. Dehler und die Jungtürken sahen in Adenauer den größten Gegner einer eigenständigen FDP. Für Middelhauve und die bürgerlich-liberale Basis hingegen waren die SPD und der Sozialismus der größte Feind der FDP. Trotz einer antiklerikalen Einstellung kam deshalb nur eine Koalition mit der unter christlichen Vorzeichen stehenden CDU/CSU in Betracht.[98] Die Dominanz des nationalliberalen Flügels erklärte die Beteiligung der FDP an der Bürgerblockkoalition in der ersten Legislaturperiode.[99] Die Vormachtstellung der Nationalliberalen

---

[96] Siehe: Lösche / Walter, a. a. O., S. 41.
[97] Das war auch entscheidend für den erfolgreichen Koalitionswechsel 1956. Vgl.: Lösche / Walter, a. a. O., S. 40-41. Papke, 1992, S. 236-237. Papke, 1998, S. 161-162.
[98] Siehe: Lösche, a. a. O., S. 141.
[99] Siehe: Ebd., S. 142.

hatte sich ab 1952/1953 abgeschwächt. Im Zuge der Naumann-Affäre war die versuchte Unterwanderung der nordrhein-westfälischen FDP durch ehemalige Nationalsozialisten aufgeflogen. Die Nationale Sammlung war diskreditiert. Der Einfluss der Jungtürken stieg. Sie distanzierten sich von deutschnationalen Positionen, verdrängten die Nationalliberalen, entmachteten ihren politischen Ziehvater Middelhauve, dessen Anti-SPD-Haltung und geringe Flexibilität gegenüber der Bundespartei auf Kosten der politischen Bewegungsfreiheit gingen, und verfochten zunehmend alternative Konzepte und Koalitionen. Sie erkannten, dass das an der Basis verwurzelte bürgerliche Zusammengehörigkeitsgefühl mit der Union den Handlungsspielraum der FDP im Parteiensystem stark begrenzte.

Die Jungtürken waren bestrebt, der Partei diesen Einfluss zu ermöglichen. Das war nur durch eine Koalitionsfähigkeit mit der SPD und einen dynamischen deutschlandpolitischen Kurs möglich. Dazu musste die FDP sich nach links orientieren und sich in der Mitte zwischen Union und SPD positionieren, um sich nach beiden Seiten durch geschicktes Taktieren Möglichkeiten für Koalitionen offen zu halten und das Zünglein an der Waage zu spielen.[100] Der FDP kam durch diese Strategie langfristig als Korrektiv bzw. Mehrheitsbeschaffer eine Macht zu, die oft weit über ihre zahlenmäßige Stärke hinausging. Diese Vorstellungen hatten die Düsseldorfer mit Thomas Dehler gemeinsam. Auch er versuchte, die Eigenständigkeit der FDP gegenüber der Union zu betonen. Dehler propagierte ein mögliches Zusammengehen von FDP und SPD, wenn sich diese zur Marktwirtschaft mit Wettbewerb und Unternehmerinitiative bekenne. In der Außen- und Deutschlandpolitik sah er Berührungspunkte zwischen den beiden Parteien.

Das ungeklärte Liberalismusverständnis begünstigte die Funktion eines flexiblen politischen Korrektivs im Parteiensystem. So konnte 1956 ein Landesverband, der einige Jahre zuvor noch als Stoßkraft der Nationalen Sammlung gegolten hatte, die bürgerliche Geschlossenheit aufkündigen und mit den zuvor noch im eigenen Verband als schlimmstes Übel angesehenen Sozialdemokraten paktieren – und dies zudem als Option für Bonn anbieten.[101]

---

[100] Ernsthafte sozialistische Neigungen konnte man aber den Jungen aus Nordrhein-Westfalen nicht vorwerfen.
[101] Siehe: Lösche / Walter, a. a. O., S. 42.

So entwickelte sich um Döring, Scheel und Weyer eine Machtzentrale, welche die Entwicklung der FDP in den folgenden Jahren entscheidend bestimmte. Die engen persönlichen und politischen Verbindungen blieben durch den Korpsgeist bestehen. Die hohe Wahlniederlage 1958 in Nordrhein-Westfalen und der Tod Dörings 1963 schwächten den Einfluss. Doch die nordrhein-westfälische Landesgruppe erzwang 1966 den Austritt der FDP aus der Regierung Erhard. 1969 befanden sich unter den 31 Abgeordneten der FDP im neuen Bundestag allein sieben Abgeordnete, die 1956 der Fraktion in Düsseldorf angehört hatten.[102]

4.6 Dehlers Agieren im Spannungsfeld von Landesverbänden, Bundestagsfraktion und Bonner Koalition – Eine Veränderungsanalyse in Etappen

Nachdem die Freien Demokraten in den ersten Monaten nach seiner Wahl Dehlers Profilierungskurs und seine Gedanken über eine Koalition mit der SPD unterstützt und sich an seiner rhetorischen Leidenschaft erfreut hatten – Erfolge bei den Landtagswahlen gaben der Strategie Recht –, führte der zunehmende Positionswandel Dehlers zu Konflikten und Zerwürfnissen. An Kontroversen mit Adenauer und der Union sowie innerhalb der FDP mangelte es in Dehlers Amtszeit nicht. Sie entzündeten sich an den unterschiedlichen Auffassungen zur Außen- und Deutschlandpolitik sowie am Führungsstil und Auftreten Dehlers.

4.6.1 Sommer 1954: Affäre John – Erste Unzufriedenheit mit dem „Retter" der Partei

Anfangs noch hatte Dehler Partei und Fraktion unter Kontrolle, trat als Integrator auf und konnte seine Ansichten durchsetzen. Im Zuge der Auseinandersetzungen über den Fall John[103] übte er erste deutliche Kritik an Adenauer und setzte durch, dass sich die Fraktion beim Misstrauensantrag der SPD gegen Innenminister Schröder mehrheitlich der Stimme enthielt. Der Koalitionsfrieden war gestört. Dehler wurde seitens der CDU maßgeblich dafür verantwortlich gemacht. Auch in der eigenen Partei gab es erste kritische Stimmen an seinem Auftreten. Doch bemühte sich Dehler noch, die

---

[102] Siehe: Papke, 1992, S. 237-238.
[103] Der Präsident des Bundesamts für Verfassungsschutz hatte sich am 21. Juli 1954 in die DDR abgesetzt.

Risse zu kitten, die Maier als Sprecher der Fraktion beim Misstrauensantrag der Koalition zugefügt hatte.

4.6.2 Herbst 1954: Wahlniederlagen in Bayern und Berlin infolge außenpolitischer Kursänderung – Warnschuss für Dehler

Im Oktober 1954 tauchten erstmals deutlich die FDP-Bundesminister, vor allem Blücher, neben den Landesverbänden Berlin und Hessen sowie Wellhausen aus Bayern als Kritiker von Dehlers Positionen und Führungsstil auf.[104] Anlass war – unter Berufung auf Pfleiderer – Dehlers Forderung nach Verhandlungen mit Moskau über die Deutsche Frage. Er war bereit, unfreie Wahlen in der DDR anzuerkennen. Vorausgegangen war das Scheitern der Europäischen Verteidigungsgemeinschaft in der Französischen Nationalversammlung Ende August 1954. Dehler hatte die Koalition an den Rand des Scheiterns gebracht. Die FDP-Bundesminister erwogen, bestärkt durch die Kritik aus der Union, den Rückzug aus dem Kabinett. Der Streit der beiden Kontrahenten Dehler und Adenauer bestimmte die Schlussphase des bayerischen Landtagswahlkampfs im November 1954. Dehler attackierte zügellos Adenauers Außen- und Deutschlandpolitik. Er konstatierte, Adenauer erfülle seine „Aufgabe als Kanzler" nicht mehr. Die „von ihm angewandten Mittelchen eines Oberbürgermeisters" würden nicht mehr ausreichen.[105] Die Außen- und Europapolitik habe zu einem „krassen Mißerfolg" geführt. Der bisherige Weg sei falsch. Unmittelbare Auswirkung hatte dies auf das Ergebnis der Wahl und die Koalitionsbildung. Zwar konnte die FDP ihren Stimmenanteil gegenüber 1950 etwa behaupten, die Bildung einer Viererkoalition aus SPD, GB/BHE, Bayernpartei und FDP wurde innerparteilich aber Dehler zur Last gelegt.[106] Bei den Wahlen zum Berliner Abgeordnetenhaus am 5. Dezember halbierte sich der Stimmenanteil der FDP gegenüber 1950 nahezu. Schwennicke sah das Verhalten Dehlers als Ursache.[107]

---

[104] So auch: Wengst, 1997, S. 249-250.
[105] Dehler am 10. September 1954 im Bundesvorstand, S. 88.
[106] Allerdings lagen dieser Koalition gemeinsame landespolitische Interessen, vor allem in der Kulturpolitik, zu Grunde. Sie konnte nicht als Wendung gegen die Bürgerblockkoalition in Bonn verstanden werden.
[107] Schwennicke an Dehler, Schäfer und Middelhauve vom 18. Dezember 1954, NTD, N 1-2274.

4.6.3 Winter 1954/1955: Die Saarfrage – Die Etablierung zweier neuer Flügel

Bei der Diskussion um die Lösung der Saarproblematik verschärften sich die Auseinandersetzungen und die Kritik an Dehler. Fraktion, Bundesvorstand und FDP-Minister lehnten, maßgeblich beeinflusst von der Deutschen Partei Saar unter Heinrich Schneider, das Saarstatut ab.[108] Sie fühlten sich übergangen, da Adenauer eigenmächtig Abmachungen getroffen hatte. Heuss hingegen plädierte für eine Zustimmung. Dehler stilisierte den Widerstand zum Überlebenskampf. Bei der Ratifizierungsdebatte um das Statut beabsichtigte er, die außen- und deutschlandpolitische Korrektivfunktion der FDP innerhalb der Bonner Koalition unter Beweis zu stellen, da es seiner Ansicht nach „eine Rückgliederung der Saar nach Deutschland" verhinderte.[109] Die Konflikte in Koalition und FDP-Fraktion kulminierten im Bundestag. Dehler bemerkte zu Beginn seiner Rede, er beabsichtige nicht, „Blumen zu streuen, [...] vielleicht hier und da ein bescheidenes Vergißmeinnicht, aber viel eher brennende Nesseln".[110] Dehler äußerte vor einem vor Anspannung „erstarrten Bundestagsplenum"[111] Zweifel an der nationalen Haltung Adenauers. Er versuchte Adenauer Versagen in den Verhandlungen in einer „Lebensfrage unseres Volkes" nachzuweisen.[112] Die Rede geriet zu einer Generalabrechnung mit der Außen- und Deutschlandpolitik wie auch mit dem Führungsstil und der Verhandlungstaktik des Kanzlers. Die Rede Dehlers zeugte sowohl von seinem Temperament wie auch von der gespannten Situation. Der „fränkische Vulkan" Dehler „griff mit unerhörter Schärfe das Saarabkommen an, wurde immer ausfälliger und

---

[108] Am 23. Oktober 1954 war es im Rahmen der Pariser Verträge zu einem Kompromiss zwischen Mendès-France und Adenauer in der Saarfrage gekommen. Das Saarstatut sah vor, das Saarland im Rahmen der WEU zu europäisieren. Das Statut sollte zudem von der überwältigende Mehrheit der Bevölkerung in einer Volksabstimmung angenommen werden. Nachdem sich die überwältigende Mehrheit der Bevölkerung für die Rückgliederung an Deutschland ausgesprochen hatte, wurde das Saarland zum 1. Januar 1957 politisch und zum 1. Januar 1960 wirtschaftlich in die Bundesrepublik eingegliedert.
[109] Dehler am 15. Dezember 1954 im Bundestag, in: Verhandlungen des Deutschen Bundestages, Stenographische Berichte, II. Wahlperiode, Bd. 22, Bonn 1954, S. 3163B.
[110] Dehler am 27. Februar 1955 im Bundestag, in: Verhandlungen des Deutschen Bundestages, Stenographische Berichte, II. Wahlperiode, Bd. 23, Bonn 1955, S. 3899C [im Folgenden zitiert als: Dehler am 27. Februar 1955 im Bundestag].
[111] Schwarz, Hans-Peter: Die Ära Adenauer. Gründerjahre der Republik 1949-1957, mit einem einleitenden Essay von Theodor Eschenburg, Stuttgart 1981, S. 263 (Geschichte der Bundesrepublik Deutschland, Bd. 2) [im Folgenden zitiert als: Schwarz, 1981].
[112] Dehler am 27. Februar 1955 im Bundestag, S. 3905B.

Schaum stand ihm vor dem Munde".[113] Dehler sei in die „Tonart und Lautstärke Adolf Hitlers verfallen", so Heuss.[114]

In der Abstimmung wurde die Zerstrittenheit der FDP deutlich. Die 43 anwesenden Mitglieder der Fraktion stimmten mit 32 Stimmen mehrheitlich gegen das Saarstatut, unter ihnen auch der Justizminister Fritz Neumayer sowie Max Becker. Obwohl die Abstimmung nicht freigegeben war und man einheitlich das Statut ablehnen wollte, votierten sieben Vertreter dafür, unter ihnen Blücher. Blücher war der einzige Bundesminister, der dafür stimmte, obwohl er eigentlich als Anhänger einer deutschen Saar galt. Aber bei ihm hatte die Kabinettsdisziplin gesiegt. Vier Abgeordnete, darunter die Bundesminister Schäfer und Preusker, enthielten sich der Stimme. Einige Abgeordnete strebten gemeinsam mit der SPD eine Normenkontrollklage an.[115]

Es zeichnete sich bei der Abstimmung neben dem Dehler-Flügel die Bildung eines Adenauer-Flügels in der Fraktion ab. Kanzler und Union hatten mit Hilfe namentlich von Blücher einen Meinungsumschwung in der Fraktion weg von der geschlossenen Ablehnung erreicht, einen Keil in die FDP-Fraktion getrieben, die Positionen gegeneinander ausgespielt und Dehler geschwächt. In der Koalition konnte sich die FDP kaum noch durchsetzen: Weder das Außen- noch das Verteidigungsministerium wurde mit einem FDP-Politiker besetzt. Mende wurde nicht einmal Staatssekretär im Verteidigungsministerium. Kein FDP-Abgeordneter hörte der Delegation bei Adenauers Moskaureise an.

Mit den Kontroversen um das Saarstatut und den außen- und deutschlandpolitischen Kurs begannen einzelne Landesverbände, wie Hessen und Berlin, Teile der Fraktion und die FDP-Bundesminister, sich deutlich von Dehler zu distanzieren. Vor allem die Minister sowie Euler, Schwennicke und Wellhausen sahen Dehlers Kritik an dem Statut und am Kanzler als überzogen an. Blücher versuchte, Dehler den Schwarzen Peter zuzuschieben. Zudem wurde Dehler für die Koalitionskrise verantwortlich gemacht. Seine Strategie einer Opposition in der Koalition war starkem Widerspruch ausgesetzt. Vertreter der Union dachten offen über ein Ende der Koalition nach. Sie forderten den Rücktritt Dehlers vom Amt des Fraktionsvorsitzen-

---

[113] Otto Lenz über Dehler. Zitiert nach: Wengst, 1997, S. 258.
[114] Besprechung zwischen Heuss und Dehler am 14. April 1955. Zitiert nach: Ebd.
[115] Die übrigen Pariser Verträge – beispielsweise über den NATO-Beitritt der Bundesrepublik – wurden von den Freien Demokraten nahezu einhellig gebilligt.

den.[116] Schon zu diesem Zeitpunkt kursierten Gerüchte über die Abspaltung einer Sozialkonservativen Partei von der FDP, woran Blücher, Preusker, Neumayer, Euler, Fassbender und Wellhausen beteiligt sein sollten.[117] Dehler ging als großer Verlierer aus dem Saarkonflikt hervor. Die Zweifel an seiner Führungs- und Integrationskraft wuchsen. Bereits nach der Berlin-Wahl im Dezember 1954 war Schwennicke als Vorsitzender des außenpolitischen Ausschusses der FDP zurückgetreten – ein sichtbares Zeichen, dass er die Außen- und Deutschlandpolitik seines Vorsitzenden missbilligte. Mit ihm focht Dehler zudem persönliche Rivalitäten aus. Bei seiner Wiederwahl zum Fraktionsvorsitzenden am 25. Januar 1955 hatte Dehler einen weiteren Rückschlag einstecken müssen. Nur noch 31 von 43 Abgeordneten stimmten für ihn. Auch seine Wiederwahl zum Parteichef im März 1955 erwies sich nicht als überwältigender Vertrauensbeweis: Unter den 223 abgegebenen Stimmen waren nur 172 Ja-Stimmen.[118] Im Vorfeld des Parteitags waren als Reaktion auf das Verhalten Dehlers in der Saarfrage Bedenken dagegen laut geworden, ihn wieder zum Parteichef zu wählen. Schäfers und Schwennickes Verzicht auf eine erneute Kandidatur für die Stellvertreterposten aus Widerstand gegen die Außen- und Deutschlandpolitik Dehlers war Indiz für die innerparteilichen Konflikte und den mangelnden Rückhalt Dehlers.

Zudem war das Verhältnis zwischen Dehler und Adenauer zerstört. Die Auseinandersetzungen um das Saarstatut waren der Höhepunkt einer Reihe von Konflikten, in denen – meist ausgelöst durch provozierende Vorwürfe des FDP-Chefs an Politik, Verhandlungsführung und Person des Kanzlers – die unüberbrückbaren Gegensätze in der Außen- und Deutschlandpolitik zum Vorschein kamen. Im Konflikt um das Saarstatut – genauer in der entscheidenden Bundestagsdebatte am 27. Februar 1955 – vollzog sich der

---

[116] Seitens der FDP wurde jedoch nicht mit dem Ende der Koalition gedroht. Die Rolle des Korrektivs sollte – noch – nicht überspannt werden.
[117] Bundesvorstand am 30. April 1955, S. 117.
[118] Zu den Wiederwahlen zum Partei- und Fraktionschef: Bundesvorstand, 25. März 1955, S. 115. Vgl.: Wengst, 1997, S. 260-261.

Bruch.[119] Katalysator der Entfremdung war ohne Zweifel die Entscheidung, ihn nicht wieder zum Minister zu ernennen, die Dehler wegen seiner mangelnden Hintergrundkenntnisse über die Entwicklungen im Herbst 1953 ausschließlich Adenauer anlastete. Spätestens hier jedoch, als Adenauer zustimmte, die Saar „in Wirklichkeit dem politischen, dem militärischen, dem wirtschaftlichen und finanziellen Einfluß Frankreichs zu überlassen" und als „der erste Versuch scheiterte, Deutsche wieder mit Deutschen zu vereinigen",[120] glaubte Dehler, Adenauers Primat der Westintegration erkannt zu haben. Verschmähte Zuneigung schlug in offenen Hass um. Adenauer ließ Dehler in einem persönlichen Gespräch nach der Saarentscheidung erkennen, dass ihn dessen „haßerfüllt[e]" und mit „Indiskretionen aus vertraulichen Gesprächen"[121] durchsetzte Rede schwer getroffen habe.[122] Er zog die Konsequenz, Dehler zu keiner vertraulichen Besprechung mehr zu empfangen. Dehler wiederum empfand das als „bewußte Kränkung".[123] Auch gab er sich getroffen von der Vermutung des Bundeskanzlers, er sei derjenige, der „die FDP zum Niedergang, wenn nicht zur Spaltung führe".[124]

In der Kontroverse um das Saarstatut zeigte sich erstmals deutlich der Versuch Adenauers, die FDP zu spalten. Wenn es ihm nicht gelingen sollte, die Dehler-FDP als kleineren Koalitionspartner zur Annahme seiner Außen- und Deutschlandpolitik zu drängen, und sie durch eine Umarmungstaktik samt ihrer Klientel zu absorbieren, so wollte er zumindest über die ihm treuen FDP-Bundesminister – obwohl sie bei der Abstimmung über das Saarstatut noch nicht geschlossen gegen Dehler agierten – und den Kreis um Euler Dehler stürzen und so die FDP wieder in seinen Einflussbereich

---

[119] Die „letzten Fundamente" in Dehlers Vertrauen in die Adenauersche Außen- und Deutschlandpolitik zerstörte die Moskaureise Adenauers im September 1955, von deren Ergebnissen er enttäuscht war. Siehe: Entscheidung für die Opposition. Thomas Dehlers Rede auf dem Bundesparteitag der F.D.P. in Würzburg am 20. April 1956, in: Dorn, Wolfram / Henning, Friedrich (Hrsg.): Thomas Dehler. Begegnungen – Gedanken – Entscheidungen, mit einem Vorwort von Walter Scheel, Bonn o. J., S. 121-132, hier: S. 126 [im Folgenden zitiert als: Dehler 1956, in Dorn / Henning]. Siekmeier datiert den Bruch auf die Jahreswende 1953/1954. Diese Ansicht kann jedoch nicht geteilt werden. Siekmeier, 1998, S. 99.
[120] Gaus, 1987, S. 106.
[121] Adenauer am 18. März 1955 in einem Gespräch mit Heuss über Dehler. Zitiert nach: Wengst, 1997, S. 260.
[122] Adenauer lehnte Dehlers emotional geprägte, wechselhafte Art ab. Er hielt sie für eine Gefahr für die Politik. Zudem teilte er dessen nationalen und kulturkämpferischen Ansichten nicht.
[123] Brief Dehlers an Adenauer vom 17. März 1955. Zitiert nach: Wengst, 1997, S. 260.
[124] Gespräch zwischen Adenauer und Heuss am 18. März 1955. Zitiert nach: Wengst, 1997, S. 260.

eingliedern oder gar eine Spaltung der Partei erreichen.[125] Nur die ihn unterstützenden Kräfte in der FDP sollten so an die Union gebunden, die Abweichler dem Orkus der Geschichte anheim fallen. Im Herbst 1955, zu Beginn des Jahres 1956 und im Herbst 1956 wurde diese Taktik Adenauers, bei der er auf die Unterstützung Heinrich von Brentanos vertrauen konnte, erneut sichtbar. Spätestens seit September 1955 war Adenauer dazu fest entschlossen. Während der Saarkrise noch hatte er sein Spiel nicht auf den Höhepunkt getrieben. Dehler konnte seine Stellung vorübergehend festigen. Doch vor allem in der Folgezeit drohte Adenauer mit dem Ende der Koalition, setzte Gespräche mit dem Koalitionspartner aus, schnitt Dehler und seine Anhänger von Informationen ab und stellte Ultimaten, sich zur Politik der Koalition zu bekennen. Zu Adenauers Taktik gehörte auch, Dehler vorzuwerfen, er habe seine Partei bzw. Fraktion falsch oder unzureichend über Gespräche mit der Union unterrichtet. Adenauer wollte Misstrauen gegen Dehler säen. Über die FDP-Minister versuchte er, auf Partei, Fraktion und Landesverbände Einfluss zu nehmen. Unterstützt wurde Adenauer von Bundespräsident Heuss. Der ehemalige FDP-Vorsitzende entwickelte sich zu einer Schaltstelle in der Front gegen Dehler. Von seiner Meinung über ihn rückte er nicht ab: „Man weiß bei Dehler [...] nie, ob das rednerische Besoffenheit ist oder zweckhafte Taktik, um gestern Erörtertes unmöglich zu machen. Viel Katerstimmung."[126] „Er macht die FDP zur Partei der Proleten. Schade, auch um ihn."[127] Einen Sturz Dehlers erachtete Heuss „für einen Gewinn."[128]

4.6.4 Juni 1955: Die Schlüter-Affäre – Zeichen der Führungsschwäche Dehlers

Dehlers mangelnde Fähigkeit, die Partei zu führen, zeigte sich in der Schlüter-Affäre in Niedersachsen, einem Landesverband, der sowohl Deh-

---

[125] Vgl.: Klingl, a. a. O., S. 223-225. Papke, 1992, S. 39. Schwarz, 1981, S. 307.
[126] Heuss, Tagebuchbrief vom 9. März 1956, in: Heuss, Theodor: Tagebuchbriefe 1955/1963. Eine Auswahl aus Briefen an Toni Stolper, hrsg. und eingeleitet von Eberhard Pikart, Tübingen – Stuttgart 1970, S. 155 (Veröffentlichung des Theodor-Heuss-Archivs) [im Folgenden zitiert als: Heuss, 1970].
[127] Heuss, Tagebuchbrief vom 9. März 1956, in: Ebd.
[128] Heuss, Tagebuchbrief vom 28. November 1955, in: Ebd., S. 102.

lers als auch Maiers Amtszeit beeinflusste.[129] In der Partei herrschte die Meinung vor, Schlüter sei als niedersächsischer Kultusminister untragbar. Die Landesverbände Hamburg, Bremen und Baden-Württemberg protestierten heftig. Heuss dachte an Parteiaustritt.[130] Dehler schickte Wilhelm Nowack und Middelhauve – zwei seiner Stellvertreter als Parteivorsitzende – als Vertreter der beiden Parteiflügel nach Hannover, um die Lage zu sondieren, kümmerte sich aber selbst nicht sonderlich darum. Vor allem der Hamburger Landesverband kritisierte die Haltung Dehlers, der nicht gegen die Ernennung Schlüters protestierte, ihn im Gegenteil sogar protegierte. Am 5. Juni 1955 stellte Dehler Schlüter einen Persilschein aus. Nach heftigen Protesten aus der Öffentlichkeit wie der Partei änderte Dehler seine Meinung und legte Schlüter den Rücktritt als Minister und Fraktionschef nahe. Am 9. Juni trat Schlüter schließlich zurück.[131] In der Nachfolgediskussion, in die sich der Bundesvorstand einschaltete, kam es zur innerparteilichen Zerreißprobe, diesmal zwischen Wellhausen und Dehler. Wellhausen erklärte, er lege sein Vorstandsmandat nieder.[132] Dehler machte sich nicht nur Wellhausen zum Gegner, sondern zog auch die Kritik Middelhauves auf sich. Er prangerte den Führungsstil des Vorsitzenden an. Es kursierten Gerüchte, Middelhauve, Euler und Haußmann – also die Vorsitzenden der drei mächtigsten Landesverbände – hätten sich zusammengeschlossen, um Dehler zu stürzen und Middelhauve als Partei- sowie Mende als Fraktionschef zu nominieren.[133] Fraktion und Landesverbände begehrten deutlich sichtbar gegen den Vorsitzenden und dessen Unvermögen, Partei und Fraktion auf einer Linie zu einen, auf.

---

[129] Die FDP-Landtagsfraktion in Niedersachsen wählte im April 1955 Leonard Schlüter zu ihrem Vorsitzenden und nominierte ihn für das Amt des Kultusministers. Schlüter war ein umtriebiger rechtsradikal Belasteter und Inhaber des Göttinger Plesse-Verlags. Gegen ihn waren Ermittlungsverfahren anhängig. Kaum war die Stegner-Onnen-Huisgen-Krise um die versuchte rechte Unterwanderung überstanden, richtete sich das Augenmerk somit wieder auf Hannover. Finanzielle Unregelmäßigkeiten, personalpolitische Fehlentscheidungen und interne Streitigkeiten führten den Landesverband zudem an den Rande des Ruins wie auch der Spaltung.
[130] Siehe: Mende, 1984, S. 351.
[131] Hierzu: Der Spiegel, 9. Jg., Nr. 25, 15. Juni 1955, S. 22-24. Im Februar 1956 trat Schlüter aus der FDP aus.
[132] Bundesvorstand am 30. August 1955, S. 122.
[133] Middelhauve an Dehler vom 13. Juli 1955, AdL, NTD, N 1-1442. Siehe: Wengst, 1997, S. 267.

4.6.5 Herbst 1955: Außenpolitischer Amoklauf und Ultimatum Adenauers – Dehler vor dem Sturz

Vor einer neuen Belastungsprobe standen Koalition und Fraktion, als Dehler auf einer Rede in Uelzen am 22. September 1955 feststellte, die Wiedervereinigung auf Grundlage der Pariser Verträge sei unrealistisch. Die Sowjetunion werde niemals einer Integration Gesamtdeutschlands in die NATO zustimmen. Dehler forderte, Modifikationen an den Pariser Verträgen in Übereinstimmung mit den Westmächten vorzunehmen. Allerdings wurde die Rede in der Öffentlichkeit wiedergegeben, als ob Dehler die einseitige Aufkündigung der Pariser Verträge gefordert hätte.[134] Adenauer setzte die FDP unter Druck, indem er Gespräche bis auf weiteres aussetzte. Er verlangte eine Stellungnahme zur Außenpolitik der Bundesregierung.[135] Der Kanzler versuchte über die Minister, Schäfer als Dehlers Nachfolger zu installieren. Die FDP-Fraktion sprach sich aber für die Außenpolitik der Bundesregierung aus und entschärfte die Situation.[136] Innerparteilich zog die Uelzener Rede ein Erdbeben nach sich. Hessen forderte mit Nachdruck den Rücktritt Dehlers vom Parteivorsitz. Auch Becker – Dehler eigentlich freundschaftlich verbunden – forderte seinen Rücktritt.[137] Auch wenn das Vorgehen der Hessen im Bundesvorstand keine Unterstützung fand, war doch klar, dass Dehler sich wohl nicht mehr lange würde halten können. Aber noch stützten Nordrhein-Westfalen und Baden-Württemberg ihn.

Öffentliche Äußerungen Dehlers über die Genfer Außenministerkonferenz Mitte November 1955 verschärften die Lage. Er zeigte sich enttäuscht über das Scheitern der Konferenz und warf der Bundesregierung vor, nicht mit den Sowjets über die Deutsche Frage verhandelt zu haben. Durch diese Äußerungen veranlasst, wollten Adenauer und die Union ultimativ wissen, ob die FDP noch zur Arbeit der Koalition stehe und die Außenpolitik uneingeschränkt und vorbehaltlos unterstütze. Der Kanzler stellte im November 1955 die Koalitionsfrage und wollte die FDP seiner Richtlinienkompetenz unterwerfen. Er verlangte, die FDP solle sich bei den nächsten Wahlen lediglich als Bestandteil der Koalition präsentieren, sich zu seiner Außenpolitik bekennen und auf eine „agitatorische Auseinandersetzung" mit der Regierungspolitik verzichten. „Es ist besser für Deutschland, in die Bun-

---

[134] Vgl.: Klingl, a. a. O., S. 222-223.
[135] Siehe: Papke, 1992, S. 40.
[136] Hierzu: Wengst, 1997, S. 271.
[137] Becker an Dehler vom 2. Oktober 1955, NTD, N 1-2301.

destags-Diskussion mit einer verkleinerten, aber in sich geschlossenen Mehrheit hineinzugehen, als mit einer Koalition, die in Wirklichkeit keine Koalition mehr ist."[138] Adenauer verlangte schriftliche Antworten Dehlers und setzte ihn unter Druck. Er behandelte ihn abschätzig und diskreditierend und wollte ihn als Partei- und Fraktionschef ausschalten. Adenauer schloss eine weitere Zusammenarbeit mit Dehler aus.[139] Blücher und Preusker beschwerten sich beim Bundespräsidenten über die Reden Dehlers und forderten seinen Rücktritt von beiden Ämtern. Preusker meinte, nicht Adenauer sondern Dehler habe die Krise mit seinen unbedachten Reden heraufbeschworen.[140]

Neuen Zündstoff bekam die Krise, als der Berliner Landesverband als Reaktion auf das Ultimatum Adenauers am 25. November 1955 ohne Gegenstimmen Dehlers Rücktritt vom Partei- und Fraktionsvorsitz forderte. Obwohl die Fraktion Adenauers Anliegen am 29. November einmütig ablehnte, geriet Dehler innerparteilich stärker unter Druck. Euler betrieb weiter den Sturz Dehlers und kündigte Konsequenzen – eine Spaltung – an, falls der Versuch scheitern sollte. Euler, die Bundesminister und acht weitere Abgeordnete beantragten die Neuwahl des Fraktionsvorstands für den 13. Dezember. Am 28. November legten ihm sogar Mende, Scheel und Döring nahe, auf den Fraktionsvorsitz zu verzichten. Auch Middelhauve, Nowack und Haußmann als stellvertretende Parteivorsitzende waren überzeugt, Dehler müsse zurücktreten. Die Landesverbände Nordrhein-Westfalen und Baden-Württemberg schienen ihre Unterstützung für Dehler aufzugeben. Er stand vor dem Sturz. Aber die Stimmung schlug zu seinem Gunsten um. Die Freien Demokraten wollten nicht den Anschein erwecken, ein Rücktritt Dehlers erfolge auf Anweisung Adenauers. Dehler hatte einen Zwischensieg errungen.[141] Verantwortlich dafür, dass er im Amt bleiben konnte, war maßgeblich der Landesverband Nordrhein-Westfalen. Trotz Drohungen hielt der mächtigste Landesverband noch die schützende Hand über ihn.

---

[138] Adenauer an Dehler vom 22. November 1955, in: Adenauer, Konrad: Erinnerungen, Bd. 5, bis zu den Römischen Verträgen, Augsburg 1996, S. 78-80. Hierzu auch: Papke, 1992, S. 43. Wengst, 1997, S. 274.
[139] Gespräch Adenauers mit Euler und Ludwig Schneider vom 13. Dezember 1955. Siehe: Mende, 1984, S. 363.
[140] Siehe: Mende, 1984, S. 365.
[141] Zu den Geschehnissen Ende November 1955: Papke, 1992, S. 45-46. Wengst, 1997, S. 275-276.

4.6.6 Februar 1956: „Aufstand der Jungtürken", Spaltung der Bundestagsfraktion und Gang in die Opposition – Unausweichliches Resultat Dehlers politischer Führung

Obwohl Dehler sich 1955 trotz massiven Widerstands als Partei- und Fraktionsvorsitzender halten konnte und das Jahr 1956 für ihn mit seiner Wiederwahl als Fraktionsvorsitzender begann, beschleunigten doch die Entwicklung der FDP und sein Auftreten im Laufe des Jahres sein Ende.

Im Januar 1956 standen Neuwahlen für die Fraktionsspitze an. Adenauer war wie auch Heuss der Ansicht, Dehlers Wiederwahl als Fraktionsvorsitzender würde die Koalition gefährden. So versuchte Heuss – unter Mitwissen Adenauers – Wellhausen zu bewegen, gegen Dehler zu kandidieren.[142] Am 10. Januar kam es zu einer Kampfabstimmung, bei der sich Dehler nur knapp als Fraktionsvorsitzender behaupten konnte.[143] Die Fraktion war sichtlich gespalten. Nur die Unterstützung aus Nordrhein-Westfalen brachte ihm den Sieg. Zuvor hatte der nordrhein-westfälische Landesparteitag Dehler sein Vertrauen ausgesprochen und die Erwartung an die Bundestagsfraktion geäußert, sie solle ihn bestätigen. Der Landesverband hatte starken Druck auf seine Bundestagsabgeordneten ausgeübt, damit sie für Dehler votierten.[144] Mit dem vorerst gestärkten Bundesgenossen Dehler konnten die Düsseldorfer nun bei ihren eigenen Plänen rechnen.[145] Zudem hatte der Bundesvorstand der Fraktion empfohlen, Dehler wiederzuwählen.

Neue Nahrung hatte Dehlers Strategie des begrenzten Konflikts innerhalb der Koalition bereits Ende November 1955 erhalten. Bei Fortdauer der Koalitionskrise drohte Adenauer am 23. November ultimativ nicht nur mit dem Ende der Koalition, sondern auch mit einem neuen Wahlgesetz, „unter dem in den nächsten Bundestag nur noch ein kümmerliches Fähnlein aufrechter Freier Demokraten einziehen könnte."[146] Das Ultimatum war ein neuer Beweis für den Plan Adenauers, Dehler zu stürzen oder die FDP zu spalten. Hiermit traf der Kanzler einen wunden Punkt. Hatte doch auch das

---

[142] Siehe: Heuss, Tagebuchbrief vom 10. Januar 1956, in: Heuss, 1970, S. 130.
[143] 27 Stimmen entfielen auf Dehler, 22 auf Wellhausen. Siehe: Papke, 1992, S. 158. Wengst, 1997, S. 279.
[144] Middelhauve am 7./8. Januar 1956 in Bad Lippspringe über die Rolle des FDP-Landesverbands Nordrhein-Westfalen: „Wer Parteivorsitzender, wer Fraktionsvorsitzender bei uns wird, das bestimmen wir und nur wir! Und am 10. Januar wird Thomas Dehler wieder zum Fraktionsvorsitzenden gewählt." Zitiert nach: Papke, 1992, S. 156.
[145] Vgl.: Ebd., S. 158-159.
[146] Der Spiegel, 9. Jg., Nr. 49, 30. November 1955, S. 13.

Damoklesschwert einer Wahlrechtsreform dazu geführt, dass die FDP zu Beginn der Legislaturperiode mit der Strategie des begrenzten Konflikts ihr eigenes Profil schärfen wollte. FDP und SPD wollten am Verhältniswahlrecht festhalten, während die CDU/CSU ein Grabenwahlsystem anstrebte.[147] Die FDP fürchtete um ihre parlamentarische Existenz. Zusätzlich zur Auseinandersetzung um die Außen- und Deutschlandpolitik und zur Personaldebatte kam die Wahlrechtsdiskussion.

Dehler sah im Grabenwahlrecht einen Versuch der „Machtergreifung"[148] und wurde aktiv. Da die Union im Bundestag über die absolute Mehrheit verfügte, konnte die FDP nur über Bundesrat und Länder Widerstand leisten. Dehler einigte sich Anfang Januar 1956 mit SPD-Vertretern, eine Umbildung der Länderregierungen anzustreben, wenn Adenauer weiter am Grabenwahlrecht festhalten sollte.[149] Die Korrektivfunktion der FDP sollte Auswirkungen auf die Machtverhältnisse in den Ländern haben. Obwohl auf Bundesebene eine sozialliberale Koalition nicht angestrebt wurde, setzte Dehler am 9. Januar 1956 zudem als Druckmittel in der Fraktion einen Entschluss durch, dass die Freien Demokraten die Koalition in Bonn aufkündigen würden, sollte die Union am Grabenwahlrecht festhalten.[150] Dehler zeigte Führungsstärke. Der Beschluss der Fraktion und der Druck der Union durften dazu beigetragen haben, dass er am folgenden Tag zum Fraktionsvorsitzenden wiedergewählt wurde. Dehler war durch den Angriff auf die Existenz der FDP gestärkt und zeigte in der Wahlrechtsfrage keine Kompromissbereitschaft gegenüber der Union.

Aufgrund der drohenden Wahlrechtsänderung standen seit dem Jahreswechsel 1955/1956 die Jungtürken mit führenden SPD-Landespolitikern in Nordrhein-Westfalen in Verbindung und vereinbarten einen Koalitionswechsel. Unter maßgeblichem Einfluss von Döring beschloss die FDP-Fraktion in Düsseldorf am 30. Januar 1956, unabhängig vom Ausgang der Wahlgesetzdiskussion die Koalition mit der CDU in Düsseldorf zu beenden und ein Bündnis mit der SPD zu bilden. Am 11. Februar entschied der Landesvorstand gegen den Einwand Middelhauves, durch ein konstruktives

---

[147] Hierbei handelt es sich um eine Mischung aus Proporz- und relativem Mehrheitswahlrecht. Allerdings sollte es keine Anrechnung von Wahlkreis- auf Listenmandate mehr geben.
[148] Dehler am 20. April 1956 auf dem Bundesparteitag in Würzburg, in: Dehler 1956, in Dorn / Henning, S. 113.
[149] Siehe: Wengst, 1997, S. 281. Adenauer sondierte die Möglichkeit einer Koalition zwischen CDU und SPD, falls die FDP Koalitionen in Bund und Ländern verlassen sollte.
[150] Vgl.: Klingl, a. a. O., S. 237.

Misstrauensvotum Ministerpräsident Karl Arnold (CDU) zu stürzen und die Koalition zu beenden, um eine Koalition unter Fritz Steinhoff (SPD) zu formen.

Trotz seiner Aktivität, Verbindungen zur SPD herzustellen, bereitete Dehler das Verhalten des Landesverbands „einige Sorge".[151] Angesichts des Wahlrechtskompromisses von Anfang Februar 1956, in dem Adenauer seine Pläne zurücknahm, ohne aber eindeutige Garantien zu geben, vertrat er die offizielle Meinung der Bundesgremien, ein Koalitionswechsel in Düsseldorf solle unterbleiben. Er distanzierte sich in seiner Funktion als Vorsitzender der FDP von den Geschehnissen in Düsseldorf und drohte mit Rücktritt, falls sich die Methoden in der Partei nicht ändern sollten.[152] In der Bundespartei waren Weyer und Döring mit ihren Plänen und ihrem „Ziel" einer „unabhängige[n] FDP" nahezu isoliert.[153] Gegen das Verhalten Dehlers regte sich aber Widerstand aus Nordrhein-Westfalen. Die junge Garde im Landesverband wollte keine Rücksicht mehr auf die Bundespolitik nehmen und sich auch nicht auf eine Weiterführung der Koalition in Bonn festlegen. Durch den Druck aus Düsseldorf distanzierte sich Dehler wiederum immer mehr von der Koalition in Bonn, die er als „tödliche Umklammerung" empfand.[154] Regierungsbildungen auf Länderebene lägen in der Entscheidungsfreiheit der FDP-Landesverbände, so sein geänderter Standpunkt. Die Koalitionstreue der FDP in den Ländern sei nicht Bestandteil des Kompromissangebots der CDU über das Bundestagswahlrecht Anfang Februar.[155] Dehler und die Jungtürken verband die Gemeinsamkeit, der FDP eine unabhängigere Position im Parteiensystem zuzuweisen. Deshalb stärkte er ihnen zunehmend persönlich den Rücken und drückte „seinen Freunden in der Düsseldorfer Landtagsfraktion seine aufrichtige Verbundenheit" aus, „komme, was da wolle".[156] Dehler wurde so „mit stiller Zustimmung"[157] zum Förderer des Machtwechsels in Düsseldorf. Er hatte zumindest keine Steine in den Weg gelegt. Vom Bundesvorstand war er dazu jedoch nicht ermächtigt worden. Später bekannte er freimütig: „Die

---

[151] Informationsbericht Robert Strobels vom 10. Februar 1956. Zitiert nach: Wengst, 1997, S. 287.
[152] Hierzu: Klingl, a. a. O., S. 239. Papke, 1992, S. 180.
[153] Weyer am 3. Februar 1956 im Bundesvorstand, S. 139.
[154] Dehler an Franz Dengler vom 7. Februar 1956, NTD, N 1-1495.
[155] Der Spiegel, 10. Jg., Nr. 6, 8. Februar 1956, S. 10.
[156] Telefonische Durchsage von Frau Kostka, Dehlers Sekretärin, an die FDP-Landtagsfraktion in Düsseldorf vom 20. Februar 1956, NTD, N 1-2342. Auch: Papke, 1992, S. 214.
[157] Jansen, 1999, S. 135.

Verhandlungen in Düsseldorf sind [...] mit meinem Einverständnis geführt worden!"[158] Allerdings erschien Dehler eher als der von den Geschehnissen Getriebene. Aktiv herbeigeführt hatte er den Düsseldorfer Wechsel nicht. Von den einflussreichen Düsseldorfern vor die Wahl gestellt, den Coup zu unterstützen oder abzulehnen, entschied er sich für die Zustimmung, um seine Ziele in der Außen- und Deutschlandpolitik sowie der Wahlrechtsfrage zu erreichen, wie auch seine eigene Macht zu retten.

Der Sturz Karl Arnolds als CDU-Ministerpräsident durch ein konstruktives Misstrauensvotum am 20. Februar 1956 und die Bildung einer Koalition aus SPD, FDP und Zentrum unter Fritz Steinhoff, SPD, waren Reaktion auf die Pläne Adenauers zu einer Wahlrechtsreform. Einer der mächtigsten FDP-Landesverbände, der wenige Jahre zuvor sehr weit rechts stand, probte die sozialliberale Zusammenarbeit. Koalitionen zwischen SPD und FDP gab es bereits in einigen Bundesländern. Die Koalition in Nordrhein-Westfalen stellte aber einen Tabubruch dar.[159] Bundespolitische Erwägungen waren Auslöser des Koalitionswechsels. Die Aktion zielte direkt auf Bonn und war nicht wie 1952 in Baden-Württemberg oder in Bayern 1954 eine landespolitische Entscheidung mit bundespolitischer Wirkung. Bei dem Machtwechsel in Düsseldorf handelte es sich neben dem Bestreben nach einer aktiveren Wiedervereinigungspolitik nicht nur um einen Notwehrakt zur Abwehr des Grabenwahlrechts, sondern auch – angesichts der permanenten Versuche Adenauers, die FDP in ein Satellitenverhältnis zu zwingen – um den Versuch der FDP, Flexibilität zu zeigen und eine eigenständige Rolle im Parteiensystem anzustreben. Es war Machtpolitik und

---

[158] Dehler 1956, in Dorn / Henning, S. 127. Zu Dehlers Rolle vgl. auch: Papke, 1992, S. 180. Die Ansicht Klingls, Dehler war in die Ereignisse in Düsseldorf nicht involviert, kann nicht geteilt werden. Klingl, a. a. O., S. 239.
[159] So Papke, 1992, S. 236. Allerdings war der Koalitionswechsel auch durch spezifische landespolitische Gegebenheiten möglich. Zwischen FDP und CDU gab es verschiedene gegenseitige Ressentiments, zwischen FDP und SPD hingegen vielseitige Berührungspunkte, die auch darin begründet lagen, dass die Landes-SPD im Gegensatz zur Bundespartei einen schon weitgehend unideologischen und pragmatischen Kurs verfolgte. Das kam der FDP entgegen. Zum Gelingen der Aktion trug auch bei, dass Funktionäre der Landespartei, die nicht dem Kreis um Döring zugerechnet wurden, die Aktion loyal unterstützten. Hierbei war auch der Korpsgeist der Nordrhein-Westfalen, die Orientierung auf die Wiedervereinigung wie auch die Aussicht auf innerparteiliche und administrative Machtpositionen ausschlaggebend. Steinhoff und Weyer hatten zudem von 1948 bis 1954 als Oberbürgermeister und Bürgermeister von Hagen eng zusammen gearbeitet. Auch wenn es mit der SPD Übereinstimmungen in der Außen-, Deutschland- und Kulturpolitik gab, so waren die Ansätze in der Wirtschafts- und Sozialpolitik unvereinbar. Zudem sah die bürgerlich-antisozialistische Basis der FDP in der SPD den größten Feind. Vgl.: Papke, 1992, S. 236.

Koalitionsstrategie.[160] Die Pläne für eine Koalition mit der SPD hatten die Jungtürken schon lange. Die Wahlrechtsdiskussion war nur Katalysator und eigentlicher Anlass zur Durchsetzung. Die FDP hatte durch Adenauer und die CDU gelernt, ihre Macht über die Länder auszuspielen. Adenauer und die Union verfügten im Bundesrat nach dem Koalitionswechsel nicht mehr über eine Zweidrittelmehrheit, die zur Verabschiedung der Wehrgesetze nötig war.

Die unmittelbare Reaktion auf den „Jungtürken-Aufstand" war Empörung – in der Union wie der FDP selbst, in der Führung wie an der Basis. Adenauer warf Dehler vor, verantwortlich für den „Putsch" zu sein. Er bereite eine sozialliberale Koalition in Bonn vor, so die Anschuldigung. „Steigbügelhalter der Marxisten" war sein Ausdruck für die FDP – nachdem 1949 Schumacher die FDP noch als verlängerten, kapitalistischen Wurmfortsatz der CDU bezeichnet hatte. Die innerparteilichen Opponenten Dehlers sahen die Chance, den Fraktionsvorsitzenden zu stürzen. Auch für sie war Dehler der Urheber. Euler und die FDP-Bundesminister verfassten einen Misstrauensantrag. Dieser hatte aber keine Chance, eine Mehrheit zu bekommen. So ließen Wellhausen und Schwennicke Gerüchte zirkulieren, sie wollten aus der Fraktion ausscheiden. Dehler erschien vordergründig zurückhaltend, versuchte aber im Hintergrund zusammen mit den „Putschisten" aus Nordrhein-Westfalen die Strippen zu ziehen. Dabei profitierten sie von dem Rat Heuss´, der Dehlers Opponenten empfohlen hatte, eine Abspaltung von der Fraktion bis nach der Landtagswahl in Baden-Württemberg am 4. März zu verschieben. Auf einer Fraktionssitzung am 23. Februar stellte Becker im Auftrag von Dehler die Spalter bloß. Daraufhin erklärten 16 Abgeordnete, darunter Euler, Schwennicke, Wellhausen, die vier Bundesminister Blücher, Neumayer, Preusker und Schäfer sowie der Bruder des BDI-Chefs Fritz Berg, Hermann Berg, ihren Austritt aus der Fraktion.[161] Mit Hermann Berg und Wellhausen – beide Unternehmer – verlor die Fraktion ihre finanziellen Schwergewichte, die für gute Verbindungen zur Wirtschaft gesorgt hatten.

---

[160] So auch Kaack, a. a. O., S. 19. Die FDP wollte die Macht erhalten, die SPD an die Macht kommen. Von einer sozialliberalen Idee konnte nicht die Rede sein. Allerdings: Die Dämme waren gebrochen. Sozialliberale Bündnisse in der Zukunft waren nicht ausgeschlossen, konnten sich im Bund aber erst 1969 durchsetzen.
[161] Vgl. hierzu und zur Rolle Dehlers: Gutscher, a. a. O., S. 179. Klingl, a. a. O., S. 239-240. Wengst, 1997, S. 287-288. Auch: Der Aufstand der Kohuten,, in: Der Spiegel 10. Jg., Nr. 11, 14. März 1956, S. 24.

Für Dehler war das Band zerschnitten. Er hatte schon zuvor erklärt, es würde ihn freuen, wenn es zum klaren Bruch käme. „Dann bin ich nicht mehr verpflichtet, gewissen Leuten die Hand zu geben."[162] Die Bundesminister und der hessische Landesverband waren für ihn für die Spaltung verantwortlich. Seit „Jahr und Tag" würden „Oppositionssitzungen der Hessen mit der Ministergruppe" stattfinden, gleich einem „Sonderparlament".[163] Hauptverantwortlicher sei Euler. Er habe „die Herrschaft in der Partei" angestrebt.[164] Dehler und die Mehrheit des Vorstands plädierten für einen harten Einschnitt. Man solle „nicht tuschen, nicht leimen, nicht kitten", so Dehler.[165] Mit Blücher und Euler werde er „keinesfalls mehr in einer Partei sein".[166] Dehler kümmerte sich in dieser Zeit kaum um den Zusammenhalt der Partei. Er war damit beschäftigt, die Möglichkeiten für eine Rückkehr in die Regierung auszuloten. Blücher war es 1952 zumindest gelungen, eine Spaltung der Partei zu verhindern, doch zur Integration war der Dehler des Jahres 1956 der falsche Vorsitzende.

Ganz durchsetzen konnte sich Dehler jedoch nicht, da der Bundesvorstand den Sezessionisten die Möglichkeit zur Rückkehr offen hielt. Doch die Abtrünnigen, allen voran Euler, Blücher, Preusker, Neumayer, Schäfer und Schwennicke traten auch aus der Partei aus, nachdem sie in ihren Landesverbänden in die Defensive gedrängt worden waren. Euler wurde vom hessischen Landesverband als Vorsitzender gestürzt. Die Sezessionisten schlossen sich zu einer Fraktion „Demokratische Arbeitsgemeinschaft" zusammen. Sie war durch die vier Minister in der Koalition vertreten. Der FDP-Bundesvorstand stellte am 25. Februar fest, dass die Koalition zerbrochen sein. Die FDP wechselte in die Opposition. Die Union drohte oft mit dem Ende der Koalition, Dehler und die FDP jedoch kaum. Zum Schluss waren es die Liberalen, welche die Koalition durch die Spaltung aufkündigten.[167] Doch die Sezessionisten konnten keine Spaltung ihrer Landesver-

---
[162] Dehler, in: Wer gibt noch wem die Hand? in: Der Spiegel, 10. Jg., Nr. 9, 29. Februar 1956, S. 17.
[163] Dehler am 25. Februar 1956 im Bundesvorstand, S. 145.
[164] Ebd., S. 148.
[165] Ebd., S. 151.
[166] Ebd.
[167] Die Empfehlung des CDU-Bundesvorstands an die Unionsfraktion, die Koalition mit den abtrünnigen Bundesministern, die das Verhalten in Nordrhein-Westfalen missbilligten und loyal zur Bonner Koalition standen, fortzusetzen, bedeutete das endgültige Ende der Koalition von CDU und FDP. Adenauer, der die Koalition mit der FDP retten wollte, bot Dehler den Posten des Justizministers und Mende den eines Ministers für besondere Aufgaben an. Bedingung war allerdings, in Düsseldorf den Status quo ante herzustellen. Doch das war unmöglich und hätte eine Kapitulation der FDP bedeutet.

bände bewirken, wie es vor allem Euler und Schwennicke angestrebt hatten.[168] Die FDP verzeichnete keinen wesentlichen Mitgliederverlust. Die Parteiorganisation blieb intakt. Nur in Hessen, Hamburg, Rheinland-Pfalz und Berlin waren die Mitgliederverluste spürbar. Euler war es zunächst gelungen, einen Großteil der Geldgeber auf seine Seite zu ziehen. Der Berliner Landesverband verlor 15 Prozent seiner Mitglieder, acht von 19 Vertretern im Abgeordnetenhaus, die Parteizeitung und ein Großteil seines Apparats.[169]

Die ausgetretenen Abgeordneten waren nicht einem homogenen Flügel der Partei zuzuordnen. Obwohl durch den Austritt von Euler und die Absetzung Middelhauves als Landesvorsitzender der nationalliberale Flügel deutlich geschwächt war, hatte sich doch weder der nationalliberale Flügel – mit Ausnahme der Gruppe um Euler –, noch der liberaldemokratische Flügel abgespalten. Der Riss ging quer durch die Partei. Vor allem Schäfer, aber auch Blücher, Neumayer, Schwennicke und Wellhausen verkörperten die Mitte von Fraktion und Partei, Preusker hingegen war eher dem rechten Flügel zuzuordnen.[170] Euler als Nationalliberaler stand den jungen Düsseldorfern näher als er sich selbst eingestand. Schäfer war eher ein linker Altliberaler und eigentlich Anhänger Dehlers und Maiers. Der Industrielle Wellhausen war Wirtschaftsliberaler und hatte auf diesem Gebiet mehr mit der CDU gemeinsam als mit Euler oder Schäfer. Euler stand in Opposition zum liberaldemokratischen Landesverband Bayern, aus dem Wellhausen stammte. Sie alle verband allein die Ablehnung Dehlers und seiner Außen- und Deutschlandpolitik sowie der Wille, die FDP unter keinen Umständen aus dem Bürgerblock unter Adenauer zu lösen. Die Spaltung war „Frucht einer mehrjährigen Entwicklung",[171] die sich 1956 angesichts des außen- und deutschlandpolitischen Kurses Dehlers, vor allem seiner ablehnenden Haltung zur Westintegration, entladen hatte. Wie aber das Grabenwahlrecht Anlass, nicht aber Ursache des Misstrauensvotum gegen die Arnold-CDU in Düsseldorf war, so hatte die Rebellion der Düsseldorfer den Austritt des

---

[168] Die Sezessionisten gründeten die Freie Volkspartei FVP unter dem Vorsitz Preuskers. Ihr Erfolg hielt sich trotz großer Unterstützung der Wirtschaft sehr in Grenzen. Im Januar 1957 schlossen sich FVP und DP zusammen, nachdem sie bereits im September 1956 eine Fraktionsgemeinschaft gebildet hatten.
[169] Siehe: Dittberner, a. a. O., S. 111. Gutscher, a. a. O., S. 180. Papke, 1992, S. 209. Bundesvorstand am 18. Juli 1956, S. 189. Es ist damit der Ansicht Gutschers zu widersprechen, der von einer expliziten Parteispaltung spricht. Auch ist die Angabe Gutschers übertrieben, 20.000 Mitglieder seien ausgetreten. Gutscher, a. a. O., S. 182.
[170] Ebd., S. 179, 182. Kaack, a. a. O., S. 20.
[171] Frankfurter Allgemeine Zeitung, 25. Februar 1956.

Adenauer-Flügels aus der Bonner FDP-Fraktion lediglich ausgelöst, aber keineswegs verursacht. Die Spannungen und Spaltungstendenzen bei den Freien Demokraten waren so alt wie die Partei selbst.

Die Düsseldorfer konterkarierten mit dem Koalitionswechsel „die Meisterschaft, mit der Adenauer die kleineren Parteien [...] zu umarmen und zu zerstören verstand".[172] Aber auch dadurch, dass sie Dehlers Position als Vorsitzender vorerst retteten und die Adenauer treuen Kräfte in der Bundestagsfraktion geschickt zum Auszug provozierten, boten sie dem Kanzler Paroli. Denn dadurch war der Versuch gescheitert, die Partei von innen heraus auf Dauer an die CDU zu binden. Doch die Fraktionsspaltung in Bonn war nicht nur auf den Koalitionswechsel in Düsseldorf zurückzuführen, sondern darauf, dass es Dehler nicht gelungen war, die Partei zu integrieren und die Politik der FDP auf eine verbindliche Grundlage zu stellen.[173] Seine rhetorischen Entgleisungen trugen maßgeblich zur Spaltung bei. Der FDP war es unter Dehler in der Koalition mit der Union nicht gelungen, ein klares Profil und eine einheitliche Strategie als eigenständiger Partner zu entwickeln. Die Parteispitze war umstritten und agierte gegeneinander. Innerparteiliche Geschlossenheit war ein Fremdwort. Statt dessen geriet sie in die Opposition, obwohl sie das nie selbst beabsichtigte und hierfür auch kein Konzept anbieten konnte. Die Abspaltung trug aber dazu bei, dass in der Partei, vor allem in der Fraktion, nun scheinbar Ruhe einkehrte und sie geschlossener wirkte. Die Gegner der Dehlerschen (Außen-) Politik waren getürmt. Allerdings bildeten sich zunehmend zwei andere deutschlandpolitische Flügel heraus, die der Dynamiker um Dehler und die Düsseldorfer sowie der Realisten um die Altliberalen, allen voran Maier und zunehmend auch Mende. Beide Flügel prallten nach der Bundestagswahl 1957 aufeinander. Bis dahin brauchten sie Zeit, um sich zu formieren und den Burgfrieden vor der Wahl einzuhalten.

---

[172] Schwarz, Hans-Peter: Der unbekannte Adenauer. Einige Aufgaben künftiger Forschung, in: Blumenwitz, Dieter et al. (Hrsg.): Konrad Adenauer und seine Zeit. Politik und Persönlichkeit des ersten Bundeskanzlers, Beiträge von Weg- und Zeitgenossen, Bd. 2: Beiträge der Wissenschaft, Stuttgart 1976, S. 601. Vgl.: Papke, 1992, S. 235.
[173] So Kaack, a. a. O., S. 20.

4.6.7 April 1956: Würzburger Parteitag – Dehler als Vorsitzender auf Abruf unter Aufsicht der Jungtürken

Die Oppositionspartei FDP zeigte sich angesichts der bewiesenen Unabhängigkeit eigenständiger und selbstbewusster. Auf dem Parteitag im April beschlossen die Freien Demokraten die Würzburger Formel: Ohne Koalitionsaussage wollten sie in die Bundestagswahl 1957 ziehen. Allerdings war der künftige Kurs der Partei völlig unklar. „Die Würzburger Tagung beherrschte [allein; d. V.] die Hoffnung, all die zu gewinnen, die den Kanzler nicht mehr wollten, aber auch nicht sozialdemokratisch wählen wollten."[174] Diese Ungewissheit war bis zur Wahl Maiers, eigentlich bis Ende der 1950er Jahre spürbar. Die FDP trug von Beginn der Bundesrepublik an Regierungsverantwortung und war mehr oder minder in die Politik Adenauers eingebunden. Die Partei selbst hatte sich keine Gedanken über Programmatik gemacht. Doch 1956 war sie in der Opposition. Neue Ziele und Wege wie eine konstruktive Oppositionspolitik waren gefragt. Doch die FDP erschien in der Öffentlichkeit fast nur als zerstrittene Partei der Außen- und Deutschlandpolitik. Dehlers Kurs bot daher zunehmend Angriffsflächen. Allein der Titel seiner Rede auf dem Würzburger Parteitag – „Entscheidung für die Opposition" – und die vehemente Verteidigung der Koalitionsbrüche in Düsseldorf wie in Bonn schreckten die liberalen Honoratioren, die regieren wollten, ab. Der Glanz der Macht an der Seite Adenauers hatte ihnen gefallen. Mit der Oppositionsrolle, zudem noch an der Seite der SPD, konnten sie nicht umgehen. Dehler gaben die Liberalen die Schuld, dass sie nun nicht mehr regieren konnten. Die elitären Liberalen verlangten nach strahlenden Siegertypen, nicht nach gescheiterten Männern.[175] Dehler war daher ab dem Frühjahr 1956 ein Partei- und Fraktionsvorsitzender auf Abruf. Ihm trauten sie nicht zu, eine Oppositionspartei zu führen, denn er war ein Mann, der „persönliche Enttäuschungen und Enttäuschungen der Partei nicht auseinanderhielt."[176]

Die Lösung von der Union gab Anlass für einen personellen Neubeginn. Die Landesverbände Berlin und Hessen beschlossen, dass auf dem Würzburger Parteitag ein Wechsel an der Spitze erfolgen müsse.[177] Es bestanden

---

[174] Rapp, Alfred: Von Würzburg nach Stuttgart, in: Frankfurter Allgemeine Zeitung, 4. Januar 1957.
[175] Siehe: Rilling, a. a. O., S. 271.
[176] Stuttgarter Nachrichten, 24. April 1956.
[177] Bundesvorstand am 17. März 1956, S. 158.

auch im nordrhein-westfälischen Landesverband Zweifel an der Führungsfähigkeit Dehlers. In seinem eigenen Landesverband Bayern rumorte es. Nur noch in der geschrumpften Fraktion schien er Rückhalt zu haben. Die abgespaltenen Minister und die Gruppe um Euler versuchten, Dehlers Stellung zu untergraben. Sie verteilten vor den Tagungsräumen eine Broschüre „Dehler gegen Dehler". Zitate sollten belegen, wie er sich seit seinem Ausscheiden als Bundesjustizminister gegenüber früheren Ansichten selbst widersprochen hatte. „Diese Broschüre, an alle Delegierten und Gäste verteilt, verfehlte ihre Wirkung nicht. Erstmals wurde die Position Dehlers als Parteivorsitzender der Liberalen erschüttert."[178] Allerdings gelang es ihm, sich auf Vorschlag des neuen nordrhein-westfälischen Landesvorsitzenden Weyer mit 155 zu 67 Stimmen bei acht Enthaltungen gegen den Kontrahenten Becker durchzusetzen. Dessen taktische, aber aussichtslose Kandidatur auf Drängen der hessischen Delegierten diente allerdings eher dazu, dem Unmut über Dehler ein Ventil zu verschaffen. Becker selbst hatte keine ernsthaften Ambitionen.[179] Der Landesverband Nordrhein-Westfalen hatte sein Ziel, Dehler als Bundesvorsitzenden zu bestätigen, erreicht. Die Wiederwahl Dehlers ging auf das weitgehend geschlossene Votum der Delegierten aus Nordrhein-Westfalen zurück. Noch stützten sie ihn. Dehler hatte den Koalitionswechsel in Düsseldorf gefördert. Er war der bundespolitische Garant für das, was sie auf Landesebene unter Beweis gestellt hatten: die Unabhängigkeit der FDP. Natürlich hätten die Düsseldorfer Dehler schon in Würzburg in seine Schranken verweisen können. Doch sie ließen ihn gewähren. Würzburg war aber der Beginn eines Ultimatums der Jungtürken an Dehler. Döring gab der Parteispitze noch eine Bewährungsfrist von sechs Monaten. „Die Zündschnur ist schon ausgelegt. Wir brauchen nur die Lunte runterzuladen und der ganze Laden fliegt, peng, in die Luft."[180]

Die Jungtürken konnten in Würzburg weitere Vorstellungen durchsetzen. Auf Vorschlag Dehlers wurden Scheel, Bucher und Mischnick in den Bundesvorstand gewählt. Sie sollten die Bundestagswahl 1957 vorbereiten. Erich Mende wurde in einer Kampfabstimmung gegen Middelhauve stellvertretender Parteivorsitzender. Middelhauve – bisheriger Stellvertreter –

---

[178] Mende, 1984, S. 372.
[179] Bundesvorstand am 20. April 1956, S. 172-173.
[180] Döring zitiert nach: Kempski, Hans Ulrich: Reinhold Maier lädt die FDP-Kanone, in: Süddeutsche Zeitung, 28. Januar 1957.

war nach dem Verlust des Landesvorsitzes vollständig entmachtet. Das war nach der Wiederwahl Dehlers zweites personalpolitisches Anliegen des nordrhein-westfälischen Landesverbands. In Würzburg ging somit die Taktik auf, wonach Mende Middelhauve auf Bundesebene, Weyer ihm auf Landesebene folgen sollte. Die Wahl Mendes war ein geschickter taktischer Zug der Düsseldorfer, um ihre Kritiker zu besänftigen. Mende verfügte bereits über bundespolitische Erfahrung. Zudem war er Kompromisskandidat. Er gehörte nicht zum inneren Kreis der Jungtürken und vermied es geschickt, sich für oder gegen den Koalitionswechsel zu positionieren.[181] Die drei Parteivize Mende, Haußmann und Kohut – der neue Vorsitzende der hessischen FDP wurde in Würzburg Nachfolger des Rheinland-Pfälzers Nowack als stellvertretender Vorsitzender – waren Vertreter eines unabhängigeren Kurses der FDP. Die Taktik der Düsseldorfer FDP schien so auf dem besten Weg, sich in der Bundespartei durchzusetzen.[182]

4.6.8 Sommer 1956: Dehlers Sturz als bayerischer Landesvorsitzender – Eine letzte Machtbasis geht verloren

Trotz der Bestätigung als Parteivorsitzender geriet Dehler wegen seines Führungsstils zunehmend in die Defensive. Ungeschickte Reden, mangelnde Fortune wie auch Unklarheiten in seinem Konzept beschleunigten seine Demontage. Die oberbayerische FDP beschloss nach Kontroversen zwischen Dehler und dem Abgeordneten Stammberger im Juni 1956 ohne Wissen Dehlers, ihn nicht wieder als Landesvorsitzenden zu wählen. Stammberger hatte sich bereits nach dem Würzburger Parteitag aus der Parteiarbeit zurückgezogen: „Nicht nur ich, sondern auch verschiedene andere Freunde haben von dem Würzburger Parteitag ein neues Beginnen erwartet, ein neues Beginnen vor allem zumindest in dem Versuch einer konstruktiven Neugestaltung unserer Politik. Leider ist genau das Gegenteil eingetreten."[183] Auch andere Bezirke gingen auf Distanz, so sein Heimatverband. Dehler entschloss sich auf Druck, nicht mehr für den Landesvorsitz zu kandidieren. Am 8. Juli wurde Albrecht Haas – kein Vertrauter

---

[181] So Papke, 1992, S. 214.
[182] Das zeigte sich auch daran, dass in Würzburg auf Antrag aus Düsseldorf ein dem Bundesvorstand zugehöriges Gremium eingerichtet wurde, das den Bundestagswahlkampf vorbereiten sollte. Scheel gehörte diesem Gremium an. Über ihn wollte die nordrhein-westfälische FDP noch stärkeren Einfluss auf die Bundespartei bekommen. Das Gremium ging im Juli 1956 in der Bundeswahlkampfleitung auf, deren Vorsitzender Döring wurde.
[183] Brief Stammbergers an Dehler vom 23. April 1956, NTD, N 1-1488.

Dehlers – zu seinem Nachfolger gewählt. Die bayerische FDP sehnte sich nach einem Vorsitzenden, der sich vor Ort in den Kreis- und Bezirksverbänden um die bayerische Landespolitik kümmerte und nicht nach einem gescheiterten Bundespolitiker. Sie stürzte deshalb ihren eigenen Gründer, der ihr seit 1946 vorstand. Zudem waren Dehlers Erfolge in Bayern bescheiden. Die Landespartei war mittellos und hatte Koordinations- und Organisationsdefizite. Bei Wahlen spielte sie kaum eine Rolle. Obwohl Dehler zwischen den zerstrittenen Flügeln vermittelte und dafür sorgte, dass es im bayerischen Landesverband bis 1956 relativ ruhig blieb, gab es schon vorher unterschwellige Kritik an seinem Führungsstil und seinem Desinteresse an bayerischer Landespolitik.

4.6.9 Juli 1956: Abstimmung über das Wehrpflichtgesetz – Dehlers fatale Fehleinschätzung und das Abrücken weiterer Landesverbände

Spätestens im Frühsommer 1956, mit dem Verlust des Landesvorsitzes in Bayern, setzte der endgültige Abstieg Dehlers als Partei- und Fraktionsvorsitzender ein. Im Hinblick auf den Bundesvorsitz meinte er, dies sei kein Amt, auf das er eine Lebensversicherung abgeschlossen habe.[184] Er fühlte sich selbst als Parteichef auf Abruf. Ihm glitten die Fäden aus der Hand. Er bewies keine Führungsstärke. Bei der Bundestagsabstimmung über das Wehrpflichtgesetz am 7. Juli 1956 glaubte er sich in der trügerischen Ruhe, alles laufe nach seinen Vorstellungen und fuhr in Urlaub. Doch bei der abschließenden Beratung in der Fraktion und der Abstimmung im Bundestag war die von Mende geleitete Fraktion gespalten. Dehler wurde vorgeworfen, die Abstimmung nicht ausreichend vorbereitet zu haben.[185] Doch er rühmte sich, wäre er in Bonn gewesen, wäre die Abstimmung anders verlaufen. Die Reaktionen auf das Krisenmanagement waren verheerend. Die Landesvorsitzenden von Schleswig-Holstein, Hamburg, Bremen und Niedersachsen distanzierten sich vom Vorgehen der Parteispitze. Die bisher loyalen norddeutschen Landesverbände – Hamburg gehörte hingegen von Beginn an zu seinen Kritikern – begannen, dem Bundesvorsitzenden ihre Unterstützung zu entziehen.

---

[184] Siehe: Wengst, 1997, S. 294.
[185] Vgl.: Ebd., S. 295.

4.6.10 September 1956: Kontakte zwischen Dehler und Adenauer – Die Jungtürken laden die Kanone

Neue Schwierigkeiten erwarteten Dehler im September. Sein Führungsstil geriet wieder in die Kritik. Er führte trotz der Würzburger Formel – und angesichts des Scheiterns der FVP – Gespräche mit Vertretern der Union über eine Neuauflage der Bürgerblockkoalition in Bonn. Gewichtige Kreise in der CDU um Erhard und den Wirtschaftsflügel sowie Innenminister Schröder suchten eine Annäherung an die FDP, um den Befürwortern einer Großen Koalition den Wind aus den Segeln zu nehmen. Dehler sollte nach Adenauers Wunsch Justizminister und Vizekanzler werden. Die Gespräche stießen auf heftige parteiinterne Opposition, vor allem des Hamburger Landesverbands um Rademacher und Engelhard sowie von Weyer aus Nordrhein-Westfalen. Sie beklagten die Informationspolitik der Parteispitze – erfahren hatten sie aus der Presse von den Plänen – und fürchteten eine Kurskorrektur. Allerdings bedauerten auch viele in der Partei das Scheitern der Gespräche mit der Union und gaben Dehler persönlich die Schuld. Das zeigte, in welcher Zwickmühle sich der Parteichef befand. Es war auf gezielte Indiskretionen aus dem nordrhein-westfälischem Landesverband zurückzuführen, dass Informationen über das geheime Treffen mit Unionsvertretern an die Öffentlichkeit gelangten. Den Jungtürken, vor allem Döring, war daran gelegen, Dehlers Position zu schwächen. Das Ultimatum lief ab. Die Kontakte zur LDPD, die zu zwei Besuchen in Weimar bzw. Garmisch-Partenkirchen führten, initiierte maßgeblich Döring. Damit entriss er Dehler das Agendasetting in der Deutschlandpolitik. Döring meinte bereits im Juli in Garmisch-Partenkirchen, dass es gar keinen Zweck gehabt hätte, ein solches Gespräch mit Dehler zu führen, die Politik der FDP würden ja ohnehin andere machen.[186]

4.6.11 Herbst 1956: Wahlniederlagen und eklatante Entgleisungen Dehlers – Das Ende

Doch Dehler setzte trotz Warnungen seiner Vertrauten auf eine enge Zusammenarbeit mit Bundeswahlkampfleiter Döring. Allerdings hatte Döring zu jener Zeit keine eigenen Ambitionen auf den Parteivorsitz. Dazu fehlte ihm die notwendige Unterstützung aus der Partei. Mende als stellvertreten-

---

[186] Siehe: Ebd., S. 299.

der Partei- und Fraktionsvorsitzender hingegen gewann vor allem in der Fraktion zunehmend Rückhalt. Er hatte sich als Dehlers Urlaubsvertretung im Sommer 1956 profiliert. Mende streute Gerüchte nach einem Führungswechsel und nach parteiinternen Bestrebungen, ihn oder einen anderen aus der jungen Garde auf einem außerordentlichen Parteitag zum Nachfolger Dehlers zu wählen. Auch wenn er hinzufügte, es handele sich um keine „ernsthafte Diskussion", da es „zur Zeit" keinen Gegenkandidaten gegen Dehler gebe, wurde deutlich, Mende wollte Dehler auswechseln und versuchte, seine eigene Kandidatur anzumelden.[187] Auch Weyer gab Dehler am 20. November leicht verklausuliert zu verstehen, er solle personelle Konsequenzen ziehen.[188] Zudem zog Dehler den Zorn des Vorsitzenden der DPS, Heinrich Schneider, auf sich.[189] Dehler als Parteichef wirkte gegenüber der DPS desintegrierend. Obwohl die DPS auf ihrer Eigenständigkeit beharrte, wollte der Zentralist Dehler eine eigene FDP-Organisation im Saargebiet aufbauen. Im Oktober 1956 griff er Schneider persönlich harsch an, was nicht dazu beitrug, seine Stellung zu festigen.

Zu den Personaldiskussionen trugen Verluste bei den Kommunalwahlen in Nordrhein-Westfalen, Hessen und Niedersachsen am 28. Oktober bei. In Dehler sahen die Liberalen den allein Schuldigen. Dehlers Auftreten im November 1956 wirkte zudem wie ein Katalysator für seine Ablösung. Nach dem Scheitern der Genfer Außenministerkonferenz steigerte er seine deutschlandpolitischen Aktivitäten. Der FDP-Chef stellte im Bundestag zwischen Suez-Krise und Ungarn-Aufstand einen Zusammenhang her. Er machte die in seinen Augen unrechtmäßige Invasion Großbritanniens und Frankreichs in Ägypten für den Einmarsch der Sowjets in Ungarn verantwortlich und brachte Verständnis für die UdSSR auf. Auch habe das katholische Österreich 1849 die Russen geholt, um den ungarischen Freiheitsaufstand niederzuschlagen, so Dehler: Die westliche „Politik der Stärke" sei Auslöser für die Invasion in Ungarn, so sein Resümee. Neben dem Inhalt erregten besonders Form und Stil seiner Bundestagsrede vom 8. November Aufsehen.[190] Dehler habe „eine Stunde lang drauf los geredet, rhetorisch sehr gut, aber ohne disziplinierte Verantwortung", so Heuss.[191] Er war auf

---

[187] Informationsbericht Strobels vom 11. September 1956. Siehe: Wengst, 1997, S. 298-299.
[188] Weyer an Dehler, 20. November 1956, AdL, NTD, N 1-2342.
[189] Schneider hatte seit dem Würzburger Parteitag Teilnahmerecht mit beratender Stimme im Bundesvorstand.
[190] Dehler am 8. November 1956 im Bundestag, S. 9269D-9276D.
[191] Heuss, Tagebuchbrief vom 8. November 1956, in: Heuss, 1970, S. 213.

die vielen Zwischenrufe eingegangen und brachte sich und seine Rede völlig aus dem Zusammenhang. Auch Dehlers Parteifreunde waren vor den Kopf gestoßen. So schritt Marie-Elisabeth Lüders zum Rednerpult, um ihm zuzurufen: „Hören Sie bitte auf! Ich bitte Sie, machen Sie Schluß!"[192] Daraufhin entschuldigte sie sich für Dehler bei Adenauer, der wie versteinert auf der Regierungsbank saß. Der ihm nach seinen Posten trachtende Mende meinte dazu: „Den guten Thomas Dehler kann keiner mehr retten. Er hat sich mit seiner letzten Bundestagsrede [...] um Kopf und Kragen gebracht".[193] „Nach diesem Vorfall waren die Tage Thomas Dehlers als Parteivorsitzender der Liberalen gezählt."[194] Bereits einige Tage zuvor hatte Dehler einen Fauxpas begangen, der in der Öffentlichkeit Aufsehen erregte. Am 4. November fand der Bundespresseball statt. Viele Politiker blieben wegen der Ereignisse in Ungarn fern. Doch Dehler vergnügte sich dort bis zum Morgengrauen mit Petra Schürmann, der neuen Miss World, und anderen Schönheiten. In den Montagszeitungen fanden sich Berichte über die Ereignisse des Wochenendes in Ungarn – in just jener Nacht, in der Dehler herumbalzte, marschierten die Sowjets in Ungarn ein – und Bilder vom Presseball, meist mit dem tanzenden Dehler. „Das war zu viel auf den nüchternen Magen manches liberalen Zeitungslesers."[195]

Die Landesverbände Hessen, Rheinland-Pfalz, Bayern, Bremen und Niedersachsen verlangten, den nächsten ordentlichen Parteitag auf den Januar 1957 vorzuverlegen.[196] Auch Kräfte im Landesverband Bayern strebten die Wahl eines neuen Parteichefs an. Dehler aber gelang es, auf einer Sondersitzung des Bundesvorstands am 16. November Zeit zu gewinnen und die Entscheidung über einen vorgezogenen Parteitag zu verschieben. Die Zweifel an einem möglichen Vorsitzenden Mende, der im Juli bei der Abstimmung über das Wehrpflichtgesetz die Fraktion nicht zusammenhalten konnte und den Parteitag auch vorverlegen wollte, begünstigten offensichtlich einen kurzfristigen Stimmungswandel zu Gunsten Dehlers.[197] Mendes Ambitionen waren am 16. November gescheitert. Es gab keinen mehrheits-

---

[192] Zitiert nach: Mende, 1972, S. 118.
[193] Informationsbericht Strobels vom 13. November 1956. Zitiert nach: Wengst, 1997, S. 301.
[194] Mende, 1984, S. 380.
[195] Mende, 1972, S. 118.
[196] Bundesvorstand am 16. November 1956, S. 213-214.
[197] Informationsbericht Strobels vom 16. November 1956. Siehe: Wengst, 1997, S. 301. „Dehler bleibt weiter FDP-Chef", in: Rheinische Post, 17. November 1956. Bundesvorstand am 16. November 1956, S. 214.

fähigen Nachfolgekandidaten. Auch gegen Weyer gab es starke Vorurteile.[198]

Die Situation verschärfte wie so oft eine Rede Dehlers. Im Sinne eines Ausspruchs Bismarcks, ein Staatsmann müsse über die drei großen H verfügen – Hirn, Herz und Hoden – hatte Dehler am 22. Oktober 1956 Walter Hallstein, den Staatssekretär im Auswärtigen Amt, als einen „Mann ohne Herz und Hoden" bezeichnet.[199] Bundesgeschäftsführer Stephan brachte dieses Zitat an die Öffentlichkeit. Am 22. November erschien in der Süddeutschen Zeitung ein Artikel über die Rede.[200] Außenminister von Brentano stellte als Vorgesetzter Hallsteins Strafantrag gegen Dehler. Becker legte Dehler dringend nahe, „die entsprechenden Konsequenzen zu ziehen" und auf den Partei- und Fraktionsvorsitz zu verzichten, „um von der FDP weiteren noch größeren Schaden abzuwenden."[201] Kohut warf Dehler vor, er habe sich bei der Amtsführung als Parteivorsitzender „von persönlichen Interessen [...] leiten lassen".[202] Dehler selbst wiederum versuchte, Stephan die Schuld zuzuschieben. Doch das half nichts mehr. Dehlers Entschuldigung, es handele sich um einen „augenblicklichen Einfall" und er habe nicht die Absicht gehabt, „Hallstein zu verletzen", konnte die Situation nicht entkrampfen, zeigte aber seinen Redestil – erst unüberlegte Angriffe, dann der verteidigende Rückzug.[203]

4.7 Dehlers Sturz als Partei- und Fraktionsvorsitzender – Endpunkt einer absehbaren Entwicklung

Alle Landesverbände und die Bundestagsfraktion waren nach Dehlers verbalem Angriff auf Hallstein davon überzeugt, er müsse seine beiden Ämter abgeben. Heuss reagierte, indem er seinen Kontakt mit Dehler aussetzte. Für die FDP war es unmöglich, mit Dehler als Partei- und Fraktionsvorsitzendem in den Bundestagswahlkampf 1957 zu ziehen. Der blasse Anpasser Blücher hatte der Partei keinen Erfolg gebracht, aber der „kompromißlose

---

[198] Informationsbericht Strobels vom 30. November 1956. Siehe: Wengst, 1997, S. 303.
[199] Siehe: Koerfer, Daniel: Die Hatz auf den alten Leitwolf, in: Die Zeit, 6. März 1987.
[200] „Thomas Dehler fragt: Wer kann mich ersetzen?", in: Süddeutsche Zeitung, 22. November 1956.
[201] Becker an Dehler, 24. November 1956, AdL, NTD, N 1-480.
[202] Kohut an Dehler, 27. November 1956, AdL, NTD, N 1-480.
[203] Vermerk Dehlers für Mende vom 27. November 1956, NTD, N 1-480. Siehe: Wengst, 1997, S. 302.

Polarisierer"[204] und „fränkische Vulkan" Dehler ebenfalls nicht. Er war „zu sprunghaft". Man wusste nicht, „was er in den nächsten Stunden tun werde".[205] Dehlers ungezügeltes Temperament stürzte die Partei immer mehr in Probleme. Die Geister rieben sich an ihm, er spaltete, polarisierte, riss Gräben zu anderen Parteien wie auch in der eigenen auf. Seine Ausfälle gegen den Kanzler, die Regierung und die eigene Partei hatten nach dem Würzburger Parteitag zugenommen. Dazu kamen im Oktober Wahlniederlagen. Nach den vielen Entgleisungen in seinen Reden – vorzugsweise an Sonntagen – wurde es immer schwieriger, die Situation zurechtzurücken. Die Bezeichnung Hallsteins als „Mann ohne Herz und Hoden" konnte man nicht mehr rechtfertigen.

Allerdings konnte sich Dehler überhaupt so lange an der Spitze halten, da es nicht gelang, einen mehrheitsfähigen Nachfolger zu präsentieren. Doch Ende des Jahres war Dehlers Sturz beschlossen. Er musste sich – geschwächt durch die Folgen eines Autounfalls – in sein Schicksal fügen und auf Druck von Döring und Mende den Verzicht auf die erneute Kandidatur zum Partei- und Fraktionsvorsitz bekanntgeben. Er hatte keinerlei Machtressourcen mehr. Trotz dessen versuchte er, seine Macht zu retten und den von den Jungtürken ins Gespräch gebrachten Reinhold Maier als seinen Nachfolger im Parteivorsitz zu verhindern oder ihm zumindest Bedingungen für seine Nachfolge zu diktieren.

Die Bundestagsfraktion, die Landesverbände – erst Hessen und Berlin, dann Hamburg, Bayern, Rheinland-Pfalz und die restlichen norddeutschen FDP-Verbände, schließlich auch Baden-Württemberg und Nordrhein-Westfalen – sowie die Basis hatten gegen Dehler aufbegehrt. Der Landesverband Bayern hatte ihn als Vorsitzenden bereits im Sommer entmachtet. Auch aus der saarländischen DPS, die sich noch nicht der FDP angeschlossen hatte, konnte er keine Unterstützung erwarten. Um den Jahreswechsel 1956/1957 waren alle Landesverbände an seinem Sturz beteiligt. Die Absetzung verlief in zwei Stufen: Zuerst wurde er durch die Landesverbände – Baden-Württemberg und Nordrhein-Westfalen hielten sich hierbei zurück – demontiert. Als für die Düsseldorfer die Zeit reif war, setzten sie Dehler schließlich ab. Er gefährdete zunehmend ihr gemeinsames Ziel, eine unabhängige und starke FDP zu schaffen. Die Landesverbände, vor allem die

---

[204] Walter, Franz: Der zwölfte Mann, in: Frankfurter Allgemeine Zeitung, 5. Mai 2001.
[205] Informationsbericht Strobels vom 30. November 1956. Zitiert nach: Wengst, 1997, S. 303.

Achse Düsseldorf-Stuttgart, brachten Dehler ins Amt, stützen und stürzten ihn schließlich.[206] Dehler hatte die Talente aus dem nordrhein-westfälischen Landesverband gefördert und unterstützt. Ende 1956 emanzipierten sie sich endgültig von ihm.

Der FDP-Chef verfügte über keinen Rückhalt und keine Hausmacht mehr, obwohl er seine unmittelbaren Konkurrenten bereits im Februar aus Fraktion und Partei vertrieben hatte. Ihm gelang es nicht, Maier die neue Aufgabe auszureden oder Truppen gegen ihn zu sammeln. Auch die Reste der Bonner Fraktion stellten sich gegen Dehler. Heuss war schon lange nicht mehr sein Förderer. Im Gegenteil: Er war entscheidend dafür verantwortlich, dass Dehler 1953 nicht wieder zum Justizminister ernannt wurde. Auch bei dessen Sturz als Partei- und Fraktionschef spielte er eine Schlüsselrolle. Die FDP war zudem Oppositionspartei und besaß keinen Rückhalt im Regierungsapparat. Die FDP-Minister hatten bereits gegen Dehler intrigiert, als die Partei noch in der Regierung war. Adenauer kam Dehler nicht zu Hilfe, um ihn durch Solidaritätsbekundungen und Aktionen im Hintergrund zu retten. Der Kanzler hatte nach der Spaltung der Fraktion auch den lange angestrebten Sturz Dehlers als Partei- und Fraktionschef erreicht. Obwohl Dehler durch seinen Autounfall die Möglichkeit des Handels entglitten war, zeigte sich doch, dass er auch ohne den Zwischenfall die Ereignisse nicht mehr in seinem Interesse hätte wenden können. Zu mächtig waren die Machtzentren, vor allem der nordrhein-westfälische Landesverband.

Dehler hatte zum Schluss nicht mehr die Kraft und den Willen zu kämpfen. Er war sich der prekären Lage bewusst, resignierte aber. Er hatte die „Schlacht verloren".[207] „Man muß es tragen".[208] Auch in früheren Jahren als FDP-Chef war er bereits „sichtlich deprimiert".[209] Er sprach von „schweren Tagen" und stellte voller Enttäuschung fest, er sei „von Feinden bekämpft und von Freunden verlassen".[210] Die Ereignisse seien „nach Art eines Naturereignisses" über ihn „hinweggegangen".[211] Anfang 1957 verfiel er in eine tiefe Depression. Auch langfristig konnte er seine Enttäuschung über

---

[206] Siehe: Lösche / Walter, a. a. O., S. 44.
[207] Dehler an Ludwig Mayr-Falkenberg vom 18. Juni 1956 über seine Entmachtung als Vorsitzender der bayerischen FDP, NTD, N 1-1548.
[208] Dehler an Mayr-Falkenberg vom 16. November 1956, NTD, N 1-1539.
[209] Informationsbericht Strobels vom 11. Januar 1955 über die Wiederwahl Dehlers zum Fraktionschef. Zitiert nach: Wengst, 1997, S. 279.
[210] Dehler an die Familie Nagy vom 3. April 1956, NTD, N 1-1555.
[211] Dehler an Hans Robinsohn vom 24. Januar 1957. Zitiert nach: Wengst, 1997, S. 306.

den Verlust des Amtes nicht überwinden. Mit seinen beiden Nachfolgern Maier und Mende überwarf er sich.[212]

4.8 Fazit

4.8.1 Persönlichkeitsfaktoren, Führungsstil, strukturelle Faktoren, Konstellation – Zum Sturz Dehlers

Dehler besaß Ausstrahlung und war medienwirksam. Der angesehene Jurist war der Star in Adenauers erstem Kabinett. Temperamentvoll profilierte er sich durch Fachwissen, Enthusiasmus, Eifer, politischen Durchsetzungswillen und feinste rhetorische Angriffe auf politische Gegner wie Verbündete. Mit seinem beachtlichen Wortschatz, seiner literarischen Belesenheit und seiner kritischen Schlagfertigkeit verstand er es, die Zuhörer mitzureißen. Seine Reden verfasste er fast immer selbst. Er war eine scharfzüngige Kämpfernatur, konnte polarisieren, spalten, beleidigen, polemisieren, überspitzen, diskriminieren und verletzen, wurde aber auch oft missverstanden. Im persönlichen Umgang hingegen war er verhalten, liebenswürdig, sensibel, fast weich, in keiner Weise auffahrend.[213]

---

[212] Dehler wurde zwar als Entschädigung mit überwältigender Mehrheit in den Bundesvorstand gewählt und der Spitzenplatz auf der bayerischen Landesliste für die Bundestagswahl zugesichert, politischer Einfluss blieb ihm aber weitgehend verwehrt. Hervorgehobene Posten erreichte er in der FDP nicht mehr. Er war in der eigenen Partei auf das Abstellgleis gestellt worden. Von 1960 bis zu seinem Tod 1967 war Dehler Vizepräsident des Bundestags. Diese Aufgabe war einerseits Ehrerbietung für seine politische Lebensleistung, andererseits aber auch Zeichen, dass man ihn in der ersten Reihe der Partei nicht mehr wünschte. Er war aber parteiinterner Gegner Maiers und Mendes und focht weiter und noch aggressiver als zuvor für die Wiedervereinigung, eine dynamische Außen- und Deutschlandpolitik sowie eine Annäherung an die SPD. Bis zu seinem Tod war Dehler Gegner Adenauers. Mit seiner fundamentalistischen Haltung isolierte er sich aber innerhalb der FDP zunehmend. Dehlers letzte Jahre waren von Resignation gekennzeichnet, sowohl angesichts des Verlusts von politischen Ämtern und Einflussmöglichkeiten, als auch der Auffassung, dass die von Adenauer betriebene Politik nie zur Wiedervereinigung führe. Zudem sah er die parlamentarische Demokratie in der Bundesrepublik wie auch die eigene Partei und deren liberale Substanz in Gefahr. Dehler fühlte sich als gescheiterter Politiker, vor allem in der Deutschlandpolitik. Die Wiedervereinigung als Nationalstaat, die ihm vorschwebte, war utopisch. Die neue Ostpolitik fand nicht seine ungeteilte Zustimmung. Hier ging es nicht vorrangig um die Wiedervereinigung. Er starb 1967 als enttäuschter Mann. Die Ansicht Hennings, Dehler habe den Verlust des Partei- und Fraktionsvorsitzes „außerordentlich gut überstanden" und habe den Tiefpunkt „ohne erkennbare Bitterkeiten und Ressentiments" überwunden, kann daher nicht geteilt werden. Henning, in Wendehorst / Pfeiffer, S. 251-252.
[213] Genscher, Hans-Dietrich: Erinnerungen, dritte Auflage, Berlin 1995, S. 75 [im Folgenden zitiert als: Genscher, a. a. O.].

Dehler verstand es aber auch, zwischen den Flügeln der Partei zu moderieren. Er war 1953 der ideale Kandidat für den Partei- und Fraktionsvorsitz einer FDP, die ihr Profil in der Koalition mit der Union stärker betonen wollte. Seine Wahl zum Partei- wie zum Fraktionsvorsitzenden war eindeutig. Nennenswerten Widerstand gegen seine Wahl zum Parteichef gab es eigentlich nur von seinem Vorgänger Blücher.

Doch durch sein leidenschaftliches, überschäumendes, oft unachtsames Auftreten wie seine überspitzten und polarisierenden Äußerungen aber isolierte der streitbare und rebellische Dehler sich selbst. Er attackierte in zerstörerischem Maße Adenauer, dessen Außen- und Deutschlandpolitik wie auch deren Anhänger in der eigenen Partei, vor allem die FDP-Bundesminister, die Euler-Gruppe sowie Schwennicke und Wellhausen. Dem Kanzler warf der antikatholische Ressentiments hegende Dehler vor, eine katholische Rheinrepublik etablieren zu wollen. Der „fränkische Vulkan" verteidigte „leidenschaftlich hingerissen, zuweilen ins Furiose gesteigert"[214] seinen außen- und deutschlandpolitischen Kurs mit allen rhetorischen Mitteln selbst gegen Widerstand aus den eigenen Reihen. Der Polarisierer Dehler war wie ein eruptierender Vulkan oder wie eine Rakete, deren Abschussort, -zeit und -ziel unbekannt war und vieles unter sich vergrub – vor allem ihm so lästige Dinge wie Partei- und Koalitionsraison. Auseinandersetzungen in der Sache jedoch wurden nicht selten zu einer persönlichen Abrechnung. Es gab kaum einen öffentlichen Auftritt Dehlers, wo er nicht „ein Stück seiner selbst hinterließ, sich mit Haut und Haaren mit seinen Argumenten identifizierte."[215] Die überpointierten und ungezügelten Reden waren oft voller Widersprüche und Peinlichkeiten. Er redete ohne Manuskript, wie im Rausch, hörte nicht auf Ratschläge, griff Zwischenrufe auf und verschärfte damit seine Reden. Zum Schluss wusste niemand mehr, worüber er eigentlich sprach. Sprach er im Bundestag, verließen Mitglieder der Fraktion und die Minister aus Protest den Saal, auch weil sie sich seiner rhetorischen Entgleisungen schämten. Ordnungs- und empörte Zwischenrufe gehörten zu seinen Bundestagsreden. Seine Dementis und Gegendar-

---

[214] Bundestagspräsident Gerstenmaier über den verstorbenen Dehler am 6. September 1967, in: Verhandlungen des Deutschen Bundestages, Stenographische Berichte, V. Wahlperiode, Bd. 64, Bonn 1967, S. 5953B.
[215] Hamm-Brücher, Hildegard: Nachruf auf Thomas Dehler, in: liberal, 9. Jg., H. 8/1967, S. 561-563, hier: S. 561 [im Folgenden zitiert als: Hamm-Brücher, a. a. O.].

stellungen verschärften die Situation noch mehr und schadeten der eigenen Partei.[216]

Seine Sonntagsreden versetzten die Partei ein ums andere Mal in Angst und Schrecken. Nach Dehler-Auftritten lief die Dementiermaschine der Partei auf Hochtouren, um den Schaden zu begrenzen. Doch oft wurden Dehlers Äußerungen durch eine sensationsgierige Presse hochgespielt, aus dem Zusammenhang gerissen oder entstellt. Eine Schlagzeile war allemal drin.[217]

Dehler selbst hatte „immer das Empfinden, meine Reden sind akademisch, sind oft ein bißchen anspruchsvoll auch für die Zuhörer. Die Zuhörer erwarten einen Lautsprecher, und da kommt einer mit ganz leisen Tönen und mit grundsätzlichen Erwägungen." Dass er Wirkungen im Publikum „durch ein Übermaß an Leidenschaftlichkeit erzielt hätte", hielt er für abwegig.[218] Sein Selbsteingeständnis, „Ich glaube, ich bin ein wenig schwierig", war stark untertrieben.[219]

Dehler wurde für die Partei zur Belastung. Hier, in dem von ihm durch seine rednerischen Eskapaden angerichteten politischen Flurschaden, liegen Ursachen für sein Versagen als Partei- und Fraktionschef wie für seinen Sturz – auch schon als Justizminister.[220] Dehler selbst übertrieb und änderte aktiv die Komponenten, die ihn 1953 zum Parteivorsitzenden aufsteigen ließen und stürzte darüber. Er suchte selbst die Konflikte. Das wollte zwar 1953 die FDP, aber nicht in dem Maße, wie es Dehler tat. Seine Eigenschaften – vor allem seine Profilierungssucht –, die ihn 1953/1954 befähigten, Partei- und Fraktionschef zu werden, gereichten ihm 1956/1957 zu seinem Sturz.[221]

Das Scharnier zwischen Dehlers Persönlichkeit einerseits sowie Parteistruktur und Konstellation andererseits war die Profilierung. Sie geriet bei Dehler aus dem Ruder. Ihm fehlte „leider die Gabe der Selbstbeherrschung,

---

[216] Vgl.: Henkels, Walter: Thomas Dehler – Der politische Moralist, in: Norddeutsche Zeitung, 12. März 1955. Schwelien, Joachim: Die Misere der Liberalen, in: Frankfurter Allgemeine Zeitung, 23. August 1956.
[217] Vgl.: Siekmeier, 1998, S. 96.
[218] Gaus, 1987, S. 111.
[219] Ebd., S. 91.
[220] So auch: Wengst, 1997, S. 350.
[221] Maier hingegen suchte keinen Konflikt. Deshalb konnte er 1957 Dehlers Nachfolger werden. Weil er sich auch daran hielt, konnte sich die Partei konsolidieren. Auch Mende ging Konflikten lange Zeit aus dem Weg.

die ein Mann haben muß, der an der Spitze einer Partei steht."[222] Er war kein Realpolitiker und kein geschickter Koalitionsstratege. Dehler biss sich als Gegenspieler Adenauers, als Partei- und Fraktionsvorsitzender ohne eigene Kabinettsdisziplin, in einen Zweikampf mit dem Kanzler und dessen Verbündeten fest, über den er seine eigentlichen Aufgaben als Parteiführer übersah. Dehler war Polarisierer und geistiger „Amokläufer".[223] Es zeigte sich dabei deutlich eine „Angriffstaktik" Dehlers. Er griff stimmgewaltig, anklagend und polarisierend sein Opfer an, um sich nach heftiger Kritik an sich, seinem Auftreten und seinem Führungsstil zurückzuziehen und oft über Dritte zu versuchen, einzulenken und die Situation nach dem Motto: „Ich wollte nicht kränken." „Ich habe die Dinge wohl überspitzt." zu entschärfen. Doch kurze Zeit später schlug er oft wieder los, mitunter auf den Gleichen. Er versuchte viel, um etwaiges Unrecht wieder gut zu machen und sich gegen Verleumdungsklagen zur Wehr zu setzen, doch wenn er von seiner Meinung überzeugt war, so konnte er bis zum Letzten kämpfen. Kritik an ihm bewirkte oft Überreaktionen seinerseits, bei denen dann noch mehr Porzellan zerschlagen wurde. Am Ende standen Aufräumarbeiten in Partei und Koalition. Oft war die „causa Dehler" Punkt eins auf einer geänderten Tagesordnung des Bundesvorstands. Hier gab es meist ein Scherbengericht gegen Dehler.

Dehler selbst fühlte sich meist schuldlos, wie seine Reaktion auf seinen Sturz als Partei- und Fraktionschef zeigte. Seine Entschuldigung, bei der Bezeichnung Hallsteins als „Mann ohne Herz und Hoden" handelte es sich um einen „augenblicklichen Einfall", und er beabsichtigte nicht, Hallstein zu verletzen, offenbarte diese Redetaktik. Dehler provozierte, andere vollzogen den Bruch. So war es mit Adenauer in der Saardebatte 1955, so war es im Februar 1956 beim Bruch der Bundestagsfraktion. Erst unüberlegte Angriffe, dann der verteidigende Rückzug, nach dem endgültigen Bruch aber Selbstgerechtigkeit. In den von ihm provozierten Konflikten wurde Dehlers ganze differenzierte Persönlichkeitsstruktur deutlich: Er war sehr empfindsam und verletzlich. Diese Charaktereigenschaften passen auf den ersten Blick nicht in das Bild des Hitzkopfs Dehler. Doch erklären sie sich aus der Kindheit und frühen Jugend: Der schwächelnde, an Asthma leiden-

---

[222] Max Becker an Wolfgang Haußmann vom 28. Februar 1956. Zitiert nach: Wengst, 1997, S. 291.
[223] Rilling, a. a. O., S. 154. Das Wort wurde von Adolf Arndt, SPD, geprägt.

de Dehler befand sich trotz seines selbstbewussten Auftretens immer in einer Verteidigungsposition.

Trotz der Vorschusslorbeeren taugte Dehler, bei dem sich in der Anfangsphase der Strategie des begrenzten Konflikts in der Außen- und Deutschlandpolitik charismatische Führungszüge gezeigt hatten, eigentlich nicht zum erfolgreichen Parteivorsitzenden und zum politischen Anführer. Er war geradezu unfähig zur Führung. Er war ein „Fundamentalist des Politischen"[224], der als politischer Halbstarker auftrat. Mit seiner Fundamentalopposition innerhalb der Koalition wurde Dehler den Anforderungen an einen Juniorpartner in der Koalition – Profilierung der eigenen Partei durch einen begrenzten Konflikt bei gleichzeitiger Sicherung des Erfolgs der Koalition – nicht gerecht. Nachdem sich bereits im Februar 1956 die FDP-Bundesminister und ein großer Teil der Fraktion abgespalten hatten und die Koalition zerbrochen war, begehrten ab dem Sommer 1956 erneut und noch stärker als zuvor die Bundestagsfraktion, die Landesverbände – erst Hessen, Berlin, Hamburg, dann Bayern, Rheinland-Pfalz und die restlichen norddeutschen FDP-Verbände, schließlich auch Baden-Württemberg und Nordrhein-Westfalen – sowie die Basis auf. Hatten Hessen, Berlin und Hamburg in der Debatte um die Nationale Sammlung noch gegeneinander gekämpft, so unterstützten sie später gemeinsam die Westpolitik Adenauers. Um den Jahreswechsel 1956/1957 waren alle Landesverbände und die Bundestagsfraktion am Sturz Dehlers beteiligt. Ihm wurde durch die Landesverbände der Parteivorsitz angetragen. Vor allem Nordrhein-Westfalen und Baden-Württemberg – während der Nationalen Sammlung auf verschiedenen Flügeln – stützten ihn während seiner Amtszeit. Die Landesverbände, maßgeblich Nordrhein-Westfalen, stürzten ihn auch. Die Jungtürken beabsichtigten, nationale Aspekte stärker in den Mittelpunkt liberaler Politik zu rücken und der FDP einen eigenständigen Platz im Parteiensystem, unabhängig von der Union, zuzuweisen. Darin bestand die Gemeinsamkeit mit Dehler. Ende 1956 war er aber untragbar geworden. Zudem hatten sie durch den Koalitionswechsel in Nordrhein-Westfalen – mit Dehlers Förderung – einen bedeutenden Schritt auf dem Weg zu ihrem Ziel bereits getan. Maßgeblichen Einfluss auf die Bundes-FDP hatten sie auch

---

[224] Auch: Walter, Franz: Die Integration der Individualisten: Parteivorsitzende in der FDP, in: Forkmann, Daniela / Schlieben, Michael (Hrsg.): Die Parteivorsitzenden in der Bundesrepublik Deutschland 1949-2005, Wiesbaden 2005 (Göttinger Studien zur Parteienforschung), S. 119-168, hier: S. 128 [im Folgenden zitiert als: Walter, in: Forkmann / Schlieben, a. a. O.].

schon. Wozu sollten sie Dehler noch stützen, zumal mit Maier ein Kandidat bereitstand, der ihren Ambitionen nicht im Weg stand? Der Partei- und Fraktionsvorsitzende Dehler war ihnen ausgeliefert. Der mächtige inhaltliche, strukturelle wie finanzielle Einfluss der Landesverbände sowie ihre nahezu autonome Stellung gegenüber der schwach ausgebauten, schlecht organisierten, chronisch finanzschwachen und kaum einflussreichen Bundesorganisation verhinderten ein unabhängigeres Agieren ihnen gegenüber. Die Arbeit der Partei bestimmten eher die Landesverbände und die FDP-Bundesministerien als die Parteizentrale in Bonn.

Dehler hatte es zudem versäumt, nachhaltige Netzwerke aufzubauen. Mit anderen Menschen konnte er nicht konstruktiv umgehen. Teamarbeit war ein Fremdwort. Er delegierte nicht. Selbst politische Weggefährten wussten oft nicht, was der FDP-Chef gerade plante, um die Korrektivfunktion der Partei – konkreter ausgedrückt die Fundamentalopposition innerhalb der Koalition – zu betonen. Er förderte zwar den Nachwuchs in der Partei, so Hans-Dietrich Genscher, der 1956 wissenschaftlicher Assistent der Bundestagsfraktion wurde, baute aber keinen unmittelbaren Nachfolger auf.[225] Politische Weggefährten, wie Marie-Elisabeth Lüders oder Hermann Schäfer, leisteten ihm letztlich keinen Beistand mehr und entzogen ihre Unterstützung. Selbst seine maßgebliche Stütze, der Landesverband Nordrhein-Westfalen, erkannte, dass er mehr Unheil anrichtete, als die unabhängige, flexible und auf Machtgewinn ausgerichtete Position der FDP im Parteienspektrum wert war. Dehler hatte keinen Rückhalt mehr. Sein Landesverband Bayern hatte ihn bereits im Sommer 1956 entmachtet. Heuss stellte sich gegen ihn. Rückhalt im Regierungslager fand Dehler nicht. Die FDP war Oppositionspartei. Auf die Unterstützung Adenauers konnte er nicht hoffen. Da es dem Kanzler nicht gelungen war, die FDP wieder auf Regierungskurs zu drängen, hatte er aktiv über die Minister den Bruch der Fraktion betrieben. Dehler hatte Ende 1956 keine Kontrolle mehr über die Partei. Sein öffentliches Ansehen war auf dem Nullpunkt. Er strahlte keine Autorität aus.

Obwohl Dehler angetreten war, die Partei zu integrieren und die divergierenden Kräfte in Partei und Fraktion zu kanalisieren, verstand er sich wohl nie bewusst als Moderator. Er spaltete – die eigene Fraktion, die Koalition,

---

[225] Dehler wurde neben Maier Genschers Vorbild. Beide haben ihn stark geprägt. Dehler erkundigte sich oft nach seinem Wohl, als Genscher, durch Tuberkulose geschwächt, das Krankenbett hütete. Vgl.: Genscher, a. a. O., S. 71, 73, 75.

persönliche Freundschaften, die Basis. Letztendlich schnitt er sich von den ihn Stützenden ab. Schlichten und vermitteln konnte er nicht. Die Verbreitung seiner in seinen Augen wahren Ansichten über die Außen- und Deutschlandpolitik war ihm das wert. Verstärkt durch das ungeklärte Liberalismusverständnis prägten verschiedene Flügel die Partei: Einerseits der deutschnationale und der liberaldemokratische Flügel, andererseits der Adenauer- sowie der Dehler-Flügel. Im Konflikt zwischen deutschnationalem und liberaldemokratischem Flügel hatte er vor seinem Amtsantritt moderiert. Als Partei- und Fraktionsvorsitzender hingegen bemühte Dehler sich nicht ausreichend um eine Integration der durch den Profilierungskurs entstandenen neuen und eine weitere Integration der bereits bestehenden Flügel. Der Adenauer-Flügel – die deutschnationale Euler-Gruppe und mit Blücher, sowie namentlich Schäfer, Wellhausen und Schwennicke Vertreter der Mitte – spaltete sich wegen Dehlers neuem Kurs in der Außen- und Deutschlandpolitik, der Unterstützung des Düsseldorfer Machtwechsels sowie seines Führungsstils ab. Dehler verfing sich letztendlich auch in den Fallstricken des ungeklärten Liberalismusverständisses der Partei und verstärkte durch sein Agieren und seine spaltende Rhetorik die Desintegrationstendenzen innerhalb der FDP.

Der Polarisierer Dehler war Zentralist. Das wurde schon in seinen Vorstellungen in der Bayerischen Verfassunggebenden Versammlung und vor allem im Parlamentarischen Rat deutlich, wo er sich vergeblich für eine starke Präsidialregierung nach US-amerikanischem Vorbild eingesetzt hatte, die von einem durch Mehrheitswahlrecht gewählten Parlament weitgehend unabhängig sein sollte. Anstelle des Bundesrats wollte Dehler einen Senat installieren. Dehler haderte auch mit bayerischen Ansprüchen in der Nachkriegszeit, die er als separatistisch empfand. Er nahm in seiner Zeit als FDP-Chef kaum Rücksicht auf das Eigenleben der Unterorganisationen, sondern versuchte, der gesamten Partei seine Linie zu verordnen, so unter anderem der DPS, deren Bedürfnis nach Eigenständigkeit er missachtete. Das passte nicht zur Struktur der FDP mit ihren nahezu autonomen Landesverbänden. Die heterogene Partei brauchte einen Vorsitzenden, der es verstand, zwischen den verschiedenen Flügeln und Landesverbänden zu lavieren.

Dehler verkörperte mit seiner Überzeugung, seiner Härte trotz zu befürchtender Konsequenzen und einem gefestigten ethischen Fundament eigentlich Führungsvoraussetzungen. Da er die Aspekte Überzeugung und Härte jedoch übersteigerte, war er in seiner heterogenen, individualistischen Partei auf Dauer nicht mehrheitsfähig. Der Erzliberale Dehler mit seiner fundamentalistischen Art passte letztlich nicht zum Selbstverständnis der FDP der 1950er Jahre. Die Zeit des Wirtschaftswunders verlangte nicht nach tiefgeistigen und tiefgründigen Persönlichkeiten, wie den Idealisten, Humanisten und Ästheten Dehler.

Dehler scheiterte letztendlich auch daran, dass er sich nicht der sich herausbildenden Grundkomponente bundesdeutscher Politik – der Westintegration – bewusst war. Im Gegenteil: Er stellte sie in Frage.

Dehlers Tochter, sein einziges Kind, hatte den tobenden Vater nach 1945 auf einer Veranstaltung gesehen und meinte, der Mann dort sei nicht ihr Vater.[226] Das polarisierende und fundamentalistische Wesen Dehlers, das zu seinem Sturz führte, lag in seiner Prägung begründet. Er wurde durch einen geschichtlichen Ernstfall – er war im Ersten Weltkrieg an der Front und erlebte die Exzesse der Münchner Räterepublik – geprägt. Diese dramatischen Geschichtserfahrungen wühlten Dehler auf. Er hatte fortan geradezu einen kriegerischen Begriff von Politik. Zudem gingen wertvolle Jahre in beruflicher wie privater Hinsicht verloren. Sein Asthma hatte sich verstärkt. Private Bindungen waren erschwert. In der Weimarer Republik konnte er sich mit seinen Ansichten nicht durchsetzen. 1933 erlebte er das Scheitern seiner politischen Ideale. Nach 1945, im Alter von bereits 50 Jahren, musste sich der ungeduldige Dehler erstmals auf gesamtstaatlicher Ebene bewähren. Hier sah er seine letzte Möglichkeit, sein Primat, die Wiedervereinigung der deutschen Nation als demokratischer, republikanischer Rechtsstaat, wie auch sich selbst durchzusetzen. Dass sich dies zunehmend als Illusion erwies, ließ ihn zu einem politischen Fundamentalisten werden. Zudem liebte Dehler stets die Gegensätze. Ein Katholik durch Taufe, verehrte er Luther sein Leben lang. In Oberfranken, einem Landstrich, dem es nicht an antisemitischen Einstellungen fehlte, heirate er eine Jüdin.

4.8.2 Thomas Dehler – Als Parteiführer gescheitert?

Auf den ersten Blick erwies sich Thomas Dehler als falsche Besetzung für den Partei- und Fraktionsvorsitz der FDP. Er war offensichtlich kein erfolgreicher politischer Anführer. Von den drei Weberschen Voraussetzungen

---

[226] Siehe: Gaus, 1987, S. 109.

eines erfolgreichen Politikers – Leidenschaft, Verantwortungsgefühl und Augenmaß – schien er nur die Leidenschaft zu haben, und diese im Übermaß. Ihm gelang es nicht, politische Macht in der Regierung zu gebrauchen und zu erhalten. Im Gegenteil: Die FDP erlitt Verluste bei Landtags- und Kommunalwahlen, wie auch bei der Bundestagswahl 1957. Mehr noch: Unter seiner Führung schritt die Partei innerhalb der Legislaturperiode aus der Regierung in die Opposition. Den Wählermarkt verstand der Fundamentalist Dehler nicht zu führen, vor allem nicht die weitgehend entpolitisierte, ins Private zurück gezogene Bevölkerung im Nachkriegs-Deutschland. Die Bevölkerung wollte Ruhe, Beständigkeit, materielle Sicherheit und keine politischen Experimente eines Fundamentalisten. Das verstand Dehler nicht. Die eigene Partei zu führen, gelang Dehler erst recht nicht. Er wirkte trotz seiner Moderation in der Debatte um die Nationale Sammlung desintegrierend und polarisierend bis zur Abspaltung. Der Hardliner Dehler war unfähig zu Kompromissen, die aber ein FDP-Chef angesichts des von ihm geführten heterogenen, fragmentierten und labilen Gebildes eingehen musste. In einer solchen Partei ist ein lavierender Parteivorsitzender von Nöten, der den Fragmenten ihre Freiräume lässt. Doch der Individualist und ideologisch verhärtete Dehler war wie ein Vulkan, der bei einem Ausbruch seine Umgebung weiträumig zerstörte. Politische Führung in der Regierung vor allem auf seiner Profilierungsebene der Außen- und Deutschlandpolitik zu übernehmen, blieb ihm – nach seiner einflussreichen Zeit als Justizminister – verweigert. Ihm gelang es nicht, die Position seiner Partei in der Koalition personell und inhaltlich konstruktiv hervorzuheben. Dehler bewirkte letztendlich den Verlust der Regierungsmacht. Er hatte zwar Ideen in der Außen- und Deutschlandpolitik sowie eine Absicht auf der Ebene der Koalitionsarithmetik. Diese Ziele waren aber unter den damaligen Umständen weder umsetzbar noch mehrheitsfähig bzw. erwiesen sich kurz- und mittelfristig als Rückschlag für die FDP. So gelang es ihm zwar, in Nordrhein-Westfalen mit der SPD einen neuen Koalitionspartner zu finden, doch dieses Bündnis scheiterte 1958 an der eigenen Klientel und an den Gegensätzen untereinander. Eine erneute Koalition zwischen Union und FDP in Bonn war undenkbar, solange Dehler Partei und Fraktion vorstand. Dehler beschädigte zudem bei seinem Abgang sich, die Partei und den Nachfolger Maier. Sein einziger wirklicher Erfolg war die Aussetzung des Versuchs Adenauers, ein Grabenwahlrecht einzuführen.

Politische Erfolge blieben Dehler schon vor seiner Zeit als Partei- und Fraktionsvorsitzender der Freien Demokraten weitgehend verwehrt. Als Mitglied der DDP bzw. der Staatspartei erlebte er den Niedergang und das Scheitern der Weimarer Republik. Die Beteiligung an liberalen Widerstandsgruppen im Nationalsozialismus blieb ohne den ersehnten Erfolg. In der unmittelbaren Nachkriegszeit hatte er zwar Erfolge bei der Reorganisation des administrativen und des Justizsektors, musste aber oft gegenüber den Besatzern zurückstecken. Auch hielt er vergeblich an der Idee einer gesamtdeutschen liberalen Partei fest – im Unterschied zu anderen führenden Vertretern des westdeutschen Liberalismus, die diesem Unterfangen von Anfang an skeptisch gegenüber standen. Er stritt erfolglos gegen die bayerischen Sonderstaatlichkeitsbestrebungen. 1946 rief er die bayerische Bevölkerung vergeblich dazu auf, gegen die ausgehandelte Verfassung zu stimmen. Ihm gelang es nicht, die Einführung der Konfessionsschule zu verhindern. Die von ihm seit 1946 geführte bayerische FDP kam über eine Randexistenz nicht hinaus. Seine Stellung im Landesverband war nicht erst 1956 umstritten, obwohl er sich in den Anfangsjahren um eine Integration der verschiedenen Meinungen bemüht hatte. Im Parlamentarischen Rat konnte Dehler seine wichtigsten Forderungen nicht durchsetzen. 1949 scheiterte er mit dem Anliegen, in Bonn eine Koalition aus CDU, SPD und FDP zu bilden, um alle politisch relevanten Kräfte in die Verantwortung einzubinden und die im Wahlkampf entstandene Kluft zu überwinden. Der Justizminister Dehler war trotz beachtlicher Erfolge bei der Reorganisation der Justiz umstritten. Mit seinen außen- und deutschlandpolitischen Vorstellungen konnte er sich nicht durchsetzen. In seiner eigenen Partei geriet er zunehmend in die zweite Reihe. Die parlamentarische Demokratie war in seinen Augen in Gefahr. Er sah sich in seinen letzten Lebensjahren selbst als gescheitert.[227]

War er aber trotz dieser Enttäuschungen als Partei- und Fraktionsvorsitzender der FDP gescheitert? Mitnichten: Dehler war als „Urgestein der Republik"[228] maßgeblich am demokratischen Aufbau der Bundesrepublik Deutschland beteiligt und bestimmte deren Entwicklung mit. Er war Mitte der 1950er Jahre der eigentliche politische Gegenspieler Adenauers. Dehler war ein unermüdlicher Mahner für die deutsche Einheit und setzte sich dafür ein, dieses Ziel nie aus den Augen zu verlieren. Er wurde zunehmend

---
[227] Siehe: Wengst, 1997, S. 351-352.
[228] Siekmeier, 1998, S. 96.

das schlechte Gewissen in der Deutschlandpolitik. Dehler kann nicht als ein Politiker bezeichnet werden, der auf der Großmachtrolle Deutschlands und einem autonomen Nationalstaat beharrte. Auch war er kein Verfechter der „neuen Tradition" der bundesdeutschen Außenpolitik, da er Adenauers „Politik der Stärke" – Westintegration und europäische Einigung – gegenüber der Sowjetunion ablehnend gegenüberstand. Dehler sah hierdurch die Wiedervereinigung – sein Primat – gefährdet und zweifelte am Willen des Bundeskanzlers, sie zu wollen. Um die Wiedervereinigung zu erreichen, vertrat er die Meinung, die Bundesrepublik solle sich nicht einseitig in den Westen integrieren, sondern müsse sich als „Land der europäischen Mitte" verstehen und einen Ausgleich mit seinen östlichen Nachbarn und der Sowjetunion im Rahmen eines europäischen Sicherheitssystems anstreben, in das ein wiedervereinigtes Deutschland integriert werden sollte. Dehler kann daher als ein Wegbereiter der Entspannungspolitik und der aktiven bundesdeutschen Ostpolitik bezeichnet werden – mit dem entscheidenden Unterschied, dass für ihn die Wiedervereinigung oberste Priorität hatte. Zudem – und das war ein entscheidender Unterschied zu Dehlers Entwurf – gingen spätere Konzeptionen von der Basis der unerschütterlichen Westintegration der Bundesrepublik aus.[229] Ihn uneingeschränkt als einen Wegbereiter der sozialliberalen Koalition zu bezeichnen, ist deshalb falsch.

Zudem profilierte Dehler bereits als erster Justizminister die FDP langfristig als bundesrepublikanische Rechtsstaatspartei. Er als „Fundamentalist des Rechts und der Gerechtigkeit"[230] war als leidenschaftlicher Verfechter des Rechtsstaats der eigentliche Begründer der FDP als Partei der Rechtsstaatlichkeit. Recht und Nation waren die Grundkonstanten in Dehlers politischem Leben.[231] Er setzte sich 1952 gegen die Todesstrafe und bereits im Parlamentarischen Rat für die Unantastbarkeit der Grundrechte ein. 1965 bestand er aus rechtlichen Gesichtspunkten auf der Verjährung der nationalsozialistischen Verbrechen. Als einer der bedeutendsten Parlamentarier der Bundesrepublik, als ein leidenschaftlicher Politiker mit Ecken und Kanten, der für seine Überzeugungen focht, trug er entscheidend dazu bei,

---

[229] Siehe: Stammen, Dehler, in Bernecker / Dotterweich, S. 100.
[230] Genscher, zitiert nach: Steininger, Rolf: Thomas Dehler – Protagonist einer `neuen` deutschen Ostpolitik, in: Stiftung Haus der Geschichte der Bundesrepublik Deutschland (Hrsg.): Nach-Denken. Thomas Dehler und seine Politik. Wissenschaftliches Symposium am 8. Dezember 1997 aus Anlaß des 100. Geburtstages von Thomas Dehler, Bonn 1998, S. 25-31, hier: S. 27 [im Folgenden zitiert als: Steininger, in Haus der Geschichte der Bundesrepublik Deutschland].
[231] Vgl.: Siekmeier, 1998, S. 97.

Parlament und Demokratie in der Bundesrepublik zu verankern. Taktieren, Finassieren, diplomatische Rücksichtnahme waren ihm zuwider. Sein Beharren auf Überzeugungen war sein Verständnis von Politik: „Der Satz, Politik sei die Kunst des Möglichen, ist platt und führt irre. Fast kann man sagen: das Gegenteil ist wahr. Das als richtig erkannte Ziel muß erstrebt werden, auch wenn seine Verwirklichung unmöglich erscheint."[232] Er verkörperte das Idealbild eines Parlamentariers. Nur seinem Gewissen fühlte er sich unterworfen. Die Herrschaft der Parteiapparate erkannte er nicht an.[233] Der glänzende Redner redete den Menschen nicht nach dem Munde und unterschied sich wohltuend von den meisten angepassten Politikern heutiger Tage. Seine engagierten Reden gegen die Wiedereinführung der Todesstrafe 1952, für die Verjährung von nationalsozialistischen Verbrechen 1965 sowie seine Abrechnung mit Adenauer 1958 zählen zu den Sternstunden des bundesdeutschen Parlamentarismus.

Sein größtes Verdienst war es aber, das Profil der FDP geschärft und die Unabhängigkeit gegenüber der Union begründet zu haben. Dadurch sicherte er langfristig die Eigenständigkeit der FDP als drittstärkste Kraft im Parteienspektrum.[234] Keiner war dazu mehr fähig als der temperamentvolle, rhetorisch begabte sowie nicht zu bändigende „kompromißlose Polarisierer"[235] und „fränkische Vulkan" Thomas Dehler. Eine Blücher-FDP wäre von Adenauers Union marginalisiert worden. Dehler und die junge Garde aus Nordrhein-Westfalen um Döring, Weyer und Scheel waren die eigentlichen Begründer einer im Parteienspektrum flexibel agierenden und gegenüber Koalitionen mit der SPD offenen FDP. Ihr kam als Korrektiv bzw.

---

[232] Dehler im Januar 1961. Zitiert nach: Steininger, in Haus der Geschichte der Bundesrepublik Deutschland, S. 27.
[233] Siehe: Flach, Karl-Hermann: Unbeugsam ging er seinen Weg. Kommentar im Hessischen Rundfunk am 21. Juli 1967, in: Flach, Karl-Hermann: Mehr Freiheit für die Menschen. Beiträge zur liberalen Politik, hrsg. von der Friedrich-Naumann-Stiftung, Baden-Baden 1979, S. 123-125, hier: S. 124 (Schriften der Friedrich-Naumann-Stiftung, Liberale in Programm und Praxis).
[234] Lösche / Walter, a. a. O., S. 40. Dass die bürgerlich-liberale FDP letztlich nicht komplett in den Sog der CDU als Sammelbecken der bürgerlichen und liberalen Kräfte geraten konnte, lag auch an strukturellen Faktoren. Die Tradition einer liberalen parteipolitisch organisierten Kultur überlebte in bestimmten Regionen. Zudem war die Existenz liberaler Parteien in der Geschichte des deutschen Parteiensystems angelegt. Die Lizenzierungspolitik der Alliierten ließ liberale Parteigründungen zu. Außerdem gab es in weiten Teilen besonders des Bildungsbürgertums eine antiklerikale Grundstimmung. Sie richtete sich gegen die CDU als liberal-konservative Sammlungsbewegung unter christlichem Vorzeichen. Im Bürgertum waren zudem auch antisozialistische und antikommunistische Ressentiments vorhanden. Ferner konnte die FDP wegen ihrer sozial und finanziell abgesicherten Klientel nicht so leicht absorbiert werden wie die DP, die BP oder der GB/BHE. Siehe: Lösche, a. a. O., S. 141.
[235] Walter, Franz: Der zwölfte Mann, in: Frankfurter Allgemeine Zeitung, 5. Mai 2001.

Mehrheitsbeschaffer eine Macht zu, die oft weit über ihre zahlenmäßige Stärke hinausging. Diese Entwicklung gefördert zu haben, darin liegt das historische Verdienst Dehlers. Obwohl Dehler noch in den frühen 1950er Jahren Koalitionen mit der SPD auf Bundesebene strikt abgelehnt hatte, sah er seit seiner Zeit als Parteivorsitzender die Möglichkeit, die SPD als koalitionspolitischen Joker gegenüber der Union auszuspielen und in einem solchen Regierungsbündnis seinen Kurs in der Außen- und Deutschlandpolitik durchzusetzen. Die von Dehler propagierte und durchgesetzte Korrektivfunktion innerhalb der Koalition zeigte Adenauer erstmals seine Grenzen gegenüber dem kleineren Koalitionspartner auf und sollte später auch anderen Kanzlern, die in einer Koalition mit der FDP regierten, Probleme bereiten.[236] Kurzfristig erlitt Dehler mit seiner Taktik politischen Schiffbruch. Er ist zwar als politischer Stratege kurzfristig gescheitert, aber seine Politik war entscheidend für die Entwicklung einer eigenständigen Position der FDP als liberale Partei.[237]

Wenn man erfolgreiche Führung als die Integration der verschiedenen Flügel einer Partei, als Erlangen und Sichern von politischer Macht in Form von Regierungsbeteiligung und als geordnete Übergabe der Macht an einen möglichst selbst aufgebauten Nachfolger interpretiert, so ist Thomas Dehler als Partei- und Fraktionsvorsitzender der FDP gescheitert. Berücksichtigt man aber, dass er beabsichtigte, die Existenz der FDP zu wahren und ihre Eigenständigkeit durch die Strategie des begrenzten Konflikts zu sichern, so ist ihm das – trotz Überspannung der Korrektivfunktion, trotz Abspaltung und Verbannung in die Opposition – nachhaltig gelungen.

Doch Dehlers Bedeutung für die FDP lässt sich noch auf eine höhere Ebene übertragen. Er verkörperte mit seiner Strategie des begrenzten Konflikts in der Außen- und Deutschlandpolitik innerhalb der bürgerlichen Koalition den Wunsch der Liberalen nach einem Projekt, das sowohl die Partei wie den Koalitionspartner antreiben, als auch die eigene Partei integrieren sollte. Da er dieses Projekt, seine Mission, übertrieb, darin liegt sein kurzfristiges Scheitern – er überforderte damit die Partei, die eigentlich keine Visionen hatte und wollte –, aber auch sein langfristiger Mythos begründet. Obwohl seine liberalen und nationalen Ideale oft altväterlich anmuteten, er mit den Anforderungen an einen modernen, der veränderten Zeit angepassten

---

[236] Hierzu auch: Lösche / Walter, a. a. O., S. 40.
[237] Siehe: Kaack, a. a. O., S. 20.

Liberalismus nicht klar kam und als Individualist, Ideologe und Idealist wie ein liberales Relikt aus vergangenen Zeiten wirkte,[238] waren doch sein vehementes Eintreten für liberale Grundpositionen, sein Primat von Menschenwürde und Freiheit, von Rechtsstaatlichkeit und deutscher Einheit, zeitlos. Als „Mann höchsten geistigen Ranges"[239] und „vielleicht einziger `liberaler Ideologe` der deutschen Nachkriegszeit"[240] war Dehler das „Wächteramt des Liberalismus".[241] „Sein `Gespür` für Recht und Gerechtigkeit reagierte bei der geringsten Erschütterung wie ein Seismograph. Er trug das Grundgesetz stets unter dem Arm, und alles, was etwas `außerhalb der Legalität` geschah, erzürnte ihn bis zum äußersten."[242]

Dehlers Mission, sein Profilierungs- und Abgrenzungskurs gegenüber der Adenauer-CDU gerade in der Frage der Nation, die Verkörperung von Liberalismus und Nationalismus in seiner Person, sein unnachgiebiges Eintreten für seine Ideale und gegen Richtungen und Haltungen, die er für falsch hielt, seine Individualität, seine Kämpfe, seine Verzweiflung an der Politik Adenauers wie auch sein Leiden an der Berufung, politisch tätig sein zu müssen – all dieses ließ den „Erzliberale[n]"[243] Dehler ab etwa 1958 zu einem Idol, einem Märtyrer, einem Heroen, einer Legende der Liberalen werden. Er lieferte Stoff für Legenden und löste Dehler-Nostalgien in der FDP aus. Er wurde zu demjenigen stilisiert, der sich nicht von Adenauer und den Katholiken hatte brechen lassen.[244] Der „Politiker aus Leidenschaft"[245] war vor allem in der pragmatischen Mende-Ära dem (linksliberalen) Nachwuchs in der Partei Vorbild, „wenn er auf der Tribüne des Bundestages oder vor dem Fernsehschirm, sich quälend, sich seiner eigenen Vorstellungen erwehrend oder ihnen nachgebend, stockend oder sprudelnd, seinen Gedanken durch alle Widerstände hindurch Bahn brach – denkwürdig selten durch das, was er sagte, denkwürdig immer dadurch, wie er es sagte: durch seinen Bürgermut."[246] Hierin unterschied er sich von Blücher

---

[238] Siehe: Der Spiegel, 21. Jg., Nr. 31, 24. Juli 1967, S. 17.
[239] Maier über Dehler, in: Die Welt, 22. Juli 1967.
[240] Rütten, Theo: Von der Plattform-Partei zur Partei des liberalen Programms 1949-1957, in: Mischnick, Wolfgang (Hrsg.): Verantwortung für die Freiheit. 40 Jahre F.D.P., mit einem Vorwort von Otto Graf Lambsdorff, Stuttgart 1989, S. 66-80, hier: S. 75.
[241] Hamm-Brücher, a. a. O., S. 563.
[242] Ebd., S. 562.
[243] Ebd., S. 561.
[244] Vgl.: Walter, in: Forkmann / Schlieben, a. a. O., S. 132.
[245] Wengst, 1997, S. 350.
[246] Der Spiegel, 21. Jg., Nr. 31, 24. Juli 1967, S. 17.

oder Mende, die nach ihrem Ende als Parteivorsitzende nicht die Kraft der inneren Regeneration hatten und sich von der Partei abwandten.

Seine Biografie, in der sich die Geschichte des politischen Liberalismus des 20. Jahrhunderts widerspiegelte, wie auch sein Bekenntnis zu seiner persönlichen Art und seinem Politikstil verstärkten seine Märtyrerrolle noch. „Sie kennen mich schlecht, wenn Sie glauben, daß ich Politik meinetwegen betriebe. Es ging mir [...] nur um die Sache und nicht um mich. Auch Ämter waren mir immer Aufgabe und Pflicht."[247] „Ich bin ja kein einfacher Mann. Im Gegenteil, vielleicht bin ich doch in vielem schwierig. Ich stoße an, ich ecke an, ich pflege unerbittlich zu sein, ich bin alles, nur kein Diplomat."[248] Ebenso bildeten sich um seinen plötzlichen Tod Mythen: „Er zerbrach über die Sorge um die Zukunft seines Vaterlandes und seiner Partei. Kein Politiker der Nachkriegszeit hat an seinem Beruf, hat an seiner Berufung so qualvoll gelitten wie Thomas Dehler. Sein Tod war sanft, verglichen mit dieser jahrzehntelangen Qual."[249]

Die FDP kann einen solch polarisierenden, rebellischen, leidenden und erzliberalen Politikertypus mit einem kaum zu zügelnden politischen Temperament, mit inneren Konflikten und cholerischen Eruptionen in ihrer unmittelbaren Parteiarbeit nicht vertragen. Deshalb musste Dehler als Parteiführer unmittelbar scheitern. Die mit Helden und Märtyrern nicht gesegnete Partei braucht solche Personen aber für ihr Gemüt und für ihre Identität – vor allem in Zeiten der Krise. Hierin – in Kombination mit der Annahme, er habe langfristig die Eigenständigkeit der FDP gesichert – liegt Dehlers Bedeutung für die Partei weit über seinen Tod hinaus.

---

[247] Dehler an Haußmann am 12. Februar 1958. Zitiert nach: Rilling, a. a. O., S. 298.
[248] Interview im Südwestfunk am 6. März 1954. Zitiert nach: Rilling, a. a. O., S. 225.
[249] Hamm-Brücher, a. a. O., S. 561.

5 Der Präsident – Reinhold Maier als Vorsitzender der FDP

5.1 Persönlichkeit und Prägungen

Eine tiefe Verwurzelung in Tradition und Heimat, verbunden mit einer stark ausgeprägten föderalen Gesinnung, Pflichtbewusstsein, Beständigkeit und beharrliche Ausdauer, Unabhängigkeit, Nüchternheit und Pragmatismus sowie Distanz und Skepsis gegenüber eiligen Entscheidungen charakterisierten Maier zeitlebens – auch in Krisenzeiten – und waren Fundament für seinen politischen Aufstieg.[1] Er wuchs in jenem bürgerlich-liberalen Milieu auf, das die politische Tradition und Kultur Württembergs entscheidend prägte.

Reinhold Otto Maier wurde 1889 als Sohn gutbürgerlicher und wohlsituierter Eltern in der protestantisch geprägten württembergischen Kleinstadt Schorndorf im Remstal geboren. Der angesehene Vater Gottlieb Maier– die Verkörperung des fleißigen und sparsamen Schwaben – betrieb ein florierendes Baugeschäft und betätigte sich als Mitglied des Gemeinderats und Stadtbaumeister in der Kommunalpolitik. Er war in der linksliberalen württembergischen Deutschen Volkspartei aktiv.[2] Der bürgerliche Hintergrund, seine Prägung in der Kaiserzeit sowie die Erfahrungen des Vaters als Geschäftsmann und Kommunalpolitiker bestimmten Maiers späteres Auftreten: Er legte Wert auf bürgerliche Reputation. Leistung, Haltung, Wohlanständigkeit, Aufstieg, Anerkennung, gesellschaftliche Geltung und sozialer Status waren ihm wichtig. Ruhe, Ordnung, Beständigkeit und Überschaubarkeit bedeuteten ihm viel.

Maier musste sich im Kindes- und Jugendalter stets um Anerkennung bemühen. Er war das dritte von fünf Kindern und wurde an dem strebsamen, souveränen und erfolgreichen Erstgeborenen gemessen. Die jüngste Tochter war der Mittelpunkt der Familie. Ihr galt die ganze Liebe der Eltern. Der älteste Bruder Hermann Maier war seinen Geschwistern Ansporn, gab ihnen aber auch ein Gefühl der Unterlegenheit. Der junge Reinhold konnte den Erwartungen nicht gerecht werden. Er war ein guter, aber kein überragender Schüler. Zudem war er oft krank. Er litt an einer Dysfunktion der Schilddrüse. Äußerer Druck und Versagensangst kennzeichneten seine frü-

---

[1] Vgl.: Matz, 1989, S. 130.
[2] Vgl.: Ebd., S. 26-27.

hen Jahre.³ Er unterwarf sich dem Leistungsdruck und suchte den Erfolg – galt es doch, die bürgerliche Reputation zu wahren. In diesem Druck ist die Ursache für das bei Maier stark ausgeprägte Pflichtgefühl und sein Durchsetzungsvermögen zu finden.⁴ Er war stets bestrebt, in ihn gesetzte Erwartungen zu erfüllen. Nur so ist die Übernahme des FDP-Parteivorsitzes 1957 wie auch sein Engagement in den letzten Jahren der Weimarer Republik zu erklären.

Maier überstand schon die Zeit des jugendlichen Drucks, der Schwäche und der inneren Zweifel, indem er Kraft im Gleichmut und in der Distanz suchte.⁵ Die Gelassenheit, die Zurückhaltung und das unaufdringliche Wesen Maiers bewirkten, dass er zuweilen nüchtern und spröde erschien. Vor allem in schwierigen Situationen ging er seinem größten Hobby nach: Der sehr heimatverbundene Maier erwanderte Württemberg und löste sich so von seinen Problemen. Hierbei suchte er den Kontakt zu den Menschen. Durch den engen Kontakt zur Heimat war er einer der ersten Politiker, der den Umweltschutz als Thema entdeckte. In seiner Heimatverbundenheit und der Angst vor höheren politischen Sphären liegen auch die Gründe für seine spätere „Remstal-Politik". Demokratie müsse von unten, von der Bevölkerung, kommen und dürfe nicht von oben, durch den Staat, verordnet werden. Die einfachen Leute und der überschaubare Bereich, die Provinz, pries Maier geradezu als Inbegriff der Demokratie – das entsprach seiner Politikauffassung. Demokratische Regeln sollten seiner Ansicht nach bereits im unpolitischen Bereich, in der Familie, in der Schule, in Betrieben und in den Amtsstuben gepflegt werden.⁶ Das Remstal, seine Heimat, war

---

³ Siehe: Ebd., S. 29, 32.
⁴ So sah er seinen Fronteinsatz im Ersten Weltkrieg, wo er es bis zum Leutnant der Reserve brachte, als selbstverständliche Pflichterfüllung. Vom patriotischen Hochgefühl ließ er sich aber weitaus weniger anstecken als Dehler.
⁵ Siehe: Matz, 1989, S. 33.
⁶ Die „Remstal-Politik" war der Gegenentwurf zu dem in Maiers Augen autoritären politischen System Adenauers und steht somit auch im Zusammenhang mit der Auseinandersetzung mit der CDU. Demokratiedefizite der frühen Bundesrepublik wurden thematisiert. Zugleich wurden süddeutsche demokratische und liberale Traditionen positiv auch gegenüber den nationalliberalen Sammlungsbewegungen hervorgehoben. Der Begriff „Remstal-Politik" wurde zwar erst ab 1960 populär, war aber bereits von Maier selbst und Pfleiderer 1953 auf dem Höhepunkt der Diskussion um die Westverträge geprägt worden. Vor dem Hintergrund, dass Maier ein Mann der Exekutive war, war die „Remstal-Politik" bewusste Selbststilisierung eines Politikers, dem der Abschied von der Macht schwer fiel. (Vgl.: Matz, 1989, S. 480). Nach 1960 kehrte Maier zu seinen Wurzeln zurück und trat als von der Heimat verbundener Volksmensch auf. Er gab sich als politisches Urgestein, weltläufig und provinziell zugleich. (Vgl.: Matz, 1989, S. 479). Es begann der Prozess der Selbststilisierung Maiers, das sein Bild in der Nachwelt prägen sollte. Er konnte selbst die Konturen bestimmen, wie er in der Nachwelt gesehen werden wollte.

der feste Boden in seinem gesamten Leben. In der ruhigen, beständigen, geordneten und überschaubaren Heimat suchte er auch später Rückhalt, wenn der Wind der großen Politik ihm hart ins Gesicht schlug. Viele seiner Vertrauten und Freunde in seiner Zeit als Ministerpräsident und FDP-Politiker hatte er in der württembergischen Heimat kennen gelernt. Besondere Bedeutung hatte dabei die Studentenverbindung Stuttgardia, der er während seines Studiums der Rechtswissenschaften in Stuttgart angehörte. Maier verfügte als FDP-Vorsitzender über ein Beziehungsnetz aus dieser Zeit. Er war trotz seiner spröden und nüchternen Art auch ein geselliger, kontaktfreudiger, offenherziger und humorvoller Mensch. Dadurch konnte er Zuneigung und Vertrauen erwecken. Das erleichterte die Bildung eines Netzwerks. In Württemberg entwickelte sich zudem ein Kernpunkt in seinen politischen Vorstellungen: Maier als Verfechter föderaler Strukturen und regionaler Interessen erklärt sich nur aus seiner Heimatverbundenheit.

Maiers politische Prägung wiederum kann nur vor dem Hintergrund seiner Herkunft aus einer bürgerlich-liberalen, mittelständischen Unternehmerfamilie sowie seiner Erfahrungen als Gymnasialschüler in Stuttgart erklärt werden. Durch das Elternhaus schon früh mit wirtschaftlichen Dingen vertraut, erlebte der interessierte Junge um die Jahrhundertwende einen bis dahin ungekannten Boom der württembergischen Wirtschaft. Das Industriezeitalter setzte sich endgültig durch. Die Bevölkerung wuchs rapide an.[7] Auch mit den negativen Seiten des Wirtschaftsbooms kam Maier in Berührung: Er erlebte den Konkurs seines Vaters Gottlieb und musste ihn finanziell unterstützen. Die Selbstständigkeit des Vaters, die Aufbruchsstimmung, aber auch die negativen Auswirkungen weckten bei dem jungen Maier das Interesse an der Wirtschaft – aber auch seinen Gefahreninstinkt. Hier liegt der Grund für seine spätere Tätigkeit als Anwalt speziell für Wirtschafts- und Steuerfragen. Er wurde durch das mittelständische Elternhaus und die Disziplinierung seines Berufsstands primär geprägt. Egal welches politische Amt er ausübte, er präsentierte sich stets als Wirtschaftspolitiker und Verfechter mittelständischer Interessen. Er war zwar zurückhaltend, bedächtig und behutsam, ließ es aber an Initiative, Beharrlichkeit und Durchsetzungswillen nicht mangeln, besonders wenn es um die Verwirklichung von Interessen allen voran der mittelständischen Wirtschaft ging.

---

[7] 1907, als Maier mit dem Reifezeugnis das Realgymnasium verließ, gab es in Württemberg erstmals mehr Beschäftigte in Gewerbe und Industrie als in der Landwirtschaft. Siehe: Matz, 1989, S. 30.

Politische Entscheidungen traf er stets aus wirtschaftlich-pragmatischen Gesichtspunkten, nie aus ideologischen Gründen. „Nichts ist, das ewig sei." und „Pflücke den Tag!" – Nach diesen Leitsätzen richtete Maier sein Leben und Tun aus. Schon im Elternhaus hatte der Frühaufsteher diese pragmatischen Regeln gelernt.[8] Das ließ ihn für die Liberalen mehrfach zum pragmatisch-sachlichen Krisenmanager werden.

Auch der Einfluss des Elternhauses auf die parteipolitische Orientierung Maiers ist nicht zu unterschätzen – gehörte der Vater doch der Volkspartei an. Der politische Katholizismus, die Sozialdemokratie, der Bund der Landwirte aber auch die Nationalliberalen schieden aufgrund seines familiären Hintergrunds schon von vornherein als politische Betätigungsfelder für den jungen Maier aus. Nur die betont föderal ausgerichtete Volkspartei als württembergische Heimatpartei kam in Betracht. In seiner Zeit auf dem Gymnasium in Stuttgart wurde er politisch geprägt. Hier rückten Friedrich und Conrad Haußmann, die neben Friedrich Payer zum Führungstriumvirat der Volkspartei zählten, in sein Blickfeld. Maier begegnete den Honoratioren mit Ehrfurcht, denn er kannte sie von Erzählungen seines Vaters. Der Respekt wurde noch verstärkt, da die linksliberale Volkspartei in jener Zeit eine beherrschende Stellung in der Zweiten Kammer des württembergischen Landtags innehatte und ihr größtes Projekt – die Beseitigung der altständischen Elemente in der württembergischen Verfassung – verfolgte, das mit der Verfassungsreform von 1906 seinen Abschluss fand. Maier verfolgte die Debatte mit großem Interesse. Hier wuchs auch sein Gerechtigkeitsgefühl und das Bedürfnis, später Rechtswissenschaften zu studieren. Die Reichstagsrede Conrad Haußmanns gegen das persönliche Regiment des Kaisers 1908 veranlasste Maier, er studierte zu jener Zeit Staats- und Rechtswissenschaften in Tübingen und Grenoble, regelmäßig Veranstaltungen der Volkspartei zu besuchen.[9] Friedrich und Conrad Haußmann sowie Peter Bruckmann, in der Weimarer Zeit Landesvorsitzender der DDP, wurden Maiers politische Förderer.[10]

Weder Leidenschaft noch Protest bestimmten die politische Ausrichtung Maiers. Er wuchs gewissermaßen in die Partei hinein. Es erscheint gerade-

---

[8] Ebd., S. 505.
[9] Vgl.: Berg, in Bernecker / Dotterweich, S. 61.
[10] Conrad Haußmann wurde 1919 auf Maier aufmerksam, als dieser sein Gerichtsreferendariat in Ravensburg absolvierte. Er bot ihm ein bezahltes Parteiamt als hauptamtlicher Parteisekretär der DDP in Oberschwaben an.

zu, als ob nur der Wille, genauso wie die Vorfahren politisch aktiv zu werden, Ausschlag für seine Entscheidung für die Volkspartei war. Im Gegensatz zum durch Front und Revolutionserfahrung geprägten Dehler lief bei Maier die parteipolitische Orientierung und seine Prägung in relativ ruhigen Bahnen ab. Maier war kein Aufrührer, der sich gegen Eltern, Vorgesetzte oder unliebsame Verhältnisse – sieht man einmal von den politischen Verhältnissen in Württemberg vor der Verfassungsreform 1906 ab – erheben musste.

Erst seine Sekundärprägung wurde durch eine dramatische Geschichtserfahrung ausgelöst. Maier wurde im Nationalsozialismus verfolgt und ausgegrenzt.[11] Die Erfahrungen prägten seine innere Unabhängigkeit zur Politik und zur Macht. Er hatte die schwierigste Zeit seines Lebens überstanden und brauchte sich nichts mehr zu beweisen.[12] Zudem hatte er sich geschworen, nie wieder in die Politik zurückzukehren.[13]

Doch bereits das Scheitern des Vaters Gottlieb Maier 1906 in der Kommunalpolitik im Schorndorfer Gemeinderat[14] und 1911 in der Wirtschaft prägten Maier früh. Maier vergaß deshalb nie den Ratschlag seiner Mutter Anna Sophie: „Gelt, Reinhold, so etwas wie Schultheiß oder ähnliches wirst einmal nicht."[15] Die Vorwürfe gegen seinen Vater, die Machtkämpfe,

---

[11] Kurz vor Kriegsausbruch emigrierten Maiers jüdische Frau und die Kinder nach England. Maier blieb in Stuttgart. Zu sehr hing er an Württemberg. Die Familie lebte bis 1946 getrennt. Auf Druck der deutschen Behörden musste Maier sich 1941 scheiden lassen. Maier wurde im Nationalsozialismus gemieden, verschmäht, bedroht und angegriffen. Vor allem seine alte Klientel als Rechtsanwalt mied ihn. Darunter litt der stets auf seine bürgerliche Reputation stolze Mann sehr. Nur vom engsten Freundeskreis um Konrad Wittwer wurde er gestützt. Maier erhielt mehrere Vorladungen zur GESTAPO. Doch in den Behörden schienen Helfer zu sein. Es verlief zunächst vieles im Sande. 1944 musste er sein Büro räumen. Ausweichquartier und Privatwohnung wurden durch Bomben zerstört. Der Zutritt zum Luftschutzkeller wurde ihm verwehrt. Er verlor seine Zulassung als Rechtsanwalt, wurde aus dem Offizierskorps ausgeschlossen und zum Kriegseinsatz in der Rüstungsindustrie verpflichtet. Ende März 1945 entzog er sich einer Vorladung der GESTAPO und versteckte sich bis Kriegsende bei Freunden in der württembergischen Provinz. Die Zeit überdauern konnte Maier durch die Intervention von Freunden aus der Stuttgardia, die ihn ehemaligen Mitarbeitern aus dem Wirtschaftsministerium sowie durch Kontakte zu Sicherheitsorganen, die er als früherer ständiger Rechtsberater des Verbands der Polizeibeamten in den 1920er Jahren geknüpft hatte. Maier lebte im Nationalsozialismus in der „inneren Emigration". Vgl.: Berg, in Bernecker / Dotterweich, S. 63. Matz, 1989, S. 159-166.
[12] Siehe: Berg, in Bernecker / Dotterweich, S. 63-64.
[13] Das war der Unterschied zu Dehler, der nach 1945 seine erste und einzige Möglichkeit sah, Macht auszuüben. Siehe: Nicht drücken, nicht drängeln, in: Der Spiegel, 7. Jg., Nr. 18, 29. April 1953, S. 7.
[14] Dort war der Vater in Konflikt mit dem Gemeinderat geraten und wurde als Querulant, Unruhestifter und Lügner bezeichnet. Er gab schließlich auf und zog sich aus der Politik zurück.
[15] Zitiert nach: Matz, 1989, S. 28.

die er mit erleben musste, und schließlich dessen politischer Schiffbruch – verbunden mit einem angekratzten Ruf in Schorndorf, der infolge des Konkurses zerstört war – prägten ihn. Maier verwand den mit dem Konkurs verbundenen Verlust an bürgerlicher Reputation nur schwer. Das war der Grund, weshalb er in seiner eigenen politischen Laufbahn häufig als Zauderer auftrat und in seine Ämter gerufen wurde, statt sich aktiv darum zu bemühen. Zudem war er immer schon ein zurückhaltender und bedächtiger Mensch, der sich selten in den Vordergrund drängte. Zudem verfestigte sich bei ihm – durch den Konkurs seines Vaters gewarnt – das Bedürfnis, nie Schulden zu machen, jede Rechnung sofort zu bezahlen, nichts zu überstürzen, sich keine unsicheren Dinge aufzuhalsen und Alternativmöglichkeiten zu erkunden.[16] So ist auch das Zögern zu erklären, den FDP-Vorsitz in einer für die Partei unsicheren Zeit zu übernehmen. Seine politischen Aktivitäten begannen deshalb spät. Erst nachdem er sich als Anwalt am Landgericht und Oberlandesgericht Stuttgart eine berufliche Existenz aufgebaut und keine Zukunftsängste mehr hatte, fühlte er sich unabhängig und bereit für die Politik.[17] Maier – wie auch Dehler – durchlief eine politische Standardkarriere: Durch die Partei- und Wahlämter auf den verschiedenen regionalen Ebenen stieg er sukzessive auf.[18]

Der (Links-) Liberalismus in Gestalt der Volkspartei war eine, wenn nicht gar die bestimmende Kraft in Württemberg und zweifelsohne auf der Höhe des Erfolgs, als sich Maier politisch orientierte. Aber er sollte bereits von Anfang an und zeitlebens Zeuge und Mittäter des Verfalls sein. In den frühen 1870er Jahren hatten sich die Vorstellungen der Liberalen weitgehend erfüllt: Die Einheit Deutschlands war erreicht, ein bürgerliches Rechtssystem etabliert, die Industrie und der Kapitalismus expandierten, Bildung, Wissenschaft und Kultur erlebten einen Aufschwung. Den Liberalen fehlte von nun an die zündende Idee, die auf nachfolgende Generationen ausstrahlen konnte. Der Erfolg hatte die Voraussetzungen ihres Bestehens un-

---

[16] Siehe: Ebd., S. 39.
[17] So: Ebd., S. 53. Studium, Zwang zum Aufbau einer beruflichen Existenz, Unterstützung der Eltern sowie freiwilliger Kriegseinsatz erlaubten es ihm erst ab 1919 – nach einem kurzem Intermezzo von 1912 bis 1914 in der Kommunalpolitik im Remstal – sich politisch zu engagieren. Erst 1924 – im Alter von bereits 35 Jahren – begann seine eigentliche politische Karriere. Auch im privaten Bereich war Maier Zauderer: Er heiratete erst im 40. Lebensjahr, als er glaubte, abgesichert zu sein.
[18] Rebenstorf, Hilke: Karrieren und Integration - Werdegänge und Common Language, in: Bürklin, Wilhelm / Rebenstorf, Hilke et al.: Eliten in Deutschland. Rekrutierung und Integration, Opladen 1997, S. 157-199, hier: S. 161 [im Folgenden zitiert als: Rebenstorf, a. a. O.].

tergraben.[19] Eben noch auf der Höhe der Zeit, wandte sich die Jugend des Bürgertums in den kommenden Jahrzehnten ab und eher völkischen Verbänden zu. Selbst in Württemberg sank der (Links-) Liberalismus schon bald von der Rolle einer bestimmenden Kraft zu einer strukturellen Minderheitspartei, die eigentlich nur noch eine Korrektivfunktion hatte. Schon 1912, als Maier der Fortschrittlichen Volkspartei beitrat, stellte sie nur noch die drittstärkste Fraktion im württembergischen Landtag.[20] Bei der letzten Reichstagswahl 1933 erreichte die Staatspartei gerade einmal fünf Mandate. Auch in Württemberg erodierte die (links-) liberale Position, allerdings aufgrund struktureller Aspekte und der von Maier geförderten Verbindung mit der Wirtschaft auf höherem Niveau als auf Reichsebene. In der Zeit, als er Vorsitzender des Stuttgarter Ortsvereins war, sank die dortige Mitgliederzahl von etwa 10.000 (1924) auf circa 2.000 im Jahr 1933.[21] Maier versuchte zeitlebens, diese Entwicklung – sie wurde jeweils nur für kurze Zeit nach den beiden Weltkriegen unterbrochen – zu verhindern. Er lernte deshalb früh, aus einer Minderheit heraus Politik zu machen.[22]

5.2 Wie wurde Maier Parteivorsitzender der FDP?

5.2.1 *Strukturelle und persönliche Voraussetzungen*

Der Aufstieg Maiers zum Parteichef ist nur im Zusammenhang mit der spezifischen Situation der FDP Ende 1956 um den Sturz seines Vorgängers Dehlers und der ihn stürzenden Faktoren sowie mit den persönlichen Eigenschaften Maiers zu erklären. Ende 1956 drängte kein FDP-Politiker darauf, den Vorsitz zu übernehmen. Das ist nicht unüblich bei den Liberalen. Führungstalente sind rar. Zudem wollte sich niemand in der größten Krise 1956/1957 seine eigene Parteikarriere durch ungestümes Vorpreschen verbauen. Auch hatte Dehler niemanden neben sich geduldet und keinen Nachfolger aufgebaut. Aufgrund des erst wenige Monate zurückliegenden Machtwechsels in Nordrhein-Westfalen erschien es der Spitze des Landes-

---

[19] Siehe: Walter / Dürr, a. a. O., S. 25.
[20] 1912 trat Maier der Fortschrittlichen Volkspartei bei, die 1910 aus der Vereinigung der Deutschen Volkspartei mit der Freisinnigen Volkspartei und der Freisinnigen Vereinigung entstanden war.
[21] Berg, in Bernecker / Dotterweich, S. 62.
[22] Im katholischen Ravensburg gewann Maier als Parteisekretär der DDP gute Kontakte zum Bürgertum. „Da hab` ich gelernt, wie man in der Minderheit Politik machen muß". Nicht drücken, nicht drängeln, in: Der Spiegel, 7. Jg., Nr. 18, 29. April 1953, S. 9.

verbands zu früh, einen der ihren als Vorsitzenden zu installieren. Die Macher waren umstritten, zu jung und zu unerfahren, um Kontinuität und Stetigkeit zu verkörpern. Zudem wäre vorher ein Machtkampf zwischen ihnen unausweichlich – zum Schaden der Gesamtpartei. Scheel und Döring waren nicht ausreichend bekannt. Weyer wollte in der Landespolitik bleiben und war zudem nicht mehrheitsfähig. Mendes Ambitionen waren am 16. November gescheitert, als ein von ihm angestrebter Beschluss über die vorzeitige Einberufung des Bundesparteitags verschoben wurde. Es zeigte sich, dass er noch nicht mehrheitsfähig war. Zudem war er nicht bereit, als „Konkursverwalter" der Bundespartei zu dienen und sich seine weitere bundespolitische Laufbahn zu verbauen.[23] Aber die Düsseldorfer führten Regie bei der Kür des Neuen. Sie waren sich einig, dass es auf dem Parteitag im Januar 1957 zu keiner Personaldebatte kommen dürfe. Das war vor allem Anliegen des Wahlkampfmanagers Döring, der den Parteitag ohne innerparteilichen Zwist inszenieren wollte.

Die Freien Demokraten brauchten einen Krisenmanager und eine integrierende Führungspersönlichkeit, der es gelingen konnte, die Partei zu konsolidieren und ihren unklaren Kurs zu übertünchen. Als Kandidaten brachten die jungen Düsseldorfer in der zweiten Novemberhälfte 1956 Reinhold Maier ins Gespräch, der selbst keine Ambitionen zeigte.

Der populäre erste Ministerpräsident von Baden-Württemberg, Urbild eines schwäbischen Demokraten, war bereits 67 Jahre alt und hatte in der Partei wie in der Bevölkerung hohes Ansehen. Der Wirtschaftsfachmann und als „Vater des Südweststaats"[24] titulierte Maier versprach Kontinuität. Er war berechenbar, verlässlich, solidarisch, aber auch zurückhaltend und zaudernd. Er schien der einzige zu sein, der es allein schon aufgrund seiner Reputation und seiner Art erreichen konnte, der Partei Geschlossenheit und Integration nach Dehlers Abgrenzungspolitik zu vermitteln und – für die FDP noch wichtiger – die dringend benötigten Wahlerfolge zu erzielen, um die in Auflösung befindliche Partei vor dem gänzlichen Ruin zu bewahren. Maier verkörperte die Tradition des erfolgreichen südwestdeutschen Libe-

---

[23] Papke, 1992, S. 224. Papke, 1998, S. 242.
[24] Hofmann, Wilhelm: Die Zeit der Regierungsbeteiligung, in: Rothmund, Paul / Wiehn, Erhard R. (Hrsg.): Die F.D.P./DVP in Baden-Württemberg und ihre Geschichte. Liberalismus als politische Gestaltungskraft im deutschen Südwesten, mit einem Geleitwort von Jürgen Morlok, Stuttgart – Berlin – Köln – Mainz 1979 (Schriften zur politischen Landeskunde Baden-Württembergs, Bd. 4), S. 255-280, hier: S. 262 [im Folgenden zitiert als: Hofmann, in Rothmund / Wiehn].

ralismus. In den Konflikten um die Nationale Sammlung trat er entschieden für den freisinnigen Liberalismus alter Prägung ein. Die FDP solle nicht die DNVP reetablieren, sondern sich rechts von der SPD und links von der CDU platzieren. Hier wähnte er seinen eigenen Landesverband bereits.[25] Maier warnte entschieden vor einem „Rechtsgalopp", dem er einen „schwäbischen Gruß" entbot.[26]

Maiers erfolgreiche achtjährige Amtszeit als Ministerpräsident in unterschiedlichen Koalitionsregierungen qualifizierte ihn für das neue Amt.[27] In Württemberg-Baden bzw. Baden-Württemberg hatte er gelernt, zwischen verschiedenen Positionen der Koalitionspartner zu vermitteln und zu lavieren. Er war eher Moderator denn Lenker und Leiter.[28] Auch die Bundes-FDP glich noch nach der Spaltung von 1956 teilweise einer Koalition nur schwer mit einander zu vereinbarender Positionen.

Im Südwesten hatte Maier sich als Garant für Wahlerfolge erwiesen. Die Ergebnisse der dortigen Liberalen lagen stets über dem Bundesdurchschnitt. Zuletzt stach der Trumpf bei den Landtagswahlen am 4. März 1956 kurz nach den turbulenten Ereignissen in Düsseldorf und Bonn. Obwohl man einen Absturz der FDP/DVP befürchtet hatte, hielten sich die Verluste in engen Grenzen.[29] Das Wahlergebnis belegte, dass Maier in der Öffentlichkeit nicht mit Parteispaltung und Koalitionsbruch in Verbindung gebracht wurde. Das ließ hoffen.

Neben der Hoffnung auf Wahlerfolge mit ihm als Spitzenmann, seinem Nimbus als Altministerpräsident und der in ihm verkörperten liberalen Tradition war sein Verhältnis zu Adenauer ein weiterer Grund für Maiers Berufung zum Parteichef. Der einst als „Handlanger Moskaus" titulierte Maier galt zu Beginn der 1950er Jahre neben Kurt Schumacher als einer der bedeutendsten Kritiker von Adenauers Außen- und Deutschlandpolitik. Pflei-

---

[25] Vgl.: Lösche / Walter, a. a. O., S. 35. Rütten, a. a. O., S. 244.
[26] Gutscher, a. a. O., S. 135-136, 142.
[27] Die Behauptung Bergs ist falsch, der Eintritt Maiers in die aktive Bundespolitik 1957 sei nicht die Folge seines erfolgreichen landespolitischen Wirkens. Zwar zeigte Maier keine Ambitionen, die Führung der FDP zu übernehmen, wie Berg richtig feststellt, allerdings schuf er durch seine erfolgreiche Landespolitik und den dadurch erreichten Bekanntheitsgrad eine Voraussetzung, dass er 1957 Parteivorsitzender werden konnte. Siehe: Berg, in Bernecker / Dotterweich, S. 68.
[28] Matz, 1989, S. 370-375, 378-380.
[29] 16,6 Prozent erreichte die FDP/DVP, nachdem sie 1952 bei den Wahlen zur Verfassunggebenden Versammlung 18 Prozent erreicht hatte. Maier erlangte erneut ein Direktmandat.

derer mit seinen alternativen Ansichten galt als Sprachrohr Maiers.[30] Maiers Ausspruch „Was muß in der Bundesrepublik eigentlich passieren, bis irgend etwas passiert, bis irgendeinem Verantwortlichen etwas passiert?"[31] war in Bonn ein geflügeltes Wort. Als Bundesratspräsident verzögerte er mit juristischen Winkelzügen und dem Verweis auf unklare gesetzliche Bestimmungen taktisch die Ratifizierung des EVG- und des Deutschlandvertrags. Er hoffte, das Bundesverfassungsgericht würde – auf ein Gutachtenersuch des Bundespräsidenten hin – das Ratifizierungsverfahren oder gar die Verträge selbst für ungültig erklären.[32] Zudem kamen Baden-Württemberg die entscheidenden Stimmen im Bundesrat zu, was Maier ausnutzte.

Ende 1956 galt er zwar noch als Kritiker Adenauers, akzeptierte aber im Großen und Ganzen dessen Außen- und Deutschlandpolitik. Maier hatte seine öffentliche Kritik an Adenauers Kurs nach der Verabschiedung der Pariser Verträge 1954, denen er bereits zugestimmt hatte, eingestellt. Seine letzte deutliche öffentliche Kritik an der Außenpolitik der Bundesregierung äußerte er im September 1954.[33] Das war typisch für Maier. Er war gesetzestreu und pflichtbewusst. Deshalb verbot es sich ihm, geschlossene Vereinbarungen zu torpedieren. Bereits wenige Wochen nach der Ratifizierung der Westverträge 1953 hatte er sich auf dem Lübecker FDP-Parteitag zur Politik der Bundes-FDP und Adenauers bekannt.

Allerdings warf er Adenauer weiterhin „große Inaktivität" und „vollkommenes Desinteressement" in Fragen der Wiedervereinigung vor.[34] Seiner Ansicht nach sollte eine deutsche Außenpolitik in Zeiten derartig weitrei-

---

[30] Auch Pfleiderer plädierte dafür, die Ratifizierung der Westverträge zu verzögern. Maier war rechtzeitig über dessen Rede am 6. Juni 1952 in Waiblingen informiert, in der er seine Vorstellungen vortrug. Maier stimmte Pfleiderers Gedankengängen zu. Siehe: Pfleiderer am 15. Juni 1952 im Bundesvorstand, S. 340. Pfleiderer, Karl Georg: Für oder wider die Verträge, in: Pfleiderer, Karl Georg: Politik für Deutschland. Reden und Aufsätze 1948-1956, Stuttgart 1961, S. 83-99.
[31] Maier am 16. September 1954 im Bundestag, in: Verhandlungen des Deutschen Bundestages, Stenographische Berichte, II. Wahlperiode, Bd. 21, Bonn 1954, S. 1967A-B. Die Empörung äußerte Maier, nachdem sich Otto John, der Präsident des Bundesamts für Verfassungsschutz, in die DDR abgesetzt hatte. Die Äußerungen Maiers sind vor dem Hintergrund von Verdächtigungen des Verfassungsschutzes zu sehen, er pflege verfassungsfeindliche Kontakte zur Sowjetzone. Diese Anschuldigungen legte Adenauer in der Öffentlichkeit gegen Maier aus. Allerdings stellten sich die Vorwürfe als absolut haltlos heraus.
[32] Er vertrat die Ansicht, für die Wiederbewaffnung müsse das Grundgesetz geändert werden. Ebenfalls meinte er, Bundestag und Bundesrat müssen den Verträgen mit Zweidrittelmehrheit zustimmen.
[33] Maier fordert Neubeginn, in: Frankfurter Allgemeine Zeitung, 24. September 1954.
[34] Der Tag nach der Wahl, in: Der Spiegel, 11. Jg., Nr. 9, 27. Februar 1957, S. 23.

chender Entscheidungen von Regierung und Opposition gemeinsam getragen werden. Maier vertrat ab Mitte der 1950er Jahre die Meinung, die Wiedervereinigung müsse über Umwege erreichen werden. Beziehungen mit Moskau sollten sich allerdings nur auf das sachlich Unentbehrliche beschränken, um einem neuen Rapallo-Effekt entgegenzuwirken. Einem geeinten Westeuropa stand er zwar noch skeptisch, aber nicht ablehnend gegenüber. Den „deutschen Europäern" warf Maier jedoch weiterhin vor, „lebendige Totengräber Deutschlands zu sein." Maiers Kritik galt ebenso der „Ein-Mann-Politik" des Kanzlers und den Folgen von Wirtschaftswunder und Wohlfahrtsstaat auf die Moral der bundesdeutschen Bevölkerung: „Rasch Reichgewordene tanzen um das goldene Kalb. Die anderen tummeln sich in der ganzen Skala des Vollbeschäftigungs- und Vergnügungsmarktes und drehen am Glücksrad."[35] „Der neue Wohlstand ist uns nicht gut bekommen. [...] Ohne Moral stoßen wir auch nicht zur Wiedervereinigung durch."[36] Die Regierung unternehme zu wenig für die Einheit. Stattdessen betäube sie die Bevölkerung mit der Droge Wohlstand und verweise auf das Ersatzziel europäische Einheit, so Maiers Auffassung.[37] Zudem galt 1956/1957 Maiers Regierungsbildung 1952 in Baden-Württemberg als strategischer Geniestreich, welcher der CDU ihre Grenzen aufgezeigt hatte.

Aufgrund seiner Ansichten wurde es in der besonderen Situation der FDP um den Jahreswechsel 1956/1957 nur Maier zugetraut, die Oppositionspartei hinter einer dringend benötigten Linie zu einen: Einerseits Akzeptanz der zunehmend anerkannten Politik des Kanzlers, andererseits Setzen eigener Akzente und konstruktive Kritik an der Bundesregierung – jedoch keine Fundamentalopposition, wie sie Dehler betrieben hatte.

Doch das alles erklärt nur vordergründig, weshalb Maier, der die Parteiarbeit nicht schätzte, der sich 1952/1953 durch seinen Widerstand gegen die Westverträge sowie eine umstrittene Koalitionsbildung in Baden-Württemberg in der Partei viele Feinde gemacht hatte und dessen politische Karriere eigentlich bereits zu Ende war, Parteichef werden konnte. Haupt-

---

[35] Rede Maiers auf dem Dreikönigstreffen der FDP 1957, in: Padtberg, Beate-Carola (Hrsg.): Wir suchen Deutschland. Reinhold Maier als Bundespolitiker, Gerlingen 1989, S. 106-127 [im Folgenden zitiert als: Maier, Dreikönigstag 1957]. Auch: Kempski, Hans Ulrich: Dehler verzichtet endgültig auf den FDP-Vorsitz, in: Süddeutsche Zeitung, 7. Januar 1957.
[36] Maier am 26. Januar 1957 auf dem Bundesparteitag in Berlin, in: Padtberg, Beate-Carola (Hrsg.): Wir suchen Deutschland. Reinhold Maier als Bundespolitiker, Gerlingen 1989, S. 129-131, hier: S. 130 [im Folgenden zitiert als: Maier, Parteitag 1957].
[37] Siehe: Matz, in Schumann, S. 349.

grund für die jungen Düsseldorfer, ihm das Amt anzutragen, war seine Distanz zur Partei- und Bundespolitik. Er interessierte sich kaum für parteipolitische Belange. Parteienstreit war ihm zuwider. Innerparteilichen Streit ertrug der konfliktscheue Maier nicht und flüchtete vor ihm in die württembergische Heimat. Auf Parteitagen ließ er sich kaum blicken. Dem Bundesvorstand hatte er vor seiner Wahl zum Parteichef nie angehört.[38] Bonn und die Bundespolitik mied der Heimatverbundene so weit wie möglich. In der Bundeshauptstadt fühlte er sich nicht wohl. Die dortige Atmosphäre war ihm zu künstlich. Bonn zementierte für ihn die deutsche Teilung. Zudem war Bonn für ihn ein zu glattes Parkett, auf dem er bereits 1952/1953 gestürzt war. Maier litt sehr unter der Unabwägbarkeit und Unbeständigkeit der politischen Arbeit in Bonn. Er hätte sich viel lieber an ewig gültigen Prinzipien orientiert und auf festem Boden gebaut.

Entscheidend für seinen Aufstieg zum Vorsitzenden war neben der Distanz zur Parteipolitik auch, dass Maier sich schon auf dem Weg in den wohlverdienten Ruhestand befand. Sein Bundestagsmandat hatte er bereits im Mai 1956 niedergelegt – wohl auch aus Abneigung gegenüber den parteiinternen Grabenkämpfen und der aufgeheizten Stimmung. Als Mitglied des Bundestags engagierte er sich kaum und fühlte sich unbehaglich. Meist nahm er nur zu allgemeinen politischen Fragen Stellung. Maier ließ keine weiteren bundespolitischen Ambitionen erkennen. Als Mitglied des Landtags in Stuttgart sah er seine Aufgabe nur noch in der Landespolitik im Südwesten.

Dass er trotz Distanz zur Partei- und Bundespolitik sowie seines Vorruhestands Parteivorsitzender werden konnte, lag am Bedürfnis der nach den Dehler-Jahren zermürbten und erschöpften Partei nach Ruhe und Konsolidierung. Die Liberalen wollten vorerst keinen starken Anführer an ihrer Spitze. Sie konnten sich bei Maier sicher sein, dass er die Partei nicht wieder in neue Schlachten hineinführen würde. Energie und Ehrgeiz hierfür hatte er nicht. Ein glänzender, polarisierender Rhetoriker war er auch nicht. Zudem galt Maier als Pragmatiker und Sachpolitiker. Das verband ihn mit seinen Förderern, den Jungtürken, und unterschied ihn von dem fundamentalistischen Ideologen Dehler, der Partei und Koalition zielgerichtet in

---

[38] Als er noch Ministerpräsident war, gab es die Regelung noch nicht, dass ein liberaler Regierungschef qua Amt dem Bundesvorstand anhört.

den Ruin getrieben hatte. Von Ideologien hielt Maier nicht viel, dafür von Grundsätzen, wie Heimatliebe und Gerechtigkeit.

Die mächtigen Jungtürken um Döring, Weyer und Scheel stürzten Dehler und erkoren den zögernden, zaudernden und konfliktscheuen Maier zum Parteichef, der wegen seiner Loyalität in den Monaten zuvor zu einer wichtigen Stütze der Jungtürken geworden war. Maier hatte sich dem Düsseldorfer Koalitionswechsel anfangs widersetzt. Vor allem seine eigenen Erfahrungen mit den Reaktionen der Wirtschaft auf politische Entwicklungen, die nicht in ihrem Interesse verliefen, bestimmten diese Haltung.[39] Zudem fürchtete er negative Auswirkungen auf die baden-württembergische Landtagswahl wenige Tage nach den Ereignissen in Bonn und Düsseldorf. Maier gab zunehmend seine ablehnende Haltung auf. Auf dem Würzburger Parteitag verteidigte er in einer „Rede der totalen Opposition"[40] die Düsseldorfer Koalitionsbildung. „Wie konnten wir Liberale uns Adenauers Zugriff entziehen? Nur durch Dehlers Unbeugsamkeit und durch das Zupacken gegen die CDU-Spitze in Nordrhein-Westfalen."[41] Maier schien der Karriere der Jungtürken keine Steine in den Weg zu legen und ihnen die Parteiarbeit zu überlassen. Ihr Einfluss konnte also nur steigen, zumal die Zwischenlösung Maier den Wohnsitz nicht nach Bonn verlegen wollte. Für eine Übergangsfrist, vor allem vor der Bundestagswahl 1957, sollte er einen angesehenen, nach außen repräsentativen, nach innen aber – wegen der fehlenden bundespolitischen Erfahrung und seines mangelnden Willens – einen relativ schwachen Vorsitzenden abgeben. In dieser Zeit wollten sie durch Sacharbeit und flexible deutschlandpolitische Konzepte auf sich aufmerksam machen, um ihre Position in Partei, Staat und Gesellschaft zu steigern und die Weichen der FDP in ihrem Sinne zu stellen. Maier sollte Vorsitzender sein und die Jungtürken – vor allem Döring und Weyer – wollten dirigieren und steuern. „Heute ist es Maier – morgen folgt ihm Weyer", so die Erwartung.[42] Die Wahl des Honoratioren Maier an die Parteispitze stand so in einem interessanten Kontrast zu innerparteilichen Reformbestrebungen, die vor allem von Nordrhein-Westfalen ausgingen.

---

[39] Infolge seiner Koalitionsbildung 1952 unter Ausschluss der CDU war der Spendenstrom merklich zurückgegangen.
[40] Rapp, Alfred: Von Würzburg nach Stuttgart, in: Frankfurter Allgemeine Zeitung, 4. Januar 1957.
[41] Maier am 21. April 1956 auf dem Bundesparteitag in Würzburg. Zitiert nach: Stephan, in Dorn / Henning, S. 140.
[42] David, Heinrich: Dehler stürzte auf lautlose Weise. Heute ist es Maier – morgen folgt ihm Weyer, in: Die Zeit, 10. Januar 1957.

Die Wahl des Elder Statesman Maier bedeutete einen personellen Griff in die – erfolgreichere – Vergangenheit der Liberalen. Maier erschien als Verlegenheits- und Übergangskandidat, der die Partei konsolidieren sollte.[43] Er war aber die ideale Besetzung in dieser spezifischen Situation. Allerdings wurde er bei seiner Wahl im Gegensatz zu Dehler 1953/1954 nicht als Erlöser der FDP gesehen, mit dessen Wahl eine neue Ära eingeläutet werden sollte.

5.2.2   Der Wechsel von Dehler zu Maier

Neben Nordrhein-Westfalen sprachen sich auch die meisten anderen Landesverbände für Maier als neuen Vorsitzenden aus. Er konnte mit einer Mehrheit rechnen.[44] So waren es Döring und Mende aus dem nordrhein-westfälischen Landesverband, die – zusammen mit dem baden-württembergischen Landesvorsitzenden Haußmann – Maier zur Kandidatur bewegten. Maier zu überreden war eine taktische Meisterleistung. Denn er agierte zumindest nach dem Motto „Wenn man etwas werden will, darf man es nicht werden wollen."[45] Mehr noch: Er sträubte sich gegen das neue Amt und den Sprung in den Bonner Hexenkessel. Die „Süddeutsche Zeitung" zitierte ihn am 22. November 1956 mit den Worten: „Ich werde nie gegen Dehler kandidieren, und zweitens will ich überhaupt nicht kandidieren."[46] Dehler gegenüber bemerkte er: „Ich werde bestimmt nicht Dein Nachfolger, weder mit Deinem Willen, noch gegen Deinen Willen."[47]

Das entscheidende Gespräch fand am 28. November 1956 im Ettlinger „Erbprinzen" statt. Döring, Mende und Haußmann mussten sich auf den Weg zu Maier machen, um ihm zu huldigen. Auf keinen Fall wäre der Heimatverliebte nach Bonn gekommen, um dieses Gespräch zu führen. Wer etwas will, der sollte schon zu ihm kommen. Sie trugen ihm ihr Anliegen vor, er solle als Nothelfer agieren.[48] Maier sollte somit von Anfang an kein Vorsitzender auf unbestimmte Dauer sein. Maier zauderte, stimmte

---

[43] So auch Baring / Koerfer, Mende, in Bernecker / Dotterweich, S. 86.
[44] Nur in Hessen, Rheinland-Pfalz und Niedersachsen standen noch Mende, Becker, Weyer und der bereits entmachtete Middelhauve zur Diskussion. Doch ließen diese Landesverbände ihre Zustimmung zu Maiers Kandidatur erkennen. Zur Kandidatenauslese vgl.: Matz, 1989, S. 450. Mende, 1972, S. 119-120. Papke, 1992, S. 224-225. Wengst, 1997, S. 303.
[45] Begrüßungsrede Maiers am 28. Januar 1960 auf dem Bundesparteitag in Stuttgart, HStAS, NRM 150.
[46] Süddeutsche Zeitung, 22. November 1956.
[47] Maier an Dehler, 23. November 1956, AdL, NTD, N 1-3148. Wengst, 1997, S. 303.
[48] Siehe: Matz, 1989, S. 450.

schließlich aber zu. Er stellte aber zwei Bedingungen. So verlangte er, Dehler solle nicht wieder kandidieren.[49] Eine Kampfabstimmung kam für den konfliktscheuen Maier nicht in Betracht. Eher hätte er auf eine Kandidatur verzichtet. Weiter forderte er, der gesamte Bundesvorstand müsse seine Rede auf dem Dreikönigstreffen 1957 anhören und seine politischen Grundsätze, die er hier darlegen wollte, gutheißen.[50] Diese Taktik Maiers billigten die Unterhändler. Die Landesvorsitzenden sprachen sich am 15. Dezember auf einer Sitzung des Hauptausschusses dafür aus, auch dann Dehler auf dem für Ende Januar 1957 angesetzten Parteitag nicht wieder zu wählen, wenn Maier nicht für den Vorsitz kandidieren sollte.[51]

Auch wenn Maier seine Bereitschaft zu kandidieren zurückgezogen hätte, konnte Dehler auf keinen Fall mit seiner Wiederwahl rechnen. Döring und Mende versuchten daraufhin am 13. Dezember 1956, den sichtlich verbitterten und mit sich hadernden Dehler zum Verzicht zu bewegen. Dieser hatte aber noch nicht alle Hoffnung aufgegeben, seinen Kopf aus der Schlinge zu ziehen, Maier zu disqualifizieren und die Entscheidung offenzuhalten. Allerdings hatte er im November 1956 erkennen lassen, dass Maier der einzige sei, mit dem er sich als seinen Nachfolger im Parteivorsitz arrangieren könne. Er hatte ihm versichert, es habe zwischen beiden „nie einen Zwiespalt" gegeben und hatte ihn um ein Gespräch „über die Dinge der Zeit" gebeten.[52] Auch Dehlers Wandel war ein Grund, weshalb Döring und Mende Maier so schnell wie möglich zu einer Kandidatur überreden wollten. Trotz allem hatte Dehler wohl nicht erwartet, dass ausgerechnet der scheue Maier, mit dem er freundschaftlich verbunden war, sein Nachfolger werden sollte.[53] Noch erstaunter war er, weil Maier sich nicht durch einen Brief beeindrucken ließ, in dem er ihn – mit dem Ziel, Maier von der Last der Aufgabe abzuraten – vor den immensen Aufgaben des FDP-Vorsitzenden in einem Wahljahr warnte: Mit einer halben Entscheidung sei der Partei nicht gedient, Maier müsse auch sachliche und persönliche Folgerungen daraus ziehen und ein Ministeramt in einer künftigen Regierung übernehmen.[54] Auch durch die Äußerung, Maier tauge noch weni-

---

[49] Siehe: Ebd.
[50] Siehe: Ebd., S. 451. Mende, 1972, S. 119. Mende, 1984, S. 381. Papke, 1992, S. 225.
[51] Bundeshauptausschuss am 15. Dezember 1956, AdL, A 12-24. Siehe: Wengst, 1997, S. 305.
[52] Dehler an Maier vom 20. November 1956, AdL, NTD, N 1-3148. Allerdings bedauerte Dehler die Andeutung, er werde zurücktreten, wenn Maier kandidiere. Siehe: Heuss, Tagebuchbrief vom 15. Dezember 1956, in: Heuss, 1970, S. 225.
[53] Siehe: Ebd.
[54] Dehler an Maier vom 27. November 1956, HStAS, NRM 326 und AdL, NTD, N 1-3148.

ger als er für den Vorsitz, konnte Dehler ihn nicht von einer Kandidatur abbringen.[55] Das war die einzige Hoffnung, die Dehler noch hatte, um politisch zu überleben. Doch Dehlers Autounfall am 10. Dezember warf ihn vorübergehend aus der Bahn. Sein „ramponierter Schädel" infolge einer Gehirnerschütterung bereitete ihm wochenlang „Plage".[56] Als scheinbar alles auf Maier zulief, versuchte er in letzter Minute und gekennzeichnet von den Unfallfolgen, den Taktierenden unter Zugzwang zu setzen. „Du wirst bei der Dreikönigsparade Deine Bereitschaft, für den Bundesvorsitz zu kandidieren, erklären. Für diesen Fall besteht meine [...] Erklärung, daß ich mich für den Bundesvorsitz (auch für den Fraktionsvorsitz) nicht zur Wahl stelle."[57] Doch Maier wollte auf keinen Fall Dehlers Fahrplan akzeptieren. Dieser verband für ihn Risiken, die er auf keinen Fall eingehen wollte. Er wollte erst die Reaktionen auf seine Rede in Partei und Öffentlichkeit abwarten: Maier schrieb Dehler, dass „ich keineswegs gegen Dich kandidieren werde. [...] Ich denke nicht daran, auf dem Dreikönigstreffen zu erklären, daß ich kandidieren werde. Ich werde es von der Aufnahme der Rede in den parteiinternen Gremien und auch in der Öffentlichkeit abhängig machen, ob ich mich zur Verfügung stelle. Die Partei ist so labil, daß Bindungen unentbehrlich sind. Es soll niemand eine Katze im Sack gekauft haben."[58] Dehler spekulierte aber gerade darauf, dass durch die labile Lage der Partei sich die Situation zu Ungunsten von Maier ändern würde. Der nicht umsonst als „Fuchs aus dem Remstal"[59] bekannte Maier fuhr dagegen gerade wegen der möglichen Stimmungsschwankungen die meisterhafte Taktik, seine Kandidatur von der Akzeptanz der Rede abhängig zu machen. Versuchte Dehler anfangs nur bei Maier persönlich, ihn von einer Kandidatur abzubringen, so bezog er bald auch Fraktion und Bundesvorstand in seine Diffamierungskampagne mit ein. So vertrat er die Auffassung, Maier sei nicht in der Lage, angesichts des bevorstehenden Wahlkampfs die Indu-

---

[55] So die Darlegung Maiers nach einer persönlichen Unterredung zwischen Dehler und Maier am 8. Dezember 1956. Dehler wiederum meinte, er habe angeboten, auf eine erneute Kandidatur zu verzichten, wenn sich Maier dazu bereit erkläre. Siehe: Matz, 1989, S. 452, Wengst, 1997, S. 304.
[56] Dehler an Guido Brunner vom 10. Januar 1957, AdL, NTD, N 1-1599. Siehe: Wengst, 1997, S. 304-305.
[57] Dehler an Maier vom 24. Dezember 1956. Zitiert nach: Bundesvorstand am 6. Januar 1957, S. 233.
[58] Maier an Dehler vom 28. Dezember 1956. Zitiert nach: Ebd.
[59] Die Bezeichnung Reinhold Maiers als „Fuchs aus dem Remstal" stammte aus seiner Zeit als Ministerpräsident und prägte sich ein. Zitiert nach: Kempski, Hans Ulrich: Reinhold Maier mischt wieder mit, in: Süddeutsche Zeitung, 8. Januar 1957.

strie in Nordrhein-Westfalen von der FDP zu überzeugen.[60] Erst am 6. Januar, nach Maiers Rede auf dem Dreikönigstreffen, verzichtete Dehler endgültig darauf, erneut als Partei- und Fraktionsvorsitzender zu kandidieren.

Maier setzte auf dem Dreikönigstreffen Akzente. Er skizzierte in seiner kämpferischen Rede die vor allem vom nordrhein-westfälischen Landesverband geforderte Rolle einer eigenständigen FDP im deutschen Parteiensystem. „In der Politik wird man heiratslustig erst nach der Wahl, vorher kennt man sich nicht und mag man sich nicht."[61] Taktisch rechtfertigte er die Koalitionsbildung in Düsseldorf: „Ein Schuß vor den Bug [der CDU; d. V.] war gerechtfertigt."[62] Obwohl er sich zu den Koalitionsabsichten nur vage äußerte, ließ Maier allerdings erkennen, dass er eine erheblich größere Übereinstimmung vor allem in wirtschaftlicher Hinsicht mit der CDU denn mit der SPD sah. „Niemals werden wir uns an einer Koalition beteiligen, in welcher wir und die Staatsbürger nicht vor sozialistischen Experimenten sicher werden."[63] Gegenüber der CDU und Adenauer übte er nur maßvolle Kritik.

Maiers Rede am Dreikönigstag war eine taktische Meisterleistung. Er ging auf die Vorstellungen vor allem der Jungtürken nach koalitionspolitischer Offenheit ein, ließ aber zugleich erkennen, dass er mehr Gemeinsamkeiten mit der CDU vor allem in der für ihn so wichtigen Wirtschaftspolitik sah. Obwohl ihm klar war, dass er sich mit derartigen Koalitionsplänen nicht gegen Döring und Weyer würde durchsetzen können, mussten sie doch seine Botschaften billigen, wollten sie ihren designierten Vorsitzenden nicht verprellen – schließlich hatte der „Fuchs aus dem Remstal" die Akzeptanz seiner Rede als Bedingung für seine Kandidatur erkoren.

Die Reaktionen auf die Rede waren sehr positiv. Sie wurde als Musterbeispiel eines neuen politischen Stils gefeiert. Nicht selten hatte Maier während des Vortrags die schon überwiegend maßvollen Formulierungen seines Manuskripts gemildert.[64] Viele versprachen sich eine Periode der Beständigkeit für die FDP und einen bestimmenden Einfluss des südwestdeut-

---

[60] Hütter an Maier vom 15. Dezember 1956, HStAS, NRM 327.
[61] Maiers Rede auf dem Dreikönigstreffen der FDP 1957. Maier, Dreikönigstag 1957, S.123-124.
[62] Ebd., S. 124.
[63] Ebd., S. 125. Auch: Kempski, Hans Ulrich: Dehler verzichtet endgültig auf den FDP-Vorsitz, in: Süddeutsche Zeitung, 7. Januar 1957.
[64] Siehe: Kempski, Hans Ulrich: Dehler verzichtet endgültig auf den FDP-Vorsitz, in: Süddeutsche Zeitung, 7. Januar 1957.

schen Liberalismus auf den Kurs der Gesamtpartei. Es bestand kein Zweifel: Die Rede Maiers war Balsam auf die Seele der Liberalen nach den Jahren des rhetorischen Spalters Dehler. „Der schwäbische Altministerpräsident gab sich [...] als Staatsmann mit Distanz."[65] „Mit einer vorsichtigen, ausgleichenden Rede [präsentierte er sich] als Kandidat für die Führerschaft".[66] Maier wurde als „Nothelfer aus Stuttgart" gefeiert: „Reinhold Maier mischt wieder mit – Dem alten Fuchs aus dem Remstal steht der Weg an die Spitze der Freien Demokraten offen."[67] Vor allem die Mitglieder des FDP-Bundesvorstands begrüßten die Rede ihres designierten Vorsitzenden. Auf der Sitzung am 6. Januar 1957 sagten die Vertreter der Landesverbände erneut einstimmig zu, Maier zum Vorsitzenden zu wählen.[68] Erst nachdem die Königsmacher Mende, Döring und Haußmann ihn davon in Kenntnis gesetzt hatten und Dehler endgültig zurückgezogen hatte, äußerte Maier seine Bereitschaft zu kandidieren. Doch der Taktiker Maier stellte weitere Bedingungen: Er bat offiziell um Akzeptanz dafür, dass er auf Grund seines Alters seinen Wohnsitz nicht nach Bonn verlegen könne, sondern in Stuttgart wohnen bleibe. Ebenfalls wollte er nicht so sehr wie Dehler umherreisen. Zudem forderte er, die Konflikte zwischen Dehler und der Partei sollten beigelegt werden. Entscheidend war aber seine Forderung nach mehr Einigkeit in der Partei: „Und wir sollten doch auch nicht so viel nach außen hin tätig werden und täglich und bei jeder Gelegenheit etwas tun. Wir sollten nur ganz bestimmte konkrete, aber nicht widerrufliche Erklärungen abgeben, damit die Leute draußen auch wissen, wie sie dran sind. Lieber eine falsche Ansicht aufrechterhalten, als dauernd zu ändern."[69] Auch zog er den Jungtürken den Zahn, er würde sich nicht um die Parteiarbeit kümmern. „Glauben Sie mir, ich werde die Sache schon richtig in die Hand nehmen; ich werde mich nicht drücken, und ich werde nicht alles den Stellvertretern überlassen."[70] Mehr noch: Maier stellte Bedingungen, unter denen er nicht nur bereit sein würde, als Vorsitzender zu kandidieren, sondern dieses Amt auch länger zu bekleiden. „Der Vorsitzende muß geschützt sein vor ständigen Angriffen und eine Art Rückendeckung haben"[71] Der

---

[65] Ebd.
[66] Neue Zürcher Zeitung, 26. Januar 1957.
[67] Kempski, Hans Ulrich: Reinhold Maier mischt wieder mit, in: Süddeutsche Zeitung, 8. Januar 1957. Auch: Becker, Kurt; Reinhold Maier kehrt zurück, in: Die Welt, 8. Januar 1957.
[68] Bundesvorstand am 6. Januar 1957, S. 231.
[69] Maier im Bundesvorstand am 6. Januar 1957, S. 233-234.
[70] Ebd., S. 234.
[71] Ebd.

konfliktscheue Maier hatte durch die Forderungen noch vor seiner offiziellen Nominierung vor allem die jungen Düsseldorfer unter Druck gesetzt.

Zudem wollte er nicht nur in Stuttgart wohnen bleiben, sondern auch weiterhin als Anwalt in seiner Stuttgarter Kanzlei tätig sein, um seine Unabhängigkeit zu betonen. Das Signal nach Bonn und Düsseldorf war eindeutig: Er war abgesichert und brauchte sich nichts zu beweisen. Wenn ihm die Jungtürken zu sehr überdrüssig werden sollten, würde er als Vorsitzender zurücktreten. Der Zauderer Maier hatte eine taktische Meisterleistung vollbracht. Die FDP tanzte nach seiner Pfeife und erfüllte alle seine Wünsche bzw. sagte ihre Einhaltung zu. Erst dann gab Maier am 10. Januar definitiv seine Zustimmung zu einer Kandidatur. Am 25. Januar stimmten auf dem Parteitag in Berlin 223 von 228 Delegierten für ihn als neuen Vorsitzenden. Dehler fehlte, wurde aber als Beisitzer in den Bundesvorstand gewählt. Bereits am 8. Januar war Max Becker zum neuen Fraktionsvorsitzenden gewählt worden.

5.2.3 Konfliktscheuer Zauderer und „Mann der Exekutive" – Warum übernahm Reinhold Maier den Parteivorsitz?

Maier – gemäß seinem Naturell – zauderte und zögerte. Er wollte das neue Amt nicht übernehmen. Er schien ängstlich und bekümmert. Er könne nicht einmal mehr lachen, gab er zu.[72] Selbst hatte er sich nicht in den Vordergrund gedrängt und Dehler zum Rücktritt aufgefordert. Er hatte einzig seine Kandidatur von dessen Verzicht abhängig gemacht. Maier wurde gerufen und geschoben – wie schon so oft in seinem politischen Leben. Erst wenn Maier sich einer Sache zu 100 Prozent sicher war, wurde er aktiv. Maier verhielt sich anders als Dehler, welcher auf die reichs- bzw. bundespolitische Bühne drängte. Bereits 1953 hatte Maier bekannt „Ich bin immer nur bestätigt worden, ich bin immer nur geholt worden. Ich bin [...] Posten nie nachgelaufen. Sonderbar – wo ich doch der schwächsten Partei angehöre."[73]

Maier war ein Mann der Exekutive. Er war meist Inhaber eines Regierungsamts und fühlte sich als überparteilicher Sachverwalter gegenüber der Bevölkerung. Ein Parteipolitiker im wirklichen Sinne war Maier nie. Die

---

[72] Siehe: Maier an A.M. Bingham vom 15. Januar 1957, HStAS, NRM 335. Siehe: Matz, 1989, S. 451.
[73] Nicht drücken, nicht drängeln, in: Der Spiegel 7. Jg., Nr. 18, 29. April 1953, S. 7.

Ursachen für seine Distanz zur Parteipolitik liegen in den Jahren vor 1933. Als Wirtschaftsminister im württembergischen Kabinett Bolz / Bazille hatte er gelernt, dass man Einfluss und Macht nur in Regierungsämtern ausüben kann.[74] Er war sich von jener Zeit an bewusst, Parteiarbeit kostete Kraft und versprach nur wenig Lorbeer. Seitdem verachtete der ohnehin konfliktscheue Maier Parteienstreit und innerparteiliche Querelen. Maier umgab immer die Aura des Amtsinhabers. Das schuf Distanz. Trotz seiner betonten Volksnähe war Maier bei Wahlen nie als einfacher Kandidat angetreten. Als er 1932 erstmals für den württembergischen Landtag und den Reichstag kandidierte, war er Wirtschaftsminister Württembergs. 1946 war er Ministerpräsident, als die Volksvertretung von Württemberg-Baden gewählt wurde. Als er 1953 erstmals auf einer Liste zur Bundestagswahl antrat, war er Ministerpräsident von Baden-Württemberg. Bei der Bundestagswahl 1957 war er FDP-Vorsitzender. Er hatte sich nicht, wie er dem Volk mit seiner Remstalpolitik suggerierte, als Politiker nach langem parlamentarischen Wirken die Ebenen empor gearbeitet.

Nach 1945 war Maier ebenso ein Mann der Exekutive, auch wenn er ab 1946 dem Stuttgarter Landtag angehörte. In seine Berufung, den Posten des Ministerpräsidenten, war er unabhängig von der Partei gekommen. Das verstärkte seine Distanz zur Parteipolitik. Erst 1946 wurde der erste Landtag gewählt. Maier kam diese Situation sehr entgegen. Sie entsprach seinem gouvernementalen Verständnis von Politik, das sich unter den Notverordnungen und Präsidialregierungen der letzten Weimarer Jahre ausgebildet hatte. Allerdings war er kein bloßer Administrator. Er hatte politischen Instinkt und taktisches Gespür und konnte als einziger von den Amerikanern eingesetzter Ministerpräsident auch noch nach den ersten Landtagswahlen weiter regieren.

Als Ministerpräsident nahm Maier – auch aus Konfliktscheue – an der Partei- wie der bundespolitischen Arbeit nur so weit Anteil, wie es unbedingt nötig war. Einmal abgesehen von seinem entschiedenen, Anfang der 1950er Jahre – als es um seine liberalen Ideale ging – auch auf Bundesebe-

---

[74] Die Koalitionsarbeit in der Regierung Bolz / Bazille zeichnete eine überparteiliche Sachlichkeit aus. Die Exekutive agierte nahezu unabhängig von Parlament und Parteien. Der Druck der Verbände und mächtiger Eliten wuchs. Dies kam dem pragmatischen Wirtschaftspolitiker und Unternehmersohn entgegen. Vgl. Besson, Waldemar: Württemberg und die deutsche Staatskrise 1928-1933. Eine Studie zur Auflösung der Weimarer Republik, Stuttgart 1959, S. 41-42, 230-233, 354-356 [im Folgenden zitiert als: Besson, a. a. O.]. Matz, 1989, S. 84-85.

ne vorgebrachten Widerstand gegen die Nationale Sammlung und seinem Engagement für den Liberalismus traditioneller Prägung, drängte Maier nur einmal von sich aus auf die Bundesebene. Dabei machte er schlechte Erfahrungen. Als er es zu Beginn der 1950er Jahre als seine nationale Pflicht ansah, Adenauers Außenpolitik zu torpedieren und sich zudem als Bundesratspräsident 1952/1953 nicht um Bonn und bundespolitische Verantwortung drücken konnte, stürzte er nicht nur auf dem glatten Bonner Parkett, sondern später auch als Ministerpräsident in Stuttgart. Doch damals agierte er hauptsächlich aus dem heimischen Remstal heraus. Seine Reden gegen die Außen- und Verteidigungspolitik Adenauers hielt er aus Konfliktscheue nicht im Bundestag oder auf Parteitagen, sondern vor vertrautem Publikum in Wirtshäusern mit 20 oder 30 Zuhörern. Hier fühlte er sich durch die „unmittelbare Fühlung mit der Bevölkerung"[75] sicher, geborgen und glaubte, nicht missverstanden zu werden.

Auch wenn Adenauer dadurch die Mehrheit im Bundesrat verlor, zielte Maiers umstrittene Koalitionsbildung mit der SPD unter Ausschluss der CDU im neu gegründeten Baden-Württemberg 1952 nicht auf Bonn. Sie war nicht der Aufbruch zu neuen Ufern im Parteiensystem, in der Außen- und Deutschlandpolitik oder gar in der Wirtschaftspolitik.[76] Ihr lag allein das Interesse zu Grunde, die erfolgreiche und harmonische sozialliberale Koalition in Württemberg-Baden fortzusetzen, die christliche Gemeinschaftsschule gegen die Konfessionsschule durchzusetzen sowie den Südweststaat – Maiers Prestigeprojekt – gegen den Widerstand in weiten Teilen insbesondere der badischen CDU zu etablieren.

Maier hatte in jener Zeit schlechte Erfahrungen mit der Bundes-FDP gemacht, die seine Vorurteile gegenüber Parteipolitik bestätigten. Er war wegen seiner Koalitionsbildung und seiner Haltung zur Bonner Außenpolitik von 1950 bis 1953 der Prügelknabe der Liberalen und Anlass parteiinterner Spaltungstendenzen – verstieß er doch gegen die offizielle Parteilinie von Bonner Fraktion wie Bundesvorstand. Auf dem Essener Sonderparteitag im Juli 1952, auf dem eine Spaltung der Partei verhindert werden konnte,

---

[75] Maier, 1964, S. 212.
[76] Siehe: Maier, 1966, S. 377. Auch: Matz, 1989, S. 385.

stand er auf der Anklagebank.[77] Vor allem die nationalliberalen Landesverbände Hessen, Niedersachsen und Nordrhein-Westfalen wie auch Württemberg-Hohenzollern – der Landesverband unterstützte die Linie von Euler und Middelhauve – reagierten empört. Leuze, Euler, Middelhauve und Blücher wollten in Stuttgart eine Regierung nach Muster des Bonner Bürgerblocks bilden und wurden zu den schärfsten Gegnern Maiers.[78] Euler forderte einen Sonderparteitag und den sofortigen Parteiausschluss der „Demi-Marxisten" Maier und Haußmann wegen „parteischädigenden Verhaltens", obwohl diese weder Sympathisanten des Marxismus noch Anhänger der Sozialdemokratie waren.[79] Württemberg-Hohenzollern unter Leuze boykottierte den Vereinigungsparteitag der südwestdeutschen Landesverbände.[80] Mende hielt sich im Bundesvorstand am 1. Mai 1952 zurück und war auf „Mäßigung" bedacht.[81] Aber er schwankte und wollte gar den Landesverband Württemberg-Baden aus der Bundes-FDP entlassen und zwischen FDP und DVP ein Verhältnis nach Vorbild von CDU/CSU schaffen.[82] Doch neben dem Druck aus der eigenen Partei, aus der CDU – Adenauer befürchtete durch die Stimmenverteilung im Bundesrat Widerstände bei der Ratifizierung der Westverträge – und von Bundespräsident Heuss war Maier wegen der befürchteten bundespolitischen Auswirkungen auch massivem Druck aus Wirtschaftskreisen ausgesetzt, die ihre Unterstützung für die Partei einschränkten.

Doch in den Grabenkämpfen Anfang der 1950er Jahre, die sich neben der Nationalen Sammlung auch um ihn und seine Koalitionsbildung drehten und zwar nicht deren Ursache aber einer deren Anlässe er war, tauchte Maier unter und überließ die Verteidigung anderen. Den loyalen Haußmann – als Landes- und Fraktionsvorsitzender Maiers rechte Hand und gleichzeitig Schutzschild – schickte der konfliktscheue Schwabe vor. Er musste am 1. Mai 1952 allein im Bonner Bundesvorstand die Stuttgarter Koalitions-

---

[77] Adam, Uwe Dietrich: Politischer Liberalismus im deutschen Südwesten 1945-1978, in: Rothmund, Paul / Wiehn, Erhard R. (Hrsg.): Die F.D.P./DVP in Baden-Württemberg und ihre Geschichte. Liberalismus als politische Gestaltungskraft im deutschen Südwesten, mit einem Geleitwort von Jürgen Morlok, Stuttgart – Berlin – Köln – Mainz 1979, S. 220-253, hier: S. 220 (Schriften zur politischen Landeskunde Baden-Württembergs, Bd. 4) [im Folgenden zitiert als: Adam, in Rothmund / Wiehn].
[78] Vgl.: Gutscher, a. a. O., S. 229. Bundesvorstand am 1. Mai 1952, S. 307-319.
[79] Zitiert nach: Gutscher, a. a. O., S. 122. Siehe auch: Euler am 25./26. April 1953 im Bundesvorstand, S. 969, 972. Vgl. auch: Matz, 1989, S. 391.
[80] Der geschickte Maier wiederum nahm das zum Anlass, seine Politik dem Votum der Delegierten zu stellen, wofür er Zustimmung fand. Adam, in Rothmund / Wiehn, S. 230.
[81] Mende am 1. Mai 1952 im Bundesvorstand, S. 319.
[82] Siehe: Gutscher, a. a. O., S. 126.

bildung verteidigen. Nur selten wagte sich Maier in jener Zeit nach Bonn. Stattdessen drohte er – wie so oft in seiner Karriere – mit Rücktritt, falls er seinen Kurs nicht durchsetzen könne. Zur letzten Konsequenz selbst war er jedoch nicht bereit. Er beugte sich dem Druck, die Koalition und die an ihr hängenden entscheidenden Stimmen im Bundesrat nicht dazu zu nutzen, gegen die außen- und deutschlandpolitische Linie der Bundesregierung zu verstoßen.[83] Bereits im Juli 1952 deutete er an, im Bundesrat notfalls auch für die Westverträge stimmen zu können.[84] Nach massivem Druck aus der eigenen Partei, der CDU, dem Bundespräsidialamt und der Wirtschaft ließ der Ministerpräsident Maier am 15. Mai 1953 die Westverträge im Bundesrat passieren. Am 24. April noch hatte er sich geweigert. Hierfür hatte er viel Kritik einstecken müssen. Doch länger reichte seine Widerstandskraft nicht. Für seine Entscheidung am 15. Mai 1953 letztendlich zahlte er einen hohen Preis. Auch wenn er durch seinen eigenen Rücktritt mit Verweis auf das schlechte Abschneiden der FDP bei der Bundestagswahl 1953 – für das er mit verantwortlich gemacht wurde – letztendlich einem konstruktiven Misstrauensvotum zuvor kam, wurde er doch vom Koalitionspartner SPD und deren Fraktionschef Alex Möller als Regierungschef gestürzt und musste einem CDU-Ministerpräsidenten Gebhard Müller weichen.

Nur in der Weimarer Republik hatte Maier Ämter in der Partei ausgeübt. Bereits als Vorsitzender der DDP Groß-Stuttgart von 1924 bis 1933 agierte er zurückhaltend und bedächtig und drängte sich nicht in den Vordergrund.[85] Gegenüber den Granden der württembergischen Liberalen stand er nur in der zweiten Reihe. Schritt für Schritt mehrte er seinen Einfluss, wuchs organisch. Er zeigte eventuelle Ambitionen nicht. Er hielt keine das Parteivolk begeisternde Brandreden. Erst 1929 rückte er durch seine Beziehungen zu den die württembergische DDP dominierenden Haußmanns in den Landesvorstand auf. Maier fand allerdings gerade wegen seiner wirtschaftspolitischen Überzeugungen und der Unterstützung durch die Industrie Rückhalt in der Partei. Dies war Voraussetzung für seinen Aufstieg.[86] In den letzten Monaten der Weimarer Republik gehörte er dem Führungstriumvirat der Staatspartei an. Maier zauderte auch in der Endphase der

---

[83] Vgl.: Matz, 1989, S. 394.
[84] Dehler am 6. Juli 1952 im Bundesvorstand, S. 389.
[85] Sein wirtschaftlicher Sachverstand, die Parteinahme für die Interessen des Mittelstands – vornehmlich der meist protestantischen Handwerker und selbstständiger kleiner Gewerbetreibender –, sein familiärer Hintergrund als Unternehmersohn, aber auch sein Beziehungsgeflecht unter anderem zu den Haußmanns waren der Grund für seine Berufung.
[86] Siehe: Matz, 1989, S. 60.

Weimarer Republik. So war er nicht bereit, als alleiniger Vorsitzender der Staatspartei zu agieren. Stattdessen wurde am 11. September 1932 ein Triumvirat gebildet. Hier fühlte Maier sich sicherer.[87]

Um den Wiederaufbau der FDP nach 1945 und die Parteipolitik hatte sich Maier kaum gekümmert. Wolfgang Haußmann, bereits gegen Ende der Weimarer Republik württembergischer Landesvorsitzender der DDP, war der eigentliche Neugründer einer liberalen Parteiorganisation in Württemberg-Baden. Sie umfaßte Mitglieder der ehemaligen DDP bzw. der Staatspartei sowie der DVP und stützte sich auf kommunale Fundamente und eine im Kern erhaltene liberale, bürgerliche Lebenswelt, die sich vom konservativ-konfessionellen und sozialdemokratischen Bereich abhob.[88] Maier kümmerte sich gemeinsam mit Heuss um den Wiederaufbau der Regierung und die Neugestaltung des öffentlichen Lebens. 1945 wurde Maier nicht wegen seiner Parteizugehörigkeit, sondern wegen seiner wirtschaftspolitischen Kompetenz von den Amerikanern als Ministerpräsident von Württemberg-Baden eingesetzt. Mehrmals war er gleichzeitig Finanz- bzw. Justizminister. Zudem gefiel den Amerikanern, dass sich Maier nach Kriegsende nicht in den Vordergrund gedrängt und stattdessen abgewartet hatte.[89] Ferner imponierte seine sachliche und schlichte demokratische Arbeit.

Maßgeblich durch sein taktisches Zaudern setzte sich Maiers politische Karriere immer weiter fort. So war es beispielsweise im Dezember 1950.

---

[87] Auch verzichtete Maier auf eine Spitzenkandidatur für den ersten Platz der württembergischen Wahlkreisliste zur Reichstagswahl im Juli 1932. Er wollte einen Streit mit Heuss um die Spitzenkandidatur vermeiden. Erst bei der Novemberwahl 1932 war der Wirtschaftsmann Maier württembergischer Spitzenkandidat. Heuss hatte vorzeitig eine Kandidatur für den ersten Listenplatz ausgeschlossen. Maier kam somit ohne Konflikte auf den ersten Platz. Vgl.: Matz, 1989, S. 133-134.
[88] Die Demokratische Volkspartei als bewusste Anlehnung an die traditionsreiche Württembergische Volkspartei wurde am 18. September 1945 in Haußmanns Wohnung gegründet, allerdings unter Mitwirkung von Maier und Heuss. Maier wurde auf dem ersten Parteitag der DVP, dem Dreikönigstreffen 1946, in den Landesvorstand gewählt. Vorsitzender der DVP wurde Haußmann. Erst 1952 nahmen die südwestdeutschen Liberalen die Bezeichnung FDP/DVP an. Auch: Hein, a. a. O., S. 38-55, S. 350.
[89] Unmittelbar nach Kriegsende wurde Maier auf Vorschlag von Freunden ehrenamtlicher Berater des Landrats von Schwäbisch-Gmünd in Finanzfragen und juristischen Angelegenheiten und knüpfte dort Kontakte zu den Amerikanern. Er verschloss sich den Versuchen des neuen Stuttgarter Oberbürgermeisters Arnulf Klett und seines Stellvertreters Wolfgang Haußmann, an die Spitze einer neuen Regierung zu treten. Dies hielt er für verfrüht. Durch sein Zögern fiel er den Amerikanern, vor allem US-Militärgouverneur Dawson, positiv auf. Zudem stand sein Name an der Spitze einer Liste zuverlässiger Demokraten, die bereits vor der Besetzung Deutschlands vorbereitet war. Hierzu: Nicht drücken, nicht drängeln, in: Der Spiegel, 7. Jg., Nr. 18, 29. April 1953, S. 9.

Inmitten der Koalitionsverhandlungen in Württemberg zwischen DVP und SPD zog er sich schmollend und amtsmüde nach Arosa zurück und war für niemanden zu erreichen. Haußmann verhandelte in Stuttgart mit den Sozialdemokraten und versuchte flehentlich Maier umzustimmen, doch wieder als Ministerpräsident anzutreten.[90] Dadurch steigerte Maier seinen Marktwert bei den Koalitionsverhandlungen. Die SPD wollte nur ihn als Ministerpräsidenten akzeptieren. Aus Pflichtgefühl stimmte er schließlich zu, das Amt erneut zu bekleiden. Auch um den Jahreswechsel 1956/1957 wurde er durch seine Zurückhaltung und sein Zaudern für die Königsmacher aus Düsseldorf attraktiv.

Was aber trieb den konfliktscheuen und zaudernden Mann der Exekutive, der schlechte Erfahrungen mit der Partei gemacht hatte und bereits einmal auf Bundesebene gescheitert war, 1957 dazu, den Vorsitz der Freien Demokraten zu übernehmen? Seine ehemals größten innerparteilichen Gegner – Blücher und vor allem Euler – waren seit 1956 nicht mehr in der Partei. Der nationalliberale Flügel, der 1952 Maier am schärfsten bekämpft hatte, hatte an Bedeutung verloren. Nur so wurde für den einstigen Prügelknaben, „Demi-Marxisten" und „Handlanger Moskaus" – so eine CDU-Wahlpropaganda, die Maier auf sowjetischen Panzern zeigte – der Weg zum Vorsitz frei. Einer Partei mit Blücher und Euler hätte der konfliktscheue Maier nie als Vorsitzender gedient.[91] Auch fühlte er sich nach den Erfahrungen im Zweiten Weltkrieg unabhängig und glaubte, nichts mehr verlieren zu können. Wieso sollte er das Angebot nicht annehmen? Zudem kam, dass Maier sich schwer von der Politik verabschieden konnte. Er wollte gestalten. Von Jugend an war er politisch aktiv gewesen. Das öffentliche Amt gab ihm Kraft. Schwer fiel es ihm, als er 1933 bzw. 1953 aus seinen Ämtern scheiden musste.[92] Auch gefiel ihm das Werben um seine Person. Die Unterstützung durch seinen alten Freund Karl Loewenstein, während der Besatzungszeit wichtiger Berater der Militärregierung in Stuttgart, sowie durch Rudolf Augstein entfachten seine Sinne.[93]

---

[90] Siehe: Matz, 1989, S. 370-371.
[91] Maier hatte bereits anlässlich von Parteispaltung und Koalitionsbruch alte Rechnungen aus Anfang der 1950er Jahre beglichen.
[92] Siehe: Matz, 1989, S. 435.
[93] Augstein an Maier vom 8. Januar 1957, HStAS, NRM 286. Loewenstein an Maier vom 25. Januar 1957, AdL 3155. Matz` Argumentation jedoch, Maier hegte einen „Rest von Ambition" ist übertrieben. Matz, 1989, S. 451.

Aber dieses alles war nicht der Hauptgrund für Maier. Sein Pflichtgefühl letztendlich trieb ihn trotz Selbstzweifel dazu, als Krisenmanager der Liberalen zu agieren. Maier empfand die Übernahme des FDP-Vorsitzes in einer Zeit der existenziellen Krise als Pflicht, der er sich nicht entziehen konnte. Er sah die Situation der Freien Demokraten alles andere als rosig. Er befürchtete nach der Bundestagswahl die Bildung einer Großen Koalition, welche die befürchteten Änderungen am Wahlrecht zu Ungunsten der FDP durchsetzen würde.[94]

Sein Pflichtgefühl hatte Maier bereits 1930 in Württemberg, 1932 auf Reichsebene, 1945 in Württemberg-Baden und 1952 in Baden-Württemberg dazu getrieben, trotz seines zaudernden Charakters als pragmatischer Krisenmanager für den Liberalismus bzw. für die Interessen seiner Heimat zu agieren. In seinem vor allem wirtschaftspolitisch geprägten Krisenmanagement wie in seinem taktischen Abwarten und Zögern lag der eigentliche Grund für seine Karriere.[95] 1929/1930 wagte sich Maier erstmals aus der Stuttgarter Kommunalpolitik heraus. Vor dem Hintergrund des Abwärtstrends des Liberalismus, der beginnenden Weltwirtschaftskrise sowie des Aufstiegs der NSDAP wurde der Wirtschaftspolitiker Maier von einem Zauderer zum taktisch agierenden und pragmatischen Krisenmanager der DDP. Er führte die DDP in einem taktischen Coup und gegen erheblichen Widerstand aus den eigenen Reihen als Mehrheitsbeschaffer in die württembergische Rechtsregierung Bolz / Bazille, bestehend aus dem Zentrum, der Bürgerpartei als württembergischen Zweig der Deutschnationalen und dem Bauernbund. Maier wurde Wirtschaftsminister und Reichsratsbevollmächtigter.[96] Sein Ziel war es, durch eine „handfeste [mittelständische] Wirtschaftspolitik" die wirtschaftlichen Interessen der Klientel der DDP – vornehmlich protestantische Handwerker und selbstständige kleine Gewerbetreibende – in der Regierung und gegenüber dem Reich zu vertreten.[97] Durch die Ausrichtung der DDP bzw. der Staatspartei wollte Maier das Aufkommen einer Wirtschaftspartei in Württemberg verhindern und

---

[94] Maiers Rede auf dem Dreikönigstreffen der FDP. Maier, Dreikönigstag 1957, S. 125. Auch: Kempski, Hans Ulrich: Dehler verzichtet endgültig auf den FDP-Vorsitz, in: Süddeutsche Zeitung, 7. Januar 1957.
[95] So auch: Matz, 1989, S. 451.
[96] Vgl.: Ebd., S. 71-72, 76-77.
[97] Siehe: Maier, 1962, S. 13-14. Maier, 1966, S. 125. Auch: Matz, 1989, S. 56.

das Überleben seiner Partei in Zeiten der Krise sichern.[98] Zudem sah es Maier als eine Gefahr für die Liberalen, wenn sie mit der SPD die Oppositionsrolle teilte.

1932 versuchte Maier erneut, sich gegen den Niedergang des Liberalismus zu stemmen. Er war der einzige, der nach der verheerenden Niederlage bei der Reichstagswahl vom 31. Juli 1932 nicht resignierte und sich nicht selbst aufgab. Er wehrte sich gegen die Versuche des Vorsitzenden Hermann Dietrich, die ausgezehrte Staatspartei aufzulösen und versuchte, ihr neues Leben einzuhauchen.[99] Dem süddeutschen Liberalismus schrieb er wegen seiner demokratischen Tradition und seiner mittelständischen Wirtschaftsstruktur den „Beruf zur Führung" zu.[100] Hiermit empfahl er sich für den Vorsitz der Staatspartei. Maiers taktischer Pragmatismus in Krisenzeiten zeigte sich auch in der von ihm betriebenen Ausrichtung der Staatspartei: Obwohl er die NSDAP – auch noch nach der Machtergreifung – scharf angriff, trat er in der Endphase der Weimarer Republik für eine Präsidialregierung, eine „konservative Demokratie" und einen „starken Staat" mit „stark autoritative[m] Einschlag" ein. Auch der Liberalismus habe einen

---

[98] Vgl.: Matz, 1989, S. 57. Maier konnte sich dem Druck der Interessenverbände nicht entziehen, ihre Forderungen in der Regierung und im Reich zu vertreten – auch an der Seite des Deutschnationalen Bazille. So richtete er seine Politik pragmatisch und auf die ökonomischen und sozialen Interessen der Klientel aus, wobei ihr dabei oft der innere wirtschaftliche Zusammenhang fehlte. Zwischen Deflation und Ankurbelung, zwischen Schutzzoll und Freihandel bewegte er sich. Regionale, pragmatische, gar opportunistische Klientel- und Strukturpolitik hatte Vorrang vor dogmatischen Wirtschaftstheorien. Der feste Rahmen dabei waren die württembergischen Interessen und das angesichts der prekären Situation allerdings erfolgreich verfolgte Ziel einer modernen Strukturpolitik, um Württembergs Weg von einem agrarisch zu einem industriell ausgerichteten Land zu beschleunigen. Hierzu: Berg, in Bernecker / Dotterweich, S. 62-63. Besson, a. a. O., S. 230. Matz, 1989, S. 89-90.
[99] Auf dem von ihm organisierten Treffen in Bietigheim am 4. September 1932 warb er engagiert für einen Ausgleich der sozialen Gegensätze. Durch eine aktive Mittelstandspolitik und die Bekämpfung der Konzentration in der Wirtschaft sollte die Industriearbeiterschaft in Staat und Gesellschaft integriert, für den Liberalismus gewonnen und sollten autoritäre Systeme verhindert werden. Eine wirtschaftlich leistungsfähige, sozial befriedete und politisch stabile Mittelstandsgesellschaft im Rahmen einer bürgerlich-parlamentarischen Republik und eines liberalen Verfassungsstaats nach westlichem Vorbild war sein Ziel. (Hierzu: Matz, 1989, S. 102.) In diesem Zusammenhang ist auch seine Zustimmung zum Ermächtigungsgesetz zu sehen. Er hoffte, das Bürgertum würde bald von den Versprechungen der Nationalsozialisten enttäuscht sein. Deshalb müsse die Staatspartei ihre Position im Parteienspektrum im Parlament erhalten, um dann als Sammelbecken der Enttäuschten fungieren zu können, so Maier. Er setzte nicht aus Anpassung die Zustimmung seiner Fraktion zum Ermächtigungsgesetz durch, wie es ihm nach 1945 vorgeworfen wurde. Vgl.: Berg, in Bernecker / Dotterweich, S. 63.
[100] Rede Maiers am 4. September 1932 in Bietigheim, HStAS, NRM 3. Siehe: Matz, 1989, S. 126-127, 133. Matz, Klaus-Jürgen: Reinhold Maier, in: Asendorf, Manfred / Bockel, Rolf von (Hrsg.): Demokratische Wege. Deutsche Lebensläufe aus fünf Jahrhunderten, Stuttgart – Weimar 1997, S. 404-406, hier: S. 404-405.

„herbe[n] Charakter".[101] Er griff die Stimmungen in der Bevölkerung auf und versuchte sie taktisch umzusetzen. Maier war zwar Zeuge und Mittäter des Scheiterns des Liberalismus, aber es war auch seinem Engagement zu verdanken, dass bescheidende Reste für die Zeit nach 1945 bewahrt wurden.[102]

Auch nach 1945 stieg der Pragmatiker Maier wieder zum Krisenmanager der Liberalen auf. Wieder zauderte und taktierte er. Er musste gerufen und überzeugt werden. Letztendlich ließ er es aber nicht an der nötigen Konsequenz mangeln – auch um seiner eigenen Macht willen. Dies zeigte sich besonders 1952, als Maier vor allem aus wirtschaftlichen und strukturpolitischen Interessen sein Prestigeprojekt, die Gründung von Baden-Württemberg, betrieb. Hier agierte er angesichts der Widerstände – vor allem seitens der CDU – gegen die Zusammenlegung von Württemberg-Baden, Württemberg-Hohenzollern und (Süd-) Baden als taktischer Krisenmanager sowohl für den Südweststaat wie auch für die eigene Partei.[103] Er beanspruchte – auch angesichts der Bestrebungen der CDU, flächendeckend die Konfessionsschule einzuführen, während Maier die Simultanschule präferierte – aus Angst um die Entwicklung des neuen Landes sowie aus Gewohnheitsrecht den Posten des Ministerpräsidenten für sich und die FDP/DVP, da er bereits sieben Jahre in Württemberg-Baden als anerkannter und beliebter Regierungschef amtiert hatte. In einer von der CDU als stärkster Kraft im Land geführten Koalition wäre Maier nie Ministerpräsident geworden. Maiers Installierung der ersten Regierung des neuen Bundeslandes aus FDP/DVP, SPD und BHE war ein taktischer Coup. Der „Fuchs aus dem Remstal" verfuhr nach seinem Motto: „Ohne Trümpfe ist im Parlament nichts zu holen."[104] Direkt nach seiner Wahl zum Regierungschef ernannte er zur Überraschung aller und unter tumultartigen Protesten die Mitglieder der Regierung, händigte ihnen die bereits unterschriebenen Ernennungsurkunden aus und stellte fest, dass hiermit das Land Baden-

---

[101] Rede Maiers am 26. Januar 1933 in Berlin, HStAS, NRM 2. Vgl.: Matz, 1989, S. 139-140.
[102] Während die Stimmenzahl der Staatspartei bei der Novemberwahl 1932 im gesamten Reich zurückging, stieg sie in Württemberg insgesamt leicht, in Stuttgart gar stark an. Zwar konnten auch die anderen bürgerlichen Parteien mit Ausnahme des Zentrums in Württemberg auf Kosten der NSDAP Stimmengewinne verbuchen, doch lagen diese im Reichstrend. Nicht so bei der württembergischen Staatspartei. Das war auch Maiers Verdienst.
[103] Dass die Volksabstimmung im Dezember 1951 mit einem Erfolg für die Anhänger des Südweststaats endete, obwohl die Bevölkerung Südbadens mit großer Mehrheit dagegen gestimmt hatte, war nur dem von Maier durchgesetzten Abstimmungsmodus zu verdanken. Vgl.: Matz, 1988, S. 349-350.
[104] Nicht drücken, nicht drängeln, in: Der Spiegel, 7. Jg., Nr. 18, 29. April 1953, S. 9.

Württemberg gegründet sei.[105] Maier wollte mit seinem Coup unrevidierbare Tatsachen schaffen.[106] Es zeigte sich aber auch, dass Maier schlicht Taktiker war, der in dieser besonderen Situation seine Macht erhalten wollte und die Chance nutzte.[107]

Auch wenn es erscheint, dass Maier Ende 1956 aus heiterem Himmel zum FDP-Chef aufstieg, so bewarb er sich bereits auf dem Parteitag im April 1956 für den Posten – ohne es selbst zu wissen oder zu wollen. Nach dreijähriger Pause war er wieder auf einem FDP-Bundesparteitag aufgetreten, da seine Gegner von einst das Weite gesucht hatten. Zudem bot er nicht mehr wie früher als Ministerpräsident eine Angriffsfläche. Maier fühlte sich als Vertreter der guten alten Zeit der FDP, war er doch acht Wochen zuvor bei der Landtagswahl bestätigt worden. Er hielt eine scharfe Abrechnungsrede mit Adenauer und ermunterte seine demoralisierte Partei. Wie schon im Herbst 1932, als er in seiner Bietigheimer Rede versuchte, der Staatspartei neues Leben einzuhauchen, verhielt er sich auch im Frühjahr 1956.[108]

Exkurs: Maiers Führungsstil als Ministerpräsident – Warum konnte er sich als FDP/DVP-Politiker acht Jahre an der Macht halten?

Maier war von 1946 an Ministerpräsident einer Allparteienregierung in Württemberg-Baden, aus der 1948 die Kommunisten ausschieden. 1951 bis 1952 führte er eine Koalition aus SPD und DVP. Zwischen den verschiedenen Koalitionspartnern musste er ausgleichen, verhandeln und moderieren. Die DVP hatte eine Schlüsselfunktion im Stuttgarter Parteiensystem. Maier lavierte oft und pflegte einen integrierenden und präsidialen Führungsstil. Maier genoss als Ministerpräsident und Mann der Exekutive die Macht. Doch parteipolitische Macht verachtete er. Konkurrenten band er ein und stimmte sich mit Gremien ab. Wichtige strategische Posten besetzte er mit ihm gegenüber loyalen Personen, die seine Ziele unterstützten, sowie nach dem Proporzsystem. Für die Stabilität in der Koalition opferte Maier Heuss als Kultusminister. Mit Hilfe Haußmanns, der sich als Landesvorsitzender

---

[105] Zu „Reinhold Maiers Husarenritt" vgl. auch: Treffz-Eichhöfer, Fritz: Graswurzel-Demokratie. Vom Werden und Wachsen des Südweststaats Baden-Württemberg, Stuttgart – Zürich 1982, S. 132-134. Zitat, S. 132 [im Folgenden zitiert als: Treffz-Eichhöfer, a. a. O.].
[106] Siehe: Maier, 1966, S. 378-379, 390-391.
[107] Siehe: Lösche / Walter, a. a. O., S. 33.
[108] Vgl.: Matz, 1989, S. 449.

der DVP um die eigentliche Parteiarbeit kümmerte, sollten Spannungen und Konflikte bereits im Keim erstickt werden. Maier hatte Überzeugungskraft, konnte Entwicklungen erkennen, sich an deren Spitze setzen und sie in seinem Sinne beeinflussen und dafür Zustimmung für die Sache wie auch für seine Person erlangen. Sachpolitik statt Parteipolitik stand im Vordergrund. Das kam seinem Naturell des unaufdringlichen, bescheidenen, nüchternen Sach- und Interessenpolitikers und Pragmatikers, der über den Parteien thronte und sich allein dem Allgemeinwohl – besonders aber den wirtschaftlichen Interessen – verpflichtet sah, entgegen. Die Landesinteressen vertrat der allseits geschätzte Wirtschaftsfachmann selbstbewusst, objektiv, unbestechlich und überparteilich gegenüber den Besatzern wie dem Bund.[109] Im Schutz der Heimat scheute er keine Konflikte. Dort traute sich der sonst so konfliktscheue Maier sogar, die amerikanische Besatzungsmacht anzugreifen: „Unheimlich lastet die Faust der Sieger auf uns."[110] Maier verschaffte sich Anerkennung bei allen Koalitionspartnern und entsprach mit seiner Politik der speziellen Situation der Nachkriegsjahre. Sein integrierender Führungsstil bedeutete aber nicht, dass er keine eigenen politischen Ziele verfolgte. Sie setzte er mittels taktischer Züge durch, wie 1952 die Koalitionsbildung. Trotzdem war er eigentlich kein zielbewusster Anführer. Auch der Südweststaat war ein Kompromiss. Maier setzte sich – moderierend und ausgleichend – an die Spitze der Befürworter und avancierte zum Vater Baden-Württembergs.

Zudem verkörperte Maier als sehr heimatverbundener und volksnaher Politiker württembergisch-schwäbische Traditionen und Lebensstil. Maier war der erste typische Landesvater. Er machte nach dem Krieg Demokratie glaubwürdig. Bürgernähe war ihm nicht Mittel zum Zweck der Machtausübung, sondern Inhalt der Demokratie. Auch dadurch, dass er seine Heimat erwanderte, kam er unmittelbar mit den Problemen der Bürger und dem Aufbau demokratischer Institutionen auf lokaler Ebene in Kontakt. Er betrieb Politik wie ein Anwalt die Vertretung seiner Klientel. Wo auch immer er sich für die Interessen seines Landes eingesetzt hatte, trat er nie als Lobbyist auf und ließ sich nie persönlich in Netzwerke von wirtschaftlichen und politischen Interessen verstricken. Nur deshalb konnte er so viel Popularität bei den kleinen Leuten erlangen und zur Volksfigur werden.

---

[109] So wehrte er 1948/1949 die Versuche der amerikanischen Militärregierung ab, eine unbeschränkte Gewerbefreiheit einzuführen.
[110] Zitiert nach: Berg, in Bernecker / Dotterweich, S. 66.

Durch seinen integrierenden, lavierenden Führungsstil, die Unterstützung durch die Amerikaner und seinen guten Kontakt vor allem zu General William Dawson, seinen wirtschaftspolitischen Sachverstand, sein überparteiliches Eintreten für die Interessen des Landes und deren Bevölkerung – vor allem des Mittelstands – sowie durch eine breite Unterstützung im Volk weit über die eigenen Parteigrenzen hinaus sicherte er sich den Posten des Ministerpräsidenten als Spitzenmann der nur drittstärksten Kraft im Land.

1951 endete die Allparteienregierung, weil sich die CDU aus taktischen Gründen nicht an einer erneuten Regierung beteiligen wollte, die nur bis zur Gründung des Südweststaats amtierte. 1952 brüskierte Maier die CDU, indem er sie aus eigenem Macht- und auch im Interesse des Landes von der Regierungsbildung im neuen Bundesland Baden-Württemberg ausschloss und stattdessen mit der SPD und dem BHE koalierte, die ihn als Ministerpräsidenten akzeptierten. Außerdem brüskierte er die CDU durch sein Taktieren bei der Ratifizierung des EVG- und des Deutschlandvertrags. Durch seine Zustimmung zu den Verträgen mit Verweis auf seine Richtlinienkompetenz letztlich verprellte er seinen Stuttgarter Koalitionspartner SPD, obwohl er bei den Koalitionsverhandlungen noch die Zusage gegeben hatte, gegen die Verträge stimmen zu wollen.[111] Damit war sein Ende als Ministerpräsident besiegelt. Die von ihm brüskierten Parteien CDU und SPD verbündeten sich hinter seinem Rücken gegen ihn. Solange er verschiedene Parteiinteressen ausgleichen konnte und überparteiliche Sachpolitik im Vordergrund stand, solange war er ein erfolgreicher Ministerpräsident. 1952 gab er seine Strategie des Lavierens und Moderierens auf. Damit war sein Ende besiegelt.[112] Daraus zog er Lehren für die Zeit als FDP-Chef.

5.3 Unabhängigkeit und Distanz – Maiers Einstellung zum FDP-Parteivorsitz

Maier betrachtete sein Parteiamt nicht als eine kurzlebige Zwischenregelung. Im Vorfeld des Parteitags 1957 hatte es Spekulationen gegeben, dass Maier nur eine einjährige Übergangslösung sei. In Anspielung auf einen Artikel in der *Zeit* „Dehler stürzte auf lautlose Weise. Heute ist es Maier –

---

[111] Siehe: Adam, in Rothmund / Wiehn, S. 231.
[112] Hohe Verluste bei der Bundestagswahl 1953 verschärften seine Situation. Die CDU erzielte die absolute Mehrheit in Baden-Württemberg. Haußmann drängte Maier, den Platz für einen Nachfolger zu räumen. Maier selbst hatte den Gedanken schon früher gehegt. Er war am 6. September in den Bundestag gewählt worden. Vgl.: Adam, in Rothmund / Wiehn, S. 231-232.

morgen folgt ihm Weyer"[113] hob er hervor, er wolle sich auch nicht mit der Rolle einer vorgeschobenen repräsentativen Figur begnügen. „Der biblische David war ein König, aber kein Prophet! Schlagen Sie sich also eine Zwischenregelung aus dem Kopf. Einmal da, bleibe ich da."[114]

Maier zeigte Willen zur Führung. Doch sollte er als FDP-Chef nie wirklich dazu bereit sein. Den FDP-Vorsitz empfand er zunehmend als Pflicht, von der er sich angesichts der vielen Minen gern entledigt hätte. Bereits die Schlussworte Maiers auf dem Parteitag gaben sein Selbstverständnis wieder: „Meine Freunde! Gehen wir ans Werk!"[115] Die Pflicht rief.

Maier gab sich innerlich unabhängig und distanziert zur Macht. Er hatte die schlimmste Zeit seines Lebens hinter sich. Im Krieg hatte er fast alles verloren. Er konnte nichts mehr verlieren. Zudem brauchte er niemanden – am allerwenigsten sich selbst – etwas zu beweisen oder sogar auf seine eigene weitere politische Karriere Rücksicht nehmen. Das äußerte sich neben der Bedingung, seinen Wohnsitz nicht nach Bonn verlegen zu müssen, in seiner Forderung nach „Artenschutz" und Deckung für den Vorsitzenden durch seine Stellvertreter. Bereits sein Anspruch zu Beginn seiner Amtszeit war ziemlich bescheiden und zeigte auch sein geringes Verständnis von Parteipolitik: „Ich möchte nun zunächst einige Wochen oder Monate Erfahrungen sammeln, wie ein Bundesvorsitzender überhaupt erfolgreich tätig werden kann."[116] Von Beginn an hatte es Maier abgelehnt, nach der Bundestagswahl 1957 ein Ministeramt in Bonn anzunehmen. „Mein Bedarf in dieser Richtung ist voll gestillt."[117] Seine erneute Kandidatur für den Bundestag betrieb er halbherzig. Maier war im Wahlkampf allgegenwärtig – allerdings nur auf Plakaten. Er trat nur selten öffentlich auf. Er zog sich sogar in der heißen Wahlkampfphase ganz zurück und verbrachte die Zeit auf seinem Chalet bei Arosa. Maier sei in Wirklichkeit nur ein Strohmann der Jungtürken, so die Vermutung, die in Bonn umherging. Da er weiterhin in Stuttgart wohnte, brachte er sich von Anfang an um die Möglichkeit, sich über Entwicklungen und deren Hintergründe zu informieren sowie in Ent-

---

[113] David, Heinrich: Dehler stürzte auf lautlose Weise. Heute ist es Maier – morgen folgt ihm Weyer, in: Die Zeit, 10. Januar 1957.
[114] Kempski, Hans Ulrich: Reinhold Maier ist Dehlers Nachfolger, in: Süddeutsche Zeitung, 25. Januar 1957.
[115] Maier am 26. Januar 1957 auf dem Bundesparteitag in Berlin, in: Maier, Parteitag 1957, S. 131.
[116] Der Tag nach der Wahl, in: Der Spiegel, 11. Jg., Nr. 9, 27. Februar 1957, S. 20.
[117] Ebd., S. 23.

scheidungsprozesse einzugreifen. Der Vorsitzende machte sich noch nicht einmal die Mühe, regelmäßig in der Bundesgeschäftsstelle zu erscheinen. Stattdessen richtete man im April 1957 in Stuttgart ein „Büro Maier" ein, wo sein persönlicher Referent Gentner und eine Sekretärin die anfallenden Geschäfte erledigten. Gentner wechselte bereits im Frühjahr 1959 nach Bonn in die Bundesgeschäftsstelle. 1960 wurde das Büro aufgelöst.[118] Durch die Außenstelle entstand ein höherer Verwaltungsaufwand. Zudem gab es Koordinationsprobleme und Missverständnisse vor allem im Wahljahr. Alle Aktionen der Bundesgeschäftsstelle brauchten die Zustimmung durch das ineffiziente „Büro Maier".

Maier versuchte, aus dem sicheren Stuttgart durch scharf formulierte Briefe nach Bonn Entwicklungen in seinem Interesse zu beeinflussen und sich Respekt zu verschaffen. Auch schickte er seinen Vertrauten Klaus von Mühlen – ein Bundesbruder aus der Stuttgardia – als Gesandten bzw. Spion nach Bonn und Düsseldorf. Von Mühlen versuchte, dort Maiers Interessen durchzusetzen und informierte ihn über Interna.[119]

Der Rückzug nach Stuttgart zeigte neben seiner Unabhängigkeit und Distanz zur Macht aber auch seine Unfähigkeit, sich mit direkten Konflikten auseinanderzusetzen. Auf öffentliche Kritik an seiner Person und seiner Arbeit reagierte er empfindlich, boshaftig, unbesonnen und verletzt. Er bekam trotz jahrelanger politischer Arbeit kein dickes Fell. In Krisenzeiten zog er sich in seine württembergische Heimat oder sein schweizer Chalet zurück. Sein Adjutant Haußmann musste die Wogen glätten.

Ab 1958 ließ Maier Mende zunehmend den Vortritt und baute ihn im Interesse der Partei als seinen Nachfolger auf. Bereits 1957 hatte Maier zugegeben: „Neben Mende ist ein Bundesvorsitzender vollkommen entbehrlich."[120] Das zeigte ebenso seine Einstellung zum Vorsitz der Partei wie seine häufigen Drohungen, zurückzutreten oder nicht erneut zu kandidieren. Damit versuchte er – meist vergeblich – die Partei auf seine Linie zu bringen.

Um im „Hexenkessel der Bundespolitik"[121] bestehen zu können, musste er sich – obwohl sparsam und bescheiden – auf Machtsymbole stützen. So

---

[118] Siehe: Matz, 1989, S. 456.
[119] Das war typisch für Maiers politische Karriere: Wenn er in die große Politik eingriff, dann nur aus der Heimat.
[120] Zitiert nach: Gutscher, a. a. O., S. 214.
[121] Maier, 1966, S. 445.

achtete er bei der Wahl seines Dienstfahrzeugs auf Hierarchien: Er fuhr mit einem Mercedes 220 S. Bundesgeschäftsführer Stephan und Wahlkampfleiter Döring zum Beispiel mussten sich mit einem Opel Kapitän zufrieden stellen.[122] Bereits zu seiner Zeit als Bundesratspräsident fuhr er in Bonn und zu Parteitagen mit einem Mercedes 300 vor, um sich hinter der Fassade der Macht zu verstecken. Als er 1953 zum Bundesparteitag nach Lübeck fuhr, wollte er so den „schneidigen und schneidenden Nordlichtern" aus Nordrhein-Westfalen und Hessen zeigen, „was eine Harke ist".[123]

5.4 Dritte Kraft – Die Strategie der FDP Maiers und Dörings bis 1958

Maier übernahm eine Partei, deren Liberalismusverständnis ungeklärt war. An den neuen Vorsitzenden wurde die Erwartung geknüpft, er könne eine integrierende Führungspersönlichkeit werden und der Partei Erfolge bescheren. Größte Sorge war eine Große Koalition oder gar ein Zweiparteiensystem. Maier war sich mit den Jungtürken einig, dass die einzige Möglichkeit, dies zu verhindern, eine starke, unabhängige FDP sei. Erster Schritt auf dem Weg zu einer unabhängigen dritten Kraft im Parteiensystem waren die Düsseldorfer Koalitionsbildung und der Gang in die Bonner Opposition 1956. Mit dem Amtsantritt Maiers und der Verabschiedung des Berliner Programms, des ersten Parteiprogramms der FDP, wurde eine nächste Etappe eingeleitet.[124] Die Dritte Kraft war das Logo der FDP unter Maier und Bundeswahlkampfleiter Döring. Die Strategie entsprach den Vorstellungen der Spitze des nordrhein-westfälischen Landesverbands. Die Jungtürken versuchten, die FDP nach den Konflikten zwischen Liberaldemokraten und Nationalliberalen auf einer liberaldemokratischen Basis zu einen und die FDP als Partei der liberalen Mitte zu etablieren. Aus der Nationalen Sammlung hatten die Düsseldorfer gelernt, aus der FDP eine moderne Massenpartei zu machen. Dazu sollte die soziale Basis der Partei über die bisherige Klientel von Selbstständigen und Freiberuflern durch

---

[122] Siehe: Matz, 1989, S. 457.
[123] Maier, 1966, S. 507-508.
[124] Maier hatte keinen Anteil an der Ausarbeitung des Parteiprogramms. Es entstand unter der Regie Dörings und maßgeblicher inhaltlicher Mitarbeit Karl-Hermann Flachs. Der programmatische Konsens zwischen den beiden Flügeln sorgte für einen positiven Beginn von Maiers Amtszeit. Siehe: Berliner Programm 1957, in: Juling, Peter: Programmatische Entwicklung der FDP 1946 bis 1969. Einführung und Dokumente, Meisenheim am Glan 1977, S. 145-154 (Studien zum politischen System der Bundesrepublik Deutschland, Bd. 19).

Angehörige des neuen Mittelstands aus Angestellten und Facharbeitern ergänzt werden.[125] Doch es gab unterschiedliche Vorstellungen, was die Dritte Kraft ausmachen sollte. Ihr inhaltlicher Hintergrund war trotz des Berliner Programms unklar.[126] Man grenzte sich eigentlich nur gegenüber dem Sozialismus und dem politischen Katholizismus ab. Was genau das Liberalismusverständnis der FDP war, wurde nicht deutlich. Beiden großen Parteien stand man prinzipiell offen gegenüber, doch im Grunde genommen richtete sich die Dritte Kraft nur gegen den Kanzler und die CDU, deren Alleinherrschaft man mit einem Zweiparteiensystem identifizierte. Zudem war die CDU neben den kleineren bürgerlichen Parteien der Hauptkonkurrent der FDP um Wählerstimmen. Der SPD traute man die absolute Mehrheit nicht zu.[127]

Maier selbst favorisierte im Unterschied zur neuen Spitze des nordrhein-westfälischen Landesverbands bereits seit den frühen 1950er Jahren eher das Konzept einer „liberalen Mitte". Diesen Kurs wollte er bereits nach dem Scheitern der Nationalen Sammlungsbewegung auf Bundesebene durchsetzen. Die FDP sollte sich als kleine, aber feine liberale Kraft neben der Union profilieren und eine deutliche Koalitionspräferenz ihr gegenüber hegen.[128] Doch Maiers Idee fand 1957 bei den nach Höherem strebenden Düsseldorfern kein Gehör. Eine kleine, aber feine honorige Milieu-FDP passte nicht zu ihrem Selbstverständnis.

Entscheidend für den Erfolg der neuen Strategie aus Düsseldorf war die Bundestagswahl 1957. Entsprechend der Würzburger Formel waren sich die Freien Demokraten einig, ohne eine Koalitionsaussage in den Wahlkampf zu ziehen. Eine Koalitionsentscheidung sollte erst am Tag nach der Wahl fallen. Die FDP legte sich nur in einem Punkt fest: Sollte eine der großen Parteien die absolute Mehrheit erlangen, wollte man in der Opposition bleiben und nicht wie 1953 in eine Koalition eintreten. Um als Partei bestehen zu können, musste die FDP taktieren, auch wenn sie Gefahr lief, als doppelzüngig zu erscheinen.

---

[125] Siehe: Matz, 1989, S. 467-468.
[126] Siehe: Lösche / Walter, a. a. O., S. 45.
[127] Siehe: Gutscher, a. a. O., S. 232. Kitzinger, Uwe Webster: Wahlkampf in Westdeutschland. Eine Analyse der Bundestagswahl 1957, Göttingen 1960, S. 123 [im Folgenden zitiert als: Kitzinger, a. a. O.]. Doch trotz betonter Eigenständigkeit waren die inhaltlichen Aussagen des Berliner Programms zur Innen- und Wirtschaftspolitik allerdings deutlich auf die eher konservative, mittelständische und selbstständige Klientel zugeschnitten und boten wenig Ansatzpunkte für eine Übereinstimmung mit der SPD. Siehe: Kaack, a. a. O., S. 22.
[128] Siehe: Dittberner, a. a. O., S. 109.

Die offizielle Abgrenzung zur Union und zur SPD lag in unterschiedlichen Bereichen begründet. Eine Koalition mit der SPD widersprach der sozialen Struktur beider Parteien und hatte wegen der geringen außenpolitischen Kompetenz der SPD keine echte Chance. Hätte sich die FDP vorher auf eine solche Möglichkeit festgelegt, wären viele Wähler und Geldgeber endgültig abgewandert. Eine Koalition mit der CDU/CSU entsprach zwar der sozialen Struktur der FDP, aber es war angesichts der Ereignisse der zurückliegenden Jahre und der noch bestehenden Diskrepanzen in der Außen- und Deutschlandpolitik unmöglich, in den Schoß Adenauers zurückzukehren. Die koalitionspolitische Offenheit war zudem maßgeblich von den Erfahrungen der Bundestagswahl 1953 bestimmt, als sich die Blücher-FDP lediglich als Anhängsel der CDU präsentiert hatte. „Die FDP hat eine sehr schlechte Erfahrung gemacht, nämlich im Jahre 1953, als sie damals aus der ersten Koalition, der ersten Legislaturperiode des Bundestages, sozusagen Arm in Arm mit der CDU den Wahlkampf geführt hat. Der Parteivorsitzende der CDU, Herr Bundeskanzler Dr. Adenauer, hat es ja damals verstanden, die Früchte gemeinschaftlicher vierjähriger Regierungsarbeit mit seltenem Geschick nur in die eigene Scheuer der CDU einzufahren, und die FDP mußte damals die Zeche bezahlen."[129]

Doch war die fehlende Koalitionsaussage auch ein Kompromiss zwischen den verschiedenen Landesverbänden der FDP. Eine Beantwortung der Koalitionsfrage vor der Wahl hätte Maiers angestrebten Konsolidierungskurs torpediert und die Bundespartei in erneute Flügelkämpfe gestürzt. Döring, Weyer, Scheel, Bundesschatzmeister Rubin und Dehler neigten – wie auch die Mehrheit der 1957 neu gewählten Vorstandsmitglieder – zu einer Koalition mit der SPD.[130] Auch Hamburg und Bremen strebten eine solche Koalition an. Die süddeutschen Verbände (außer Dehler) und Hessen neigten eher zu einer Koalition mit der CDU. Maier schwebte ursprünglich eine Allparteienregierung vor.[131] Die Trennungslinie zwischen den Koalitionsoptionen lag zwischen denjenigen Kräften, die den Düsseldorfer Koalitionswechsel als einen Notwehrakt tolerierten und ihn als Auslöser einer innerparteilichen Reinigung empfanden, aber nach wie vor deutlich mehr Gemeinsamkeiten mit der CDU denn der SPD sahen und denjenigen, für die eine SPD/FDP-Koalition eine gleichrangige Option darstellte. Das Ziel

---

[129] Der Tag nach der Wahl, in: Der Spiegel, 11. Jg., Nr. 9, 27. Februar 1957, S. 20.
[130] Siehe: Gutscher, a. a. O., S. 193. Mende, 1972, S. 145-146.
[131] Siehe: Gutscher, a. a. O., S. 193.

einer Dritten Kraft bildete dabei den gemeinsamen Nenner, verriet aber nichts über die jeweiligen Koalitionspräferenzen.[132] Auch die Anhänger der FDP waren über die Koalitionsabsichten ziemlich genau in zwei Hälften gespalten.[133] Der Taktiker Maier entzog sich angesichts der Verhältnisse und der Macht der Jungtürken aus Furcht vor Konflikten einer Koalitionsaussage.

5.5 Maier und die Machtzentren – Zur innerparteilichen Struktur der FDP

5.5.1 Nordrhein-Westfalen – Der Landesverband der Jungtürken

Die Bundes-FDP war bei Amtsantritt Maiers immer noch ein Dachverband weitgehend autonomer Landesverbände. Entscheidendes Machtzentrum war – wie auch unter Dehler – der finanzstärkste Landesverband Nordrhein-Westfalen um Weyer, Döring, Scheel, Rubin sowie Mende.[134] Maiers Statthalter in Bonn war der Wahlkampfleiter und Stratege Döring – früher Panzerhauptmann, jetzt FDP-Kommandant und eine Art politischer Generalsekretär der Partei. Er war das politische Talent der FDP. Um durch eine erfolgreiche Landespolitik den Einfluss der Landes-FDP auf Bonn zu erhöhen, war Döring zudem bis zum Juli 1958 Fraktionsvorsitzender in Düsseldorf. Er kanalisierte die Meinungen in seinem Sinne. Die Fraktion orientierte sich stärker bundespolitisch. Die Zusammenarbeit zwischen den Gremien der Landespartei und deren Vertretern in Bundesvorstand und Bundestagsfraktion funktionierte reibungslos.[135] Weyer, der zweite Machtfaktor der Jungtürken, hingegen blieb gänzlich in Düsseldorf und war dort Landesminister und stellvertretender Ministerpräsident.

Döring managte die Partei und den Wahlkampf wie eine militärische Operation. Er führte die Partei auf den Weg zu einer modernen und zentral gemanagten Partei. Die Selbstdarstellung wurde professionalisiert und die Organisation verbessert. Die sanften Führungsmethoden des Bundesgeschäftsführers Werner Stephan – eines Weimarer Demokraten, der bereits

---

[132] Siehe: Papke, 1992, S. 226.
[133] 48 Prozent waren für eine Koalition mit der Adenauer-CDU, 45 Prozent dagegen. Siehe: Gutscher, a. a. O., S. 193.
[134] Vgl.: Papke, 1992, S. 214-216.
[135] Vgl.: Ebd., S. 230.

1929 Geschäftsführer der DDP gewesen war – waren nicht mehr zeitgemäß. Ein von Döring geprägter, härterer Leitungsstil setzte sich durch. Maßgeblichen Einfluss hatte bereits Flach, Leiter der politischen Abteilung in der Bundesgeschäftsstelle und stellvertretender Wahlkampfleiter. Zwar blieb Stephan bis 1959 Bundesgeschäftsführer, doch das Sagen – auch Maier gegenüber – hatte der Wahlkampfmanager, „Typ großer Junge, rauhbeinig und kumpelhaft."[136]

Auf dem Berliner Parteitag klappte die Auswahl der neuen Parteispitze und die Zustimmung zu den Programmthesen so glatt wie ein oft geübtes Bühnenstück. „Die Parteitagsregisseure von CDU und SPD hätten sich in Berlin wie Anfänger vorkommen müssen."[137] Vor dem Parteitag hatte Döring alle Landesverbände persönlich auf Linie gebracht.[138] Der Berliner Parteitag war der erste der FDP, der ohne personellen Hader und frei von schweren politischen Unstimmigkeiten stattfand. Dörings Drohung vom Spätsommer des Vorjahrs hatte gefruchtet: „Entweder habe ich die Partei in einem halben Jahr da, wo ich sie brauche, oder ich kann mir einen Strick besorgen."[139]

In Berlin erschienen Maier und Döring als „geradezu ideales Führungsgespann"[140], was aber auf Dauer nicht zusammen passte. Die Zwistigkeiten, bei denen Maier und Döring die beiden Extreme bildeten, eskalierten nach der Bundestagswahl 1957. Maier verkörperte liberale Tradition und Erfolg, aber parteipolitisches Desinteresse. Döring dagegen schien die Zukunft der FDP zu sein. Er war Parteipolitiker, hatte Verhandlungsgeschick, Machtinstinkt, Durchsetzungsvermögen, cleveren Tatsachensinn und konnte schwierige Konflikte kurzerhand aus der Welt schaffen. Die Düsseldorfer, allen voran Döring, setzten starke eigene Akzente gegenüber Maier: „Wir sind kein Verein schüchterner Mauerblümchen und auch kein wissen-

---

[136] Schollwer, 1990, S. 21.
[137] Kempski, Hans Ulrich: Reinhold Maier lädt die FDP-Kanone, in: Süddeutsche Zeitung, 28. Januar 1957.
[138] Dabei hatte er jenen Sturköpfen, die keine Chance auf einen Vorstandsposten mehr bekommen sollten, verdeutlicht, dass es zwecklos sei, in Berlin einen Aufruhr zu veranstalten und sich gegenseitig niederzustimmen. So konnten sich schon vorher abgeraten. Zudem ließ Döring die längst fertig ausgearbeiteten Grundsätze des Parteiprogramms in vier Arbeitskreisen diskutieren. Dort konnten sich dann die besonders an Programmdiskussionen interessierten Delegierten produzieren und waren glücklich, wenn ihnen womöglich der Erfolg beschieden wurde, das Programm durch eine eigene Formulierung zu bereichern.
[139] Kempski, Hans Ulrich: Reinhold Maier lädt die FDP-Kanone, in: Süddeutsche Zeitung, 28. Januar 1957.
[140] Ebd.

schaftlicher Verein von Altphilologen."[141] Zudem distanzierte sich Döring von der Bezeichnung der FDP als „bürgerliche Partei". Er betonte, ein in der SPD organisierter und für die Wiedervereinigung eintretender Arbeiter sei ihm lieber als jeder andere, der die Einheit stillschweigend abgeschrieben habe.[142] Mit den Altliberalen um Maier und dem selbstständigen mittelständischen Milieu hatte er nicht viel im Sinn, schließlich war er über die Nationale Sammlung zur FDP gekommen.

Doch auch Maier schoss gegen die dynamischen, ungestümen und unerfahrenen Jungtürken – am liebsten mit eigenen Lebensweisheiten. Er zitierte beispielsweise nach seiner Wahl zum Parteichef Moritz Moßmayer, einen schwäbischen Oberförster, der im Ersten Weltkrieg sein Batteriechef bei der Fußartillerie gewesen war. Dieser hatte zu ihm gesagt: „Herr Leutnant, ehe Sie in eine Stellung fahren, besinnen Sie sich immer, wie sie wieder herauskommen." Für die Jungtürken leitete er aus diesem Satz, woran er sich zeitlebens gehalten hatte, die Lehre ab: „Man hüte sich davor, mehr auf die Hörner zu nehmen, als man verkraftet. Wir können und dürfen nicht einfach wahllos um uns schlagen und uns in exponierte Situationen begeben, die wir schließlich nicht durchhalten können. [...] Quantitativ wenige, qualitativ wohlüberlegte Aktionen, strategische und taktische, entsprechend unserer Sonderstellung."[143] Besonders in Döring sah Maier einen „verkappten Sozi" und gar einen „Linksradikalen".[144]

Auch Bundesschatzmeister Rubin – ebenfalls aus dem Landesverband Nordrhein-Westfalen sowie den Jungtürken politisch nahe stehend – wurde zunehmend innerparteilicher Konkurrent Maiers, je mehr dieser die Rolle des eigentlichen Spendeneintreibers übernahm und die Partei im Interesse der Wirtschaft stärker an die CDU annäherte. Trotz Vermittlungsversuchen von Mende blieb die Kluft unüberbrückbar.

---

[141] Kempski, Hans Ulrich: Reinhold Maier ist Dehlers Nachfolger, in: Süddeutsche Zeitung, 25. Januar 1957.
[142] Stuttgarter Zeitung, 9. Dezember 1958. Auch: Bundesvorstand am 11./13. Dezember 1958, S. 402.
[143] Kempski, Hans Ulrich: Reinhold Maier lädt die FDP-Kanone, in: Süddeutsche Zeitung, 28. Januar 1957.
[144] Maier am 27. Januar 1959 auf der baden-württembergischen Landesvorstandssitzung. Zitiert nach: Gutscher, a. a. O., S. 206.

5.5.2 Der Landesverband Baden-Württemberg – Maiers Hausmacht

Uneingeschränkte Rückendeckung erhielt Maier nur von seinem Landesverband Baden-Württemberg. Obwohl der Landesvorsitzende Wolfgang Haußmann 1957 seinen Posten als stellvertretender Bundesvorsitzender wegen des Regionalproporzes abgeben musste, war er Maiers stärkste Machtstütze, sein „Gönner, Helfer und politische[r] Weggefährte[...]".[145] Maier verdankte seine politische Karriere größtenteils der Protektion und dem Netzwerk des deutlich jüngeren Haußmann, Sohn des ehemaligen Parteiführers der württembergischen DDP.[146] Haußmann diente Maier loyal bis zur Selbstaufgabe. Auf eine eigene höhere politische Karriere verzichtete er zu Gunsten Maiers – zuletzt 1957, als er den stellvertretenden Parteivorsitz abgab und den Weg für Maier als FDP-Chef freimachte. Das verbitterte ihn zunehmend, änderte aber nichts an seiner Loyalität und Selbstaufgabe gegenüber Maier. Über den Posten des Landesvorsitzenden (1945-1964) und des Justizministers in Stuttgart kam er nicht hinaus. Haußmann erledigte für Maier die parteipolitische Kärrnerarbeit, sicherte dessen Hausmacht im Landesverband, schmiedete Koalitionen, löste Konflikte und badete aus, was Maier eingebrockt hatte. Er verteidigte seinen konfliktscheuen Chef, wenn dieser – wie so oft – Angst vor Verantwortung hatte. So hielt er für ihn bereits im Konflikt um die Koalitionsbildung 1952 und die Ratifizierung der Westverträge in Bonn seinen Kopf hin.

Unterstützung hatte Maier auch durch den Nachwuchs im eigenen Landesverband. Ewald Bucher war ab 1956 Mitglied im Bundesvorstand und parlamentarischer Geschäftsführer der Bundestagsfraktion. Hans Lenz war ebenfalls ab 1956 im Bundesvorstand und ab 1957 stellvertretender Fraktionschef. Auch Eduard Leuze, der 1952 als Landesvorsitzender von Württemberg-Hohenzollern die Bildung eines einheitlichen südwestdeutschen Landesverbands torpediert hatte und als erbitterter Gegner Maiers Anhänger des Kurses von Middelhauve und Euler gewesen war, sowie Walter Erbe unterstützten den Parteichef als Mitglieder im Bundesvorstand. Zudem

---

[145] Matz, 1989, S. 378.
[146] Haußmann war es zu verdanken, dass Maier 1929 in den Landesvorstand der württembergischen DDP aufsteigen konnte. 1930 verteidigte er für Maier den Eintritt in die württembergische Regierung. 1950 schmiedete er eine Koalition mit der SPD und machte den Weg für Maiers Wiederwahl als Ministerpräsident frei.

verband ihn mit dem deutlich jüngeren Guntram Palm ein Vertrauensverhältnis.[147] Palm übernahm 1964 Maiers Wahlkreis Waiblingen II.

5.5.3 Die Achse Düsseldorf – Stuttgart

Die Achse Düsseldorf – Stuttgart gab der Partei die nötige Konsolidierung. In den Konflikten um die Nationale Sammlung hatten die beiden Landesverbände auf unterschiedlichen Seiten gekämpft. Infolge des gewachsenen Einflusses der Jungtürken und des Endes der Nationalen Sammlung näherten sich beide Verbände an.[148] Sie stützten Dehler zuerst, dann stürzten sie ihn. Auf Initiative von Nordrhein-Westfalen erkoren sie Maier zum neuen Parteichef. Trotz dessen gab es starke Konflikte um den künftigen Kurs der Partei. Während die Nordrhein-Westfalen einen dynamischen Kurs in der Außen- und Deutschlandpolitik anstrebten, lieber heute als morgen mit der SPD koalieren wollten und den bürgerlichen Charakter der FDP in Frage stellten, suchten Maier und Haußmann zunehmend die Gemeinsamkeit mit der CDU. Nach dem Scheitern der Jungtürken 1958 endeten die Konflikte. Die bürgerliche FDP Maiers hatte gesiegt und orientierte sich stärker an der CDU. Auf dem Weg zu einer Konsolidierung der Partei konnten Maier und der ab 1958 starke Mann Mende auf die Unterstützung des Landesverbands Baden-Württemberg und weiter Teile des Landesverbands Nordrhein-Westfalen rechnen – eine einzigartige Voraussetzung für die Befriedung der Partei. Ein erster Schritt zur Verständigung der beiden Landesverbände war bereits die Wahl Mendes zum Fraktionschef im Oktober 1957. Mit dem Votum für Mende tat der baden-württembergische Landesverband einen ersten Schritt.[149] 1959 einigten sich beide Landesverbände auf einen einvernehmlichen Wechsel im Parteivorsitz von Maier zu Mende.

5.5.4 Die Bundestagsfraktion

Nach dem Abtritt Dehlers war eine Trennung von Partei- und Fraktionsvorsitz nötig. Maier hatte kein Interesse am Fraktionsvorsitz – war hierfür doch die ständige Anwesenheit in Bonn erforderlich. Max Becker wurde im

---

[147] Matz, 1989, S. 484.
[148] Siehe: Lösche / Walter, a. a. O., S. 44.
[149] Die südwestdeutschen Liberalen hatten sich ursprünglich dafür ausgesprochen, Becker wieder zu wählen und dafür Mende als Bundestagsvizepräsidenten zu nominieren. Damit sollte verhindert werden, dass Mende zu einem neuen Machtzentrum heranwächst. Siehe: Gutscher, a. a. O., S. 207.

Januar 1957 Fraktionschef. Becker war ein Mann ohne Profil, der in den Augen der Jungtürken keine Gefahr darstellte.[150] Hatte die Fraktion unter Dehler noch eine herausragende Bedeutung als „alles beherrschende Machtposition im Parteileben"[151] und trug letztendlich auch zu dessen Sturz bei, so verlor sie unter Becker an Einfluss. Auch unter Mende gelang es ihr nicht ganz, an ihre frühere Machtstellung anzuknüpfen. Das ist maßgeblich darauf zurückzuführen, dass die FDP seit 1956 im Bund in der Opposition war. In der Regierungszeit der FDP wurde Parteiarbeit faktisch von den FDP-Ministern und der Fraktion geleistet. In den Zeiten der Opposition war die Parteizentrale gestärkt. Zudem wurde durch Satzungsänderungen die Position der Bundespartei gegenüber den Landesverbänden und der Bundestagsfraktion gestärkt. Trotz dessen hatte die Fraktion doch eine entscheidende Schlüsselposition inne. Mendes Position in der Fraktion war unangetastet. Er baute sie durch sachpolitische Profilierung – im Interesse Maiers – immer stärker zu seiner Hausmacht aus.

5.5.5 Weitere Machtzentren

Obwohl Dehler keine einflussreiche Position mehr in der FDP ausübte, so nahm er doch an der Seite der Jungtürken eine zentrale Rolle in der Front gegen Maier ein. Dehler und die Jungtürken einte das Streben nach einer unabhängigen Rolle der FDP im deutschen Parteiensystem und der Wunsch nach einer flexiblen Außen- und Deutschlandpolitik. Dass er noch genügend politischen Ehrgeiz hatte, teilte er Augstein bereits am 10. Januar 1957 mit: „Ich meine, daß ich in den letzten zehn Jahren viel erfahren und viel gelernt habe und daß die Zeit der Reife noch vor mir liegt. Sie sollen noch Freude an mir haben."[152] Als Maier zum Nachfolger Dehlers aufstieg, war das einst freundschaftliche Verhältnis der beiden zerstört. Dehler konnte es nicht ertragen, dass ausgerechnet Maier, dem er dieses Amt nie zugetraut hatte, ihn beerben sollte. Hatte Dehler Maier noch 1952 vor den Anfeindungen vor allem aus Hessen und Nordrhein-Westfalen wegen seiner Koalitionsbildung in Stuttgart in Schutz genommen, so trat er ab Ende 1956 als dessen offener Gegner auf. Das versöhnliche Telegramm Dehlers

---

[150] Vgl.: Matz, 1989, S. 458-459. Heuss nannte Becker einen „bieder ehrgeizigen Provinzadvokaten" und einen „nette[n] kleine[n] Kollege[n] im Parlamentarischen Rat, doch dort ganz ohne Bedeutung." Heuss, Tagebuchbrief vom 25. Mai 1959, in: Heuss, 1970, S. 435-436.
[151] Matz, 1989, S. 459.
[152] Dehler an Augstein vom 10. Januar 1957, AdL, NTD, N 1-2830.

an Maier aus Anlass des Parteitags in Berlin täuschte darüber hinweg. Hierin dankte Dehler Maier dafür, dass er das Amt übernommen habe.[153] In einem weiteren Telegramm an die Delegierten zog Dehler gar einen Schlussstrich unter den Führungsstreit der Vergangenheit.[154] Doch daran hielt er sich nicht. Dehler kündigte Maier sogar das „Du" auf: „Sehr geehrter Herr Dr. Maier, kein Gegner hat sich jemals so feindselig zu mir verhalten, wie Sie es jetzt seit Jahr und Tag tun. Es entspricht dem Gebot der Sauberkeit, zu der diesem Verhältnis gemäßen Verkehrsform zurückzukehren. Mit vorzüglicher Hochachtung. gez. Dehler"[155] Maier erwiderte gelassen: „Thomas, du kannst mir noch zehn solche Briefe schreiben, ich werde dich immer duzen."[156]

Dehler versuchte nach Maiers Wahl zum Parteichef ihn zu beschädigen. Er sah in ihm einen „boshaften[n] und törichte[n] Zittergreis"[157] und in dessen Taktieren Opportunität. Nur durch Finassieren würde man aber keine Fortschritte erzielen, so Dehlers Meinung. Sein Störpotenzial war immens – sowohl unter dem Vorsitz Maiers wie auch Mendes. Seine emotionalen Ausbrüche und seine Kontakte zu Ostblockstaaten torpedierten Bestrebungen, durch eine sachliche Politik der Partei Ruhe und weniger Schlagzeilen vor allem auf dem höchst sensiblen Terrain der Außen- und Deutschlandpolitik zu bescheren.

Doch Dehlers pointierten Äußerungen waren auch Frustration darüber, dass sein Einfluss auf den Kurs seiner Partei nur noch marginal war. Er war im politischen Abseits.[158] Er war oft „staats- und gesellschaftsverdrossen bis zur Gemütskrankheit", glich einem „fast hilflosen Mann" und konnte „mit seinem Ärger über das Absinken von der Stellung des Bundesjustizministers und des Parteivorsitzenden nicht fertig werden".[159]

---

[153] Dehler an Maier vom 23. Januar 1957, AdL, NTD, N 1-3148.
[154] Dehler an den Bundesparteitag in Berlin vom 23. Januar 1957, in: Bundesvorstand am 23. Januar 1957, S. 243.
[155] Dehler an Maier vom 3. März 1958, AdL, 3159. Dehler kündigte seinem Nachfolger das „Du" also erst 1958 auf und nicht bereits vor dem Wechsel im Parteivorsitz, wie Mende behauptet. Mende, 1972, S. 120.
[156] Genscher, a. a. O., S. 78. Das Verhältnis zwischen Maier und Dehler war schwierig, obwohl es viele Ähnlichkeiten in ihren Lebenswegen gab: Beide waren Rechtsanwälte, beide waren in der dunkelsten Epoche Deutschlands mit Jüdinnen verheiratet, beide waren zur Rüstungsarbeit zwangsverpflichtet, beide waren nach dem Kriegsende politische Männer der ersten Stunde.
[157] Dehler an Flach vom 8. Januar 1965. Zitiert nach: Rilling, a. a. O., S. 286.
[158] Vgl.: Wengst, 1997, S. 307.
[159] Informationsbericht Robert Strobels vom 24. Juni 1959. Siehe: Wengst, 1997, S. 317.

Im Gegensatz zu Dehler verhielt sich Heuss positiv gegenüber dem Wechsel zu Maier. Allerdings waren die Beziehungen zwischen den beiden großen alten Liberalen seit Maiers Koalitionsbildung 1952 und dem Streit um das Gutachten des Verfassungsgerichts zu den Westverträgen gespannt. Heuss verhielt sich seitdem gegenüber Maier reserviert.[160] Zwischen Heuss, dem Intellektuellen, und Maier, dem Pragmatiker, entwickelte sich nie eine enge Beziehung. Gegenüber dem Parteivorsitzenden Maier trat Heuss aber loyal auf.

Nach dem Scheitern der Nationalen Sammlung und dem Abgang Eulers hatte der hessische Landesverband an Bedeutung verloren. Er bekannte sich unter dem Vorsitz Kohuts eindeutig zu Maier. Der frühere Konflikt zwischen den nationalliberalen Hessen unter Euler und den schwäbischen Altliberalen um die Koalitionsbildung 1952, die Westverträge und die Nationale Sammlung war endgültig beigelegt.

Großen Einfluss auf ihren Vater hatte Magda Maier. Als einziges Familienmitglied sprach sie in politischen Fragen mit. Viele Redemanuskripte aus den späten 1950er und 1960er Jahren tragen ihre handschriftlichen Korrekturen. Maiers Ehefrau hingegen scheute sich vor der Politik.

Die Jugendorganisationen – die Jungdemokraten, der Liberale Studentenbund wie auch dessen Seniorenverband – hatten noch keinen bedeutenden Einfluss auf Maiers politische Führung. Erst in den 1960er Jahren unter Mende wurden sie zum bedeutenden Machtfaktor.

5.5.6 *Zum Verhältnis von Bundestagsfraktion, Parteivorstand und Landesverbänden*

Es sollte bereits unter Maiers Ägide gelingen, die kontraproduktiven Gegensätze zwischen Partei und Fraktion fast völlig aufzuheben und beide sogar dazu zu bringen, gemeinsam zu agieren.[161] Zudem gelang es, die Richtungskämpfe zwischen den Landesverbänden weitgehend beizulegen. Ziel Maiers und der Parteispitze war es, die Organisation zu straffen und zu vereinheitlichen, um dadurch eine bessere Zusammenarbeit zwischen Bundestagsfraktion, Parteivorstand und Landesverbänden zu erreichen. Bereits

---

[160] Erst nachdem beide 1960 die Bundespolitik verlassen hatten, entspannte sich das Verhältnis. Vgl.: Matz, 1989, S. 446-447.
[161] Siehe: Gutscher, a. a. O., S. 71, 74. Mende, 1972, S. 179. Mende, 1984, S. 439.

unter Dehler waren die Kompetenzen der Bundespartei gestärkt worden. Der eigentliche Auslöser für durchgreifende Änderungen waren aber die Abspaltung 1956 und damit das endgültige Scheitern der Bemühungen um eine Nationale Sammlung sowie die absolute Mehrheit der Union 1957. Maier machte von Anfang an klar, dass nur ein Mindestmaß an Parteidisziplin zur Schaffung eines politischen Gesamtwillens und zur Sicherheit der Einheit der Bundespartei beitragen könne.[162] Er war fest entschlossen, den präjudizierenden, oft in geringer Besetzung gefassten Beschlüssen der Fraktion ein Ende zu setzen. Er sah die Fraktion hauptsächlich als „ein Organ der Partei, ein Organ innerhalb der Partei".[163] Deshalb setzte er sich entschieden für eine Trennung der Ämter des Fraktions- und des Parteivorsitzenden ein. Die Fraktion könne nicht die Arbeit der Gesamtpartei bestimmen. Die Erfahrungen der FDP unter Dehler trieben ihn zu diesem Entschluss. Gemeinsame sachliche Zusammenarbeit nach demokratischen Spielregeln und gegenseitiges Vertrauen waren nach Ansicht Maiers die einzige Möglichkeit, zu einem Gesamtwillen von Partei und Fraktion zu gelangen sowie Spannungen und Ressentiments abzubauen. Er dachte dabei vor allem an eine bessere Zusammenarbeit zwischen dem Parteivorsitzenden und seinen Stellvertretern, die bisher meist nur Repräsentanten der verschiedenen Flügel waren.[164]

Doch selbst kümmerte Maier sich nicht besonders darum, die Partei zu reformieren. Vor allem Döring, aber auch Mende gelang es, die Organisation der Partei zu straffen, die Position der Bundespartei zu stärken und die Zusammenarbeit zwischen Bundespartei, Fraktion und Landesverbänden zu verbessern. Bereits im Dezember 1956 hatte der Bundesvorstand beschlossen, die Zusammensetzung des geschäftsführenden Vorstands zu ändern. An die Stelle der vom Parteitag gewählten Beisitzer traten qua Amt die Vorsitzenden der Landesverbände bzw. deren Stellvertreter, der Vorsitzende der Bundestagsfraktion, der Bundesvorsitzende, seine Stellvertreter sowie der Schatzmeister. In den Arbeitskreisen saßen seit 1958 Delegierte von Partei und Fraktion zusammen. Bei wichtigen Fragen diskutierten Bundesvorstand und Bundestagsfraktion gemeinsam.[165] 1958 wurden die Landesverbände verpflichtet, bei Abmachungen mit anderen Fraktionen

---

[162] Maier am 7. Januar 1957 im Bundesvorstand, S. 233-234.
[163] Maier am 1./2. November 1957 in Bundesvorstand / Bundestagsfraktion, S. 307.
[164] Siehe: Gutscher, a. a. O., S. 189-190.
[165] Vgl.: Lösche / Walter, a. a. O., S. 44. Mende, 1984, S. 439.

oder Gruppen die Genehmigung der Bundesvorstands einzuholen. Die FDP bekam so eine gestraffte Parteispitze, ohne aber ihre föderale Struktur aufzugeben. Doch Maier konnte seine Vorstellungen nur begrenzt durchsetzen. Die Führungsmöglichkeiten von Bundesvorstand und Parteichef waren beschränkt. Die Bundesführung der Partei hatte mit etwa 150 Mitgliedern einen vergleichsweise geringen Umfang.[166] Die Fraktion hatte auch weiterhin ein starkes Eigenleben. Maier musste sich mit der Verzahnung in Form der Arbeitskreise zufrieden geben. Die FDP war Ende der 1950er Jahre bei weitem keine durchorganisierte Partei. Sie blieb eine Vereinigung von Individualisten, war schwer zusammenzuhalten und zu organisieren. Nach dem Bedeutungsverlust der Jungtürken 1958 schließlich geriet die Organisationsreform ins Stoppen.

5.6 Maiers Agieren zwischen den Machtzentren bis 1958 – Taktisches Lavieren zwischen den Flügeln

5.6.1 *Wirtschafts- statt Außenpolitik – Maiers Strategie gegenüber den Jungtürken*

Die Außenpolitik war trotz der innerparteilichen Reinigung 1956 Hauptstreitpunkt in der Partei. Während Maier und zunehmend auch Mende, unterstützt von der Fraktion und besonders den Landesverbänden Baden-Württemberg, Bayern und Rheinland-Pfalz, dem realistischen Flügel angehörten und Westintegration und Bundeswehr bejahten, forderten Dehler und vor allem der Landesverband Nordrhein-Westfalen um die in der Deutschlandpolitik besonders agilen Jungtürken – nicht jedoch Scheel – eine Abkehr von der bisherigen Außenpolitik. Durch unkonventionelle Initiativen und eine neue, dynamische Außenpolitik wollten sie die deutsche Teilung überwinden. Die Ideen Pfleiderers hatten wieder Konjunktur. Sie verlangten die Relativierung der Hallstein-Doktrin, die Aufnahme von diplomatischen Beziehungen zu Polen, aktive Beziehungen zur Sowjetunion und eine ernsthafte Diskussion der Vorschläge des polnischen Außenministers Rapacki über eine atomwaffenfreie Zone. Zudem sprachen sie sich für Konföderationsverhandlungen mit der DDR aus. Maier hingegen lehnte solche Gespräche stets ab. „Pankow ist nicht allein wegen seines rein auto-

---

[166] Siehe: Gutscher, a. a. O., S. 74.

ritären Aufbaus kein Verhandlungspartner."[167] Während Döring die Außen- und Deutschlandpolitik trotz anfänglicher Zurückhaltung in den Mittelpunkt des Wahlkampfs und der Profilierung der FDP rücken wollte, um die FDP stärker von der Union abzugrenzen, versuchte Maier – bestärkt durch eigene Erfahrungen und eigene Schwerpunkte – der Außen-, Wehr- und Deutschlandpolitik möglichst keine dominante Rolle nicht nur im Wahlkampf der Partei einzuräumen.[168] Schließlich war er auf dem glatten Parkett der Außenpolitik schon einmal gescheitert. Außen- und Wiedervereinigungspolitik sollten zwar behandelt, aber „nicht polemisch ausgewertet werden". Die „polemische Kraft" müsse auf innenpolitische Themen gelegt werden.[169] Nur wirtschafts-, sozial- und innenpolitische Themen und eine pragmatische Sachpolitik konnten nach Ansicht des Wirtschaftspolitikers Maier der mittelständisch geprägten Partei Erfolge bescheren aber auch weitere innerparteiliche Konflikte um die Außen- und Deutschlandpolitik verhindern.

Doch Maier konnte seine inhaltliche Wahlkampfstrategie zumindest anfangs nicht gegen Dehler, Döring, Weyer, Ungeheuer und Flach durchsetzen, die mehr oder minder stark die Außen- und Deutschlandpolitik thematisierten. Sie legten Maiers Kurs als Schwäche aus. Im maßgeblich von Döring gestalteten Hamburger Aktionsprogramm der FDP zur Bundestagswahl – Maier wirkte hieran nicht mit – war die Forderung nach Wiedervereinigung in den Grenzen von 1937 der wichtigste Punkt und Kampfansage an die Union: „Schafft endlich Deutschlands Einheit. Erst Deutschland – dann Europa."[170]

5.6.2 Maiers Annäherung an die CDU im Wahlkampf 1957

Obwohl die Freien Demokraten – auch Maier – offiziell keine Koalitionsaussage abgaben, verdichtete sich gegen Ende des Wahlkampfs aber das Bedürfnis in der Partei, vor allem bei Maier selbst, in eine Koalition mit der CDU zurückzukehren. Auch die liberale Klientel trat zunehmend zu Gunsten einer neuen Bürgerblockkoalition ein. Dies wurde durch den vor allem

---

[167] Maier am 23. Januar 1958 im Bundestag, in: Verhandlungen des Deutschen Bundestages, Stenographische Berichte, III. Wahlperiode, Bd. 39, Bonn 1958, S. 335B.
[168] Maier am 23. Januar 1957 im Bundesvorstand, S. 242-243.
[169] Maier am 20. März 1957 im Bundesvorstand, S. 252-253.
[170] Hamburger Aktionsprogramm der FDP. Zitiert nach: Bundesvorstand am 4. Juni 1957, S. 269.

von Maier geführten innen- und wirtschaftspolitischen Wahlkampf verstärkt. Demzufolge war auch der Wahlkampf zunehmend auf die klassische mittelständische und bürgerliche Klientel ausgerichtet. Auch stand der bürgerliche Maier im Mittelpunkt des personalisierten Wahlkampfs der FDP. Der Kurs der FDP richtete sich zunehmend stärker gegen den Sozialismus der SPD denn gegen Adenauer.[171] Maier lud selbstständige Gewerbetreibende zu Wirtschaftsgesprächen in Luxusrestaurants und warnte immer stärker vor sozialistischen Tendenzen, die er auch im linken Flügel der CDU auszumachen glaubte.[172]

Maier selbst löste im Sommerloch eine Diskussion aus, als er sich skeptisch über eine Koalition mit der SPD äußerte, eine Koalitionsbildung mit der CDU aber offen ließ. Es sei äußerst schwer, die wirtschafts- und sozialpolitischen Auffassungen von SPD und FDP zu vereinen, so Maier.[173] In einem Gespräch von FDP-Vertretern mit dem BDI im Juli wurden die Weichen auch eindeutig auf eine mögliche Koalition mit der Union gestellt. Auch Umfragen, wonach die Mehrheit der FDP-Anhänger eine Rechts- und keine Linksorientierung der FDP wünschte, trugen zu diesem Positionswandel bei.[174] Zudem wünschten Wirtschaftskreise einen Eintritt der FDP in eine Koalition mit der CDU. Döring hingegen plädierte für eine Allparteienregierung, Mende für eine Koalition mit der Union.

5.6.3 Maier, die Wirtschaft und die Spenden – Der Joker gegenüber den Jungtürken

Maier gelang es schon im Wahlkampf, allein durch sein bürgerliches Auftreten und seine vor allem in wirtschaftspolitischer Hinsicht immer deutlicher werdende Distanzierung zur SPD, das Verhältnis zur Wirtschaft zu entkrampfen und die prekäre finanzielle Situation der FDP infolge der Ereignisse im Februar 1956 zu verbessern. Das war den Jungtürken nicht in

---

[171] Siehe: Lösche / Walter, a. a. O., S. 46.
[172] Siehe: Matz, 1989, S. 462.
[173] Gespräch Maiers mit Bonner Vertretern der Auslandspresse. Die Welt, 29. Juni 1957. Zitiert nach: Bundesvorstand am 8. Juli 1957, S. 276.
[174] Siehe: Körper, a. a. O., S. 15.

dem Maße wie Maier gelungen.¹⁷⁵ Die Maier gegenüber bestehenden Ressentiments seitens der Wirtschaft wegen seiner politischen Vergangenheit schwanden relativ schnell. Zum BDI-Vorsitzenden Fritz Berg pflegte er schon bald ein vertrauensvolles Verhältnis. Auch zu Wirtschaftsminister Ludwig Erhard hatte er enge Kontakte. Maier avancierte angesichts der desolaten finanziellen Lage, da die Fördergesellschaften ihre Zahlungen nahezu eingestellt hatten, zum eigentlichen Spendensammler der Partei. Dabei unterstützte ihn sein Vertrauter Klaus von Mühlen als Vermittler. Er stellte die Kontakte her und pflegte sie. Infolge eines ersten Gesprächs zwischen Fritz Berg und Maier am 16. Juli 1957 war die Wahlkampffinanzierung der FDP für ein Jahr gesichert.¹⁷⁶ Ab 1958/1959 zahlte der BDI der Partei monatlich 50.000 DM.¹⁷⁷

Dabei traf Maier auf erbitterte Gegenwehr des Schatzmeisters Rubin aus dem Landesverband Nordrhein-Westfalen. Rubin war ein Vertrauter der Jungtürken. Gegenüber Maier, dem Spendensammler, intrigierte er. Er unterstellte ihm, im Zusammenwirken „mit einigen sogenannten Vertretern der Wirtschaft" seine Arbeit „nachhaltig zum Schaden unserer Partei zu stören" und die FDP in eine zu große Abhängigkeit gegenüber den Geldgebern zu bringen.¹⁷⁸ Maier wiederum sah in Rubin denjenigen, der die Partei in eine „heillose finanzielle Lage" gebracht habe.¹⁷⁹ Auch Mendes Vermittlungsversuche halfen nicht weiter.

Obwohl er durch die Spendenakquisition einen machtpolitischen Vorteil gegenüber den Düsseldorfern hatte, überließ Maier, durch den Zwist mit Rubin veranlasst, Finanzierungsfragen wieder dem Schatzmeister. Er zog zurück. Donnergrollen, kein Blitz – typisch für Maier. Er scheute Konflik-

---

[175] Zusätzlich verschärft wurde die finanzielle Situation der FDP durch ein Urteil des Bundesverfassungsgerichts 1958, nach dem fortan Spenden von Unternehmen und Unternehmensverbänden an Parteien versteuert werden mussten. Die maßgeblich von Spenden abhängige FDP verlor dadurch fast auf den Schlag zwei Drittel ihrer Einnahmen. Die Staatsbürgerliche Vereinigung stellte ihre Zahlungen ein. Zudem gab es Probleme beim parteiinternen Finanzausgleich. Vgl.: Lösche / Walter, a. a. O., S. 143. 1966 wiederum stellte das Verfassungsgericht fest, Globalzuschüsse aus Haushaltsmitteln für die Parteien seien verfassungswidrig. Das traf die FDP hart, war sie doch wie kaum eine andere Partei auf staatliche Unterstützung angewiesen. Siehe: Körper, a. a. O., S. 82.
[176] Rubin am 3. August 1957 im Bundesvorstand, S. 286.
[177] Maier an Rubin vom 11. Februar 1959. Zitiert nach: Bundesvorstand am 29. Januar 1959, S. 414. Vgl.: Matz, 1989, S. 458.
[178] Rubin an Maier vom 17. Februar 1959. Zitiert nach: Bundesvorstand am 27. Februar 1959, S. 421.
[179] Maier an Rubin vom 11. Februar 1959. Zitiert nach: Bundesvorstand am 27. Februar 1959, S. 421.

te. Zum Bruch mit Rubin wollte es der Lavierer Maier nicht kommen lassen.

5.6.4 Bundestagswahl 1957: Dämpfer für die Jungtürken

Das Ergebnis bei der Bundestagswahl bedeutete für die FDP eine herbe Niederlage. Sie erreichte nur noch 7,7 Prozent gegenüber 9,5 Prozent vier Jahre zuvor. Nur noch 41 Abgeordnete konnte die FDP in den Bundestag entsenden.[180] Noch schlimmer für die FDP war, dass die Union die absolute Mehrheit der Stimmen wie der Mandate erlangte. Den größten Verlust hatten die Freien Demokraten in Hessen zu verzeichnen. Von 19,7 stürzten sie auf 8,5 Prozent ab. Das Ergebnis war eine Folge der Abspaltung der Euler-Gruppe Anfang 1956. Die bayerische FDP kam mit 4,6 Prozent erstmals unter 5 Prozent. Auch in Nordrhein-Westfalen verlor die FDP stark. Von 8,5 Prozent blieben zehn Monate vor der Landtagswahl, wo sich die Düsseldorfer Koalition zum ersten Mal den Wählern stellen musste, nur noch 6,3 Prozent. Anhand dieses Ergebnisses wurde erstmals deutlich, dass eine sozialliberale Koalition bei den Wählern keinen Zuspruch fand. Allerdings gelang es neben Leverenz in Schleswig-Holstein nur Maier in Baden-Württemberg, für die FDP Gewinne einzufahren. Im Südwesten legte sie von 12,7 auf 14,4 Prozent zu. Zweifelsohne war dies Maiers Verdienst.

Grund für die Wahlniederlage waren trotz Burgfrieden die spürbare innerparteiliche Zerrissenheit, die Profillosigkeit der Bundespartei im Wahlkampf und die unklare Haltung in der Koalitionsfrage. „Zwei Stimmen für die dritte Kraft. Gegen Rom und Planwirtschaft." – allein mit diesem wässrigen und sich selbst überschätzenden Anspruch sowie dem Ziel, eine absolute Mehrheit zu verhindern, war die FDP in die Bundestagswahl gegangen. Am Ende war sie zwischen den beiden großen Parteien erdrückt worden. Dritte Kraft und keine Koalitionsaussage – das passte nicht zusammen. Es zeichnete sich ab, dass die FDP wegen ihres Auftretens nur der CDU zur Mehrheit würde verhelfen wollen. Sie konnte wegen der fehlenden Koalitionsaussage keine Stimmen eines angestrebten Koalitionspartners erhalten und brach angesichts ihrer schmalen Stammwählerschaft ein. Experimente

---

[180] Sie erhielt rund 325.000 Zweitstimmen weniger als 1953. Das entsprach etwa der Größe der abgespaltenen Gruppierung von 1956, die größtenteils zur CDU abwanderten. Berücksichtigt man aber, dass die Fraktion 1956 durch den „Auszug der Sechzehn" auf 32 Sitze geschrumpft war, ist das Ergebnis von 1957 als Konsolidierung zu werten.

liebten die Wähler nicht. Sie waren nicht bereit, der FDP einen Blankoscheck auszustellen, den diese dann bei der stärksten Partei einzulösen gedachte. Da stimmten die Wähler doch lieber direkt für die von ihnen präferierte Großpartei. Maier irrte mit seiner Annahme, dieser Teil würde verschwindend gering sein.[181]

Die Niederlage ging in erster Linie noch auf das Konto Dehlers.[182] Die „Musketiere einer Dritten Kraft" hatten aber einen deutlichen Dämpfer erlitten.[183] Allerdings blieb die Niederlage für die Jungtürken noch folgenlos. Es zeigte sich aber auch, dass Maiers inhaltliche und organisatorische Konsolidierung sich nur langfristig auswirken konnte. Allerdings war die fehlende Koalitionsaussage nicht Maiers größter Fehler. Es gab keine andere Möglichkeit. Eine Festlegung war angesichts der Strategie der mächtigen Jungtürken unmöglich und hätte die Liberalen womöglich erneut gespalten. Trotzdem wurde die Niederlage Maier angelastet.

5.6.5 Nach der Wahl: Maiers Taktieren und Lavieren um einen Regierungseintritt an der Seite der CDU

Die absolute Mehrheit der Union ließ die Koalitionsvorstellungen der FDP eigentlich obsolet werden. Doch Maier und die FDP waren es gewohnt zu regieren. Maier war schon immer ein Mann der Exekutive. Während Mende nach der Wahl in öffentlichen Äußerungen einen Eintritt in eine Koalition mit der CDU wegen deren absoluter Mehrheit definitiv ausschloss[184] und sich auf die Beschlüsse vor der Wahl bezog – dabei befand er sich in Übereinstimmung mit seinem Landesverband Nordrhein-Westfalen –, wandte sich Maier dagegen, die FDP auf die Oppositionsrolle festzulegen und wollte einen Regierungseintritt an der Seite der CDU nicht ausschließen. Seine frühere Festlegung gegen einen Regierungseintritt im Falle einer absoluten Mehrheit einer Partei zählte nicht mehr.[185] Er fuhr dabei eine undurchsichtige Taktik und lavierte. Zuerst wollte er sich nicht über Koalitionen äußern, dann wollte er die Möglichkeit einer Koalition mit der CDU offen halten, um dann eine solche auszuschließen. Doch es war klar: Maier

---

[181] Der Tag nach der Wahl, in: Der Spiegel, 11. Jg., Nr. 9, 27. Februar 1957, S. 20-21.
[182] Der Feststellung von Wengst, Dehler trage für die Wahlschlappe „kaum Verantwortung" muss widersprochen werden. Siehe: Wengst, 1997, S. 308.
[183] Kitzinger, a. a. O., S. 118.
[184] Bundesvorstand am 19. September 1957, S. 293. Siehe: Mende, 1972, S. 153. Mende, 1984, S. 391.
[185] Bundesvorstand am 23. Februar 1957, S. 245.

wollte an der Seite der CDU auf die Regierungsbank. Zu sehr fürchtete er eine Diktatur der CDU und Änderungen am Wahlrecht. Zudem wollte er auf keinen Fall die FDP neben der SPD auf der Oppositionsbank sehen. In dieser Konstellation fürchtete er die Auszehrung der eigenen Partei. Deshalb hatte er schon 1930 seinen Stuttgarter Coup gelandet, um in die Regierung unter Staatspräsident Eugen Bolz (Zentrum) und dem deutschnationalen Kultminister Wilhelm Bazille einzutreten. Persönliche Ambitionen waren hingegen auszuschließen. Maier hatte mehrfach versichert, er werde nie unter Adenauer Minister. Bemühungen aus der Wirtschaft und seine eigenen wirtschaftspolitischen Ansichten waren ebenfalls Ursache für Maiers abrupt anmutenden Schwenk, der sich bereits vor der Wahl abgezeichnet hatte.[186] Trotz des Widerstands aus Nordrhein-Westfalen konnte Maier seine Vorstellungen in den Parteigremien – wenn auch mit Mühe – durchsetzen. Die FDP wollte abwarten, ob die CDU mit einem Gesprächsangebot auf die FDP zukomme. Maier gelang es, am 19. September 1957 im Bundesvorstand eine Resolution durchzusetzen, welche die Worte Opposition und Regierungskoalition nicht enthielt, sondern lediglich von einer „nach allen Seiten unabhängige[n] Politik" der FDP sprach und „sozialistischen Experimenten" eine Absage erteilte.[187]

Auch wenn ihm kein erneuter Coup wie 1930 und 1952 gelang, so zeigte Maier doch Führungsstärke, da es um das Überleben der eigenen Partei ging. Sein Selbstbewusstsein nach seinem Wahlerfolg in Baden-Württemberg war gestiegen. Als Haußmann verlangte, Mendes öffentliche Festlegung gegen einen Koalitionseintritt zu missbilligen, kanzelte Maier Mende vor der gemeinsamen Sitzung von Vorstand und Fraktion am 19. September öffentlich ab, er solle die offiziellen Parteibeschlüsse abwarten. Mende musste sich vor versammelter Mannschaft entschuldigen. Bereits in einem Telegramm vom 18. September hatte Maier Mende zur Rede gestellt und einen Missbilligungsantrag angekündigt. Eine Koalition lehne man nicht ab, ehe sie angeboten werde. Er warf ihm „völlig undemokratisches Verfahren" vor, da er die Beschlüsse einer Vorstandssitzung präjudiziert und sich zudem nicht mit ihm abgestimmt habe.[188] Maier drohte sogar mit seinem sofortigem Rücktritt, um seine Position zu unterstreichen. Es wurde

---

[186] Die FDP sollte in einer Koalition den linken Flügel der CDU neutralisieren. Das war Ergebnis verschiedener Gespräche zwischen Maier und Vertretern der Wirtschaft. Siehe: Gutscher, a. a. O., S. 195. Mende, 1984, S. 391.
[187] Bundesvorstand am 19. September 1957, S. 297.
[188] Maier an Mende vom 18. September 1957, AdL, NEM, A 31-4, 76.

deutlich, dass Maier – gestärkt durch seinen Wahlerfolg in Baden-Württemberg – auch als passiver Vorsitzender penibel auf seine Rechte achtete.

Maier erweckte durch seine eigene Unsicherheit allerdings Zweifel an der Standfestigkeit der Liberalen. Seine Reputation litt – auch dadurch, dass er Mende zurechtwies. In den eigenen Reihen brach Streit aus. Auch Dehler warf Maier vor, eher zur „Vernebelung" der Koalitionsfrage beigetragen zu haben.[189] Dehler hatte die Erklärung Mendes gegen einen Koalitionseintritt unterstützt.[190] Obwohl Maier Führungsstärke beweisen wollte, war sein gescheitertes taktisches Manöver nach der Bundestagswahl 1957 der größte Fehler, der ihm in seiner kurzen Amtszeit unterlief.[191] Dadurch brachte er die Jungtürken endgültig gegen sich auf.

5.6.6 1957/1958: Erneute Grabenkämpfe – Der Taktiker Maier zwischen Offensive und Defensive

Die schwierigste Zeit für den Vorsitzenden Maier wurden die Monate zwischen der Bundestagswahl und der Landtagswahl in Nordrhein-Westfalen im Juli 1958. Sein Ansehen war nach dem ernüchternden Wahlergebnis gesunken, hatten die Liberalen doch gerade auf ihn als Zugpferd gesetzt. Die Jungtürken dagegen trumpften auf. Sie drängten ungestüm auf neue Initiativen, vor allem in der Außen- und Deutschlandpolitik. Der bedächtige Maier geriet in Bedrängnis und hatte bald die respektlosen Beinamen „lahme Ente", „schwäbischer Papa" oder „Daddy".

Nach der Wahl traten die Konflikte um den Kurs der Partei wieder voll zu Tage. Bereits am 19. September im Bundesvorstand war der Burgfrieden beendet. Im Wahlkampf waren die Meinungsverschiedenheiten unterschwellig vorhanden. Maier verstand die FDP eindeutig als bürgerliche Partei, Döring hingegen wollte sie in eine Volkspartei umgestalten, die offen für alle politischen Seiten sein sollte. Vor allem die Spannungen zwischen den Landesverbänden Baden-Württemberg und Nordrhein-Westfalen lebten wieder auf. Die Stuttgarter wollten nach ihrem guten Abschneiden

---

[189] Dehler an Karl Hoffmann vom 23. September 1957, AdL, NTD, N 1-1526. Siehe: Wengst, 1997, S. 308.
[190] Dehler am 19. September 1957 im Bundesvorstand, S. 293. Mende hatte Dehler vor seiner Festlegung konsultiert.
[191] Siehe: Matz, 1989, S. 465.

bei der Bundestagswahl größeren Einfluss in Bonn nehmen. Bereits in der Auseinandersetzung um Mendes Koalitionsaussage wurden diese Spannungen deutlich, kam doch der Protest gegen Mende aus dem Südwesten.

Der Konflikt zwischen Maier und Mende war typisch für die innerparteilichen Verhältnisse der FDP nach der Bundestagswahl 1957. Maier im fernen Stuttgart war wenig entscheidungsfreudig, lavierte und setzte taktisch auf Zeit, um alle Optionen – seien sie auch noch so illusorisch – auszuloten. Dabei versuchte er seine Kompetenzen geradezu eifersüchtig zu wahren und reagierte sehr empfindlich, wenn es jemand wagte, in seine Kompetenzen einzugreifen. In Bonn dagegen agierte eine Gruppe junger, professioneller, entschlossener Politiker, die sich der Unterstützung des gekränkten, temperamentvollen Dehler sicher sein konnten.[192] Das war keine Kombination, die sonderlich hoffen ließ.

Zu den Spannungen zwischen den beiden mächtigsten Landesverbänden traten Konflikte um Kooperations- und Fusionsgespräche, die einige FDP-Landesverbände nach der Bundestagswahl mit kleineren Parteien führten. Die niedersächsische FDP versuchte, im Bündnis mit rechtsextremen Parteien die nationalkonservative Strategie der frühen 1950er Jahre wiederzubeleben.

Machtloses Lavieren – Maier und die Nationale Sammlung der niedersächsischen FDP

Die FDP hatte einen schweren Stand in Niedersachsen. Sie musste sich gegen die konservative CDU, die DP wie auch gegen nationalistische und rechtsextreme Parteien, wie die Deutsche Reichspartei, behaupten. Am 28. September 1957 ging die niedersächsische FDP ohne Billigung aus Bonn eine Fraktionsgemeinschaft mit dem GB/BHE ein und nahm die sechs Abgeordneten der rechtsextremen Deutschen Reichspartei in einem Hospitantenverhältnis „in ihren nun schon sehr freien demokratischen Schoß" auf.[193] CDU und DP kündigten die Koalition in Hannover kurz darauf auf und bildeten mit der SPD eine Regierung. Die niedersächsische FDP landete in der Opposition. Maier war nicht aufzutreiben, als die Nachricht nach Bonn gelangte und erfuhr sie erst aus dem Radio. Seine Empörung über die Ausrichtung des niedersächsischen Landesverbands und die Diskreditierung

---

[192] Siehe: Ebd., S. 466.
[193] Der Spiegel, 11. Jg., Nr. 46, 13. November 1957, S. 14. Vgl.: Gutscher, a. a. O., S. 198-200.

der Bundespartei wurde nahezu einhellig geteilt. Allerdings hatten seine Appelle an die niedersächsische FDP, wieder auf den Boden freiheitlich-demokratischer Überzeugungen zurückzukehren, keinen Erfolg. Auch seine wieder einmal ausgesprochene Rücktrittsdrohung half nichts. Er verband vergeblich seine Bereitschaft, im März 1958 erneut als Bundesvorsitzender zu kandidieren, mit der Forderung, die „Wunde" müsse vor dem Parteitag bereinigt werden.[194] Taktisches Donnergrollen Maiers, aber kein Blitzschlag – wie so oft in den drei Jahren, in denen der Schwabe Parteivorsitzender war. Erst am 2. Juni 1958 kündigte die niedersächsische FDP das Hospitantenverhältnis auf.

Obwohl Maier mit seinen Drohungen keinen Erfolg hatte, hätte auch ein energischerer Parteichef an seiner Stelle Mühe gehabt, die FDP mit einer Stimme sprechen zu lassen: Auf der einen Seite gab es den Flügel, der mit der äußersten Rechten paktierte und die Nationale Sammlung wieder beleben wollte, auf der anderen Seite diejenigen, die mit Moskau und Pankow unter allen Umständen über die deutsche Einheit verhandeln wollten.

Maier als Verfechter liberaler Eigenständigkeit

Maier konnte allerdings seine Position in der Diskussion um eine Kooperation mit dem GB/BHE durchsetzen. Maier verwahrte sich – wie das Beispiel Niedersachsen zeigte – entschieden gegen Versuche, mit dem GB/BHE oder anderen kleineren Parteien zu fusionieren, zumal man dadurch die eigenständige Bezeichnung FDP aufgegeben würde.[195] Maier überzeugte die eigene Partei, der GB/BHE habe keine Zukunft. Die Eigenständigkeit der FDP würde gefährdet, so seine Ansicht. Er wollte nicht zum Totengräber der Liberalen werden. Zudem legte der Föderalist Maier Wert auf regionale Eigenständigkeit. Nur auf Landes- und Kreisebene sollte nach Genehmigung des Bundesvorstands eine Kooperation möglich sein.[196] Der niedersächsische Landesvorsitzende Carlo Graaff erhielt 1958 nach der Aufkündigung des Hospitantenverhältnisses mit der Deutschen Reichspar-

---

[194] Maier am 6. Januar 1958 im Bundesvorstand, S. 334.
[195] Maier am 1./2. November 1957 in Bundesvorstand / Bundestagsfraktion, S. 314-316.
[196] Vgl.: Bundesvorstand / Bundestagsfraktion am 1./2. November 1957, S. 314-316. Bereits in den letzten Jahren der Weimarer Republik sah er deshalb die Gründung der Staatspartei mit Skepsis. Er erreichte es, dass die DDP Württembergs ihre Eigenständigkeit behielt. DDP Württembergs – Landesverband der Deutschen Staatspartei war die offizielle Bezeichnung. Seinem Einfluss war es auch zu verdanken, dass der baden-württembergische Landesverband der FDP den Beinamen DVP behielt.

tei erst eine Zustimmung zum Wahlabkommen mit dem GB/BHE, als er versichert hatte, dass die FDP in keine „Bindestrich-Vereinigung" eintrete.[197] In Schleswig-Holstein verhinderte Maier hingegen eine Kooperation mit dem GB/BHE. Auch auf Bundesebene gab es derartige Bestrebungen, die Maier unterbinden konnte.

Verhältnis zur SPD – Streit mit den Jungtürken um die Oppositionsstrategie

Nachdem bereits um die Frage eines Regierungseintritts heftiger Streit ausgebrochen war, entzündete sich – nachdem sicher war, dass die FDP in der Opposition bleiben würde – ein weiterer Konflikt an der Oppositionsstrategie. Maier wandte sich in Übereinstimmung mit Mende entschieden gegen eine Fundamentalopposition, wie sie den Jungtürken vorschwebte. Er verlangte hingegen eine pragmatische und sachorientierte Politik des „Dafür" und „Wofür".[198] Allerdings konnten Maier und Mende sich nicht mit der Idee durchsetzen, ein Oppositionsprogramm oder zumindest Leitsätze für die Politik der FDP zu erstellen. Die jungen Dynamiker wollten keine Debatte über Inhalte.

Die Strategie Maiers war eindeutig: Durch eine sachorientierte Politik wie durch ein Oppositionsprogramm sollten sich die Freien Demokraten von den Sozialdemokraten absetzen, „um die optische Gleichstellung von FDP und SPD zu verhindern."[199] Die von Maier nach außen hin angestrebte klare Positionierung der FDP zwischen Union und SPD war nur ein taktischer Zwischenschritt auf dem Weg zur Annäherung an die CDU. Er wollte das Profil der FDP in der Opposition stärker gegenüber der SPD als der CDU herausstellen. Da es für die Liberalen nicht wie 1930 die Möglichkeit gab, in die Regierung einzutreten und Maier die Partei erneut in einer existenziellen Krise sah, gab es für ihn nur die Möglichkeit, sich klar von der SPD abzugrenzen.[200] Maier opponierte deshalb erfolgreich gegen Bemühungen Dörings, der in vertraulichen Gesprächen mit der SPD eine gemeinsame Oppositionsstrategie von FDP und SPD anstrebte. Es war nicht nur, dass „der bedächtige Schwabe [...] von der polternden Art Wehners ebenso ent-

---

[197] Graaff am 23. September 1958 im Bundesvorstand, S. 387. Graaff führte den Landesverband 1959 in eine Koalition mit der SPD.
[198] Maier am 1./2. November 1957 in Bundesvorstand / Bundestagsfraktion, S. 306.
[199] Ebd.
[200] Siehe: Matz, 1989, S. 466-467.

setzt [war] wie von seinen Tischsitten" – Wehner konnte sich am meisten eine SPD/FDP-Koalition in Bonn vorstellen –, dass ein Treffen der beiden ergebnislos blieb, sondern das Kalkül Maiers, auf keinen Fall in der Opposition gemeinsam mit der SPD zu agieren.[201]

Herbst 1957: Rücktrittsforderungen und betonte Unabhängigkeit

Die Wahlniederlage, wofür vor allem die Jungtürken Maier verantwortlich machten, sein Kurs in Richtung CDU sowie der Streit mit Mende kurz nach der Wahl ließen im Herbst 1957 im nordrhein-westfälischem Landesverband Stimmen laut werden, die auf Maiers Ablösung als Parteichef drängten. Zudem stieß sein Bestreben, die Außen- und Deutschlandpolitik aus der politischen Diskussion weitgehend auszuklammern vor allem bei den in der Deutschlandpolitik agilen Düsseldorfern auf Gegenwehr. Auch ließ der taktierende Maier es an klaren inhaltlichen Impulsen fehlen, um nicht den Eindruck einer Annäherung an die CDU zu erwecken. Er versuchte die Diskrepanzen in der FDP zwischen einer Annäherung an die Adenauer-CDU oder die SPD durch eigenes Lavieren zu überdecken. Nur in der Partei unstrittige Themen vor allem in der Innen-, Wirtschafts-, Steuer-, Rechts- und Agrarpolitik thematisierte er. Dadurch wollte er vor allem mittelständische Wähler binden.

Durch die Unzufriedenheit und die Rücktrittsforderungen veranlasst, erklärte Maier mehrmals, er sei mit dem Amt des Bundesvorsitzenden nicht so tief verbunden, als dass er nicht sofort gehen würde, wenn er dazu ernsthaft aufgefordert würde. Hier zeigte sich Maiers Einstellung zu seinem Amt und zur Macht, was es ihm erlaubte, unabhängig zu agieren. Aber er war sich auch seiner Position bewusst. Es gab keine Alternative zu ihm als Bundesvorsitzendem. Deshalb ging er Anfang 1958 in die Offensive.

---

[201] Mende, 1972, S. 154. Vgl. auch: Mende, 1984, S. 392. Vgl.: Matz, 1989, S. 467. Döring hatte im Oktober 1957 eine vertrauliche Zusammenkunft zwischen Maier und Wehner arrangiert. Er hoffte, dass beide eine Oppositionszusammenarbeit verabreden würden. Bei diesem Gespräch schreckte Maier auch ab, dass Wehner zu fortgeschrittener Stunde über die eigenen Genossen herzog – abwertend sarkastisch bzw. mildernde geistige Umstände zubilligend, so dass nur noch er selbst als einziger Held der Sozialdemokraten übrigblieb. „An diesem Abend ist das tiefe Mißtrauen Reinhold Maiers gegen Herbert Wehner entstanden." So: Mende, 1972, S. 154-155.

Taktisch kontrollierte Eskalation – Maiers Führungsanspruch gegenüber den Dynamikern

Die Außenpolitik sorgte in immer stärkerem Maße für Zündstoff innerhalb der Partei, obwohl Maier versuchte, dieses Thema zu umgehen. Der Konflikt zwischen außen- und deutschlandpolitischen Realisten und Dynamikern spitzte sich im Februar und März 1958 im Vorfeld des Bundesparteitags zu. Anlass waren die innerparteilichen Grabenkämpfe, Dehlers Abrechnungsrede mit Adenauer am 23. Januar im Bundestag und deren Folgen sowie der FDP-Landesparteitag in Nordrhein-Westfalen am 7. und 8. Februar.[202] Hier hatten vor allem Weyer und Döring Reden gehalten, die als außenpolitische „Radikalisierung im Fahrwasser Dehlers"[203] angesehen wurden. Sie zielten auf eine betonte Absetzung vom Bonner Regierungskurs. An einer deutlichen Vorliebe für die SPD ließen beide keinen Zweifel.

Maier versuchte Anfang 1958 einen Kurs in der Partei durchzusetzen, der sich an den realen Gegebenheiten in der Außen- und Deutschlandpolitik orientierte. Hierbei griff er zu dem Argument, es gelte das Mißtrauen des BDI gegenüber den außenpolitischen Vorstellungen der FDP abzubauen. Zudem war er bestrebt, in überaus trotziger Manier seinen eigenen Führungsanspruch durchzusetzen und Dehler auszuschalten.

Informationen über die Geschehnisse in Bonn und Düsseldorf erhielt er von Klaus von Mühlen. Selbst traute er sich nicht ins gegnerische Lager. Er hatte seinen „politischen Ziehsohn" und „Aufpasser"[204] – ein Bundesbruder aus der Stuttgardia – nach Bonn und Düsseldorf geschickt, damit dieser ihm laufend über interne Entwicklungen in der Bundesgeschäftsstelle und

---

[202] Dehlers harsche Abrechnungsrede mit Adenauer in der Debatte über die Atombewaffnung der Bundesrepublik am 23. Januar 1958 ging in die Parlamentsgeschichte ein. Dehler reagierte in einer rhetorischen Meisterleistung seine angestaute Abneigung gegen die Adenauersche Außen- und Deutschlandpolitik ab. Adenauer habe alles getan, „um die Wiedervereinigung zu verhindern". Der Wunsch nach Wohlstand und der Wille zur Westintegration hätten das Ziel der deutschen Einheit längst abgelöst. Als Beweis führte er unter anderem Adenauers Verhalten gegenüber der Stalin-Note an. Statt zu verhandeln, habe Adenauer sich einem rein ideologisch motiviertem Kreuzzug gegen den Kommunismus verschrieben. Die Angriffe gipfelten in der Feststellung: „Ich bin in der Regierung geblieben. Ich schäme mich, ja! [...] Ich war am Ende ein kleiner Mann, der glaubte, was dieser große, geniale Staatsmann uns sagt, sei richtig." Seit Schumachers Zwischenruf „Der Kanzler der Alliierten" am 22. November 1949 hatte kein westdeutscher Politiker den Kanzler im Bundestag derart angegriffen. Dehler am 23. Januar 1958 im Bundestag, S. 384D-399C. Zitate: S. 393A-B, 395B.
[203] Neue Zürcher Zeitung, 10. Februar 1958.
[204] Matz, 1989, S. 471.

der Parteiführung in Düsseldorf berichten solle. Von Mühlen sammelte wertvolle Informationen, auch wenn er in Nordrhein-Westfalen als „Aufpasser" des Vorsitzenden heftigen Vorurteilen ausgesetzt war.[205]

Die Grabenkämpfe eskalierten am 1. März 1958 im Bundesvorstand und auf dem Bundesparteitag Ende des Monats in Düsseldorf, als der Vorsitzende feststellte, dass es „zwei Richtungen und Auffassungen in der Partei" gebe. Maier griff die Dynamiker um Dehler und die Düsseldorfer überaus scharf an. Er diskreditierte sie, indem er darlegte, was er unter dynamischer Politik und „rasante[r] Opposition" verstand. „Ich verstehe unter dynamischer Politik [...] eine Politik, die einfach vorwärts stürmt, ohne viel Bedenken und ohne Rücksicht auf Verluste."[206] Maier hingegen sprach sich für eine Richtung aus, welche die angestammten Wählerschichten halten sollte. Zudem plädierte er dafür, an der Westbindung festzuhalten.[207] Maier sprach sich angesichts der Erfahrungen der letzten Monate dafür aus, die massiven Angriffe auf Adenauer durch „dosierte Angriffe" zu ersetzen. „Wir haben ja gesehen, wie das mit den massiven Angriffen ging. Der Kandidat [Döring; d. V.], der in Nordrhein-Westfalen der Hauptvertreter der ganz massiven Angriffe gegen Adenauer war, hat kandidiert, und dort sind die schlechtesten Wahlergebnisse erzielt worden."[208] Sich selbst stellte Maier als einzigen Heroen heraus: „Dabei kann ich für mich in Anspruch nehmen, daß ich dort, wo ich einen Landesverband als Spitzenkandidat ins Feuer geführt hatte, persönlich die Wahl glatt gewonnen hatte."[209] Die Angegriffenen schlugen zurück: Weyer beklagte sich über die persönliche „Empfindlichkeit" Maiers.[210] Nach Einwürfen, wie „Sie erzählen ja lauter Märchen" oder „reine Phantasie", warf Dehler dem Parteichef vor, „systematisch die politische Arbeit in der Partei unterbunden" zu haben.[211]

Maier fürchtete, Dehler strebe nach dessen Aufsehen erregender Bundestagsrede mit Unterstützung aus Düsseldorf erneut nach dem Vorsitz der Partei. Deshalb wollte er den mit ihm hoffnungslos zerstrittenen Dehler ausschalten. Maier versuchte nach Dehlers Abrechnungsrede mit Adenauer

---

[205] Zudem sandte Maier im Mai 1958 von Mühlen – von Beruf Journalist – nach Bonn zur Oberaufsicht über die Pressestelle. Maier wollte Pressechef Ungeheuer – einen Anhänger der Jungtürken – auf seinen Kurs drängen.
[206] Maier am 1. März 1958 in Bundesvorstand / Bundestagsfraktion, S. 345.
[207] Siehe: Ebd., S. 346.
[208] Ebd., S. 342.
[209] Ebd., S. 343.
[210] Weyer am 1. März 1958 in Bundesvorstand / Bundestagsfraktion, S. 352.
[211] Dehler am 1. März 1958 in Bundesvorstand / Bundestagsfraktion, S. 348-349, 355.

seinem Vorgänger den Vorsitz des Arbeitskreises für Außen- und Wehrpolitik und Gesamtdeutsche Fragen sowie die Vertretung der FDP im auswärtigen Bundestagsausschuss zu entziehen. Er gab an, beide Ämter selbst auszuüben zu wollen.[212] Er warf ihm vor, „manchmal vollkommen geistesabwesend" zu sein.[213] Am 3. März 1958 kündigte der Franke dem Schwaben das „Du" auf. Am 6. März erklärte Dehler schließlich, dass er auf Grund des Verhaltens von Maier keine Möglichkeit sehe, „an Verhandlungen unter seinem Vorsitz teilzunehmen".[214] Das Verhältnis zwischen Dehler und Maier schien hoffnungslos zerstört.

In dem Showdown mit Dehler und den Jungtürken taktierte Maier erneut. Bevor er zum Angriff überging, betonte er seine Distanz zur Macht. „Ich war nicht so tief mit diesem Amt verbunden, daß ich nicht weggegangen wäre, wenn mich einer aufgefordert hätte. Ich wäre sofort gegangen."[215] Mehr noch: Er machte eine erneute Kandidatur für den Parteivorsitz davon abhängig, dass sein Kurs anerkannt und Dehler isoliert werde. Er äußerte sich in Bezug auf einen Zeitungsartikel, in dem die Meinung maßgeblicher Vorstandsmitglieder aus Nordrhein-Westfalen wiedergegeben wurde, „sie wünschten die Wiederwahl Maiers, aber in ihrer Partei sei der Vorsitzende `Erster unter Gleichen` und könne der Partei weder Vorschriften machen noch Bedingungen für seine Kandidatur stellen."[216] Maier meinte, er habe schon immer die Stellung eines primus inter pares angestrebt. „Aber es kann natürlich auch so sein, daß die pares, die Gleichen, sich anschicken, mit dem primus Fußball zu spielen. In diese Situation begebe ich mich nicht."[217] Hiermit erpresste er Fraktion und Partei. Er wusste, dass es keine personelle Alternative gab. Die Jungtürken mussten erst noch im Juli bei der Landtagswahl ihre Bewährungsprobe bestehen.

Aber der Bundesvorstand lehnte es unter dem maßgeblichen Einfluss Weyers ab, Maier unter Bedingungen wiederzuwählen. Nordrhein-Westfalen ließe sich „nicht an die Kette nehmen", so Weyer.[218] Dehler be-

---

[212] Brief von Maier an Mende am 10. März 1958. Zitiert nach: Bundesvorstand / Bundestagsfraktion am 1. März 1958, S. 356.
[213] Maier am 1. März 1958 in Bundesvorstand / Bundestagsfraktion, S. 350.
[214] Dehler an Stephan vom 6. März 1958, AdL, NTD, N 1-3161. Erst Anfang Juni nahm Dehler wieder an einer von Maier geleiteten Vorstandssitzung teil. Das Verhältnis entkrampfte sich im Laufe des Jahres.
[215] Maier am 1. März 1958 in Bundesvorstand / Bundestagsfraktion, S. 343.
[216] Frankfurter Allgemeine Zeitung, 28. Februar 1958.
[217] Maier am 1. März 1958 in Bundesvorstand / Bundestagsfraktion, S. 350.
[218] Weyer am 1. März 1958 in Bundesvorstand / Bundestagsfraktion, S. 353.

hielt seine Posten. Maier war gescheitert. Doch der Zauderer und Taktierer Maier war nicht zum Äußersten bereit. Er wollte es nicht zum Bruch kommen lassen. Er stellte sich wieder zur Wahl, obwohl seinen Bedingungen nicht entsprochen worden war. Zur Deeskalation schlug Maier Dehlers Wiederwahl in den Vorstand vor. Doch das war dem gerissenen Schwaben, dem „Fuchs aus dem Remstal", nicht genug der Taktik und des Lavierens. Hatte er am 23. Januar im Bundestag noch die Außenpolitik Adenauers in den Grundzügen unterstützt, attackierte er sie am 20. März – wenige Tage vor dem Bundesparteitag – hart. Verteidigungsminister Strauß titulierte er als „Reichskriegsminister". Er würde ihm nach dessen Rede, in der er sich für die atomare Bewaffnung der Bundeswehr eingesetzt hatte, kein Feldgeschütz anvertrauen. „Wer so spricht [...], der schießt auch."[219] In dieser Rede versuchte Maier, die Gräben zu den Jungtürken zu überbrücken. Dadurch gelang es ihm – allerdings mit deutlichen Einbußen gegenüber dem Vorjahr – auf dem Parteitag mit 180 von 215 abgegebenen Stimmen erneut gewählt zu werden.[220]

Angesichts der Konsolidierung des weltpolitischen Status quo und der zunehmenden Akzeptanz der Adenauerschen Außenpolitik gelang es Maier aber durch seine Beharrlichkeit, die FDP auf die Anerkennung der Außenpolitik der Bundesregierung zu verpflichten. Es gab einen Kompromiss zwischen Realisten und Dynamikern. Bundesvorstand und Bundestagsfraktion stimmten überein, dass mit dynamischen Konzepten zur Außen- und Deutschlandpolitik kein Erfolg zu erzielen sei.[221] Dehler und Weyer beugten sich Maiers Mehrheitsstandpunkt und akzeptierten in aller Form NATO-Mitgliedschaft und konventionell bewaffnete Bundeswehr. Der Burgfriede in der Außenpolitik bedeutete aber keineswegs das Ende der Spannungen zwischen dem nordrhein-westfälischen und dem baden-württembergischen Landesverband.

„Kampf dem Atomtod" – aber keine Kooperation mit der SPD

Im Gegenzug zur Einigung in den außenpolitischen Fragen erreichten die Dynamiker, dass die FDP sich stärker gegen die Stationierung atomarer Waffen in der Bundesrepublik aussprach. Engagiert setzte sich Maier gegen

---

[219] Rede Maiers am 20. März 1958 im Bundestag, in: Verhandlungen des Deutschen Bundestages, Stenographische Berichte, III. Wahlperiode, Bd. 40, Bonn 1958, S. 895D.
[220] Bundesvorstand am 27. März 1958, S. 361.
[221] Vgl.: Gutscher, a. a. O., S. 190.

die von Adenauer und Strauß geplante Aufrüstung der Bundeswehr mit taktischen Atomwaffen zur Wehr. Hierin sah er einen weiteren Schritt zur Verfestigung der deutschen Teilung. Zwar enthielt sich die FDP am 22. März 1958 bei der Bundestagsabstimmung über die Atombewaffnung der Bundeswehr mehrheitlich der Stimme, doch konnte Maier die Partei in der Haltung zu einer von der SPD ins Gespräch gebrachten Volksabstimmung zur Atombewaffnung sowie über die Beteiligung an der „Anti-Atomtod-Kampagne" nicht auf eine Linie bringen. Es bestanden Zweifel – bei der Kampagne wegen der Gefahr, hieran allein mit der SPD beteiligt zu sein, bei der Volksbefragung wegen verfassungsrechtlicher Bedenken.[222] An der Unsicherheit in der FDP war Maier allerdings selbst schuld: Er lehnte eine Befragung auf Bundesebene vehement ab. Doch hatte er – wieder einmal zwischen den Strömungen lavierend – der Beteiligung von FDP-Verbänden bei Volksbefragungen auf Landes- und kommunaler Ebene zugestimmt.[223] Je nachdem, in welcher Koalition sich die FDP befand und welche Interessen sie verfolgte, so war ihre Haltung zur Volksbefragung. Vor allem in Hamburg, Bremen und Nordrhein-Westfalen – dort bildete die FDP Koalitionen mit der SPD – strebte sie eine Volksbefragung auf Länderebene an und wollte Maiers Bestimmung, auf Bundesebene keine Befragung zu unterstützen, unterlaufen. Maier erreichte schließlich, dass die FDP der „Anti-Atomtod-Kampagne" zwar nicht ihre Unterstützung, aber ihre wohlwollende Billigung zusagte.[224] Allerdings hielt er die Partei gegen den Willen der Jungtürken und einzelner Landesverbände letztendlich vor einer zu starken Kooperation mit der SPD in der Kampagne zurück.

5.6.7 Landtagswahl in Nordrhein-Westfalen im Juli 1958: Das Scheitern der Jungtürken – Wendepunkt in der Ära Maier

Die FDP war nach dem Burgfrieden vor der Bundestagswahl 1957 zerstritten und bot ein schlechtes Bild. Die Jungtürken dominierten. Doch die Konflikte Maiers mit den Jungtürken erledigten sich in der zweiten Jahreshälfte infolge der Landtagswahlen in Nordrhein-Westfalen am 6. Juli 1958. Hier erlebten die Düsseldorfer ihr Waterloo. Der Stimmenanteil der Landes-FDP ging von 11,5 auf 7,1 Prozent zurück. Doch das war noch nicht

---

[222] Bundesvorstand am 28. Februar 1958, S. 339-340. Bundesvorstand am 27. März 1958, S. 361-362.
[223] Bundesvorstand am 18. April 1958, S. 364-365.
[224] Siehe: Matz, 1989, S. 470.

genug: Die CDU erzielte auch in Nordrhein-Westfalen die absolute Mehrheit. Das sozialliberale Experiment war nach zwei Jahren gescheitert. Die FDP musste auch in Nordrhein-Westfalen in die Opposition.

Der nordrhein-westfälischen FDP war es nicht gelungen, ein eigenes Profil zu entwickeln. Die Charakterisierung des Koalitionswechsels 1956 als Notwehrakt engte ihren politischen Spielraum ein. Im Landtagswahlkampf stellte sie sich als dritte Kraft im Parteiensystem heraus und gab keine Koalitionsaussage, erklärte aber ihre Bereitschaft, das Bündnis mit der SPD fortzusetzen. Ferner gab es Auflösungserscheinungen in der Koalition, da ihr ein eindeutiges politisch-inhaltliches Fundament fehlte. Der CDU-Spitzenkandidat Arnold starb eine Woche vor der Wahl, was Folgen auf die Wahlentscheidung hatte. Auch beraubte die Integration der Heimatvertriebenen und der Soldaten sowie das Ende der Entnazifizierungsdebatte die FDP einer wichtigen Klientel. Hauptgrund für die Wahlniederlage war jedoch, dass es keine sozialstrukturelle Basis für eine Koalition zwischen FDP und SPD gab. Die Koalition erschien der mittelständischen und antisozialistischen Klientel der Landes-FDP als „irritierendes Interregnum".[225] 1954 hatte sie die FDP unter Middelhauve als sehr weit rechts stehende, antisozialistische Partei gewählt. 1958 war sie nicht bereit, eine Partei zu unterstützen, die der SPD zur Macht verholfen hatte. 1956 war bei dieser Klientel ein Aufschrei umgegangen. 1958 wechselte sie zur CDU. Das Düsseldorfer Experiment war gescheitert. Die Wähler straften die Jungtürken ab. Der Koalitionswechsel und die undurchsichtige taktische Machtpolitik eröffneten wegen des fehlenden gesellschaftlichen Fundaments und der ungenügenden politischen Perspektive keine neuen Wählerschichten hin zu einer Massenpartei. Im Gegenteil: Sie zerstörten die Bindungen zum traditionellen nationalen Bürgertum, zum gewerblichen Mittelstand.[226] Dies ging einher mit der beginnenden Erosion der regionalen und kommunalen Fundamente der FDP.[227] Der Koalitionswechsel 1956 wurde langfristig als Verrat der FDP an ihrer angestammten Klientel und der politischen Heimat gesehen und läutete neben ihrer gesteigerten bundespolitischen Bedeutung als „Zünglein an der Waage" auch das langfristige Dilemma der FDP ein.

---

[225] Papke, 1992, S. 230-233, Zitat: S. 233.
[226] Siehe: Walter / Dürr, a. a. O., S. 32. Vor allem in Gegenden, wo früher die Nationalliberalen große Erfolge erzielt hatten, verlor die FDP besonders stark an die CDU.
[227] Siehe: Lösche / Walter, a. a. O., S. 47-48.

Die Freien Demokraten wurden damit langfristig „Opfer ihrer Modernität".[228]

Nach den Kommunalwahlen im Oktober 1956, der Bundestagswahl im September 1957 war dies die dritte Wahlniederlage in Folge, welche die nordrhein-westfälische FDP unter der Führung der Jungtürken hinnehmen musste. Wurde der Grund für die Niederlage bei der Bundestagswahl noch allein bei Maier gesucht, konnten sich die Düsseldorfer im Sommer 1958 nicht mehr aus der Verantwortung ziehen. Zudem erlitten auch andere Landesverbände 1958 bei Landtagswahlen schwere Verluste.[229]

„Der Mangel an politischer Hausmannskost hat die Wähler auch bei den letzten Landtagswahlen wieder zu einer strengen Diät im Gebrauch der FDP veranlaßt. Alles in allem also berechtigte Gründe genug für den mit Recht mehr auf Solidität vertrauenden Schwaben Maier den Herren [...] Döring und Konsorten die Leviten zu lesen."[230] Daran hielt sich Maier. Er konnte seine Genugtuung über das Düsseldorfer Ergebnis nicht unterdrücken. Doch das Verhältnis zwischen Maier und Döring war zerstört, so dass Döring im September 1958 aus der Bundesgeschäftsstelle ausschied. Die Wahl war der Wendepunkt in seiner Amtszeit, der Beginn vom Ende der innerparteilichen Grabenkämpfe – aber auch der Beginn seines eigenen Endes als Parteivorsitzender.[231]

5.7 Korrektiv zur CDU – Die Strategie der FDP Maiers und Mendes ab 1958

Maier wurzelte fest im altwürttembergischen Protestantismus und teilte antikatholische Ressentiments – die sich auch in seiner Politik niederschlagen –, obwohl er als Referendar im katholischen Ravensburg glückliche Zeiten

---

[228] Walter / Dürr, a. a. O., S. 23.
[229] Die hessische FDP kam nur noch auf 9,5 Prozent gegenüber 20,5 Prozent 1954. In Berlin zogen die Liberalen mit 3,8 Prozent zum ersten Mal nicht in ein Landesparlament ein. In Schleswig-Holstein kam die FDP mit 5,4 Prozent nur knapp in den Landtag.
[230] Stuttgarter Zeitung, 10. Juli 1958.
[231] Matz meint, Maier konnte sich nicht gegen die Jungtürken um Döring durchsetzen. Diese Einschätzung kann nicht geteilt werden, wie sich nach der Landtagswahl 1958 zeigte. Matz, in Schumann, S. 346.

verbrachte.²³² Doch seine Einstellungen – er vertrat die wirtschaftspolitische Lagertheorie, wonach SPD und der Gewerkschaftsflügel der CDU auf der linken, die FDP und der Kern der CDU auf der rechten Seite standen –, seine Erfahrungen als Wirtschaftspolitiker sowie seine Rolle als eigentlicher Spendensammler der FDP ließen Maier schon 1957 an einem Erfolg einer unabhängigen dritten Kraft, die auch auf Bundesebene eine Koalition mit der SPD nicht ausschloss, zweifeln – zumal die Jungtürken nicht die von ihm präferierte Wirtschaftspolitik als zentralen Schwerpunkt erkoren. In der Wirtschaft bestanden große Vorurteile gegenüber der in Koalitionsfragen unsicheren FDP. Die Wirtschaftskreise erkannten die völlige koalitionspolitische Offenheit der FDP nicht an. Bereits seine eigene Koalitionsbildung in Baden-Württemberg 1952 sowie der Düsseldorfer Koalitionswechsel und der Gang in die Bonner Opposition hatten einen massiven Rückgang der für die FDP so wichtigen finanziellen Unterstützung aus Wirtschaftskreisen zur Folge. Die Partei geriet in eine ernste Finanzkrise. Schließlich wollte die Wirtschaft mit der finanziellen Ausstattung der FDP sicher stellen, dass sie mit den bürgerlichen Parteien koalierte und nicht mit der SPD. Verstärkt wurden Maiers Zweifel am Kurs der Jungtürken durch Äußerungen aus der Wirtschaft: Unter anderem BDI-Präsident Fritz Berg sah es als „Aufgabe der FDP" an, „den linken Flügel der CDU zu neutralisieren."²³³ Auch Wirtschaftsminister Erhard sah in der FDP einen Wunschpartner, mit deren Hilfe der Einfluss des linken Flügels in der CDU beschränkt werden sollte. Das Anliegen war klar: Die Wirtschaft wünschte – bereits 1957 – einen Regierungseintritt der Maier-FDP an der Seite der CDU. Wer war für einen solchen Kurs besser in der Lage als der pragmatische, sachorientierte Wirtschaftspolitiker Maier?

Ferner lag Maiers Erkenntnis, die Partei stärker an der CDU zu orientieren, in Erfahrungen der Zeit um 1930 und deren Folgen begründet. Maier hatte erlebt, dass – verstärkt durch die fehlende Mission und das kaum ausgeprägte Milieu – wirtschaftliche Probleme und fehlende Problemlösungs-

---

[232] 1929 regte er in Württemberg vergeblich die Bildung einer evangelischen Koalition aus DDP, SPD und gemäßigten rechten Parteien gegen das katholische Zentrum an, das seit 1928 mit dem Bauernbund und der DNVP koalierte. 1950/1951 betrieb er in Württemberg-Baden die Bildung einer Koalition mit der SPD. 1952 schloss er wiederum die CDU von der Regierung aus, um die christliche Gemeinschaftsschule durchzusetzen und klerikale Einflüsse aus der Verfassung fernzuhalten sowie den neuen Südweststaat gegen den Widerstand aus der CDU zu etablieren.
[233] Protokollvermerk eines Gesprächs zwischen Rubin und Berg am 31. Mai 1957 in Köln. Zitiert nach: Bundesvorstand am 27. Juni 1957, S. 271.

kompetenz die mittelständische Klientel von den Liberalen entfremdet und letztlich zu den Nationalsozialisten getrieben hatten. Nur im bürgerlichen Lager sah Maier für seine Partei seitdem – zumindest auf gesamtstaatlicher Ebene – die Möglichkeit, wirtschaftliche Problemlösungskompetenz zu entfalten und das eigene Überleben zu sichern. Aus diesem Grund hatte er bereits 1953 den Bürgerblock in Bonn befürwortet.[234]

Zudem bezweifelte Maier schon 1957, dass es der FDP gelingen konnte, mit der Strategie der Jungtürken neue Wählerschichten zu erschließen. Durch das Wahlergebnis in Nordrhein-Westfalen sah sich Maier in seinen Befürchtungen bestätigt. Es konnten nicht nur neue Wählerschichten gewonnen werden. Im Gegenteil: Die nationalliberalen, bürgerlich-mittelständischen Honoratioren liefen in Scharen zur CDU. Maier erkannte, dass sich die liberale Klientel keine Oppositionspartei zur CDU, sondern ein liberales Korrektiv gegenüber dem politischen Katholizismus und dem linken Flügel der CDU wünschte – dies jedoch innerhalb eines bürgerlichen Regierungsbündnisses. Das hatten Dehler und Döring missachtet und mussten deshalb scheitern.[235]

Ab dem Herbst 1958 war die Dritte Kraft, zumindest aber die Strategie zweier gleichwertiger Koalitionsoptionen kein Thema innerhalb der FDP mehr. Die Jungtürken rückten in die zweite Reihe, nachdem es zuvor noch danach ausgesehen hatte, dass ihr Durchmarsch an die Spitze nur eine Frage der Zeit sein würde. Dagegen gewannen die Baden-Württemberger und deren Version des Liberalismus von der Milieupartei des mittelständischen Bürgertums deutlich an Einfluss. Schließlich hatten sie 1957 bei der Bundestagswahl Zuwächse erzielt, gerade weil sie Partei des liberalen Bürgertums geblieben waren. Die Landtagswahl in Nordrhein-Westfalen war auch ein Sieg der bürgerlichen Traditionspartei Maiers gegenüber Dörings reformierter FDP.[236]

---

[234] Der Tag nach der Wahl, in: Der Spiegel, 11. Jg., Nr. 9, 27. Februar 1957, S. 24. Seine Stuttgarter Koalitionsbildung mit der SPD 1952 war eine Ausnahme: Sie hatte landes- und machtpolitische Gründe, änderte aber nichts an seiner wirtschaftspolitischen Einstellung. Die spürbaren finanziellen Folgen bestätigten ihn letztlich aber darin, dass die Heimat der Liberalen – zumindest auf Bundesebene – nur im Bürgerblock sein konnte.
[235] Siehe: Dittberner, a. a. O., S. 109. Lösche / Walter, a. a. O., S. 48-49, 52.
[236] Vgl.: Rehabilitierung der „Steinzeitliberalen", in: Stuttgarter Zeitung, 10. Juli 1958. Verdiente Strafe, in: Die Welt, 14. Juli 1958. Schröder, Georg: Schwenkung der Freien Demokraten, in: Die Welt, 5. August 1958. In diesem Sinne auch: Lösche / Walter, a. a. O., S. 48. Papke, 1992, S. 233.

Erst nach dem Scheitern der Jungtürken führte Maier zusammen mit Mende die FDP konsequenter in Richtung CDU, nicht ohne jedoch weiter zu taktieren und zu lavieren. Maier verfocht deutlich sichtbar sein Konzept der „liberalen Mitte" und seine Strategie, wonach die FDP sich auf Bundesebene als kleine, aber feine liberale korrektive Kraft neben der Union behaupten sowie eine deutliche Koalitionspräferenz gegenüber ihr hegen und ihr als Mehrheitsbeschaffer dienen sollte.[237]

Am liebsten wäre Maier, der stets versuchte, seine eigene Partei von den Sozialdemokraten abzugrenzen, schon 1957 mit einer Koalitionsaussage zu Gunsten der CDU in den Wahlkampf gezogen. Doch aus taktischen Gründen und mit Rücksicht auf die mächtigen Jungtürken hatte er sich zurückgehalten.

5.8 Erich Mende – Das neue Machtzentrum der FDP

Nach dem Scheitern der Jungtürken schlug die Stunde von Erich Mende. Zusammen mit Maier stellte er die Geschlossenheit der Partei her und brachte sie auf CDU-Kurs. Mende war im bürgerlichen Lager bereits verankert und hatte diesen Ort eigentlich nie verlassen. Maier trat – allerdings freiwillig – ab Ende 1958 zunehmend in den Hintergrund und überließ Mende den Vortritt. Bei Bundesvorstandssitzungen übergab er Mende den Vorsitz, so bereits am 8. Oktober und 11./13. Dezember 1958.

Voraussetzungen für den Aufstieg Mendes ab Ende 1958 erklärt das Kapitel 6.3. Wie wurde Mende Parteivorsitzender der FDP?

---

[237] Maier an Becker, 23. Juli 1958, AdL, NL Becker, N 11-7. Siehe: Papke, 1998, S. 252. Die Annäherung an die CDU war auch darauf zurückführen, dass die FDP angesichts der Kursänderung der SPD hin zu den innen-, wirtschafts- und außenpolitischen Realitäten der Bundesrepublik die Möglichkeit einer Großen Koalition einkalkulieren musste. Auch: Dittberner, a. a O., S. 109.

5.9 Zwischen Scheitern der Jungtürken und Rückzug von der Parteispitze – Maiers Agieren in der zweiten Jahreshälfte 1958

5.9.1 Abrechnung mit den Jungtürken und Annäherung an die CDU – Ein gestärkter Maier in der Offensive

Nach den Landtagswahlen in Nordrhein-Westfalen und dem Scheitern der Jungtürken – dem Wendepunkt in seiner Zeit als Parteichef – ging Maier persönlich gestärkt in seine letzte Offensive als Parteichef. Er wollte die Düsseldorfer endgültig auf seine Linie bringen und die FDP als Korrektiv zur CDU aufbauen. Mende unterstützte ihn dabei. Jedoch entzog dieser ihm bald die operative Führung der Partei.

Auf Bundesebene ebbte der Einfluss der Jungtürken nach ihrer Wahlniederlage spürbar ab.[238] Bei den Neuwahlen zum Bundesvorstand 1959 war der Stuttgarter Landesverband erstmals am stärksten repräsentiert. Maier gelang es, Döring im September 1958 zum Ausscheiden aus der Bundesgeschäftsstelle zu bewegen. Schon zuvor hatten die Jungtürken ihren ursprünglichen Plan, nach der Landtagswahl Döring zum Generalsekretär zu befördern und dadurch Maier die praktische Führung der Partei – wenn er sie jemals gehabt hatte – zu entziehen, zurückgezogen. Auch innerhalb des Landesverbands Nordrhein-Westfalen selbst wurden die Kräfte, die sich gegen die Jungtürken wandten, stärker. Mende vertrat die Ansicht, man sollte sich wieder verstärkt auf die alte liberale Klientel besinnen.[239] Scheel, Rubin, Ernst Achenbach und Siegfried Zoglmann wechselten ins bürgerliche Lager. Eigentlich nur Weyer und Döring vertraten weiterhin unbeugsam ihre Ansichten. Aber sie hatten noch genügend Unterstützung im Landesverband, so dass Weyer trotz Widerstand 1959 erneut zum Vorsitzenden gewählt wurde. Döring wurde als Nachfolger Mendes Stellvertreter Weyers.

Bereits wenige Tage nach der Landtagswahl hatte Maier die Initiative ergriffen. Er distanzierte sich eindeutig von den Düsseldorfern, deren dritter großer Misserfolg die FDP an den „Rand der Fortexistenz"[240] gebracht habe. Allerdings lavierte er erneut. So lastete er ihnen nicht direkt an, dass sie 1956 die Koalition mit der SPD eingegangen waren. Er beklagte aber, dass

---

[238] Erst 1962 erlangte Döring wieder größere Bedeutung.
[239] Siehe: Mende, 1972, S. 161.
[240] Maier am 11. Juli 1958 im Bundesvorstand, S. 373-374.

sie sich „als Propheten einer neuen Zeit hingestellt, hinterher aber nur die Arnoldsche Politik fortgesetzt" hätten.[241] Auch kritisierte Maier die Wahlkampfführung der Düsseldorfer und deren „allerhand Eigenmächtigkeiten".[242] Er vertrat die Meinung, die Düsseldorfer sollten sich künftig „des Aufgreifens sensationeller, in ihrer Werbekraft rasch dahinschwindender Themata" enthalten und in der Deutschlandpolitik auf „bestechende[...] neue[...] Ideen" verzichten. Statt dessen empfahl Maier andere werbewirksame Slogans und Profilierungsbereiche: den Kampf gegen die Luftverschmutzung, gegen die Vergiftung der Wasserläufe und gegen den Straßenlärm. Doch Maier wollte die FDP keineswegs zu einer Ökopartei umgestalten. Er machte den Düsseldorfern lediglich deutlich, welche Rolle er ihnen zugestand. Er empfahl ihnen die Umwelt- und Kommunalpolitik.[243]

Weyer und Döring verfolgten die Taktik, durch ein betont selbstbewusstes Auftreten Kollektivprügel zu beziehen und in die Rolle von Märtyrern zu wachsen. „Wir wollen lieber mit klarer Haltung untergehen als überleben, wenn wir in eine andere Richtung integriert werden sollen."[244] Sie warfen Maier vor, die FDP wieder in eine gefährliche Nähe zur CDU führen zu wollen. Doch Maier durchschaute diese Strategie. Er agierte wieder taktisch, indem er versicherte, dass als Folge des Düsseldorfer Wahlergebnisses keine Annäherung an die Bonner Regierung zur Debatte stünde.[245] Er attackierte die CDU und sprach sich gegen einen „Kurswechsel" aus. Für die FDP „bestehe keinerlei Veranlassung [...] ihren grundsätzlichen Standpunkt zu ändern, demzufolge CDU und SPD für sie gegnerische Parteien" seien.[246] Obwohl Maier eindeutig Richtung CDU schwenkte, lavierte, dementierte und zögerte er aus Rücksicht auf die Düsseldorfer, die er nicht verprellen wollte. Sie hatten weiterhin großen Rückhalt in der Partei. Dehler war als Vorsitzender bei solchen Situationen mit dem Kopf durch die Wand gegangen.

Maier trat trotz seiner nebeligen Andeutungen immer mehr für eine Koalition mit der CDU ein. Der Bundesvorstand müsse sich klar werden, so

---

[241] Maier am 8. Oktober 1958 im Bundesvorstand, S. 395. Vgl.: Gutscher, a. a. O., S. 204. Papke, 1992, S. 233.
[242] Maier am 11. Juli 1958 im Bundesvorstand, S. 374.
[243] fdk, 9. Jg., Nr. 50, 8. Juli 1958. Zitiert nach: Bundesvorstand am 11. Juli 1958, S. 374.
[244] Döring am 8. Oktober 1958 im Bundesvorstand, S. 395.
[245] Maier am 11. Juli 1958 im Bundesvorstand, S. 374.
[246] Pressekonferenz Maiers am 23. September 1958. Zitiert nach: Bundesvorstand am 23. September 1958, S. 385.

Maier, „wie in Zukunft der Abschluß von Landeskoalitionen zu behandeln" sei.[247] Im Klartext: Koalitionen mit der SPD sollte es unter Maier nicht mehr geben. Mende wies in Abstimmung mit Maier auf die Notwendigkeit eines Umdenkens in der FDP hin. Die FDP müsse sich wieder stärker auf eine Politik der Mitte besinnen, die liberaler Wählerauffassung mehr entspräche als eine angestrebte Zusammenarbeit mit den Sozialdemokraten.[248] In einem geheimen Rundbrief am 23. Juli an die Vorstandsmitglieder erklärte Maier, dass „die FDP als erklärte Oppositionspartei keine Chance mehr" habe. „In den Grundtendenzen liegt unser Wollen und unser Wirkungsfeld weitgehend überschneidend mit dem der CDU. Das weiß der Wähler."[249] Maiers Annäherung an die CDU nahm auch konkrete Züge an. Wenige Tage nach der Landtagswahl in Nordrhein-Westfalen führte er in Stuttgart Gespräche mit Gesandten Adenauers über eine Rückkehr der FDP in die Bonner Regierung. Zudem nahm die Wirtschaft stärkeren Einfluss auf die FDP.

5.9.2 Ende der Grabenkämpfe

Der Inhalt von Maiers Rundbrief an die Mitglieder des Bundesvorstands sowie die Information, dass er Gespräche mit der CDU geführt hatte, wurden aus Düsseldorfer Kreisen an die Presse gestreut. Das Sommertheater war angerichtet. Maier tauchte wieder einmal ab. Als sich die Aufregung gelegt hatte, versöhnten sich die Flügel der Partei.

Die Diskussion am 8. Oktober 1958 im Bundesvorstand war letztlich der Schlusspunkt in den Flügelkämpfen der FDP der 1950er Jahre.[250] Es wurde erstmals die Bereitschaft deutlich, sich im Interesse der Gesamtpartei zu einigen. Die Kompromissbereitschaft der Düsseldorfer war dabei Zeichen ihrer inneren Schwäche, nachdem sie gegenüber Maier verloren hatten. Döring warf vorwurfsvoll die Frage auf: „Die CDU kann die Männer von Würmeling bis Gerstenmaier zusammenhalten, die SPD verschiedene

---

[247] Maier am 11. Juli 1958 im Bundesvorstand, S. 373.
[248] Siehe: Mende, 1984, S. 412.
[249] Rundbrief Maiers, AdL, 3157. Dazu: Bundesvorstand am 8. Oktober 1958, S. 391.
[250] Dass Maier in der Kritik stand, belegt auch eine Äußerung Schollwers in seinen Aufzeichnungen: „Der Maier-Kurs hat uns außer Wahlniederlagen bisher noch nichts eingebracht". Schollwer, 1990, 29. September 1958. Schollwer verübelte es ihm, dass er die Auseinandersetzung mit der Regierung Adenauer auf innenpolitischem Terrain austrug und die Deutschlandpolitik aus dem Streit heraushielt. Einen solchen Gedanken könne nur ein Politiker haben, der „den Remstaler Stammtisch [...] als den Nabel der Welt betrachtet". Schollwer, 1990, 11. Juli 1958, S. 53.

Richtungen von Wehner bis Carlo Schmid. Warum müssen wir bei sehr viel geringerer Spannweite immer gegeneinander sein?"[251] Weyer erklärte, dass „die Auseinandersetzungen zwischen Nordrhein-Westfalen und Baden-Württemberg und die zwischen Dr. Dehler und Dr. Reinhold Maier [...] nicht so weitergehen" dürften.[252] Am Ende der Vorstandstagung stand erstmals eine eindeutige Resolution anstatt eines faulen Kompromisses. Die Presseangriffe auf Maier wurden zurückgewiesen, man wandte sich gegen die Polemik in der Presse und sprach sich für ein Ende der Meinungsverschiedenheiten in der Partei aus.[253] Doch die Harmonie ging nicht so weit, dass die Vertreter des Landesverbands Nordrhein-Westfalen ein von den Baden-Württembergern gefordertes Vertrauensvotum für Maier unterstützten. Das Verhältnis zwischen Maier und Döring blieb gespannt. Doch Dehler attackierte weiter den Vorsitzenden und dessen Kurs. Er warf ihm vor, aus der FDP „eine Oppositionspartei ohne Opposition" gemacht zu haben. „Unerbittliche Klarheit ist nötig, nicht leises Auftreten."[254] Maier selbst versuchte zu beruhigen, indem er nach außen hin von den Annäherungsversuchen an die CDU abrückte.

Auffällig ist, dass Mende sich bei diesem letzten Showdown zwischen Maier und den Jungtürken, besonders auf der Vorstandssitzung am 8. Oktober, merklich zurück hielt. Seine Zeit war reif, doch zu früh wollte er nicht aus seiner Deckung kommen.

Das Jahr 1959 begann mit deutlich weniger innerparteilichem Zwist. Es war Ruhe eingekehrt.[255] Sogar in der Deutschlandpolitik herrschte – mit Ausnahme des Fundamentalisten Dehler – durch den Deutschland-Plan Einmütigkeit. Doch die Einigkeit in der Deutschlandpolitik ging maßgeblich auf Mendes Einfluss zurück, der eine gemeinsame Außenpolitik aller Parteien anstrebte. Er bestimmte ab Ende 1958 zunehmend die Geschicke nicht nur in der Fraktion, sondern auch in der Partei. Maiers Einfluss sank.

---

[251] Döring am 8. Oktober 1958 im Bundesvorstand, S. 395. Siehe: Gutscher, a. a. O., S. 205.
[252] Weyer am 8. Oktober 1958 im Bundesvorstand, S. 393.
[253] Bundesvorstandssitzung am 8. Oktober 1958, S. 396.
[254] Dehler am 8. Oktober 1958 im Bundesvorstand, S. 392.
[255] Allerdings war die ausgesprochen national eingestellte Demokratische Partei Saar (DPS) als saarländischer Landesverband immer noch ein Fremdkörper in der Partei. Unter ihrem Vorsitzenden Schneider versuchte sie, sich von der Bundespartei zu distanzieren und mit dem GB/BHE im Saarland gemeinsam eine Kraft außerhalb der FDP aufzubauen.

5.10 1959-1960: Maiers Ende als FDP-Vorsitzender

5.10.1 Rücktritt mit Ankündigung – Eigene Entscheidung oder Sturz?

Angesichts Mendes unaufhaltsamen Aufstiegs und Maiers zunehmenden Desinteresses an der Parteiarbeit – er ließ verlauten, er sei am Ende seiner Kräfte – kamen bereits Anfang 1959 Forderungen besonders aus den Landesverbänden Hessen, Saarland, Niedersachsen, Berlin und Nordrhein-Westfalen auf, Maier sobald wie möglich als Parteivorsitzenden durch Mende abzulösen, notfalls auch durch eine Kampfkandidatur. Auch Dehler war daran beteiligt, Möglichkeiten einer Ablösung Maiers zu eruieren. Er schrieb an Engelhard, „mit Reinhold Maier geht es nicht" und bat ihn zu kandidieren.[256] Doch der lehnte ab und brachte Weyer ins Spiel.[257] Dehler nahm mit Weyer Kontakt auf. Doch der Landesvorsitzende in Nordrhein-Westfalen zögerte.[258] Sein Landesverband Baden-Württemberg und die stellvertretenden Parteivorsitzenden stützten Maier, so dass Dehlers Versuche ins Leere liefen. Maiers Position erodierte. Hinter seinem Rücken war die Nachfolgediskussion entbrannt.

Maiers Opponenten drängten darauf, den für Mai 1959 nach Berlin einberufenen Bundesparteitag auf den Oktober zu verlegen, um genügend Zeit für die Suche nach einem Nachfolger zu haben. Dazu kam es jedoch nicht. Maier erklärte, er wolle auf dem regulären übernächsten Parteitag im Januar 1960 auf eine erneute Kandidatur verzichten und Mende als seinen Nachfolger vorschlagen.[259] Daraufhin erlitten die Kontrahenten in der Vorstandssitzung am 15. April eine glatte Niederlage und konnten sich nicht mit der Forderung durchsetzen, den Parteitag zu verlegen.[260] Der Taktiker Maier kam seinen Opponenten zuvor. Es war ein letzter Winkelzug. Er wollte seinen Abgang selbst bestimmen. Dieses Prozedere war unter Mitwirkung Haußmanns, der sich entschieden für die Wiederwahl Maiers 1959

---

[256] Dehler an Engelhard vom 19. Januar 1959, AdL, NTD, N 1-2292.
[257] Engelhard an Dehler vom 30. Januar 1959, AdL, NTD, N 1-2292.
[258] Dehler an Engelhard vom 3. Februar 1959, AdL, NTD, N 1-2292. Siehe auch: Wengst, 1997, S. 313.
[259] Bereits am 6. April hatten sich die Landesvorsitzenden darauf geeinigt, Maier im Mai 1959 nochmals zum Parteivorsitzenden zu wählen, wenn dieser 1960 nicht noch einmal kandidieren und Mende als seinen Nachfolger vorschlagen würde. Am 24. April wurde es schriftlich fixiert. Vereinbarung zwischen den Landesverbänden Nordrhein-Westfalen und Baden-Württemberg vom 24. April 1959. Bundesvorstand am 15. April 1959, S. 431- 432. Vgl.: Mende, 1972, S. 179-180. Mende, 1984, S. 432.
[260] Bundesvorstand am 15. April 1959, S. 432-433. Vgl.: Gutscher, a. a. O., S. 207.

einsetzte, zwischen Mende und Maier abgesprochen worden.[261] Nordrhein-Westfalen hatte letztlich eine Wiederwahl Maiers 1959 von einem absehbaren Stabwechsel abhängig gemacht. Maier wurde auf Empfehlung aller elf Landesvorsitzenden am 22. Mai 1959 ein letztes Mal zum Parteichef gewählt. Sein Ergebnis war aber im Vergleich zu den letzten beiden Jahren schlecht. Nur 161 von 202 Delegierten stimmten für ihn. Hier drückte sich bereits eine deutliche Missstimmung gegenüber dem zunehmend passiven Maier aus.[262] Mendes Wiederwahl als Stellvertreter fiel dagegen deutlich aus.

Das liberale Bildungs- und Besitzbürgertum fühlte sich zu höheren Aufgaben berufen als zur Oppositionsarbeit, noch dazu an der Seite der Sozialdemokraten. Die Gesellschaft zu führen und zu gestalten gehörte zu ihrem Selbstverständnis als Elite – zumal es mit Mende hoffnungsvollen Nachwuchs gab. Mit dem passiven, zur Macht distanzierten Vorsitzenden Maier wollten sie nicht erneut in den Wahlkampf ziehen – ebenso nicht mit dessen Motto von einer kleinen, aber feinen FDP. Denn, so die Meinung in der Partei: „Reinhold Maier verkörpert die Bescheidung der FDP auf einen exklusiven Klub, der zwar ehrenwert, doch wirkungslos ist."[263] Bei ihm waren ab 1959 nicht mehr die Eigenschaften gefragt, die ihn 1957 aufsteigen ließen. Die Partei schien konsolidiert, die Grabenkämpfe waren überwunden. Ruhe und Zurückhaltung in der Opposition wollten sich die Liberalen wie noch 1957 nicht mehr freiwillig auferlegen.

Maier zog sich 1959 freiwillig aus der Parteiarbeit zurück. Doch er hatte nur scheinbar Einfluss auf seinen Abgang. Nur durch sein taktisches Einlenken gönnten ihm die Freien Demokraten eine weitere Amtszeit. 1960 wäre er auf keinen Fall wieder gewählt worden. Mende war bereits zu stark und das Erfolg versprechende Wahljahr 1961 näherte sich. Maier wollte es auf keinen Fall zu einem Machtkampf kommen lassen und dadurch seinen Nachfolger und sich selbst in Mitleidenschaft ziehen – schließlich mochte die Klientel keinen innerparteilichen Streit. Das wusste er. Gegangen zu werden entsprach zudem nicht seinem bürgerlichen Selbstverständnis. Ferner wollte er seine Aufbauleistung nicht beschädigen und zog sich deshalb im Einverständnis mit Mende zurück. Für 1960 strebte er eine erneute

---

[261] Siehe: Gutscher, a. a. O., S. 208.
[262] Siehe: Ebd., S. 209. Schollwer notierte: „Maier will es gottlob nur noch ein Jahr machen." Schollwer, 1990, 13. April 1959, S. 78.
[263] Neue Ruhr-Zeitung, 1. April 1958.

Kandidatur für den Stuttgarter Landtag an. Hier wollte er seine Karriere ausklingen lassen. Von einem Sturz Maiers kann jedoch nicht gesprochen werden. Dem kam er zuvor. Eine starke Hausmacht in seinem Landesverband Baden-Württemberg hatte er immer noch. Haußmann war loyal bis zur Selbstaufgabe. Damit hatte Maier auf seinen Abgang einen stärkeren Einfluss als Dehler, der – zum Zusehen verdammt – in Schimpf und Schande gehen musste.

Die Einigkeit zwischen Maier und Mende wiederum war typisch für den Führungsstil beider Politiker. Mende besaß nicht die nötige Härte und Durchsetzungsfähigkeit, um Maier zu stürzen, er wollte es auch gar nicht.

5.10.2 Maiers letzte Monate – Machtlosigkeit und Rückzug

Im Mai 1959, kurz bevor er als Parteivorsitzender wiedergewählt wurde, fiel die letzte bundespolitische Entscheidung, an der Maier als FDP-Chef Einfluss zu nehmen versuchte – vergeblich. Dass Maier keine Unterstützung für seine Politik fand, lag vor allem an seinem bereits im Mai 1959 gegen den Nullpunkt sinkenden bundespolitischen Einfluss und dem Bedeutungszuwachs Mendes. Sein Einverständnis vom April 1959, im Januar 1960 abzutreten, ließ ihn in den letzten Monaten seiner Amtszeit politisch bedeutungslos werden.

Auch wenn Mende anfangs eine Kandidatur Adenauers bei der Wahl zum Bundespräsidenten unterstützt und liberale Zustimmung in Aussicht gestellt hatte,[264] nominierte die FDP am 20. Mai auf seine Initiative hin mit Unterstützung von Mischnick und Weyer den Bundestagsvizepräsidenten Max Becker zu ihrem Kandidaten für die Bundespräsidentenwahl. Da die CDU zu diesem Zeitpunkt noch mit Adenauer antrat und die SPD auf Carlo Schmid setzte, wollte auch die FDP nicht auf einen eigenen Kandidaten verzichten. Der einzige, der sich gegen die Kandidatur Beckers ausgesprochen hatte und dafür plädierte, keinen eigenen Kandidaten zu präsentieren, war Maier. Er nahm als einziger im Bundesvorstand dezidiert Stellung gegen die Entscheidung, aber er war isoliert.[265] Noch nicht einmal Haußmann unterstützte ihn. Mende selbst war es auch, der die Marschroute für der FDP-Wahlmänner in der Bundesversammlung festlegte. Sie wollten in al-

---

[264] Siehe: Mende, 1984, S. 427.
[265] Maier am 20. Mai 1959 im Bundesvorstand, S. 441.

len Wahlgängen an Becker festhalten. Hierfür erhielt er allgemeine Zustimmung. Maier war wieder einmal krank und auf Tauchstation.[266] Die Gründe für Maiers Taktik liegen in seiner persönlichen Abneigung gegenüber Becker.[267] Aber auch koalitionstaktische Überlegungen spielten eine Rolle. Nach einer eventuellen Wahl Adenauers zum Präsidenten wäre wahrscheinlich Erhard Kanzler geworden. Hierin erhoffte sich Maier eine Annäherung zwischen FDP und CDU. Allerdings beugte sich Maier der Mehrheitsmeinung und erklärte, er selbst wolle auf dem Bundesparteitag Becker als Präsidentschaftskandidaten vorschlagen. Maier unterstützte Beckers Kandidatur aus Pflichtgefühl, nicht aus Überzeugung.

Mit dem steigenden Einfluss Mendes zog sich Maier nach dem Parteitag im Mai, auf dem er ein letztes Mal wiedergewählt wurde, aus der Parteipolitik zurück. Sein Kontakt mit Bonn brach fast völlig ab. Er besuchte in den letzten Monaten seiner Amtszeit kaum noch die Vorstandssitzungen in Bonn. Stattdessen gab Mende den Bericht des Vorsitzenden zur politischen Lage und bereitete sich auf die Übernahme des Vorsitzes vor. Er managte bereits die Partei. An den Diskussionen über die Konsequenzen, welche die Freien Demokraten aus dem Godesberger Programm der SPD und deren Kursänderung für die eigene Parteiarbeit ziehen wollten, nahm Maier nicht teil. Es ging keine Initiative im Bundestag oder auf einem Bundesparteitag von ihm aus. Mit Wirkung zum 1. Oktober 1959 legte Maier sein Bundestagsmandat nieder, um unabhängig in seine Kandidatur für ein erneutes Landtagsmandat in Baden-Württemberg zu ziehen. Auch das Stuttgarter „Büro Maier" löste sich auf. Der persönliche Referent Gentner wechselte in die Bundesgeschäftsstelle. Mit Spitzenpolitikern außerhalb seiner Heimat korrespondierte er nicht mehr. Maier war nur noch dem Namen nach Parteiführer der FDP.[268] Er trat mehr denn je als Elder Statesman auf, war „Repräsentant des nationalen Gewissens" und „moralische Instanz".[269] Maier

---

[266] Bundesvorstand am 20. Juni 1959, S. 446-447.
[267] Siehe: Heuss, Tagebuchbrief vom 22. Mai 1959, in: Heuss, 1970, S. 435-436.
[268] Siehe: Matz, 1989, S. 475.
[269] Ebd., S. 474. Maier wurde im Januar 1960, nachdem er den Vorsitz an Mende abgegeben hatte, einstimmig zum Ehrenpräsidenten auf Lebenszeit mit Sitz und Stimme im Bundesvorstand gewählt. Ihm wurde damit ein – wenn auch nicht sonderlich starker – politischer Einfluss gesichert. Er war nach seinem Abgang als Parteichef gefragter Ratgeber für die FDP, nutzte aber seinen Einfluss kaum. Er trat als entschiedener Verfechter einer bürgerlichen Koalition auf. 1961 plädierte er dafür, unter Adenauer in die Regierung einzutreten. (Matz, 1989, S. 476-477, 485-486). Bis 1964 war Maier einfacher Abgeordneter des Stuttgarter Landtags. Er war ohne Sorge um die eigene Karriere Landespolitiker. Hierin unterschieden sich seine letzten politischen Jahre stark von denen Mendes und Dehlers.

berief sich wieder stärker auf Pfleiderers Konzept und reklamierte für die FDP die Urheberschaft der Entspannungspolitik. Er kritisierte die Tatenlosigkeit der Bundesregierung in der Deutschlandpolitik. In breiten Schichten der Bevölkerung habe sich eine Gleichgültigkeit gegenüber dem nationalen Gedanken ausgebreitet, der durch den Materialismus der Wirtschaftswunderepoche noch verstärkt werde. Dass sich immer mehr Menschen „von den großen Gedanken von Volk und Vaterland" abwandten, war seiner Ansicht nach die „nackte, grimmige Bilanz der großen Wahlsiege in Westdeutschland".[270]

5.11 Fazit

5.11.1 Persönlichkeitsfaktoren, Führungsstil, strukturelle Faktoren, Konstellation – Zur unerwarteten Berufung Maiers und zum absehbaren Ende seiner Amtszeit

Maier verkörperte keine Charaktereigenschaften, die für einen erfolgreichen politischen Anführer kennzeichnend zu sein scheinen. Er personifizierte auf den ersten Blick Gemütlichkeit und Behäbigkeit. Maier wirkte keineswegs elegant, charismatisch oder medienwirksam, eher wie ein „kantige[s], aber solide[s] württembergische[s] Urgestein"[271]. Immer verschmitzt lächelnd, mit dünnrandiger Brille, nach Sitte der zwanziger Jahre

---

Aber ab 1966, nach dem Gang in die Opposition in Bonn und Stuttgart, galt er als Mann der Vergangenheit, der den Zwang zur Neuorientierung und den Wandel innerhalb der FDP nicht begriffen hatte. Für Maier blieb die Finanz- und Wirtschaftspolitik Zentrum der Politik und auf diesen Feldern sah er mit der SPD keine gemeinsame Basis. Übereinstimmungen mit der SPD in der Außen- und Deutschlandpolitik waren für ihn ohne gute ökonomische Voraussetzungen wertlos. Maier wollte zwar seit den 1950er Jahren eine Öffnung nach Osten, aber auf Basis der Wiedervereinigung. Aus diesem Grund ist es falsch, Maier uneingeschränkt als Vorläufer der Ostpolitik der 1970er Jahre zu bezeichnen, wie Hofmann es tut. Vgl.: Hofmann, Wilhelm: Reinhold Maier, in: Casdorff, Claus Hinrich (Hrsg.): Demokraten. Profile unserer Republik, Königstein / Taunus 1983, S. 196-207, hier: S. 206. Maier sprach sich gegen die Kandidatur Scheels als Parteivorsitzender und gegen die sozialliberale Koalition 1969 in Bonn aus. Maier entfremdete sich in den letzten Jahren immer mehr von seiner Partei. Er dachte an Parteiaustritt, fühlte sich aber zu alt, um noch einmal zu kämpfen und neu zu beginnen. Am Ende seines Lebens wollte er über sein politisches Wirken nicht den Schatten des Parteiaustritts legen. Er versicherte aber Mende nach dessen Parteiaustritt ewige Freundschaft. Maier an Mende, Weihnachten 1970. Siehe: Mende, 1988, S. 431. Auch: Baring, Arnulf: Machtwechsel. Die Ära Brandt – Scheel, Stuttgart 1998, S. 219 [im Folgenden zitiert als: Baring, 1998].
[270] Maier am 21. Mai 1959 auf dem Bundesparteitag in Berlin, HStAS, NRM 149. Matz, 1989, S. 473.
[271] Görtemaker, a. a. O., S. 439.

unverschnittenem Schnurbart, goldener Uhrkette und „Knöpfleschuhen"[272] erschien er – auch aufgrund seines beachtlichen Leibesumfangs – als würdiger und „stattlich[...]-solide[r] Hausvatertyp" von der guten alten Sorte.[273] Als Politiker wiederum war er äußerst unruhig und verletzlich. Die Politik bedeutete ihm einen schweren Kampf. Seine innere Unruhe zeigte sich darin, dass seine Hände oft zitterten, so dass er kaum ein Manuskript halten konnte. Wenn seine Hand still herabhing, hatte er seinem Hang zu Hochprozentigem nachgegeben. Nur dadurch wurde er ruhiger.[274] Zudem wurde seine vom schwäbischen Dialekt gekennzeichnete Stimme im Alter brüchig und kurzatmig, so dass er auf viele Zuhörer abschreckend wirkte. Auch der Stil seiner Reden konnte kaum überzeugen. Er zeichnete sich nicht durch Eleganz, rhetorische Floskeln und Finessen im Stil eines Erich Mende aus. Zwar war sein Redestil klar, direkt, volksnah, sachkundig, fundiert, mit originellen Bildern, anschaulichen Vergleichen, Witz und hintergründigem Humor. Trotz klarer, in kurze Sätze gepackter Aussagen konnte er jedoch den Anwalt nicht verbergen. Viele Wendungen substantivierte er. Zudem glichen seine stets gründlich vorbereiteten Ausführungen – er schrieb die Reden selbst und improvisierte nie – nicht enden wollenden Monologen, die er grundsätzlich vom Blatt ablas. Seine Reden untermauerte er mit Zitaten von Friedrich Schiller und Ludwig Uhland sowie aus lateinischen Klassikern.

Wegen seines unsicheren Auftretens – Juling meint gar, Maier habe „wenig Ausstrahlungskraft"[275] – versuchte Maier die großen Bühnen der Politik zu meiden. Seine Reden gegen die Adenauersche Außen- und Deutschlandpolitik sowie gegen die Nationale Sammlung hielt er im heimatlichen Remstal. Hier fühlte er sich verstanden und durch die Vertrautheit der Heimat geschützt. In der „schneidigen und schneidenden" Atmosphäre des Nordens fühlte er sich hingegen unsicher und gehemmt.[276] Maier brauchte neben der Sicherheit der Heimat auch den Schutz durch einen vertrauten Personen-

---

[272] Nicht drücken, nicht drängeln, in: Der Spiegel, 7. Jg., Nr. 18, 29. April 1953, S. 7.
[273] Kempski, Hans Ulrich: Reinhold Maier lädt die FDP-Kanone, in: Süddeutsche Zeitung, 28. Januar 1957.
[274] Hans Ulrich Kempski beschrieb Maier nach seiner Wahl zum Parteichef: „Der Sekt war zu warm und auch sonst nicht der beste. Reinhold Maier trank ihn jedoch, das Glas mit beiden Händen umklammernd, in langen und durstigen Zügen." Kempski, Hans Ulrich: Reinhold Maier lädt die FDP-Kanone, in: Süddeutsche Zeitung, 28. Januar 1957.
[275] Juling, Peter: Karl-Hermann Flach. Der dritte Weg: Die liberale Reform, in: Casdorff, Claus Hinrich (Hrsg.): Demokraten. Profile unserer Republik, Königstein / Taunus 1983, S. 132-142, hier: S. 135.
[276] Maier, 1966, S. 507-508.

kreis. Seine engsten Weggefährten, Berater und Freunde nicht nur in der Zeit als FDP-Chef, sondern bereits als Wirtschaftsminister und Ministerpräsident hatte er nicht über die Partei, sondern über die Studentenverbindung Stuttgardia kennen gelernt, der er angehört hatte. Eberhard Wildermuth unterstützte ihn während seiner Zeit als Wirtschaftsminister und war ihm über 40 Jahre lang Ratgeber und Helfer. Konrad Wittwer war sein engster Freund sowie Stütze während des Nationalsozialismus und in den ersten Jahren als Ministerpräsident. Wolfgang Haußmann war sein loyaler Diener und Freund. Er ebnete seiner Karriere den Weg und löste seine Konflikte in Stuttgart und Bonn, während Maier sich schmollend zurückzog. Karl Georg Pfleiderer war Mitstreiter im Kampf gegen Adenauers Außenpolitik. Klaus von Mühlen avancierte während Maiers Zeit als FDP-Vorsitzender zum engen Vertrauten und wurde Nachfolger in seinem Bundestagswahlkreis.

Die Parteien, deren Mitglied er war, gaben Maier nie Sicherheit. Sie waren geprägt von Streit und Querelen. Das schreckte den äußerst misstrauischen und konfliktscheuen Schwaben ab. Maier verachtete nicht nur parteipolitischen Streit, sondern auch Parteipolitik allgemein. Er war ein Mann der Exekutive. Nur in den zwanziger Jahren als Vorsitzender des DDP-Ortsvereins Stuttgart, 1932-1933 als Mitglied im Führungstriumvirat der Staatspartei und von 1957 bis 1960 als FDP-Vorsitzender übte er bedeutende Funktionen in einer Partei aus. Seit Maier in den letzten Jahren der Weimarer Republik württembergischer Wirtschaftsminister in einer Koalitionsregierung war, die sich durch überparteiliche Sachlichkeit auszeichnete und die nahezu unabhängig von Parlament und Parteien agierte, war der mittelständische Unternehmersohn sich bewusst, dass er wirklichen Einfluss nur in Regierungsämtern ausüben kann. Seine Distanz zur Parteipolitik verstärkte sich nach dem Zweiten Weltkrieg. In seine Berufung – das Amt des Ministerpräsidenten – kam er ohne die Partei. Bis 1946, als der erste Landtag in Württemberg-Baden gewählt wurde, agierte er unabhängig von den politischen Parteien. Haußmann war für die Parteiarbeit zuständig, Maier selbst agierte als überparteilicher Interessenvertreter.

Aus seinem auch materiellen Sicherheitsbedürfnis, Erfahrungen im Elternhaus sowie dem Bewusstsein, im Zweiten Weltkrieg seine schwerste Bewährungsprobe überstanden zu haben, erklärte sich seine Distanz zur Macht und seine innere Unabhängigkeit. Die prägende Erfahrung des Scheiterns des Vaters in der Kommunalpolitik wie auch in der Wirtschaft –

und damit verbunden der beschädigte bürgerliche Ruf – waren der Grund, weshalb Maier, für den Politik seitdem ein glattes Parkett war, in seiner politischen Laufbahn als Zauderer auftrat und in seine Ämter gerufen wurde, statt sich aktiv darum zu bemühen. Zudem war er schon in der Kindheit ein zurückhaltender und bedächtiger Mensch, der sich selten in den Vordergrund drängte. Trotz dessen ließ er es aber an Initiative, Beharrlichkeit und Durchsetzungswillen nicht mangeln, wenn es um die Verwirklichung von Interessen der mittelständischen Wirtschaft, um sein Prestigeprojekt Südweststaat, aber auch um den Fortbestand seiner eigenen Partei ging – schließlich hatte er seit Anfang des Jahrhunderts, seit er sich für den Liberalismus entschied, eigentlich nur dessen Niedergang erlebt.

Die innere Pflicht, einen weiteren Niedergang zu verhindern und als Krisenmanager dem Liberalismus zu dienen, ließ ihn trotz Zauderns und Zögerns und trotz regelrechter Angst vor der Partei- und Bundespolitik, wo er bereits 1953 – als er als Bundesratspräsident vergeblich versucht hatte, die Ratifizierung des EVG- und des Deutschlandvertrags taktisch zu verhindern – gescheitert, und wo er wegen seiner Stuttgarter Koalitionsbildung mit der SPD 1952 auf heftigen Widerstand gestoßen war, 1957 den Vorsitz der Bundes-FDP übernehmen.

Maier erscheint wegen der Art und Weise seiner Berufung, seiner parteipolitischen Erfahrungen, seiner Einstellungen zur Parteipolitik, seines eigenen Anspruchs an eine politische Führung sowie nicht zuletzt wegen seiner Charaktereigenschaften auf den ersten Blick als ein vollkommen ungeeigneter Kandidat für einen Parteivorsitz. Obwohl er scheinbar als Verlegenheitslösung für eine Übergangszeit antrat, war Maier doch bei Amtsantritt der ideale Kandidat für den Vorsitz einer gespaltenen Honoratiorenpartei in der Opposition, der die Anpassungsstrategie Blüchers und die Konfrontationsstrategie Dehlers keinen Erfolg gebracht hatte und die nach den aufreibenden Dehler-Jahren nur Ruhe und Konsolidierung sowie einen Vorsitzenden, der sie nicht wieder in neue Schlachten führen wollte, brauchte. Maiers Distanz zur Parteipolitik und zur Macht sowie seine Konfliktscheue ließen ihn, der sich bereits aus der aktiven Politik zurückgezogen hatte, zum Parteichef avancieren. Zudem verkörperte der Honoratior Maier liberale Traditionen und war als einziger Ministerpräsident, den die Freien Demokraten je in der Bundesrepublik stellten, Garant für Wahlerfolge und bereits zu Lebzeiten eine Legende. Entscheidend dafür, dass er in der Partei mehrheitsfähig war, waren neben der Parteispaltung 1956 seine Ansichten zur Außen- und Deutschlandpolitik. Gehörte er noch Anfang der 1950er Jahre zu den schärfsten Gegnern von Adenauers Politik – das sah er als seine nationale Pflicht an –, so war der gesetzestreue Maier ab 1953/1954 auf die offizielle Parteilinie eingeschwenkt und hatte seinen Widerstand gegen Westbindung und Wiederbewaffnung aufgegeben. Allerdings galt er immer noch als Kritiker des Kanzlers, dem er vorwarf, eine klerikale Diktatur anzustreben und mit der Droge Wohlstand die Sinne der Westdeutschen für die Wiedervereinigung zu betäuben. Nur so konnte der wegen seiner außenpolitischen Ansichten und seiner Koalition mit der SPD in Stuttgart als „Demi-Marxist" titulierte ehemalige Prügelknabe der Partei Anfang 1957 zum Liebling und Retter der Liberalen aufsteigen.

Die junge Garde aus Nordrhein-Westfalen um Döring, Weyer und Mende – seit 1956 das eigentliche Machtzentrum in der Partei – überredete Maier, den Vorsitz zu übernehmen. Selbst hatte er sich nicht in die Diskussion gebracht. Vor allem Döring und Weyer verfolgten mit der Berufung Maiers das Ziel, unter dessen Führung ihre eigene Position in der Partei auszubauen. Maier versprach angesichts seiner Persönlichkeitsfaktoren, seiner mangelnden Erfahrung in der Partei- und Bundespolitik, seiner Scheu vor Konflikten, seiner immer wieder betonten Unabhängigkeit und Distanz zur Macht, seines schon begonnenen Rückzugs aus der Politik sowie seines Anliegens, nicht von Bonn, sondern von Stuttgart aus zu agieren, ein schwacher Parteiführer zu werden, der sich in die Partei- und Bundespolitik kaum einmischen, die Partei eigentlich gar nicht führen würde und wollte. Gerade deshalb aber wollten die Düsseldorfer an der Spitze der FDP. Ihr eigener Einfluss konnte nur steigen. Maier sollte das Aushängeschild der Partei sein, der allein aufgrund seines Nimbus die Partei konsolidieren sollte, während sie selbst weiter ihr Ziel, die FDP als unabhängige dritte Kraft zu etablieren, verfolgen wollten.

Von Anfang an war dem Parteivorsitz Maiers eigentlich kein besonderer Erfolg beschert. Da Maier in Stuttgart residierte und dort ein „Büro Maier" aufgebaut werden musste, stieg der Verwaltungsaufwand. Nicht selten gab es kontraproduktive Missverständnisse zwischen Bonn, Stuttgart und dem mächtigsten Landesverband Nordrhein-Westfalen. Maier war selten in Bonn und über Hintergründe und politische Entwicklungen häufig nicht auf dem Laufenden. Im Wahlkampf 1957 zog er sich in sein Chalet in der Schweiz zurück. Seine Bundestagskandidatur betrieb er nur halbherzig.

Obwohl Maier mit Zustimmung aller Landesverbände gewählt wurde, dienten doch als eigentliche Machtbasis nur sein eigener Landesverband Baden-Württemberg und die alten Vertrauten aus den Kreisen der Stuttgardia. Im persönlichen Umfeld des Parteichefs waren folglich die verschiedenen Strömungen und Landesverbände der FDP nicht repräsentiert. Dadurch entfremdete er sich immer mehr den anderen Machtzentren in der Partei. Institutionellen und personellen Rückhalt in einem Regierungsapparat hatte er nicht. Die FDP war in der Opposition in Bonn. Bei Amtsantritt verhinderten die mächtigen Jungtürken, dass Maier eigenständig agieren und Vertrauensleute mit Bonner Schlüsselpositionen der Partei betrauen konnte, um seine Politik durchzusetzen und sich vor Angriffen zu schützen. Ab 1958 war Mende der starke Mann. Maier konnte nicht führen. Zu stark waren die Machtzentren – zuerst die Jungtürken, ab Ende 1958 Mende.

Symptomatisch für das Binnenklima in der FDP 1957/1958 waren Konflikte zwischen Maier und seinen Bonner Statthaltern, vor allem Döring, der angesichts von Maiers Führungsschwäche immer mehr die Geschicke der Partei bestimmte. Er stellte den bürgerlichen Charakter der FDP in Frage, versuchte die Partei gegenüber der SPD zu öffnen sowie durch Ideen und Konzepte über eine dynamische Außenpolitik das außen- und deutschlandpolitische Profil der Liberalen zu schärfen. Maier agierte in dem Konflikt um den Kurs der Düsseldorfer, der – obwohl er im Wahlkampf selbst aus taktischen Gründen und wegen des Drucks der Jungtürken die Koalitionsfrage offengehalten hatte – seiner Ansicht nach dem Wesen des Liberalismus widersprach und der Partei schaden würde, auf seine besondere Art: Wie schon zu Zeiten, als er es als seine nationale bzw. liberale Pflicht ansah, Stellung gegen Adenauers Außenpolitik und die Nationale Sammlung zu beziehen, meldete er sich von Zeit zu Zeit mit scharf formulierten Schreiben oder auf Veranstaltungen meist im heimischen Remstal zu Wort und griff die Politik der Jungtürken an, ohne aber den Weg für eine Verständigung zu versperren. Maier scheute direkt ausgetragene Konflikte. Er griff so gut wie nie direkt in parteiinterne Krisen oder Entscheidungsprozesse ein. Er entsandte enge Vertraute als Spione nach Bonn und zu den Landesverbänden – wie 1958 seinen Ziehsohn von Mühlen nach Düsseldorf –, um sich informieren zu lassen und die Situation in seinem Sinne zu beeinflussen zu versuchen. Wenn Maier doch in den Strudel zu geraten drohte, schickte er seinen Adlatus Haußmann vor, um die Wogen zu glätten. In Stuttgart ruhte ein auf Kritik an seiner Amtsführung empfindlich reagierender, wenig entscheidungsfreudiger Vorsitzender, der auf Zeit spielte und dennoch seine Interessen und Rechte eifersüchtig zu wahren suchte. In Bonn und Düsseldorf agierte eine Gruppe entschlossener und professioneller Politiker, welche die Unterstützung des temperamentvollen und gekränkten Dehler genossen. So waren die Verhältnisse in der FDP 1957/1958. Dazu kamen Konflikte mit dem niedersächsischen Landesverband, welcher mit der Deutschen Reichspartei kooperierte und die Nationale Sammlung wiederbeleben wollte. Maier spielte keine überzeugende Rolle und konnte seine Forderung, der Landesverband solle das Hospitantenverhältnis mit den Abgeordneten der Reichspartei unverzüglich lösen, nicht durchsetzen. Zu unsicher und nachsichtig trat Maier auf. Dass Maier letztendlich über die Jungtürken triumphieren konnte, lag an deren Niederlage bei der Landtagswahl in Nordrhein-Westfalen im Juli 1958, nicht jedoch an seiner eigenen Führungsstärke. Das Düsseldorfer Experiment war an der eigenen Klientel gescheitert.

Durch das Scheitern der Jungtürken war der Weg für Mende, seit 1957 Fraktionschef im Bundestag, als neuer starker Mann der FDP frei. Er hatte dem inneren Kreis der Jungtürken nicht angehört und hatte in seiner Karriere immer zwischen den Flügeln der Partei laviert und moderiert. Jetzt schlug er sich eindeutig auf die Seite Maiers. Da die Partei nach dem Scheitern der Jungtürken konsolidiert und integrierter erschien und Mende Maiers Kurs, die FDP wieder stärker an der CDU zu orientieren sowie Wirtschafts-, Innen- und Rechtspolitik mehr in den Mittelpunkt liberaler Politik zu stellen, fortzusetzen versprach, ließ Maier immer stärker Mende den Vortritt in der Partei. Obwohl er es bei seinem Amtsantritt abgelehnt hatte, Übergangskandidat zu sein, agierte Maier ab Ende 1958 aber so. Er trat auf, als ob er seine Pflicht getan hätte, zog sich immer mehr zurück und war kaum noch in Bonn. Er begab sich als Vorsitzender von der Abhängigkeit der Jungtürken in die Abhängigkeit Mendes. Dieser versammelte die Partei zunehmend hinter sich und schob Maier in die Bedeutungslosigkeit. 1959 hatte Maier keinen Einfluss mehr auf die operative Führung der Partei. Das war neben seinem freiwilligen Rückzug aus Altersgründen sowie mit dem Verweis, er habe seine Aufgabe, die Partei nach dem Dehler-Schock zu konsolidieren, erfüllt, maßgeblich darauf zurückzuführen, dass das liberale Bildungs- und Besitzbürgertum sich nicht zur Oppositionsarbeit an der Seite der Sozialdemokraten berufen fühlte. Die Gesellschaft zu führen und zu gestalten gehörte zu ihrem Selbstverständnis als Elite. Eine weitere Periode in der Opposition wollten die Liberalen auf keinen Fall. Mit der „lahmen Ente" Maier als Spitzenkandidaten konnten sie aber nicht in den Wahlkampf 1961 ziehen. Dazu brauchten sie keinen passiven und führungsschwachen Vorsitzenden. Der eloquente Organisator und Moderator Mende war der Hoffnungsträger der Partei. Bei Maier waren ab 1959 nicht mehr die Eigenschaften gefragt, die ihn 1957 Parteivorsitzender der Liberalen werden ließen. Die Partei schien konsolidiert und wollte keine Ruhe und Zurückhaltung mehr, wie noch 1957.

Bevor Stimmen aus den Landesverbänden – vor allem Hessen, dem Saarland, Niedersachsen, Berlin wie auch Nordrhein-Westfalen – nach einem Wechsel zu Mende bereits auf dem Parteitag im Mai 1959 lauter werden konnten, einigten sich Maier und Mende im April 1959 im beiderseitigen Interesse auf eine Ablösung an der Spitze im Januar 1960. Was auf den ersten Blick wie ein letzter taktischer Coup Maiers aussah, entpuppte sich aber als Eigentor. Zwar brachte er seine Kritiker durch die souveräne Entscheidung zum Schweigen, doch hatte Maier seit dem Frühjahr 1959 keinerlei Macht mehr. Die Bereitschaft, ihm zu folgen, sank. Die Kräfte strömten zu Mende. Das zeigte sich vor allem bei der Entscheidung, einen eigenen FDP-Kandidaten für die Bundespräsidentenwahl zu nominieren. Maier wollte keinen eigenen Kandidaten aufstellen. Mende setzte seinen Favoriten Becker durch. Maier war – zum Teil selbst verschuldet – seit April 1959, als er seinen Rückzug bekannt gab, ein eigentlich gescheiterter Vorsitzender auf Abruf.

5.11.2 *Glückloser Bundespolitiker? – Zum Erfolg von Reinhold Maiers politischer Führung der FDP*

Maiers nur dreijährige Amtszeit auf dem Schleudersitz des FDP-Vorsitzenden wird im Allgemeinen als Übergangszeit auf dem Weg zu Mende und als nicht besonders bedeutend für die Geschichte der FDP, Maier selbst als erfolgloser und gescheiterter Parteivorsitzender dargestellt.[277] Sicher, Maier gelang es nicht, die Freien Demokraten wieder in die Regierung in Bonn zu führen. Rechtzeitig vor der Bundestagswahl 1961 musste er seinen Posten räumen. Er selbst fühlte sich in seiner Zeit als Par-

---

[277] Siehe: Matz, in Schumann, S. 346, 349.

teivorsitzender als „Leihgabe"[278] in Bonn und wollte und konnte nicht so politisch führen, wie man es vom Vorsitzenden einer Bundespartei erwartete. Er war allein schon wegen seiner Einstellung zu seinem Amt ein schwacher Parteiführer.

Zudem bleibt für die Liberalen unvergessen, dass Maier als Reichstagsabgeordneter der Staatspartei aus Angst und Anpassungswillen in seiner Fraktion die Zustimmung zum Ermächtigungsgesetz durchgesetzt hatte. Damit lastete er dem Liberalismus die wohl schwerste Hypothek auf. Unbestritten ist auch, dass Maiers Bedeutung vor allem in der Landespolitik im deutschen Südwesten lag. „Der erfolgreiche[...] Landespolitiker" und „württembergische Patriot"[279] hütete die Identität und die Interessen seines Heimatlands geradezu eifersüchtig. Bereits als Wirtschaftsminister und später als Ministerpräsident machte er sich um den Aufbau moderner Wirtschaftsstrukturen verdient. Eine zielsichere Strukturpolitik, die Förderung von Gewerbe und Industrie sowie der Ausbau der Infrastruktur waren seine Verdienste, für die er auch Konflikte mit den Amerikanern in Kauf nahm, die ihm beinahe sein Amt als Ministerpräsident kosteten. Hierdurch schuf er eine entscheidende Voraussetzung für die Prosperität des Bundeslands Baden-Württemberg, dessen eigentlicher „Vater" Maier ist.[280] Auch seine bundespolitische Bedeutung resultiert vordergründig aus seiner Position als einziger liberaler Ministerpräsident sowie aus seinem erfolglosen Widerstand gegen Adenauers Politik der Westintegration und Wiederbewaffnung.

Aber ist Reinhold Maier trotz des über ihn überlieferten Images als Parteichef der FDP vollends gescheitert? War er – auch wenn er 1953 auf Bundesebene gestürzt war – auch Ende der 1950er Jahre wirklich der „glücklose [...] Bundespolitiker", als den ihn Matz darstellt?[281] Nein, mitnichten. Er erfüllte alle drei Weberschen Voraussetzungen eines erfolgreichen Politikers. Er hatte Leidenschaft, Verantwortungsgefühl und vor allem Augenmaß. Maier erreichte als Parteivorsitzender mehr, als ihm die zeitgenössische Presse zugetraut hatte, die seinen Amtsantritt mit dem Slogan „Das Firmenschild wird wieder aufpoliert" umschrieb.[282] Trotz der Wahlniede-

---

[278] Maier am 28. Januar 1960 auf dem Bundesparteitag in Stuttgart. Zitiert nach: Matz, 1989, S. 476.
[279] Matz, in Schumann, S. 345.
[280] Ebd., S. 349.
[281] Ebd.
[282] Reinhold Maier als neuer Bundesvorsitzender der FDP. Zeitgenössische Karikatur aus der Stuttgarter Zeitung, 26. Januar 1957.

lage 1957 begann die Partei unter Maier, sich langfristig als dritte bedeutende Partei im parlamentarischen System der Bundesrepublik zu etablieren. Das hatte Ursachen, die in der politischen Führung Maiers begründet waren. Die Erfolge bei Landtags- und Kommunalwahlen bereits ab 1960 und vor allem der Erfolg bei der Bundestagswahl 1961 mit 12,8 Prozent – der größte in der Geschichte der FDP – waren, auch wenn sie unter Mende erzielt wurden, nicht ohne die „Vorarbeit" Maiers denkbar. Zudem konnte Maier am Ende seiner Amtszeit nicht ohne Stolz seine Genugtuung darüber zum Ausdruck bringen, dass erstmals die Parlamentsferien ohne innerparteiliche Spannungen verlaufen waren.[283] In der Tat: 1959 war das erste Jahr in der Geschichte der FDP, das nicht von personellem oder programmatischem Hader geprägt war.

In Maiers politischer Führung gab es ein funktionierendes Scharnier zwischen seiner Persönlichkeit einerseits sowie der Struktur der Partei und der politischen Konstellation andererseits. Dadurch konnte er zu einem erfolgreichen politischen Anführer avancieren. Maiers Distanz zur Partei wie zur Macht, seine innere Unabhängigkeit sowie seine pragmatische und sachliche Politik, die von Mende geteilt und fortgeführt wurde, waren entscheidend für die Konsolidierung und Neuorientierung der FDP.[284]

Maier wollte die FDP wieder aktions- und entscheidungsfähig machen. Erst wenn die innerparteilichen Spannungen überwunden seien, könne die FDP ein ernst zu nehmender Faktor im Parteiensystem sein, so seine Überzeugung. Er vertrat erfolgreich die Meinung, eine „sachlich fundierte und vor allem einheitliche Politik der FDP" sowie „solide Vorschläge" seien dafür entscheidend.[285] Er verstand es, die Arbeit der Bundestagsfraktion und der Fachausschüsse der Partei durch eine klare Umgrenzung ihrer Arbeitsgebiete zu versachlichen. Damit wurde der Landesverband Nordrhein-Westfalen, der auf Außenwirkung setzte, in die Defensive gedrängt. Ihm gelang es, die FDP von der verhängnisvollen Konzentration auf die Außen- und Deutschlandpolitik abzubringen und sie aus gefährlichem Fahrwasser zu leiten. Er konnte seine Ansicht durchsetzen, dass eine Deutschlandpolitik wohl überlegt sein müsse und sich zur tagespolitischen Agitation nicht

---

[283] Maier am 4. September 1959 im Bundesvorstand, S. 451. Bruchlinien in der Partei bestanden nach wie vor, auch in der Koalitionspolitik und der Ausrichtung der Partei. Allerdings wurden sie meist von sachlichen Konflikten überlagert.
[284] Siehe: Gutscher, a. a. O., S. 215.
[285] fdk, 9. Jg., Nr. 50, 8. Juli 1958. Zitiert nach: Bundesvorstand am 11. Juli 1958, S. 374.

eigne. Maier versuchte die Partei stattdessen stärker auf seinem Spezialgebiet – der Wirtschaftspolitik – zu profilieren. Auch in der Innen- und Rechtspolitik sah er wenig innerparteilichen Konfliktstoff. So ist es ihm gelungen, die Partei zu konsolidieren und zu integrieren, ihr einen einheitlichen politischen Willen zu geben und sie aus den Unsicherheiten und dem Linksdrall, der mit Dehler und den Jungtürken verbunden war, herauszuführen. Maßgeblich für diese Erfolge seiner politischen Führung war auch sein Kollegialprinzip, das er für die Partei proklamierte. Das unterschied ihn von Dehler wie auch vom misstrauischen Mende.

Trotz der Wahlniederlage 1957 gewann die FDP unter Maier an Geschlossenheit und liberaler Profilierung. Es war das Verdienst Maiers, dass die Spannungen zwischen Parteispitze und Fraktion, die Richtungskämpfe zwischen den Landesverbänden untereinander wie auch zwischen den Landesverbänden und der Bundespartei weitgehend überwunden wurden – auch wenn die eigentlichen Organisationsreformen das Werk vor allem von Döring waren. Bis zumindest 1957 bestand die FDP praktisch nur aus der Summe ihrer Landesverbände. Die Stärkung der Kompetenzen der Bundespartei gegenüber den Landesverbänden erreichte unter Maier einen Höhepunkt. Die Umorganisation und die personellen Änderungen in der Bundesgeschäftsstelle trugen ebenfalls zur Stärkung der Bundespartei bei. Die rücksichtslosen Hegemoniebestrebungen der Landesverbände und der Bundestagsfraktion gehörten der Vergangenheit an, ohne dass aber die Schlagkraft dieser Machtzentren entscheidend geschmälert oder die föderale Struktur der Partei aufgeweicht wurde. Maier machte ihnen allein aufgrund seines Ansehens in der Partei die Nutzlosigkeit ihres eigensinnigen Vorgehens, das zu Lasten der Gesamtpartei ging, deutlich. So konnte er Fraktion und Landesverbände auf ein Minimum an Parteidisziplin und die Einhaltung von liberalen Grundsätzen verpflichten.

Maßgeblich ist dieser Erfolg aber darauf zurückzuführen, dass Maier den Landesverbänden, der Fraktion und den in ihnen repräsentierten Flügeln der Partei im Gegensatz zu Dehler ihre Freiräume gab. Er hielt sich zurück, ließ die Machtzentren und die unterschiedlichen Positionen sich entwickeln, versuchte die Partei nicht in eine Richtung zu drängen und lavierte taktisch zwischen den verschiedenen Positionen. Als äußerstes Mittel drohte er unter Anspielung auf seine Distanz zur Macht und zur Partei mit seinem Rücktritt. Damit setzte er aber auch seine Partei unter Druck, da er sich bewusst war, dass es – bis 1959 – keine tragfähige Alternative zu ihm gab. Das taktische Lavieren des Vorsitzenden, ohne sich eindeutig festzulegen, – zugespitzt formuliert die Führungslosigkeit der FDP – kam der heterogenen Honoratiorenpartei entgegen, die keine zentralen, dogmatischen Richtungsvorgaben von der Parteispitze aus Bonn vertragen konnte. Besonders nach der aufreibenden Zeit unter Dehler als Parteichef brauchte sie zur inneren Konsolidierung einen ruhigen und relativ schwachen Vorsitzenden, der im Gegensatz zu seinem Vorgänger keine neue Mission oder Utopie vertrat, der die Partei nicht in erneute Schlachten gegen den Willen der Mehrheit zu führen versprach und der stattdessen die föderalen Strukturen der Partei zu achten bereit war. Der realistische und illusionslose Maier kam wie auch Mende in den 1960er Jahren diesen Ansprüchen entgegen und übernahm nicht die Strategie Dehlers, die Streitpunkte der Partei in der Öffentlichkeit auszutragen und damit neue Konflikte zu entfachen. Er wirkte als Parteichef eher unauffällig im Hintergrund aus seiner württembergischen Heimat. Sich selbst brachte er dadurch bei Konflikten immer aus der Schusslinie. Nur bei wichtigen politischen Entscheidungen griff er direkt ein und versuchte, – wenn auch oft vergeblich – seine Position durchzusetzen. Auf seinem Machtanspruch ohne Rücksicht auf Verluste zu bestehen, dazu war er im Interesse der Partei nicht bereit. So war es Ende 1957, als er vergeblich forderte, die niedersächsische FDP solle die Zusammenarbeit mit der Deutschen Reichspartei lösen. So war es auch im März 1958, als er vergeblich versuchte, Dehler zu entmachten, es aber nicht zu einem Bruch kommen lassen wollte. Maiers Verhalten zeugt auf den ersten Blick von Führungsschwäche, war aber angesichts der Verhältnisse in der FDP eine erfolgreiche Strategie.[286]

Maier verfuhr auch während seiner Zeit als FDP-Chef nach der Methode seiner föderal geprägten „Remstal-Politik", nach der „Demokratie von unten" ausgehen müsse, der einzelne Bürger und die unteren gesellschaftlichen Organisationsstrukturen die entscheidenden seien und nach der der Aufbau eines demokratischen Gemeinwesens oder einer Organisation sich zuerst auf die dort vorhandenen Interessen stützen sowie organisch von der

---

[286] Der Ansicht Schollwers, „das strenge Regiment Reinhold Maiers vermochte die rebellischen liberalen Geister letztlich nicht zu bändigen" kann deshalb nicht zugestimmt werden: Maier hatte kein strenges Regiment. Zudem gerieten die „rebellischen liberalen Geister" zumindest vorübergehend in die Defensive. Schollwer, in Mischnick, S. 451.

Gemeinde über den Kreis und das Land bis zum Bund wachsen müsse.[287] Aufgrund seiner „Remstal-Politik" erkannte er auch, dass Kommune und Region die Grundlagen des Liberalismus waren. Dieser Politikansatz des Föderalisten Maier, der sich immer für eine starke Position der Landesverbände eingesetzt hatte, war auf die föderale FDP mit ihren nahezu autonomen Landesverbänden und ihrer individuellen, organisationsscheuen Honoratiorenklientel zugeschnitten – zumal gerade der föderale Parteiaufbau in den gesamten 1950er Jahren die notwendige Flexibilität gab, um ein weiteres Auseinanderfallen der divergierenden Kräfte zu verhindern.[288]

Die FDP fand in der nahezu führungslosen Zeit unter Maier zu sich selbst und reorganisierte sich ihrem Selbstverständnis nach als Honoratiorenpartei des mittelständischen Bürgertums. Der Föderalist Maier stellte sich somit auf die Belange der stark regionalisierten, heterogenen, Zentralvorgaben verachtenden und ruhebedürftigen Partei ein. Dehler mit seinen Zentralstaats- und Zentralparteigedanken erkannte das nicht und musste deshalb scheitern. Hier liegt der Unterschied zu Dehler. Maier war ein sachorientierter Pragmatiker und Taktiker, der sich im Sinne der Partei auf Bedingungen, Konstellationen und Strukturen einstellte – und auch deshalb nicht gestürzt wurde. Er hatte im Gegensatz zu Dehler Instinkt und Gespür für Situationen und Möglichkeiten. Dehler war ein geradezu ideologischer Fundamentalist, der die Konstellationsveränderungen übersah und die Strukturen der Partei sprengte.

Sicher, Maier hatte als Vorsitzender bessere strukturelle Voraussetzungen als Dehler. Die Organisation war gestrafft und die Parteizentrale gestärkt. Aber nur durch seine Zurückhaltung, seine innere Unabhängigkeit, seine Angst vor Konflikten, sein Desinteresse am Parteienstreit, sein Gespür für das Politikverständnis der Honoratioren, seine föderale Politikansicht, seine Objektivität, sein Lavieren zwischen den Strömungen, sein Bedürfnis, innerparteiliche Konkurrenten einzubinden sowie sein Verlangen nach pragmatischer Sachpolitik, aber auch durch seinen Nimbus als liberales Urge-

---

[287] Maier am 28. November 1959 auf dem Bezirksparteitag der FDP/DVP in Schorndorf, in: Reinhold-Maier-Stiftung Baden-Württemberg (Hrsg.): Reinhold Maier. Die Reden. Eine Auswahl, Bd. 1, Einleitung, Zusammenstellung und verbindender Text von Wilhelm Hofmann, mit einem Vorwort von Jürgen Morlok, Stuttgart 1982, S. 291-302, hier: S. 292 (Schriftenreihe der Reinhold-Maier-Stiftung zur Geschichte, Praxis und Programmatik des Liberalismus in Baden-Württemberg, Nr. 12).
[288] Maiers innerparteiliches Föderalismusprinzip trug entscheidend dazu bei, die DPS als saarländischen Landesverband stärker in die Bundespartei zu integrieren. Erst im August 1957 schloss sich die DPS der FDP an.

stein gelang es Maier, die Partei nach den aufreibenden Dehler-Jahren zu konsolidieren. Auch wenn oft der provinzielle Landespolitiker in ihm durchschlug, konnte er viele seiner Positionen und Meinungen allein wegen seiner politischen Erfahrungen und seines Nimbus durchsetzen. Sein konsensorientierter Politikstil, dass „wir in der Partei die zentralen Fragen zentral besprechen und lösen, und daß eine Garantie dafür vorhanden sein muß, daß der Wille der Partei maßgebend ist, und daß nicht in ganz wichtigen Dingen einfach einzelne Parteimitglieder gewisse Teile der Politik vorwegnehmen und die Partei in irgendeine unangenehme Lage bringen"[289] war Voraussetzung hierfür. Nur so konnte er sein Ziel verfolgen, Konkurrenten einzubinden und die sachliche und organisatorische Einheit der Partei durch „Schaffung eines politischen Gesamtwillens der Bundespartei, Zusammenwirkung von Bundespartei und Bundestagsfraktion [sowie] Zusammenwirken von Bundespartei und Landesverbänden" voranzutreiben.[290]

Maier konnte einen solchen auf Konsens orientierten und von Passivität geprägten Führungsstil allerdings nur ausüben, weil er im Gegensatz zu Dehler zu Teamarbeit fähig war und Arbeit delegierte. Haußmann, von Mühlen und sein Referent Gentner waren seine engsten Vertrauten. Die Parteiarbeit im Landesverband delegierte Maier schon früh an Haußmann. Er sorgte als Landesvorsitzender dafür, dass der baden-württembergische Landesverband – Maiers Hausmacht – hinter dem Bundesvorsitzenden stand. Auch war er für die Verbindungen nach Bonn und Düsseldorf zuständig. Die Konflikte mit Nordrhein-Westfalen trug Haußmann aus. Dadurch blieb Maier unbeschädigt. Von Mühlen war Maiers Spion in Bonn und Düsseldorf sowie neben Gentner verdeckte Schaltstelle zwischen Bonn und Stuttgart. Ebenso war von Mühlen Verbindungsstelle zur Wirtschaft. Zudem war Mende ab 1958 Maiers Bonner Statthalter, an den er die operative Führung der Partei delegierte, der ihn aber zunehmend entmachtete. In der Diskussion um Dehlers Nachfolge um den Jahreswechsel 1956/1957 griff Maier Dehler nicht an und brachte sich nicht selbst ins Gespräch für den Vorsitz. Damit wollte er verhindern, dass er sich Dehler zum Feind in der eigenen Partei aufbaute. Das Ende der Freundschaft zwischen den beiden Politikern ging letztendlich von Dehler aus. Auch die Jungtürken brüskierte er nach deren Scheitern nicht. Er band sie stattdessen in die Parteiarbeit ein. Allerdings versicherte sich Maier im innerparteilichen Konflikt

---
[289] Maier am 1. März 1958 in Bundesvorstand / Bundestagsfraktion, S. 350.
[290] Ebd., S. 343.

gegen die Jungtürken und in seinem Annäherungskurs an die CDU der Unterstützung mächtiger Verbündeter außerhalb der FDP. Vor allem zu BDI-Präsident Fritz Berg und zu Bundeswirtschaftsminister Erhard pflegte er gute Kontakte.

Maier war ein realistischer und pragmatischer Politiker. Er war illusionslos und unkonventionell. Der „nüchterne Interessenpolitiker" und „Pragmatiker"[291] hatte politischen Instinkt und arrangierte sich im Gegensatz zu dem Idealisten Dehler stets mit den herrschenden Verhältnissen und versuchte, seine Partei in diese Richtung zu lenken – ohne allerdings dabei liberale Positionen aufzugeben. Politische Entscheidungen traf Maier aufgrund seines wirtschaftspolitischen Sachverstands und seiner Prägung – er war Rechtsanwalt mit wirtschaftlichem Schwerpunkt und wurde durch die Disziplinierung seines Berufsstands geprägt – immer aus wirtschaftlich-pragmatischen und nie aus ideologischen Gesichtspunkten. Dabei handelte er oft nach seinem Slogan „Was geht mi mei saudummes Geschwätz von gestern an!"[292] Ende der 1950er Jahre erkannte Maier als pragmatischer Krisenmanager die angesichts des Selbstverständnisses der Liberalen als Honoratiorenpartei des bürgerlichen Lagers zum Überleben wichtige Notwendigkeit, die FDP trotz ihrer wie auch seiner eigenen antikatholischen Ressentiments wieder als möglichen Koalitionspartner der regierenden CDU zu empfehlen. Auch wenn er als Vermächtnis seiner Zeit als FDP-Chef angab: „Selten ist die FDP so absolut selbstständig und unabhängig dagestanden. Wir sind jetzt – ohne Rechtsdrall und ohne Linksdrall – haarscharf in der Mitte zwischen den beiden Parteiblöcken.",[293] bezog sich dies zwar darauf, dass sie sozialistische wie klerikale Tendenzen ablehnte, doch hatte Maier die FDP eindeutig in Richtung CDU geführt. Zudem hatte er die Voraussetzungen dafür geschaffen, dass Mende die Partei weiter als Korrektiv zur Union etablieren und 1961 in eine Koalition führen konnte.

Maier hatte aus den Erfahrungen 1952/1953 in Stuttgart, 1956 in Düsseldorf und Bonn wie auch ab 1957 als Spendensammler der FDP gelernt, dass eine Koalition aus SPD und FDP angesichts des Widerstands der Wirtschaft und der eigenen Klientel nicht möglich war. Das Konzept einer

---

[291] Matz, 1989, S. 124.
[292] Ebd., S 505. Treffz-Eichhöfer, a. a. O., S. 74-75.
[293] Maier am 22. Mai 1959 auf dem Bundesparteitag in Berlin, in: Padtberg, Beate-Carola (Hrsg.): Wir suchen Deutschland. Reinhold Maier als Bundespolitiker, Gerlingen 1989, S. 192-202, hier: S. 196.

Annäherung an die SPD und einer Abkehr vom bürgerlichen Lager widersprach der Sozialstruktur der Partei Ende der 1950er Jahre. Döring wurde als „verkappter Sozi" gesehen und seine Perspektive, die FDP solle keine bürgerliche Partei mehr sein, vor allem von den baden-württembergischen Liberalen mit Entsetzen zurückgewiesen. Nur im bürgerlichen Lager sah Maier die Möglichkeit, die eigene Klientel zu mobilisieren. Schließlich wünschte sie keine Oppositionspartei zur CDU, sondern innerhalb eines bürgerlichen Regierungsbündnisses ein liberales Korrektiv gegenüber dem politischen Katholizismus sowie dem Gewerkschafts- und Sozialflügel der CDU. Gegenüber dem Werben der SPD, vor allem Wehners, zeigte Maier deshalb deutliche Vorbehalte. In der Opposition, vor allem in der „Anti-Atomtod-Kampagne" hielt er seine Partei vor einer zu engen Zusammenarbeit mit der SPD zurück.

In seiner gesamten politischen Karriere präferierte Maier bürgerliche Koalitionen und versuchte, seine Partei von den Sozialdemokraten abzugrenzen. Die Stuttgarter Koalition 1952/1953 war wegen der besonderen Umstände eine Ausnahme. Schon 1957 war ihm ein Bündnis mit der CDU in Bonn lieber, als die Koalitionsfrage offenzuhalten. Dass sich Maier letztendlich mit seinem Ziel, die FDP an die CDU anzunähern, durchsetzen konnte, lag an seinem eigenen taktischen Lavieren zwischen den Machtzentren und seinem nach dem Scheitern des Düsseldorfer Experiments und der Jungtürken entschiedeneren Kurs, ohne diese aber zu brüskieren – nicht jedoch am sturen Durchpeitschen der eigenen Ansicht, wie Dehler es versucht hatte. Maier zögerte zwar, suchte aber in entscheidenden Situationen sein Heil im pragmatischen Zupacken, wie er es in seiner politischen Karriere als Krisenmanager der Liberalen mehrmals bewiesen hatte.[294] „Ich bin hinter meiner Sache her und greife zu, wenn die Zeit gekommen ist."[295]

Maier fehlte folglich in seiner Zeit als Vorsitzender nicht „jener innere Kompaß, dessen Nadel anzeigt, was ein Liberaler in einer bestimmten Situation zu tun hat und was nicht."[296] Er fuhr keinen „Kurs ohne Kompaß". Der Kompass zeigte direkt in Richtung CDU. Maier legte das Fundament

---

[294] Siehe: Rilling, a. a. O., S. 283-284.
[295] Kempski, Hans Ulrich: Reinhold Maier ist Dehlers Nachfolger, in: Süddeutsche Zeitung, 25. Januar 1957.
[296] Flach, Karl-Hermann: Kurs ohne Kompaß?, in: Die Zeit, 1. Januar 1965. Zitiert nach: Flach: Karl-Hermann: Liberaler aus Leidenschaft, mit einem Geleitwort von Walter Scheel, München – Gütersloh – Wien 1974, S. 101-107, hier: S. 101, 105 [im Folgenden zitiert als: Flach, 1965, in Flach, 1974].

der FDP bis 1966. Die FDP war allerdings kurz- und mittelfristig nur im Bürgerblock koalitionsfähig, was ihre politischen Möglichkeiten im Laufe der Jahre einschränkte. Das übersahen Maier und auch Mende.

Der Erfolg von Maiers politischer Führung erschließt sich auch aus einer weiteren Quelle. Maier baute im Gegensatz zu Dehler einen starken und erfolgreichen Nachfolger auf, der ihn zwar 1959 bereits entmachtet hatte, demgegenüber er allerdings nicht abgeneigt war. Er ließ Mende im Interesse der Partei freiwillig den Vortritt und delegierte die Führung an ihn. Unter der Führungsschwäche Maiers konnte sich Mende profilieren und in das neue Amt hineinwachsen. Zudem vollzog sich ein Generationswechsel an der Spitze der FDP, den Maier selbst gefördert hatte.[297] Er hatte somit keine personellen Ressourcen verstopft – im Gegensatz zu Dehler, in dessen Nachfolge ein Vakuum zu entstehen drohte, wenn Maier nicht zugesagt hätte. Maier hinterließ keinen Scherbenhaufen wie Dehler. Er hatte durch den geordneten Rückzug weder sich, die Partei noch seinen Nachfolger beschädigt.

Maiers Führungsstil als Parteivorsitzender der FDP kann als präsidial bezeichnet werden. Der liberale Honoratior alter Prägung agierte aufgrund seiner zurückhaltenden und behutsamen, letztlich aber doch beharrlichen und konsequenten Art – man kann hier aber wegen seiner Eigenschaften und seines Auftretens nicht von Charisma reden –, seines Ansehens, seiner Vita, der in ihm verkörperten liberalen Tradition, seiner Distanz zur Parteipolitik, seiner inneren Unabhängigkeit zur Macht sowie seines politischen Instinkts für Konstellationen und Veränderungen eigentlich als „Präsident" der FDP. Da es zudem ab 1958 keine Machtzentren in der Partei gab, die ihn und seine Politik zu schädigen beabsichtigten, konnte er als FDP-Vorsitzender einen präsidialen und staatsmännischen Führungsstil entfalten, einen Nachfolger aufbauen wie auch einen Generationswechsel einleiten. Sein von der Alltagspolitik und deren Konflikten sowie von den Flügeln der Partei abgehobener Führungsstil integrierte die verschiedenen Strömungen und half, die FDP zu konsolidieren. Nur aufgrund seines Nimbus gab er ihr die Richtung vor, die sie in den nächsten Jahren einschlagen sollte. Bereits in seiner Zeit als Ministerpräsident pflegte er einen präsidialen Führungsstil und integrierte in der Koalition. In der spezifischen Situa-

---

[297] Ähnlich war es in der SPD: Unter dem führungsschwachen Ollenhauer konnten sich neben einer neuen Generation auch die Reformer in der Partei durchsetzen, die unter dem starken Schumacher keine Chance gehabt hatten.

tion der FDP Ende der 1950er Jahre entsprachen dieser Führungsstil und die Eigenschaften Maiers – die eigentlich nicht für einen erfolgreichen politischen Anführer charakteristisch zu sein scheinen – genau den Bedürfnissen der gespaltenen, oppositionellen und Ruhe bedürftigen Honoratiorenpartei.

Zum Erfolg von Maiers politischer Führung als „Präsident" der FDP trug folglich auch sein bürgerliches, honoriges und distanziertes Auftreten als „stattlich[...]-solide[r] Hausvatertyp" bei.[298] Die Liberalen besannen sich angesichts der Existenzkrise auf ihre Traditionen und ihr Selbstverständnis. Wer wäre in einer solchen Zeit allein schon wegen seiner Persönlichkeit als Vorsitzender besser geeignet als der württembergische Honoratior Reinhold Maier?

Maier verfuhr als „Präsident" der FDP letztendlich nach der Strategie, die ihn in seiner gesamten politischen Karriere ausgezeichnet und ihm die Bezeichnungen „Fuchs aus dem Remstal" und „Sphinx aus Stuttgart"[299] einbracht hatte. Der profilierte Wirtschaftspolitiker zögerte, taktierte, lavierte, moderierte und gab sich unabhängig und distanziert zur Macht, ließ es letztendlich aber nicht an der nötigen Konsequenz im Sinne der Sache wie des Liberalismus mangeln. „Ja, ich bin [...] wie 1812 der russische Feldherr Kutusow [...], der hielt nicht viel von ausgeklügelten Plänen, aber auch nicht vom Draufgängertum. Er wartete ab und wich aus. Im geeigneten Augenblick nahm er seine Chance wahr."[300] Auf diese Weise etablierte Maier sich ab 1924 als Vorsitzender der Stuttgarter DDP. So führte er 1930 die DVP in die württembergische Regierung und so konnte er 1932 einer der Vorsitzenden der Staatspartei werden. 1945 wurde er auf diese Weise Ministerpräsident von Württemberg-Baden. 1951 wurde er erneut Regierungschef, weil er wieder nach dieser Strategie verfuhr. 1952 gelang es ihm zwar durch einen taktischen Coup, erster Ministerpräsident von Baden-Württemberg zu werden und er blieb auf den ersten Blick seiner Taktik treu, doch verließ ihn hier die Fähigkeit zu moderieren. Er brüskierte durch seine Koalitionsbildung die CDU als stärkste Kraft. Zudem stimmte er im Bundesrat mit Verweis auf seine Richtlinienkompetenz als Regierungschef den Westverträgen gegen den Willen seines Koalitionspartners SPD zu,

---

[298] Kempski, Hans Ulrich: Reinhold Maier lädt die FDP-Kanone, in: Süddeutsche Zeitung, 28. Januar 1957.
[299] Fritz Brühl über Reinhold Maier. Süddeutsche Zeitung, 27. Januar 1953.
[300] Der Tag nach der Wahl, in: Der Spiegel, 11. Jg., Nr. 9, 27. Februar 1957, S. 22.

nachdem er zuvor seiner eigenen Partei hatte versichern müssen, die Verträge nicht zu gefährden. Er hatte sich in ein Dilemma gebracht, aus dem er nicht mehr durch Moderieren und Taktieren herauskam. Damit war sein Ende als Ministerpräsident besiegelt. Die brüskierten Parteien CDU und SPD schlossen sich – allerdings mit der FDP/DVP – zusammen und bildeten eine Koalition unter christdemokratischer Führung. Ein einziges Mal griff Maier in seiner Amtszeit als Regierungschef auf seine Richtlinienkompetenz zurück.

Maier hatte aus diesem Fehler, der ihm den Job gekostet hatte, gelernt und kehrte als FDP-Vorsitzender zu seiner ursprünglichen, erfolgreichen Führungsstrategie des für ihn so typischen unabhängig-distanzierten Moderierens, Taktierens und Lavierens zurück.

„Reinhold Maiers Philosophie für Ministerpräsidenten" – schließlich hatte er ihr seine Bezeichnungen als listenreicher, schlauer, raffinierter, gerissener und verschlagener „Fuchs aus dem Remstal", als „Sphinx aus Stuttgart" und auch als „Meister der Tarnung" zu verdanken – galt auch für seine Zeit als FDP-Chef und war Voraussetzung für seinen Erfolg. „Lehrsatz I: `Nicht drängeln, nicht drücken.` Lehrsatz II: `Wenn man etwas werden will, darf man nichts werden wollen.` Lehrsatz III: `Der Schreibtisch eines Ministerpräsidenten muß immer so aufgeräumt sein, daß er jeden Moment gehen kann.`"[301]

---

[301] Nicht drücken, nicht drängeln, in: Der Spiegel, 7. Jg., Nr. 18, 29. April 1953, S. 10.

6 Der Generaldirektor – Erich Mende als Vorsitzender der FDP

6.1 Persönlichkeit und Prägungen

Erich Mende unterschied sich in Persönlichkeit und Führungsstil erheblich von seinen beiden Vorgängern. Mende war wie Dehler ein glänzender Rhetoriker, der – auch durch seine smarte Ausstrahlung – sein Publikum in seinen Bann ziehen konnte. Als Aufsteiger der Nachkriegszeit verkörperte der Frontoffizier des Zweiten Weltkriegs den Mainstream der frühen Bundesrepublik. Doch er scheute sich vor Konflikten wie auch davor, einseitig Position zu beziehen und pflegte daher – wie bereits Maier – einen moderierenden Führungsstil. Ehrgeiz, Verantwortungsgefühl, Pflichttreue, Bewusstsein für den Ernstfall, aber auch Pragmatismus statt Streben nach programmatischer Profilierung bestimmten den Führungsstil eines zutiefst bürgerlichen und national eingestellten Politikers, der maßgeblich durch die Fronterfahrung des Zweiten Weltkriegs geprägt wurde. Zudem unterschied sich sein Amtsverständnis von dem seiner Vorgänger. Mende betrachtete Politik als Beruf, nicht als Berufung.

Erich Mende wurde am 28. Oktober 1916 im oberschlesischen, katholischen Provinzstädtchen Groß-Strehlitz in der Nähe der polnischen Grenze geboren. Er war das dritte von vier Kindern einer katholischen Beamtenfamilie. Im 18. Jahrhundert waren Mendes Vorfahren aus der Gegend um Bamberg nach Schlesien ausgewandert. Sie waren Bauern und Müller. Erst Erichs Vater Max Mende wechselte den Beruf. Er war Volksschullehrer und Stadtverordneter. Der Anhänger des Zentrums verkörperte die deutschnationale Tendenz eines Grenzlanddeutschen. Allerdings verzichtete der Vater auf eine Karriere als Rektor, um seine Distanz zum Nationalsozialismus zu verdeutlichen. Er starb 1943 an den Folgen von Zwangsarbeit, zu der er verpflichtet worden war.[1] Erichs Mutter war als Mädchen in einem katholischen Pensionat der Ursulinerinnen in Breslau.

Erich war das Nesthäkchen der Familie. Seine Geschwister, vor allem der ältere Bruder Walter, und die Mutter umsorgten ihn. Er stand stets im Mittelpunkt. Der intensive Schutz der Familie ließ ihn selbstbewusst werden, andererseits aber war Mende durch seine frühen Erfahrungen ein Leben

---

[1] Vgl.: Mende, 1983, S. 256, 259.

lang auf der Suche nach Anerkennung und Sympathie. Zurückweisungen und Kränkungen vertrug er nicht. Er hatte tiefe Selbstzweifel.

Max Mende wiederum setzte große Hoffnungen in seinen Filius. Der Vater war Vorbild und Autoritätsperson, dessen Erwartungen Erich erfüllen wollte. Hieraus erklärt sich sein lebenslanger Ehrgeiz und seine Aufstiegsorientierung.[2] Zudem vermittelte ihm die humanistische Erziehung in einem mehrere Jahrhunderte alten Gymnasium, dem Johanneum in Groß-Strehlitz, Eigenverantwortung und Persönlichkeitssinn.[3] In der Schulzeit war er Klassenprimus. Das Abitur bestand er als Klassenbester. Die Abiturientenrede hielt der rhetorisch begabte Schüler in Latein. In seiner politischen Laufbahn strebte er stets danach, alle Herausforderungen zur größten Zufriedenheit aller zu meistern.

Bürgerlicher Familienhintergrund und Ansprüche des Elternhauses bestimmten so Mendes späteres Agieren. Bürgerliche Reputation, Anerkennung, gesellschaftliche Geltung, sozialer Status, Leistung und Aufstieg bedeuteten ihm wie auch Reinhold Maier sehr viel. Das zeigte sich besonders an seinem Verhalten 1967, als sich Mende einer seiner Ansicht nach unbürgerlichen Opposition gegenüber sah. Sein Elternhaus und seine Erziehung schlossen zudem eine sozialistische Orientierung aus. Im katholischen Groß-Strehlitz gab es nur eine kleine sozialdemokratische Gruppe. Mit Abstand stärkste politische Kraft war die Zentrumspartei.[4] Mende fühlte sich also bereits in der Kindheit und Jugend nie in einer Minderheit, wie beispielsweise Dehler. Zudem hatten politisch engagierte Lehrer im humanistischen Gymnasium starken Einfluss auf Mende: Sie hielten ihn von Ideen von Kollektivismus, Massendenken und Vereinheitlichung ab.[5]

Der Katholizismus bestimmte den Lebensrhythmus der Familie. In der Schulzeit lernte Mende Hebräisch und wollte nach der Schule ins Priesterseminar wechseln, um Theologie zu studieren. Seine Großmutter wollte ihm das Studium finanzieren. Bereits bei den Schulmessen seines Gymnasiums war er Ministrant. Politik spielte jedoch im Elternhaus kaum eine Rolle. Mende war in der Jugend politisch nicht engagiert, sieht man davon ab, dass er dem Quickborn, einer katholischen Jugendbewegung, angehörte.

---

[2] Sein Ehrgeiz schien „das wohl hervorstechendste Charaktermerkmal" gewesen zu sein. Handelsblatt, 25. August 1964.
[3] Siehe: Gaus, 2001, S. 239.
[4] Siehe: Mende, 1983, S. 23.
[5] Siehe: Gaus, 2001, S. 239.

Liberale Werte, die 1933 untergingen, und für die es sich nach 1945 zu kämpfen lohnte, waren ihm fremd. Der Vater klagte oft über das Parteiengezänk im Reichstag. Das prägte den jungen Mende. „Uns Jungen schienen die einen für Hitler, die anderen für Seldte und die dritten für Thälmann zu marschieren, ohne daß uns das sonderlich bewegt hätte."[6] Hier liegen die Wurzeln für Mendes späteres überparteiliches Auftreten, für seinen Wunsch, Streit zu schlichten, wenn nicht gar zu vermeiden, wie auch für sein Bedürfnis, die Interessen des Vaterlands über die der Partei zu stellen.

In Groß-Strehlitz, im Grenzland zwischen Deutschland und Polen, wurde der stark heimatverbundene Mende bereits früh mit den Spannungen zwischen Deutschen und Polen nach dem Ersten Weltkrieg konfrontiert.

Erich Mendes frühesten politischen Erinnerungen waren national geprägt. Er erlebte 1921 den Kampf um den Annaberg.[7] Sein Vater war als Mitglied einer Selbstschutz-Organisation in die Kämpfe verstrickt und stand auf der Erschießungsliste der Polen. Seine hochschwangere Mutter floh mit ihren drei Kindern quer durch die Linien. Der junge Mende sah Zerstörungen und viele Tote. Französische Offiziere durchsuchten sein Elternhaus. „Diese Erinnerungen prägen einen sehr" und führten zu einem „gewissen organischen Patriotismus".[8] Vorbilder auf dem Weg zur nationalen Orientierung waren seine Latein- und Deutschlehrer im Gymnasium und vor allem sein 1941 gefallener älterer Bruder Walter. Mende wurde im Gegensatz zu seinen Vorgängern im Parteivorsitz nicht durch liberale Persönlichkeiten geprägt.

Große Teile des Zentrums und der katholischen Kirche in Oberschlesien waren bei der Abstimmung über die Zukunft der Heimat für den Anschluss an das katholische Polen. Hier liegt die Ursache für Mendes Ansicht, der Einfluss von Religion auf die Politik sei schädlich, zumal dadurch die nationale Einheit in Gefahr geraten würde. Die Erfahrungen waren Grund für sein späteres Engagement in der nationalliberalen nordrhein-westfälischen

---

[6] Mende, 1983, S. 24.
[7] Die Schlacht um den – den oberschlesischen Katholiken heiligen – Annaberg war sichtbarster Ausdruck der Konflikte zwischen Deutschen und Polen. In einer Volksabstimmung hatte sich zuvor eine Mehrheit dafür ausgesprochen, Oberschlesien solle deutsch bleiben und nicht an Polen abgetreten werden.
[8] Gaus, 2001, S. 238. Siehe: Mende, 1983, S. 22-23.

FDP wie auch für seine vehemente Frontstellung gegenüber dem politischen Katholizismus.[9]

Somit gab es in Mendes grenzlanddeutscher Kindheit mit der nationalen und der katholischen Komponente zwei widersprüchliche Sozialisationseinflüsse, von denen allerdings der nationale den katholischen Einfluss deutlich überlagerte.[10] Die Mitgliedschaft im Quickborn wiederum verband beide Komponenten. Der Quickborn war zwar eine katholische Jugendorganisation, aber stark der Bündischen Jugend angelehnt.[11] Die Mitglieder mussten Alkohol und Nikotin meiden. Das setzte sich bei Mende auch später fort. Er war keiner, der jemanden in der Politik über den Tisch trinken konnte. Dazu war er zu bürgerlich, zu fair und zu verbindlich.

Die Gründe für Mendes politisches Engagement wie auch für sein Interesse an der Deutschen Frage liegen somit in einer Kombination von nationalen Kindheits- und Jugenderlebnissen im von Volkstumskämpfen geprägten Oberschlesien, im Besonderen aber in seinen Erfahrungen im Zweiten Weltkrieg – denn trotz aller Eindrücke war Mende im Gegensatz zu seinen Vorgängern im Parteivorsitz nicht bereits vor 1933 bedeutsam politisch geprägt worden. Mendes eigentlich prägender Lebensabschnitt wurde so die Zeit des Dritten Reichs. Er war von drei Aspekten gekennzeichnet: Mende erlebte als Grenzlanddeutscher auch weiterhin die Konflikte zwischen Deutschen und Polen. Er musste sich während der Zeit der nationalsozialistischen Diktatur beruflich orientieren. Zudem war nach dem Abitur 1936 sein Weg als Soldat vorgezeichnet.

Nach Abitur und Arbeitsdienst trat Mende zum 1. Oktober 1936 als Offiziersanwärter in die Wehrmacht ein und verpflichtete sich beim Infanterieregiment 84 in Gleiwitz. Während des Wehrdiensts entschied er sich, wie sein älterer Bruder Walter, Berufsoffizier zu werden. Dieser hatte ihm dazu geraten. Da es gewiss zum Kriege kommen werde, lohne es sich nicht, noch etwas anderes zu beginnen, so sein Bruder Walter.[12] Zudem waren auch „patriotische Komponente[n]" der Grund für die Entscheidung des Oberschlesiers Mende, die militärische Laufbahn einzuschlagen.[13] Ausschlagge-

---

[9] Jedoch blieb er der katholischen Kirche treu. Die Kommunionen seiner eigenen drei Kinder waren ein lokales Medienereignis.
[10] Siehe: Baring / Koerfer, Mende, in Bernecker / Dotterweich, S. 81.
[11] 1934 ging der Quickborn in der Hitlerjugend auf.
[12] Siehe: Erich währt am längsten, in: Der Spiegel, 15. Jg., Nr. 23, 31. Mai 1961, S. 24.
[13] Gaus, 2001, S. 234.

bend für seine Entscheidung war auch, dass im für seinen weiteren Lebensweg entscheidenden Jahr 1936 Hitler sich als ein Mann huldigen ließ, der die Verhältnisse in Deutschland geordnet hatte und der sich auf das Volk stützen konnte. Die Olympischen Spiele in Garmisch-Partenkirchen und Berlin schienen das zu bezeugen. Mende wollte nicht abseits stehen. Seinen Wunsch, in Breslau Jura zu studieren, stellte er zurück. Nach dem Studium, so seine ursprünglichen Pläne, wollte er eigentlich Rechtsanwalt oder Beamter in Oppeln bzw. Breslau werden.[14] Diese Ziele waren sehr bodenständig und mittelständisch, wie auch Mende sein ganzes Leben bleiben sollte. Mende ließ sich so von äußerem Druck, Interesse und Eignung zu der Entscheidung für die Laufbahn als Berufsoffizier treiben. Doch er fällte sie bewusst. So kam Mende zum Soldatenstand, wie er auch später zum Liberalismus und den Freien Demokraten kam: Nicht unbedingt aus voller Überzeugung, sondern aus praktischen und pragmatischen Motiven und Karrierezielen. Auch hier war Mende ein typischer Vertreter seiner Generation.[15]

Der mehrmals verwundete Mende kämpfte von 1939 bis 1945 in Polen, Belgien, Frankreich und der Sowjetunion. Angefangen als Zugführer einer Infanteriekompanie beim Polenfeldzug, war Mende zu Kriegsende Major und Kommandeur bei den Grenadieren. Seine sieben Vorgänger auf dem Posten des Bataillonsführers waren gefallen. Zehnmal wurde er ausgezeichnet, unter anderem mit dem Deutschen Kreuz in Gold, dem Eisernen Kreuz I und II sowie dem Ritterkreuz. Zu Kriegsende ermöglichten seine vorausschauenden Handlungen vielen ostpreußischen Zivilisten, aber auch seinen restlichen Truppenverbänden die Flucht vor der Roten Armee.[16]

Im ersten Band seiner Autobiografie schildert er nicht ohne Stolz in nüchternem Stil seine soldatischen Erfahrungen und Leistungen. Gedanken über den Sinn des Krieges schien sich Mende zumindest in der Anfangsphase nicht gemacht zu haben, auch in Situationen nicht, in denen das Sterben allgegenwärtig war.[17] Vor Kriegsausbruch hatte Mende ein positives Urteil über den NS-Staat: Es gab für ihn „keinen Anlaß, negativ zu urteilen." Besonders das Ordnungsbild beeindruckte ihn. Die Reduzierung der Arbeits-

---

[14] Siehe: Mende, 1983, S. 46.
[15] Siehe: Erich währt am längsten, in: Der Spiegel, 15. Jg., Nr. 23, 31. Mai 1961, S. 24.
[16] Im April 1945 gelang es ihm, die letzten 4.000 Mann seiner Division über die Ostsee nach Swinemünde zu bringen. Hierfür erhielt er das Ritterkreuz des Eisernen Kreuzes.
[17] Siehe: Mende, 1983, S. 80, 106.

losigkeit und der Kriminalität begrüßte er.[18] Beim Einmarsch in das Sudetenland, bei der „Befreiungsaktion unterdrückter deutscher Menschen"[19] wäre er „auch gerne dabeigewesen".[20] Seine Beförderung zum Unteroffizier am 1. April 1938 „steigerte noch die Hochstimmung, in der [er sich; d. V.] befand."[21] Ein „unvergeßliches Erlebnis"[22] war für ihn der Marsch aus der Kaserne durch Gleiwitz am 20. April 1939. Angesichts von Erfolgsmeldungen beim Polenfeldzug war es für ihn „verständlich, daß man wieder heraus wollte aus dem Lazarett."[23] Doch nachdem der Russlandfeldzug begonnen hatte, wuchsen seine Zweifel.[24] Seinen soldatischen Pflichten kam er jedoch weiter mit Engagement nach.[25]

Die Kriegserfahrungen wie auch Erlebnisse der frühen Nachkriegsjahre prägten ihn sehr stark. Sein Schlüsselerlebnis war aber die Fronterfahrung im Zweiten Weltkrieg. Vorhandene Charaktereigenschaften verfestigten sich. Mende lernte Führungsstärke, Durchsetzungsvermögen, Taktik – wesentliche Dinge für seinen späteren Aufstieg in der Politik.[26] In seinen Positionen im Krieg eignete er sich an, Verantwortung zu übernehmen und Vorgesetzte von unsinnigen Unternehmungen abzuhalten. Er appellierte oft an den soldatischen Moralkodex. Es waren seine ersten Erfahrungen bei der Überzeugung anderer Menschen. Mende lernte zudem den Ernstfall kennen. Er propagierte als Politiker oft den nationalen Notstand.[27] Weiterhin wurde ihm bewusst, wie wichtig Zusammenhalt und Kameradschaft war. Er wurde dadurch noch stärker harmoniebedürftig, vermied Streit wie Konflikte und präsentierte später eine perfekte Familienidylle.

Ferner verstärkte der Krieg den pragmatischen Zug in ihm. Krieg schien ihm nicht per se als verwerflich, sondern er fühlte sich verpflichtet, das Vaterland zu verteidigen. Verwerflich waren ihm aber Ideologien, die aus anderen als aus Verteidigungsgründen Menschen in Gefahr brachten. Men-

---

[18] Gaus, 2001, S. 235.
[19] Mende, 1983, S. 52.
[20] Ebd., S. 46.
[21] Ebd., S. 41.
[22] Ebd., S. 61.
[23] Ebd., S. 83.
[24] Siehe: Ebd., S. 177-178, 185-186, 206.
[25] So zum Beispiel: Ebd., S. 246.
[26] 1944 nahm er an einer Generalstabsausbildung teil und war Lehrer für Kriegstaktik an der Fahnenjunkerschule in Milowitz bei Prag.
[27] 1958 warnte er vor einem „permanenten parteipolitischen Bürgerkrieg". (Frankfurter Rundschau, 22. November 1958.) Das bedeutete für ihn den Ernstfall. Nach dem Mauerbau wie auch 1969 brachte er gar eine Koalition des nationalen Notstands unter Einschluss der SPD ins Gespräch.

de lehnte bereits während des Kriegs Ideologien ab. Später als Politiker verband ihn mit Valerian Sorin und Andrej Smirnow, den beiden ersten Botschaftern der Sowjetunion in Bonn, eine Freundschaft. Mende war kein doktrinärer Antikommunist, sondern war gegenüber Kontakten mit dem Osten positiv eingestellt. Ideologische Herkunft oder Parteibuch waren für ihn nebensächlich. Vertrauen und Respekt waren für ihn bei der Beurteilung von Menschen entscheidend.

Zudem wurde Mende durch die Kriegserfahrungen misstrauisch. Zu oft wurde er enttäuscht, fühlte sich Befehlen von Vorgesetzten ausgeliefert. Daraus zog er Konsequenzen: Er sicherte sich ab, suchte die Mitte, moderierte und lavierte. Eine Erfahrung 1946 verstärkte sein Misstrauen: Als Student in Köln wurde er anonym als Militarist denunziert, der nicht studieren dürfe. Mende dachte daraufhin intensiv über die „Natur des Menschen" nach: „Das sind unsere Mitmenschen. [...] Seit Kain und Abel haben sich die Menschen [...] nicht verändert, die Bösen und die Guten und dazwischen die meisten, die von jedem etwas haben. Es gibt sie überall auf der Welt!"[28] Diese Erfahrung bestimmte Mendes Verhalten in der Folgezeit stark und hinderte ihn daran, sich zu sehr zu offenbaren und sich mit ihm nicht vertrauten Personen zu umgeben.

Auch aus zwei Erfahrungen 1944 zog er Lehren. Er hatte sich am Narew, auf dem Rückzug vor der Roten Armee, durch eine unüberlegte Handlung in Gefahr gebracht. Zudem sah er den Krieg als verloren an. In einer Regimentsbesprechung zeichnete er schonungslos die Lage auf und entwickelte Rückzugsstrategien vor der Roten Armee. Er setzte es sich als Maxime, so vielen Soldaten und Zivilisten wie möglich zum Rückzug zu verhelfen.[29] Doch er brachte sich durch seine Äußerungen in Gefahr. Das Kriegsgericht drohte, wenn die Äußerungen nach außen dringen sollten. Es gelang jedoch unter Vermittlung eines Oberleutnants, die Zuhörer zu bewegen, nichts weiter zu sagen. „Ich hatte nun eine Lehre und Lebenserfahrung mehr mitbekommen. [...] Meine etwas vorwitzige, vielleicht manchmal auch spontane Art zu reagieren und offen meine Meinung zu äußern, sollte mir auch in Zukunft noch manche Sorgen und manchen Kummer bereiten."[30] Als Politiker hielt sich Mende später mit unbedachten Äußerungen und Vorstößen zurück.

---

[28] Mende, 1984, S. 55.
[29] Vgl.: Mende, 1983, S. 321.
[30] Mende, 1983, S. 324.

Mende baute im Krieg zudem Kontakte und Loyalitäten auf, die ihm den Einstieg in die Politik erleichterten. An der Ostfront lernte er 1943 Franz Meyers kennen. 1961 war der nordrhein-westfälische Ministerpräsident Meyers eine wichtige Stütze für Mende, als er die FDP zurück in die Koalition mit der Union führte.

Besondere Bedeutung für die weitere Entwicklung Mendes hatte während des Kriegs Bernhard Pier. Er wurde Mendes Vorbild und Orientierungsperson. „Uns verband ein Vater-Sohn-Verhältnis.", so Mende.[31] Pier begegnete dem Nationalsozialismus mit großer Skepsis, war aber vehementer Verfechter des Soldatentums und des nationalen Gedankens. Pier zeichnete sich durch „beispielhafte[s] Verhalten[...] statt schwärmerische[n] Idealismus"[32] aus. In ihren Eigenschaften waren sich Pier und Mende sehr nah. Auch später erinnerte Mende in seinem Verhalten oft an Pier.

Die skeptische, suchende und betrogene Generation Mendes – der auch Döring, Scheel, Weyer, Barzel, Schmidt und Strauß angehörten – war von den Nazis um zehn Jahre ihres Lebens gebracht und nach 1945 als potenzielle Mittäter stigmatisiert worden. Doch während sich ihre Altersgenossen ins Privatleben zurück zogen, bildete sich in dieser Generation eine Elite heraus. Sie nutzten die Voraussetzungen, die sie nach Kriegsende fanden, um zu studieren, zu promovieren und Karriere in der Politik zu machen. Ihre freiheitlich-demokratische Prägung erfuhren sie erst im neuen System. Die schlechten Erfahrungen mit ideologischen Heilsversprechungen ließen sie zu Pragmatikern der Macht werden. Sie hatten kein Interesse an Visionen von einer Weltverbesserung. Rational, auf Effizienz orientiert, betrieben sie Politik. Mendes politischer Erfolg in der Bundesrepublik war nur aufgrund seiner Zugehörigkeit zur Frontgeneration möglich. Er agierte aufgrund seiner Generationenzugehörigkeit – im Gegensatz beispielsweise zu Dehler – immer aus einer Mehrheitsposition heraus.

---

[31] Mende, 1983, S. 152. Pier, Vertreter der Frontgeneration des Ersten Weltkriegs, kam aus Oberschlesien und war Oberstudienrat. Sie lernten sich 1940 in Frankreich kennen, als Pier Bataillonskommandeur im Infanterieregiment 84 und Mende sein Bataillonsadjutant war. Ihre Wege kreuzten sich während des Krieges oft. Sie kämpften zusammen an der Ostfront.
[32] Mende, 1983, S. 131-132.

6.2 Mendes Weg in die Politik

Nach dem Krieg musste Mende, inzwischen 28 Jahre alt, sich neu orientieren: Er hatte keine Ausbildung. Zudem galt er als Major als vorbelastet. Ein Soldat der britischen Besatzungsarmee verschaffte ihm einen Studienplatz. Mende studierte nach seiner Entlassung aus kurzer britischer Gefangenschaft Jura in Köln und Bonn und politische Wissenschaft in Köln. 1950 promovierte er.

Durch Beziehungen und Zufall gelangte er während des Studiums in die Politik und in die FDP. Aus der schlichten Notwendigkeit, im Nachkriegsdeutschland Geld zu verdienen und sein Studium zu finanzieren, entstammte sein politisches Engagement – nicht jedoch aus politischer Berufung oder dem Streben nach politischer Betätigung.[33] Von seinem ersten Gehalt kaufte er sich Brot und Kohlen.

Beim Einstieg in das Berufsleben erwiesen sich die Kontakte aus dem Krieg als äußerst wichtig. Ernst Dundaleck, einer seiner früheren Kompaniechefs und nach dem Krieg Oberkreisdirektor im Rheinland, empfahl seinen Regimentskommandeur Mende im Winter 1945/1946 Friedrich Middelhauve als tüchtigen und zuverlässigen Organisator aus der Wehrmacht.[34] Middelhauve war Verleger und Buchhändler. Er wollte eine liberale Vereinigung im Rheinland aufbauen und suchte einen Organisator. „Nach drei abendlichen Gesprächen mit Friedrich Middelhauve war Mende ein Liberaler."[35] Wäre er zu einer anderen Partei vermittelt worden, so hätte er auch dort gearbeitet.

Ein politisches Erweckungserlebnis gab es nicht. Kamen Dehler und Maier über eine politische Prägung zum Liberalismus, so kam Mende aus beruflichen Gründen. Er hatte 1945 eine schlechte Meinung über Parteien: „Was ich Ende der Zwanziger und am Beginn der Dreißiger Jahre mitbekommen hatte, waren Parteienstreit und Not, Arbeitslosigkeit und gegenseitiger Bruderkrieg radikaler Gruppen."[36] Die „Schwätzdemokratie von Weimar" – das war seine Erfahrung und sein Wissen aus der Zeit vor 1933. Mendes (partei-) politisches Interesse erwachte erst nach 1945. In der Kriegsgefan-

---

[33] Siehe: Gaus, 2001, S. 241.
[34] Zudem hatte Franz Meyers Mende schon in der Kriegsgefangenschaft versprochen, Kontakt zum Kölner Oberbürgermeister Konrad Adenauer herzustellen.
[35] Erich währt am längsten, in: Der Spiegel, 15. Jg., Nr. 23, 31. Mai 1961, S. 24.
[36] Mende, 1984, S. 31. Gaus, 2001, S. 253.

genschaft hatte er Reden von Schumacher, Adenauer und Heuss im Rundfunk gehört. Heuss war als sein „Ideal eines Liberalen"[37] seit 1947 Mendes politischer Lehrmeister, Ratgeber und Mahner, der ihn – neben Middelhauve und Höpker-Aschoff – protegierte und sein jugendliches, politisch unbedarftes Ungestüm bremste. Auch der Journalist Otto Schumacher-Hellmold spielte eine wichtige Rolle in Mendes Karriere. Er wurde 1946 Landessekretär für den Regierungsbezirk Köln – Mende war für die Nordrhein-Provinz zuständig.[38] Im Januar 1946 begann eine Symbiose, die Mendes Aufstieg in hohe Ämter beschleunigte. Schumacher-Hellmold stellte für Mende viele Kontakte her – so zu Adenauer wie auch zu verschiedenen FDP-Vertretern. Schumacher-Hellmold und er wurden, so Mende, „die besten Freunde".[39]

Sicher, Mende suchte schlicht einen Nebenverdienst. Deshalb kam er zur FDP. Aber obwohl er keine festen Vorstellungen von einer liberalen Partei hatte, kam die Ausrichtung der FDP seiner Persönlichkeit jedoch stark entgegen: Sie bot ehrgeizigen jungen Menschen – vor allem durch die Organisationsdefizite, die flachen Hierarchien und den starken Einfluss der Landesverbände – im Vergleich zu anderen Parteien vielfältigere Aufstiegsmöglichkeiten. Mende konnte also in der FDP schnell Karriere machen. Das war seine Absicht. Die Partei betonte neben Selbstverantwortung und Persönlichkeitsbewusstsein den nationalen Aspekt sowie den Reichsgedanken stark. Zudem zeigten sich die Freien Demokraten offen für frühere Nationalsozialisten. Diese Ausrichtung kam Mende entgegen.[40] „Was mir an der FDP damals gefiel, war das Nationale, die Betonung des Reichsgedankens, der in meinem Elternhaus eine so große Rolle gespielt hatte. Das kannte ich."[41] So gefiel ihm, dass sich Heuss positiv zum Soldatentum äußerte. Außerdem war Mende angetan von der Beteiligung vieler Liberaler bei der Gründung von Verbänden der Soldaten und Kriegsopfer sowie vom Engagement in der Kriegsgefangenen-, Kriegsopfer- und Kriegsverurteiltenfrage. Mende wurde so zum Repräsentanten der Kriegsheimkehrer und Heimatvertriebenen. Vor allem in Nordrhein-Westfalen war die FDP zudem eine Partei mittlerer Offiziersränge der Wehrmacht: Mende traf hier früh auf Schicksalsgenossen, wie Döring, von Kühlmann-Stumm, Scheel,

---

[37] Gaus, 2001, S. 253.
[38] Siehe: Mende, 1984, S. 35-36.
[39] Ebd., S. 34.
[40] Siehe: Gaus, 2001, S. 242.
[41] Erich währt am längsten, in: Der Spiegel, 15. Jg., Nr. 23, 31. Mai 1961, S. 24.

Weyer und Zoglmann. Sie hatten gleiches Schicksal erlitten und mussten gleiche Erfahrungen verarbeiten. Sie wollten beim Aufbau demokratischer Strukturen dabei sein und die Ausgestoßenen der Nachkriegsjahre integrieren. Das verband. Es gab einen Generationszusammenhang im Sinne Karl Mannheims. Die Partei wurde zum Ersatz für die verlorene Heimat.

Mende wurde im Januar 1946 Landesgeschäftsführer der Provinz Nordrhein und im Oktober 1947 Mitglied des Landesvorstands. Als Landesgeschäftsführer beschäftigte er sich inhaltlich mit dem Liberalismus und identifizierte sich immer stärker mit der FDP.[42] Er lernte zu organisieren, verwaltete den Mangel und managte das Provisorium – und machte sich unentbehrlich.[43] Er entwarf Wahlplakate, gab sie in Druck, klebte sie selbst. In dieser Zeit entwickelte sich auch seine Art, Politik unter pragmatischen Gesichtspunkten zu gestalten. Doch der Pragmatismus hatte bereits frühe Wurzeln in der Kriegszeit, als für Visionen kein Platz war. Durch Ehrgeiz, Fleiß und Intelligenz gelang es ihm, sich seinen Förderern flexibel anzupassen, um so zu Einfluss und Macht zu gelangen. Diese Taktik entsprach der spezifischen Generationserfahrung, seinem Misstrauen gegen Ideologien wie auch seinem pragmatischen Politikstil.

Es zeigte sich: Waren Dehler und Schumacher als bedeutendste Vertreter der Frontgeneration des Ersten Weltkriegs fanatisch, verrückt, ideologisch verhärtet und zur Führung eigentlich nicht geeignet, so war die Frontgeneration des Zweiten Weltkriegs, exemplarisch Mende, ehrgeizig und pragmatisch.

Mende verkörperte bereits zu Beginn seiner politischen Karriere den Typus des modernen Berufspolitikers, den nicht die freisinnige Denkart, sondern die nationale Einstellung zur FDP gebracht hatte. Er durchlief eine rein politische Karriere – abgesehen von der Kriegszeit und Ausflügen in die Wirtschaft der späten 1960er sowie 1970er Jahre. Bereits seine erste bezahlte berufliche Tätigkeit war 1946 im politischen Bereich. Von hier aus stieg er sukzessive auf.[44] Für die politische Karriere opferte er seine wissenschaftlichen Ambitionen. Die Habilitationsschrift über die „Entwicklung

---

[42] Zudem war er als freier Journalist für liberale Zeitungen der britischen Zone tätig. Auch war er Vorsitzender der Stadtverordnetenfraktion der Liberalen in Opladen.
[43] Gute Organisation war besonders für die Liberalen in Nordrhein-Westfalen wichtig, da sie nicht in Milieus verankert waren, kaum an Traditionen anknüpfen konnten und zudem von der britischen Militärregierung eher behindert wurden.
[44] Siehe: Rebenstorf, a. a. O., S. 161-162.

des Parlamentsrechts in der modernen Demokratie" blieb unvollendet, auch wenn es sein Wunsch war, als Professor für politische Wissenschaften tätig zu sein.[45] So wurde Politik zu Mendes Beruf und sicherte seine Lebensgrundlage.[46] Einem Job im eigentlichen Sinne ging er bis zu seiner Ära als Parteivorsitzender nicht nach. Diese Einstellung zur Politik prägte seinen Führungsstil entscheidend. Er verließ 1967/1970 die Freien Demokraten, da er keine berufliche Zukunft mehr in der Partei sah.

6.3 Wie wurde Mende Parteivorsitzender der FDP?

6.3.1 Unentbehrlichkeit, Profilierung und Moderation eines Quotenaufsteigers – Persönliche Voraussetzungen

Mende war für die Freien Demokraten Quotenaufsteiger aus der Frontgeneration des Zweiten Weltkriegs. Sein Aufstieg in der FDP ist nur vor dem Hintergrund seiner Vita als Wehrmachtsoffizier und Heimatvertriebener sowie der betont nationalen Ausrichtung der frühen FDP zu verstehen. Netzwerke und Seilschaften hingegen, die ihn stützten und protegierten, hatte er kaum. Im Juni 1949 wurde er als Vertreter der Kriegsgeneration mit einem glänzenden Ergebnis in den Bundesvorstand der Partei gewählt. Im August 1949 zog er als Zweiter der Landesliste Nordrhein-Westfalen in den Bundestag ein.

Sein Ehrgeiz, seine enorme physische Leistungsfähigkeit, seine Eloquenz und sein sicheres Auftreten, nicht nur in Gremien oder als Redner, sondern auch in Funk und Fernsehen, beschleunigten seinen Aufstieg.[47] Mende beherrschte die Gesetze der Massenpsychologie. Er erkannte früh die Bedeutung des Fernsehens für die politische Meinungsbildung. Debatten konnte er redegewandt, reaktionsschnell und taktisch beeinflussen. Er verstand es, im Schwung befindliche Meinungen aufzunehmen und für alle gefällig zu servieren. Zwischenrufe brachten ihn nicht aus der Fassung. Seine juristi-

---

[45] Vgl.: Baring / Koerfer, Mende, in Bernecker / Dotterweich, S. 83.
[46] Die endgültige Entscheidung, Politik zum Beruf zu machen, fiel nach Mendes eigenem Bekunden wohl erst nach der Wahl zum Fraktionsvorsitzenden im Herbst 1957. Zuvor hatte er immer noch die Möglichkeit in Erwägung gezogen, als Jurist oder in der Politikwissenschaft tätig zu sein. Siehe: Jansen, Hans-Heinrich: Erich Mende. Bemerkungen zu den biographischen Möglichkeiten, in: Jahrbuch zur Liberalismus-Forschung, 15. Jg., 2003, S. 215-222, hier: S. 216 [im Folgenden zitiert als: Jansen, 2003].
[47] Siehe: Jansen, 1999, S. 166.

sche Schulung spiegelte sich in seiner sprachlichen Präzision wider. Er wagte es im Bundestag, dem Patriarchen Adenauer zu widersprechen.

Mende machte sich so bereits früh in der FDP unentbehrlich und spezialisierte sich auf mehreren Politikfeldern.[48] Er konnte sich spätestens nach seiner Promotion 1950 mit Fleiß und Ehrgeiz ganz auf die Politik konzentrieren, da er einem Beruf, wie ihn viele seiner Fraktionskollegen ausübten, nicht nachging. Mende wollte die demokratischen Elemente stärken, aber auch stark an nationalen Traditionen und am Bekenntnis zum Soldatentum festhalten. Sein Ziel war es, den Soldatenstand zu rehabilitieren.[49] Er engagierte sich aufgrund seiner Vita besonders für die ehemaligen Soldaten, die Kriegsgefangenen und -verurteilten sowie Flüchtlinge und Heimatvertriebene.[50] Nachdem die unmittelbaren Kriegsfolgefragen geklärt waren, spezialisierte er sich in der Außen-, Deutschland- und Verteidigungspolitik. Seine Schwerpunkte waren somit keineswegs klassische liberale Themen.[51] In der Rechts-, Innen- und Wirtschaftspolitik war er ein unbeschriebenes Blatt. Doch war er einer der Ersten, der das Thema Außen-, Deutschland- und Verteidigungspolitik für die FDP besetzte und der Partei somit Image verschaffte. FDP und Außenpolitik waren seitdem eine Symbiose. Diese Spezialisierung schadete Mendes Aufstieg nicht.[52] Die thematische Vielfalt und seine Eloquenz ließen ihn zu einem der bekanntesten Politiker der

---

[48] In der ersten Legislaturperiode war er Mitglied im Ausschuss für Kriegsopfer und Kriegsgefangenenfragen, im Ausschuss für Fragen der Presse, des Rundfunks und des Films, im Ausschuss für Geschäftsordnung und Immunität sowie als Fraktionsgeschäftsführer Mitglied im Ältestenrat. In der Partei war er Sprecher für die Wehrpolitik.
[49] Er bemühte sich darum, die Begriffe Soldatentum und Militarismus zu klären. Er setzte sich dafür ein, die Entnazifizierung zu beenden und eine Generalamnestie einzuführen. Daher trat er für die Freilassung deutscher Kriegsgefangener und wegen Kriegsverbrechen verurteilter Soldaten ein. 1952 stimmte er wegen der alliierten Vorbehalte in dieser Frage demonstrativ gegen die Europäische Verteidigungsgemeinschaft. Ebenso widersetzte er sich der Kollektivschuldthese. Vgl.: Jansen, in: Oppelland, S. 133.
[50] Sein Fokus lag auf den Fragen der Kriegsfolgebewältigung und der Kriegsopfergesetzgebung. Die Versorgungsansprüche von Soldaten und Hinterbliebenen beschäftigten ihn. Siehe: Jansen, 1999, S. 165. Zu Mendes Engagement auch: Mende, 1984, S. 131, 157, 159-160.
[51] Siehe: Jansen, 2003, S. 218.
[52] Siehe: Ebd., S. 219.

1950er und 1960er Jahre werden. Er verschaffte sich einen Ruf als Nationalist, Traditionalist, Militarist und Preußengeist.[53]

Die meisten Karrieren in der FDP waren durch die Zugehörigkeit zu einem der beiden Flügel bzw. durch den Aufstieg in einem oder durch einen Landesverband geprägt. Mendes Aufstieg hingegen vollzog sich für die Zeit untypisch in der Bundestagsfraktion, der er seit 1949 angehörte. Die Bonner Fraktion war seine Machtbasis. Er baute sie bereits in der ersten Legislaturperiode als Fraktionsgeschäftsführer zu einer schlagkräftigen Organisation aus. In der Fraktion bestand besonders in den frühen Jahren angesichts der knappen Machtverhältnisse ein besonderer Zwang zur Zusammenarbeit sowohl zwischen den Flügeln als auch zwischen den Koalitionspartnern. Mende war Einpeitscher, Whip. Das erforderte viel Arbeit, Zeit und Geschick. Er musste sich zudem mit den alltäglichen Problemen der Nachkriegszeit, wie der Beschaffung von Wohnungen, Arbeitszimmern und -möbeln beschäftigen. Diese für liberale Honoratioren untypischen Organisationsaufgaben erledigte er zur besonderen Zufriedenheit seiner Parteikollegen und Förderer. Hierin unterschied er sich – wie in so vielen Dingen – von der Mehrheit der Liberalen und wurde für die Fraktion unentbehrlich.[54] 1953 wurde er ihr stellvertretender Vorsitzender.[55] In seiner neuen Position konnte er seinen Rückhalt in der Fraktion weiter festigen. Zudem verschaffte ihm diese Position verstärkte Aufmerksamkeit. Die Fraktion entwickelte sich immer mehr zu seiner Hausmacht. Nach der Bundestagswahl 1957 wurde er „beinahe automatisch"[56] Fraktionsvorsitzender.

Mende war zwar Quotenmensch, aber es gab auch viele andere ehemalige Wehrmachtsoffiziere in der FDP. Bestimmte Faktoren, die seinen Aufstieg begünstigten, standen folglich in einem besonderen Verhältnis zu den damaligen Strukturen der Partei.

---

[53] 1953 plädierte er dafür, als Vorstufe zur deutschen Einheit die in Deutschland liegenden Teile Preußens zusammenzufassen. Zudem forderte er als erster Bonner Politiker, ehemaligen deutschen Soldaten müsse es erlaubt sein, ihre Tapferkeitsauszeichnungen zu tragen. 1958 trug er als erster westdeutscher Politiker das Ritterkreuz wieder auf öffentlichen Empfängen. Vgl.: Mende für die Wiederherstellung Preußens, in: Frankfurter Allgemeine Zeitung. 16. November 1953. Auch: Jansen, in Oppelland, S. 134. Wagner, Dietrich: FDP und Wiederbewaffnung. Die wehrpolitische Orientierung der Liberalen in der Bundesrepublik Deutschland 1949- 1955, Boppard am Rhein 1978, S. 152 (Militärgeschichte seit 1945, 5) [im Folgenden zitiert als: Wagner, a. a. O.].
[54] Vgl.: Jansen, 1999, S. 216.
[55] Er setzte sich in einer Kampfkandidatur gegen Stegner, Landesvorsitzender in Niedersachsen, durch.
[56] Jansen, 1999, S. 164.

Katalysator für Mendes Aufstieg war die bis dato größte Krise der Partei 1952. Hier bereits zeigte er als gewichtiges Fraktionsmitglied politische Fähigkeiten, die auch für den Vorsitz der Partei unentbehrlich waren. Mende vermied es, sich im Streit um die Ausrichtung der Freien Demokraten einem der beiden Lager, den Nationalliberalen oder den Liberaldemokraten, anzuschließen und uneingeschränkt die Strategie der Nationalen Sammlung zu unterstützen, obwohl er wegen seiner Vita eher dem nationalliberalen als dem freisinnigen Flügel zugeordnet wurde. Zum umstrittenen Parteivorsitzenden Blücher wahrte er Distanz und trat in den Sitzungen des Bundesvorstands, wohl auch aus Taktik, kaum in den Vordergrund. Doch schon früh offenbarte Mende sein Talent zu vermitteln und auszugleichen. „Er ist weder ein Ketzer noch ein Scharfmacher, in allen Reden versucht er vielmehr das gemeinsame Anliegen herauszustellen."[57] Er vertrat einen stark auf Konsens orientierten Politikstil. Im Konflikt zwischen den Anhängern des Deutschen Programms sowie des Liberalen Manifests versuchte er, im Auftrag des Vorstands zu schlichten. Er verglich beide Texte und interpretierte kaum Gegensätze hinein. Die wahren Differenzen seien weit geringer als die verbalen Auseinandersetzungen, so das „wohl gewollte[...] Resultat".[58] Er vermittelte den Eindruck, bei dem Streit ginge es um ein Missverständnis. Im Endeffekt sei es weniger ein Streit um Inhalte als vielmehr um die Methode, wie man neue Wählerschichten erschließen wolle, so Mende. Eine eigene inhaltliche Position bezog Mende damit nicht. Dadurch gelang es ihm, einerseits nicht zwischen den Flügeln zerrieben zu werden, andererseits profilierte er sich als Schlichter und Moderator, der die Partei vor der Spaltung bewahrte. Er wurde so für beide Strömungen attraktiv.

Mende verschwieg die Gegensätze 1952 nicht bewusst. Für ihn waren sie wohl tatsächlich nicht vorhanden. Er war pragmatisch veranlagt und Parteiprogramme bedeuteten ihm nicht viel. Heftig kritisierte er stets diejenigen, die Partei- über Staatspolitik stellten. Den Delegierten des Bad Emser Parteitags warf er vor, sich dem Geist einer liberalen Partei unwürdig zu verhalten. Dieser Appell an Ehre und Würde erinnerte an den Offizier Mende. Er hatte während des Kriegs gelernt, Konflikte zu verdrängen und Differenzen durch Formelkompromisse zu überbrücken.

---

[57] Henkels, Walter: Ein junger Politiker, in: Frankfurter Allgemeine Zeitung, 4. Februar 1953.
[58] Jansen, 2003, S. 217.

Mende entzog sich, wie sich in Bad Ems zeigte, einer Einordnung in das politische Schema der FDP, jedoch nicht nur aus Taktik, sondern weil ihm Konflikte und Festlegungen an sich fremd waren. Das war eine unbewusste Führungsqualität, die er als Eigenkapital mitbrachte und die nicht strategischen Erwägungen entsprach.

Mende wollte sich 1952 nicht zu stark exponieren: Nach dem Tod des Sicherheitsexperten Wildermuth gründete die FDP einen Ausschuss für Sicherheitsfragen. Neben Mende war Hasso von Manteuffel als Vorsitzender im Gespräch. Mende zog seine Kandidatur zurück und schlug selbst von Mauteuffel für den Posten vor, der auch gewählt wurde.[59] Er brachte sich damit in schwieriger Situation aus der Schusslinie und blieb unbeschädigt.

Mende war auch in der folgenden Zeit immer Mann des Ausgleichs. So vollzog sich sein Aufstieg. Stellvertretender Fraktionschef wurde er nach der Bundestagswahl 1953 – neben dem nationalliberalen Euler – als Kandidat der Mitte. Für die Nationalliberalen war Mende der ehemalige Offizier, der sich zum Soldatentum und zur Amnestie bekannte. Für die Linksliberalen wurde er zum Kandidaten, weil er sich von Middelhauve und dessen nach der Naumann-Affäre diskreditierten Strategie der Nationalen Sammlung deutlich distanzierte. So wurde Mende noch stärker zur unentbehrlichen Projektionsfläche seiner Partei.

Mende vermittelte in der Amtszeit Dehlers zwischen FDP und Union und versuchte, den politischen Flurschaden des Vorsitzenden zu begrenzen. Auch 1954 wurde Mende wieder als Moderator benötigt, um bei der Entscheidung der Freidemokraten für eine Regierungsbildung mit der CDU in Düsseldorf zu vermitteln.[60]

Entscheidend für seinen Aufstieg war auch, dass Mende als Quotenmensch keine wirklichen Gegner in der Partei hatte. Niemanden hatte er brüskiert. Seinen Aufstieg säumten keine politischen Leichen. Mende schlug sich erst dann auf eine Seite, wenn er sich sicher war, er unterstütze eine dauerhafte Mehrheitsposition oder er distanziere sich von einem endgültig im Abseits befindlichen Politiker. Solange er Middelhauves Unterstützung für seinen

---

[59] Vgl.: Wagner, a. a. O., S. 60-61.
[60] Vgl.: Mende, 1984, S. 318. Auch: Papke, 1992, S. 111. Papke, 1998, S. 181.

Aufstieg benötigte, stand er zu seinem Förderer und war bereit zu verzichten.[61] Erst als Middelhauve 1953 diskreditiert war, distanzierte er sich.

Aus einer Erfahrung 1950 zog er Lehren: Er verprellte Heuss, als er ihm dessen Zustimmung zum Ermächtigungsgesetz vorwarf. Die Entscheidung hätte den Weg in den Krieg geebnet, so zugespitzt Mendes Argument. „Von diesem Zeitpunkt an begegnete mir Theodor Heuss nicht mehr mit der gleichen Herzlichkeit und väterlichen Art wie früher. Diesen Vorfall hat er mir nicht vergessen können."[62] Aus dieser Erfahrung heraus versuchte er es noch mehr als vorher zu vermeiden, Personen, die ihm nützlich sein könnten, zu brüskieren.[63]

Mende war nie richtig in die Führung der Landespartei in Düsseldorf integriert. Er verstand sich mit Achenbach, Döring, Weyer und zunehmend mit Middelhauve nicht besonders gut und stand zudem dem Machtzuwachs des Parteiapparats unter dem Landesgeschäftsführer Döring skeptisch gegenüber.[64] Mende galt als Bundespolitiker, der kein besonderes Interesse an Landespolitik hatte und diese nur als Durchgangsstation auf dem Weg zur Bundesebene betrachtete.[65] Er war schon allein habituell kein Typ für die mühsame Kärrnerarbeit an der Basis. Doch trotzdem war er von 1953 bis 1959 stellvertretender Landesvorsitzender. Diesen Karriereschritt verdankte er aber maßgeblich der Tatsache, dass er mittlerweile einer der bekanntesten Bundespolitiker war. Mende wurde eher aus Mangel an Personal Vize der Landespartei.[66]

Aber gerade seine Distanz zur Landespartei war eine weitere Voraussetzung für seinen Aufstieg. Erstmals profitierte er hiervon 1953, als er durch

---

[61] Als der Landesvorsitzende Middelhauve 1949 nur auf Rang sechs der Landesliste für die Bundestagswahl gewählt wurde, Mende als Vertreter der Soldatengeneration aber auf Rang zwei, bot Mende ihm an, die Plätze zu tauschen. Doch liegen hier die Ursachen für die Konflikte zwischen Middelhauve und Mende in den folgenden Jahren. Die Freundschaft wich einer politischen Rivalität.
[62] Mende, 1984, S. 189-190.
[63] Doch Mende hatte Neider: 1955 versuchten vor allem Blücher und Dehler vergeblich, ihn als beamteten Staatssekretär ins Bundesverteidigungsministerium abzuschieben und somit aus der aktiven Parteipolitik fernzuhalten. Ein Angebot von Heuss und Adenauer, im Rang eines Brigadegenerals deutscher Militärattaché in Südamerika zu werden, schlug er aus. Er wollte in der Bonner Politik bleiben. Vgl. Jansen, 2003, S. 217. Mende, 1984, S. 348.
[64] Vgl.: Papke, 1992, S. 98. Papke, 1998, S. 171.
[65] Allerdings war er nicht so bindungslos gegenüber seinem Landesverband, wie Papke behauptet. Papke, 1998, S. 171.
[66] Nach dem Tod von Rechenbergs hätte die Nominierung eines zweiten expliziten Landespolitikers neben Weyer als stellvertretenden Vorsitzenden eine Abkehr von der bisherigen Arbeitsteilung bedeutet und den Landesverband in der Naumann-Affäre bundespolitisch geschwächt.

seine Präsenz in Bonn nicht mit der Naumann-Affäre in Düsseldorf in Verbindung gebracht wurde. Zu einem weiteren Karriereschritt wurden die Entwicklungen 1956 um den Koalitionswechsel in Nordrhein-Westfalen. Am Coup der Jungtürken war Mende nicht aktiv beteiligt, er widersetzte sich allerdings auch nicht. Er positionierte sich nicht eindeutig für oder wider einen Koalitionswechsel und versuchte stattdessen, zwischen den Fronten zu vermitteln.[67]

Mende war am 30. Januar 1956 bei der Zusammenkunft anwesend, als die Führung des Landesverbands – mit Ausnahme von Middelhauve – die Entscheidung für den Sturz Karl Arnolds traf. Mende erweckte dadurch den Eindruck, an dem Plan beteiligt zu sein.[68] Er versicherte zwar den Jungtürken seine Solidarität, an den Vorbereitungen des Regierungswechsels in Düsseldorf war er aber nicht beteiligt. Nach den Beschlüssen von Landtagsfraktion und Landesvorstand vom 30./31. Januar verhielt er sich abwartend und vermied es, eindeutige Positionen zu beziehen.[69] Zudem war er durch seine Präsenz in Bonn in den Augen der Öffentlichkeit weit genug von den Geschehnissen in Düsseldorf entfernt, um den Anschein der Antibürgerlichkeit und des Putschisten zu erwecken.[70]

Des Weiteren vermittelte Mende am 31. Januar in der Diskussion um die Einführung des Grabenwahlrechts zwischen Union und Kanzler auf der einen sowie FDP und Düsseldorfer Jungtürken auf der anderen Seite. Auch hier bot sich ein unklares Bild. Während er in der Sitzung von Landtagsfraktion und Landesvorstand ein eindeutig pessimistisches Bild vom Bonner Wahlrechtspoker gezeichnet hatte, behauptete er später, in diesem Gespräch sei ein Einlenken der CDU/CSU-Vertreter erkennbar gewesen.[71] So wurde unter Berufung auf Mende die Meldung verbreitet, eine Einigung in der Wahlrechtsdiskussion stehe bevor. Damit schien der Koalitionsbruch in Düsseldorf abgewendet.[72] Mende versprach Adenauer, die Düsseldorfer von ihren Plänen abbringen zu wollen. Döring, Weyer und Scheel verstanden diese Aktion Mendes als gezieltes Störmanöver gegen ihre Koalitions-

---

[67] Vgl.: Jansen, 2003, S. 219-220.
[68] Vgl.: Mende, 1984, S. 366.
[69] Vgl.: Papke, 1992, S. 168-169.
[70] Siehe: Erich währt am längsten, in: Der Spiegel, 15. Jg., Nr. 23, 31. Mai 1961, S. 25.
[71] Vgl.: Mende, 1972, S. 101. Papke, 1992, S. 168.
[72] Mende, 1972, S. 101-102.

pläne, zumal Adenauer dem ehrgeizigen Mende einen Minister- oder Staatssekretärsposten angeboten hatte.[73]

Adenauer setzte auf Mende, der als einziger aus der engeren Landesverbandsführung im Februar mehrmals mit dem Kanzler zusammentraf, dass er die Jungtürken von seinem Vorhaben abbringen könne. Doch Mende nutzte – je mehr sich der Koalitionswechsel abzeichnete – die Gelegenheiten, um den sachpolitischen Bedenken gegen einen Koalitionswechsel in Düsseldorf öffentlichkeitswirksam entgegenzutreten. Mende versicherte Adenauer, an der außen- wie wirtschaftspolitischen Position würde sich kaum etwas ändern. Gerüchte über Sozialisierungsvorhaben seien unbegründet. Nordrhein-Westfalen werde auch in der Wiederbewaffnungsfrage die bisherige Linie verfolgen.[74] Hiermit spielte er den Jungtürken wiederum in die Hände. Zudem hatte Mende eine Resolution entworfen, in der das Verhalten der Düsseldorfer als notwendiger Abwehrakt gegen die geplante Wahlrechtsreform gebilligt wurde.

Mendes Verhalten zeigte, er gehörte dem Kreis der Jungtürken nicht an.[75] Sie schenkten ihm kein volles Vertrauen und sahen seine Fixierung auf die Bundespolitik als auch seine opportunistische Haltung mit Skepsis. Sein Verhältnis zu ihnen war merklich gestört.[76] Wie seinerzeit Blücher war er im Landesvorstand Außenseiter. Zu den Kandidaten für ein Düsseldorfer Ministeramt gehörte Mende nie. Er setzte auf eine bundespolitische Karriere und wollte sich nicht in die unsichere Landespolitik in Nordrhein-Westfalen verstricken. Aus diesem Grund ließ Mende sich auch nicht ganz auf die Pläne der Düsseldorfer ein.[77]

Doch er spielte eine wichtige Rolle in der kurz- und mittelfristigen Taktik der Jungtürken und profitierte davon erheblich. Mende wurde bundespolitischer Repräsentant des erneuerten Landesverbands unter der Führung von Weyer. Auf dem Würzburger Parteitag im April 1956 wurde Mende zum

---

[73] Vgl.: Mende, 1984, S. 367.
[74] Die Welt, 8. Februar 1956. Frankfurter Allgemeine Zeitung, 9. Februar 1956. Vgl.: Papke, 1992, S. 195-196.
[75] Matz nennt Mende fälschlicherweise einen Jungtürken. Matz, 1989, S. 449. Körper bezeichnet ihn als einen Repräsentanten, aber nicht Anführer der Jungtürken. Körper, a. a. O., S. 98.
[76] Am 2. Februar 1958 stieß Mende zu einem Spitzengespräch der Düsseldorfer Landesregierung hinzu. Anwesend waren Döring, Scheel, Weyer, Steinhoff und Ollenhauer. „Es herrschte eine kollegiale Stimmung, die sich merklich abkühlte, als ich eingetroffen war." Er war der einzige in der Runde, der nicht geduzt wurde. Mende, 1984, S. 400.
[77] Siehe: Papke, 1992, S. 195-196.

Nachfolger Middelhauves – in einer Kampfabstimmung gegen ihn – zum stellvertretenden Bundesvorsitzenden gewählt.[78] Einer der umstrittenen Jungtürken selbst hatte bundespolitisch keine Chance, da die Mehrheit der Partei die Aktion ablehnte. Mende hingegen hatte bundespolitisches Profil und durch seine spezifische Rolle bei den Düsseldorfer Ereignissen den Charakter eines Kompromisskandidaten.[79] Die Umstände sorgten somit für den nächsten Karriereschritt. Durch das neue Amt und durch seine Profilierung in der Deutschlandpolitik – er veröffentlichte Anfang 1956 Ideen zur Deutschlandpolitik – erhöhte Mende seinen Bekanntheitsgrad und festigte sein Profil. Für die anstehende Zeit der Opposition hatte er sein Revier markiert. Er war endgültig in die erste Reihe der Liberalen aufgerückt – immerhin hatten vor ihm das Vizeamt in der Partei nur wichtige Vorsitzende von Landesverbänden oder angesehene Spitzenpolitiker inne.

Für die Ziele der Jungtürken ließ der Parteivize sich einbinden: So griffen sie Ende 1956 auf seine Fähigkeiten als Vermittler zurück, als sie Maier zur Kandidatur für den Bundesvorsitz überredeten. Zusammen mit Döring fuhr Mende im Auftrag des Landesverbands Nordrhein-Westfalen zu Maier. Ebenso begab er sich zu Dehler, um ihn zum Verzicht auf den Vorsitz zu bewegen. Zuvor hatte er geholfen, Dehler zu demontieren.

Doch trotz seiner Anlehnung an die Jungtürken war Mende stets in Stil und Zielen auf der bürgerlichen Seite. Er relativierte die Gleichrangigkeit der Koalitionsoptionen der Düsseldorfer, indem er vor allem in der Wirtschaftspolitik deutliche Gemeinsamkeiten mit der Union sah. Dörings Antipathie gegenüber der CDU war ihm zudem fremd. Die Sozialdemokraten waren für ihn auch kulturell die natürlichen Gegner des Bürgertums. Sozialistischen Tendenzen mussten seiner Ansicht nach CDU und FDP gemeinsam widerstehen. Mende lehnte es als Fraktionsführer ab, mit der SPD in der Opposition zu eng zusammenzuarbeiten. Er setzte seine Partei von der SPD ab und betonte das eigene Profil, ohne aber vor 1960 allzu nah an die CDU zu rücken.[80] Doch er lavierte, integrierte und moderierte, hielt Distanz zu den Flügeln und gab sich ihnen doch zugehörig. Auch an der Poli-

---

[78] Papke, 1992, S. 213-214.
[79] Die Behauptung von Jansen, Mende hätte sich damit ausdrücklich hinter die Jungtürken gestellt, ist zu pauschal. Siehe: Jansen, in Oppelland, S. 135.
[80] In seinen „Grundsätze[n] der FDP in der Opposition" distanzierte er sich von der absoluten Opposition der SPD und plädierte für eine „relative Opposition aus der Sache". Er setzte die Schwerpunkte auf die Innenpolitik, den Rechtsstaat und die Wiedervereinigung. Bundesvorstand / Bundestagsfraktion am 1./2. November 1957, S. 313.

tik des neuen Bundesvorsitzenden Maier und an dessen Führungsstil übte er Kritik – so hatte er nach der Bundestagswahl 1957 Vorbehalte gegen dessen Wunsch, Koalitionsgespräche mit der Union aufzunehmen, welche die absolute Mehrheit erlangt hatte – und beteiligte sich teilweise an den Machtkämpfen der Jungtürken gegen ihn. Er wollte die Bindungen zu den mächtigen Jungtürken nicht zerstören. Bis 1958 war er somit „eher Mitläufer denn Entschiedener"[81] in seinem Verhältnis zu den jeweiligen Flügeln der Partei, an denen er sich orientierte.

Mendes Strategie, zu lavieren und zu versuchen, auf Bundesebene von den Entwicklungen zu profitieren ohne sich direkt und unmittelbar mit den Jungtürken einzulassen, ging auf. Nach der Niederlage der Jungtürken-FDP 1958 bei der Landtagswahl in Nordrhein-Westfalen war Mende politisch nicht beschädigt. Er wurde mit deren Scheitern nicht in Verbindung gebracht, da er aufgrund seiner zwiespältigen Taktik nicht als einer der ihren galt. Mende war der eigentliche Sieger des Jahres 1958. Als Bundespolitiker war er mit einem Schlag seine Kontrahenten Döring und Weyer los. Döring zog sich aus Bonn zurück. Weyers Aufstieg an die Parteispitze war gestoppt, er blieb aber Landesvorsitzender. Beide konnten zumindest vorläufig seinen Ambitionen nicht mehr im Weg stehen. In seiner Kohorte der Frontgeneration war er damit konkurrenzlos. Mende schlug sich ab Mitte 1958 eindeutig auf die Seite des überlegenen Maier, der die FDP als Korrektiv zur CDU aufbauen wollte. Er wies darauf hin, innerhalb der Partei umzudenken. Die FDP müsse sich wieder stärker auf die Politik der Mitte besinnen. Das entspräche der Auffassung der liberalen Wähler mehr als die Orientierung an den Sozialdemokraten, was zu den Wahlniederlagen 1957 und 1958 geführt habe.[82] Allerdings moderierte und lavierte er weiter, um die Bindungen zu den Jungtürken nicht zu zerstören.

Maier wiederum überließ dem Fraktionsvorsitzenden die Bonner Bühne. Mende gelang es, die Fraktion zur Geschlossenheit zu verpflichten und ihre Schlagkraft zu stärken. Sie nahm, nachdem sie unter seinem blassen und glücklosen Vorgänger Becker an Bedeutung verloren hatte, wieder eine wichtigere Position ein. Mende war bereits in diesem Amt machtvolles Gegengewicht zum repräsentierenden Maier. 1959 wurde der Fraktionsvorsitzende zudem zum eigentlich geschäftsführenden Bundesvorsitzenden, der

---

[81] Der Offenbarungseid, in: Der Spiegel, 12. Jg., Nr. 11, 12. März 1958, S. 12.
[82] Mende am 12. Juli 1958 vor der Evangelischen Akademie in Tutzing. Siehe: Erich währt am längsten, in: Der Spiegel, 15. Jg., Nr. 23, 31. Mai 1961, S. 25. Mende, 1984, S. 411-412.

wiederum den nordrhein-westfälischen Landesverband hinter sich wusste – schließlich hatte er die Bindungen nach Düsseldorf nicht gänzlich gekappt. Die großen Oppositionsreden der FDP hielt Mende.[83] Er avancierte zum eigentlichen Gegenspieler der Regierung und machte durch vielseitige Sachpolitik, geschicktes Vorgehen und eine Profilierung als Adenauer-Kritiker – bei gleichzeitiger Präferierung der CDU als möglicher Koalitionspartner – von sich reden. Er war eloquent, gewandt, ehrgeizig, macht- und selbstbewusst. Das war der Unterschied zu Maier, der sich immer scheute, politische Verantwortung zu übernehmen. Aber ihm Gegensatz zu Dehler hatte Mende sein Temperament im Griff. Als Moderator, Integrator und Organisator war er anpassungsfähig und schürte keine Konflikte.

Zu Mendes Machtstellung in Partei und Fraktion trug auch seine Profilierung in der Deutschlandpolitik bei. Mende unterstützte die Politik Adenauers bis 1956 im Wesentlichen. Doch bereits als Fraktionssprecher für Außen- und Verteidigungspolitik und Mitglied im Außenpolitischen Ausschuss der FDP war er am Kurswechsel der Dehler-FDP in der Außen- und Deutschlandpolitik maßgeblich beteiligt. Vor allem nach dem Bruch der Koalition 1956 sah er die Chance, sich und die FDP – unabhängig von Dehler – noch stärker in der Deutschlandpolitik zu profilieren. Jedoch exponierte er sich nicht so stark, dass ein Rückzug von seinen Positionen unmöglich war. In seinem Mende-Plan, „Grundzüge eines Deutschland-Plans" griff er im März 1956 die Ideen Pfleiderers auf, die in einem gesamteuropäischen Sicherheitssystem gipfelten. Freie, gesamtdeutsche Wahlen sollten nach Ansicht Mendes erst nach der Lösung der militärischen Statusfrage stattfinden.[84] 1959 war Mende Initiator eines Deutschland-Plans, der bis 1967 die offiziellen Leitlinien der Freidemokraten in der Deutschlandpolitik umschrieb. Er basierte auf dem Pfleiderer-Plan 1952 und dem Mende-Plan 1956. Mende forderte neben einer kontrollierten Abrüstung ein gesamteuropäisches Sicherheitssystem, diplomatische Beziehungen zu den Staaten des Ostblocks – jedoch nicht zur DDR –, innerdeutsche, paritätisch besetzte Kommissionen als Auftragsverhandlungen der Vier Mächte sowie eine Ständige Deutschlandkonferenz der Vier Mächte

---

[83] So bereits in den außen- und sicherheitspolitischen Debatten am 23. Januar und 20. März 1958. Mende am 23. Januar 1958 im Bundestag, in: Verhandlungen des Deutschen Bundestages, Stenographische Berichte, III. Wahlperiode, Bd. 39, Bonn 1958, S. 304 B-310D. Mende am 20. März 1958 im Bundestag, in: Verhandlungen des Deutschen Bundestages, Stenographische Berichte, III. Wahlperiode, Bd. 40, Bonn 1958, S. 828D-840C.
[84] Vgl.: Klingl, a. a. O., S. 208-210, 213, 260. Mende, 1984, S. 370-371. Siekmeier, 1998, S. 91-92.

unter Beteiligung von Bonn und Ost-Berlin, die einen Friedensvertrag aushandeln sollte.[85]

Der Deutschland-Plan wurde letztlich Mendes Bewerbung für den Parteivorsitz. Sein Aufstieg an die Spitze war nun nur noch eine Frage der Zeit. Doch die Art und Weise, wie Mende den Parteivorsitz übernahm, war typisch für ihn und zeigte seine Persönlichkeitsstruktur.

1956 hatte er sich im wahrsten Sinne des Wortes die Finger verbrannt, als er in der Debatte um die Nachfolge Dehlers vorgeprescht war und seine Ambitionen gescheitert waren. Allerdings kann Mendes Versuch, in der schwierigen Situation 1956/1957 für den FDP-Vorsitz zu kandidieren, nicht ernst genommen werden. Eine Niederlage bei der Bundestagswahl 1957 war vorauszusehen. Alles andere als ein Erfolg und ein baldiger Aufwärtstrend für die FDP hätte der Nachwuchshoffnung Mende auf dem Schleudersitz des FDP-Vorsitzes ein jähes Ende bereitet. So ist die versuchte Kandidatur eher als ein Versuch zu werten, generell Ansprüche für spätere Führungsdiskussionen anzumelden.[86]

Konfliktscheu wie er war, brachte er sich 1959 – auch vor dem Hintergrund, dass sowieso alles auf ihn zulief und er seinen Anspruch bereits 1956 angemeldet hatte – folglich nicht selbst als Kandidat für den Vorsitz ins Gespräch. Er wartete geschickt ab, wohl wissend, dass es noch zu früh für einen Wechsel im Vorsitz war, da die Partei noch nicht konsolidiert schien. Hätte Mende bereits auf dem Parteitag im März 1958 für den Vorsitz kandidiert, hätte er Chancen gehabt. Er lehnte es ab, auf dem Parteitag 1959 in einer Kampfkandidatur gegen Maier zu kandidieren, obwohl viele Landesverbände Maier zum Rückzug drängten. Mende ging fair und taktvoll mit seinem Vorsitzenden um. Er war nicht der Mensch für politische Machtspiele zur eigenen Profilierung und auf Kosten anderer. Sein bürgerlicher Anstand und Respekt vor Vorgesetzten – eine Prägung aus Kriegs-

---

[85] Auf diese Weise sollte die DDR in den Prozess einbezogen werden. Die Verantwortung der Siegermächte für Deutschland blieb jedoch gewahrt. Der Deutschland-Plan der FDP, Grundrisse eines deutschen Friedensvertrages, ist abgedruckt bei: Benz, Wolfgang / Plum, Günter / Röder, Werner: Einheit der Nation. Diskussionen und Konzeptionen zur Deutschlandpolitik der großen Parteien seit 1945, Stuttgart 1978, S. 179-185 (Neuzeit im Aufbau, Darstellung und Dokumentation, Bd. 3). Juling, a. a. O., S. 158-162. Auch: Mende, Erich: Grundzüge eines Deutschland-Planes zur Wiedervereinigung. Rede am 1. März 1956 in Stuttgart, in: Benz, Wolfgang / Plum, Günter / Röder, Werner: Einheit der Nation. Diskussionen und Konzeptionen zur Deutschlandpolitik der großen Parteien seit 1945, Stuttgart 1978, S. 175-179 (Neuzeit im Aufbau, Darstellung und Dokumentation, Bd. 3).
[86] So auch Jansen, 1999, S. 164. Wengst, 1997, S. 300-301.

zeiten – gestatteten ihm das nicht. Ihm erschien ein Generationswechsel in einer Kampfkandidatur zudem „stillos und undankbar zugleich". So versicherte er Maier, dass er „zu einem Zeitpunkt zu kandidieren bereit wäre, den er bestimmen und auf dem er mich als seinen Nachfolger vorschlagen sollte."[87]

Maiers Ankündigung vom April 1959, auf dem Parteitag im Januar 1960 nicht erneut für den Parteivorsitz zu kandidieren und den Fraktionsvorsitzenden als seinen Nachfolger vorzuschlagen, machte den Weg schließlich frei, ohne dass Mende selbst besonders aktiv werden musste. Auch parteistrukturell waren für den konfliktscheuen Kandidaten Rückzug und Vermächtnis Maiers optimale Voraussetzungen: Die beiden mächtigsten Landesverbände Nordrhein-Westfalen und Baden-Württemberg einigten sich auf dieses Prozedere und unterstützten seine Kandidatur. Die zu einer Kooperation mit der CDU neigenden Landesverbände der FDP, so beispielsweise Baden-Württemberg, sahen in Mende einen Politiker, der – nachdem er infolge des Ungarn-Aufstands 1956 die Kontakte mit dem Osten eingestellt hatte[88] – keine linken Utopien verfolgte und zudem eine populäre Wahlkampflokomotive zu werden versprach. Die Düsseldorfer Gruppe hingegen sah in ihm denjenigen, der den Platz an der Spitze einnehmen würde, bis sie selbst wieder salonfähig sein würde.

Erst nachdem die Partei geeinigt schien, Maier sich freiwillig zurück gezogen und sich die beiden wichtigsten, lange Zeit tief zerstrittenen Landesverbände auf Mende geeinigt hatten, kandidierte er. Sein moderierender Führungsstil, ohne sich eindeutig festzulegen, gereichte ihm schließlich zum Erfolg.

Neben den genannten trugen auch weitere persönliche Voraussetzungen zu seinem Aufstieg bei: Als „Schah von Bonn"[89] – in Anspielung auf seine Ähnlichkeit mit dem Schah von Persien – galt er als Schönling und sonnte sich in Komplimenten und den Klatschspalten der Gazetten. Das machte ihn noch bekannter und brachte ihm viele Verehrerinnen ein. Mendes Persönlichkeit war zudem repräsentativ für die 1950er Jahre der Bundesrepublik. Viele Jüngere in der Bundesrepublik konnten sich mit der Biografie Mendes – Schule, Wehrmacht, Front, Verwundung, Gefangenschaft –

---

[87] Mende, 1984, S. 432.
[88] Mende nahm 1956 an den Gesprächen mit der LDPD teil.
[89] Der Schah von Bonn, in: Der Spiegel, 15. Jg., Nr. 13, 22. März 1961, S. 20.

identifizieren.[90] Mende konnte durch sein Image als untadeliger Offizier und Gentleman den vorhandenen Nationalismus für sich nutzen. Er appellierte an das Nationalgefühl, aber tat das so eloquent und jovial, dass der Vorwurf des Revanchismus von ihm abprallte. Ferner hatten die Landserromane Hochkonjunktur, in denen eine anständige Wehrmacht dargestellt wurde, deren Integrität und Pflichtbewusstsein von verdorbenen Machthabern ausgenutzt wurde. Der tapfere, mehrfach verwundete und dekorierte Mende war als Aushängeschild für diesen Mythos geeignet. Auch strahlte er in einer Zeit, in welcher der Knigge auf dem Vormarsch war und die kleinbürgerliche Lebenswelt nach der Barbarei des Kriegs zivilisierte Sitten wünschte, Korrektheit, Höflichkeit und Verbindlichkeit aus.[91] Zudem galt er als glatt und opportunistisch. Doch unsympathisch ließ ihn das nicht erschienen. Die Gesellschaft war ebenso unideologisch und pragmatisch wie Mende. Ferner war der ehrgeizige junge Politiker auf die Karriere orientiert. Das war aber in der Aufstiegsorientierung der Wirtschaftswunder-Republik, wo jeder bei Null anfing, nicht verpönt. Mende war sozialer Aufsteiger. Das imponierte.[92]

Mende war so das Medium eines durchschnittlichen Deutschen. Er schien als „geradezu der Prototyp des deutschen Kleinbürgers"[93] und erweckte bei den Menschen den Eindruck, er sei ein Mann wie sie, mit den gleichen Gefühlen und Vorurteilen. Das ließ ihn in der Politik aufsteigen. „Ein katholischer Ritterkreuzträger mit deutschen Schäferhunden, protestantischer Ehefrau und einem Eigenheim, das von der Bausparkasse `Wüstenrot` finanziert wurde, ist aufgerufen, den deutschen Liberalismus zu retten."[94]

Erich Mende war viel ehrgeiziger, professioneller und zudem stärker auf die Bundespolitik konzentriert als seine honorigen, beruflich selbstständigen Vorgänger, die einen regionalen, mittelständischen Milieuliberalismus vertraten. Doch war er wiederum mit seinen Umgangsformen, seinen lateinischen Zitaten und den Tapferkeitsorden aus dem Krieg Repräsentant des bürgerlichen Deutschlands und somit Brücke zwischen den Lebenswelten, zumal er die bürgerlichen Kräfte auch politisch wieder in einer Koalition

---

[90] Vgl.: Lösche / Walter, a. a. O., S. 49.
[91] Kleßmann, Christoph: Zwei Staaten, eine Nation. Deutsche Geschichte 1955-1970, zweite überarbeitete und erweiterte Auflage, Bonn 1997, S. 55-56 (Schriftenreihe der Bundeszentrale für politische Bildung, Bd. 343).
[92] Vgl.: Lösche / Walter, a. a. O., S. 50.
[93] Siekmeier, 1998, S. 90.
[94] Erich währt am längsten, in: Der Spiegel, 15. Jg., Nr. 23, 31. Mai 1961, S. 20.

binden wollte.[95] Auch vor diesem Hintergrund konnte er Vorsitzender werden.

6.3.2 Mendes Wahl zum Parteivorsitzenden – Vorläufiger Höhepunkt eines unauffälligen Aufstiegs

Am 28. Januar 1960 wurde Mende auf dem Stuttgarter Bundesparteitag mit 201 von 210 Stimmen ohne Gegenstimmen zum Bundesvorsitzenden gewählt.[96] Das Ergebnis zeigte eine seltene Geschlossenheit in der FDP.

Ein elfjähriger, kontinuierlicher und zielstrebiger, jedoch unauffälliger und unspektakulärer Aufstieg kam zu seinem vorläufigen Höhepunkt.[97] Schritt für Schritt fügten sich die Karrierestufen aneinander. Selbst tat er nicht viel dazu. Politischen Mut bewies er selten. Machtpolitik war seine Sache nicht. Seinen Weg säumten keine Leichen. Durch Strebsamkeit, Ehrgeiz, Energie, rhetorische, organisatorische und sachliche Fähigkeiten wie politisches Detailwissen kam er an sein Ziel. Seine glänzende Auffassungsgabe, sein ordnender Intellekt, sein phänomenales Gedächtnis sowie seine gesellschaftliche Gewandtheit halfen ihm. Doch er hatte auch Fortune, wartete günstige Konstellationen ab, erwies sich als anpassungsfähig, verließ nie die Mitte der Partei, gab sich den Flügeln aber zugehörig und ging Kompromisse ein, um sich keine politischen Möglichkeiten zu verbauen bzw. sich keine Feinde zu schaffen. Auch seine ständige Präsenz in Bonn trug entscheidend zu seiner Wahl bei.[98]

Doch das Spitzenamt hatte er maßgeblich seiner Zugehörigkeit zur Frontgeneration des Zweiten Weltkriegs, einer deren bedeutendsten Vertreter er in der FDP war, zu verdanken. Bei Personaldiskussionen fiel das Augenmerk immer „fast zwangsläufig"[99] auf Mende. So war auch sein Aufstieg zum FDP-Vorsitzenden nahezu zwangsläufig. Die Entwicklungslinien der 1950er Jahre in der FDP liefen auf ihn zu. Maier hatte ihn zudem als seinen Nachfolger aufgebaut. Kontrahenten im Kampf um den Parteivorsitz gab es nicht. Dörings Ambitionen waren 1958 gescheitert. Weyer hatte zu lange

---

[95] Siehe: Walter, Franz: Der zwölfte Mann, in: Frankfurter Allgemeine Zeitung, 5. Mai 2001.
[96] Siehe: Jansen, 1999, S. 165.
[97] Jansen spricht von Mendes größtem Erfolg. Siehe: Ebd.
[98] Siehe: Ebd., S. 161, 165, 167.
[99] Ebd., S. 163. Siehe auch: Jansen, 2003, S. 218.

gezögert. Der Fraktionsvorsitzende Mende war im Januar 1960 der einzig mögliche Kandidat für den Parteivorsitz.

Mende wurde allerdings nicht wie so viele andere Vorsitzende der FDP in das Amt geschoben. „Der alte Soldat, Kenner von Stacheldrahtverhauen und Minenfeldern, hatte sich langsam, aber sicher nach vorn in die erste Reihe gerobbt."[100] Aber in der ersten Reihe flogen auch die meisten Kugeln. Das bekam Mende bald zu spüren.

Mendes Aufstieg lässt auch Rückschlüsse auf die damalige Situation der FDP zu. Führungspersonal war rar. Mende wurde „mangels Masse"[101] Parteichef. Die Partei war der dauernden Führungskrise leid und wählte den „Kompromiß-Künstler"[102] Mende. „Er ist ausgezeichnet mit jener zackigen Mittelmäßigkeit, die ihn naturgemäß zum Kompromiß-Kandidaten stempelt, ohne ihn mit dem Odium einer Notlösung zu behaften", so *Der Spiegel* über den neuen Vorsitzenden.[103]

6.4 Generationswechsel – Mende als Vertreter einer neuen Epoche in der FDP

Mende war als junger Politiker der Soldatengeneration des Zweiten Weltkriegs Vorsitzender der FDP geworden. Seine Zugehörigkeit zu einer bestimmten Alterskohorte war somit ein Schlüsselfaktor für den Aufstieg zum Parteivorsitz. Seine Wahl war Ausdruck eines Generationswechsels in der Partei. Fast zeitgleich gingen mit Maier und Heuss zwei Urgesteine des Liberalismus von der aktiven politischen Bühne. Die altliberalen und freisinnigen Traditionen des deutschen Südwestens verschwanden immer mehr. Heuss und Maier waren tief darin verwurzelt und ihre letzten Repräsentanten. Nach dem Rückzug von Heuss, Maier – aber auch von Kohut und Schneider 1961/1962 – kam Ende der 1950er, Anfang der 1960er Jahre mit Mende, Döring, Scheel und Weyer, aber auch mit Bucher, von Kühlmann-Stumm und Zoglmann eine Generation an die Macht, die nicht durch das liberale, bürgerliche und humanistische Honoratiorentum sozialisiert worden war, sondern durch die Fronterfahrungen des Zweiten Weltkriegs.[104]

---

[100] Stuttgarter Nachrichten, 29. Januar 1960. Vgl. auch: Appel, Reinhard: Von Maier zu Mende, in: Stuttgarter Zeitung, 28. Januar 1960.
[101] Erich währt am längsten, in: Der Spiegel, 15. Jg., Nr. 23, 31. Mai 1961, S. 25.
[102] Ebd.
[103] Ebd., S. 22.
[104] Siehe: Lösche / Walter, a. a. O., S. 49.

Sie besaßen kein weltanschauliches Sendungsbewusstsein und verstanden das als liberal. Mit dem Liberalismusverständnis ihrer Vorgänger hatten sie nichts gemeinsam. Ihr spezifischer Korpsgeist aus Kriegszeiten schien zudem Spaltungstendenzen zu verhindern. Für die abtretende Generation hingegen war die Zweiteilung des liberalen Lagers nahezu eine Selbstverständlichkeit, die zwar organisatorisch überwunden war, doch in den Köpfen weiter lebte.[105]

Die FDP war die erste Partei in der Bundesrepublik, in der die Frontgeneration an die Spitze drängte und den Generationswechsel durchsetzte. Mende war der erste FDP-Vorsitzende, der nicht mehr in der Weimarer Republik politisch aktiv gewesen war. Sein Werdegang und sein Auftreten widersprach der Vorstellung, ein Liberaler müsse dem Typ der Paulskirche entsprechen. Er verkörperte im Gegensatz zu seinen honorigen, regional verwurzelten und beruflich selbstständigen Vorgängern den Typ des politischen Managers und Berufspolitikers. Modern und bürgerlich gab sich die FDP unter Mende. Das ließ sie zeitgemäßer erscheinen als die Adenauer-CDU und die Ollenhauer-SPD.

Der Generationswechsel in der FDP wurde noch verstärkt, da sich zum 1. April 1959 der bisherige Bundesgeschäftsführer Werner Stephan, Jahrgang 1895, von seinem Posten zurückzog und die Geschäftsführung der Naumann-Stiftung übernahm. Flach, Jahrgang 1929, zuvor Leiter der politischen Abteilung in der Bundesgeschäftsstelle und stellvertretender Pressechef, wurde sein Nachfolger. Mit den FDP-Ministern der vierten Legislaturperiode – sie waren zwischen 40 und 50 Jahren alt – gelangten zudem Politiker in die Exekutive, die nicht in der Weimarer Zeit politisch aktiv gewesen waren.

6.5 Die 1960er Jahre: Veränderte Rahmenbedingungen der FDP-Führung

Erich Mendes Amtszeit als Parteivorsitzender der Freien Demokraten von 1960 bis 1968 stand – nicht allein durch den gesellschaftlichen Wandel der 1960er Jahre und die zunehmende Medialisierung in der Politik – im Vergleich zu seinen beiden Vorgänger Thomas Dehler und Reinhold Maier unter anderen Rahmenbedingungen.

---

[105] Siehe: Körper, a. a. O., S. 96.

Nach der Amtszeit Maiers war der Einfluss der Bundespartei gegenüber den Landesverbänden gestiegen, die Bundespartei wiederum nahm stärkere Rücksicht auf föderale Interessen. Die Kämpfe zwischen den Flügeln der Partei waren im Vergleich zu den 1950er Jahren abgeflaut. Auch unter den Landesverbänden gab es weitaus weniger Konflikte. Bei den Zerwürfnissen um den Kurs der Partei Ende der 1960er Jahre verliefen die Konfliktlinien nicht zwischen Bundespartei und Landesverbänden oder zwischen einzelnen Landesverbänden, sondern quer durch die Gesamtpartei und tendenziell zwischen der jüngeren und der älteren Generation.[106]

Durch die Anpassung der SPD an die innen- und außenpolitischen Grundlagen der Bundesrepublik gab es für die FDP neue Voraussetzungen. Einerseits war durch die Akzeptanz der Westintegration und der NATO-Mitgliedschaft die gemeinsame Basis von FDP und SPD für eine alternative Außenpolitik geschmälert. Die nach wie vor bestehenden Gegensätze in der Wirtschafts- und Sozialpolitik bekamen so mehr Gewicht. Andererseits musste die FDP die Möglichkeit einer Großen Koalition aus Union und SPD einkalkulieren.[107]

Zudem bargen die sich Mitte der 1960er Jahre beschleunigende Erosion der soziokulturellen Milieus und der zunehmende Wandel in der Gesellschaft neben großen Chancen für die Liberalen auf neue Wählerschichten – vor allem im tertiären Sektor der neuen akademischen, urbanen Mittelschichten – auch Risiken: Die Gefahr schwand zwar, dass die Unionsparteien durch ihre Integrationsfähigkeit die Klientel der FDP absorbierten, doch die Feindbilder der Liberalen – Klerikalismus und Sozialismus – wichen. Union und SPD entideologisierten sich, wurden zu Volksparteien. Der Kitt der FDP bröckelte. Die klassischen liberalen Regionalmilieus erodierten zudem. Ein großer Teil der früheren konservativ-national-altliberalen Zielgruppe war mittlerweile in die nivellierte Wohlstandsgesellschaft der Bundesrepublik integriert. Der Anteil der gewerblichen Mittelschichten, wie Handwerker, Einzelhändler und Landwirte, nahm ab. Sie flohen zum Teil in rechtsextreme Einstellungen.[108] Die neuen Mittelschichten hingegen expandierten, wurden urbaner und offener – doch nicht nur gegenüber der

---

[106] Siehe: Josten, a. a. O., S. 167-168.
[107] Siehe: Jansen, in Oppelland, S. 137.
[108] War in den 1950er Jahren die Hälfte der FDP-Mitglieder selbstständig, so fiel ihr Anteil bis 1967 auf 22 Prozent. Siehe: Lösche / Walter, a. a. O., S. 191-192. Der freie Mittelstand hatte sich in der Geschichte als parteipolitisch äußerst beweglich erwiesen.

FDP, sondern auch gegenüber der SPD. Die NPD machte der FDP die Rolle als Sachwalter des nationalen Lagers zunehmend streitig. Die FDP sah so ihre Position von mehreren Seiten in Gefahr.

Die weltpolitischen Veränderungen beeinflussten auch das Binnengefüge der Freidemokraten stark. Die Deutsche Frage sank auf der internationalen Prioritätenskala. Die Auseinandersetzungen über die weitere Deutschland-, Ost- und Außenpolitik prägten Partei, Fraktion und Koalition, besonders, seit Mende im Herbst 1963 Minister für Gesamtdeutsche Fragen wurde. In seiner Amtszeit als Parteivorsitzender setzten die Supermächte in Fragen von Sicherheit und Abrüstung auf Kooperation und Entspannung statt auf die Konfrontation der 1950er Jahre.[109] Die gescheiterte Genfer Konferenz 1959 und die Wahl John F. Kennedys zum US-Präsidenten 1960/1961 hatten Zäsurcharakter. Washington beabsichtigte, die Deutsche Frage aus dem Dialog der Supermächte auszuklammern, um die Entspannungsbemühungen nicht zu gefährden. Entspannung wurde nicht mehr als logische Folge einer Lösung der Deutschen Frage, sondern als deren langfristige Voraussetzung angesehen. Die friedliche Koexistenz setzte somit in Washington die Anerkennung des Status quo mehr oder minder stillschweigend voraus.[110] Auch die Sowjetunion wollte den Status quo völkerrechtlich sanktionieren. Das Thema Wiedervereinigung wiederum wollte Moskau auf die beiden deutschen Staaten übertragen und die Viermächteverantwortung für Deutschland als Ganzes aushöhlen. Der Konsens innerhalb des westlichen Bündnisses über eine „Politik der Stärke" im Verhältnis zum Ostblock bröckelte. Die Position der Bundesrepublik, welche die DDR weiterhin isolieren wollte und auf einem Junktim von Entspannung und Wiedervereinigung bestand, war geschmälert und stieß auf Widerstand bei den Verbündeten.[111]

Im Laufe der 1960er Jahre vermehrten sich, vor allem in der FDP, umstrittene Forderungen nach einem neuen Verhältnis zum Osten, gar nach Auf-

---

[109] In den 1950er Jahren hatten sich weder die Westmächte mit der Forderung nach einem Junktim von Wiedervereinigung, Abrüstung und europäischer Sicherheit durchsetzen können, noch die Sowjetunion mit ihrem Bestreben nach Anerkennung des territorialen Status quo in Europa.
[110] Vgl.: Hacke, Christian: Zur Weltmacht verdammt. Die amerikanische Außenpolitik von J. F. Kennedy bis G. W. Bush, zweite, aktualisierte und erweiterte Auflage, München 2002, S. 91-96, 114-116, 121-125 (Schriftenreihe der Bundeszentrale für politische Bildung, Bd. 420). Siekmeier, 1998, S. 31.
[111] Westdeutscher Alleinvertretungsanspruch und Nichtanerkennungsvorbehalt waren bis Ende der 1950er Jahre von den Westmächten unterstützt worden, um die DDR zu isolieren.

gabe der Hallstein-Doktrin, Anerkennung der DDR sowie der Oder-Neiße-Grenze. Die Wiedervereinigung schien nicht mehr vorrangiges Ziel. Die chancenlosen Ideen der 1950er Jahre über Stufenpläne zur Einheit und Friedenskonferenzen der Vier Mächte, die über die Deutsche Frage entscheiden sollten, verschwanden zunehmend in der Versenkung.

6.6 Mendes Ausgangsposition 1960

Der neue Parteivorsitzende wollte die FDP als bürgerlich-liberales Korrektiv zur CDU aufbauen, um „nach der nächsten Bundestagswahl in der Regierungsmaschine als Copiloten die Elemente des Fluges unserer parlamentarischen Demokratie und unserer Bundesregierung mitzugestalten und nicht nur als Passagiere in der Opposition zu sitzen und uns mit der Rolle der Kontrolle des Fluges zu begnügen."[112] Er war sich bewusst, dass die FDP in der Regierung mehr bewegen könne als in der Opposition.[113] Die von Maier postulierte Rolle der Freidemokraten als kleine, aber feine liberale Kraft neben der CDU reichte ihm jedoch nicht aus. Auch eine Rückkehr entweder zur Anpassungsstrategie Blüchers oder zu Dehlers Radikalkurs konnte Mende sich nicht vorstellen. Angesichts der Spannungen innerhalb der Union um die Präsidentenwahl 1959, Adenauers Autoritätsverfalls sowie des Kampfs um dessen Nachfolge sah Mende die Chance, die FDP innerhalb des bürgerlichen Lagers zu profilieren. Dazu musste er den Wählern die Existenzberechtigung einer eigenständigen liberalen Partei zwischen Union und SPD deutlich machen, aber gleichzeitig betonen, dass diese Partei fest im bürgerlichen Lager stand und als liberales Korrektiv gegen Katholizismus und Sozialpolitik der Union eine Koalition mit ihr anstrebte. Das erwarteten die Wähler. Dehler und Döring hatten das missachtet und waren deshalb gescheitert.

Mende hatte 1960 eine starke Ausgangsbasis, um seine Ziele zu verwirklichen. Er vereinigte den Fraktions- und den Bundesvorsitz auf sich. Durch die Absprache der beiden stärksten Landesverbände – ein Privileg, das kaum einer seiner Vorgänger besessen hatte – besaß er Vertrauenskapital.

---

[112] Mende am 5. Januar 1961 auf dem Dreikönigstreffen. Bundesvorstand am 13. Januar 1961, S. 53.
[113] Fliszar, Fritz: Mit der FDP regieren. Ein Gespräch mit Erich Mende, in: Mischnick, Wolfgang (Hrsg.): Verantwortung für die Freiheit. 40 Jahre F.D.P., mit einem Vorwort von Otto Graf Lambsdorff, Stuttgart 1989, S. 125-155, hier: S. 142 [im Folgenden zitiert als: Fliszar, in Mischnick].

Maier hatte ihn als Nachfolger vorgeschlagen. Im Gegensatz zu Dehler und Maier bei ihren jeweiligen Amtsantritten hatte Mende so die Rückendeckung seines Vorgängers. Die Unterstützung von Heuss gab ihm Halt. Die Unterstützung beider Parteigranden war ein nicht zu unterschätzendes Anfangskapital. Die unter Maier begonnene Stabilisierung der Partei, besonders die Zusammenarbeit zwischen Vorstand und Fraktion, begann sich auszuzahlen. Bei wichtigen Themen tagten beide Gremien gemeinsam. Zudem arbeitete Mende eng mit dem Apparat der Partei zusammen. Ferner war er der fünfte Vorsitzende in elf Jahren. Einen weiteren Verschleiß konnten sich die Liberalen kaum leisten.

Doch die Geschlossenheit hielt nur bis zur Bundestagswahl 1961. Im Wahlkampf selbst schien sie nur vordergründig. „Mit der Bundestagswahl aber begann dann eine Phase, in der Mende das natürliche Schicksal aller Parteivorsitzenden erlitt, nämlich, daß nahezu vom Tag der Wahl an dieser zum Sündenbock für alles und jedes wird, ganz abgesehen davon, daß mit der Wahl die Suche nach dem Nachfolger beginnt."[114]

6.7 Mende und die Machtzentren – Zur innerparteilichen Struktur der FDP

6.7.1 Döring, Weyer, Rubin und der Landesverband Nordrhein-Westfalen

Nordrhein-Westfalen war auch unter dem Bundesvorsitzenden Mende der bedeutendste Landesverband. Die Wahlniederlage 1958 und der Sturz in die Opposition taten dem Einfluss keinen Abbruch, auch wenn Dörings und Weyers Bonner Ambitionen vorläufig gestoppt wurden. Jedoch orientierte sich der Landesvorsitzende Weyer und mit ihm der Landesverband – wie auch die Bundespartei – in der Opposition wieder stärker an der CDU. 1962 gelang es trotz geringer Verluste bei der Landtagswahl, eine bürgerliche Koalition in Düsseldorf zu bilden.

Mende selbst war in die Düsseldorfer Führungsstruktur nicht integriert. Seinen Aufstieg zum Parteivorsitz verdankte er gerade seiner Distanz zum Landesverband. 1959 hatte er sein Amt als stellvertretender Landesvorsit-

---

[114] Jansen, 2003, S. 218.

zender aufgegeben, um sich noch stärker seinen bundespolitischen Verpflichtungen widmen zu können. Doch der Landesverband war trotz der ambivalenten Verhältnisse zwischen Mende und den Düsseldorfer Politikern eine seiner stärksten Machtstützen.

Achenbach, Döring, Scheel, Weyer und Zoglmann waren die wichtigsten Vertreter des Landesverbands. Sie hatten großen Einfluss auf die Bundesebene und Mendes politische Führung.

Dörings politische Ambitionen waren nach dem Scheitern der Jungtürken 1958 nur vorübergehend beschädigt. 1961 wurde er Mendes Vize in der Bundestagsfraktion, 1962 stellvertretender Parteivorsitzender und der starke Mann der Freidemokraten. Je mehr Mendes Position nach dem „Umfall" im Herbst 1961 zur Diskussion stand, desto stärker wurde Dörings Machtstellung in Partei und Fraktion. In der „Spiegel-Krise" im Herbst 1962 zog er die Fäden in der FDP und empfahl sich als künftiger Vorsitzender. Döring war Stratege und orientierte sich an langfristigen Zielen und Perspektiven. Er war ohne Zweifel gegenüber den 1950er Jahren politisch gereift und hielt sich mit Angriffen auf die Altliberalen und ihren Freisinn zurück. Er bereitete die FDP strategisch auf eine mögliche Koalition mit der SPD und den Abschied von einer mehr oder minder Milieupartei zugunsten einer sozial und kulturell offenen Partei vor. Die Liberale Volkspartei war sein Projekt – nach der Nationalen Sammlung und der Dritten Kraft sein drittes Konzept.[115] Dörings früher Tod am 17. Januar 1963 hinterließ eine große Leere im Landesverband wie auch in der Bundespartei, sicherte aber auch Mendes Stellung als Partei- und Fraktionsvorsitzender – war er doch seinen ärgsten Konkurrenten los.

Im Verhältnis zwischen Mende und dem Landesvorsitzenden Weyer gab es zwei Phasen. In den 1950er Jahre bis etwa 1963 hatten sie ein schlechtes Verhältnis. Weyer hegte pures Misstrauen gegenüber Mende.[116] Es rührte noch von den Düsseldorfer Entwicklungen 1956 her. Ab etwa 1963/1964 wiederum waren der Landesverband und sein Vorsitzender die stärkste Stütze des Bundesvorsitzenden Mende. Das hatte mehrere Ursachen: Weyer wurde auf dem Münchner Parteitag 1963 Bundesvize. Spätestens nachdem er die FDP 1962 in Düsseldorf in eine Koalition mit der CDU geführt hatte, unterstützte er eine bürgerliche Koalition und somit Mendes

---

[115] Vgl.: Lösche / Walter, a. a. O., S. 55-57.
[116] Siehe: Siekmeier, 1998, S. 52.

Kurs. Nach dem Tod Dörings 1963 schwanden zudem die Bemühungen der Parteispitze um eine Annäherung an die SPD. Auch verband Mende und Weyer die Fronterfahrung sowie eine ablehnende Haltung gegenüber dem in ihren Augen respektlosen Aufbegehren der jungen Kräfte in der Partei.

Zwischen Mende und Weyer gab es seit den 1950er Jahren eine Arbeitsteilung: Weyer deckte die landespolitische, Mende hingegen die bundespolitische Ebene ab. Erstmals 1953 zeigte sich die Arbeitsteilung bei der Wahl des Bundespolitikers Mende zum stellvertretenden Landesvorsitzenden. Der andere stellvertretende Landesvorsitzende Weyer nahm den Posten im Gegensatz zu Mende als expliziter Landespolitiker ein. 1956 wurde Mende als Vertreter des Landesverbands unter dem neuen Vorsitzenden Weyer Bundesvize. Mende folgte Middelhauve somit auf Bundes-, Weyer ihm auf Landesebene.[117] Zudem profilierte Mende – wie noch so oft in seiner Karriere – zum ersten Mal vom Verzicht Weyers auf ein bundespolitisches Amt. 1961 wiederum lehnte Weyer das Angebot Mendes ab, Bundesminister zu werden. Weyer konnte in den 1960er Jahren großen Einfluss in der Bundespartei erlangen, obwohl oder gerade weil er seinen Ehrgeiz auf Nordrhein-Westfalen beschränkte. Er sah seine Tätigkeit in Düsseldorf, wo er als Landesvorsitzender, stellvertretender Ministerpräsident und Minister Bindeglied der CDU/FDP- bzw. ab 1966 der SPD/FDP-Koalition war. Weyer war ein wenig der Strauß der FDP – nicht nur schwer, gewichtig, derb, lautstark, autoritär und kampfeslustig, sondern auch zaudernd.[118] Er hing an seiner Familie und an seinem Privatleben.

Doch ohne Weyer lief in der FDP nichts. Oft war er als Kandidat für den Parteivorsitz im Gespräch. Wenn Mende unter Druck geriet, brachte er Weyer als seinen Nachfolger ins Gespräch – wohl wissend, er würde ablehnen.

Der langjährige Schatzmeister (seit 1952) und stellvertretende Landesvorsitzende Rubin verfügte in der Führungsspitze der Partei über einen Einfluss, der in der Öffentlichkeit unterschätzt wurde. Der spröde und farblos wirkende Kassenwart agierte eher im innerparteilichen Bereich und war eine Art graue Eminenz der FDP.[119] Nie hatte er Ambitionen auf ein Bun-

---

[117] Siehe: Jansen, in Oppelland, S. 136.
[118] Siehe: Lösche / Walter, a. a. O., S. 69.
[119] Vgl.: Baring, 1998, S. 265. Papke, 1998, S. 162. Siekmeier, 1998, S. 317. Rubin war als Vorstandsmitglied der Gelsenkirchener Eisen und Metall AG für den Osthandel zuständig und suchte Kontakte zu DDR-Wirtschaftsmanagern.

destags- oder Landtagsmandat. Das sicherte ihm einen sehr hohen Einfluss. Mende konnte ohne seine Zustimmung keine wichtige Entscheidung treffen.[120] Nur in schwierigen Situationen der Partei preschte Rubin vor, so 1967, als er gegen Mendes Kurs revoltierte und die nächste Etappe in dessen Niedergang einleitete. Doch bereits gegen die Vorsitzenden Blücher und Maier hatte er deutlich Stellung bezogen. Zudem versuchte er in den 1960er Jahren, Döring und später Weyer an die Spitze der Partei zu bringen und die FDP zur SPD hin zu öffnen.

6.7.2 Achenbach, Dehler und der nationalliberale Flügel der Partei

Ernst Achenbach – auch aus dem Landesverband Nordrhein-Westfalen – und Thomas Dehler waren seit 1960 Mendes nationalliberale Kontrahenten in der Außen-, Ost- und Deutschlandpolitik. Beide hatte den Wandel in der weltpolitischen Großwetterlage nicht erkannt bzw. nicht wahrhaben wollen und hielten an den überholten Konzepten und Maximalpositionen der 1950er Jahre fest. Kurskorrekturen lehnten sie mit der Begründung ab, dadurch werde das nationale Ziel der Wiedervereinigung aufgeweicht. Sie suchten eine Verständigung mit Moskau über die Deutsche Fragen und wollten über Stufenpläne und Friedenskonferenzen die Wiedervereinigung erreichen und einen Friedensvertrag abschließen. Achenbach wünschte gar das direkte Gespräch mit der Führung in Ost-Berlin. Dehlers Vorschläge zur Wiedervereinigung wurden immer brisanter, je geringer ihre Chancen wurden.[121] Der neuen Ostpolitik der FDP hätte er sicher nicht zugestimmt, war damit doch die Aufgabe der Wiedervereinigung als vorrangiges Ziel verbunden.

Achenbach war bis 1964 Vorsitzender des mächtigen außenpolitischen Arbeitskreises der Fraktion und zugleich des FDP-Bezirksverbands Ruhr. Er galt Anfang der 1950er Jahre als spiritus rector der Nationalen Sammlung.[122] Mende hatte Achenbach in kaum zu überbietender Schärfe als

---

[120] Vgl.: Handelsblatt, 3. August 1965. Körper, a. a. O., S. 65. Auch: Planitz, Ulrich: Der Mann hinter Mende. FDP-Bundesschatzmeister Hans Wolfgang Rubin, in: Christ und Welt, 7. Januar 1966.
[121] Er diagnostizierte gar antibolschewistisches Kreuzzugsdenken in Kontinuität zur Hitler-Zeit. Die Bundesrepublik habe sich dem ideologischen Krieg der USA angeschlossen, so seine Meinung. Siehe: Erregung über den Abgeordneten Dehler, in: Frankfurter Allgemeine Zeitung, 14. März 1962. CDU: Dehler nicht mehr tragbar, in: Stuttgarter Nachrichten, 14. März 1962.
[122] Die Kommission um Dehler hatte seinen Ausschluss aus der Partei gefordert. Bundesvorstand am 25./26. April 1953, S. 966. Bundesvorstand am 7. Juni 1953, S. 1045.

Schlüsselfigur der Affäre gebrandmarkt und dafür plädiert, sich von ihm zu trennen: „Der böse Geist ist Achenbach".[123] Achenbach sollte es nicht vergessen können.

Zwischen Dehler und seinem „Intimfeind" Mende gab es eine „haßerfüllte Dauerfehde".[124] Der ehemalige Partei- und Fraktionsvorsitzende konnte es offensichtlich nicht verkraften, dass mit Mende jemand, der keine persönliche Bindung zu den Werten des Liberalismus hatte, Parteivorsitzender werden und somit in seine Fußstapfen treten konnte.

Entscheidend für den weiteren politischen Erfolg Mendes war es, Dehler zu neutralisieren bzw. zu domestizieren. Nach dem Tod Beckers am 29. Juli 1960 schob Mende Dehler auf den Posten des Bundestagsvizepräsidenten – ein „Abstellgleis".[125] Er hatte die Hoffnung, Dehler würde sich in dem hohen Amt mit brisanten Äußerungen zurückhalten.

Dehlers Begeisterung über das neue Amt hielt sich in Grenzen.[126] Wie schon Maier gelang es auch Mende nicht, dessen Sprengkraft zu entschärfen. Dehler, ein begnadetes Talent, bei passender oder unpassender Gelegenheit in sämtliche erreichbaren Fettnäpfe zu treten, blieb weiter notorischer Quertreiber in der Partei, auch wenn bzw. gerade weil er oft resignierte und unter Stimmungsschwankungen litt. Familiäre Schicksalsschläge und das Scheitern seines Lebenszieles, die nationale Einheit, setzten ihm arg zu. Zudem sorgte er sich um den Liberalismus und die Demokratie in Deutschland.[127] Parteiraison bedeutete ihm nach wie vor wenig. Mahnungen an Geschlossenheit wie auch Disziplinierungsversuche schlugen fehl. Vorstandstribunale verliefen im Sande. Sein Recht auf freie Meinungsäußerung wollte er sich von niemandem verbieten lassen.[128]

Dehler war in den 1960er Jahren einer der führenden Ideologen seiner Partei, der das liberale Gedankengut vertiefte. Er hatte starke Sympathien an der Basis und wurde zum Idol und geistigen Wegführer der akademischen,

---

[123] Bundesvorstand am 25./26. April 1953, S. 946. Siehe: Papke, 1992, S. 98.
[124] Siekmeier, 1998, S. 17.
[125] Bucher an Dehler vom 26. August 1960, AdL, NTD, N 1-1712. Wengst, 1997, S. 318.
[126] Für ihn war damit „ein Stück Resignation" verbunden. Dehler an Otto L. Walter vom 24. Oktober 1960, AdL, NTD, N 1-1745.
[127] Dehler an Alfred Rapp vom 13. Juni 1966, AdL, NTD, N 1-2894. Wengst, 1997, S. 344. Die Wiedergeburt des Thomas Dehler, in: Süddeutsche Zeitung, 16. Dezember 1966. Dehler an Wilhelm Heile vom 21. März 1967, AdL, NTD, N 1-2113. Wengst, 1997, S. 346. Für eine radikale liberale Politik, in: Dehler, Begegnungen, S. 104-113.
[128] Vgl.: Siekmeier, 1998, S. 97.

linksliberalen Jugend. Er war somit natürlicher Gegenspieler des Pragmatikers Mende.[129] Der ehemalige Partei- und Fraktionsvorsitzende war sich seines Einflusses bewusst: „Die Partei bin ich wahrlich in höherem Maße als der Mann, der an ihre Spitze gestellt worden ist."[130] Doch seine moralische Autorität, Glaubwürdigkeit und Geradlinigkeit brachten ihm zwar die Zustimmung der Basis und auf Parteitagen ein und ließen ihn zum Gewissen der Partei werden, doch an den Schalthebeln der Macht saßen andere.[131]

6.7.3 Von Kühlmann-Stumm, Zoglmann und die Bundestagsfraktion

Mendes Hausmacht war lange Zeit die mittelständisch-agrarisch geprägte Bundestagsfraktion. Im Herbst 1963 gab er die Fraktionsführung auf, um Bundesminister zu werden. Frontoffizier Knut Freiherr von Kühlmann-Stumm aus Hessen wurde sein Nachfolger. Er war nur wenige Tage älter als Mende und ähnlich geprägt. Der ehemalige Schatzmeister der hessischen FDP (1958 bis 1960) war erst seit 1960 Abgeordneter des Bundestags und stieg rasch auf. Er war absolut loyal gegenüber Mende. Zudem symbolisierte er als selbstständiger Land- und Forstwirt sowie Interessenvertreter die soziale Schichtung in der Fraktion. Er war ein Ehrenmann, ein „Edelmann von altem Schrot und Korn"[132] und Inbegriff des wohlhabenden, wirtschaftlich unabhängigen Abgeordneten. Das Konzept einer Liberalen Volkspartei lehnte er ab. Das waren entscheidende Gründe, weshalb er zum Vorsitzenden der mittelständisch-bürgerlichen Fraktion aufsteigen konnte. Die Entscheidung für von Kühlmann-Stumm jedoch war ein Fehlgriff Mendes. Von Kühlmann-Stumm war ein schwacher Fraktionsvorsitzender. Der Parteibasis war er kaum bekannt. Er war oft krank, resignierte oft, neigte zu Depressionen. Zudem war er zu verbindlich und grundanständig. Machtpolitik lag ihm nicht – insofern ähnelte er Mende.[133] Zoglmann und vor allem Genscher und Mischnick konnten sich unter seiner nur nominellen Ägide als starke Männer profilieren. Von Kühlmann-Stumm gelang es nicht, die Fraktion zu führen und hinter dem Bundesvorsitzenden Mende zu einen. Im Gegenteil: Sie entglitt Mende. Im Oktober 1966 stimmte die Fraktion gegen Mendes Willen für den Austritt aus der Koalition mit der

---

[129] Siehe: Körper, a. a. O., S. 243.
[130] Dehler an Heinz H. R. Wichmann vom 27. Oktober 1961, AdL, NTD, N 1-1815.
[131] Siehe: Siekmeier, a. a. O., S. 102.
[132] Baring, 1998, S. 479-480.
[133] Siehe: Ebd., S. 360

Union und erzwang dadurch seinen Sturz als Minister und beschleunigte sein Ende als Parteivorsitzender. Dem neuen Kurs in der FDP Ende der 1960er Jahre stand von Kühlmann-Stumm aristokratisch ablehnend gegenüber. Mit Mende war er aufgestiegen, er stieg mit ihm auch ab. 1968 musste er seinen Posten für Wolfgang Mischnick räumen. Er wurde wieder stellvertretender Fraktionschef.

Wichtige Stütze in der Fraktion war neben von Kühlmann-Stumm auch Alexander Menne, Vizepräsident des BDI. Seine Position belegte die Bedeutung der wirtschaftlichen Interessengruppen. Starken Einfluss hatte auch Siegfried Zoglmann, sudetendeutscher Vertriebenenlobbyist, Werbefachmann und Verleger. Er galt als umtriebig und opportunistisch.[134] In den 1950er Jahren war er noch auf Distanz zu Mende gegangen. Trotzdem war er in den 1960er Jahren eine wichtige Stütze für ihn. Zoglmann wurde 1961 parlamentarischer Geschäftsführer, von 1963 bis 1968 war er Fraktionsvize. Während von Kühlmann-Stumms Erkrankung 1964 besorgte er dessen Geschäfte. Als „Mann fürs Grobe"[135] war der „derb-grobschlächtige Parteirechtsaußen"[136] Mendes Einpeitscher in der Fraktion. Er erledigte die dem konfliktscheuen Mende unliebsamen Dinge und sicherte ihm Rückendeckung. Zoglmann war maßgeblich an der Koalitionsbildung 1961 beteiligt. Doch 1966 distanzierte er sich von Mende und wirkte auf einen Bruch der Koalition hin. 1967 wiederum galt er als einer seiner Unterstützer.

6.7.4 Kohut, Schneider, Lenz, Leverenz, Bucher, Mischnick – Mendes Stellvertreter im Parteivorsitz

Erster Stellvertreter Mendes in der Partei wurde 1960 Oswald Kohut. Ab 1958 hessischer Landesvorsitzender, vertrat er als Spirituosenfabrikant das mittelständische Element der Partei. In den Wirren 1956 war es ihm gelungen, eine Spaltung des hessischen Landesverbandes zu verhindern. Im Herbst 1961 legte er den Vizeposten aus Widerstand gegen die Koalitionspolitik und den Führungsstil Mendes nieder. 1962 trat er als hessischer Landesvorsitzender zurück. Kohut geriet in den 1960er Jahren in der

---

[134] Siehe: Ebd., S. 475-476
[135] Siekmeier, 1998, S. 285.
[136] Siekmeier, 1998, S. 395. Zoglmann war in der NS-Zeit Offizier und Anführer einer Panzerkompanie, als Gebietsführer HJ-Funktionär im Protektorat Böhmen und Mähren sowie Abteilungsleiter beim Reichsprotektor. Er setzte sich in der Bundesrepublik für die Gültigkeit des Münchner Abkommens ein.

Deutschland- und Sicherheitspolitik in Konflikt mit Mende und nutzte kommunistische Organe zur Verbreitung seiner Vorstellungen.[137]

Das Verhältnis zwischen Mende und dem erznationalen saarländischen Landeschef Heinrich Schneider war durch gegenseitige Vorbehalte belastet. Schneider war von Döring und Dehler für das Amt als Parteivize aufgebaut worden. Er sollte das nationalliberale Element in die Partei einbinden. Schneider kritisierte den in seinen Augen opportunistischen Führungsstil Mendes und dessen Neigung, Politik über die Medien zu praktizieren.[138] Aus Protest gegen die Regierungsbildung 1961 trat er von seinen Ämtern als Parteivize und Landesvorsitzender zurück.

Hans Lenz, ein als Leutnant der Reserve und Kompanieführer stark kriegsversehrter Verlagsleiter und Verwaltungsdirektor aus Baden-Württemberg, war Mendes Vize von 1960 bis 1964. Der Bildungsbürger, Jahrgang 1907, war in der FDP zuständig für Grundsatzfragen und galt als Mann des Ausgleichs und der Vermittlung. Er war Stütze Mendes. Leise und bescheiden hielt er sich im Hintergrund – obwohl er als erster Parteivize die Führungsspitze der FDP im Kabinett war, solange Mende kein Minister war.[139] Lenz sprach sich 1961 für den Regierungseintritt unter dem Kanzler Adenauer aus.

Bernhard Leverenz, von 1958 bis 1960 und 1962 bis 1964 Parteivize, sah seine Wirkungsstätte in Schleswig-Holstein, wo der Landesvorsitzende (bis 1963) Justizminister und zeitweise auch stellvertretender Ministerpräsident war. Mendes Position konnte er nicht gefährden. Leverenz galt als Verfechter einer Entspannungspolitik und vollzog im Laufe der 1960er Jahre einen allmählichen Wandel in seinen ost- und deutschlandpolitischen Ansichten, vor allem in der Oder-Neiße-Frage.[140]

Ewald Bucher, Jahrgang 1914, wurde 1964 stellvertretender Parteivorsitzender. Das ehemalige NSDAP-Mitglied war Oberleutnant der Artillerie. Als Rechtsanwalt und Geschäftsführer des Landesverbandes der württembergischen Gewerbe- und Handelsvereine war er Vertreter des regionalen

---

[137] Er plädierte für eine Abkehr von der „Politik der Stärke", die Aufgabe der Hallstein-Doktrin, für ein europäisches Sicherheitssystem sowie Verhandlungen mit der DDR über eine Konföderation.
[138] Vgl.: Schneider am 29. September 1961 im Bundesvorstand, S. 201.
[139] Henkels, Walter: Die „Klimaanlage" bei den Freien Demokraten, in: Frankfurter Allgemeine Zeitung, 21. April 1960.
[140] Leverenz, Bernhard: Mut zur Ostpolitik, in: liberal, 7. Jg., H. 9/1965, S. 585-591. Auch: Josten, a. a. O., S. 422-423.

Mittelstandes. Der Justiz- (1962 bis 1965) und Bauminister (1965-1966) galt als Mende gegenüber kritisch eingestellt. 1964 kandidierte er aussichtslos als FDP-Kandidat für das Amt des Bundespräsidenten. Mende hatte ursprünglich eine Wiederwahl Lübkes unterstützen wollen. Ab 1966 stand Bucher auf Seiten der Reformer in der Partei.

In Partei wie auch Fraktion gewann Wolfgang Mischnick, ehemaliger Leutnant der Reserve und Offizier, zunehmend an Einfluss. Der LDPD-Parteifunktionär aus Sachsen und frühere Vorsitzende der Jungdemokraten (1954-1957) hatte auf allen politischen Ebenen Erfahrung, sowohl in der Kommunalpolitik, in der Landespolitik als auch auf Bundesebene. Er war von 1957 bis 1961 parlamentarischer Fraktionsgeschäftsführer in Bonn. 1961 wurde er, Jahrgang 1921, Vertriebenenminister. Nachdem er für Mende 1963 seinen Platz im Kabinett geräumt hatte, stieg er in Fraktion wie Partei rasch auf. 1964 wurde er bereits Parteivize. Mischnick war zuverlässig, pflichtbewusst, uneitel. Er konnte gut organisieren und integrieren – so hatte maßgeblich er bereits 1956 eine Spaltung des hessischen Landesverbands verhindert und so glich er Spannungen in der Bundestagsfraktion aus. Mischnick suchte nicht die scharfe Konfrontation. Er verstand sich als „Diener an der Politik" und nicht als politischer Selbstdarsteller.[141] Als Pragmatiker der Mitte konnte er sich vor allem ab 1966 auch gegenüber Mende profilieren und 1968 zum Fraktionsvorsitzenden aufsteigen.

6.7.5 Der Landesverband Berlin

Bedeutendes Machtzentrum in der Partei war der erstarkte Landesverband Berlin unter William Borm und seinem Stellvertreter Hans-Günter Hoppe.[142] Im Februar 1963 zog die Landespartei mit 7,9 Prozent wieder in das Abgeordnetenhaus ein – 1958 war sie an der Sperrklausel gescheitert – und bildete mit der SPD Willy Brandts eine Koalition. Der Landesverband wollte – ebenso wie Bremen und Hamburg – das Modell auf Bonn übertra-

---

[141] Holl, Karl: Wolfgang Mischnick, in: Bernecker, Walther L. / Dottwereich, Volker (Hrsg.): Persönlichkeit und Politik in der Bundesrepublik Deutschland. Politische Portraits, Bd. 2, Göttingen 1982, S. 92-100, hier S. 94, 97, 100 [im Folgenden zitiert als: Holl, in Bernecker / Dottwereich].
[142] Borm war seit 1960 Berliner FDP-Vorsitzender. Er war zuvor neun Jahre wegen Kriegs- und Boykotthetze in der DDR in Haft, nachdem er als stellvertretender FDP-Chef Berlins 1950 auf der Transitautobahn verhaftet worden war. Während der Haft war er offenbar von der Staatssicherheit angeworben worden. Der Spiegel, 45. Jg., Nr. 18, 29. April 1991, S. 17. Vgl.: Siekmeier, a. a. O., S. 183.

gen. Zudem entwickelte sich die Berliner FDP zum Initiator deutschlandpolitischer Initiativen und einer Politik der kleinen Schritte. Borm und auch Hoppe übten zunehmend Druck auf Mende aus und unterstützten die Reformer in der FDP.[143]

6.7.6 Mendes „Brainpool"

Mende umgab sich seit Beginn seiner Karriere als Politiker mit Menschen, deren Loyalität er sich sicher zu sein glaubte und mit denen er sich durch gemeinsame Schicksale verbunden fühlte. Bereits als junger Bundestagsabgeordneter beschäftigte er in seinem Büro nahezu ausschließlich Oberschlesier. Im Laufe der Zeit traten diese alten Verbindungen in den Hintergrund. Besonderes Vertrauen schenkte der Vorsitzende Mende jüngeren, intelligenten, hauptamtlichen Mitarbeitern in der Partei, so vor allem Flach, Friederichs, Genscher, Marx, Moersch und Schollwer. Mende baute politischen Nachwuchs auf und gab ihm viel Freiraum zur Entfaltung. Doch Personalauswahl und Eigenständigkeit bargen die Gefahr, dass sich die jungen Kräfte von ihrem Ziehvater emanzipieren konnten. 1967 hatte Mende seinen „Brainpool" nicht mehr unter Kontrolle. Seine Zöglinge – bereits wieder eine neue Generation in der Partei – bestimmten das Agendasetting wie auch die Öffentlichkeitsarbeit und wandten sich gegen ihren Förderer.

Der Journalist Karl-Hermann Flach, 1929 in Ostpreußen geboren, war von 1959 bis 1962 Bundesgeschäftsführer. Er erarbeitete als Wahlkampfleiter maßgeblich das Wahlkampfprogramm 1961.[144] 1962 verließ Flach aus Enttäuschung über den „Umfall" und den pragmatischen statt programmatischen Kurs der Mende-FDP die aktive Politik und wechselte als innenpolitischer Ressortleiter zur *Frankfurter Rundschau*. 1964 wurde er stellvertretender Chefredakteur. Von außen gab er der Partei Anstöße und wurde zum geistigen Wortführer der aufstrebenden Reformer wie auch des Konzepts der Liberalen Volkspartei. Flach war bereits in den Oppositionszeiten

---

[143] Vgl.: Josten, a. a. O., S. 171.
[144] Nach seiner Flucht aus der DDR war der Liberale Studentenbund Flachs politische Heimat, dessen geistiger und organisatorischer Mittelpunkt er war. Als Mitarbeiter von Ungeheuer begann er in der Pressestelle der FDP – er arbeitete für die *fdk* und *Das Freie Wort* – und stieg über die Leitung der politischen Abteilung in der Bundesgeschäftsstelle bis zum Bundesgeschäftsführer und Wahlkampfleiter auf. 1957 war er bereits Sekretär der Wahlkampfleitung. Flach bekannte sich zum Kurs Dehlers in der Deutschlandpolitik und hieß den Coup der Jungtürken gut. Stammen, Theo: Karl-Hermann Flach, in: Bernecker, Walther L. / Dotterweich, Volker (Hrsg.): Persönlichkeit und Politik in der Bundesrepublik Deutschland. Politische Portraits, Bd. 1, Göttingen 1982, S. 133-143.

vor 1961 der eigentliche politische Inspirator der Partei. Er hatte großes Gespür für die Erwartungen der Wähler wie auch für die Veränderungen in Politik und Gesellschaft. Flach wandte sich daher gegen das spezifische Bürgerblock-Denken innerhalb der FDP und plädierte für eine Koalition mit der SPD oder gar eine Oppositionsphase, um sich in der Gesellschafts-, Kultur-, Deutschland- und Außenpolitik zu profilieren.[145] Den führenden Repräsentanten der FDP fehle sowohl „jener innere Kompaß, dessen Nadel anzeigt, was ein Liberaler in einer bestimmten Situation zu tun hat und was nicht" als auch ein modernes Gesellschaftsbild als Grundlage ihrer Tagespolitik, so der harsche Vorwurf von Flach.[146]

Hans Friederichs, Jurist und Geschäftsführer der Industrie- und Handelskammer für Rheinhessen, war ab dem 1. Juli 1964 Bundesgeschäftsführer. Anfangs war er dem Lager des Vorsitzenden zuzuordnen – was den Ausschlag für Mendes Entscheidung gab. Friederichs war Anhänger einer bürgerlichen Koalition und wandte sich gegen das Konzept einer Volkspartei.[147] Doch Friederichs, Wahlkampfmanager 1965, emanzipierte sich schnell von Mende und wurde zu einem Anführer der innerparteilichen Opposition.[148] Der hauptamtliche Parteimanager verfügte letztlich über einen größeren Einfluss in der Geschäftsstelle als der Parteivorsitzende.

Hans-Dietrich Genscher wurde in Mendes Amtszeit bedeutendes Machtzentrum in Partei und Fraktion. Er wurde von Dehler protegiert. Bis weit in die 1960er Jahre verfocht er die Ideen seines Förderers. Von 1959 bis 1965 war er „allseits anerkannte[r] Fraktionsgeschäftsführer".[149] Nach dem Rückzug von Flach war Genscher von September 1962 bis Juni 1964 zudem auch Bundesgeschäftsführer. Sein rascher und steiler Aufstieg hing eng mit der Schwäche des Fraktionsvorsitzenden von Kühlmann-Stumm zusammen.[150] Immer stärker und wenig von der Öffentlichkeit beachtet entwickelte sich Genscher zu einem Angelpunkt der verschiedenen Stränge innerhalb der FDP und zur entscheidenden Kontaktstelle von Fraktion, Partei und Kabinettsmitgliedern. Er organisierte Sitzungen des Vorstands

---

[145] Siehe: Flach, 1965, in Flach, 1974, S. 101-107.
[146] Ebd., S. 105.
[147] Vgl.: Körper, a. a. O., S. 105.
[148] Vgl.: Josten, S. 200.
[149] Mende, 1984, S. 458.
[150] Auch: Genscher, a. a. O., S. 87. Bade, Klaus J.: Hans-Dietrich Genscher, in: Bernecker, Walther L. / Dotterweich, Volker (Hrsg.): Persönlichkeit und Politik in der Bundesrepublik Deutschland. Politische Portraits, Bd. 1, Göttingen 1982, S. 144-154.

und der Fraktion. Genscher personifizierte immer stärker den Kurs von Partei und Fraktion, vor allem ab November 1965, als er nach seinem Einzug in den Bundestag parlamentarischer Fraktionsgeschäftsführer wurde.[151] Er trug maßgeblich dazu bei, dass sich die Fraktion von Mende distanzierte. Im Oktober 1966 war er durch seine Machtstellung in der Fraktion einer derjenigen, die den Bruch der Koalition betrieben. Letztendlich beschloss die mittelständisch-agrarisch geprägte Fraktion das Ende der bürgerlichen Koalition. 1967 zählte Genscher neben Scheel und Mischnick zu den Pragmatiker der Mitte, die sich direkt keinem der beiden Flügel anschließen, jedoch die Partei reformieren und möglichst in eine Koalition mit der SPD führen wollten. Genscher war besonders ab 1966 Taktiker der Macht, der sich keine Möglichkeiten verbauen wollte. Eine langfristige Strategie stand jedoch nicht dahinter.[152]

Wolfgang Schollwer wurde 1962 Referent für Außen- und Deutschlandpolitik in der Bundesgeschäftsstelle. In dieser Funktion war er deutschlandpolitischer Reformator der FDP der 1960er Jahre – der Egon Bahr der Liberalen. In den 1950er Jahre war der Flüchtling aus der Ostzone als Mitglied des Ostbüros der FDP jedoch Gegner der Pfleidererschen Ideen und vertrat eine Politik der westlichen Stärke. Als Mitarbeiter in der Pressestelle unter Josef Ungeheuer wurde er Anhänger eines progressiveren Kurses in der Ost- und Deutschlandpolitik. Nach dem Tod Ungeheuers wurde Schollwer 1959 Chefredakteur der *fdk* und war bis 1961 selbst Pressechef. Schollwer hatte Zutritt zu den Sitzungen des Bundesvorstands und der Fraktion. Er war über die Einstellungen der Konkurrenz Mendes im Bilde. Sein Verhältnis zu seinem Vorsitzenden war zwiespältig. Er geizte nicht mit Kritik. So nannte er den oft opportunistischen Mende einen „Nur-Taktiker, dem Sachaussagen im Grunde wohl eher gleichgültig sind".[153] Andererseits erkannte er an: Mende sei „gegenwärtig der aufsteigende Stern am innenpolitischen Himmel der Republik".[154] Mende nahm zu den von Schollwer 1962 und 1967 formulierten neuen Ideen in der Ost- und Deutschlandpolitik keine klare Position ein. 1967 gehörte Schollwer der innerparteilichen Opposition gegen Mende und dessen Kurs in der Außen- und Deutschland-

---

[151] Koch, Peter: Ein politischer Souffleur besteigt die Bühne, in: Süddeutsche Zeitung, 10. November 1965. Vgl.: Körper, a. a. O., S. 101.
[152] Vgl.: Lösche / Walter, a. a. O., S. 70-72.
[153] Schollwer, 1994, 8. Juni 1964, S. 208.
[154] Schollwer, 1990, 27. März 1961, S. 146.

politik an und wurde zum Wegbereiter der Neuorientierung der Liberalen.[155]

Der Journalist Karl Moersch wurde im Januar 1961 Pressechef. Er hatte den Posten bis 1965 inne, als er in den Bundestag gewählt wurde. Ihm unterstanden die Pressestellen von Bundespartei, Fraktion, der Pressedienst *fdk* sowie *Das Freie Wort*. Durch seine guten journalistischen Beziehungen bestimmte er maßgeblich das Bild der FDP in der Öffentlichkeit. Auch Moersch kann zu den Reformern der Partei gezählt werden.

Ebenso gehörte Hermann Marx zu Mendes „Brainpool". Er war Fachreferent in der Bundesgeschäftsstelle und Leiter der Personalabteilung. 1967 war auch er im Reformlager der Partei zu finden.

Dauerhafte Stütze für Mende war Karl-Friedrich Brodeßer. Er war seit November 1960 Mendes persönlicher Referent und sieben Jahre „ein hervorragender und loyaler Mitarbeiter".[156] Schumacher-Hellmold hatte ihn empfohlen.

6.7.7 Die linksliberalen Reformer in der Partei

Besonders Mende musste sich als FDP-Vorsitzender mit den reformorientierten Kräften in der Partei auseinandersetzen. Viel stärker als bei seinen Vorgängern Dehler und Maier hatte der politische Nachwuchs Einfluss auf die politische Führung des Vorsitzenden – wie sich beispielsweise anhand von Mendes „Brainpool" zeigte. Die Spitze von Partei und Fraktion um Mende, Weyer und von Kühlmann-Stumm verkörperte zwar ein konservatives Image, doch im Laufe der 1960er Jahre geriet die Partei in Bewegung. Die gesellschaftlichen Veränderungen warfen ihre Schatten voraus. Der bürgerliche Restaurationskurs Mendes und das Image einer „konservativen Bauern- und Mittelstandspartei"[157] standen zur Diskussion, zumal der Vorsitzende die programmatische Entwicklung der Partei behinderte. Progressive Ideen in der Ost- und Deutschland- wie auch in der Bildungspolitik

---

[155] Monika Faßbendes Behauptung jedoch, Schollwer verhielt sich gegenüber Mende loyal und ließ sich nicht direkt in die innerparteiliche Opposition verwickeln, trifft somit nur bis zu Beginn des Jahres 1967 zu. Faßbender, Monika, in: Schollwer, 1994, S. 7, 12.
[156] Mende, 1984, S. 460-461. Zitat: S. 460.
[157] Flach, 1965, in Flach, 1974, S. 104.

sowie neue Koalitionspläne fanden rasche Verbreitung.[158] Die Diskussion um das Liberalismusverständnis der FDP ließ sich nicht mehr länger unterdrücken, nachdem infolge des Regierungseintritts 1961 die Bemühungen in der Oppositionszeit zum Erliegen gekommen waren.

Eine moderne, linksliberale FDP, wie sie den Reformern vorschwebte, wäre wohl angesichts des sich abzeichnenden gesellschaftlichen Wandels der parlamentarische Ansprechpartner einer neuen linken Mitte gewesen. Immerhin gab sich die Gesellschaft aufgeschlossener für liberale Einstellungs- und Verhaltensmuster. Liberale Grundsätze wie Bildung und Rechtsstaat erlebten einen Boom. Die FDP hatte so – nach der Liberalen Volkspartei 1962/1963 – eine weitere Chance, mit dem neuen tertiären, postindustriellen, durch die Bildungsexpansion geprägten Mittelstand eine wachsende und kulturell dominierende Wählergruppe zu gewinnen. Dazu musste ihr aber der fundamentale Wandel von einer nationalliberalen, mittelständischen Traditionstruppe zur bürgerrechtlichen Partei eines zeitgemäßen Freisinns gelingen.[159]

Den Keim des Wandels in der FDP hatten bereits die Jungtürken 1956 gelegt.[160] Wegbereiter der neuen linksliberalen Kräfte in der Partei waren vor allem Flach und Friederichs. Sie versuchten, die FDP zu einer bürgerrechtlich-radikal-demokratischen und freisinnigen Fortschrittspartei der neuen linkslibertären Schichten umzugestalten. Der Einfluss Dehlers als Theoretiker des liberalen Gedankenguts und Vorbild des politischen Nachwuchses ist jedoch nicht zu unterschätzen. Zudem wurde Hildegard Hamm-Brücher aus Bayern – neben William Borm – in den 1960er Jahren zur Symbolfigur der Linksliberalen, gerade weil sie aus einem konfliktträchtigen Landes-

---

[158] Die FDP-Bildungspolitik zeichnete sich durch einen stark antiklerikalen Akzent aus. Doch mit fortschreitender Tendenz zur Säkularisierung schwand auch hier der FDP eine Möglichkeit zur Profilierung.
[159] Siehe: Lösche / Walter, a. a. O., S. 75. Doch gegen Ende der 1960er Jahre hatte es die FDP verpasst, nach Erosion und Entfremdung der Traditionsbasen ein neues linkslibertäres, sozialliberales und ökologisches Mittelschichtenmilieu zu erschließen. Dadurch hätte sie langfristig wohl die Konkurrenz einer bürgerrechtlichen, freisinnigen Partei der linkslibertären, gebildeten, postindustriellen Mitte – die Grünen – verhindern können. Die Liberalen hielten sich stattdessen im Vorfeld der Bundestagswahl 1969 nach allen Seiten Optionen offen. Die FDP wurde Funktionspartei. Dadurch wurden alte Verwurzelungen gelockert, aber auch neue Bindungen verhindert. Sozialliberale Stimmen in den neuen Mittelschichten gingen 1969 nicht zur FDP. Die abtrünnigen Altliberalen kehrten nicht zurück. Die lokalen Grundlagen der Partei waren zerstört, die Honoratioren verschwunden. Die Funktionspartei FDP entfremdete sich von der Basis, wurde zur Dame ohne Unterleib. Vgl.: Lösche / Walter, a. a. O., S. 75-77, 80. Walter / Dürr, S. 28, 32, 34-35.
[160] Siehe: Adam, in Rothmund / Wiehn, S. 236.

verband kam, in dem der Einfluss der Nationalliberalen seit 1962 stieg. Mende stand mit ihr, „die sich [...] ein Alleinvertretungsrecht auf die reine Lehre des politischen Liberalismus anmaßte",[161] auf Kriegsfuß. Sie hielt die Tradition Dehlers hoch. Auf Parteitagen sorgte sie für Furore, so vor allem 1963, 1965 und 1967. Hamm-Brücher forderte im März 1966 ihre Partei auf, „modern, kämpferisch und glaubwürdig"[162] zu sein und eine liberale Gesellschaftsordnung zu schaffen. Das sollte ihrer Auffassung nach eine ebenso epochale Bedeutung für den politischen Liberalismus haben wie die Schaffung liberaler Verfassungen im 19. Jahrhundert.

Die Neuorientierung der Partei ging zudem maßgeblich von den Deutschen Jungdemokraten (DJD), dem Liberalen Studentenbund Deutschlands (LSD) sowie dessen Seniorenverband aus, die sich gegen den Bundesvorsitzenden Mende und dessen Kurs profilierten. Zu seinem Gegner entwickelte sich vor allem der im Mai 1964 zum Bundesvorsitzenden der Jungdemokraten gewählte Karl Holl.[163] Zu einem informellen Zirkel Gleichgesinnter im Seniorenverband des LSD gehörten wiederum neben Flach und dem Vorsitzenden Peter Menke-Glückert Gerhard Daub, Hans Jürgen Dürr, Wolf-Erich Kellner und Barthold C. Witte, ab 1965 Geschäftsführer der Naumann-Stiftung.[164] Nachdem er in die Bundesgeschäftsstelle gewechselt war, holte Flach nach und nach Mitglieder des Seniorenverbands in die Schaltzellen, so beispielsweise Hermann Marx.[165] Mendes „Brainpool" rekrutierte sich stark aus dem Seniorenverband. Der SV-Vorsitzende Menke-Glückert besaß zudem ein gutes Verhältnis zu Schatzmeister Rubin. Die Zusammenarbeit beider zeigte sich in der Neuorientierungsphase der Partei 1967 in der Frontstellung gegen Mende.[166]

Mendes Kontrahenten nutzten die Zeitschrift *liberal* als Plattform zur Verbreitung ihrer Vorstellungen von einem reformierten Liberalismus. Sie entwickelte sich ab 1965 unter dem neuen hauptamtlichen Chefredakteur

---

[161] Mende, 1988, S. 118.
[162] Hamm-Brücher bei der Verleihung der Wolfgang-Döring-Medaille 1966. Hamm-Brücher, Hildegard: Modern, kämpferisch und glaubwürdig, in: Bundesvorstand der FDP (Hrsg.): Zeugnisse liberaler Politik. 25 Jahre F.D.P. (1948-1973), Bonn 1973, S. 173-180.
[163] Vgl.: Körper, a. a. O., S. 50-51, 53. Josten, a. a. O., S. 210-211.
[164] Siehe: Josten, a. a. O., S. 87.
[165] Siehe: Ebd., S. 91.
[166] Vgl.: Ebd., S. 237.

Rolf Schroers zum Sprachrohr und Kristallationszentrum der Reformer.[167] Rubin war von der Gründung 1958 an bis zu seinem Tod 1986 Mitherausgeber und „spiritus rector".[168] Zu dem eher informellen Kreis um *liberal* gehörten mit Friederichs, Flach, Hamm-Brücher und Rubin namhafte Funktionsträger der Partei, die auch in der Öffentlichkeit als Repräsentanten eines neuen Kurses wahrgenommen wurden. Schroers stand in engem Kontakt mit Friederichs und Rubin, mit denen er die Artikel absprach. Der *liberal*-Zirkel war somit pressure group in der Partei.[169] Mitherausgeber Flach und Chefredakteur Schroers waren als Redakteur der *Frankfurter Rundschau* bzw. Direktor der Theodor-Heuss-Akademie zudem wichtige Multiplikatoren. Verstärkt vom Sommer 1966 an mischte sich *liberal* aktiv in das politische Tagesgeschehen ein und versuchte, zu einem Bruch der bürgerlichen Koalition und einer Regierungsbildung aus FDP und SPD beizutragen. Im Frühjahr 1967 forcierte *liberal* die innerparteilichen Konflikte und versuchte, einen generellen Kurswechsel einzuleiten. Damit kam *liberal* beim Kurswechsel der FDP eine Katalysatorfunktion zu.[170]

Jungdemokraten, Studentenbund und Seniorenverband wiederum kritisierten bereits zu Beginn von Mendes Amtszeit, dass die FDP zu national und konservativ sei, jegliche Dynamik verloren habe, über keine gesellschaftliche Konzeption verfüge und nur noch Partikularinteressen der Landwirtschaft, der Mittelständler und der Industrie vertrete. Sie wollten die Partei programmatisch modernisieren, in der Kultur- und Rechtspolitik profilieren und auf eine neue Deutschlandpolitik verpflichten, um die bestehenden Grenzen wie auch die DDR anzuerkennen und Kontakte mit Ländern des Ostblocks aufzunehmen. Ihre Ostkontakte brachten die Parteispitze in Verlegenheit. Zudem tendierten sie zu einer Koalition mit der SPD.[171] Jungdemokraten und Studenten sprachen sich 1961 gegen die Koalitionsentscheidung aus. Das Verhältnis zu Mende war von diesem Zeitpunkt an

---

[167] Schroers, 1919 geboren und im Weltkrieg verwundet, war Schriftsteller und Publizist und arbeitete zuvor hauptsächlich als Dokumentarfilmer und Redakteur. Schroers war kein Mitglied der FDP und galt als Sympathisant der SPD. 1967 trat er der FDP bei. Zu Schroers: Faßbender, Monika / Hansen, Klaus (Hrsg.): Feuilleton und Realpolitik – Rolf Schroers: Schriftsteller, Intellektueller, Liberaler, Baden-Baden 1984 (Schriften der Friedrich-Naumann-Stiftung, Liberale in Programm und Praxis).
[168] Koerfer, 1981, S. 9.
[169] Ein großer Teil der Führungsspitze der FDP der 1970er Jahre entstammte dem Kreis um *liberal* oder gelangte mit der Unterstützung in die Position. Siehe: Koerfer, 1981, S. 184.
[170] Siehe: Josten, a. a. O., S. 449.
[171] Vgl.: Ebd., S. 216-218.

getrübt.¹⁷² Im April 1964 traten die Jungdemokraten gar für die Zulassung der KPD ein. 1967 forderten sie vehement den Rücktritt Mendes vom Parteivorsitz, da er den Erneuerungsprozess der Partei behindere.

Im Laufe der 1950er Jahre hatte sich das Verhältnis zwischen FDP und Jugendorganisationen angenähert, da ehemalige Jungdemokraten, wie Döring, Mende, Scheel und Weyer in wichtige Positionen aufgerückt waren. Der Altersunterschied zwischen Jungdemokraten und Teilen der Parteiführung war Ende der 1950er Jahre gering. Die meisten Jungdemokraten gehörten zur Kriegsgeneration und bestimmten demnach das stark nationalistische Erscheinungsbild der Organisation. Doch ab Ende der 1950er Jahre verjüngten sich die Jungdemokraten stark. Die Generationenklammer zwischen Jungdemokraten und Parteiführung war zerbrochen. In den 1960er Jahren spielte bei den Auseinandersetzungen zwischen FDP und DJD der Generationenkonflikt eine bedeutende Rolle.¹⁷³ Die Jungdemokraten schwenkten zunehmend nach links und vertraten einen Reformkurs.¹⁷⁴ Somit trug zum Machtzuwachs der Nachwuchsorganisationen in Mendes Amtszeit auch bei, dass sich die politischen Vorstellungen von Jungdemokraten und dem schon in den 1950er Jahren reformorientierten Studentenbund annäherten. Es gab personelle Verbindungen.¹⁷⁵ Unter maßgeblicher Mitwirkung von Flach überwanden nach 1956 zudem die Jungtürken und die Liberalen Studenten, denen er angehört hatte, ihre Kluft. Am 6. Juni 1965 schufen schließlich Jungdemokraten, Studentenbund und dessen Seniorenverband eine Plattform des politischen Liberalismus, die Entwicklungsmöglichkeiten moderner, liberaler Politik aufzeichnen sollte. Die der FDP nahestehenden Nachwuchsorganisationen, die sich einander lange kritisch gegenüberstanden, fanden nun aus Sorge um den politischen Liberalismus in Deutschland in einer Aktionseinheit zusammen. Dieser Schritt markierte einen Einschnitt auf dem Weg zum politischen Ende Mendes.¹⁷⁶ Somit stieg der noch unter Dehler und Maier geringe Einfluss der Nachwuchsorganisationen auf die Parteiarbeit, je mehr sie gemeinsame Vorstellungen über einen Reformkurs vertraten.

---

¹⁷² Siehe: Ebd., S. 77, 208.
¹⁷³ Siehe: Ebd., S. 208-209. Auch: Doering, Detmar / Stockhausen-Doering, Lieselotte: Kräfte des Wandels? Liberale Jugendorganisationen von der sozialliberalen Koalition bis heute, Sankt Augustin 1990, S. 58-60 (Schriften der Friedrich-Naumann-Stiftung, Liberale Texte).
¹⁷⁴ Etwa 20.000 Mitglieder hatten die Jungdemokraten. Siehe: Körper, a. a. O., S. 47.
¹⁷⁵ Vgl.: Josten, a. a. O., S. 81.
¹⁷⁶ LSD-Rundbrief, Nr. 5, 29. Juni 1965, AdL 2035. Vgl.: Josten, a. a. O., S. 222.

6.7.8 Heuss und Maier – Liberale Monumente im Hintergrund

Heuss und Maier gaben Mende, „dem Kind", wie sie ihn nannten, aus der politischen Pension Rückendeckung – auch vor möglichen Angriffen von Parteifreunden. Nach seiner Wahl zum Vorsitzenden holte sich Mende ihre Zusage ein, dass sie ihm jederzeit mit Rat und Tat zur Seite stehen würden. In entscheidenden Fragen konsultierte er sie, so bei der Regierungsbildung im Herbst 1961.[177] Heuss` und Maiers Zustimmung zum Eintritt der FDP in eine Koalition unter Adenauer ermöglichte es Mende, seine Pläne in den Gremien der FDP durchzusetzen. Im Wahlkampf bereits ließ er sich auf Plakaten gemeinsam mit Heuss abdrucken: „In seinem Geist mit neuer Kraft". Das Einvernehmen mit Heuss und Maier, den beiden liberalen Monumenten, war entscheidend für den Zusammenhalt der Partei unter dem Vorsitzenden Mende. So konnte er die Kontinuität zur freisinnigen, altliberalen und honorigen FDP betonen, die er persönlich jedoch nicht mehr verkörperte.

6.7.9 Mende und die Medien – Eine zwiespältige Beziehung

Die Bedeutung der Medien für die politische Führung Mendes war immens. Mende nutzte als einer der ersten Politiker die zunehmende Medialisierung der Politik. Kommunikation in der individualistischen, organisationskritischen FDP lief primär über die Medien. „Der schöne Erich" inszenierte seine Auftritte. Die Medien wurden sein Führungselement, so vor allem im Herbst 1961, als er seine Koalitionspläne der Partei vermitteln und sie hinsichtlich dieser überzeugen musste. Allerdings war die Kommunikation innerhalb der FDP abhängig von der öffentlichen Meinung. Die Machtverhältnisse wie auch Mendes Ansehen waren anfällig für Stimmungen. 1967 schlug die geballte Medienmacht auf ihn zurück. Nicht nur *liberal* stellte sich gegen Mendes Kurs, auch *Der Spiegel, Der Stern, Süddeutsche Zeitung* und *Frankfurter Rundschau*.

Mende stand mit dem FDP-Mitglied und Spiegel-Herausgeber Augstein, „eine eiskalte, brutale Kämpfernatur von rücksichtsloser Härte, voller Ironie und bissigen Spotts",[178] auf Kriegsfuß. Mende wurde, seit er sich – nach eigenen Angaben – gegen die Kandidatur Augsteins für den Bundestag

---

[177] Vgl.: Mende, 1984, S. 441.
[178] Mende, 1984, S. 389.

1957 wandte, zur „Zielscheibe gehässiger Angriffe, herabsetzender Kommentare und tendenziöser Meldungen".[179] Seine guten Verbindungen vor allem zu Döring, aber auch zu Dehler nutzte Augstein zur Information und Einflussnahme auf die Politik der FDP. „Es gab fortan keine Bundesvorstandssitzung der Liberalen in Bonn und keine Landestagung in Düsseldorf, aus der im `Spiegel` nicht alle Einzelheiten nachzulesen waren."[180] Im Vorfeld der Wahl 1961 leuchtete *Der Spiegel* die Persönlichkeitsstruktur des FDP-Chefs schonungslos aus und kippte Häme und Spott über ihn: Mendes Eitelkeit, sein zwanghaftes Bemühen, sich in Pose zu stellen, seine Geltungs- und Karrieresucht, Anbiederei und Opportunismus waren Thema.[181] Bereits 1958 hatte *Der Spiegel* Mende die Fähigkeit zum Parteivorsitz abgesprochen.[182]

Stern-Chefredakteur Henri Nannen, in der Nachkriegszeit FDP-Mitglied, pflegte mit Mende freundschaftliche Kontakte. 1965 unterstützte Nannen Mende im Wahlkampf. Familie Mende war im August 1965 für eine Ostseetour Gast auf seiner Yacht. Nannen bekannte sich als FDP-Wähler und nannte Mende den erfolgreichsten Gesamtdeutschen Minister seit 1949.[183] Doch 1967 wandelte sich das Verhältnis. Nannen wollte Mende von einem Kurswechsel der FDP überzeugen und versprach massive publizistische Unterstützung. Der FDP-Chef lehnte das Angebot des „Möchtegernpolitiker[s]"[184] ab. Daraufhin spürte er die Macht der Medien, die seinen Abgang als Parteivorsitzender beschleunigten.

6.8 Der Parteivorsitzende Mende und die Organisation der FDP

Mende bemühte sich in seiner Amtszeit darum, die Zusammenarbeit in der Partei weiter zu verbessern, um die Arbeit von Bundespartei, Fraktion und Landesverbänden stärker zu koordinieren. Mitglieder des Bundesvorstands konferierten mit den der FDP angehörigen Ministern aus den Ländern. Auch die von Mende belebte Fraktionsvorsitzendenkonferenz trug dazu bei, Arbeit und Willensbildung von Bundes- und Landesebene zu verzahnen. Zudem vermied der Bundesvorstand ein direktes Eingreifen in Kon-

---

[179] Ebd., S. 389-390. Zitat: S. 390.
[180] Ebd., S. 390.
[181] Siehe: Erich währt am längsten, in: Der Spiegel, 15. Jg., Nr. 23, 31. Mai 1961, S. 20-27.
[182] Der Offenbarungseid, in: Der Spiegel, 12. Jg., Nr. 11, 12. März 1958.
[183] Siehe: Mende, 1988, S. 248.
[184] Mende, 1972, S. 219.

flikte eines Landesverbands und verzichtete bei Koalitionsverhandlungen weitgehend auf Weisungen.[185] Besonders Mende hielt sich von Konflikten in den Landesverbänden fern, da er fürchtete, in sie hineingezogen zu werden.[186]

Mende lud als Parteivorsitzender etwa 20 Mal Fraktion und Bundesvorstand zu gemeinsamen Sitzungen ein, um die Zusammenarbeit zu stärken. Doch die Fraktion war gegenüber der Partei lange Zeit dominierend. In Koalitionsverhandlungen wie -krisen war sie das eigentliche Machtzentrum, so besonders 1961 und 1966. Erst in der Oppositionszeit ab 1966 nahm ihre Bedeutung ab. Trotz der weitgehenden Kongruenz – zwischen 2/3 bis 4/5 der Vorstandsmitglieder gehörten gleichzeitig der Fraktion an – gab es oft Streit über Kompetenzabgrenzungen.[187] Dehler als Verfechter der Rechte der Fraktion und Mende – mit Unterstützung Weyers – als Fürsprecher für den Bundesvorstand standen sich in dieser Frage gegenüber. Das erste Mal nach Mendes Amtsantritt geriet das Verhältnis zwischen Fraktion und Vorstand nach der Bundestagswahl 1961 in die Diskussion. Als am 19. September 1961 eine paritätisch besetzte Verhandlungskommission eingesetzt wurde, trat die Frage auf, ob die Kommission an die Beschlüsse von Vorstand oder Fraktion gebunden sein sollte. Nach Dehlers Auffassung lag die Entscheidung ausschließlich bei der Fraktion, der Bundesvorstand könne höchstens beratende Funktion haben.[188] Die Fraktion fällte 1961 letztlich die Entscheidung über die Koalition, nachdem der Hauptausschuss die Weichen gestellt hatte. Bei den Koalitionsverhandlungen 1965 gab es erneut Streit. Nach Mendes Ansicht war der Bundesvorstand „zur Führung verpflichtet. Fraktion und Bundesvorstand müssen verklammert sein. Hier darf keine Rivalität entstehen."[189] Dehler setzte dem entgegen, die letzte Entscheidung über die Koalition liege bei der Fraktion.[190] Er vertrat die Meinung, sie sei eine „Institution eigenen Rechts".[191] Auch in der Frage der

---

[185] Siehe: Bundesvorstand am 9. Juli 1962, S. 329-330. Bundesvorstand am 27. Juli 1962, S. 341. Bundesvorstand am 14. November 1963, S. 556. Bundesvorstand am 20. Dezember 1963, S. 561. Eine Ausnahme bildete die Anordnung an den Hamburger Landesverband, er solle sich nach der Bürgerschaftswahl 1966 aus der Koalition mit der übermächtigen SPD zurückziehen. Bundesvorstand am 19. März 1966, S. 668-669.
[186] Bundesvorstand am 6. September 1962, S. 346. Bundesvorstand am 20. Dezember 1963, S. 561.
[187] Mende am 6. Oktober 1961 in Bundesvorstand / Bundestagsfraktion, S. 297.
[188] Dehler am 19. September 1961 in Bundesvorstand / Bundestagsfraktion, S. 124. Dehler am 6. Oktober 1961 in Bundesvorstand / Bundestagsfraktion, S. 296.
[189] Mende am 23. September 1961 im Bundesvorstand, S. 643.
[190] Dehler am 23. September 1961 im Bundesvorstand, S. 644.
[191] Dehler am 19. September 1961 in Bundesvorstand / Bundestagsfraktion, S. 103.

Passierscheinregelung verbot Dehler dem Vorstand, etwas zu beschließen, was der Meinung der Fraktion widerspricht.[192]

Mende ordnete die Parteistrukturen auf Bundesebene neu. Er schätzte die Bedeutung hauptamtlicher Funktionäre hoch ein. Die Mitglieder seines „Brainpools" besetzten Schlüsselpositionen in der Bundesgeschäftsstelle. Ein Honoratiorengeklüngel mit ehrenamtlichen Beratern und Vertrauten wie unter Maier gehörte der Vergangenheit an. Was bereits der Vorsitzende Dehler gelegentlich praktiziert hatte, machte Mende zur Dauereinrichtung: Der neue Vorsitzende rief als eine seiner ersten Amtshandlungen zu Wochenbeginn ein mehrstündiges Gespräch mit den Abteilungsleitern der Geschäftsstelle ein, um die Koordination zu verbessern. Zudem traten nur noch Mende und seine Stellvertreter im Parteivorsitz als offizielle Sprecher auf. So nahm trotz der Bedeutung der Fraktion der Einfluss der Bundesgeschäftsstelle zu. Sie entwickelte sich zu einem organisatorischen und politischen Zentrum, das die Außendarstellung der Partei und die Umsetzung der Politik der Führungsgremien gegenüber den Landesverbänden effektiver als zuvor wahrnehmen konnte.[193]

Der Vorsitzende führte die Partei ab etwa 1964 maßgeblich durch ein inoffizielles Gremium, das in der Satzung nicht vorgesehen war. Dieses sogenannte „Gremium", der engere Vorstand, bestand aus dem Vorsitzenden, seinen Stellvertretern, dem Schatzmeister, dem Fraktionsvorsitzenden und dem Hauptgeschäftsführer. Der Kreis traf sich wöchentlich. 1965, während seiner Hochphase, traf sich das „Gremium" montags, nachdem Mende am Vormittag mit den Abteilungsleitern der Bundesgeschäftsstelle konferiert hatte. Von der Existenz des „Gremiums" erfuhren die Landesvorsitzenden per Zufall. Bundesvorstand und Öffentlichkeit waren offenbar ahnungslos.[194] Das „Gremium" sollte die Koordination in der Partei vor dem Hintergrund des internen Föderalismus verbessern. Die Vorstufe zum Präsidium, das 1968 in Freiburg gewählt wurde, erwies sich als effektiver und einflussreicher als der unflexible Hauptausschuss, der von 1963 bis 1965 nur ein bis drei Mal jährlich tagte.[195]

---

[192] Dehler am 10. April 1964 im Bundesvorstand, S. 577.
[193] Siehe: Josten, a. a. O., S. 55-56.
[194] Siehe auch: Nitschke, Eberhard: FDP trifft sich Donnerstags. Die Liberalen versuchen, sich ein Führungsgremium zu schaffen, in: Süddeutsche Zeitung, 9. Februar 1964. Vgl.: Körper, a. a. O., S. 99-100.
[195] Siehe: Körper, a. a. O., S. 100-101.

6.9 Mendes Agieren zwischen den Machtzentren 1960/1961 – Der Weg zum Zenit parteipolitischer Macht

6.9.1 Sehnsucht nach Regierungsbeteiligung – Mendes Kurs bis zur Bundestagswahl 1961

Mende bereitete die FDP als Koalitionspartner der Union vor und erwies sich dabei als sehr geschickt. Doch er scheute eindeutige Festlegungen und Konflikte mit den Gegnern seines Kurses. In seinen Bemühungen nach Kontakten mit der Union ließ er höchste Vorsicht walten. Zwar spann er bereits 1959 erste Fäden auf informeller Ebene – er nahm Verbindung zu Erhard, Gerstenmaier und Strauß auf –, doch erst nach der Landtagswahl in Baden-Württemberg am 15. Mai 1960 forcierte er seine Bemühungen. Er informierte am 24. Mai 1960 Adenauer und Erhard, dass die FDP nicht nur in Stuttgart, sondern 1961 auch in Bonn mit der CDU koalieren wolle. Die neue Stuttgarter Koalition aus CDU und FDP/DVP wurde so zum Vorbild für die Bundesebene.[196] Mende wartete so geschickt eine ausschlaggebende Wahl ab, bevor er sich aus der Deckung wagte. Nachdem die Fraktion der DP 1960 auseinandergebrochen und der Kurswert der FDP gestiegen war, forcierte Mende die Kontakte zu Vertretern der Union. Doch er eilte Partei und Fraktion voraus. Kein Gremium hatte sich bislang mit der Koalitionsfrage beschäftigt. Aber Maier und Heuss gaben am 8. August ihre Zustimmung zu einer möglichen bürgerlichen Koalition. Auch der baden-württembergische Landesvorsitzende Haußmann war einverstanden. So hatte Mende bereits vor der offiziellen Koalitionsdebatte die Rückendeckung des mächtigen Landesverbands Baden-Württemberg wie auch der beiden Parteigranden.[197] Nach der erfolgreichen Reise nach Stuttgart forcierte Mende seine Bestrebungen. Hierbei griff er auf alte Kontakte zurück. Otto Schumacher-Hellmold, inzwischen Redakteur beim WDR in Bonn, schien ihm wegen dessen Vertrauensverhältnisses zu Adenauer der geeignete Kontaktmann. Mende informierte ihn über seine Vorstellungen zum Wahlkampf und zur Koalition, die er streng vertraulich an Adenauer weitergeben sollte.[198]

---

[196] Zuvor regierte eine Koalition aus CDU, SPD und FDP/DVP.
[197] Vgl.: Mende, 1984, S. 451.
[198] Verhandlungsgespräch zwischen Schumacher-Hellmold und Mende vom 23. August 1960, AdL, NTD, N 1-2750. Vgl.: Siekmeier, 1998, S. 36-37.

Voraussetzung für eine Annäherung an die Union war eine Überbrückung der Differenzen, vor allem in der Außen- und Deutschlandpolitik. Mende war bestrebt, die Problembereiche aus dem Wahlkampf möglichst auszuklammern. Seine Funktionen als Partei- und Fraktionsvorsitzender zwangen ihn jedoch zur Integration und zur Rücksichtnahme auf innerparteiliche Gegner seines Ansinnens. In Partei und Fraktion war das nationalliberale Lager stark. Achenbach, Dehler, Kohut, Schneider, aber auch Döring verkörperten sowohl in der Deutschlandpolitik als auch in Koalitionsfragen andere Ansichten als der Vorsitzende.

Mende distanzierte sich vom Wiedervereinigungsaktionismus Dehlers wie auch von eigenen Konzepten der 1950er Jahre. Er bekannte sich zur NATO. Durch sein Plädoyer für eine Ständige Deutschlandkonferenz ließ er anklingen, dass er die Deutschlandpolitik künftig längerfristig anlegen wolle.[199] Doch eine völlige Kurskorrektur vor allem in Wahlkampfzeiten hätte die FDP vor eine Zerreißprobe gestellt. Mende bemühte sich daher um Ausgleich, ohne aber den Traditionsbataillonen zu sehr entgegenzukommen. Auf einer Klausurtagung von Bundesvorstand und Bundestagsfraktion am 15. und 16. Juni 1960 in Frankfurt am Main verabschiedeten die Liberalen eine Erklärung, die zwar Tribute an die Traditionskompanien der Partei enthielt, doch verloren sich die Bekenntnisse im Nebulösen und waren nicht mehr als Leitlinien. Viel stärker wog hingegen das Bekenntnis zur NATO und den daraus erwachsenen Verpflichtungen.[200] Mende war nach der Klausurtagung seinem Ziel einen bedeutenden Schritt näher gekommen, die FDP programmatisch und thematisch der Union anzunähern. Dehler versuchte er durch das Amt des Bundestagsvizepräsidenten zumindest vorübergehend einzubinden.

Mende bemühte sich weiterhin, Konflikte zwischen der FDP und den Unionsparteien zu vermeiden. So distanzierte er sich von Dehler, als dieser im Januar 1961 von „zwei deutschen Teilstaaten", die sich 1949 „unter dem Reichsdach" gegründet hätten, sprach.[201] Dehler attestierte damit der DDR Staatsqualität und stellte sie der Bundesrepublik gleich. Zudem bezeichnete er die Bundesrepublik als „erweiterte rheinische Republik".[202] Mit einem

---

[199] Vgl.: Klingl, a. a. O., S. 327. Siekmeier, 1998, S. 34.
[200] Hierzu: Siekmeier, 1998, S. 35-36.
[201] Vgl.: Klingl, a. a. O., S. 332.
[202] Es geht um den Wahlsieg: So weiter bis zum bitteren Ende?, in: Die Welt, 26. November 1960.

Rundschreiben und einer Disziplinierungskampagne wollte Mende Dehler auf Parteilinie zwingen. In der Fraktionssitzung am 17. Januar nutze er seinen Rückhalt und baute immensen Druck auf Dehler auf. Doch der trotzte und war nicht bereit nachzugeben. Einen Bruch wiederum konnte der Vorsitzende nicht riskieren.

In der Koalitionsfrage schlug ihm Protest entgegen: Bei der ersten offiziellen Beratung hierüber am 17. September 1960 im Bundesvorstand sprachen sich Weyer, Scheel und Döring für eine Koalition mit der SPD unter Brandt aus. Der Landesverband Nordrhein-Westfalen und dessen Landtagsfraktion opponierten gegen Mende.[203] Leverenz schlug eine Allparteienregierung vor. Doch Mende kam zugute, dass er schon im Vorfeld Bündnisse mit den starken Liberalen aus Baden-Württemberg geschmiedet hatte. Haußmann und die meisten süddeutschen Vertreter standen hinter ihm. Aber Mende scheute eine Auseinandersetzung mit seinen Kontrahenten. Er spielte auf Zeit und führte keine Entscheidung herbei.[204] Nur zurückhaltend bekannte er sich zu seinen Plänen. Doch die guten Ergebnisse bei den Kommunalwahlen in Hessen und Rheinland-Pfalz am 23. Oktober 1960 bestätigten ihn. Ferner bekam Mende zunehmend Unterstützung aus Nordrhein-Westfalen.[205] Er wartete geschickt ab und so baute sich eine Mehrheit in Partei und Fraktion für seinen Kurs auf. Weitere Erfolge bei Kommunalwahlen in Nordrhein-Westfalen und Niedersachsen am 19. März 1961 gaben ihm Rückendeckung. So ging er trotz seines taktischen Zick-Zack-Kurses in auch der Koalitionsfrage wie in der Deutschlandpolitik als Sieger aus dem Frankfurter Parteitag Ende März 1961 hervor. Heuss als Gast auf dem Konvent unterstützte ihn. Das Parteivolk war zudem der Opposition müde.[206]

Wenn auch der Widerstand gegen die Koalitionspläne im Allgemeinen schwanden, so wuchs doch das Unbehagen gegenüber dem Führungsstil Mendes. Der Verzicht auf eigenes, programmatisches Profil auf dem Weg

---

[203] Vgl.: Bundesvorstand am 17. September 1960, S. 34-40. Papke, 1998, S. 273. Mende lehnte Brandt als Kanzlerkandidaten wegen dessen Vergangenheit ab. Das zeigte eindeutig Mendes politische Sozialisation. Der Widerstandskämpfer Brandt stellte in Mendes Weltbild eine Art Paria dar. Vgl.: Verhandlungsgespräch zwischen Schumacher-Hellmold und Mende vom 23. August 1960, AdL, NTD, N 1-2750. Auch: Mende, 1984, S. 452-453. Siekmeier, 1998, S. 36-37.
[204] Bundesvorstand am 17. September 1960, S. 34-40. Vgl.: Siekmeier, 1998, S. 38-39.
[205] Weyer führte bereits Gespräche über ein Zusammengehen mit der CDU bei den Kommunalwahlen im März 1961. Vgl.: Papke, 1998, S. 274.
[206] Strobel, Robert: Ein Erfolg Erich Mendes, in: Die Zeit, 31. März 1961.

zur Macht erregte Widerspruch. „Die politischen Aussagen der Partei sind fast nur noch von dem krampfhaften Bestreben getragen, es allen und jedem recht zu machen.", warnte Parteivize Schneider.[207] Dehler warf Mende vor, ihm gehe es nur um „Wahltaktik".[208] Döring kritisierte den Schmusekurs Mendes: „Wir wollen nicht Bundesminister werden, wir wollen nicht Staatssekretäre werden, sondern politische Ziele durchsetzen."[209]

Die Konflikte 1960/1961 belegten eindrucksvoll die Vorurteile gegenüber Mende: Ihm wurden Wankelmut, Opportunismus, Profillosigkeit, Geltungssucht und Anbiederei vorgehalten. Nicht sein Koalitionskurs an sich erregte Kritik. Auch Dehler sah ein, dass die FDP 1961 nur an der Seite der Union eine Chance hatte. Mendes Führungsstil stand in der Kritik. Er scheute sich einerseits, eindeutiges Profil auch gegenüber dem potenziellen Koalitionspartner zu zeigen und Konflikte in Kauf zu nehmen. Andererseits war er nicht Machtpolitiker genug, um seinen Plan in den eigenen Reihen durchzusetzen. Dazu war der bürgerliche Mende zu anständig. Er spielte auf Zeit und moderierte, lavierte gar zwischen den Polen, wie sich in der Diskussion um die Deutschlandpolitik zeigte. Bereits 1960/1961 zeigte sich so zum ersten Mal, auf welch schmalem Grat zwischen den Interessen einer Koalition und denen der eigenen Partei/Fraktion sich Mende bewegte.

6.9.2 Grandioser Wahlerfolg und fataler „Umfall" – Vom Siegerimage zum Buhmann der Liberalen

Erich Mende stand im Mittelpunkt des personalisierten Wahlkampfs 1961 und fand Unterstützung bei Heuss. Margot Mende entwarf ein Plakat, auf dem im Vordergrund das markante, sonnengebräunte Antlitz ihres Brillantine-Beau vor dem durchgeistigten Charakterkopf von Heuss prangte: „In seinem Geist mit neuer Kraft."[210] – Sunnyboy und Traditionssymbol der FDP warben gemeinsam. Margot und „der schöne Erich" mit ihren zwei kleinen Kindern Marcus und Manuela sowie Schäferhündin Anka glänzten in Homestorys. „Super-Starlet" Mende ließ den Wahlkampf in eine Schönheitskonkurrenz ausarten. „Zwar hat er keine Chancen, zum `Mr. Germany`

---

[207] Schneider an Mende vom 23. Januar 1960, AdL, NEM, A 31-37. Siehe: Siekmeier, 1998, S. 41.
[208] Dehler an Frieder-Otto Fritzsche vom 7. Juli 1960, AdL, NTD, N 1-1717.
[209] Döring im Bundesvorstand am 10. Februar 1961. Zitiert nach: Schollwer, 1990, 10. Februar 1961, S. 143.
[210] Vgl.: Erich währt am längsten, in: Der Spiegel, 15. Jg., Nr. 23 vom 31. Mai 1961, S. 20. Auch: Mende, 1984, S. 451-452.

gekürt zu werden, doch seine Aussichten auf einen Trostpreis sind rosig wie sein Teint."[211] Von Blücher, Dehler und Maier hatte niemand so in der breiten Öffentlichkeit gesprochen.

Wahlkampfleiter Flach hatte eine perfekte Kampagne inszeniert, die spezielle Zielgruppen ansprach. Die Mende-FDP warb um die liberale Union Erhards und reaktivierte taktisch den altliberalen Antiklerikalismus. Die Liberalen empfahlen sich als Mehrheitsbeschaffer und – auch angesichts der Enttäuschung über Adenauers Verhalten nach dem Mauerbau in Berlin – als die Kraft, die eine erneute absolute Mehrheit der Union verhindern und Adenauer als Kanzler ablösen wollte. Sie betonten dabei sowohl ihre Eigenständigkeit wie die Funktion als Korrektiv und Bremser gegen eine Ausweitung des Sozial- und Steuerstaats. Zudem gaben sie sich im Hinblick auf den jungen US-Präsidenten Kennedy als Partei des Generationswechsels. Als bürgerliche Milieu und Korrektivpartei konnte die FDP 1961 ihre Anhängerschaft mobilisieren wie auch in neue Wählerschichten vorstoßen, obwohl die Erosion der lokalen und regionalen Fundamente der FDP bereits begonnen hatte.[212] Mit dem Slogan „Mit der CDU, aber ohne Adenauer" erreichte die FDP 12,8 Prozent und ihren größten Wahlerfolg auf Bundesebene. 68 Abgeordnete zogen in den Bundestag ein.

Der Kompromisskünstler Mende, auf den die Wahlkampfstrategie zugeschnitten war, war der triumphale Sieger des 17. September 1961. Zweifelsohne war er auf dem Zenit seiner Macht. Die FDP war dritte politische Kraft und weder Union noch SPD hatten eine absolute Mehrheit. Die Bundespartei war gestärkt, die verschiedenen innerparteilichen Strömungen schienen integriert. Eigentlich waren das beste Voraussetzungen für die kommenden Jahre. Doch der Eindruck täuschte. Denn Erfolg ist nicht konservierbar, vor allem nicht in der individualistischen FDP, in der Vorsitzende nicht auf Rückendeckung durch ein Milieu, Vorfeldorganisationen oder Netzwerke hoffen konnten und daher oft einem Wechselbad der Stimmungen ausgesetzt waren. Warum sollte ausgerechnet Mende im Herbst 1961 trotz seines Wahlerfolgs geschont werden?

Die FDP hatte zwar im Wahlkampf eine bürgerliche Koalition angestrebt, über die Frage, ob man auch bei einer absoluten Mehrheit der Union zu einer Koalition bereit sei und/oder ob man Adenauer erneut als Kanzler ak-

---

[211] Erich währt am längsten, in: Der Spiegel, 15. Jg., Nr. 23 vom 31. Mai 1961, S. 20.
[212] Vgl.: Lösche / Walter, a. a. O., S. 52-53.

zeptieren würde, darüber war man sich aber lange Zeit uneinig. Noch nach der Wahl 1957 hatte es Mende ausgeschlossen, mit der Union, welche die absolute Mehrheit erlangt hatte, eine Koalition zu bilden. Im Vorfeld der Wahl 1961 meinte er, auf keinen Fall könne die FDP bei absoluter Mehrheit der Union unter Adenauer koalieren. Dies schloss einen Koalitionseintritt nur für den Fall aus, dass die Union die absolute Mehrheit erlangen und Adenauer als Kanzlerkandidat nominiert werden würde. Doch Mende sah sich vor der Bundestagswahl auf Druck einiger Landesverbände – Berlin, Bremen, Hamburg, Nordrhein-Westfalen und Hessen – gezwungen, öffentlich generell gegen eine erneute Kanzlerschaft Adenauers Stellung zu beziehen und die Partei festzulegen. Dehler, Maier und Rademacher hatten ihm zu einer Zuspitzung vor allem in der Endphase des Wahlkampfs geraten. Vom Juli 1961 an und besonders in der letzten Woche vor der Wahl stellte Mende deshalb die Kanzlerfrage in den Mittelpunkt seiner Taktik: Er verkündete am 15. September endgültig, die FDP sei zu einer Koalition mit der Union bereit, falls diese die absolute Mehrheit verlieren würde. Aber Kanzler dürfe nicht erneut Adenauer werden.[213]

Bereits am 10. Juli 1961 hatte sich Mende mit Döring, Weyer und dem CSU-Vorsitzenden Franz-Josef Strauß verständigt, die Kanzlernachfolge im Herbst zusammen mit der CSU zu lösen. Erhard war gemeinsamer Favorit. Auch hatte Mende Kontakte zur CDU in Baden-Württemberg, Bremen und Niedersachsen, um Adenauer durch Erhard zu ersetzen. Es gab folglich zwischen Union und FDP eine Arbeitsteilung, wonach die FDP öffentlich auf einen Wechsel im Kanzleramt drängen, der eigentliche Kanzlersturz aber durch die Gegner Adenauers in der Union selbst bewerkstelligt werden sollte. Mende verstieß mit seinen informellen Abmachungen gegen einen Beschluss des Bundesvorstands vom 16. Juni 1961, wonach es untersagt war, vor dem Wahltag Koalitionsgespräche zu führen.[214]

Doch der liberale Partei- und Fraktionschef schien in der Kanzlerfrage Getriebener anderer Machtzentren zu sein. Seinem Naturell entsprach es mehr, sich nicht zu binden, um sich alle Optionen offen zu halten. Für seine Person hingegen hatte er sich bereits vor der Wahl darauf festgelegt, nach Regierungseintritt kein Ministeramt zu übernehmen, um seine Unabhängigkeit

---

[213] Koerfer, Daniel: Kampf ums Kanzleramt. Erhard und Adenauer, Berlin 1998, S. 578 [im Folgenden zitiert als: Koerfer, 1998].
[214] Bundesvorstand am 16. Juni 1961, S. 71.

als Partei- und Fraktionsvorsitzender zu wahren. Den Fehler Blüchers wollte er nicht wiederholen.[215]

Der Kanzler dachte nicht daran, den Forderungen der Freidemokraten zu entsprechen. Er spielte die FDP und Mende selbst aus, indem er nach der Wahl ankündigte, weiter amtieren zu wollen und zudem Verhandlungen mit der SPD aufnahm. Erhard, Gerstenmaier und Strauß trauten sich nicht, Adenauer Widerstand zu leisten. Mende wiederum hatte durch seine Festlegung gegen eine erneute Kanzlerschaft Adenauers, im Siegestaumel am 19. September im Vorstand noch verstärkt, seine Manövrierfähigkeit eingebüßt: „Meine [Stimme bei der Kanzlerwahl; d. V.] kriegt er ebensowenig wie Ihre."[216] Vorstand und Fraktion sprachen sich einmütig dafür aus, Adenauer als Bundeskanzler einer bürgerlichen Koalition abzulehnen.[217] Eine zeitlich befristete Kanzlerschaft Adenauers kam für sie ebenfalls nicht in Betracht. Besonders der Hamburger Landesverband hielt eine erneute Kanzlerschaft Adenauers für inakzeptabel.[218] Die Unterstützung in den eigenen Reihen für den Kurs des Vorsitzenden war somit groß, doch ihm stand eine Gratwanderung bevor, wollte er doch die Freien Demokraten in eine Koalition mit der Union führen. Aber Mende brachte sich im Siegesrausch noch weiter in die Defensive: In einer Pressekonferenz preschte er vor, brach die selbst auferlegte Schweigepflicht und legte die Beschlüsse der Gremien gegen Adenauers Kanzlerschaft offen. Er bekannte sich zu Erhard als künftigen Regierungschef. Die Gefahr einer Großen Koalition nahm er nicht ernst. Er hielt sie lediglich für eine taktische Drohung.[219] Die Reaktion aus den eigenen Reihen sprach Bände, hatten sich doch so die

---

[215] Mende am 17. September 1960 im Bundesvorstand, S. 36. Wengst, Udo: Mit und gegen Adenauer und Erhard, in: Mischnick, Wolfgang (Hrsg.): Verantwortung für die Freiheit. 40 Jahre F.D.P., mit einem Vorwort von Otto Graf Lambsdorff, Stuttgart 1989, S. 102-124, hier: S. 118 [im Folgenden zitiert als: Wengst, in Mischnick].
[216] Mende am 19. September 1961 in Bundesvorstand / Bundestagsfraktion, S. 91.
[217] Bundesvorstand / Bundestagsfraktion am 19. September 1961. Vgl.: Koerfer, Daniel: Schwierige Geburten: Die Regierungsbildungen 1961, 1962, 1963 und 1965, in: Mischnick, Wolfgang (Hrsg.): Verantwortung für die Freiheit. 40 Jahre F.D.P., mit einem Vorwort von Otto Graf Lambsdorff, Stuttgart 1989, S. 156-192, hier: S. 160-161 [im Folgenden zitiert als: Koerfer, in Mischnick].
[218] Bundesvorstand / Bundestagsfraktion am 19. September 1961, S. 109..
[219] Bundesvorstand / Bundestagsfraktion am 19. September 1961, S. 132. Auch: Mende, Erich: Die schwierige Regierungsbildung 1961, in: Blumenwitz, Dieter et al. (Hrsg.): Konrad Adenauer und seine Zeit. Politik und Persönlichkeit des ersten Bundeskanzlers. Bd. 1: Beiträge von Weg- und Zeitgenossen, S. 302-325, hier: S. 308 [im Folgenden zitiert als: Mende, in Blumenwitz].

unterschiedlichen Ansichten von Union und FDP verhärtet: Mende solle sich am besten „auf eine Hütte zurückziehen, wo es kein Telefon gibt."[220]

Der Vorsitzende stand unter immensem Druck, den er sich selbst bereitet hatte. Er ging durch ein Wechselbad der Gefühle: Erhard signalisierte zwar Bereitschaft zur Kandidatur – „Margot, stell eine Flasche Sekt kalt!"[221]–, doch Adenauer spielte den Joker der Großen Koalition geschickt aus. Die SPD schien ihn als Kanzler akzeptieren zu wollen.[222] Bundespräsident Lübke unterstütze die Pläne. Mende suchte geradezu verzweifelt sowohl nach Unterstützung gegen Adenauer als auch nach Alternativen, um aus der verfahrenen Situation herauszukommen.[223] Doch auch Gerstenmaier lehnte ab: „Ich habe nicht den Ehrgeiz, als Conny-Killer in die Geschichte einzugehen!"[224] Das war ein deutlicher Schuss gegen Mende, der sich auf dem Wege genau dahin befand.

Mende hatte die Macht Adenauers unter- und den Einfluss von dessen Gegnern überschätzt. Bereits bei einem Gespräch mit Strauß und Weyer am 18. September 1961 hatte der CSU-Chef anklingen lassen, Adenauer womöglich für eine Übergangszeit zum Kanzler zu wählen.[225] Hier hätten bei Mende alle Alarmsignale leuchten müssen. Tags darauf baute er jedoch keine Rückzugsposition auf. Im Gegenteil: Mende tönte am lautesten gegen Adenauer und legte sich schließlich auf der Pressekonferenz eindeutig fest. Der verbindliche Mende setzte weiterhin auf die Absprache mit Erhard, obwohl der längst den Rückzug angetreten hatte. Mende bildete sich ein, er habe noch genug Unterstützung. Ein Verhandlungsangebot der Sozialdemokraten lehnte er schriftlich ab. Eine Kopie seines Schreibens an die SPD schickte der verbindliche Mende an den Adenauer-Intimus Krone. Hierin sah er eine vertrauensbildende Maßnahme, dass der FDP ernsthaft an einem bürgerlichen Bündnis gelegen war. Doch das war erneut ein schwerer taktischer Fehler, denn Mende engte den eigenen Handlungsspielraum ein und lieferte sich dem alten Fuchs im Palais Schaumburg nahezu auf Gedeih und Verderb aus.[226]

---

[220] Lenz am 19. September 1961 in Bundesvorstand / Bundestagsfraktion, S. 102.
[221] Mende am 21. Oktober 1961. Zitiert nach: Koerfer, 1998, S. 596.
[222] Vgl.: Koerfer, 1998, S. 592-593.
[223] Vgl.: Koerfer, in Mischnick, S. 163. Koerfer, 1998, S. 598.
[224] Zitiert nach: Koerfer, 1998, S. 606. Auch: Mende, 1984, S. 482.
[225] Vgl.: Mende, in Blumenwitz, S. 306.
[226] Vgl.: Koerfer, 1998, S. 596.

Nachdem am 27. September die Unionsfraktion einer zeitlich befristeten Verlängerung der Kanzlerschaft Adenauers zugestimmt hatte, war Mende endgültig zum Einlenken gezwungen: „Wenn wir jetzt nicht umfallen, werden wir ausfallen."[227] Die Basis war mobilisiert und versuchte der Spitze den Rücken zu stärken. Doch den Liberalen glitt das Heft des Handelns immer mehr aus der Hand. In der Union herrschte „eine geradezu mörderische Stimmung gegen die FDP".[228] Die Medien berichteten von hohen Wahlkampfschulden und massivem Druck der Industrie.[229] In der gemeinsamen Sitzung von Bundesvorstand und Fraktion am 29. September verdeutlichte Mende schließlich seinen Rückzug und versuchte, seiner Partei eine befristete Kanzlerschaft Adenauers schmackhaft zu machen. Er halte es für eine schlechte Sache, im Wahlkampf die Bereitschaft für eine Koalition mit der Union zu propagieren, der SPD aber durch die Entwicklung nach der Wahl in die Regierung zu helfen und sich selbst in die Opposition zu schieben.[230] Der Öffentlichkeit erklärte Mende am 29. September 1961, die FDP werde prüfen müssen, Adenauer für eine Übergangszeit ihr Vertrauen zu geben.[231]

Mit seinem Rückzug unter Druck begann der innerparteiliche Aufstand gegen Mende, der von der Fraktion ausging und auf die Landesverbände – sowohl nationalkonservative, wie Hessen und Saarland, als auch liberaldemokratische, wie Berlin, Bremen und Hamburg – übergriff.[232] Dehler meinte, Mende dürfe keinesfalls „einsame Beschlüsse fassen"[233] und wollte Fraktion und Partei auf die Beschlüsse vom 19. September einschwören. Doch Mende gelang es, Dehlers apodiktische Festlegung zu verhindern.[234] Er begann zu taktieren und seine Führungsressourcen auszuspielen. Über

---

[227] Fliszar, in Mischnick, S. 143.
[228] Mende am 29. September 1961 in Bundesvorstand / Bundestagsfraktion, S. 152.
[229] Die Welt, 27. September 1961. Süddeutsche Zeitung, 26. September 1961.
[230] Vgl.: Mende am 29. September 1961 in Bundesvorstand / Bundestagsfraktion, S. 153.
[231] Vgl.: Mende, in Blumenwitz, S. 312. Koerfer, in Mischnick, S. 164. Koerfer, 1998, S. 606-607. Wengst datiert das Eingeständnis fälschlicherweise auf den 30. September. Wengst, 1997, S. 324. Mendes Beteuerung, „Ich habe für mich selbst erklärt, ich würde in einem Kabinett Adenauer kein Ministeramt übernehmen. Das schloß doch implizit ein, daß meine Partei es möglicherweise tun könnte. Ich habe immer nur mich gebunden.", verwischt hingegen seine Verantwortung. Er hatte vor der Wahl einen Kompromiss der Partei mit der CDU über Adenauers Kanzlerschaft ausgeschlossen. Seine Aussage, „Mit der CDU, aber ohne Adenauer" war nicht nur als persönliche Absage, sondern auch als Aussage für die Partei insgesamt verstanden worden. Gaus, 2001, S. 250.
[232] Bundesvorstand / Bundestagsfraktion am 29. September 1961.
[233] Dehler in Bundesvorstand / Bundestagsfraktion am 29. September 1961, S. 172, 186. Zitat: S. 172.
[234] Mende in Bundesvorstand / Bundestagsfraktion am 29. September 1961, S. 180.

die Medien versuchte er, Einfluss auf die Willensbildung in der Partei zu nehmen, um seinen neuen Plan durchzusetzen, die FDP in eine bürgerliche Koalition unter einem Übergangskanzler Adenauer zu führen. Andererseits wiederum gab er den Medien die Schuld für die Kampagne gegen ihn. Unterstützung für seinen Kurs fand er zunehmend bei Weyer. Auch der nordrhein-westfälische Landesvorsitzende sah allein in der Regierungsbeteiligung an der Seite der CDU Chancen für die Freidemokraten.

Die Koalitionsverhandlungen verfolgten die Nationalliberalen in Fraktion und Landesverbänden mit Argusaugen. Sie befürchteten einen Ausverkauf liberaler Interessen. Zu Recht: Mende betrieb wieder seine Anbiederungstaktik an die Union. Umstrittene Themen, vor allem in der Deutschlandpolitik, hatte er schon im Vorfeld entschärft.[235] Doch der liberale Partei- und Fraktionsvorsitzende hatte sich in vielen Aspekten offenkundig über den Tisch ziehen lassen und war der Verhandlungskunst des Kanzlers erlegen. Der bekundete, eine aktive Wiedervereinigungspolitik anstreben zu wollen, um die FDP zu ködern.[236] Zudem hatte Mende die Aufgabe der Hallstein-Doktrin nicht zur Bedingung für die Bildung einer Koalition erklärt. „Wir können mit unseren 67 Abgeordneten nicht erwarten, daß 242 sich ausschließend nach uns richten."[237] So gab er aus taktischen Motiven liberale Grundwerte preis.[238] Die Verhandlungsergebnisse erregten Misstrauen, vor allem bei Dehler. Auch Borttscheller, Engelhard, Kohut, Schneider sowie Döring äußerten Zweifel.[239] Döring warnte davor, die Hallstein-Doktrin zur Grundlage einer Zusammenarbeit zu machen: „Denn dann wird der Krach ganz erheblich losgehen."[240]

Mende blies der Widerstand direkt ins Gesicht. Seine Gegner in der Fraktion und den Landesverbänden formierten sich auf der Tagung des Bundeshauptausschusses am 21. Oktober im Mainz und lehnten es ab, Mendes

---

[235] Trotzdem waren vor allem die Forderung der Union nach Beibehaltung der Hallstein-Doktrin, deren Weigerung, diplomatische Beziehungen zu den Ostblockstaaten aufzunehmen sowie die Distanz zu einer aktiveren Wiedervereinigungspolitik Konfliktpunkte.
[236] Für die Zusage einer aktiveren Wiedervereinigungspolitik hatten Mende und die FDP am Ende der Verhandlungen viele Unionsvorstellungen akzeptiert, so die militärische Westbindung, die europäische Einigung und die Osteuropapolitik. Doch Stärkung der NATO und eine aktive Wiedervereinigungspolitik durch eine neue Deutschlandinitiative, die nach FDP-Ansicht nur dann Erfolg versprach, wenn der sicherheitspolitische Status Deutschlands zur Disposition stand, passten nicht zusammen.
[237] Mende am 6. Oktober 1961 in Bundesvorstand / Bundestagsfraktion, S. 264. Nach einer Nachwahl hatte die FDP gar 68 Abgeordnete.
[238] Vgl.: Siekmeier, 1998, S. 75.
[239] Bundesvorstand / Bundestagsfraktion am 6. Oktober 1961, S. 254-296.
[240] Zitiert nach: Siekmeier, 1998, S. 74.

Koalitionsplänen ihren Segen zu geben. Schneider kündigte kurz vor dem Bundeshauptausschuss seinen Rückzug aus der Parteispitze an, wenn die FDP auch in der Kanzlerfrage „umfalle". Zudem griff er voller Wut und Verachtung Mende scharf an und warf ihm vor, systematisch den Ausverkauf liberaler Interessen betrieben zu haben. „Sie [..] betrieben [...] seit dem 27. September [...] den Umfall der Partei. [...] Durch einseitige Maßnahmen, insbesondere durch tägliche Presseerklärungen, Verlautbarungen und Kommuniqués [wurde] die echte Meinungsbildung in der Partei überspielt und von Woche zu Woche präjudiziert, so daß eine freie und unbeeinflußte Entscheidung nicht mehr möglich ist. [...] Das Ansehen der FDP ist [...] in einem Ausmaß zerstört worden, wie das noch nie der Fall war. [...] In Wirklichkeit ist allein Ihre schwankende und widersprüchliche Haltung Schuld. [...] Alles haben Sie allein entscheiden und immer wieder sofort durch Presseerklärungen an die große Glocke gehängt. [...] Die Anbiederung [...] gegenüber CDU/CSU-Kollegen war nicht nur würdelos, sondern erbärmlich."[241]

Schneiders Anschuldigungen spiegelten das Stimmungsbild in der Partei und die Vorurteile gegen Mendes Führungsstil im Herbst 1961 wider: Taktiererei und einsame Entscheidungen, Anbiederung an die Union, Aufgabe liberaler Prinzipien, Kontakte zu den Medien, um das Meinungsbild in Partei und Fraktion in seinem Sinne zu beeinflussen.

Verbitterung und Resignation, gepaart mit der Sorge um den moralischen Verfall der Partei, waren nicht nur von Schneider zu vernehmen. Dehler forderte in Mainz gar den Rücktritt Mendes als Parteivorsitzender, obwohl er sich vor der Wahl selbst auf eine bürgerliche Koalition festgelegt hatte.[242] Er setzte Mende weiter unter Druck und meinte – wie auch Döring und Achenbach –, er solle als Vizekanzler und Außenminister in das Kabinett eintreten.[243] Offensichtlich versuchten sie, den opportunistischen Vorsitzenden durch einen Appell an dessen Eitelkeit zu einem persönlichen „Umfall" zu bewegen, um ihn dadurch in den Augen der Öffentlichkeit endgültig zu demontieren.[244] Doch Mende blieb standhaft, auch wenn er taktisch

---

[241] Schneider an Mende vom 19. Oktober 1961, AdL, NEM, A 31-37. Siehe: Siekmeier, 1998, S. 76-77.
[242] Bundeshauptausschuss am 21. Oktober 1961, AdL, A 12-39. Bundeshauptausschuss am 15. Oktober 1960, AdL, A 12-35.
[243] Bundeshauptausschuss am 21. Oktober 1961, AdL, A 1 2-39. Die gleiche Forderung stellte Dehler bereits wenige Tage zuvor in der Fraktion. Siehe auch: Koerfer, 1998, S. 617.
[244] So Siekmeier, 1998, S. 80.

betonte, es handle sich bei dem Koalitionsvertrag nur um eine „Empfehlung".[245] Ihm gelang es auch, Dehlers Forderung, mit der Union auf der Grundlage zu verhandeln, dass Adenauer nicht mehr Kanzlerkandidat sein solle, ins Leere laufen zu lassen. Nach Annahme dieses Antrags stehe er für weitere Verhandlungen mit der Union nicht mehr zur Verfügung, so Mendes Reaktion, mit der er seine Partei unter Druck setzte.[246] Die Position des vormaligen Parteichefs Dehler war stark geschwächt. Auch seine Versuche, noch nach der Entscheidung die Koalitionsbildung zu torpedieren, schlugen fehl.

Heuss, Maier, Haußmann, Weyer, Zoglmann und auch Döring – somit die Machtzentren in den einflussreichen Landesverbänden Baden-Württemberg und Nordrhein-Westfalen – ergriffen schließlich für Mendes Kompromiss Position.[247] Der Bundeshauptausschuss billigte mehrheitlich die Koalitionsvereinbarungen und die erneute, wenn auch zeitlich befristete Kanzlerschaft Adenauers.[248] Engelhard und Kohut verließen danach die Verhandlungskommission. Kohut und Schneider traten von ihren Ämtern als Parteivize und Landesvorsitzende zurück. Zwar stützte die Mehrheit seinen Kurs, doch Mende glitten die Zügel aus der Hand. Döring konnte sich hingegen profilieren. Nachdem die Unionsfraktion das Koalitionspapier abgelehnt hatte, fand ein Antrag Dörings am 25. Oktober Unterstützung in der freidemokratischen Fraktion, unter den neuen Gegebenheiten nicht in die Koalition einzutreten. Auch Mende stimmte widerwillig zu. Er schien zu spüren, einen zweiten Kotau vor der Union würde er politisch nicht überleben. Nach weiterem Streit über die Außenpolitik einigte man sich schließlich doch auf den ausgehandelten Koalitionsvertrag, bevor Mende erneut einknicken konnte.

Aber Erfolge konnte die FDP doch verbuchen: Adenauer sagte zu, das Kanzleramt in der Mitte der Legislaturperiode an einen Nachfolger zu übergeben. Neuer Außenminister wurde der im Vergleich zu seinem Vor-

---

[245] Bundeshauptausschuss am 21. Oktober 1961, AdL, A 12-39. Siehe: Siekmeier, 1998, S. 81.
[246] Vgl.: Siekmeier, 1998, S. 79-82.
[247] Die Fraktion in Düsseldorf sprach sich hingegen mehrheitlich gegen die geplante Koalition unter Adenauer aus. Nach der Entscheidung in den Bundesgremien brach im Landesverband ein Sturm der Entrüstung los. Vgl.: Siekmeier, 1998, S. 78. Papke, 1998, S. 274.
[248] Bundeshauptausschuss am 21. Oktober 1961, AdL, A 12-40. Vgl.: Koerfer, in Mischnick, S. 166. Mende, 1984, S. 654. Siekmeier, 1998, S. 82. Wengst, 1997, S. 325. Die Koalition war jedoch bereits im Juli 1961 im Hause des Kaufhaus-Millionärs Helmut Horten unter Druck der Wirtschaft vorbereitet worden. Vgl.: Koerfer, 1998, S. 582. Körper, a. a. O., S. 176.

gänger von Brentano progressivere Gerhard Schröder, Lieblingskandidat der Liberalen.

Mende und die FDP fielen um und traten einer Regierung Adenauer bei. Warum aber ließ es Mende so weit kommen, dass er nur noch „umfallen" konnte? Er war als ehemaliger Regimentskommandeur sicherlich kein Haudegen. Er hatte seit 1959 im Lager der Union Verbündete gesucht, unter anderem Strauß, Gerstenmaier und Erhard. Auch Weyer in Düsseldorf nahm Fühlung zur CDU auf. Doch der zutiefst bürgerliche Frontsoldat Mende vertraute in Harmoniesucht auf das Ehrenwort des Offiziers und die für ihn verbindliche Arbeitsteilung, dass die Union im Stillen den Boden für einen Kanzlerwechsel bereiten, die Liberalen ihn aber öffentlich fordern sollten. Das größere Risiko dabei lag bei der FDP. Erhard und Gerstenmaier fehlten Härte und Brutalität, um Adenauer in offener Feldschlacht zu stürzen. Der Kanzler wiederum wollte nicht weichen. Das jedoch übersah Mende, der sich vor wie nach der Wahl im blinden Vertrauen auf die Absprachen gegen Adenauer exponierte, Alternativen ausschloss und sich keine Rückzugspositionen aufbaute. Das war untypisch für den Moderator Mende, der sich stets scheute, für eine Richtung Stellung zu beziehen. Mende mangelte es so an politischem Instinkt und offensichtlich an Kenntnis der wahren Machtverhältnisse.

Es drohte die Große Koalition. Mende war von seinem Naturell her kein polarisierender Oppositionspolitiker, der das Profil seiner Partei schärfen konnte. Die FDP strebte zudem um nahezu jeden Preis an die Macht, auch wenn viele in Partei und Fraktion Adenauer als Kanzler vehement ablehnten. Eine Koalition mit der SPD hatte Mende ausgeschlossen. Sie war auch in den eigenen Reihen nicht mehrheitsfähig. Es blieb ihm daher trotz seiner Festlegungen keine andere Wahl, als umzufallen und mit der Adenauer-Union zu koalieren.

Mende war seiner eigenen starren Position nicht gewachsen. Es zeigte sich, er war zu fair, taktvoll und verbindlich. Mende war kein Machtpolitiker, der seine Ziele um jeden Preis durchsetzen konnte. Erst ab Ende September 1961 fand Mende zu der ihm eigenen Strategie zurück und begab sich als moderierender und lavierender Taktiker auf eine Gratwanderung zwischen seinen eigenen Festlegungen und den Konstellationen in der Bundesrepublik des Herbsts 1961. Er versuchte – wenn auch unter starkem Druck – zu retten, was zu retten war, um der FDP Regierungsbeteiligung zu verschaffen. Seine Gegner versuchte er in die Koalitionsgespräche einzubinden, so

Engelhard und Kohut. Mende nutze die Medien, um der Partei seinen Kurs zu vermitteln und sie zu überzeugen. Immer wieder beschwor er das Schreckgespenst der Großen Koalition und plädierte dafür, ein „Umfall" sei besser als ein „Ausfall" der Liberalen.[249] In den Verhandlungen mit der Union wiederum gab er liberale Positionen preis, um den angestrebten Koalitionspartner nicht gänzlich zu vergraulen.

Auch in den Koalitionsverhandlungen zeigten sich Unzulänglichkeiten in der politischen Führung Mendes. Zu oft ließ er sich von Adenauer über den Tisch ziehen. Auf dessen Vorschlag wurden erst die Sach- und danach die Personalfragen behandelt. Doch es war nach einer Einigung in Sachfragen unmöglich, die Koalitionsbildung an der Kanzlerfrage scheitern zu lassen. Zudem hielt Adenauer personelle Zusagen, zum Beispiel über die Anzahl der FDP-Staatssekretäre oder die Besetzung von Bundestagsausschüssen, nicht ein. Mende und die FDP hatten es versäumt, verbindliche Vereinbarungen zu treffen und Posten und Kandidaten zu bestimmen.

Adenauer nutzte in den Verhandlungen eine Schwäche Mendes aus, die er bereits seit seiner Jugend hatte und die sich im Krieg verstärkt hatte. In Zeiten einer existenziellen Krise, im Ernstfall, handelte Mende berechenbar. Er zeichnete den nationalen Notstand und verabschiedete sich von allen parteitaktischen Überlegungen. So glaubte er im Herbst 1961 Adenauers Äußerungen, er habe Informationen aus dem Weißen Haus über eine sich abzeichnende Kuba-Krise, die einen Wechsel im Kanzleramt angeblich unmöglich mache. Mende konnte seine vaterländischen Pflichten nicht ignorieren und ließ sich so durch Adenauers Andeutungen blenden, so unrealistisch es auch war, dass der deutsche Bundeskanzler bereits ein Jahr vor der Kuba-Krise darüber informiert sein konnte.

Sein Entschluss schließlich, selbst nicht in das Adenauersche Kabinett einzutreten, obwohl es ihm angeboten wurde, war seinem soldatischen Ehrenkodex geschuldet. Ein tapferer deutscher Mann hatte für seine Fehler einzustehen.

---

[249] Mende, 1988, S. 16.

6.9.3 Am Scheitelpunkt parteipolitischer Macht – Der Pyrrhussieg und die Folgen für die politische Führung Mendes

Mende musste, um seine Ziele durchzusetzen und die FDP in die Adenauer-Regierung zu führen, sein ganzes Gewicht in die Waagschale werfen und mit Rücktritt drohen. Trotz massiver Unterstützung aus Düsseldorf und Stuttgart fiel die Entscheidung für die Koalition knapp aus. Bei der Kanzlerwahl gab es viele Gegenstimmen aus der FDP. Mendes Imageverlust wiederum war nach dem „Umfall" beträchtlich. Das Manko haftete, auch wenn Mende kein Ministeramt angenommen hatte. Vorwürfe, Beschimpfungen und Spott prasselten auf ihn ein. Er stürzte innerhalb weniger Wochen vom gefeierten Wahlsieger zum Buhmann der Liberalen, dem Partei und Öffentlichkeit die Schuld gaben, dass es soweit kommen konnte – obwohl Fraktion und Vorstand sich nach der Wahl in einem eindeutigen Beschluss gebunden hatten, keinen Kompromiss in der Kanzlerfrage zu suchen. Die Mehrheit in Vorstand, Fraktion und Hauptausschuss wiederum hatte Mendes Koalitionsentscheidung gebilligt, da sie unvermeidlich geworden war. Doch in der personalisierten Medienwelt zählte das nicht viel. Zudem erregte Mendes Führungsstil heftige Proteste. Sein taktisches Agieren hinter den Kulissen sowie über die Medien verstieß viele – nicht zuletzt, weil er seine Kontrahenten auf Verhaltensmaßregeln wie Fairness und Vertrauen verpflichtete, die er selbst nicht einhielt. Er spielte mit verdeckten Karten und versuchte durch Konspiration, innerparteiliche Widerstände gegen seinen Kurs zu überwinden. Zweifelsohne hatten ihn mit seinem politischen Instinkt und seinem Glück maßgebliche Komponenten verlassen, die entscheidend zu seinem Aufstieg beigetragen hatten. Der Herbst 1961 wurde so auch zu einem Wendepunkt in Mendes politischer Karriere. Der sonst so gewiefte Taktiker hatte die Stimmung falsch beurteilt und den Widerstand vor allem in der Fraktion gegen den Kanzler unterschätzt. Im Gegensatz zu Mende war für viele in Partei und Fraktion das Verhältnis zu Adenauer keine Frage von Opportunismus und Taktik. Der Widerstand gegen den Kanzler und dessen Deutschlandpolitik entsprang vor allem bei Dehler fundamentaler Überzeugung. Mende gab liberale Identität preis, um Macht zu erobern. Das konnten ihm viele nicht verzeihen. Vor allem Dehler, Döring, Engelhard, Kohut und Schneider sahen in der Koalitionsvereinbarung einen Verzicht auf eine aktive Deutschlandpolitik. Sie spürten, dass Adenauer die Verpflichtungen des Koalitionsvertrags nicht ernst nehmen würde.[250] Partei und Fraktion waren so nach den monatelangen Debatten schwer gezeichnet. Das Verhältnis zwischen den Akteuren war beschädigt. Antipathie und Hass bildeten eine schwere Hypothek für die Zukunft. Die Saat für künftige Konflikte war gelegt.

Wahlerfolg und Regierungsbeteiligung erwiesen sich so als Pyrrhussiege für Mende. Bereits am 28. November erhielt er bei der Wiederwahl zum Fraktionsvorsitzenden zwölf Gegenstimmen.[251] Es zeigte sich, Mendes Hausmacht erodierte. Doch einen neuen Parteivorsitzenden konnten und wollten sich die Liberalen nicht schon wieder leisten, auch wenn Dehler bereits im November und Dezember 1961 bestrebt war, Mende durch den Hamburger Landesvorsitzenden Engelhard abzulösen. Engelhard weigerte sich aber.[252]

Das Trauma des „Umfalls" ließ Mende nicht mehr los. Er war Niederlagen nicht gewohnt. Bis zum September 1961 war er aufgestiegen, protegiert als Vertreter der Frontgeneration ohne eigentliches Netzwerk und Seilschaften – die glaubte er als Emporkömmling nicht nötig zu haben. Doch in Krisenzeiten distanzieren sich die Liberalen schnell von ihrem Anführer. Kein Netzwerk, kein Milieu stützt ihn. Seine Autorität ist schnell untergraben. Das musste wohl kaum ein Vorsitzender so leidvoll erfahren wie Mende ab dem Herbst 1961. Der Wahlerfolg wurde zum Scheitelpunkt seiner Karriere. Sein Image als erfolgsverwöhnter Aufsteiger gehörte der Vergangenheit an. Es kehrte nicht mehr zurück. Sein Abstieg als Parteivorsitzender begann, auch wenn er nicht kontinuierlich verlief. Mendes Selbstvertrauen war nach 1961 beschädigt. Er wurde dünnhäutiger, empfindlicher. Reagierte er zuvor mit Witz auf Kritik, so wurde er nun beleidigend und kränkend, ärgerte sich über Zwischenrufe, Sticheleien der Kabarettisten oder respektlose Karikaturen. Damit verlor er die Rolle des Grandsignors der Partei, auf die er wegen seiner bürgerlichen Persönlichkeitsstuktur angewiesen war. Die Aura der Unantastbarkeit bröckelte. Er wurde angreifbar.

Erstmals zeigte sich Mendes Verhaltensänderung bereits unmittelbar nach dem „Umfall" im November 1961 im Hamburger Bürgerschaftswahlkampf. Mende musste sich nie zuvor gekannten Missfallensäußerungen, hasserfüllten Buhrufen und Pfeifkonzerten stellen. Der überarbeitete, gereizte,

---

[250] Vgl.: Siekmeier, 1998, S. 82-83.
[251] Döring und von Kühlmann-Stumm wurden seine Stellvertreter im Fraktionsvorsitz.
[252] Dehler an Engelhard vom 11. Dezember 1961, AdL, NTD, N 1-2293. Engelhard an Dehler vom 14. Dezember 1961, AdL, NTD, N 1-2293.

sensible Mann, irritiert durch herbe Kritik und unbürgerliches Verhalten, verlor die Contenance und reagierte kämpferisch und verletzend. Verbissen griff er das Publikum an und verglich die Massenpresse mit „Straßenmädchen". *Der Stern*, so Mende, veröffentliche Pornografie.[253] Er erging sich „in einem Maße in verbalen Aggressionen, wie man es selbst bei diesem leicht verletzbaren Mann bisher nicht erlebte. M., seit der Bundestagswahl um Jahre gealtert, ähnelt immer mehr einem schwer angeschlagenen Boxer im Ring: er sucht den `Infight` und schlägt, so oft er kann, unter die Gürtellinie, um sich Luft zu verschaffen."[254] „Dieser Mann ist tief verletzt, er fühlt sich durch den Dreck gezerrt."[255] Es gibt starke Parallelen zwischen Mendes Auftreten in Hamburg 1961 und auf dem Parteitag im Hannover 1967, als er ebenfalls der Buhmann der Partei war.

Weiterhin hatte Mendes voreilige Festlegung gegen Adenauer und der anschließende „Umfall" Auswirkungen auf die Politik der FDP wie auf seinen Führungsstil. Mende konnte es nur schwer verarbeiten, dass die Partei ihn nach der Entscheidung im Regen stehen ließ. Ihn verließ der politische Mut, das kraftvolle Auftreten, er wirkte unsicher und misstrauisch. Ihm gelang es ab 1961, so eingeschüchtert er war, nicht mehr in dem Maße wie zuvor, Meinungen zu sammeln und zu bündeln sowie Dinge abschließend zu entscheiden. Er bemühte sich noch stärker, wichtige Entscheidungen im Konsens zu fällen, um sich vor innerparteilichem Widerstand zu schützen. Moderation lag seinem Naturell ohnehin näher als das Durchpeitschen einer Entscheidung.[256] Kurskorrekturen waren nur noch vorsichtig möglich. Zudem hielt er sich aus prekären Angelegenheiten lieber heraus, wie die „Spiegel-Affäre" bewies. Dadurch lavierte er noch mehr als zuvor zwischen den Positionen in Partei, Fraktion und Koalition, wie sich vor allem in der Deutschlandpolitik zeigte. Das war eine taktische, gar opportunistische Gratwanderung ohnegleichen zwischen Profilschärfung und Koalitionsdisziplin, um dabei den Zusammenhalt von Partei, Fraktion und Koalition nicht zu gefährden. Programmatisch wollte er sich – ohnehin unideologisch – möglichst gar nicht festlegen.

---

[253] Hamburger Echo, 10. November 1961.
[254] Schollwer, 1994, 15. November 1961, S. 29.
[255] Wagner, Klaus: „Mende gibt Antwort", in: Frankfurter Allgemeine Zeitung, 11. November 1961.
[256] Siehe: Jansen, in: Oppelland, S. 138.

Er beherzigte einen Ratschlag, den Adenauer ihm nach der Regierungsbildung mit auf dem Weg gegeben hatte: „Sehen Sie, Herr Mende, wie richtig das französische Sprichwort ist, man sollte nie niemals sagen. In der Politik muß man immer Alternativen haben und darf sich nicht so festlegen, daß man dann von seinen Erklärungen nicht mehr herunter kann!"[257] Der „Umfall" bei der Regierungsbildung 1961 hatte so für Mendes weitere Karriere eine ähnliche Bedeutung wie die Situation am Narew 1944, als er sich ungesichert in eine kaum haltbare Position begeben hatte und von da an vorsichtiger war.

6.10 Liberale Volkspartei oder bürgerliche Lagerpartei – Mende und die Ausrichtung der Freidemokraten

Das Verhältnis des Partei- und Fraktionsvorsitzenden Mende 1962/1963 zum Projekt der Liberalen Volkspartei zeigte nach den Wirren des Herbsts 1961 exemplarisch seinen Einfluss auf die Partei wie auch seine Stellung zu deren langfristiger Ausrichtung. Maßgeblich Döring und Flach wollten die Basis der FDP vergrößern und sie von einer mehr oder minder Milieu- und Honoratiorenpartei des selbstständigen, mittelständischen Bürgertums zu einer freiheitlich-liberalen Mitgliederpartei umgestalten, die den sozialen Interessen möglichst vieler Schichten Rechnung tragen sollte. Mit dem Projekt einer Volkspartei wollte die FDP Eigenständigkeit und Modernität beweisen wie auch ihre Koalitionsmöglichkeiten erweitern, um gegen die Gefahr einer Großen Koalition und deren Pläne einer Wahlrechtsänderung gewappnet zu sein.[258]

Der Trend zur nivellierten Wohlstandsgesellschaft wurde zur soziologischen Grundlage des Konzepts der Volkspartei. Der FDP war es 1961 gelungen, weit über ihr Stammwählerpotenzial hinaus Stimmen aus den neuen urbanen Mittelschichten – Unselbstständige, Angestellte, aber auch Arbeiter wie Jungwähler – zu erlangen. Der FDP schien es vor dem Hintergrund der sich anbahnenden gesellschaftlichen Veränderungen der 1960er Jahre gelungen, in den industriellen Massensiedlungen und Ballungsräumen Fuß zu fassen. Die Gefahr schien gebannt, durch eine Konzentration

---

[257] Mende, 1984, S. 484.
[258] Bereits Ende 1958 hatten Döring, Flach und Stephan das Konzept ins Gespräch gebracht. Auch: Rapp, Alfred: Zwischen den großen Parteien, in: Frankfurter Allgemeine Zeitung, 5. Juli 1963.

auf den selbstständigen Mittelstand strukturell auszubluten.[259] Durch die „Spiegel-Affäre", als sich die FDP als Anti-Strauß-Partei profilierte, stiegen zudem ihre Aktien im libertär-akademischen Bürgertum. Sie wurde als Rechtsstaatspartei wahrgenommen, schien nicht mehr so altbacken mittelständisch und nationalliberal, stattdessen im Einklang mit den neuen bürgerrechtlichen Stimmungen.[260]

Mende stand dem Gedanken der Volkspartei sehr skeptisch gegenüber. Döring war der Initiator, Mende der Getriebene. Er sprang eigentlich nur auf den fahrenden Zug auf, weil es schick zu sein schien und weil er sich nach den Erfahrungen 1961 nicht in eine Außenseiterposition in der Partei drängen lassen wollte. Er bekannte sich – wenn auch halbherzig – zur Volkspartei und moderierte zwischen den Positionen, um Döring nicht gänzlich das Agendasetting in dieser Frage zu überlassen. So meinte der Offizier Mende zur Ausdehnung der Parteibasis auf neue Zielgruppen: „Eine breite Parteigruppierung darf sich nicht nur auf Kommandeure stützen wollen, sie braucht auch Infanterie und Artillerie, sie braucht die breite Aktionsmannschaft."[261] Er bekannte sich auf dem Münchner Parteitag 1963, als die Euphorie über die Volkspartei ihren Höhepunkt erreichte, zum Gedanken des Sozialstaats und zum modernen industriellen Facharbeiter als potenziellen Wähler der FDP.[262] Doch von Mende gingen keine Initiativen aus, um dem Konzept der Volkspartei zum Durchbruch zu verhelfen. An Unterstützung für konkrete sozialpolitische Projekte, wie Mischnicks Alterssicherungskonzept, ließ er es mangeln. Es verschwand in der Versenkung. Um jedoch in München nicht den Eindruck zu erwecken, er verfechte voller Überzeugung die Idee der Volkspartei, durften nationale Bekenntnisse an die ureigene Klientel nicht fehlen: „Geläuterter Patriotismus", „Nationalgefühl", „Hingabe an die Sache des eigenen Volkes", „Respekt vor der Geschichte der Nation", „Vaterlandsliebe" – das war des Moderators Tribut an die nationale Seele der Partei.[263]

---

[259] Siehe: Flach, 1965, in Flach, 1974, S. 103.
[260] Doch das war nur Fassade. Keineswegs waren die FDP-Politiker in schierer Sorge um Rechtsstaat und Demokratie beunruhigt. Siehe: Lösche / Walter, a. a. O., S. 54.
[261] Mende am 1. Juli 1963 auf dem Bundesparteitag in München. Zitiert nach: Körper, a. a. O., S. 31. Vgl.: Meyer, Claus Heinrich: Erich Mende zeichnet das Bild einer Volkspartei, in: Stuttgarter Zeitung, 3. Juli 1963.
[262] Mende am 1. Juli 1963 auf dem Bundesparteitag in München. Siehe: Körper, a. a. O., S. 197. Die Welt, 2. Juli 1963.
[263] Mende am 1. Juli 1963 auf dem Bundesparteitag in München. Zitiert nach: Siekmeier, 1998, S. 147.

An seiner zwiespältigen Einstellung zur Volkspartei 1962/1963 zeigte sich ein Manko in der politischen Führung Mendes. Er war kein Stratege wie Döring oder Flach, die angesichts der Erosion der lokalen und regionalen Fundamente der Partei langfristig daran dachten, deren Basis zu erweitern. Über den programmatischen Standort der FDP, ein zeitgemäßes Liberalismusverständnis wie langfristige Ziele, Zielgruppen und Koalitionsoptionen machte sich der unideologische Pragmatiker nach dem Rückzug der liberalen Lichtgestalten Heuss und Maier kaum Gedanken. So gingen von ihm in den 1960er Jahren keine besonderen Impulse für die Entwicklung liberalen Gedankenguts aus.

Dem Bürgersohn Mende war zudem eine bürgerliche FDP als Elite der Gesellschaft angenehmer. Er sah die Gefahr, dass man diejenigen vertreiben würde, die ihr aus einem gewissen „snobappeal" heraus ihre Stimme gaben, wenn man sich die Arbeiter in die Partei holen würde.[264] Der Gedanke klang bereits durch, als er vor der Landtagswahl in Nordrhein-Westfalen 1962 von den dummen Wählern sprach, die 1961 aus Anti-Adenauer-Motiven die FDP gewählt hatten und auf die er verzichten könne. Sie seien Treibsand und würden von einer Partei zur anderen wechseln.[265]

Nachdem bereits der Regierungseintritt 1961 das Ende der zaghaften Reformbemühungen der Oppositionszeit über ein zeitgemäßes liberales Selbstverständnis bedeutet hatte, starb das Vorhaben der Jahre 1962/1963, die FDP zu einer Volkspartei umzugestalten, gewissermaßen mit ihrem Begründer Döring. Zwar stand das Konzept Mitte 1963 im Mittelpunkt des Münchner Bundesparteitags, als die FDP sich vom Image einer Unternehmerpartei befreien und sozialpolitisches Profil gewinnen wollte, doch 1964 redete kaum jemand mehr von den Plänen. Wahlniederlagen forderten Tri-

---

[264] Bundesgeschäftsstelle der Freien Demokratischen Partei (Hrsg.): Die Situation der Parteien vor der Bundestagswahl 1965. Parteiinterne Analyse der FDP-Bundesgeschäftsführung, o. O. o. J. [Bonn 1965], S. 5. Siehe: Körper, a. a. O., S. 35.
[265] Vgl.: Körper, a. a. O., S. 144. Auch: Kleine Brötchen, in: Der Spiegel, 16. Jg., Nr. 29, 18. Juli 1962, S. 18.

but. Die Auswirkungen der Volkspartei-Idee auf Selbstverständnis, Erscheinungsbild und Praxis der FDP waren somit begrenzt.[266]

Auch nach der Abkehr vom Konzept der Volkspartei gelang es Mende nicht, die Kritik am Versorgungs- und Gefälligkeitsstaat in eine in sich geschlossene postindustrielle Gesellschaftsphilosophie umzuwandeln.[267] Die Mende-FDP wurde stattdessen als „CDU-Trabant"[268] Lagerpartei, die ihre Funktion als Mehrheitsbeschaffer und berechenbares Korrektiv in der bürgerlichen Koalition sah. Eine Koalition mit der SPD gehörte für Mende nur in den Bereich der politischen Taktik. Die FDP Mendes widerlegte so ihre eigene Existenzberechtigung als drittstärkste Kraft im Parteiensystem. Sie betrieb von 1963 bis 1966 biedere Klientelpolitik – vor allem in der Agrar- und Sozialpolitik[269] – und sprach nationale Kreise an.[270] Lediglich in der Bildungs-, Rechts- und Deutschlandpolitik zeigten sich neue Positionen. Das Etikett der liberalen Partei bekam so unter Mende kaum Inhalt, sieht man einmal von der „Spiegel-Affäre" ab. Jedoch wurde die FDP durch ihre Profilierung innerhalb der Koalition und ihrem Werben nach Randgruppen zu einem zunehmend schwierigeren Regierungspartner.

Sicher, die Sozialstruktur der Mitgliedschaft wie auch von Fraktionen und Vorständen – hier dominierten Vertreter aus Handwerk, Landwirtschaft und Einzelhandel – entsprach kaum der potenziellen Wählerschaft einer Volkspartei. Auch organisatorisch bot die FDP trotz gestraffter Organisation nicht die Voraussetzungen. Doch vergaben Mende und die FDP die Möglichkeit, sich im sich wandelnden Parteiensystem der 1960er Jahre neu zu positionieren. Der alte Mittelstand, die klassische Klientel der FDP, schwand, auch wenn sie in den liberalen Parlamentsfraktionen dominierten.

---

[266] Eine FDP hingegen, die Volkspartei hätte sein wollen, hätte sich gründlich umstellen müssen. Der politische und soziale Standort, die programmatischen Perspektiven und die individualistische Struktur der Partei wären in Frage gestellt. Die sozialdemokratisch verstandene Sozialpolitik einer Volkspartei kollidierte mit der Sozialstaatsskepsis des protestantischen alten Mittelstands. Nicht nur Mende und die Bewahrer, auch viele Reformer lehnten den Plan ab. Vor allem Hamm-Brücher warnte davor, die FDP könne eine „Gefälligkeitspartei" werden. Zitiert nach: Die Welt, 2. Juli 1963. Vgl.: Lösche / Walter, a. a. O., S. 56-57.
[267] Siehe: Papke, 1998, S. 317.
[268] Baring, 1998, S. 51.
[269] So versuchte sie, das Sozialpaket zu stoppen, in dem die Lohnfortzahlung im Krankheitsfall, die Krankenversicherung und das Kindergeld geregelt werden sollten.
[270] Die konservative und nationale Aufwallung der FDP schien ein Produkt ihrer Profilneurose, an der die Partei nach dem Abgang ihrer Gründergeneration litt, bevor sie zu neuen Ufern aufbrach. Vgl.: Roegele, Otto: Mendes Rösselsprung, in: Rheinischer Merkur, 4. September 1964. Vgl.: Körper, a. a. O., S. 196.

Dadurch, dass sich die Mende-FDP zunehmend wieder den Interessen ihrer erodierenden Stammklientel widmete und sich trotz der Veränderungen in der Gesellschaft kaum Gedanken über die Zukunft der Partei, deren programmatische Entwicklung und ein zeitgemäßes Liberalismusverständnis machte, konnte sie die neuen Wähler von 1961 nicht dauerhaft binden. Die urbanen neuen Mittelschichten wanderten größtenteils zur SPD. Die FDP war kein Auffangbecken für die Wähler mehr, die der Union den Rücken kehren wollten.[271] Damit hatten die Freidemokraten eine erste Chance vertan, den politischen Liberalismus und die FDP zu einem bestimmenden Faktor in der deutschen Politik zu machen, bevor die SPD ihren Wandlungsprozess zum Abschluss brachte.[272] Mende übersah, dass sich die Sozialdemokraten entscheidend gewandelt hatten.[273] Spätestens 1962 waren die Fronten der Koalitionsoptionen in Bonn in Bewegung geraten. Erst die Existenzbedrohung durch die Große Koalition ab 1966 veranlasste die FDP, ihren Standpunkt und ihre Perspektiven zu bestimmen. Bei diesen Diskussionen allerdings spielte Mende keine tragende Rolle mehr. Doch schon vor 1966/1967 zeichneten sich unterhalb der Führungsschicht die neuen Entwicklungen ab.

6.11 Mendes Agieren zwischen den Machtzentren 1962/1963 – Konfliktscheue und Moderation statt Führung im Zeichen von Konkurrenten

6.11.1 1962: Mende am Ende?

„Wankelmütige Gesellen" und eine „machtgierige Bande" – so war die Meinung über Mende und die FDP 1962.[274] Die FDP hatte kaum Einfluss auf die Regierungstätigkeit. Entrüstung über den Koalitionspartner machte sich breit: Die Union hatte sich in den Koalitionsverhandlungen 1961 zwar zu einer aktiveren Wiedervereinigungspolitik verpflichtet, doch die Bekenntnisse erwiesen sich als Blendung, um die Nationalliberalen um Dehler und Achenbach für die Koalition zu gewinnen. Adenauer dachte nicht daran, Viermächteverhandlungen über die Deutsche Frage in die internationale

---

[271] Siehe: Körper, a. a. O., S. 61.
[272] Zudem verschreckte die FDP durch ihre Konzepte von Volkspartei und Sozialstaat auch ihre Traditionsbataillone, ohne dass Wählerschichten im neuen Mittelstand erschlossen wurden.
[273] Auch: Kaack, a. a. O., S. 26-27.
[274] Lösche / Walter, a. a. O., S. 54.

Diskussion einzubringen. Zudem trug der Dissens zwischen Atlantikern und Gaullisten dazu bei, dass sich das Konfliktpotenzial in der Koalition verschärfte. Die FDP bekannte sich stärker zu den Atlantikern, vor allem zu Erhard und Schröder, und distanzierte sich von den Gaullisten, unter ihnen Adenauer, Gerstenmaier, von und zu Guttenberg, Krone, Lübke sowie die CSU um Strauß. Das freidemokratische Parteivolk verfiel angesichts von „Umfall" und deutschlandpolitischer Perspektivlosigkeit in Lethargie. Flach zog sich aus der Parteiarbeit zurück. Sein Ziel, die FDP in eine sozialliberale Volkspartei umzuformen und sie von ihrem Selbstverständnis als Bürgerblock- und Mittelstandspartei zu befreien, ließ sich nicht vom Posten des Bundesgeschäftsführers aus verfolgen. Der Partei- und Fraktionsvorsitzende Mende durchlebte 1962 eine beispiellose Talfahrt. Für Wahlniederlagen, dramatisch eingebrochene Umfragewerte, Flachs Abgang und die Entwicklung in der Koalition machten die Liberalen ihn verantwortlich.[275] In Partei und Öffentlichkeit war Mende abgeschrieben. Hatten die Liberalen sich noch Monate zuvor über seine Vermittlungsfähigkeiten begeistert, so mokierten sie sich nun über seine glatte, lavierende Art, die sie als Unentschlossenheit deuteten. Hatten sie zuvor noch seine humanistische Bildung gelobt, hatten sie nun genug von seinem Pathos und seinen lateinischen Zitaten. Hatten sie früher gern ihren telegenen und fotogenen Vorsitzenden bewundert, so waren sie seiner nun überdrüssig. Mende war zu nachgiebig, zu weich gegenüber Adenauer, so der Eindruck.[276] Seine Gegner hätten ihn am liebsten an der Parteispitze abgelöst.[277] Es wurde gar spekuliert, die FDP suche einen geschäftsführenden Bundesvorsitzenden als zweiten Mann an der Spitze, der Mende kontrollieren sollte. Hintergrund waren Befürchtungen, Mende könne bei der Debatte über die Kanzlernachfolge erneut einknicken.[278] Mende galt als Partei- und Fraktionsvorsitzender auf Abruf.

Neben dem neuen stellvertretenden Partei- und Fraktionschef Döring nahm 1962 auch die Bedeutung des Landesvorsitzenden Weyer aus Nordrhein-Westfalen sowie von Entwicklungshilfeminister Scheel zu. Nach den Landtagswahlen am 8. Juli 1962 war es der FDP trotz geringer Verluste –

---

[275] Bereits bei den Hamburger Bürgerschaftswahlen im November 1961 war die FDP von 15,7 Prozent bei der Bundestagswahl zwei Monate zuvor auf 9,6 Prozent gestürzt. Erst gegen Ende des Jahres 1962 festigte sich die Position der FDP. Bei den Landtagswahlen im Herbst 1962 in Schleswig-Holstein, Hessen und Bayern steigerte sie ihr Ergebnis.
[276] Vgl.: Lösche / Walter, a. a. O., S. 55.
[277] Siehe: Jansen, 1999, S. 166.
[278] Siehe: Süddeutsche Zeitung, 15. Oktober 1962.

sie fiel von 7,1 auf 6,9 Prozent – gelungen, die Oppositionsbänke zu verlassen und eine Koalition mit der CDU zu bilden. Den Machtzuwachs seines eigenen Landesverbands bekam auch Mende zu spüren.

Döring war – nicht nur durch sein Konzept der Liberalen Volkspartei – 1962 Mendes stärkster innerparteilicher Gegner. Er war neben Scheel das Bindeglied zwischen Düsseldorf und Bonn und sorgte für größeren Einfluss des Landesverbands. Döring galt als hart, machtorientiert, unsentimental und verkörperte so das Gegenteil von Mende. Als Stratege kalkulierte er im Gegensatz zu seinem Vorsitzenden langfristig und war eher ein Typ wie Wehner. Döring war einer der hartnäckigsten Widersacher Adenauers, der ihn deshalb nicht ausstehen konnte. Mit jemandem wie Döring zu koalieren schien ihm schwer möglich zu sein. Der Kanzler schätzte die Verlässlichkeit und Berechenbarkeit des gefügigen Mende.[279] Doch der Parteivorsitzende wurde auf dem Düsseldorfer Konvent im Mai – noch vor dem Erfolg bei der Landtagswahl – mit fast 90 Prozent der Stimmen im Amt bestätigt.[280] Döring war noch keine wahre Alternative. Seine Bewährungsprobe in der „Spiegel-Affäre" stand noch aus.

Angesichts der Gefährdung seiner Posten und aus Angst vor weiteren Konflikten scheute sich Mende 1962 vor eindeutigen Festlegungen und lavierte zwischen den Ansichten in der Partei, ohne sich jedoch hinter eine Richtung zu stellen. Gegenüber dem großen Koalitionspartner profilierte er sich kaum. Er wollte in einer Gratwanderung Partei wie Koalition vor einem Bruch bewahren und seine Posten sichern. Dabei verfing er sich oft in den Fängen von Partei, Fraktion und Koalition. Eine Bemerkung Adenauers beschrieb glaubhaft das Erscheinungsbild der Mende-FDP 1962: „Wenn Sie mir mal sagen würden, was die FDP will, dann wäre ich Ihnen dankbar! Ich weiß es nicht. Da hat doch jeder eine besondere Meinung – und der Herr Mende wird niemals auf die Barrikaden gehen, darauf können Sie sich verlassen."[281] Doch Mendes Drohung, das Klima in der Koalition sei unerträglich geworden und eine klare Trennung zur rechten Zeit sei besser als

---

[279] Vgl.: Siekmeier, 1998, S. 144.
[280] Vgl.: Mende, 1988, S. 50. Bei den Vorstandswahlen unterlag jedoch Zoglmann, Mendes Gehilfe bei den Koalitionsverhandlungen 1961. Das war ein Warnsignal.
[281] So Adenauer am 6. Juni 1963, in: Adenauer, Konrad: Teegespräche 1961-1963, bearb. von Hans Peter Mensing, Berlin 1992, S. 356 (Adenauer, Rhöndorfer Ausgabe, Stiftung Bundeskanzler-Adenauer-Haus) [im Folgenden zitiert als: Adenauer, 1992].

die Aufrechterhaltung eines nicht vorhandenen Partnerschaftsverhältnisses nur zum Schein, war nur Wahlkampfgetöse. Dazu war er nicht bereit.[282]

6.11.2 Zwischen traditionellen und neuen Konzepten – Zum zwiespältigen Kurs Mendes in der Deutschlandpolitik

Die FDP und ihr Vorsitzender bewegten sich nach der Bundestagswahl 1961 in der Deutschlandpolitik zwischen zwei Polen. Die Traditionalisten des nationalliberalen Lagers wollten fundamental am Kurs der 1950er Jahre festhalten. Sie forderten unbeeindruckt von der weltpolitischen Lage und der Ablehnung des Kanzlers eine aktionistische Wiedervereinigungspolitik und neue Initiativen der Vier Mächte, um Deutschland innerhalb kurzer Zeit zu einen. Zum härtesten Gegner der Nationalliberalen entwickelte sich seit dem Frühjahr 1962 Wolfgang Schollwer, außen- und deutschlandpolitischer Referent in der Bundesgeschäftsstelle. Er betrachtete eine aktive Wiedervereinigungspolitik als aussichtslos und verwarf angesichts veränderter weltpolitischer Rahmenbedingungen die traditionelle liberale Deutschlandpolitik als illusionär. Er plädierte dafür, die Wiedervereinigungspolitik längerfristig auszurichten. Eine Verklammerung beider Teilstaaten sollte seiner Ansicht nach zum Nahziel der Politik werden. Kontakte sollten die Folgen der Teilung mildern und einer weiteren Entfremdung entgegen wirken. Für die Stärkung der politischen, wirtschaftlichen und kulturellen Beziehungen beider deutscher Staaten schlug er vor, gesamtdeutsche Kommissionen zu bilden – jedoch durch unmittelbare Vereinbarungen von Bonn und Ost-Berlin und nicht wie bislang von der FDP gefordert durch Auftrag der Mächte. Als Bedingung hierfür sah er eine Entstalinisierung der DDR an. Voraussetzung für seine langfristige Strategie auf dem Weg zur Wiedervereinigung war für Schollwer aber, dass die Bundesrepublik auf den Alleinvertretungsanspruch und die Hallstein-Doktrin verzichte, die Zweistaatlichkeit, den territorialen Status quo und vor allem die Oder-Neiße-Linie anerkenne und diplomatische Beziehungen zu den osteuropäischen Ländern aufnehme. Durch den Abbau der Blockkonfrontationen sollten so langfristig die Chancen auf eine Wiedervereini-

---

[282] Siehe: Die Welt, 7. Juli 1962.

gung gewahrt werden.[283] Im April 1962 legte Schollwer seine Studie „Verklammerung und Wiedervereinigung" auf einer Klausurtagung des Fraktionsvorstands vor, in der er mit den deutschlandpolitischen Tabus der nationalliberalen FDP brach. Seine Forderungen stellten die FDP-Politik auf ein neues Fundament: Nicht mehr die Wiedervereinigung war das vorrangige Ziel.

Mende verhielt sich Schollwers Ideen gegenüber zwiespältig. Die Studie über Perspektiven in der Deutschlandpolitik hatte er bei seinem Mitarbeiter in der Bundesgeschäftsstelle wohl nicht selbst in Auftrag gegeben.[284] Er gestattete Schollwer aber, seine Thesen persönlich auf der Klausurtagung des Fraktionsvorstands am 9. April vorzutragen. „Das hätte ich Mende gar nicht zugetraut."[285] Doch Mende bekannte sich nicht generell zum Schollwer-Plan und veröffentlichte ihn nicht. Er vertrat als lavierender und moderierender Partei- und Fraktionsvorsitzender eine Mittelposition zwischen beiden Flügeln. Durch mehrere USA-Reisen mit den Vorstellungen der amerikanischen Entspannungspolitik, die eine de-facto-Anerkennung der DDR als unausweichlich ansah, sowie durch enge Kontakte zum sowjetischen Botschafter in Bonn mit Moskaus Orientierung am Status quo vertraut, stimmte er „im Prinzip" Schollwers Situationsanalyse zu.[286] Dessen Schlussfolgerungen wollte Mende jedoch nicht teilen. Dem Oberschlesier blieb Schollwers Maxime, Anerkennung des Status quo, um ihn am Ende

---

[283] Schollwer, Wolfgang: „Verklammerung und Wiedervereinigung". Denkschrift zur Deutschen Frage, in: Benz, Wolfgang / Plum, Günter / Röder, Werner: Einheit der Nation. Diskussionen und Konzeptionen zur Deutschlandpolitik der großen Parteien seit 1945, Stuttgart 1978, S. 185-204 (Neuzeit im Aufbau, Darstellung und Dokumentation, Bd. 3). Auch: Erhard, Volker: Die Schollwer-Papiere von 1962 bis 1967 – Meilensteine auf dem Weg der FDP zur Neuen Deutschland- und Ostpolitik, in: Hübsch, Reinhard / Frölich, Jürgen: Deutsch-deutscher Liberalismus im Kalten Krieg. Zur Deutschlandpolitik der Liberalen 1945 bis 1970, Potsdam 1997, S. 237-251 [im Folgenden zitiert als: Erhard, in Hübsch / Frölich]. Josten, a. a. O., S. 173. Mende, 1988, S. 40-43. Siekmeier, 1998, S. 106-109. Drei Aspekte waren in der FDP der 1960er Jahre relativ unumstritten: Die Partei setzte sich für eine ständige Deutschlandkonferenz der Vier Mächte unter Teilnahme gesamtdeutscher, paritätisch besetzter Kommissionen ein und forderte menschliche Erleichterungen im Reiseverkehr sowie die Aufnahme diplomatischer Beziehungen zu den Staaten Osteuropas.
[284] Schollwer schrieb am 22. März 1962 in sein Tagebuch, er habe die Arbeit am Deutschlandpapier beendet. Morgen wolle er den Entwurf erst einmal Mende zuleiten. Der solle entscheiden, was mit ihm geschehen solle. Schollwer, 1994, 22. März 1962, S. 45. Auch in diesem Sinne: Erhard, in Hübsch / Frölich, S. 238. Mende behauptet hingegen, die Studie sei in seinem Auftrag erarbeitet worden. Siehe: Mende, 1988, S. 41. Schwarz meint das auch. Schwarz, Hans-Peter: Adenauer. Bd. 2: Der Staatsmann 1952-1967, München 1994, S. 744 [im Folgenden zitiert als: Schwarz, Bd. 2, 1994].
[285] Schollwer, 1994, 8. April 1962, S. 46.
[286] Handschriftliche Notizen Schollwers zur Klausurtagung des Fraktionsvorstands am 9. April 1962, Handakten Schollwer, AdL, 10804/7. Siehe: Siekmeier, 1998, S. 121.

eines langfristigen Entspannungsprozesses überwinden zu können, fremd. Das bedeutete in seinen Augen eine Abkehr vom Ziel der Wiedervereinigung. Seine Heimat Oberschlesien wäre auf Dauer polnisches Staatsgebiet. Die Reizthemen Anerkennung der DDR und der Oder-Neiße-Grenze waren für Mende somit schon allein aus seiner Biografie heraus tabu. Seine Unfähigkeit zu konzeptionellem und programmatischem Denken über langfristige Perspektiven in der Deutschlandpolitik kam hinzu. Außerdem besaß er nicht die nötige Härte und Durchsetzungsfähigkeit, um deutschlandpolitischen Reformen trotz Widerständen im nationalliberalen Lager wie auch beim Koalitionspartner zum Durchbruch zu verhelfen. Hätte sich die FDP auch nur Teile aus Schollwers Reformstudie zu eigen gemacht, wäre wohl die Koalition geplatzt. Zu viel Sprengstoff für Partei und Koalition lag in den Ideen. Also war es für den konfliktscheuen Mende, der Parteiengezänk hasste, bequemer, nach der Koalitionsbildung im Herbst 1961 das Dehler-Lager wie auch den Koalitionspartner nicht noch zusätzlich zu reizen.

So taktierte, lavierte und schwankte der Vorsitzende zwischen den Polen der Partei, hielt die Thesen in der Diskussion und bekannte sich hin und wieder zu einzelnen Aspekten. Schollwer bemerkte, Mende setze sich ganz in seinem Sinne für eine Langzeitstrategie ein und trage dazu bei, einige „verwirrte Parteifreunde wieder auf den Boden der Tatsachen zurückzuholen."[287] Er deutete an, einerseits dürften Maximalforderungen nicht aufgegeben werden, auf dem Weg zur Wiedervereinigung aber müssten Zwischenstationen angestrebt und Beweglichkeit gezeigt werden. Doch als sich im Außenpolitischen Arbeitskreis Widerstand von Dehler und Achenbach formierte, unterstützte Mende Schollwer nicht. Dehler weigerte sich, den territorialen Status quo anzuerkennen. Er wollte die Wiedervereinigung sofort.[288] Obwohl er Dehlers totale Ablehnung von Schollwers Gedanken nicht teilen konnte, sprach Mende sich auf dem Bundesparteitag in Düsseldorf für die Einrichtung einer ständigen Deutschlandkonferenz der Vier Mächte und neue Deutschlandinitiativen aus – ein Zugeständnis an die Traditionsbataillone. Als sich wiederum nach der Regierungserklärung des Kanzlers vom 9. Oktober, in der erneut Bezüge auf die Koalitionsvereinbarungen fehlten, ein Koalitionsstreit anbahnte, gärte es in der FDP. Doch

---

[287] Schollwer, 1994, 16. Mai 1962, S. 51.
[288] Es ist Schwarz zu widersprechen, der Dehler als Schollwers Anhänger erklärt. Siehe: Schwarz, Hans-Peter: Die Ära Adenauer. Epochenwechsel 1957-1963, mit einem einleitenden Essay von Johannes Gross, Stuttgart 1983, S. 246 (Geschichte der Bundesrepublik Deutschland, Bd. 3).

Mende wollte die Koalition nicht aufs Spiel setzen. Er distanzierte sich unter Druck des Koalitionspartners von den illusionären deutschlandpolitischen Vorschlägen Dehlers und Achenbachs über eine neue Friedenskonferenz der Vier Mächte, bekannte sich allerdings auch nicht zu Schollwers Plan.[289] Als schließlich die Illustrierte *Quick* durch Indiskretionen an die Studie gelangte und sie am 6. September 1964 veröffentlichte, distanzierte sich Mende.[290]

Mende ließ das Schollwer-Papier im April 1962 im Fraktionsvorstand wohl nicht nur deshalb vorstellen, um in der Sache zu überzeugen.[291] Der umstrittene Parteivorsitzende beabsichtigte kurz vor dem für ihn wichtigen Düsseldorfer Parteitag im Mai vielmehr, seine innerparteilichen Kritiker durch einen Nebenschauplatz abzulenken. Schollwer, nicht Mende, wurde so zum Hauptgegner der Traditionalisten. Mende selbst hielt sich vor und auf dem Düsseldorfer Parteitag mit seinen im Vergleich zu Schollwer deutlich gemäßigteren Positionen geschickt zurück. Da das Schollwer-Papier streng geheim war und nicht in der Öffentlichkeit thematisiert werden sollte, konnte er seine Rivalen in Düsseldorf ruhig stellen.[292] So verband er taktisch geschickt seine Rollen als Deutschland-, Koalitions- und Parteipolitiker. Er brachte Bewegung in die deutschlandpolitische Diskussion der Partei, verhinderte aber einen Konflikt mit dem Koalitionspartner und rettete seine Position als Vorsitzender. Hätte Mende auf dem Düsseldorfer Konvent im Mittelpunkt gestanden, wäre seine Position angreifbar gewesen.

Mendes neue Ämter als Gesamtdeutscher Minister und Vizekanzler von 1963 bis 1966 erwiesen sich als Katalysator in seinen eigenen deutschlandpolitischen Ansichten. Mit einer Politik der kleinen Schritte führte er die Deutschlandpolitik der Partei aus ihrer doktrinären Erstarrung und legte sie langfristiger und pragmatischer an. Nicht mehr die Überwindung der Teilung, sondern die Verringerung der Folgen wurde zunehmend Hauptaufga-

---

[289] Mende am 11. Oktober 1964 im Bundestag, in: Verhandlungen des Deutschen Bundestages, Stenographische Berichte, IV. Wahlperiode, Bd. 51, Bonn 1962, S. 1695 C-D. Vgl.: Siekmeier, 1998, S. 136.
[290] Siehe: Erhard, in Hübsch / Frölich, S. 245-246.
[291] So: Brauers, Christof: Liberale Deutschlandpolitik 1949-1969. Positionen der FDP zwischen nationaler und europäischer Orientierung, mit einem Vorwort von Hans-Dietrich Genscher, München – Hamburg 1993, S. 140 (Politikwissenschaft, Bd. 17).
[292] Vgl.: Erhard, Volker: Copilot im Höhenflug – Erich Mendes Begegnung mit John F. Kennedy vom 19. März 1962, in: Jahrbuch zur Liberalismus-Forschung, 11. Jg., 1999, S. 168-180, hier: S. 175-177.

be auch der Politik Mendes.[293] Der FDP-Vorsitzende betonte, die Wiedervereinigung sei ein langwieriger Prozess. Zögernd sprach er sich dafür aus, im Auftrag der Vier Mächte – später gar sah er das nicht mehr als Voraussetzung an – gesamtdeutsche, paritätisch besetzte, technische Kommissionen zu bilden, die aber aus dem Stufenplan zur Einheit heraus gelöst sein sollten. Er nahm Teile von Schollwers Verklammerungskonzept in seine Reden auf – so distanzierte er sich von der Hallstein-Doktrin und forderte die Aufnahme voller diplomatischer Beziehungen zu den Staaten Osteuropas –, ohne jedoch in den Schlüsselfragen Anerkennung der Zweistaatlichkeit und der Oder-Neiße-Linie Zustimmungsbereitschaft anzudeuten.[294] Bei all seinen Bemühungen war er krampfhaft daran interessiert, es jedem recht zu machen und Dehler samt seines nationalliberalen Lagers nicht zu verprellen.[295] Er stieß auch als Minister mit progressiven Ideen vor, zog sich aber schnell wieder von den Positionen zurück. Zudem achtete er darauf, dass die Gräben zur zwischen Gaullisten und Atlantikern zerstrittenen Union nicht zu groß wurden. Vor allem die CSU wie auch Hardliner in der CDU widersetzten sich sowohl aktionistischen Konzepten wie auch progressiven Ideen, denn Risiko der Kontaktpolitik war die Aufweichung der Bonner Nichtanerkennungsdoktrin. Das war eine Gratwanderung des Ministers und Parteivorsitzenden.

6.11.3 Herbst 1962: Die „Spiegel-Affäre" – Mende als koalitionstreuer Bremser in der Defensive

Bereits in der Diskussion um die Schollwer-Thesen hatten sich bestimmte Machtstrukturen innerhalb der Partei gezeigt: Der scheidende Bundesgeschäftsführer Flach und Pressechef Moersch, aber auch Ewald Bucher unterstützten Schollwers Thesen. Mendes „Brainpool" trat erstmals deutlich in Erscheinung und setzte ihn unter Druck. Die Haltung Dörings blieb undurchsichtig und schwankte zwischen Zustimmung und Ablehnung. Schollwer berichtete, einerseits hätte ihm der Fraktionsvize seine Zustimmung versichert,[296] andererseits lavierte Döring, weil er die Chancen, das

---

[293] Auch: Görtemaker, a. a. O., S. 398. Bender, Peter: Die Ostpolitik Willy Brandts oder die Kunst des Selbstverständlichen, Reinbek 1972, S. 31. Bender deutet den Zäsurcharakter von Mendes Politik richtig.
[294] Siehe: Siekmeier, 1998, S. 454. Josten, a. a. O., S. 175. Schollwer, 1994, 6. Januar 1965, S. 236.
[295] So auch im Bundeshauptausschuss am 2. Februar 1963, AdL, A 12-42.
[296] Siehe: Schollwer, 1994, 13. April 1962, S. 48.

Konzept durchzusetzen, als sehr gering einschätzte.[297] Er wollte sich nicht festlegen und seine Chancen auf den Parteivorsitz nicht verbauen.[298]

Die „Spiegel-Affäre" im Herbst 1962 wiederum gab weitere Einblicke in die Machtstrukturen der FDP wie Mendes Einfluss auf die Partei und erlaubte Spekulationen über seine politische Zukunft. Sein Agieren wiederum war symptomatisch für seine Persönlichkeitsstruktur und seinen Führungsstil. Er bewies zudem kein besonderes Gespür für das Wesen des Liberalismus.

Weyer und Döring reagierten empört, als sich herausstellte, dass weder Justizminister Stammberger als oberster Dienstherr der Bundesanwaltschaft noch ein FDP-Minister in den Ländern über die Durchsuchungen von Redaktionsräumen des *Spiegel* und die Verhaftungen von Mitarbeitern informiert worden waren. Als Adenauer den Rücktritt der beiden verantwortlichen Staatssekretäre Walter Strauß (Justiz) und Volkmar Hopf (Verteidigung) ablehnte, meinten sie, dem Kanzler müsse klargemacht werden, dass keine Alternative zu deren Rücktritt bestehe.[299] Für Döring stand gar das Schicksal der Partei auf dem Spiel. Er drängte zu harten Konsequenzen und dachte bereits an die Neubildung der Koalition. „Es darf in der Bevölkerung nicht der Eindruck entstehen, daß wir zu Kompromissen bereit sind, wenn es um die Rechtsstaatlichkeit geht."[300]

Weyer und vor allem Döring wurden die Protagonisten der FDP in der „Spiegel-Affäre". Döring bestimmte das Bild der FDP in der Öffentlichkeit. Weyer wirkte in den Gremien. Mende hingegen schien in der Krise bedeutungslos. Er erkannte im Vergleich zu Weyer und Döring nicht deren Brisanz. Der defensive Partei- und Fraktionschef bemühte sich zu verhindern, dass Wut und Empörung zu unüberlegten, emotionalen Handlungen führten. Aufgrund der weltpolitischen Lage – Kubakrise – wandte er sich gegen einen Koalitionskrach, da er keine vitalen Interessen der FDP verletzt sah.[301] Zudem wollte er auf jeden Fall ein neues Konfliktfeld in der

---

[297] Siehe: Schollwer, 1994, 16. Mai 1962, S. 52.
[298] Entwicklungshilfeminister Scheel plädierte dafür, die Deutschlandpolitik langfristiger anzulegen und den Status quo vorübergehend zu akzeptieren.
[299] Weyer am 2. November 1962 in Bundesvorstand / Bundestagsfraktion, S. 366.
[300] Döring am 2. November 1962 in Bundesvorstand / Bundestagsfraktion, S. 366-367. Zitat: S. 367.
[301] Ferner stand Mende mit Augstein auf Kriegsfuß. Deshalb schien es ihm unglaubwürdig, sich für ihn und den Spiegel einzusetzen. Mende am 2. November 1962 in Bundesvorstand / Bundestagsfraktion, S. 364-365. Auch: Jansen, in Oppelland, S. 139.

zerstrittenen Koalition vermeiden, um der Gefahr einer Großen Koalition und den harten Bänken der Opposition zu entgehen.

Mende bemühte sich um Deeskalation. Bestrebungen aus Partei und Fraktion, Adenauer durch Forderungen unter Druck zu setzen, versuchte er zu entschärfen.[302] In einer Presseerklärung fanden sich keine Bedingungen für den Fortbestand der Koalition. Nur wenn die Minimalforderung nach Rücktritt der Staatssekretäre abgelehnt werde, müsse die Fraktion noch einmal tagen, versuchte Mende die Situation zu vertagen.[303] Doch die Medien verbreiteten schon einen zweiten „Umfall" der Liberalen.[304]

Weyer und auch Döring hingegen drängten auf eine Abstimmung.[305] Fraktion und Vorstand bestanden gegenüber Adenauer schließlich ultimativ auf dem Rücktritt der beiden Staatssekretäre. Sollte die Forderung abgelehnt werden, würden sich die FDP-Minister Stammbergers Rücktrittserklärung von Ende Oktober anschließen. Die Koalition wäre geplatzt. Die liberalen Minister unterschrieben ihre Rücktrittserklärungen, die aber noch im Tresor verschwiegen wurden.[306] Mende musste nachgeben. Der Düsseldorfer Weyer hatte, obwohl er nicht der Fraktion angehörte, mehr Einfluss auf die Bonner Gremien der FDP als der Partei- und Fraktionsvorsitzende. Doch der Beschluss sagte aus, dass Adenauer das Ultimatum nur ablehnen oder annehmen konnte. Mende versuchte daher mit Adenauer zu verhandeln, um die Krise einzudämmen, obwohl er dazu von den Gremien der Freidemokraten nicht ermächtigt worden war.

Mende musste weiter getrieben werden. Döring übernahm mit seiner Rede am 7. November im Bundestag die Initiative, in der er Adenauer beschuldigte, gegen die Rechtsstaatlichkeit verstoßen zu haben.[307] Am 16. November meinte er, würde der umstrittene und in die Affäre verwickelte Verteidigungsminister Strauß nicht gehen, platze die Koalition.[308] Mende drohte angesichts der Entwicklungen, welche die Rücktrittsforderungen auslösten,

---

[302] Mende am 2. November 1962 in Bundesvorstand / Bundestagsfraktion, S. 364-365.
[303] Mende am 2. November 1962 in Bundesvorstand / Bundestagsfraktion, S. 364, 366.
[304] Mende am 2. November 1962 in Bundesvorstand / Bundestagsfraktion, S. 368.
[305] Weyer am 2. November 1962 in Bundesvorstand / Bundestagsfraktion, S. 366.
[306] Bundesvorstand / Bundestagsfraktion am 2. November 1962, S. 367, 371.
[307] Döring am 7. November 1962 im Bundestag, in: Verhandlungen des Deutschen Bundestages, Stenographische Berichte, IV. Wahlperiode, Bd. 51, Bonn 1962, S. 1995C-1996B.
[308] Vgl.: Koerfer, in Mischnick, S. 174. Zuvor hatten sich die Koalitionspartner geeinigt, die Staatssekretäre von ihren Aufgaben zu entbinden und die Koalition unverändert, auch mit Justizminister Stammberger, fortzusetzen. Damit wollten sich die Liberalen aber nicht mehr zufrieden geben.

ins Abseits zu geraten. Also musste er wieder auf einen fahrenden Zug aufspringen und versuchen, sich wenn schon nicht an die Spitze der Geschehnisse zu setzen, so doch als überzeugten Mitläufer darzustellen. Liberale Prinzipien spielten dabei bei ihm nur am Rande eine Rolle.[309] Am 16. November forderte er erstmals öffentlich den Rücktritt von Strauß.[310] Zudem drohte er gar mit dem Koalitionsbruch, sollte Strauß im Amt bleiben.[311] Mende schickte Telegramme an die Landesverbände und teilte mit, dass er eine Fortsetzung der Koalition unter den derzeitigen Umständen nicht für möglich hielt. Der als opportunistisch karikierte Vorsitzende informierte so die Landesverbände, um zu imponieren und sie von seiner Standhaftigkeit zu überzeugen.[312]

Mende konnte die Koalition nicht retten. Zu sehr war er in seiner eigenen Partei in die Defensive geraten. Döring und Weyer bestimmten das Agendasetting. Nachdem schließlich die Minister von FDP und Union zurückgetreten waren, gab es erneut Koalitionsverhandlungen. Die FDP bezog eindeutig Stellung gegen Strauß, mit dem sie nicht wieder am Koalitionstisch sitzen wollte. Mende ließ keinen Zweifel, dass er eine Neuauflage der bürgerlichen Koalition anstrebte.[313] Er bemühte sich, Konfliktpotenzial bei den anstehenden Koalitionsverhandlungen abzubauen und sprach sich dagegen aus, komplizierte Themen wie das Sozialpaket in die Verhandlungen aufzunehmen. „Wir sollten uns nicht zu viel vornehmen und keine neuen Dogmen aufstellen."[314] Mende hatte aus den Erfahrungen ein Jahr zuvor gelernt und wollte flexibel verhandeln. Dogmatische Festlegungen hatten den „Umfall" 1961 schließlich erforderlich gemacht. Zudem wollte er auf keinen Fall riskieren, dass Koalitionsverhandlungen mit der Union scheiterten. Döring und Weyer waren die starken Männer. Das spürte Mende. Vor allem Döring war zuzutrauen, dass er eine Koalition mit der SPD anstrebte. Auch die Gefahr einer Großen Koalition war nicht zu unterschätzen.

---

[309] Siehe: Jansen, 2003, S. 220.
[310] In einem Gespräch mit der dpa. Vgl.: Archiv der Gegenwart. Deutschland 1949 bis 1999, Bd. 4, Mai 1962 bis Oktober 1966, Sankt Augustin 2000, 18. November 1962, S. 3204. Auch: Siekmeier, 1998, S. 139. Schollwer, 1994, 14. November 1962, S. 78-79.
[311] Mende am 19. November 1962 in Bundesvorstand / Bundestagsfraktion, S. 374, 379.
[312] Bundesvorstand / Bundestagsfraktion am 19. November 1962, S. 374, 379.
[313] Mende am 5. Dezember 1962 im Bundesvorstand, S. 387.
[314] Mende am 19. November 1962 in Bundesvorstand / Bundestagsfraktion, S. 378.

Döring hingegen setzte Adenauer in den Koalitionsgesprächen unter Druck, als er forderte, dessen Rücktrittstermin genau festzulegen. Doch der Kanzler schlug zurück. Er wollte sich nicht an seine Zusage vom Jahr zuvor halten, während der Legislaturperiode zurückzutreten. Er hatte einen Joker im Ärmel.[315] Erneut brachte er die Große Koalition ins Spiel und damit das Damoklesschwert der Wahlrechtsänderung. Die SPD war gar bereit, eine unbefristete Kanzlerschaft Adenauers zu akzeptieren.

Mende als Partei- und Fraktionsvorsitzender ignorierte einen Beschluss der Fraktion, wonach der Druck Adenauers mit Gegendruck beantwortet werden sollte. Dem Kanzler sollte verdeutlicht werden, die Freidemokraten lehnten weitere Gespräche mit der CDU/CSU ab, wenn er die Verhandlungen mit der SPD fortsetzen würde. Doch der konfliktscheue Mende steckte gegenüber Adenauer zurück und mied aus Angst vor der Opposition den Eklat. Bei einem Gespräch am 4. Dezember im Kanzleramt war von ultimativen Drohungen keine Rede mehr.[316] Angeblich versicherte Mende dem Kanzler sogar, der Rücktritt liege ganz in seinem Ermessen. „Das große Wort auf seiten der FDP führt nun wieder der verbindliche Erich Mende."[317] Es zeigte sich deutlich, Mende fehlten Härte und Durchsetzungskraft – zwei wesentliche Voraussetzungen erfolgreicher politischer Führung, um selbstbewusst gegenüber Adenauer auftreten zu können. Mende, der laut Schollwer seit Monaten taktisch verkündete, „nicht an dieser Koalition zu hängen"[318], war derjenige, der die alte Koalition am entschiedensten erhalten wollte. „Ich bin der letzte, der eine SPD/FDP-Koalition wünscht."[319] Solange die bürgerliche Koalition nicht auf der Kippe stand, sympathisierte Mende taktisch mit anderen Möglichkeiten, im Ernstfall jedoch warf er alle Grundsätze über Bord, um sie zu retten.

Jede Koalitionsoption hatten Fürsprecher in Partei und Fraktion, ob bürgerliche Koalition, Allparteienregierung, sozialliberales Bündnis oder Opposition. Dehler wollte nur eine bürgerliche Koalition und keine Verhandlungen mit der Opposition – obwohl er über den Bruch der Koalitionsvereinbarungen durch die Union lamentierte.[320] Weyer plädierte für eine All-

---

[315] Vgl.: Koerfer, in Mischnick, S. 175-176.
[316] Bundesvorstand am 5. Dezember 1962, S. 385.
[317] Schwarz, Bd. 2, 1994, S. 807.
[318] Schollwer, 1994, 2. November 1962, S. 76.
[319] Schollwer, 1994, 4. Dezember 1962, S. 85.
[320] Dehler am 8. Dezember 1962 in Bundesvorstand / Bundestagsfraktion, S. 416.

parteienregierung.[321] Döring hatte Aversionen gegen die bürgerliche Koalition, eine Alternative zu Mendes Restaurationskurs sah er allerdings angesichts der parlamentarischen Verhältnisse und des Drucks Adenauers nicht. Allerdings lehnte er eine Verlängerung der Ära Adenauer entschieden ab und kalkulierte damit einen Sturz in die Opposition ein.[322] Aus taktischen wie auch langfristig-strategischen Gründen sprach er sich jedoch für Gespräche mit der SPD aus.[323]

Trotz seiner Präferenzen lavierte Mende als Partei- und Fraktionsvorsitzender einer über die Koalitionsabsichten gespaltenen FDP zwischen den Positionen und versuchte, sich den Mehrheitsverhältnissen anzupassen. Eindeutige Festlegungen gegenüber der eigenen Partei scheute er, solange die Machtverhältnisse unklar waren und er den Widerstand gegen ein erneutes bürgerliches Bündnis wie auch gegen seinen Kurs zu spüren bekam. Das hatte er 1961 gelernt. Mende warnte so vor voreiligen Festlegungen und Forderungen und ließ die Diskussion sich entwickeln. Dabei ließ er seine Vorliebe für eine bürgerliche Koalition nicht verkennen.[324] Andererseits erklärte er taktisch, bezüglich der SPD sei das „Ende eines Tabus" gekommen.[325] Er übte gegenüber Vorstand und Fraktion Druck aus: Wenn die FDP aus der Koalition ausscheiden wolle, so solle das jetzt offen gesagt und ein entsprechender Beschluss gefasst werden. Auch meinte er, wenn die SPD mit der FDP verhandeln wolle, müsse sie das von sich aus erklären.[326] Er wusste, eine SPD/FDP-Koalition hätte zwar über eine Mehrheit verfügt, war aber angesichts der stark nationalliberal geprägten Fraktion nicht durchsetzbar. Mende spürte die Stimmungsschwankung hin zu einer Neuauflage der bürgerlichen Koalition wie auch Dörings Zurückhaltung. Zudem rebellierten die Sozialdemokraten gegen die Absichten des stellvertretenden Fraktionsvorsitzenden Wehner, der in enger Zusammenarbeit mit Innenminister Paul Lücke (CDU) und Karl Theodor Freiherr von und zu Guttenberg (CSU) eine Große Koalition schmieden wollte. Der Plan scheiterte. Mende wollte deshalb vollendete Tatsachen schaffen. Auf diese Weise konnte er auf der gemeinsamen Sitzung von Fraktion und Vorstand am

---

[321] Weyer am 5. Dezember 1962 im Bundesvorstand, S. 387.
[322] Döring am 5. Dezember 1962 im Bundesvorstand, S. 386-387. Dehler am 8. Dezember 1962 in Bundesvorstand / Bundestagsfraktion, S. 414.
[323] Döring am 5. Dezember 1962 im Bundesvorstand, S. 389. Döring am 5. Dezember 1962 in Bundesvorstand / Bundestagsfraktion, S. 394, 396.
[324] Mende am 5. Dezember 1962 in Bundesvorstand / Bundestagsfraktion, S. 399.
[325] Mende am 5. Dezember 1962 in Bundesvorstand / Bundestagsfraktion, S. 391.
[326] Mende am 5. Dezember 1962 in Bundesvorstand / Bundestagsfraktion, S. 397, 399.

8. Dezember seine Vorstellungen durchsetzen. Die FDP sprach sich für eine Koalition mit der Union aus.[327] Adenauer legte sich auf den Herbst 1963 als Rücktrittstermin fest. Strauß wurde nicht wieder Minister.

Doch Mendes Führungsstil und seine Verhandlungstaktik standen weiter in der Kritik. Nicht nur, dass er in den Verhandlungen mit Adenauer eingeknickt war, auch bei den personellen Fragen gab er nach. Der Kanzler bestand aufgrund sachlicher und persönlicher Differenzen auf einer Ablösung von Finanzminister Heinz Starke.[328] Zwar hatte Mende im Prinzip dessen Sparpolitik gegen den Widerstand aus den Reihen der Union unterstützt – trotzdem hatte die FDP bei Koalitionsstreitigkeiten über den Haushalt 1963 nachgegeben und Lohnerhöhungen nicht verhindern können –, doch Mende stellte sich nicht hinter den Finanzminister und ließ ihn fallen. Er wollte die Koalition nicht an Personalfragen scheitern lassen. Doch Partei und Fraktion forderten, Heinz Starke solle Minister bleiben. Der Vorsitzende geriet selbst unter Druck.[329] Sein Schicksal verflocht sich mit dem des Finanzministers. Mende war selbst als Minister im Gespräch. Eigentlich wollte Mende nicht als Minister in ein Kabinett Adenauer eintreten, sondern erst nach einem Kanzlerwechsel. Allerdings machte sich sein Ehrgeiz bemerkbar, als er zugab, wenn er von Lübke oder den Führungsgremien der FDP aufgefordert würde, würde er bereits jetzt Minister werden wollen.[330] Döring drängte den eitlen und prestigesüchtigen Parteichef zu einem weiteren „Umfall". Er sah es als gefährlich an, wenn Mende sich einem Kabinettsposten verweigern sollte. Man würde dann wieder vom schlechten Klima im Kabinett sprechen, so Döring.[331] Doch Weyer – Wochen zuvor noch neben Döring maßgeblicher Akteur in der Front gegen die Union wie den zögernden Mende – distanzierte sich von Dörings Plänen und sprang Mende bei. Der könne jetzt nicht ins Kabinett eintreten. Man müsse ihm einen Platz für den Herbst 1963 sichern, so der nordrhein-westfälische Landesvorsitzende.[332] Auch lehnte er Forderungen nach einer Abstimmung ab, in welcher

---

[327] Bundesvorstand / Bundestagsfraktion, 8. Dezember 1962, S. 420. Kohut stimmte dagegen, Borttscheller enthielt sich der Stimme.
[328] Der Schlesier Heinz Starke, im Krieg Offizier, war intelligent, aber kompliziert. Er trug Konflikte heftig aus, so dass viele Kontakten mit ihm lieber aus dem Weg gingen.
[329] Bundesvorstand / Bundestagsfraktion, 8. Dezember 1962, S. 414-421.
[330] Bundesvorstand / Bundestagsfraktion, 6. Dezember 1962, S. 401. Mende am 8. Dezember 1962 in Bundesvorstand / Bundestagsfraktion, S. 409, 416. Auch: Schollwer, 1994, 29. November 1962, S. 82.
[331] Döring am 8. Dezember 1962 in Bundesvorstand / Bundestagsfraktion, S. 414.
[332] Weyer am 8. Dezember 1962 in Bundesvorstand / Bundestagsfraktion, S. 416.

der Verbleib des Finanzministers als conditio sine qua für die Koalition erklärt werden sollte.[333]

6.11.4 1963: Das Schicksal und ein neuer Kanzler retten einen umstrittenen Parteichef

Mende erreichte seine Ziele im Herbst 1962. Die bürgerliche Koalition wurde bestätigt. Eine Koalition mit den Sozialdemokraten erwies sich noch als illusionär. Doch der Rücktritt der FDP-Minister, die erzwungene Auswechslung von Strauß sowie die Terminierung von Adenauers Rücktritt verdeutlichten zwar das gestiegene Gewicht der Liberalen in der Koalition, aber Mende hatte daran kaum Anteil. Er hatte vergeblich versucht, Partei, Fraktion und seine Konkurrenten zu bremsen und es erst gar nicht soweit kommen zu lassen. Seine Zurückhaltung war zwar taktisch bedingt: Er hielt es als konfliktscheuer Partei- und Fraktionsvorsitzender der Liberalen für angebracht, die Situation nicht zu verschärfen. Adenauer sollte keine Gelegenheit erhalten, die Koalition auf Kosten der Liberalen aufzukündigen, um die Vereinbarungen von 1961 über den Kanzlerwechsel hinfällig werden zu lassen.[334] Zudem sah er in Strauß und der CSU sowohl Partner als auch Kontrahenten in der Koalition, die er nicht verprellen wollte.[335] Obwohl es sich bei der Pressefreiheit um ein klassisches Thema der Liberalen handelte, musste Mende daher buchstäblich zum Jagen getragen werden.

Partei und Fraktion hatte er nicht mehr im Griff. Dehler kritisierte Mendes Verhandlungsführung. Er warf ihm vor, schlecht taktiert zu haben.[336] Er meinte, Mende betreibe eine „jammervolle Politik".[337] Dehlers Abneigung Mende gegenüber nahm während der „Spiegel-Affäre" deutlich zu. Selbst für Maier war die Stimmungslage in der von Mende geführten Fraktion

---

[333] Bundesvorstand / Bundestagsfraktion am 8. Dezember 1962, S. 416-421. Schließlich wurde Rolf Dahlgrün aus Hamburg, Vertreter der Großindustrie und Vorsitzender des Wirtschaftsausschusses im Bundestag, neuer Finanzminister. Ewald Bucher, Vertreter des regionalen Mittelstands in Baden-Württemberg, wurde Justizminister.
[334] Vgl.: Koerfer, in Mischnick, S. 170.
[335] Mende suchte in den folgenden Jahren den Ausgleich mit Strauß. Die Familien Mende und Strauß, vor allem beide Damen, waren befreundet. Vgl.: Mende, 1988, S. 82-83.
[336] Dehler am 5. Dezember 1962 im Bundesvorstand, S. 385, 388.
[337] Dehler an Wilhelm Richter vom 22. Dezember 1962, AdL, NTD, N 1-1856. Wengst, 1997, S. 331.

mittlerweile ein Buch mit sieben Siegeln.[338] „Wie lange wird wohl die Fraktion noch neben den Tatsachen herdiskutieren?", fragte Schollwer.[339] Döring und auch Weyer bestimmten das Agendasetting und hatten großen Einfluss auf Partei und Fraktion. Nach der „Spiegel-Affäre" erschien Döring als Retter der FDP und des rechtsstaatlichen Liberalismus – schließlich hatte er sich und die FDP mit seiner unnachgiebigen Art auf dem ureigenen liberalen Gebiet der Pressefreiheit profiliert. Zudem galt die FDP fortan als Anti-Strauß-Partei und Gegner der CSU.[340] Dadurch stieg ihre Ansehen im libertär-akademischen Bürgertum, doch allerdings auch – was Mende vermeiden wollte – das Konfliktpotenzial in der Koalition. Nach seinem Absturz 1958 feierte Döring so ein Comeback und steigerte seine Chancen, Mende die Chefposten streitig zu machen. Er soll zwar während der Koalitionsverhandlungen jegliche Ambitionen auf den Parteivorsitz dementiert haben,[341] doch resümierte Schollwer: „Mendes Ansehen in der Partei hat zweifellos gelitten, Dörings Renommé dagegen zugenommen."[342] Mende „ist für die Partei in politischen Fragen keine Autorität mehr."[343] Auch Adenauer meinte, Döring sei „unzweifelhaft der Führer der jetzigen FDP. Der Mende ist schwach [...] und wird der Sache, der Fraktion, nicht recht Herr."[344] Im Dezember wurden Forderungen laut, den „zweitstärkste[n] Mann nach Dr. Mende ins Kabinett" zu schicken. Gemeint war „Döring oder von Kühlmann".[345]

In der Presse kursierten Gerüchte, Mende werde bald als Fraktionschef abgelöst. Aus Düsseldorf waren schon im September Überlegungen zu vernehmen gewesen, ihn auf einen Botschafterposten abzuschieben.[346] Auf dem Dreikönigstreffen der FDP 1963 schlug Mende zudem der Unmut der Delegierten entgegen, da er Sparminister Starke geopfert hatte. Bereits sein

---

[338] Vgl.: Schwarz, Bd. 2, 1994, S. 808.
[339] Schollwer, 1994, 22. Januar 1963, S. 101.
[340] Die „Spiegel-Affäre" war der Wendepunkt im Verhältnis zwischen der FDP und der Strauß-CSU. Die FDP hatte im Sommer 1962 bereits in der Fibag-Affäre über angebliche Finanzmanipulationen bei Kasernenbauten für die amerikanische 7. Armee eine Entlastung des Verteidigungsministers Strauß verzögert, indem sie mit der SPD den Abschlussbericht eines Untersuchungsausschusses zurückgewiesen hatte.
[341] Vgl.: Schwarz, Bd. 2, 1994, S. 807.
[342] Schollwer, 1994, 28. Dezember 1962, S. 93.
[343] Schollwer, FDP im Wandel, S. 102.
[344] Adenauer am 3. Dezember 1962 im CDU-Bundesvorstand, in: Buchstab, Günter (Bearb.): Adenauer: „Stetigkeit in der Politik". Die Protokolle des CDU-Bundesvorstands 1961-1965, Düsseldorf 1998, S. 364 (Forschungen und Quellen zur Zeitgeschichte, Bd. 32).
[345] Emde am 8. Dezember 1962 in Bundesvorstand / Bundestagsfraktion, S. 418.
[346] Schollwer, 1994, 15. September 1962, S. 67.

Ergebnis bei der Wiederwahl zum Fraktionsvorsitzenden am 13. November 1962 war schwach ausgefallen: Er konnte 44 Stimmen auf sich vereinen. Es gab 18 Enthaltungen. Dehler hatte im Hintergrund intrigiert.[347]

Ein Wechsel in der politischen Führung der Freidemokraten von Mende zu Döring schien nur noch eine Frage der Zeit. Doch Mende konnte sich retten, da sein Hauptkonkurrent Döring auf mysteriöse Weise starb. Die Situation änderte sich. Schollwer „hatte das Gefühl, der Vorsitzende ist zur Zeit vor allem damit beschäftigt, die Vor- und Nachteile des plötzlichen Todes von Döring für seine Person abzuwägen."[348] So hatte Mende 1962/1963 mit Flach und Döring zwei Kontrahenten verloren. Zwei mehr oder minder unerwartete Ereignisse hielten ihn so an der Macht. Doch seine Stellung festigte sich erst ab Ende 1963, nachdem er Minister geworden war.

Auf dem Münchner Parteitag Anfang Juli 1963 konnte sich Mende noch nicht rehabilitieren. Im Gegenteil: Aufstrebende Jungdemokraten wie Nationalliberale verwiesen ihn deutlich in die Schranken. Die Nationalliberalen um Dehler und Achenbach übten Druck aus, die Beschlüsse des Parteitags zu einer aktionistischeren Deutschlandpolitik in der Koalition umzusetzen. Die Jungdemokraten erschienen erstmals deutlich sichtbar als weitere Gegner Mendes und attackierten dessen in ihren Augen reaktionäre Politik. Zudem fand das Konzept einer Volkspartei starken Anklang. Seine Äußerungen am Rande des Parteitags zu einer Rehabilitierung von Strauß verstärkten den Unmut: Wie aus Saulus in der Bibel ein Paulus geworden sei, so müsse auch Strauß die Chance haben, ein guter Demokrat und Wahrer des Rechtsstaats zu werden. „Als gute Liberale wollen wir jedem eine Chance geben; `verdammt in alle Ewigkeit` ist keine liberale Haltung."[349] Der Ehrenkodex eines Soldaten sah auch eine Rehabilitierung vor. Das bezog er auf Strauß, wollte es aber – angesichts des „Umfalls" 1961 – auch auf sich selbst angewendet wissen.

Mende bekam in München eine Abfuhr. Aus DJD und LSD kamen Rücktrittsforderungen. Er war „durch die Münchener Vorgänge tief getroffen." Doch war er nicht bereit, zu resignieren und sich durch Parteitagsdelegationen zum Rückzug bewegen zu lassen. Wer ihn weghaben wolle, müsse

---

[347] Vgl.: Siekmeier, 1998, S. 143.
[348] Schollwer, 1994, 18. Januar 1963, S. 100.
[349] Zitiert nach: Bundesvorstand am 1. April 1965, S. 624. Auch: Schollwer, 1994, 4. Juli 1963, S. 152.

schon einen Besseren vorschlagen und ihn abwählen. Er beklagte die mangelnde „Gesittung" führender FDP-Mitglieder, die ihn mit Hilfe von Journalisten abschießen wollten. Er bezichtigte seine PR-Berater, ihn falsch beraten zu haben und wollte sich von ihnen trennen.[350] Welche Meinung über Mende in der Partei herrschte, machte Ende 1963 der neue starke Parteivize Weyer deutlich. Mende sei nur mangels Alternativen noch an der Spitze. Döring sei seiner Ansicht nach der geeignete Mann gewesen. „Ja, Döring hätte die Parteiarbeit gemacht, und Mende hätte in der Regierung repräsentiert."[351]

Mende strebte mit Nachdruck in ein Kabinett unter dem neuen Bundeskanzler Erhard. Das schien ihm die einzige Möglichkeit, seinen Posten als Parteivorsitzender zu retten. Sechs Jahre Fraktionsvorsitz waren ihm entschieden genug. Bereits während der „Spiegel-Krise" hatte Mende das Gefühl, genug für den „Umfall" gebüßt zu haben. Für ihn kam jedoch nur ein „mittleres Ressort" in Betracht, da er seinen Pflichten als Parteivorsitzender auch weiterhin nachkommen wollte.[352] Zudem wollte Mende Vizekanzler werden. Das Innenministerium hingegen lehnte er ab – war hier doch ein harter, unnachgiebiger Charakter gefragt.[353]

Seine Ambitionen waren allerdings umstritten. Vor allem die linksliberalen Landesverbände Berlin, Bremen und Hamburg wehrten sich dagegen, Mende gegen einen amtierenden Minister auszutauschen. Hamburg schlug vor, Mende solle auf einen Eintritt ins Kabinett verzichten.[354] Bereits im Dezember 1962 hatte Hoppe aus Berlin gemeint, der Vorsitzende könne erst in der nächsten Legislaturperiode Minister werden.[355] Der Bundesvorstand beschloss schließlich, bei den Verhandlungen mit Erhard für die FDP ein zusätzliches Ministerium zu erstreiten.[356] Da das Kabinett nicht vergrößert werden sollte, hätte die Union auf ein Ressort verzichten müssen. Das schien aussichtslos. Aus Hessen wurden daher Stimmen laut, sei kein weiteres Ministerium durchsetzbar, dann müsse Mende eben bis 1965 warten. Auch Fraktionsvize Zoglmann vertrat diese Meinung: Der Fraktionsposten

---

[350] Schollwer, 1994, 8. Juli 1963, S. 154. Auch: Es rumort in der FDP. Der zornige Parteichef, in: Die Welt, 3. Juli 1963.
[351] Der Spiegel, 17. Jg., Nr. 19, 4. Dezember 1963, S. 18.
[352] Mende, 1988, S. 127.
[353] Bundesvorstand am 26. August 1963, S. 529.
[354] Bundesvorstand / Bundestagsfraktion am 26. September 1963, S. 544.
[355] Hoppe am 8. Dezember 1962 in Bundesvorstand / Bundestagsfraktion, S. 416.
[356] Bundesvorstand am 26. August 1963, S. 529.

sei wichtiger als ein Ministerium. „Die Bedenken vieler Parteifreunde gegen den Eintritt des Vorsitzenden in die Bundesregierung resultierten offensichtlich nicht allein aus organisatorischen, personalpolitischen oder allgemeinpolitischen Erwägungen." Es wurde deutlich, „daß Mende nach dem Münchner Parteitag weiter an Ansehen in der Partei verloren hat."[357] Doch der Vorsitzende machte – untypisch für ihn – Druck, bevor jemand seine Pläne gefährden konnte: „Die Formel `einmal Minister immer Minister` gilt nicht. Unsere Minister haben 1961 bei der Amtsübernahme gewußt, daß bei der Kanzlerwahl 1963 Veränderungen eintreten."[358] Erhard bot Mende an, das Ministerium für wissenschaftliche Forschung von Lenz zu übernehmen. Der kriegsversehrte Lenz hatte dieses Ministerium erst seit Dezember 1962 inne und sollte mit dem Vertriebenenministerium entschädigt werden. Doch dem verbindlichen Mende schien dieser Deal „menschlich unzumutbar".[359] Bei Lenz hätte es eventuell Verbitterung und in der Öffentlichkeit Missdeutungen ausgelöst.

Mendes Parteifreunde forderten nicht ohne Hintergedanken für ihren Vorsitzenden ein gewichtigeres Ministerium als das für wissenschaftliche Forschung. Mende sollte möglichst viel Arbeit mit dem neuen Amt haben, damit sich andere in der Partei profilieren konnten, so ihre Hoffnung. Das Gesamtdeutsche Ressort versprach in Kombination mit dem Posten des Vizekanzlers starke Belastung wie auch großen Einfluss auf die Berlin- und Deutschlandpolitik.[360] Aber eine Ablösung seines Kommilitonen und Mit-Doktoranden Rainer Barzel, der erst seit zehn Monaten Gesamtdeutscher Minister war, erschien Mende „ebenfalls unzumutbar. [...] Doch die Verhandlungskommission der Liberalen blieb hart und lehnte menschliche Rücksichtnahme ab."[361] Weyer suchte mit von Kühlmann-Stumm Erhard auf, „um ihm die Vorschlagsliste der FDP mehr oder minder aufzudrängen".[362] Der konfliktscheue Mende selbst wollte sich nicht gegen Barzel exponieren, um sich ihn nicht zum Feind zu machen. Aber er nahm es in Kauf. Schließlich räumte Vertriebenenminister Mischnick pflichtbewusst und loyal seinen Posten für den CDU-Politiker Hans Krüger, da die Union

---

[357] Schollwer, 1994, 5. Oktober 1963, S. 164.
[358] Mende am 26. September 1963 in Bundesvorstand / Bundestagsfraktion, S. 544. Vgl.: Siekmeier, 1998, S. 172.
[359] Mende, 1988, S. 127.
[360] Vgl.: Ebd.
[361] Ebd., S. 128.
[362] Ebd.

von der FDP eine Entschädigung für das verlorene Gesamtdeutsche Ressort verlangte. Mischnick wechselte in die Fraktionsführung.[363]

Dass der CDU-Kronprinz Mende hatte weichen müssen, war für viele Christdemokraten ein schwerer Brocken. Barzel hat Mende das nie verziehen. Er und der bereits 1962 von den Liberalen gestürzte Strauß waren 1966 die Hauptakteure, welche die FDP in die Opposition verbannten und Mendes Ende als Parteivorsitzender beschleunigten.

6.12 Mendes Agieren zwischen den Machtzentren 1963/1964 bis 1966 – Konfliktscheue und Moderation statt Führung im Zeichen exekutiver Macht

6.12.1 *Bundesminister Mende – Nachspielzeit an der Parteispitze*

Mendes Aufstieg zum Minister für Gesamtdeutsche Fragen und Vizekanzler im Oktober 1963 war ein weiterer Wendepunkt in seiner Amtszeit als Parteivorsitzender. Hatten zu Beginn des Jahres 1963 noch „Mißtrauen und [...] Zweifel" geherrscht, so machte sich Anfang 1964 „Aufbruchstimmung" und „große Genugtuung" breit.[364] Adenauer war nicht mehr Regierungschef, der liberale Wunschkanzler Erhard war im Amt, das Koalitionsklima besserte sich.[365] Diese Stimmung kam auch Mende zugute. Dass er den CDU-Kronprinzen Barzel von der Spitze des Gesamtdeutschen Ministeriums verdrängen konnte, verdeutlichte die gestärkte Position Mendes und der Freidemokraten.[366]

Das Gesamtdeutsche Ressort war in den Jahren zuvor zu einem Ministerium der Sonntagsreden verkommen, das von der CDU kontrolliert wurde. Das Ministeramt bot eigentlich kaum Gelegenheit zur Profilierung. Doch Mende suchte die medienwirksame Initiierung seiner Politik, zumal das Ressort Einfluss auf einen für die FDP wichtigen Politikbereich versprach. In seinen beiden neuen Ämtern konnte der bürgerliche Mende regieren, überparteilich und staatsmännisch repräsentieren und dabei seine rhetorische Begabung und seine Gesellschaftsfähigkeit ausspielen. Er brillierte in

---

[363] Siehe: Schollwer, 1994, 5. Oktober 1963, S. 164.
[364] Mende, 1988, S. 154.
[365] Vgl.: Mende am 20. Dezember 1963 im Bundesvorstand, S. 558. Auch: Görtemaker, a. a. O., S. 394.
[366] Siehe: Jansen, in Oppelland, S. 139.

den Medien und auf Veranstaltungen sowie mit Ministergattin Margot auf den von ihr geliebten öffentlichen Empfängen. An Selbstvertrauen und Souveränität gewann er. Mende hatte seinen Traumjob und war auf dem Höhepunkt seiner politischen Karriere.[367]

Doch zu seiner Stärkung trug vor allem bei, dass es ihm als Minister gegen den Widerstand aus der Union gelang, durch technische Kontakte zur DDR die Folgen des Mauerbaus und der Grenzabriegelung zu mindern. Hierzu gehörten Passierscheinregelungen, die es West-Berlinern erlaubten, Verwandte in Ost-Berlin zu besuchen, Reisen von DDR-Rentern in die Bundesrepublik, Häftlingsfreikäufe, Interzonenhandel sowie der Bau einer Autobahnbrücke über die Saale. Er war zu wirtschaftlichen Leistungen an die DDR bereit, verlangte dafür menschliche Erleichterungen.[368] Träger der Kontaktpolitik war zwar der sozialliberale Senat in Berlin unter dem Berliner Regierenden Bürgermeister Brandt, Bonner Standbein aber war Mende.[369]

Mende erhielt vor allem durch den Erfolg bei der Passierscheinregelung Rückendeckung aus den eigenen Reihen. Besonders die Mende gegenüber distanzierten Berliner Liberalen unterstützten seinen Kurs. Auch Dehler lobte ihn: „Das Passierscheinabkommen [...] war ein moralischer und war ein politischer Erfolg."[370]

Hatte es 1962/1963 noch danach ausgesehen, als ob Mende seinen Posten bald räumen musste, so war ihm der Parteivorsitz nach seinem Aufstieg zum Bundesminister und Vizekanzler nicht mehr streitig zu machen. Seine

---

[367] Siehe: Baring / Koerfer, Mende, in Bernecker / Dotterweich, S. 81. Mende hatte als Minister einen ähnlichen Führungsstil wie als Partei- und Fraktionsvorsitzender. Er strukturierte das Ministerium neu und besetzte Posten mit Menschen seines Vertrauens. Als Leiter einer neu gebildeten Zentralabteilung bestellte er 1964 den ehemaligen Bundesgeschäftsführer der FDP Lothar Weirauch. Für ein Kabinettsreferat beantragte für Fraktions- und Bundesgeschäftsführer Genscher eine Planstelle als Ministerialdirektor. Zudem beseitigte er Konflikte. So suchte er Kontakt zu Wehner, dem Vorsitzenden des Bundestagsausschusses für gesamtdeutsche und Berliner Fragen, „um aus der Vergangenheit herrührende Spannungen und Animositäten zu bereinigen. Denn die gemeinsame Verantwortung für das ohnehin schwierige Gebiet der Berlin- und Deutschlandpolitik ließ eine Fortsetzung unseres Streits nicht zu." Trotz gegenseitiger Vorbehalte „galt es, um der Sache willen darüber hinwegzusehen." Mende, 1988, S. 143. Auch: „Wahlen gewinnen und das Vaterland verlieren?", in: Der Spiegel, 18. Jg., Nr. 23, 3. Juni 1964, S. 39.
[368] Vgl.: Siekmeier, 1998, S. 214.
[369] In Zusammenarbeit mit Brandt setzte Mende gegen den Widerstand in der Union das erste Passierscheinabkommen für die Weihnachtszeit 1963 und den Jahreswechsel 1963/1964 durch. Brandt bezeichnete es als „unser Glück, daß FDP-Chef Erich Mende das [...] Gesamtdeutsche Ministerium steuerte." Brandt, Willy: Erinnerungen, Frankfurt am Main 1989, S. 79.
[370] Dehler in Panorama, 13. Januar 1964, AdL, NTD, N 1-2859.

Kontrahenten, eigentlich war 1963 nur noch Weyer übrig, hatten zu lange gezögert. Zwar gab es auch nach 1963 noch oft Kritik an Mende, doch unter den Opponenten fehlte eine Persönlichkeit, die ihm die Führungsposition streitig machen konnte und wollte.

Weyer, Nachfolger Dörings als Parteivize, war 1963 als Mendes Nachfolger im Parteivorsitz im Gespräch. Doch er strebte nicht an die Spitze, da er in Düsseldorf als stellvertretender Ministerpräsident und Landesvorsitzender ausgelastet war und sich die Herausforderung zudem nicht zutraute. Aber er ließ sich alle Optionen offen: Wenn „Dr. Mende nach Übernahme eines Ressorts durch Fehler oder aus anderen Gründen eine solche öffentliche Abwertung erfährt, daß Dr. Mende und dem engeren Vorstand ein Verbleiben an der Spitze der Partei nicht möglich erscheint", dann wollte er es sich überlegen, zu kandidieren.[371] Im Herbst 1961 hatte Weyer für den Koalitionseintritt plädiert. Auch im Dezember 1962 hatte er letztlich Mendes Restaurationskurs befürwortet. Auch unter dem Eindruck der neuen CDU/FDP-Koalition in Düsseldorf sprach er sich für eine Koalition mit der CDU aus, ohne aber seine taktische Beweglichkeit einzuschränken, wie 1966 deutlich wurde. Durch seine Koalitionspräferenz näherte er sich Mende an, auch wenn er ihn unter Druck setzte, das liberale Profil in der Koalition zu betonen. Doch solange der Vorsitzende angeschlagen war, drohte Weyer mit seiner Kandidatur, wie sich 1963 zeigte. Ab Ende 1963 änderte sich das. Mende war gestärkt. Weyer steckte zurück. Auch das persönliche Verhältnis besserte sich. Anliegen und Auftreten der Reformer lehnte er wie auch Mende ab. Das schweißte beide zusammen, wie sich 1967 zeigte, als Weyer Mendes wichtigste Machtbasis im Kampf um den Parteivorsitz war.

Mit dem Bekenntnis Weyers zu Mende galt fortan der mächtige nordrheinwestfälische Landesverband als dessen Hausmacht – eine Machtstütze, die er in dem Maße Anfang der 1960er Jahre noch nicht hatte. Scheel profilierte sich zwar in der Nachfolge Dörings, vor allem in der Auseinandersetzung mit den Nationalliberalen, doch Mendes Stellung konnte er noch nicht gefährden. Die Bundestagsfraktion unter seinem Vertrauten von Kühlmann-Stumm hingegen entglitt Mende zunehmend.

---

[371] Geschäftsführender Bundesvorstand am 12. September 1963, AdL, 84. Siekmeier, 1998, S. 171.

So gab es 1964 drei Blöcke innerhalb der FDP-Führung: Die Gruppe um Mende und von Kühlmann-Stumm war dem Kanzler und der Regierung treu ergeben. Eine neutralistische Gruppe wollte das eigene Profil stärker betonen und sich alle Koalitionsmöglichkeiten offen halten. Mischnick und Dehler deuteten eine Vorliebe für die SPD an, sahen aber zu einer bürgerlichen Koalition noch keine wirkliche Alternative. Rechtsaußen Zoglmann warnte davor, die Tür zur SPD für die nähere Zukunft zuzuschlagen. Zudem gab es eine Gruppe von Anhängern einer sozialliberalen Koalition. Hierzu zählten Bucher, Hamm-Brücher und Rubin sowie die Landesverbände Berlin, Bremen, Hamburg und Niedersachsen – selbst der konservative Landesvorsitzende Graaff. In allen vier Landesverbänden gab es SPD/FDP-Koalitionen.[372]

6.12.2 Restauration versus Wandlung: Ein erbarmungsloser Mende und die Reformer

Die Mende-FDP schien ab 1963 starr, konservativ und unbeweglich. Im Wahlkampf 1965 gab sich Mende gar als nationaler Agitator und klagte darüber, dass die neuen Truppenfahnen der Bundeswehr nicht das Eiserne Kreuz sondern den Bundesadler zeigten. Er reihte sich in die Bonner Kritiker der USA ein und meinte, er müsse deutsche Interessen vertreten. „Wenn das schon den Vorwurf eines neudeutschen Nationalismus rechtfertigt, dann bin ich stolz darauf, ein Patriot zu sein."[373]

Doch bereits der Münchner Parteitag 1963, auf dem Höhepunkt der Debatte um die Volkspartei, war Vorbote neuer Entwicklungen und eines erneuten Generationswechsels. Jungdemokraten, Studenten wie auch junge Kräfte in der Parteispitze um Hildegard Hamm-Brücher trumpften auf. Die Freidemokraten boten zunehmend ein ambivalentes Bild: Unterhalb von Parteiführung und Bundestagsfraktion geriet die FDP langsam und ohne viel Rückhalt in Bewegung – zunächst noch ohne präzises Ziel, Konzept und eine Führung, welche die Lage hätte einschätzen, die Unzufriedenheit an der nationalen und mittelständischen Orientierung der Partei hätte bündeln und organisieren und in eine Reformstrategie umsetzen können. Einig war

---

[372] Vgl.: FDP muß rangierfähig bleiben – Engelhard fordert Koalitionsfähigkeit nach allen Seiten, in: Die Welt, 30. September 1964. Schröder, Dieter: „Seien Sie doch froh, daß wir umgefallen sind", in: Der Spiegel, 19. Jg., Nr. 14, 31. März 1965, S. 42-44. Körper, a. a. O., S. 97.
[373] Telegraf, 8. Januar 1965.

man sich lediglich darin, programmatischen Aspekten in der Arbeit der FDP stärkeren Raum einzuräumen, die Partei besonders in der Deutschland-, aber auch in der Bildungs-, Gesellschafts- wie Rechtspolitik moderner erscheinen zu lassen und sie von ihrer konservativen, in ihren Augen reaktionären Orientierung auf die Union als einzig möglichen Koalitionspartner abzubringen. So blieb der neue Linksliberalismus – nach der Volkspartei eine weitere Chance, mit dem tertiären, postindustriellen, durch die Bildungsexpansion geprägten Mittelstand neues Wählerpotenzial zu erschließen – zunächst schwach.

Für viele Junge in der FDP wurde der Publizist Flach zu einer zentralen politischen Leitfigur, die der sozialliberalen Idee intellektuell und emotional zum Durchbruch verhalf. Der Vorsitzende Mende war ihnen keine Autorität. Aber ohne echte personelle Alternative für die Zukunft – Flach hatte sich aus der aktiven Politik zurückgezogen – blieb nur der Rückgriff auf die Vergangenheit: In seinem Drang nach Eigenständigkeit und in seiner Ablehnung von Mendes Politik erhob der Nachwuchs bereits kurz nach 1961 Dehler zum Kultobjekt. Mit dem Dehler-Kult konnten die jungen Kräfte ihren Vorsitzenden reizen – stand er doch spätestens seit 1961 mit seinem Vorgänger auf Kriegsfuß. Doch der ehemalige Parteichef war an der Vergangenheit orientiert. Ein moderner Liberalismus konnte von ihm keine Anstöße erwarten, wie auch nicht vom Altliberalen Maier.

Durch die Kombination aus Nachwuchs und Dehler jedoch ergab sich eine gefährliche Mischung für Mende. Auf dem Münchner Parteitag zeigte sich das zum ersten Mal deutlich, als die jungen Kräfte freche Reden gegen Mende schwangen, auf die er – bürgerlich und snobistisch – gereizt reagierte. Wohl eher ihr Auftreten denn die Argumente störten ihn.[374] Schon allein habituell, biografisch und kulturell passten junge Reformer und Traditionalisten nicht zusammen. Mit dem Protest, dem Wertewandel, der zunehmenden Freizügigkeit in der Gesellschaft, aber auch dem nachlassenden Respekt anderen gegenüber kam der bürgerliche Mende offensichtlich nicht klar. Zudem fühlten sich die jungen Reformer als Elite und Avantgarde der Demokratie und forderten damit Mende heraus, der sich selbst der Elite zugehörig sah. Bereits im November 1961 in Hamburg hatte sich der gleiche Wesenszug Mendes gezeigt, als er sich nach dem „Umfall" wütenden Protesten ausgesetzt sah und sich in Aggressionen erging.

---

[374] Vgl.: Lösche / Walter, a. a. O., S. 60-61.

Die neuen Kräfte fanden ab 1964 Rückendeckung in der Partei. Der Berliner Landesvorsitzende Borm unterstützte sie. Bundesgeschäftsführer Friederichs wurde Verfechter eines neuen Kurses und opponierte gegen Mende. Erstmals zeigte sich das im Wahlkampf 1965, als er ohne Zustimmung seines Vorsitzenden deutlich Stellung gegen Strauß und die CSU bezog. Mendes „Brainpool" näherte sich den Reformern an. Schollwers Konzepte zur Deutschlandpolitik wurden zunehmend Vorbild. Der maßgeblich von den Jungdemokraten erzwungene Rücktritt Haußmanns vom Landesvorsitz in Baden-Württemberg war symptomatisch für den sich abzeichnenden Wandel in der FDP. Sie hatte bei der Landtagswahl 1964 Verluste hinnehmen müssen. Die Basis nicht nur in Baden-Württemberg erodierte.

Durch sein Beharren auf seinem Kurs wie auch sein abfälliges Auftreten gegenüber den ihm zu wilden und unbürgerlichen Revoltierenden brachte Mende spätestens 1965 das zunehmende Machtpotenzial gegen sich auf. Er nahm die Veränderungen nicht ernst.

Noch zu Beginn seiner Amtszeit, als der Nachwuchs recht zurückhaltend war und die Parteispitze nicht herausforderte, hatte er sich bemüht, diesen in die Partei zu integrieren. Am 26. Februar 1960 hatte er im Bundesvorstand beschließen lassen, dass je ein Vertreter von DJD und LSD mit beratender Stimme ohne Stimmrecht an Sitzungen des Bundesvorstandes teilnehmen darf.[375] Hierdurch wurde der Einfluss des Nachwuchses auf die Arbeit der Bundespartei manifestiert. Doch Mende – sonst stets um Vermittlung bemüht – griff zu den falschen Mitteln, als sich die jungen Kräfte gegen ihn und seinen Kurs profilierten. Statt gelassen, mit Humor und Ironie zu reagieren, provozierte er, als er in München 1963 empfahl, „statt Außenpolitik aus der hohlen Hand zu machen", in der Bundeswehr „für das geistige Gut unserer Partei" zu werben. „Jugend und Opposition [seien] noch keine Garantie für Fortschritt!", so Mende.[376] Er riet ihnen damit, sie mögen die Hände von der großen Politik lassen und sich lieber mit der Betreuung von Wehrpflichtigen oder mit der Gastarbeiterfrage beschäftigen.[377] Vor allem mit dem bayerischen LSD, der eine Zusammenarbeit mit der Landes-FDP ablehnte, legte sich Mende häufig an. Im Juni 1965 setzte die Bundes-FDP auf Initiative des Vorsitzenden die Zusammenarbeit mit dem

---

[375] Mende am 26. Februar 1960 im Bundesvorstand, S. 5.
[376] Schollwer, 1994, 4. Juli 1963, S. 152.
[377] FDP-Chef mahnt Nachwuchs seiner Partei, in: Kölnische Rundschau, 3. Juli 1963. Auch: Körper, a. a. O., S. 49-50.

LSD aus. Dem Vorsitzenden des LSD wurde die Mitgliedschaft im Bundesvorstand entzogen.[378] Ab Oktober 1965 wurden dem LSD, einer „politische[n] Außenseiterclique", die der „moralischen und geistigen Anarchie"[379] verfallen sei, die Mittel vorübergehend gesperrt.[380] Mende trat gar dafür ein, die finanzielle Unterstützung gänzlich einzustellen.[381] Bereits im April 1963 – also noch vor dem Münchner Parteitag – hatte er die finanzielle Förderung des LSD nicht mehr für gerechtfertigt gehalten und wollte die Kooptierung des LSD-Vertreters in den FDP-Bundesvorstand aussetzen.[382]

6.12.3 1964: Ein gestärkter Vorsitzender im Kreuzfeuer von Parteiflügeln und Koalitionspartnern

Risiko der von Mende mehr oder minder stark verfochtenen Kontaktpolitik war die Aufweichung der Bonner Nichtanerkennungsdoktrin. So führte die Politik der kleinen Schritte trotz des hoffnungsvollen Starts in die Regierung Erhard zu einem permanenten Kleinkrieg in der Koalition. Dabei bildeten sich drei Fronten: Die Gaullisten um Adenauer, Lübke und Strauß wollten den Atlantiker Schröder als Außenminister ablösen. Die zweite Konfliktlinie verlief zwischen der Strauß-CSU sowie Mende und der FDP. Die CSU wollte der FDP das Gesamtdeutsche Ressort entreißen und die Politik der kleinen Schritte einstellen. Die dritte Konfliktlinie schließlich verlief zwischen den Liberalen und Strauß und richtete sich gegen die Beteiligung von Strauß an der Bundesregierung.[383] Zudem wollte Adenauer Erhard stürzen sehen. Die SPD drängte mit Unterstützung von Lübke und Lücke zur Großen Koalition. Barzel wartete auf seine Chance.

Mende gab in diesem Beziehungsgeflecht oft – auch dem liberalen Wunschkanzler Ludwig Erhard zuliebe – dem Druck der CDU/CSU nach, welche die gesamtdeutschen Kommissionen in einem Zusammenhang mit der Wiedervereinigung sehen wollte und den Passierscheinregelungen skeptisch gegenüber stand. Er bremste Schollwer, der bereits die nächsten

---

[378] Bundesvorstand am 4. Juni 1965, S. 628.
[379] Schmidt-Häuer: Christian: Immer Ärger mit den jungen Leuten, in: Kölner Stadtanzeiger, 25. Juni 1965.
[380] Bundesvorstand am 4. Juni 1965, S. 628.
[381] Mende stand im Kreuzfeuer, in: Neue Rhein-Ruhr-Zeitung, 22. Mai 1965. Vgl.: Körper, a. a. O., S. 54.
[382] Mende am 20. April 1963 im Bundesvorstand, S. 505. Auch: Josten, a. a. O., S. 219-223.
[383] Siehe: Mende, 1988, S. 253.

Schritte einer flexiblen Deutschlandpolitik einleitete.[384] Das brachte den Parteivorsitzenden wiederum in Konflikt mit Teilen der eigenen Partei, die auf ein stärkeres Profil der FDP in der Koalition drängten. „Meine Feinde versammeln sich. Ich muß mich zurückhalten."[385] Mende lavierte so zwischen Distanzierung und Annäherung sowohl zu Auffassungen der Nationalliberalen, der Reformer in der eigenen Partei wie auch der Union. Er betonte, seine Politik laufe nicht auf eine Anerkennung der DDR hinaus und Verhandlungen auf Ebene der Staaten kämen nicht in Betracht. Einerseits bekannte sich Mende zum Passierscheinabkommen, andererseits lehnte er eine Neuauflage zu alten Konditionen ab.[386]

Trotz seiner gestärkten Position als Parteivorsitzender zeigte daher vor allem das erste Halbjahr 1964 beispielhaft Mendes Opportunismus und seine oft krampfhaft anmutenden Versuche, Richtungskämpfe in Partei, Fraktion wie auch Koalition einzudämmen und dabei das Bündnis mit der Union nicht zu gefährden.

Dehler sorgte gleich zu Beginn des Jahres für Aufregung, als er meinte, NATO-Mitgliedschaft und Wiedervereinigung schließen sich gegenseitig aus. Eine Schlagzeile lautete gar: „Dehler: Bundesrepublik soll NATO verlassen".[387] Unglückliche Äußerungen von Justizminister Bucher über den innerdeutschen Reiseverkehr verstärkten den Eindruck, die FDP sei trotz des Kanzlerwechsels eine zerstrittene Partei. Zu allem Unglück wurden Ostkontakte sowohl von FDP, DJD und LSD bekannt, obwohl Mende schriftlich vor Kontakten mit der LDPD gewarnt hatte – mit Kopie an Erhard natürlich.

Mende meinte, die FDP dürfe nicht so agieren wie seinerseits unter Adenauer. Sonst werde man sagen, „diese Kerle sind nicht koalitionsfähig."[388] Deshalb versuchte er, mit drastischen Mitteln die Partei zur Ordnung zu rufen. In einem Rundschreiben an alle Landesvorsitzenden kritisierte er das öffentliche Erscheinungsbild und mahnte mehr Disziplin an. Diskussionen sollten in den Parteigremien und nicht in der Presse geführt werden. Eine Kopie des Schreibens schickte Mende wie so oft dem Kanzler als Vertrauensbeweis und Bestätigung der eigenen Führungsstärke. Doch Mendes Ap-

---

[384] Siehe: Schollwer, 1994, 20. Dezember 1963, S. 178.
[385] Zitiert nach: Anfang oder Ende, in: Der Spiegel, 18. Jg., Nr. 3, 15. Januar 1964, S. 17.
[386] Vgl.: Siekmeier, 1998, S. 183.
[387] Augsburger Allgemeine, 20. Januar 1964.
[388] Schollwer, 1994, 14. November 1963, S. 171.

pell verhallte. Vor allem das nationalliberale Lager rebellierte, zumal Mende gezielt Informationen über das Fernschreiben an die Medien lanciert hatte.[389] Als er in der Fraktionssitzung am 4. Februar 1964 Dehler zur Rede stellte, „brüllte" dieser seinen Vorsitzenden an: „Sie richten die Partei zugrunde!"[390] Er warf ihm vor, sein Handwerk als Minister nicht zu beherrschen[391] und beschuldigte ihn, liberale Grundsätze „aus Koalitionsopportunismus zu verraten."[392] Dehler sah Mende in den Fängen der Union, witterte Verrat, den Ausverkauf liberaler Interessen und warf ihm vor, Parteibeschlüsse und Koalitionsvereinbarungen nicht im Kabinett durchzusetzen. Kohut, Achenbach und Rademacher sekundierten Dehler. „Brüllende Auseinandersetzung zwischen Dehler und Mende, haßerfüllt".[393] Am Ende der Eklat: Mende, der Streit nicht mochte und so gut es ging vermied, verließ unter Protest die Sitzung.[394] Der schwache neue Fraktionsvorsitzende von Kuhlmann-Stumm machte keine Anstalten, die Aussprache zu bändigen.[395] Am 7. Februar 1964 ging der Streit im Bundesvorstand weiter. Dehler gegen Mende; Borm gegen Mende; Mende gegen Kastenmeyer, Chef der Jungdemokraten; Mende gegen Rademacher aus Hamburg. Dehler meinte, Mendes These, die Wiedervereinigung könne nur noch in einem langfristigen Prozess erreicht werden, stehe in offenem Widerspruch zur Parteilinie.[396]

Mende war selbst schuld an der Eskalation im Januar / Februar 1964. Er wurde Opfer seiner Taktik. Um die Nationalliberalen des Koalitionsfriedens zuliebe einzubinden, hatte er geduldet, dass deren überkommenen Vorstellungen in Parteitagsbeschlüssen und Koalitionsvereinbarungen Eingang fanden. Programmatische Festlegungen bedeuteten ihm nicht viel. Doch auf die Beschlüsse – vor allem auf die von München 1963 zu einer aktiveren Deutschlandpolitik – berief sich Dehler.[397]

---

[389] Vgl.: Siekmeier, 1998, S. 187.
[390] Schollwer, 1994, 4. Februar 1964, S. 187.
[391] Handschriftliche Notizen Schollwers zur Fraktionssitzung am 4. Februar 1964, AdL, Handakten Schollwer, 6954/42. Siehe: Siekmeier, 1998, S. 189.
[392] Der Spiegel, 18. Jg., Nr. 7, 12. Februar 1964, S. 14.
[393] Handschriftliche Notizen Schollwers zur Fraktionssitzung am 4. Februar 1964, AdL, Handakten Schollwer, 6954/42. Siehe: Siekmeier, 1998, S. 189.
[394] Handschriftliche Notizen Schollwers zur Fraktionssitzung am 4. Februar 1964, AdL, Handakten Schollwer, 6954/42. Siehe: Siekmeier, 1998, S. 189.
[395] Siehe: Schollwer, 1994, 4. Februar 1964, S. 187.
[396] Dehler am 7. Februar 1964 im Bundesvorstand, S. 565.
[397] Vgl.: Siekmeier, 1998, S. 191.

Aufschluss über das innerparteiliche Kräfteverhältnis gab am 13. März 1964 die einzige Vorstandssitzung, in der Mende wegen Krankheit fehlte. Dehler überzog Mende wie gewohnt mit Vorwürfen. Rückendeckung bekam der Vorsitzende von Kühlmann-Stumm, Friederichs und wie schon im Februar 1964 im Vorstand von Weyer. Der Parteivize kam zu dem Schluss, dass Dehlers Vorwürfe nicht gerechtfertigt seien. Dehler war isoliert.[398]

Als Dehler schließlich im April 1964 Erhard attackierte und ihm vorwarf, „die senile Außenpolitik Adenauers" fortzusetzen, gegen das Koalitionsabkommen zu verstoßen und den Bundestag „belogen und betrogen" zu haben, bot sich Mende die Chance, mit dem geschwächten Dehler abzurechnen.[399] Ort war der Bundesvorstand am 27. April – doch Dehler war nicht anwesend. Das sagte viel über Mendes Stil aus. Direkt traute er sich nach den Erfahrungen der vergangenen Gremiensitzungen nicht, seine Kritik an Dehler anzubringen.[400]

Mende konnte die Nationalliberalen weiter schwächen. Zwar scheiterte sein Versuch, durch einen Vorstandsbeschluss zu verhindern, dass die Facharbeitskreise auf dem Duisburger Parteitag im Juni 1964 öffentlich tagten. Er wollte ein Desaster wie in München 1963 vermeiden, als sich der nationalliberale Flügel mit aktionistischen Forderungen hatte durchsetzen können. Mende scheiterte im Vorstand am Widerstand von Dehler, Achenbach und deren Verbündeter.[401] Achenbach wurde als Hauptredner zur Deutschlandpolitik nominiert. Mende zog sich daraufhin zurück und überließ es von Kühlmann-Stumm als Achenbachs Widerpart in Duisburg aufzutreten. Doch gelang es Mende, Dehler als langjährigen Leiter des außenpolitischen Arbeitskreises der Partei zu verdrängen. Ebenfalls musste Achenbach 1964 seinen Posten als Vorsitzender des außenpolitischen Fraktionsarbeitskreises räumen. Nachfolger wurde der nahezu unbekannte Ewald Krümmer, der erst seit 1963 der Fraktion angehörte. In der Folgezeit sank die Bedeutung des Arbeitskreises wie auch der deutschlandpolitischen Nationalliberalen. Es erwies sich als aussichtslos, unverzüglich Friedenskonferenzen zur Überwindung des Status quo einzuberufen.

---

[398] Bundesvorstand, 13. März 1964, S. 572.
[399] Erst Arbeit, dann Krach, in: Der Spiegel, 18. Jg, Nr. 20, 13. Mai 1964, S. 24. Heftige Angriffe gegen Erhard im Wahlkampf, in: Frankfurter Allgemeine Zeitung, 24. April 1964.
[400] Bundesvorstand am 27. April 1964, S. 583. Der Spiegel, 18. Jg., Nr. 20, 13. Mai 1964, S. 24. Siekmeier, 1998, S. 200.
[401] Bundesvorstand am 11. April 1964, S. 580.

Mende brachte sich nach den Konflikten mit Dehler zu Beginn des Jahres weiter in die Bredouille. Sein Führungsstil und sein Anbiederungskurs des Koalitionsfriedens zuliebe standen zur Diskussion. Im Streit mit der Union über ein Passierscheinabkommen über Ostern 1964 kapitulierte er. Es gab über die Feiertage keine Neuauflage. Mende bekam den Widerstand aus den eigenen Reihen zu spüren, vor allem von der Berliner FDP und von Dehler.[402] Im Gegensatz zu den Sitzungen im Februar und März bekam der ehemalige Parteichef am 10. April im Bundesvorstand Rückendeckung für seine Kritik am Vorsitzenden. Eine Mehrheit machte deutlich, dass sie eine Neuauflage der Passierscheinregelung für angebracht hielte.[403] Mende reagierte feige und taktisch unklug auf die Kritik – wie so oft, wenn er in der Klemme saß. Er schob die Schuld von sich – auf Erhard, der die Richtlinien der Politik bestimme und auf die Berliner Liberalen, die zu hohe Forderungen gestellt hätten. Scheel meinte daraufhin sarkastisch, auch Erhard sei umzustimmen, es komme nur darauf an, wer mit ihm rede und mit welcher Intensität. Auch Schollwer fragte, warum es Mende nicht für nötig hielte, für seine Überzeugungen zu kämpfen.[404]

Auch seinen Vorschlag vom April 1964, die Treuhandstelle für Interzonenhandel in ein Amt für innerdeutsche Angelegenheiten umzuwandeln, welches alle technischen DDR-Kontakte koordinieren sollte, schwächte er ab. Ursprünglich sollte sein Ressort die Federführung übernehmen. Doch Mende deutete an, auch das Kanzleramt könne Aufsichtsbehörde werden. Widerstand gegen seine Kompromissbereitschaft machte sich breit: Rubin meinte, Mendes politische Zukunft hänge davon ab, ob sein Ministerium zuständig sei.[405] Vor allem Weyer setzte Mende unter Druck.[406] Der Parteivorsitzende vertrat die Forderung der FDP nicht nachhaltig, um Streit in der Koalition zu vermeiden. Als die Ideen der Öffentlichkeit bekannt wurden, ruderte er weiter zurück. Er sprach nur noch von einer „Empfehlung". Dabei gehe es den Liberalen „nicht um parteipolitische Fragen", sondern nur um eine bessere Koordinierung gesamtdeutscher Kontakte. Die Ent-

---

[402] Bundeshauptausschuss am 11. April 1964, AdL, A 12-48. Vgl.: Siekmeier, 1998, S. 198.
[403] Bundesvorstand am 10. April 1964, S. 576-577.
[404] Siehe: Schollwer, 1994, 12. April 1964, S. 200.
[405] Bundesvorstand am 10. April 1964, S. 578.
[406] Vgl.: Mende soll ein `innerdeutsches Amt` durchsetzen / Weyer drängt den FDP-Vorsitzenden, in: Frankfurter Allgemeine Zeitung, 24. August 1964. Jetzt offener Kampf innerhalb der FDP, in: Kölner Stadtanzeiger, 24. August 1965. Streit in der Koalition geht weiter, in: Süddeutsche Zeitung, 25. August 1965. Mende und das strapazierte Kabinett, in: Handelsblatt, 31. August 1964. Mendes heikle Gratwanderung in der FDP, in: Handelsblatt, 2. September 1964.

scheidung liege beim Kanzler, so Mende. Wie so oft betonte er das Kräfteverhältnis in der Koalition: Bei 66 zu 241 Abgeordneten sei die FDP zum Nachgeben gezwungen.[407] So schlug sein Versuch, das Gesamtdeutsche Ministerium zur Koordinationsstelle für alle innerdeutschen Beziehungen zu machen, fehl. Als Beweis, dass er gegen die Entscheidung des Kanzlers protestiert hatte, schickte Mende ausgesuchten Parteifreunden Kopien seiner Briefe an Erhard.[408]

Um weiteren Konfliktstoff in der Koalition zu vermeiden, bekannte sich Mende zudem – vor allem im Wahljahr 1965 – nie vollends zu progressiven Ideen in der Deutschlandpolitik. Als im Sommer 1964 die Zeitschrift Quick Schollwers Reformstudie von 1962 veröffentlichte, distanzierte Mende sich, um den Brandherd in der Koalition auszutreten. Er bezeichnete Schollwers Plan wider besseren Wissens als rein private Ausarbeitung eines Parteiangestellten, deren Inhalt verworfen worden sei.[409] Doch Schritt für Schritt rückte Mende ab Mitte 1964 von den geschwächten Nationalliberalen und deren gescheiterten aktionistischen Wiedervereinigungskonzepten ab, auch wenn eine Anerkennung des Status quo für ihn nicht in Frage kam. Von Stufenplänen zur Einheit war keine Rede mehr, Verklammerung war die Devise.[410] Mende nahm Aspekte der Schollwer-Studie in seine Politik auf und bekannte sich zum Entspannungskurs des Westens. Er ließ Sympathie für gesamtdeutsche technische Kommissionen erkennen, die nicht in einen Stufenplan zur Wiedervereinigung integriert werden sollten. Auch plädierte er dafür, die Aufsicht der Vier Mächte über diese Kommissionen einzuschränken.[411] Zudem bestätigte er seine Absicht, die Hallstein-Doktrin zu revidieren oder zumindest abzuschwächen.[412] Er bekannte sich erneut dazu, diplomatische Beziehungen zu den Staaten Osteuropas aufzunehmen. Die Verbesserung der innerdeutschen Beziehungen wurde so zum Ziel der Deutschlandpolitik. Mendes Politik der kleinen Schritte hatte daran erheblichen Anteil. Aber seine Bemühungen stießen bei den Hardlinern in der Union auf Widerstand, da sie jegliche Aufwertung der DDR verhindern wollten. Also widersetzte Mende sich am 13. Januar 1965 im Kabinett der Forderung nach einem ständigen Gremium der Vier

---

[407] Mende vor der Bundespressekonferenz am 28. August 1964. Siekmeier, 1998, S. 217.
[408] Siehe: Ebd.
[409] Mende vor der Bundespressekonferenz am 28. August 1964. Siekmeier, 1998, S. 216. Auch: Josten, a. a. O., S. 174.
[410] Vgl.: Siekmeier, 1998, S. 232-233.
[411] Siehe: Schollwer, 1994, 6. Januar 1965, S. 236.
[412] Siehe: Mende, 1988, S. 218-219.

Mächte zur Deutschlandfrage nicht, obwohl er selbst die Viermächteverantwortung abschwächen wollte.[413] Es blieb wie immer: „Mende hin und her lavierend".[414] „Das war wieder der alte Mende, munter drauflosschwadronierend, mit all dem affektierten Getue, das Porträtisten immer wieder zu boshaften Charakterstudien inspirierte. [...] Altbekannte Zweifel an Mendes Standfestigkeit und Überzeugungstreue bekamen neue Nahrung."[415]

Auf dem Parteitag in Duisburg im Juni 1964 bekam Mende die Quittung für seine Politik. Bei den Vorstandswahlen erzielte er nicht das beste Ergebnis. Prozentual verlor er gegenüber 1962. Nur noch 77 Prozent – 247 von 320 Delegierten – stimmten für ihn.[416] Weyer als erster stellvertretender Vorsitzender erzielte 34 Stimmen mehr als Mende und rückte als Rivale stärker in den Mittelpunkt. Gerüchte über eine Auswechslung Mendes durch Weyer wollten 1964 nicht verstummen. Das Votum für Bucher als neuen Parteivize ließ auch ihn als potenziellen Nachfolger Mendes erscheinen.[417]

Mendes Position war 1964/1965 durch seinen Wechsel ins Kabinett, Weyers Selbstbeschränkung, die Führungs-, Struktur- und Konzeptlosigkeit der innerparteilichen Opposition wie auch durch die Schwächung der Nationalliberalen nicht wirklich gefährdet. Dehler hatte zwar immer noch Einfluss und Störpotenzial, doch er resignierte. Er erkannte, dass in der Politik ein anderer Typus gefragt sei, als er ihn repräsentierte.[418] Es wäre „zuviel", „wenn ich gestehen sollte, daß ich auf `meine` Stunde harre".[419] Vor der Bundestagswahl wollte zudem niemand wirklich einen personellen Wechsel. So wurde der Vorsitzende bereits frühzeitig als Spitzenkandidat für 1965 aufgebaut. Auf den Parteitagen 1964 und 1965 fiel es ihm angesichts der Uneinigkeit seiner Kontrahenten nicht schwer, seinen Koalitionskurs durchzusetzen. Aber Begeisterung wollte nicht aufkommen.[420]

---

[413] Vgl.: Siekmeier, 1998, S. 224.
[414] Schollwer, 1994, 10. Februar 1965, S. 243.
[415] Siekmeier, 1998, S. 234.
[416] Siehe: Körper, a. a. O., S. 96.
[417] Sympathien der FDP wechseln zu Bucher, in: Handelsblatt, 4. Juni 1964.
[418] Dehler an Georg Vogel vom 17. August 1962, AdL, NTD, N 1-1989. Wengst, 1997, S. 338.
[419] Dehler an Paul Haas vom 27. Januar 1965, AdL, NTD, N 1-2012. Wengst, 1997, S. 338.
[420] Siehe: Lösche / Walter, a. a. O., S. 58.

6.12.4 Mende und die „Trabanten-FDP" – Zur Wahlkampfstrategie 1965

Mende sah die FDP als Korrektiv und Mehrheitsbeschaffer der Union. Sein Ziel für die Bundestagswahl 1965 war es, die Koalition zu erneuern, Strauß als Minister zu verhindern, Erhard als Kanzler zu stärken sowie Schröder als Außenminister in seiner beweglichen Politik zu unterstützen.[421] Darauf richtete er seine Politik in den Jahren 1964/1965 aus.

Im Vorfeld der Bundespräsidentenwahl trat er allen Versuchen, mit der SPD einen gemeinsamen Kandidaten zu nominieren, entschieden entgegen. Als Gerüchte aufkamen, der Landwirtschaftsexperte Effertz setze sich für einen sozialdemokratischen Präsidentschaftskandidaten ein, geriet Mende in Rage. „Erich, wer sich aufregt, kann nicht führen", so Zoglmann.[422] Der Flügel um Mende und von Kühlmann-Stumm plädierte aus Koalitionsraison für die Wiederwahl von Lübke.[423] Doch in der Partei gab es starke Vorbehalte gegen eine zweite Amtszeit des Präsidenten, der offen für eine Große Koalition eintrat. Mende konnte sich nicht durchsetzen. Die Taktik der FDP, die Diskussion in die Länge zu ziehen, um Lübke eine neue Kandidatur zu verleiden, ging nicht auf. Auch Mende sah sich gezwungen, gegen eine Kandidatur Lübkes Stellung beziehen. Die FDP präsentierte mit Bucher einen Zählkandidaten, der gegen den von der SPD unterstützten Amtsinhaber unterlag. Durch das Beharren der FDP auf Bucher hatten sich somit die Chancen für eine Große Koalition weiter verbessert. Die FDP ließ sich ausspielen.[424]

Als die Verjährungsfrage zum Spaltpilz innerhalb der Koalition zu werden drohte, stellte Mende sicher, dass das Regierungsbündnis nicht zerbrach. Die FDP konnte sich mit ihrer Forderung nach Verjährung nationalsozialistischer Verbrechen nicht durchsetzen. Bucher trat daraufhin am 26. März

---

[421] „Wahlen gewinnen und das Vaterland verlieren?", in: Der Spiegel, 18. Jg., Nr. 23, 3. Juni 1964, S. 38.
[422] Handschriftliche Notizen Schollwers zur Bundesvorstandssitzung am 28. Mai 1964, AdL, Handakten Schollwer, 6954/43. Siekmeier, 1998, S. 210.
[423] Vgl.: Die Welt, 8. Februar 1964. Körper, a. a. O., S. 207.
[424] Zu Bucher als Präsidentschaftskandidat vgl.: Augstein, Rudolf: Ungehörig, in: Der Spiegel, 18. Jg., Nr. 24, 10. Juni 1964, S. 18. Schreiber, Hermann: „Stichwort: Weißhaarig und katholisch", in: Der Spiegel, 18. Jg., Nr. 24, 10. Juni 1964, S. 19.

1965 als Justizminister zurück.[425] Mende selbst hatte sich in der Verjährungsfrage derart abgesichert, dass sein Posten als Parteichef sicher war. Einerseits machte er Andeutungen über einen Rücktritt der FDP-Minister im Falle einer Verlängerung der Verjährungsfrist, andererseits riet er von einer breiten Diskussion über das Thema ab.[426] Als der Kanzler schließlich gegen den Willen Mendes und der FDP-Fraktion den Posten des Justizministers für die kurze Zeit bis zur Bundestagswahl mit einem CDU-Politiker – Karl Weber – besetzte und das Ressort nicht durch einen amtierenden Minister verwalten ließ, knickte der Parteivorsitzende ein: „Angesichts der Schwierigkeiten, mit denen der Bundeskanzler in seiner eigenen Bundestagsfraktion kämpfen mußte, hatte ich dafür volles Verständnis. Es wäre töricht gewesen, wenige Monate vor dem Wahltermin sich am Koalitionsproporz der Ministerposten zu entzweien."[427] Er wollte aus der Ernennung Karl Webers keinen Koalitionsfall machen, da er fürchtete, Strauß würde die Gelegenheit zum Koalitionsbruch nutzen. Mende opferte so einen Ministerposten der Liberalen für den in Bedrängnis geratenen Erhard. Doch Mende schlug Widerstand aus den eigenen Reihen entgegen: Der Fraktionsvorstand drohte Erhard mit dem Rückzug der FDP-Minister. Doch Mende hatte Erhard zugesagt, die FDP werde die Koalition nicht verlassen.[428] Mende gelang es schließlich, Fraktion und Vorstand zu überzeugen, aus der Personalentscheidung keinen Koalitionsfall zu machen.[429]

Auch als Erhard im März 1965 gegen die Mehrheit im Kabinett von seiner Richtlinienkompetenz Gebrauch machte und die Aufnahme diplomatischer Beziehungen zu Israel ankündigte, versuchte Mende, die Koalitionskrise

---

[425] Eine Mehrheit in der FDP, allen voran Bucher und Dehler, trat vorwiegend aus rechtspolitischen Gründen für eine Verjährung nationalsozialistischer Verbrechen zum 8. Mai 1965 bzw. 1. Juli 1965 ein. Der Bundeskanzler und die Mehrheit der Union hingegen plädierten für eine Verlängerung. Der Bundestag beschloss im März 1965, die Verjährungsfrist bis zum 31. Dezember 1969 zu verlängern. Nur drei FDP-Abgeordnete, darunter Kohut und Rademacher, stimmten für das Gesetz. Vgl.: Hildebrand, Klaus: Von Erhard zur Großen Koalition 1963-1969, mit einem einleitenden Essay von Karl Dietrich Bracher, Stuttgart 1984, S. 130-134 (Geschichte der Bundesrepublik Deutschland, Bd. 4) [im Folgenden zitiert als: Hildebrand, a. a. O.]. Mende, 1988, S. 200-201.
[426] Mende setzt CDU unter Druck. Bei Verlängerung der Verjährungsfrist verlassen FDP-Minister das Kabinett, in: Westdeutsche Allgemeine Zeitung, 13. Februar 1965. Auch: Körper, a. a. O., S. 209-210.
[427] Mende, 1988, S. 225.
[428] Informationsbericht Robert Strobels vom 3. April 1965. Siehe: Wengst, 1997, S. 340.
[429] Mende am 1. April 1965 im Bundesvorstand, S. 620.

einzudämmen. Er bat seine liberalen Ministerkollegen wie auch die Pressestelle der Partei, keine Erklärung abzugeben.[430]

Im Wahlkampf selbst versuchte der Vorsitzende die Wogen in der Koalition zu glätten, als es über Artikel der FDP-Wahlkampfillustrierten Streit gab. Mit Verweis auf die „Spiegel-Affäre" propagierte sich die FDP als Hüterin des Rechtsstaats und der freiheitlichen Gesinnung, als Kraft gegen Amtsmissbrauch und Amtsanmaßung sowie als Anti-Strauß-Partei. „Wollen Sie die Alleinherrschaft einer Partei?", so die Frage an die Wähler. „Wollen Sie wieder Herrn Strauß?"[431] Die CSU erwirkte schließlich eine einstweilige Verfügung. Die Wahlillustrierte durfte nicht verteilt werden. Daraus entstand den Liberalen ein beträchtlicher finanzieller Schaden, der auch Mende angelastet wurde. Er geriet unter Druck. Erstmals stellte sich Wahlkampfmanager Friederichs, der für die Illustrierte verantwortlich war, gegen seinen Chef.[432] Friederichs, Genscher und Schollwer, alle aus Mendes „Brainpool", „warnten [...] sehr nachdrücklich davor, sich durch die CDU erpressen, d.h. zur Umstellung unseres Wahlkampfes zwingen zu lassen."[433]

Bereits Mendes Koalitionsaussage auf dem Duisburger Parteitag 1964, der Wähler müsse erst recht für die FDP stimmen, damit Erhard Kanzler bleiben könne, wurde als freiwillige Aufgabe der freidemokratischen Existenzberechtigung angesehen. Von Kühlmann-Stumm und Mende wollten zudem auch bei einer absoluten Mehrheit der Union koalieren und nicht in die Opposition wechseln.[434] Die Partei erschien nur noch als Mehrheitsbeschaffer und Förderverein des Kanzlers. Sie vertrat begrenzte wirtschaftliche, soziale und politische Interessen und schwang nationale Töne. Viele in der Partei murrten wegen der fehlenden Sachaussagen. Weyer und Zoglmann warfen Mende vor, mit seinem Bekenntnis zu Erhard die FDP bedeutungslos machen zu wollen.[435]

---

[430] Vgl.: Mende, 1988, S. 220.
[431] Frauen mit Waffen, in: Der Spiegel, 19. Jg., Nr. 32, 4. August 1965, S. 17. Auch: Körper, a. a. O., S. 235. Mende, 1988, S. 245-246. Siekmeier, 1998, S. 236-238.
[432] Vgl.: Siekmeier, 1998, S. 237.
[433] Schollwer, 1994, 26. Juli 1965, S. 270.
[434] Planitz, Ulrich: Mendes heikle Gratwanderung in der FDP, in: Handelsblatt, 2. September 1964. Immer dabei, in: Der Spiegel, 18. Jg., Nr. 24, 10. Juni 1964, S. 17-18.
[435] Zur Kritik an Mende: Immer dabei, in: Der Spiegel, 18. Jg., Nr. 24, 10. Juni 1964, S. 17-18. Frankfurter Allgemeine Zeitung, 29. Juni 1964. Auch: Welt am Sonntag, 30. August 1964. Vgl.: Siekmeier, 1998, S. 211.

Enttäuschungen bereits bei der Landtagswahl im Südwesten im April 1964 waren ein Vorgeschmack auf kommende Entwicklungen. Der liberale und protestantische Kanzler wilderte in der Klientel der hörigen liberalen Partei.[436] Die FDP hatte zu ihrem Wunschkanzler Erhard ein gutes Verhältnis, betrachtete sie ihn doch eigentlich als einen der ihren, der sich nur für das falsche Parteibuch entschieden hatte. Deshalb fiel es der Partei schwer, deutliche eigene Akzente in der Koalition zu setzen.

Bei der Bundestagswahl am 19. September 1965 verlor die FDP 3,3 Prozent gegenüber 1961. Nur noch 9,5 Prozent und 49 Mandate erzielte sie. Ihr Slogan „Wer Erhard will, wählt FDP" machte die Freidemokraten überflüssig. Der Wähler entschied sich gleich für die CDU und den liberalen Erhard. Die Anti-Adenauer-Stimmung von 1961 war zu Lasten der FDP in eine Pro-Erhard-Stimmung umgeschlagen. Mendes „Wahlkampfführung in Form einer Waschmittelwerbung" stand in der Kritik, sie habe die industrielle Massengesellschaft nicht angesprochen.[437]

6.12.5 Furcht vor einem erneuten „Umfall" – Mende, Strauß und die Koalitionsbildung 1965

Bereits unmittelbar nach der Wahl brauten sich die Wolken über Mende zusammen. Es gab starke Widerstände gegen eine Neuauflage des bürgerlichen Bündnisses. Man solle den Preis für die Koalition so hoch hängen, dass sie der FDP erspart bleibe, so der bayerische Landesvorsitzende Klaus Dehler, ein Neffe Thomas Dehlers. Selbst Zoglmann sprach sich gegen die Koalition aus. Der ehemalige Finanzminister Starke wünschte sich gar eine absolute Mehrheit der Union zurück, dann hätten die Liberalen seiner Ansicht nach weniger Sorgen.[438] Bereits vor der Wahl hatten sowohl der neue baden-württembergische Landesvorsitzende Hermann Saam als auch Pressesechef Moersch – auch aus dem Südwesten – eine Oppositionsphase nach der Bundestagswahl nicht ausgeschlossen. Auch Weyer hatte angedeutet, bei einer absoluten Mehrheit der Union würde die FDP nicht erneut mit ihr koalieren, sondern in die Opposition wechseln.[439]

---

[436] Vgl.: Schweizer, H.: Profilneurose – Das Siechtum der FDP am Beispiel Baden-Württemberg, in: Rheinischer Merkur, 22. April 1966. Körper, a. a. O., S. 119.
[437] Bundesvorstand / Bundestagsfraktion am 23. September 1965, S. 640-644, Zitat: S. 644.
[438] Siehe: Schollwer, 1994, 22. September 1965, S. 282.
[439] Siehe: Immer dabei, in: Der Spiegel, 18. Jg., Nr. 24, 10. Juni 1964, S. 17-18.

Was war mit dieser Partei los? Sie hatte kaum Lebensmut, so ausgelaugt war sie nach knapp sechs Jahren unter Mende. Doch eine Alternative zur bürgerlichen Koalition gab es nicht. Auf ein Bündnis mit der SPD oder eine Oppositionsphase hatte Mende seine Partei nicht vorbereitet.

Das schlechte Abschneiden machte sich bei den Koalitionsverhandlungen bemerkbar: Strauß, dessen Hass auf die Liberalen seit der „Spiegel-Affäre" tief saß, war zusammen mit seiner CSU durch das Wahlergebnis gestärkt worden. Er sann auf Rache, die Mende als Vertreter der FDP persönlich spüren sollte. „Alles werde ich dem Mende heimzahlen."[440] Die CSU wollte Strauß als Bundesminister durchsetzen und erhob Anspruch auf Mendes Gesamtdeutsches Ministerium. CSU und Teile der CDU verlangten zudem die Ablösung Schröders als Außenminister. Die Politik der kleinen Schritte war gefährdet.[441]

Das Verhältnis zu Strauß hatte bereits vor der Bundestagswahl Anlass für Diskussionen gegeben. Mende lavierte, um sich keine Möglichkeiten zu verbauen: „Schließlich war ich ja selbst ein gebranntes Kind mit meiner Festlegung von 1961."[442] 1963 noch hatte Mende mit seinem Saulus und Paulus-Vergleich eine Rehabilitierung von Strauß angeregt. Erst auf dem Frankfurter Parteitag im März 1965 sah er sich aufgrund von Druck aus den eigenen Reihen – vor allem von Weyer – zu einer eindeutigen Stellungnahme veranlasst. Mende meinte, „eine Zustimmung zu Strauß wäre tödlich für die Partei". Die FDP würde es nicht ertragen, 1965 mit einem Mann in ein Kabinett einzutreten, um dessentwillen sie 1962 aus der Koalition ausgetreten war.[443] Der „Bazi Strauß"[444] spielte so im Wahlkampf 1965 eine ähnliche Rolle wie Adenauer 1961.[445]

Mende war zwar bereit, den Forderungen der CSU nach einer Ehrenerklärung nachzugeben. Doch er gab sich bezüglich des Ministeriums und seiner

---

[440] Formierte Gesellschaft, in: Der Spiegel, 19. Jg., Nr. 40, 29. September 1965, S. 23.
[441] Die Christsozialen forderten, dass die Kompetenz des Kanzlers zur Auswahl der Minister nicht eingeschränkt und das Präsentationsrecht der anderen Fraktionen nicht angetastet werde. Auch verlangten sie von der FDP eine Ehrenerklärung für Strauß, dass er ministrabel sei. Vor einem solchen Eingeständnis wollte die CSU nicht in Verhandlungen eintreten. Vgl.: Koerfer, in Mischnick, S. 184.
[442] Mende, 1988, S. 248-249.
[443] Mende am 1. April 1965 in Bundesvorstand / Bundestagsfraktion, S. 623-624. Vgl.: Körper, a. a. O., S. 236. Siekmeier, 1998, S. 239. Auch: „Eindeutig nein gesagt", in: Der Spiegel, 19. Jg., Nr. 14, 31. März 1965, S. 44.
[444] So eine Bezeichnung Weyers für Strauß.
[445] Vgl.: Strobel, Robert: Strauß und die FDP, in: Die Zeit, 11. März 1966. Auch: Körper, a. a. O., S. 236.

Politik der kleinen Schritte kämpferisch: „Wir werden wie die Löwen um das Gesamtdeutsche Ministerium kämpfen. Ich denke nicht daran, mich etwa ins Innenministerium abdrängen zu lassen."[446] Als Erhard sich von Adenauer, Barzel und Strauß mitreißen ließ und Mende am 14. Oktober 1965 vor versammelter Koalitionsrunde nicht wieder mit dem Gesamtdeutschen Ministerium betrauen wollte, war er sehr pikiert. Erhard hatte ihn nicht zuvor persönlich unterrichtet. „Wir wollen diese Koalition, aber nicht um jeden Preis. [...] Wir gehen lieber in die Opposition, als daß ein zweites Mal in Deutschland behauptet werden könnte, die FDP sei umgefallen."[447] Mende verließ die Sitzung. Ein starker Abgang. Ihn störte scheinbar gar nicht so sehr der Verlust des Ministeriums, sondern eher der politische Stil, wie er davon in Kenntnis gesetzt wurde. „Herr Bundeskanzler, was Sie sich mir gegenüber geleistet haben, indem Sie mir vor versammelter Mannschaft das Ressort entziehen wollten, ist menschlich unanständig, nehmen Sie das bitte zur Kenntnis. Hätten Sie mich fünf Minuten vorher zu sich gebeten, hätte das ein anderes Bild geboten, als es mir vor versammelter Mannschaft einfach so zu servieren. Ich wiederhole, das war ein illoyales und unanständiges Verhalten mir gegenüber."[448] Der bürgerliche Offizier Mende legte auch in der Politik starken Wert auf Etikette und Anstandsformen. Doch in der Politik zählen auch Härte und Gemeinheiten, wie sie Erhard unter Druck aus den eigenen Reihen demonstrieren musste und zu denen Mende nicht fähig war.

Der freidemokratische Parteivorsitzende hielt sich nach Erhards Ankündigung taktisch zurück, damit ein etwaiger „Umfall", sollte er nicht wieder Gesamtdeutscher Minister werden und Strauß doch ins Kabinett aufrücken, nicht mit ihm persönlich in Verbindung gebracht werden konnte. Vor allem Weyer stellte sich auf Mendes Seite. Er verhandelte am 15. Oktober an Mendes Stelle, der zu den Verhandlungen nicht erschienen war, und forderte als Ersatz für das Gesamtdeutsche Ministerium das Auswärtige Amt. Auch von Kühlmann-Stumm unterstützte Mende. Zoglmann intervenierte bei Gerstenmaier für Mendes Ministerium. Er erhielt auch von Vorstand, Fraktion und Bundeshauptausschuss Rückendeckung.[449] Ein letztes Mal

---

[446] Formierte Gesellschaft, in: Der Spiegel, 19. Jg., Nr. 40, 29. September 1965, S. 23, 28.
[447] Mende am 16. Oktober 1965 im Bundeshauptausschuss, AdL, A 12-59. Zitiert nach: Siekmeier, 1998, S. 251.
[448] Koerfer, in Mischnick, S. 186.
[449] Vorstand und Fraktion drohten, weder der Fraktionsgemeinschaft von CDU und CSU zuzustimmen, Gerstenmaier zum Parlamentspräsidenten noch den Kanzler zum vereinbarten Termin zu wählen. Bundesvorstand / Bundestagsfraktion am 15. Oktober 1965, S. 655.

standen Vorsitzender, Partei, Fraktion und Hauptausschuss Seite an Seite. Erhard musste schließlich nachgeben. Die FDP konnte sich durchsetzen. Mende behielt das Gesamtdeutsche Ressort.[450] Strauß blieb in München und Schröder Außenminister. Aber die CSU erhielt ein Ressort mehr und besetzte nunmehr fünf, die FDP bei gleicher Stärke nur vier Ministerien. Auch inhaltlich hatte die FDP Federn lassen müssen. Ihr Verhandlungsprogramm war vor den Koalitionsgesprächen von konfliktträchtigen Themen gereinigt worden. Mendes Reformthesen vom Bundesparteitag waren in der Versenkung verschwunden. In den Koalitionsverhandlungen brachte er Schollwers Ideen nicht mehr ins Gespräch.[451]

6.12.6 Nach der Bundestagswahl 1965: Komplizierte Gratwanderung zwischen Parteiprofilierung und Koalitionstreue

Mende ging in seinem exekutiven Amt auf. Er war der bislang erfolgreichste gesamtdeutsche Minister. Doch das Ressort kostete viel Zeit und Kraft, die er nicht mehr der Partei widmen konnte. Der Parteivorsitz geriet in den Hintergrund und Mende vor allem ab 1965 zunehmend in die Defensive. Ihm war das Schicksal Blüchers vor Augen, seines Vorgängers als Parteivorsitzender, Minister und Vizekanzler. Er musste sich im Geflecht zwischen Partei und Koalition behaupten: einerseits die Partei integrieren und profilieren, andererseits die Koalition sichern. Dabei geriet Mende zwischen die Fronten.

Es wurde für die FDP noch schwieriger, ein eigenes Profil zu entwickeln. Sie sah sich daher gezwungen, dem „Umfaller"-Image entgegenzuwirken. Die Freidemokraten neigten deshalb dazu, sich bei strittigen Themen von der Union zu distanzieren, an Grundsätzen festzuhalten und weniger Kompromisse einzugehen. Das wurde bereits bei der Weigerung deutlich, die Verjährungsfrist für nationalsozialistische Verbrechen zu verlängern.[452] Nach der Bundestagswahl wurden in der Deutschlandpolitik die Gräben zwischen den Koalitionspartnern größer. Die FDP wurde progressiver. Auch im außenpolitischen Arbeitskreis der Fraktion vollzog sich ein Wan-

---

[450] Die Feststellung Görtemakers, Erhard sei es im Schulterschluss mit der FDP gelungen, Mende als Gesamtdeutschen Minister zu erhalten, ist in dieser Pauschalität nicht zu teilen. Siehe: Görtemaker, a. a. O., S. 424. Doch Erhard hatte mit der Entscheidung für Mende seinen eigenen Sturz beschleunigt und Barzel, Strauß sowie Adenauer gegen sich aufgebracht.
[451] Vgl.: Siekmeier, 1998, S. 255.
[452] Vgl.: Koerfer, 1981, S. 20. 1966 setzte sich Mende im Kabinett gegen einige CDU-Minister durch und lehnte ein personelles Engagement in Vietnam ab. Vgl.: Mende, 1988, S. 264-265.

del. Fritz-Rudolf Schultz war seit Anfang 1966 neuer Vorsitzender. Der Arbeitskreis trat dafür ein, diplomatische Beziehungen zu den Ostblockstaaten aufzunehmen und drängte auf die Verklammerung Deutschlands durch gesamtdeutsche Kommissionen. Die innerdeutschen Kontakte sollten durch den Gesamtdeutschen Minister Mende koordiniert werden.[453] Eine Studie des Gesamtdeutschen Ministeriums zu einer Denkschrift der Evangelischen Kirche, in der sie sich vorsichtig für eine Anerkennung der Oder-Neiße-Grenze ausgesprochen hatte, verstärkte den sich andeutenden Riss in der Koalition.[454] Mendes Profilierungskurs in der Regierung sorgte für Verärgerung, da er zudem – vorrangig aus taktischen Gründen – mit dem Gedanken an eine SPD/FDP-Koalition spielte. Er hoffe, dass sich seine Partei „künftig nicht mehr koalitionspolitisch so festlegen werde", so Mende. „Wir können, wenn wir es für richtig halten, auch mit der SPD gehen."[455] Jedoch zog er eine solche Verbindung nicht wirklich in Erwägung. Aber trotzdem waren die Entwicklungen wahrlich genug Zündstoff für FDP wie Koalition. Strauß forderte 1966 wiederholt den Rücktritt Mendes vom Ministeramt.[456]

Die Strategie der FDP zur Inszenierung von begrenzten Koalitionskonflikten war geeignet, die Position Erhards so weit zu schwächen, dass ein Ende der Koalition nicht auszuschließen war. Aber das wollte Mende auf keinen Fall. Führungsschwäche und innerparteiliche Intrigen um die Kanzlernachfolge kennzeichneten Erhards letztes Amtsjahr vor dem Hintergrund eines geringen Wirtschaftswachstums, zunehmender Arbeitslosigkeit, des Haushaltsdefizits, steigender Teuerungsraten, Zechenstilllegungen, Wahlerfolgen der NPD sowie Konflikten zwischen Bonn und Washington.[457] Herbe Verluste der CDU bei der Landtagswahl in Nordrhein-Westfalen im Juli 1966 kündigten sein Ende an. Die Wahlkampflokomotive Erhard zog nicht mehr. Die SPD verpasste um Haaresbreite die absolute Mehrheit.

---

[453] Vgl.: Siekmeier, 1998, S. 265.
[454] Mendes Papier wird in der Luft zerrissen, in: Süddeutsche Zeitung, 17. Februar 1966. Vgl.: Hildebrand, a. a. O., S. 96, Schollwer, 1994, 23. November 1965, S. 295.
[455] Interview Mendes im *Stern*. Zitiert nach: Schollwer, 1994, 6. August 1966, S. 332.
[456] Strauß nennt Mende untragbar, in: Frankfurter Rundschau, 7. April 1966. Auch: Die Welt, 5. April 1966.
[457] Die USA drängten die Verbündeten zu militärischem Engagement im Vietnam-Krieg. Der Streit um den Devisenausgleich für die Truppenstationierungskosten sorgte für Verstimmung. Washington bestand auf Zahlung Bonns. Erhard konnte bei seiner USA-Reise im September 1966 keine Erleichterungen erreichen.

Doch trotz der stärkeren Profilierung wurde von 1965 an aus den eigenen Reihen die von Mende vertretene Linie zunehmend generell in Frage gestellt, die der FDP die Rolle eines liberalen Korrektivs in einer von der Union geführten Bundesregierung zuwies. Die Reformer in der Partei gewannen an Einfluss und distanzierten sich vom Koalitionskurs Mendes wie auch von seinen oft zögernden Bekenntnissen zu einer progressiveren Deutschlandpolitik.

1966 rebellierte Mendes „Brainpool". Moersch meinte, falls Mende nicht richtig agiere und das Profil der Partei nicht genügend schärfe, müsse eben Dehler für eine befristete Zeit die Führung übernehmen. Mit ihm solle die FDP in die Opposition gehen. Auch Schollwer fand den Gedanken „sehr interessant".[458] Genscher drohte: „Wir dürfen nicht in den Verdacht geraten, die letzten Prätorianer Erhards zu sein." Wenn die FDP die „Gefahr" umgehen wolle, „mit Erhard in die Ecke gestellt zu werden, muß sie ihren Standpunkt deutlicher machen als bisher." Das war deutliche Kritik am seiner Ansicht nach immer noch zu sanften Kurs Mendes.[459] Forderungen nach koalitionspolitischen Konsequenzen wurden laut, so aus dem Landesverband Berlin als auch von Rubin und von Dehler. Auch Weyer murrte.

Doch Mende war daran interessiert, dass das Bündnis mit der SPD keine wahre Alternative werden konnte. Er legte sich 1966 „auf eine Koalition mit der CDU/CSU bis praktisch 1973 fest."[460] Am 27. März 1966 musste die FDP in Hamburg eine schwere Wahlniederlage einstecken. Sie fiel von 9,6 auf 6,8 Prozent. Der Bundesvorstand, allen voran Mende, empfahl dem Landesvorstand, sich nicht weiter an der Koalition mit der SPD zu beteiligen, da die Sozialdemokraten ihre absolute Mehrheit ausbauen konnten. Die Vorgabe aus Bonn rief in Hamburg starken Widerstand hervor, vor allem beim Landesvorsitzenden Engelhard. Er trat zurück. Eine vom Bundesvorstand eingesetzte Kommission erregte Misstrauen.[461] Die FDP verließ die Koalition. Mende verspielte mit seinem Manöver einen letzten Rest

---

[458] Schollwer, 1994, 7. Januar 1966, S. 302-303.
[459] Handschriftliche Notizen Schollwers zur Sitzung von Bundesvorstand und Bundestagsfraktion am 27. Juli 1966, AdL, Handakten Schollwer, 6957/53. Zitiert nach: Siekmeier, 1998, S. 274-275.
[460] Schollwer, 1994, 7. Januar 1966, S. 302.
[461] Bundesvorstand am 19. März 1966, S. 668-669. FDP-Bundesvorstand gegen neue Hamburger Koalition, in: Frankfurter Allgemeine Zeitung, 31. März 1966. Auch: Körper, a. a. O., S. 129-130.

an Glaubwürdigkeit, auch bei den einflussreichen Jungdemokraten, welche die Koalition fortsetzen wollten.

Bereits 1965 war das sozialliberale Bündnis in Niedersachsen gescheitert. Nur noch in Bremen und Berlin gab es SPD/FDP-Koalitionen. In Düsseldorf wiederum koalierte die FDP weiterhin mit der CDU, da sie bei den Landtagswahlen zulegen und die Verluste der Christdemokraten teilweise ausgleichen konnte. Doch die Koalition verfügte nur über 101 von 200 Stimmen im Landtag. Genscher wollte die Weichen für ein Bündnis mit der SPD stellen. Weyer und Mende waren dagegen.[462]

Der Unmut stieg. Bereits sein Ergebnis bei seiner Wiederwahl zum Parteivorsitzenden in Nürnberg Anfang Juni – er erhielt 222 von 247 abgegebenen Stimmen – täuschte über die Unzufriedenheit mit ihm hinweg.[463] Auch als Minister erlitt Mende Rückschläge. In der Jahresmitte 1966 war die Politik der kleinen Schritte praktisch am Ende. Der Redneraustausch zwischen Ost- und Westdeutschland war gescheitert, die Passierscheinregelungen wurden nicht verlängert. Alleinvertretungsanspruch und Nichtanerkennungsvorbehalt prägten die amtliche Deutschlandpolitik.

6.12.7 Spätsommer / Herbst 1966: Mende in der Defensive – Die Machtzentren stellen sich gegen den Vorsitzenden

Ab August 1966 kulminierten die Entwicklungen in Partei und Koalition, so dass Mende mit in den Strudel gerissen wurde. Reformer und Mendes „Brainpool" bildeten eine Aktionseinheit und fanden Unterstützung bei den Medien. Die Bundestagsfraktion zeigte, dass sie sich in den letzten Jahren von Mende emanzipiert hatte. Seine Machtbasis in den Landesverbänden schwand. Eine Schlüsselrolle spielte der unscheinbare Schatzmeister Rubin. Er, seit geraumer Zeit Kritiker der bürgerlichen Koalition, trat in *libe-*

---

[462] Vgl.: Papke, 1998, S. 321.
[463] Siehe: Mende, 1988, S. 288.

ral eine Diskussion über die Zukunft der Koalition los.[464] Seine Äußerungen zielten auf die Bildung einer sozialliberalen Koalition in Bonn ab. Mit Rubins Vorstoß begann auch die offene Infragestellung der Politik Mendes, der die FDP als Korrektiv zur Union sah. Nicht mehr über Koalitionskonflikte sollte sich die Partei profilieren, sondern als Kraft des Regierungswechsels. Doch der brüskierte Mende versuchte nicht, sich Rubins Äußerungen offensiv entgegenzustellen. Er deklarierte sie als Privatmeinung und war der Ansicht, Rubin sei Einzelgänger.[465]

Gezielt hatte *liberal*-Chefredakteur Schroers bereits vorab Rubins Beitrag mehreren Redaktionen zugeleitet. In der *Frankfurter Rundschau* veröffentlichte Flach einige Tage vor Erscheinen von *liberal* einen Beitrag mit dem Titel „Widerstand gegen Erhard wächst", der auf Rubins Artikel aufmerksam machen sollte. Flach merkte dabei an, dass Rubin neben dem Posten des Schatzmeisters auch Mitglied des Engeren Bundesvorstands und stellvertretender Landesvorsitzender in Nordrhein-Westfalen war.[466] Seine Ansichten konnten folglich nicht als Privatmeinung abgetan werden. Schroers wiederum dankte Flach „für die großartige Unterstützung".[467] Rubins Artikel habe zudem „sehr günstig die Fronten geklärt".[468]

Mende geriet immer stärker in die Defensive. Als er am 21. August den empörten Kanzler persönlich in seinem Haus am Tegernsee aufsuchte, konfrontierte ihn Erhard mit Putschgerüchten: Rubin, Scheel und Weyer beabsichtigten mit Vertretern der Industrie, in Düsseldorf den CDU-Ministerpräsidenten Meyers zu stürzen und wollten auch in Bonn eine sozialliberale Koalition bilden, so Erhard. Mende erfuhr diese Entwicklungen nicht aus der eigenen Partei sondern vom Kanzler persönlich. Das sagte viel über sein Verhältnis zur Partei 1966 aus. Er versuchte, Führungsstärke

---

[464] In der Augustausgabe von *liberal* warf er Erhard Führungsschwäche und mangelnde Regierungsarbeit vor und meinte, eine Fortsetzung seiner Kanzlerschaft würde den Verlust der Bundestagswahl 1969 für Union wie FDP zur Folge haben und verschlechtere die innen- und außenpolitische Situation der Bundesrepublik. Daher müsse die Union „die unvermeidlichen Konsequenzen [...] ziehen" und Erhard stürzen. Geschehe das nicht, müsse „der Juniorpartner handeln." „Sollte eine Stabilisierung der Bundesregierung am Widerstand oder Unvermögen von CDU/CSU scheitern, müssen die Freien Demokraten ihrer Funktion und insofern auch dem Wählerwillen entsprechend den Regierungswechsel bewirken." „Alle demokratischen Parteien sind miteinander koalitionsfähig." Rubin, Hans Wolfgang: Koalitionspolitik, in: liberal, 8. Jg., H. 8/1966, S. 561-563. Vgl.: Josten, a. a. O., S. 373-374. Siekmeier, 1998, S. 275.
[465] Siehe: Mende, 1988, S. 293.
[466] Flach, Karl-Hermann: Widerstand gegen Erhard wächst, in: Frankfurter Rundschau, 12. August 1966.
[467] Schroers an Flach vom 15. August 1966, AdL 8465. Zitiert nach: Josten, a. a. O., S. 376.
[468] Schroers an Flach vom 29. August 1966, AdL 8465. Zitiert nach: Josten, a. a. O., S. 377.

zu demonstrieren und bestellte Rubin am 23. August in die Bundesgeschäftsstelle. Dabei legte er ihm nahe, sich aus der Politik herauszuhalten und sich den Finanzen der Partei zu widmen.[469]

Doch Rubin war unbeeindruckt und veröffentlichte in der Septemberausgabe von *liberal* erneut einen Beitrag, der sich kritisch mit dem Kanzler auseinandersetzte.[470] Das Editorial von Schroers schloss nahtlos an den Rubin-Artikel vom August an.[471] Im Oktoberheft wiederum kritisierte Flach die FDP, dass sie unter Verzicht auf eine eigene Konzeption eine ablösungsreife Machtstruktur unterstütze. Er fragte, ob die Liberalen Säule der alten oder Wegbereiter der neuen Kräfte sein wollten.[472] Auch Scheel rückte vom Kanzler ab und plädierte dafür, sich von der Union abzusetzen oder gar die Koalition zu verlassen.[473] Zudem distanzierte sich der einflussreiche Fraktionsmanager Genscher von der bürgerlichen Koalition.[474]

Auch auf seinem ureigenen Feld der Deutschlandpolitik geriet Mende in die Defensive. Das Agendasetting bestimmten andere. Der stellvertretende baden-württembergische Landesvorsitzende der Jungdemokraten, Gerhard Raichle, rüttelte an den Grundfesten Mendescher Deutschlandpolitik. Er sprach sich dafür aus, das Regime in der DDR wie auch die Grenzen anzuerkennen und diplomatische Beziehungen aufzunehmen. Die Liberalisierung der DDR bekam so Vorrang vor der Wiedervereinigung.[475] Die Jungdemokraten positionierten sich als Avantgarde der Reformer gegen Mende. Sein Kurs in der Koalitionsfrage wie auch in der Außen- und Deutschlandpolitik stand im Herbst 1966 offen zur Diskussion.

An den Ideen Raichles zeigte sich der Umbruch des Landesverbands Baden-Württemberg. Die Veränderungen ab Anfang der 1960er Jahre waren in keinem Bundesland dramatischer als im liberalen Stammland.[476] Der Landesvorsitzende Saam war Mitglied der Bundestagsfraktion und war oft

---

[469] Vgl.: Josten, a. a. O., S. 375-376. Mende, 1988, S. 294.
[470] Siehe: Rubin, Hans Wolfgang: Vertane Chance, in: liberal, 8. Jg., H. 9/1966, S. 644-647.
[471] Siehe: Schroers, Rolf: Konstellationen, in: liberal, 8. Jg., H. 9/1966, S. 641-643.
[472] Flach, Karl-Hermann: Ende der Nachkriegszeit, in: liberal, 8. Jg., H. 10/1966, S. 721-723.
[473] Scheel am 21. September 1966 im Landesvorstand der nordrhein-westfälischen FDP, AWDS, Ia/5. Siehe: Siekmeier, 1998, S. 276.
[474] Rede Genschers vor der Liberalen Gesellschaft am 6. September 1966 in Stuttgart. Siehe: Siekmeier, 1998, S. 276-279.
[475] Vgl.: Siekmeier, 1998, S. 280-281.
[476] Vgl.: Allerbeck, Klaus: Die alte und die neue FDP. Historische Vergleichsdaten zur Entwicklung der Wählerschaft in Baden-Württemberg, in: Albertin, Lothar (Hrsg.): Politischer Liberalismus in der Bundesrepublik, Göttingen 1980 (Sammlung Vandenhoeck), S. 151-168.

durch Kritik an der Koalition, dem konservativen Erscheinungsbild der Liberalen wie deren Deutschlandpolitik aufgefallen. Bereits eine Entschließung des Landesparteitags im Januar 1966 hatte den Verzicht auf die Hallstein-Dokrin gefordert und sich für eine Verklammerung Deutschlands ausgesprochen.[477] Mendes Unterstützer Haußmann und Maier gerieten ins Abseits. Er konnte nicht mehr mit der Unterstützung aus dem Südwesten rechnen.[478] Doch auch der Einfluss aus Stuttgart schwand, nicht zuletzt durch Führungsquerelen.[479]

Zu den Entwicklungen in der eigenen Partei kamen zunehmende Probleme in der Koalition, die Anlass für den Bruch des Bündnisses wurden. Der Haushalt 1967 wies eine Deckungslücke auf. Die FDP unterstützte Finanzminister Dahlgrün, einen Ausgleich durch Kürzung des Verteidigungshaushalts zu erreichen. Jedoch wollte die Partei keinen Steuererhöhungen zustimmen, so wie sie es auf dem Bundesparteitag Anfang Juni 1966 beschlossen hatte. Vor allem Mende hatte sich positioniert. Am 14. Oktober forderte er im Rahmen der Finanzplanung eine durchgreifende Strukturveränderung des Haushalts und betonte, eine Erhöhung der Einkommenssteuer wäre das Ende der Koalition.[480] Auch legte er sich fest, indem er den Haushalt als Prüfstein der Koalition bezeichnete. Doch der Parteivorsitzende handelte erneut widersprüchlich. Zoglmann berichtete über ein Treffen Mendes mit Erhard am 18. Oktober, bei dem er dem Kanzler Hoffnungen auf ein Nachgeben der FDP in der Steuerfrage gemacht haben soll.[481] Lediglich Mende schien sich Ende Oktober noch darum zu bemühen, die Koalition zu retten. Doch seine Drohungen waren allein medienwirksame Taktik vor wichtigen Landtagswahlen in Bayern und Hessen. Eine Koalition mit der SPD zog er nie wirklich in Erwägung, auch wenn er am 24. Oktober 1966 erklärte, die FDP sei bereit, sowohl mit der Union wie auch mit der SPD Regierungsverantwortung zu übernehmen.[482]

---

[477] Vgl.: Siekmeier, 1998, S. 259.
[478] Vgl.: Adam, in Rothmund / Wiehn, S. 241-242.
[479] Körper, a. a. O., S. 118-123. Der ehemalige Finanzminister Hermann Müller wurde im Januar 1967 als Nachfolger Saams Landeschef. Er wollte die FDP auf einen Kurs der Mitte halten und schien geeignet, die traditionellen Wähler des Mittelstands anzusprechen. Moersch, der für eine Koalition mit der SPD plädierte, wurde Stellvertreter.
[480] Vgl.: Siekmeier, 1998, S. 282.
[481] Landesvorstand der nordrhein-westfälischen FDP am 21. Oktober 1966, AWDS, Ia/5. Siehe: Siekmeier, 1998, S. 282-283.
[482] Vgl.: Ende einer Dienstfahrt, in: Der Spiegel, 20. Jg., Nr. 45, 31. Oktober 1966, S. 32. Koerfer, 1981, S. 29.

Doch Mende war isoliert – vor allem in der Bonner Fraktion, vormals seine Hausmacht. Teile in der Fraktion betrachteten die Haushaltskrise als Mittel, um der dahin dämmernden Koalition den Garaus zu machen und nicht selbst in den Abwärtsstrudel der Union zu gelangen. Bei den Landtagswahlen in Bayern und Hessen drohte die FDP von der NPD aus den Parlamenten gedrängt zu werden. Die Situation gebot es, ohne große Blessuren aus der Koalition auszusteigen und die verfehdete Union sich selbst zu überlassen. Allen voran die Jüngeren in der Fraktion, Fraktionsmanager Genscher und Bundesgeschäftsführer Friederichs aus Mendes, wie er dachte, ergebenen „Brainpool", schwörten die Abgeordneten am 26. Oktober auf eine kompromisslose Linie ein. Sie wollten die FDP von der Union lösen und durch Konflikte mit ihr das Profil stärken. Am 26. Oktober beschloss die FDP-Fraktion daher, der Haushalt müsse ohne Steuererhöhungen ausgeglichen werden. Die Union jedoch zog Steuererhöhungen und eine Ergänzungsabgabe als letztes Mittel in Erwägung. Das Finale war eröffnet.

Doch im Kabinett gab es am 26. Oktober einen Kompromiss über den Haushalt 1967, da die liberalen, zumeist koalitionstreuen Minister die Chance auf ein Weiterbestehen der Koalition nicht völlig verbauen wollten. Der Haushalt sollte zwar durch Ausgabekürzungen und Abbau von Steuervergünstigungen ausgeglichen werden, Steuererhöhungen als letztes Mittel wurden aber nicht ausgeschlossen. Hierbei hatten sich die liberalen Minister über den Beschluss der Fraktion hinweggesetzt.

Doch Vizekanzler Mende hatte die Rechnung ohne den Wirt gemacht: Die Hardliner in der Fraktion, so auch Minister Scheel – „unzweifelhaft der härteste Opponent von Mendes ´Appeasement´-Kurs"[483] – stellten sich gegen den Kompromiss. Scheel war bei der Kabinettssitzung nicht dabei und konnte somit nicht mit dem Kompromiss in Verbindung gebracht werden.[484] Während der Ministerrunde hatten Genscher und Zoglmann telefonisch und per Depesche eingegriffen, um die Minister zu zwingen, standfest zu bleiben.

Mende hielt sich nach der Entscheidung zurück, als ob er die Reaktionen ahnte und nicht selbst mit dem Kompromiss identifiziert werden wollte.

---

[483] Siekmeier, 1998, S. 286.
[484] Dazu: Walter Scheel brachte den Stein ins Rollen, in: Die Welt, 29. Oktober 1966.

„FDP fiel wieder um" stellte am Tag darauf die Bild-Zeitung fest.[485] Das Hamburger Abendecho präsentierte einen in die Horizontale gekippten FDP-Chef: „Da liegt er!".[486] Seine definitive Festlegung gegen Steuererhöhungen fiel auf ihn zurück. Er beherzigte nicht die Lehren, die er 1961 ziehen musste, und fiel der Koalition zuliebe wieder um.

In einer Düsseldorfer Altstadtkneipe vereinbarten Scheel, Weyer und Zoglmann Widerstand.[487] Der Landesverband Nordrhein-Westfalen wurde so neben der Bonner Fraktion und Mendes „Brainpool" zum Hauptakteur im Herbst 1966. Sie waren ehemals Mendes Machtstützen. In der Fraktion hagelte es am 27. Oktober Kritik, vor allem von der nordrheinwestfälischen Führungsspitze Weyer, Zoglmann und Scheel. Der Fraktionsvorstand und auch Genscher setzten sich von Mende ab. Scheel meinte, er hätte dem Kompromiss nicht zugestimmt und kündigte seinen Rücktritt als Minister an. „Er drohe nie mit Rücktritt. Er trete zurück. Und zwar hiermit, auf der Stelle!"[488] Der Landesverband Nordrhein-Westfalen stellte sich auf Scheels Seite und gegen Mende. Er stand unter gewaltigen Druck, nahm aber den als Leichtfuß und Lebemann titulierten Scheel nicht ernst: „Lieber Walter, wir sind gemeinsam in die Bundesregierung gegangen und werden sie auch gemeinsam verlassen, wenn die Bundestagsfraktion dies beschließt. Für Extratouren ist diese Angelegenheit zu ernst!"[489] Doch die Fraktion wollte die Koalition beenden: Moersch – aus Mendes „Brainpool" – bereitete zusammen mit Wolfram Dorn einen entsprechenden Antrag vor. Die Fraktion stimmte mit 27 von 44 Stimmen dafür, die Koalition aufzukündigen.[490] Mende und die Minister Dahlgrün und Bucher gaben dem Druck der Fraktion nach und traten ebenfalls von ihren Ämtern zurück.

Mende fühlte sich durch „einige Heißsporne" vor vollendete Tatsachen gestellt.[491] Er war Getriebener der Ereignisse. Die Fraktion hatte er schon lange nicht mehr im Griff. Seit er 1963 die Führung abgegeben hatte, war sie seinem Einfluss entglitten, vor allem 1966. Eine Rücktrittsdrohung Mendes

---

[485] Bild, 27. Oktober 1966.
[486] Hamburger Abendecho, 27. Oktober 1966.
[487] Vgl.: Ende einer Dienstfahrt, in: Der Spiegel, 20. Jg., Nr. 45, 31. Oktober 1966, S. 37.
[488] Baring, Arnulf: Diplomatie, Politik und Zeitgeschichte. Mr. Bundesrepublik: Walter Scheel, in: Genscher, Hans-Dietrich (Hrsg.): Heiterkeit und Härte. Walter Scheel in seinen Reden und im Urteil von Zeitgenossen. Festschrift zum 65. Geburtstag, Stuttgart 1984, S. 19-46, hier: S. 39 [im Folgenden zitiert als: Baring, in Genscher, 1984]. Vgl.: Siekmeier, 1998, S. 287.
[489] Mende, 1988, S. 304.
[490] Am 29. Oktober billigte der Hauptausschuss die Entscheidung.
[491] Mende, 1972, S. 215.

als Parteichef zur Disziplinierung der Fraktion wäre im Herbst 1966 wirkungslos verpufft.

Erneut hatte die Fraktion somit eine wichtige Entscheidung gefällt und an Terrain gegenüber dem Parteivorsitzenden gewonnen. Bei Regierungsbildungen und Koalitionskrisen, so 1961, 1965 und 1966, war sie das Gravitationszentrum im Entscheidungsprozess. Die Fraktion war stets stärker als der Ministerflügel der Partei darauf bedacht, sich vom Koalitionspartner abzuheben. 1966 drohte eine erneute Spaltung der FDP in Fraktions- und Ministerflügel. Es gab Parallelen zu den Koalitionskonflikten Mitte der 1950er Jahre unter dem Partei- und Fraktionsvorsitzenden Dehler.

Maßgeblich verantwortlich für die Entwicklungen im Oktober 1966 waren – neben anderen aus Mendes „Brainpool" – Bundesgeschäftsführer Friederichs und Fraktionsgeschäftsführer Genscher. Sie waren erst 1965 in den Bundestag gewählt worden und hatten in der Fraktion bereits eine starke Stellung. Ihnen gelang es, die Bonner Fraktion von Mendes Kurs zu entfremden.[492] Der Landesverband Nordrhein-Westfalen führte beim Regierungsaustritt Regie und stellte sich gegen sein Mitglied Mende. Der Vorsitzende Weyer lenkte ohne eigenes Bundestagsmandat die Abgeordneten aus Nordrhein-Westfalen. Hieran zeigte sich die enorme Machtstellung Weyers und seines Landesverbands. Er war der starke Mann im Hintergrund. Genscher wirkte in der Fraktion. Scheel war – wie Jahre zuvor Döring – Befürworter eines Bündnisses mit der SPD. Ihm gelang es im Gegensatz zu Döring, die Koalition zu sprengen. Scheel meldete damit seinen Anspruch auf die Führung der FDP an.

Doch der Zerfall der Koalition 1966 war nur äußerlicher Ausdruck einer veränderten innenpolitischen Situation in der Bundesrepublik. Die finanz- und steuerpolitischen Differenzen in der Koalition waren nur der Anlass für den Koalitionsbruch. Die Gemeinsamkeiten zwischen FDP und Union waren aufgebraucht. Erhard erwies sich als Kanzler schwächer als der Wirtschafts(wunder)minister. Die persönlichen Abneigungen waren gestiegen. Der Fraktionschef der Union im Bundestag Barzel und der CSU-Vorsitzende Strauß wollten die FDP aus der Regierung drängen, die sie um ihre Ministerposten gebracht hatte.

---

[492] Zur Rolle besonders von Genscher vgl.: Ende einer Dienstfahrt, in: Der Spiegel, 20. Jg., Nr. 45, 31. Oktober 1966, S. 34.

Das Ende seiner Zeit als Minister wie auch der FDP-Regierungsbeteiligung kam für Mende völlig überraschend. Genau an seinem 50. Geburtstag am 28. Oktober 1966 erhielt er seine Entlassungsurkunde. Ihm fiel der Abschied „nicht leicht."[493] Das Ministeramt war sein Lebensziel. Als lange Zeit erfolgreicher Minister war er den Konflikten in der Partei enthoben und konnte ähnlich wie Maier eine Art präsidialen Führungsstil pflegen. Das änderte sich am 28. Oktober 1966 komplett. Die Presse kommentierte: „Erst die Zukunft kann erweisen, ob Erich Mende seinen fünfzigsten Geburtstag einmal zu einem Markstein nicht nur seiner persönlichen Biographie, sondern auch seiner politischen Karriere zählen wird."[494] Doch sein 50. Geburtstag wurde zum Wendepunkt, gar zum Endpunkt in Mendes politischer Karriere.

6.13 1966/1967: Vom Parteivorsitzenden des Ausgleichs zum „galligen Flügelmann" – Mende als Oppositionspolitiker

6.13.1 Koalitionsverhandlungen 1966: Mende als opportunistischer Mann der Exekutive

Mende und die Parteiführung waren auf den Tag X nicht im geringsten weder programmatisch noch personell gewappnet. Der Vorsitzende lieferte auf der Sitzung des Hauptausschusses kaum Perspektiven für die Zukunft der Partei. „Sind wir deshalb hergekommen? Wie lange wollen Sie uns mit derartigen Dingen noch langweilen! Wir sind doch hierhergekommen, um über die Situation zu reden!"[495]

Über die Koalitionspläne war die Partei gespalten. Die Landesverbände Nordrhein-Westfalen, Berlin, Bremen und Hamburg wollten eine Koalition mit der SPD.[496] Bayern und Schleswig-Holstein plädierten für die Opposition. Baden-Württemberg wiederum tendierte eher zu einer Koalition mit der Union denn der SPD in Bonn. Besonders der linke Flügel, allen voran Hamm-Brücher, Flach und Rubin wie auch die Jungdemokraten, wollte die Abhängigkeit von der Union lockern und sich der SPD annähern. Erstmals

---

[493] Mende, 1988, S. 305.
[494] Sektgläser klingen nach dem Koalitions-Konkurs, in: Stuttgarter Zeitung, 29. Oktober 1966.
[495] Bundeshauptausschuss am 29. Oktober 1966, AdL, A 12-63. Zitiert nach: Siekmeier, 1998, S. 290.
[496] Landesvorstand der nordrhein-westfälischen FDP am 5. November 1966, AWDS, Ia/5. Siehe: Siekmeier, 1998, S. 292

kamen Forderungen nach einer Koalition mit der SPD nicht nur aus der Partei. Eine solches Bündnis war mittlerweile auch in der konservativ-mittelständischen Fraktion mehrheitsfähig.[497] Dem mächtigen Fraktionsmanager Genscher war daran gelegen, sich alle Optionen offenzuhalten.[498]

Mende hingegen betrieb Schadenabwicklung und wollte die bürgerliche Koalition retten. Er vereinbarte mit dem Kanzler eine Abkühlungsfrist, in der die Minister – außer Dahlgrün – geschäftsführend im Amt bleiben sollten. Doch die Union widersetzte sich den Plänen.

Ziel des Parteivorsitzenden war es, die FDP auf jeden Fall an der Regierung zu beteiligen. Sollte das mit der Union nicht mehr möglich sein, so war Mende nun auch zu einer Koalition mit der SPD bereit. Er befürchtete beim Sturz der FDP in die Opposition die politische Bedeutungslosigkeit der Partei und das Ende seiner eigenen politischen Ambitionen. Bei seinen Koalitionsavancen ging es ihm daher auch um seine eigene Karriere und um ein Ministeramt. Das lies ihn seine Vorurteile gegenüber der SPD vergessen.[499] Er war trotz des Parteiamtes ein Regierungspolitiker, ein Mann der Exekutive. Schon aufgrund seines Habitus war er unfähig, das Profil der Partei in Oppositionszeiten zu schärfen. In der Oppositionszeit fürchtete er Richtungs- und Programmdiskussionen, denen er nicht gewachsen wäre. Das wollte er durch eine Regierungsbeteiligung egal mit welcher großen Partei verhindern.

Doch die politische Bedeutungslosigkeit Mendes und die Macht des nordrhein-westfälischen Landesvorsitzenden Weyer wurden bereits am 7. November bei der Fraktionsabstimmung über den SPD-Antrag deutlich, Erhard möge die Vertrauensfrage stellen. Mende hielt es für nicht loyal, sich dem Antrag anzuschließen und sich an der Abstimmung zu beteiligen, da er noch an eine Neuauflage des bürgerlichen Bündnisses glaubte. Weyer, nicht Mitglied der Fraktion, war nach Bonn gereist, um sicher zu stellen, dass alles nach seinem Plan lief. Mit 27 zu 15 Stimmen konnte er seine Linie durchsetzen, gemeinsam mit der SPD den Kanzler aufzufordern, die Vertrauensfrage zu stellen. So demonstrierte er Bereitschaft für Koalitions-

---

[497] Siehe: Josten, a. a. O., S. 180.
[498] Landesvorstand der nordrhein-westfälischen FDP am 5. November 1966, AWDS, Ia/5. Siehe: Siekmeier, 1998, S. 293.
[499] Vgl.: Siekmeier, 1998, S. 430.

verhandlungen mit der SPD.⁵⁰⁰ Zudem war vereinbart worden, dass sich die Minderheit der Fraktion der Mehrheit beugen sollte. Mende als Parteivorsitzender musste zwischen den divergierenden Positionen abwägen. Die Beschlüsse einer Klausurtagung von Vorstand und Fraktion hielten daher alle Koalitionsoptionen offen.⁵⁰¹

Erschwert wurden die Verhandlungen durch die bayerische Landtagswahl. Der Landesvorsitzende Klaus Dehler sprach sich vehement gegen eine Koalition mit der Brandt-SPD aus.⁵⁰² Bei den Landtagswahlen am 20. November 1966 schied die FDP mit 5,1 Prozent aus dem Maximilianeum aus, da sie in keinem der Regierungsbezirke 10 Prozent erreichen konnte. Die Verhandlungsposition der FDP war geschwächt. Nach Hessen zog auch in Bayern die NPD in den Landtag und bedrohte die Position der FDP, da sie vor allem in deren ehemaligen Hochburgen Erfolge verbuchen konnte. Es zeigte sich, dass das Schicksal der Liberalen nicht nur von den großen Parteien abhing. Bereits bei der Hamburger Wahl im Frühjahr war es der NPD gelungen, die bürgerlichen Hochburgen der FDP zu schleifen. An eine Neuauflage des alten Bündnisses in Bonn war zudem angesichts der gestiegenen Bedeutung der CSU nicht mehr zu denken. Zu Kompromissen waren CSU und Strauß nicht bereit. Der CSU-Vorsitzende wollte Minister werden.

Am 22. November 1966 begann die FDP Koalitionsverhandlungen sowohl mit der SPD als auch mit der Union. Mende, Weyer, Bucher und von Kühlmann-Stumm bildeten die Spitze einer Mammutdelegation. Die Einbindung nahezu aller Führungskräfte zeugte von grenzenlosem Misstrauen untereinander und besonders Mende gegenüber. Die Freien Demokraten agierten bei den Verhandlungen führungs- und konzeptlos. Die Vorurteile über die sprunghaften Liberalen schienen bestätigt. Man machte der Union Versprechungen, sagte der SPD hingegen in der gleichen Angelegenheit

---

⁵⁰⁰ Am 8. November setzen SPD und FDP den Antrag auf die Tagesordnung des Bundestags. Der SPD-Antrag wurde angenommen.
⁵⁰¹ Nürnberger Beschlüsse der FDP vom 15. November 1966. Vgl.: Siekmeier, 1998, S. 296.
⁵⁰² Die bayerischen Liberalen standen angesichts des erwarteten Erfolges der NPD bei den Landtagswahlen mit dem Rücken zur Wand. Die Besonderheiten des Wahlrechts, nachdem eine Partei nicht nur mindestens 5 Prozent auf Landesebene, sondern auch 10 Prozent in einem Regierungsbezirk erreichen musste, um in das Maximilianeum einzuziehen, erlaubten nur einer der beiden kleinen Parteien den Erfolg. Nur in Mittelfranken hatten NPD und FDP die Chance, 10 Prozent zu erreichen. Eine Entscheidung der FDP, Brandt zum Kanzler zu wählen, hätte das sichere Aus der FDP bedeutet.

das Gegenteil zu.⁵⁰³ Zudem standen außen- und deutschlandpolitischen Gemeinsamkeiten mit der SPD Differenzen in Sozial-, Wirtschafts- und Haushaltsfragen gegenüber. Knappe Mehrheitsverhältnisse und Zweifel an der Zuverlässigkeit der FDP taten ein Übriges. Ebenso gab es Misstrauen auf der kulturell-lebensweltlichen Ebene zwischen Bürgertum und Arbeiterschaft. Im Verhältnis zur Union dominierten die Konflikte in der Deutschland- wie auch Steuerpolitik. Vor diesem Hintergrund wurden am 24. November unter maßgeblichem Einfluss von Wehner sowie von und zu Guttenberg die Weichen für eine Große Koalition gestellt.⁵⁰⁴

Mende geriet aufgrund der Entwicklungen in Bonn und Düsseldorf – nicht nur im Bund, auch im größten Bundesland drohte eine Große Koalition – in die Enge und versuchte die Flucht nach vorn. Wie so oft, wenn sich der Vorsitzende aus seiner Deckung heraus wagte, ging es schief. Er bot Brandt und der SPD eine Koalition bis zum Ende der Legislaturperiode an. „Vor die Wahl gestellt zwischen einer die Liberalen ausschließenden Großen Koalition und einem SPD/FDP-Kabinett schien [dem; d. V.] Partei- und Fraktionsvorsitzende[n] letzteres das noch geringere Übel zu sein."⁵⁰⁵ Alle Abgeordneten der FDP würden Brandt ihre Stimme geben, so Mende wider besseren Wissens. Doch die Fraktion war gespalten. Unter anderem Josef Ertl aus Bayern und der Industrielobbyist Menne waren die Wackelkandidaten. Ertl verkündete, er fühle sich an Mendes Erklärung nicht gebunden. Die SPD war verunsichert. Aber Mende taktierte weiter: Am Ende der Verhandlungsrunde am 25. November 1966 bat er die SPD, seine Koalitionsofferte vorerst vertraulich zu behandeln, man habe schließlich am Nachmittag noch einen Termin mit der Union.⁵⁰⁶ Vor dem Treffen mit Kurt Georg Kiesinger, dem Kanzlerkandidaten der Union, meinte Mende wiederum, die FDP wäre in der Koalitionsfindung frei. Bei einer Pressekonferenz mit Kiesinger gab Mende dann zu, man habe der SPD eine Erklärung gegeben.

---

⁵⁰³ Vgl.: Knorr, Heribert: Der parlamentarische Entscheidungsprozeß während der Großen Koalition 1966-1969. Struktur und Einfluß der Koalitionsfraktionen und ihr Verhältnis zur Regierung der großen Koalition, Meisenheim am Glan 1975, S. 85-89 (Studien zum politischen System der Bundesrepublik Deutschland, Bd. 9) [im Folgenden zitiert als: Knorr, a. a. O.].
⁵⁰⁴ „Herbert Wehner wollte die Generalabsolution von seiner kommunistischen Vergangenheit von der Partei, die über das Kreuz vertügt!" Wehner sah die Große Koalition als Zwischenstufe für die Regierungsfähigkeit der SPD. Mende, 1988, S. 312. Auch Strauß unterstützte die Große Koalition. Brandt favorisierte eine Koalition mit der FDP.
⁵⁰⁵ Schollwer-Tagebücher 1966-1970, Die Situation im Herbst 1966, AdL, 6966/100. Zitiert nach: Siekmeier, 1998, S. 299.
⁵⁰⁶ Bayerische FDP weiter gegen Brandt / Mende handelte auf eigene Faust, in: Westdeutsche Allgemeine Zeitung, 28. November 1966.

Kiesinger war düpiert. Damit war die Entscheidung für eine Große Koalition gefallen, zumal die Liberalen erneut Steuererhöhungen zum Ausgleich des Haushalts ablehnten. Als am 28. November Vorstand und Fraktion der Liberalen einstimmig – Ertl stimmte nur widerwillig zu – die Verhandlungen einschließlich Mendes Koalitionsangebot an die SPD billigten, war es zu spät.[507]

Karl Schiller beschrieb den von Mende zu verantwortenden Zustand der Liberalen während der Koalitionsverhandlungen: „Bei der FDP war es oft menschlich sehr zwanglos. Dann hatten sie unsere Papiere immer nicht. [...] Es war [...] weithin unklar und allgemein. [...] [Die FDP-Fraktion; d. V.] zerfällt in 49 Moleküle. [...] Natürlich, Willy Brandt wäre Kanzler geworden. [...] Vielleicht, oder er wäre aber da ins Bassin gesprungen ohne Wasser, rin in den Zement."[508] Auch Helmut Schmidt skizzierte den inneren Zustand der Mende-FDP treffend: Die Liberalen seien unzuverlässige, flatterhafte und windige Gesellen, in ihrer Integration ähnlich einem parlamentarischen Club der Paulskirche, aber keiner Partei. In einer Art Torschlusspanik habe die Partei am 25. November plötzlich Dinge akzeptiert, die zuvor noch Tabu waren. Er habe während der Verhandlungen einen Eindruck gewonnen „von der inneren Labilität dieser FDP als Partei und von der politischen Labilität auch einer Reihe ihrer führenden Personen [...], alles Leute, die am Rande ihres politischen Absturzes stehen und sich natürlich an Strohhalme klammern müssen." Auch sei „die Führung jener Partei selber unsolide [...], daß sie in ihrer Existenzangst heute bereit ist, zu allem und jedem Ja zu sagen, auch zu dem, was sie selber noch gar nicht hat durchdenken können, weil sie es noch gar nicht verstanden" habe. „Eine Koalition mit dieser Partei" komme „einem Desaster der deutschen Sozialdemokratie innerhalb von sechs oder neun Monaten" gleich. Schmidt sah die opportunistische FDP gar als das Grundübel der politischen Struktur der Bundesrepublik.[509]

Mendes Befürchtung trat ein. Die Liberalen trudelten führungslos in die Opposition und sahen sich einer Großen Koalition gegenüber. Die FDP war

---

[507] Bundesvorstand / Bundestagsfraktion am 28. November 1966, S. 717. Vgl.: Knorr, a. a. O., S. 89-90. Siekmeier, 1998, S. 299-304. Zundel, Rolf: Wie die Würfel fielen, in: Die Zeit, 2. Dezember 1966.
[508] Schiller am 28. November 1966 im SPD-Parteivorstand, Parteirat, Kontrollkommission, Archiv für soziale Demokratie. Zitiert nach: Siekmeier, 1998, S. 302-303.
[509] Schmidt am 28. November 1966 im SPD-Parteivorstand, Parteirat, Kontrollkommission, Archiv für soziale Demokratie. Zitiert nach: Siekmeier, 1998, S. 303-304.

von der Eigendynamik überrascht, die der Rücktritt der Minister ausgelöst hatte. Es hatte sich gezeigt, dass die Gruppe der Neuerer zwar stark genug war, die Regierung Erhard scheitern zu lassen, sie konnte aber noch nicht die Folgen steuern.

Mende hatte bei den Koalitionsverhandlungen keine Strategie. Er erschien zu sehr als Lavierer und Taktiker, der beim besten Angebot zuschlagen wollte, sich aber in den eigenen Fängen verhedderte. Zudem hatte er den Ernst der Lage unterschätzt und ließ sich dadurch in die Defensive drängen. Noch 1961 und 1965 hatte er sein Hauptziel erreicht, als die FDP mit der Union koalierte. Doch die Freidemokraten waren noch in den Kategorien des Bürgerblock-Denkens verharrt, als die SPD bereits zum potenziellen Partner der Union geworden war.[510] Die SPD drängte nahezu um jeden Preis in die Regierung, die Union war der Profilierungssucht der FDP – auch in den Koalitionsverhandlungen – überdrüssig.

Nicht nur in Bonn, auch in Stuttgart kam die Große Koalition. Die FDP stürzte durch taktisches Ungeschick in die Opposition. Sie hatte mit verdeckten Karten gespielt und sowohl mit der CDU als auch mit der SPD verhandelt. Als die Zeichen in der FDP auf sozialliberale Koalition standen, bot Hans Filbinger der SPD eine Koalition an. Die FDP war ausgespielt.[511] Mende selbst hatte auf die Entwicklungen in Baden-Württemberg keinen Einfluss. In Düsseldorf jedoch gelang es der Weyer-FDP, der CDU zuvorzukommen und mit der SPD eine neue Regierung unter Heinz Kühn zu bilden. Die SPD-Basis und die Landtagsfraktion hatten sich gegen eine Große Koalition gewehrt.[512] Weyer war der Macher. Ihm glückte, was Mende in Bonn versagt war. Auf das Koalitionsangebot Weyers hatte Mende keinen Einfluss.

Nach dem Sturz in die Opposition wirkte die Partei wie gelähmt. Sie war perspektiv- und orientierungslos. In ihrer politischen Substanz war sie ausgelaugt. Die Regierungsbeteiligung hatte dieses Dilemma überdeckt.[513] Weder konzeptionell, programmatisch noch personell waren die Liberalen

---

[510] Siehe: Kaack, a. a. O., S. 28.
[511] Vgl.: Adam, in Rothmund / Wiehn, S. 239-240. Hofmann, in Rothmund / Wiehn, S. 275-278.
[512] Vgl.: Baring, 1998, S. 59. Papke, 1998, S. 319-328.
[513] Vgl.: Josten, a. a. O., S. 196. Wildermuth, Ulrich: Von der FDP zur F.D.P, in: Mischnick, Wolfgang (Hrsg.): Verantwortung für die Freiheit. 40 Jahre F.D.P., mit einem Vorwort von Otto Graf Lambsdorff, Stuttgart 1989, S. 194-214, hier: S. 201 [im Folgenden zitiert als: Wildermuth, in Mischnick].

auf die Oppositionszeit vorbereitet. Die Reformansätze waren nicht ausgereift. Die Partei hatte zu oft reagiert und äußerem Druck nachgegeben statt selbst zu agieren. Es mangelte an Konzepten, auf Basis derer sie frei von Regierungsverantwortung Profil entwickeln konnte. Mendes Scheu vor programmatischen Diskussionen und Festlegungen fiel auf die Partei zurück. Die administrativen Möglichkeiten der FDP waren eingeschränkt. Ihr personelles und materielles Potenzial erschöpfte sich damit, den Rollenwechsel der Partei zu verdauen. Für eine effektive Opposition fehlten der Mende-FDP die Voraussetzungen.[514] Die NPD bedrohte die FDP von rechts. Zudem sah sie sich außerparlamentarischem Protestpotenzial ausgesetzt. Außerdem schwebte das Damoklesschwert der Wahlrechtsänderung über den Liberalen. Als Oppositionspolitiker stand Mende daher mit dem Rücken zur Wand.

6.13.2 1967: Neue Machtverhältnisse in der Opposition – Mendes Position wankt

Änderungen in der sozialen Basis, schwindende Legitimation von CDU/CSU, die Studentenbewegung und das Scheitern der Wiedervereinigungspolitik bewirkten einen Wandel in der FDP. Die Große Koalition mit ihren Wahlrechtsabsichten wie auch neue Ideen in der Deutschlandpolitik wirkten wie ein Katalysator im Gärungsprozess. In der Krise der Partei mehrten sich die Forderungen nach einem neuen Programm, neuen Koalitionsoptionen und einer neuen Führung. Es wurden Forderungen nach einer radikal-demokratischen, radikal-liberalen Opposition laut.[515] Die FDP schwenkte nach links. Fraktion, Landesverbände, Reformer und „Brainpool" formierten sich zunehmend gegen den Bundesvorsitzenden. Zankapfel wurde vor allem die Ost- und Deutschlandpolitik, wo sich in den letzten Jahren Alt- und Jungliberale gemeinsam als Vordenker profiliert hatten.

---

[514] Die Reihenfolge der Redner im Plenum des Bundestags war abhängig von der Stärke der Fraktionen. Die FDP-Abgeordneten hatten also kaum eine Chance, sich gegenüber den Mehrheitsparteien Gehör zu verschaffen. Die meisten Abgeordneten saßen zudem in drei Parlamentsausschüssen. Die Fraktion hatte keine Sperrminorität gegen Grundgesetzänderungen. Sie konnte weder eine Sondersitzung des Bundestags oder eine Normenkontrollklage beim Verfassungsgericht erzwingen noch einen Untersuchungsausschuss einsetzen. Union und SPD weigerten sich lange, die Minderheitenrechte im Parlament zu stärken.
[515] Flach propagierte die „radikal-demokratisch[e]" FDP. Flach, Karl-Hermann: FDP und Große Koalition, in: liberal, 10. Jg., H. 3/1967. Zitiert nach: Zitiert nach: Flach: Karl-Hermann: Liberaler aus Leidenschaft, mit einem Geleitwort von Walter Scheel, München – Gütersloh – Wien 1974, S. 107-110, hier: S. 110 [im Folgenden zitiert als: Flach, 1967, in Flach, 1974].

Auch wenn sich die Fraktion – eigentlich Machtzentrum – ab 1966 gegen Mende stellte und er seine Hausmacht verlor, so taugte sie ab 1966/1967 doch nicht als Instrument einer Neuorientierung. Sie war numerisch schwach und als einzige Oppositionsfraktion überaus beansprucht. Zudem war sie infolge der Wahl 1965 mittelständisch und national geprägt. Die klassischen Machtzentren Bundestagsfraktion und Landesverbände waren weder Ursprung noch treibende Kraft der Opposition gegen Mende. Zu Beginn des Jahres 1967 stützten ihn immer noch die Landesverbände. Nordrhein-Westfalen – vor allem Weyer – stand trotz aller Vorbehalte und Koalitionstaktik hinter Mende.

Plattform der Umstellung auf einen neuen Kurs wurde die Bundespartei. In der Oppositionszeit nahm besonders die Bedeutung der Geschäftsstelle unter Friederichs zu, die zum Hort der Reformer wurde. 1967 gelangten erneut Indiskretionen aus der Bundesgeschäftsstelle an sieben Redaktionen. Mende lastete dies seinen hauptamtlichen Mitarbeitern an und kündigte personelle Konsequenzen an.[516] Es zeigte sich daran, dass die Parteizentrale und ihre Mitarbeiter auf Distanz zu ihrem Vorsitzenden gingen. Friederichs hatte sich von Mende emanzipiert. Bei seinem Amtsantritt 1964 galt er als dessen Mann, doch er schlug sich immer stärker auf die Seite der Reformer, je stärker die innerparteilichen Auseinandersetzungen wurden. Hatte er als Wahlkampfleiter 1965 noch die Wiederauflage der Koalition mit der Union vorbereitet, so wollte Friederichs 1967 eine Koalition mit der SPD möglichst noch vor Ablauf der Legislaturperiode bilden.

Die innerparteiliche Opposition gegen Mende kam so aus seiner engster Umgebung, aus seinem „Brainpool", den er ab 1960 geschaffen hatte. Mit seinem Beraterkreis um Friederichs, Genscher, Marx, Moersch und Schollwer war er sehr erfolgreich gewesen. Die deutschlandpolitische Neuorientierung war hier entstanden. Mende hatte als Minister Rückhalt gefunden. Doch er ließ seine Mitarbeiter gewähren und verkannte, dass sich der Kurs der Partei völlig änderte und seine Autorität untergraben wurde. Seine Zöglinge preschten immer weiter vor, forderten gar die Anerkennung der DDR und der Oder-Neiße-Linie. Obwohl sie über keine Hausmacht in der FDP verfügten und keine typischen Parteifunktionäre waren, bestimmten sie zunehmend das Agendasetting, die Öffentlichkeitsarbeit und den Kurs

---

[516] Bundesvorstand am 2. April 1967, S. 739-740. Auch bei vertraulichen Sitzungen des Bundesvorstands waren der Bundesgeschäftsführer, sein Stellvertreter und meist sowohl der Pressechef wie auch dessen Stellvertreter anwesend.

der Partei. Sie hatten gute Kontakte zu den Medien, die Mendes Autorität zerstörten. Es wurden Signale nach außen gesandt, die Menschen anzogen, deren Vorstellungen bei weitem das überstiegen, was Mende durch seine Deutschland- und Ostpolitik bislang angestoßen hatte.

1967 bildete sich ein Riss in der Partei. Drei Personengruppen formierten sich, deren Grenzen aber nicht direkt zwischen dem (ehemaligen) Minister- und dem Reformflügel verliefen.[517] Die Rebellen – zum Teil aus Mendes „Brainpool" – um die Jungdemokraten, Dorn, Friederichs, Hamm-Brücher, Moersch, Rubin, Schollwer, aber auch Borm, Bucher und Rademacher traten selbstsicherer und forscher auf. Mit publizistischer Unterstützung von Augstein, Flach, Nannen und Schroers begriffen sie die Opposition als längerfristiges Anliegen, um innerparteilich einen radikal-demokratischen Wandel durchzusetzen und eine Art Fundamentalopposition zu schaffen, die auch Brücken zur außerparlamentarischen Opposition schlagen sollte. Verluste bei der Wählerschaft am rechten Rand wurden als Preis für die Neuorientierung in Kauf genommen.

Mende, von Kühlmann-Stumm und Zoglmann bevorzugten hingegen eine moderate Opposition, um sich den Weg zurück zur CDU/CSU nicht zu verbauen. Mende dachte nicht daran, die FDP zur Avantgarde des gesellschaftlichen Fortschritts zu machen, um sich von den regierenden Parteien zu unterscheiden. Die FDP könne sich nicht von dem lösen, was sie in der Regierung vertreten habe. Was gestern richtig war, kann heute nicht falsch sein, so der Parteivorsitzende.[518] Besonders in der Deutschland- und Außenpolitik sprach er sich für ein Höchstmaß an Gemeinsamkeit mit der Regierung aus. Für ihn kam nur eine begrenzte Profilierung in der Deutschlandpolitik in Betracht, die sich an seiner Politik der kleinen Schritte und an der Wahrung der Rechtsstandpunkte orientieren sollte. Weyer unterstützte Mendes Kurs, war aber wie in Nordrhein-Westfalen zu einer Koalition mit der SPD bereit.

Für Mischnick, Scheel und Genscher, die Pragmatiker der Mitte, hingegen war eine realistischere Deutschlandpolitik eher als Medium für die Annäherung an die SPD von Bedeutung.[519] Ihr Ziel war es, neue Wählerschichten zu gewinnen, um die Fixierung auf das Bürgertum zu durchbrechen und

---

[517] Hier ist Görtemaker zu widersprechen. Siehe: Görtemaker, a. a. O., S. 473.
[518] Siehe: Schollwer-Tagebücher 1966-1970, 22. Januar 1967, AdL, 6966/100.
[519] Vgl.: Erhard, in Hübsch / Frölich, 248-251.

mittelfristig die sozialliberale Option zu ermöglichen. Doch sie waren keine Strategen, sondern Taktiker. Vor allem Genscher als Machtzentrum in der Fraktion diente als Informant und Souffleur im Neuorientierungsprozess der FDP.[520] Bleiben die Erfolge aus, so stehen FDP-Vorsitzende auf der Abschussliste. So war es auch 1966/1967. Die Kritik an Mende wurde stärker, je mehr er der bürgerlichen Koalition nachtrauerte und sie neu beleben wollte. In einer radikal-demokratischen FDP nach Flachs, Hamm-Brüchers, Rubins und Schollwers Vorstellungen war für Mende kein Platz mehr. Auch die Pragmatiker der Mitte planten die Zukunft der Partei ohne ihn. Der ehemalige Bundesminister und Vizekanzler verkörperte das bürgerliche Image und die Koalitionsausrichtung auf die Union und wurde in weiten Kreisen nicht als der Mann gesehen, der die FDP in der Opposition führen, ihr Profil schärfen und sie auf eine Koalition mit der SPD vorbereiten konnte.[521] Die Versuche einer Ablösung Mendes zielten so auch gegen ein traditionelles personalpolitisches Führungsmuster und die durch ihn symbolisierte gouvernementale Grundorientierung der Partei. Lange Zeit verkörperte zudem der Anführer der FDP die Struktur der Mitgliedschaft und der von der Partei vertretenen Interessengruppen. Das änderte sich ab 1967, als die Oppositionspartei Anziehungspunkt neuer gesellschaftlicher Kräfte wurde. Mende geriet ins Abseits. Seine Gegner waren moderner und frischer als seine konservative und honorable Bürgerlichkeit.

6.13.3 Januar 1967: Der „Brainpool" rebelliert – Mende verpasst den Moment zum Wandel

Bereits kurz nach dem Sturz in die Opposition war Mendes Position als Parteivorsitzender umstritten. Im Landesausschuss der nordrhein-westfälischen FDP am 10. Dezember in Essen hatte er seine Konsensstrategie aufgegeben und schonungslos die Defizite der Freidemokratischen Partei aufgedeckt. Er übte Kritik an der Verhandlungstaktik der Bonner Fraktion während der Koalitionsverhandlungen. Seine Abrechnung war ein schonungsloser und erregter Rundumschlag, der Schmidts Philippika bestätigte. Die Fraktion sei durch ein Klima gegenseitigen Misstrauens geprägt, heillos zerstritten und praktisch handlungsunfähig. Mende polari-

---

[520] Siehe: Koerfer, 1981, S. 90.
[521] Vgl.: Josten, a. a. O., S. 192-193. Lösche / Walter, a. a. O., S. 67.

sierte und drohte denjenigen, die eine Koalition mit der SPD anstrebten, mit Konsequenzen bei der Listenaufstellung für die nächste Bundestagswahl. Doch viele Delegierte in Essen machten die Parteiführung für die Zustände in der Fraktion verantwortlich, nahmen ihre Kollegen aus Bonn gegen die Vorwürfe in Schutz und übten Kritik an Mende wie dessen Führungsstil: „Es hat doch keinen Sinn, sich hier hinzustellen und dann die Stimmung anzuheizen für Dinge, die gelaufen sind, wenn man selbst sehr entscheidend mit daran gewirkt hat, daß die Dinge so gelaufen sind.",[522] so Wolfram Dorn im Hinblick auf den „Umfall" der Minister am 26. Oktober 1966 im Kabinett. Mende wiederum schlug zurück, bis ihm gar „politischer Rufmord" vorgeworfen wurde. Anspielungen auf charakterliche Defizite des FDP-Chefs machten die Runde.[523]

Am Ende der Sitzung blieb ein Scherbenhaufen. Mende selbst stand im eigenen Landesverband in der Kritik. Die Landesgruppe in Bonn zählte fortan zu seinen Gegnern. Seine Macht in der Fraktion schwand damit weiter. Falls Mende sein Verhalten nicht ändere, werde es wohl schon innerhalb einiger Wochen zu seiner Abwahl kommen, so Gerüchte.[524]

Mende hatte am 10. Dezember 1966 in Essen durch einen Wandel im Stil seiner politischen Führung eine weitere Etappe seines Niedergangs als Parteichef eingeleitet. Es war ein einzigartiger Vorstoß Mendes. In seiner gesamten politischen Karriere hatte er es bislang vermieden, eindeutig Stellung zu beziehen und Parteifreunde zu demütigen. Doch er war durch sein angekratztes Renommee wie auch durch den Verlust des Ministerpostens verbittert und gab – gerade 50-jährig und bereits das Karriereende vor Augen – im Dezember 1966 die Schuld vor allem der Fraktion, die er wie auch sein Vertrauter und Nachfolger von Kühlmann-Stumm nicht mehr beherrschte. Hatte er noch kurz zuvor das Außenministerium unter einem Kanzler Brandt vor Augen, drohte nun ein Absturz in die Bedeutungslosigkeit. Er schien zu spüren, dass auch seine Zeit an der FDP-Spitze ablief. Nach dem Gang in die Opposition war ihm mit der Kabinettsraison das wichtigste Züchtigungsinstrument, um Homogenität zu erreichen, abhanden gekommen. Seine Nerven lagen daher blank, er war verunsichert, zeigte

---

[522] Landesausschuss der nordrhein-westfälischen FDP am 10. Dezember 1966, AWDS, Ia/11. Siehe: Siekmeier, 1998, S. 305.
[523] Landesausschuss der nordrhein-westfälischen FDP am 10. Dezember 1966, AWDS, Ia/11. Siehe: Siekmeier, 1998, S. 305.
[524] Siehe: Generalanzeiger, 14. Dezember 1966.

offenkundige Führungsschwäche, polarisierte und suchte nach Schuldigen für sein persönliches Dilemma. Die Essener Krawalle und sein „Blackout"[525] waren Vorboten für die anstehenden öffentlichen Auseinandersetzungen.

Mende versuchte, die Partei auf die Opposition einzustellen. Doch die Handlungsfäden glitten ihm aus der Hand. Zur Neuorientierung der FDP trug er 1967 wenig bei. In seiner Erwiderung auf die Regierungserklärung Kiesingers vergab er die Chance, den Liberalen zu Beginn der Oppositionszeit zukunftsweisendes Profil zu geben.[526]

Bereits Ende November / Anfang Dezember 1966 hatte Mende die wichtigsten Mitarbeiter seiner ihm abtrünnigen Parteizentrale zum Brainstorming versammelt. Er beauftragte Fachreferenten, Positionspapiere zur Standortbestimmung und zur Oppositionsstrategie zu entwerfen. Marx, Schollwer und Schroers erarbeiteten in Mendes Auftrag drei Papiere zur Deutschlandpolitik und profilierten sich damit weiter gegen ihren Vorsitzenden. Schollwer preschte dabei weit vor: Er verwarf das Berliner Programm von 1957 und den Deutschlandplan von 1959. Stattdessen bekannte er sich zu seinen Ideen von 1962. Er plädierte dafür, Deutschlandpolitik als Entspannungspolitik zu betrachten. Dazu sollten der Alleinvertretungsanspruch aufgegeben, die DDR als zweiter deutscher Staat anerkannt und mit ihr auf allen Ebenen verhandelt sowie bereits vor einem Friedensvertrag die gegenwärtigen Grenzen akzeptiert und der Anspruch auf die deutschen Ostgebiete aufgegeben werden. Er forderte, die Bundesrepublik solle zu den ost- und südosteuropäischen Staaten volle diplomatische Beziehungen aufnehmen. Eine nationalstaatliche Wiedervereinigung rückte so in weite Ferne. Schollwer verband die Thesen mit Forderungen nach einer Sammlung aller radikal-demokratischen, liberalen Kräfte um eine politische erneuerte FDP. Er forderte die Zusammenarbeit von Parteien, die zu einer neuen

---

[525] Siekmeier, 1998, S. 306.
[526] Mende am 16. Dezember 1966 im Bundestag, in: Verhandlungen des Deutschen Bundestages, Stenographische Berichte, V. Wahlperiode, Bd. 63, Bonn o. J. [1967], S. 3857C-3869A.

Deutschlandpolitik unter Einschluss der DDR bereit waren.[527] Schollwer bekannte sich somit in aller Deutlichkeit zu einer Koalition mit der SPD. Am 9. und 10. Januar 1967 beriet der engere Bundesvorstand die Oppositionsstrategie. Doch offenbar hielt die FDP-Spitze um Mende das Reformpotenzial bereits für ausgereizt. Schollwers Ideen stießen auf Widerstand. Auch auf der Vorstandsklausur in Niederbreisig am 22. Januar 1967 waren Schollwers Positionen nicht mehrheitsfähig. Marx, Schollwer und Schroers wurde keine Gelegenheit gegeben, ihre Vorstellungen darzulegen. Mende schlug sich angesichts der Widerstände ganz auf die Seite der Kritiker Schollwers, zu denen Heinz Starke und Siegfried Zoglmann zählten. Der Vorsitzende scheute Konflikte. Er schwieg und verteidigte seinen Mitarbeiter nicht, obwohl er das Papier in Auftrag gegeben und ihm anfangs im kleinen Kreis wohlwollend gegenüber gestanden hatte.[528]

Doch Mende unterschätzte die neuen Machtverhältnisse. Niederbreisig wurde zu einem Wendepunkt. Bis dato hatten Schollwer und Schroers geglaubt, in Mende einen Unterstützer für eine neue Ost- und Deutschlandpolitik zu haben. Doch der ehemalige Gesamtdeutsche Minister distanzierte sich von seinen Äußerungen. Die Reformer und der „Brainpool" konnten nicht mit seiner Unterstützung bei einer neuen, radikaleren Deutschlandpolitik rechnen. Die Programmdiskussion in der FDP geriet ins Stocken, noch bevor sie richtig begonnen hatte.

Von Januar 1967 an begannen sich so bis in die Spitzenämter der Partei, die Widerstände gegen Mende und die beharrenden Kräfte im Bundesvorstand zu formieren.[529] Schollwers Papier war Katalysator. Es verknüpfte die Programm-, Koalitions- und Personaldiskussion so wirkungsvoll, dass die innerparteilichen Verhältnisse sich vollkommen veränderten. Durch das Schollwer-Konzept näherten sich die Positionen der Pragmatiker der Mitte denen der Reformer an und entfernten sich von denen der Konservativen. Mendes Schicksal verflocht sich mit den Ideen Schollwers, als er sie ab-

---

[527] Schollwer, Wolfgang: Deutschland- und Außenpolitik, in: Benz, Wolfgang / Plum, Günter / Röder, Werner: Einheit der Nation. Diskussionen und Konzeptionen zur Deutschlandpolitik der großen Parteien seit 1945, Stuttgart 1978, S. 208-217 (Neuzeit im Aufbau, Darstellung und Dokumentation, Bd. 3). Vgl.: Baring, 1998, S. 259-262. Erhard, in Hübsch / Frölich, S. 246-250. Josten, a. a. O., S. 188. Kaack, a. a. O., S. 35.
[528] Vgl.: Josten, a. a. O., S 188-189. Koerfer, 1981, S. 54.
[529] Vgl.: Josten, a. a. O., S. 189, 427.

lehnte. Er wurde zunehmend als die Ursache der internen Probleme der Partei gesehen.[530]

Mende war oft aus Macht- und Karrieresucht umgefallen und hatte sich von Grundsätzen und Festlegungen distanziert. Stets war er um Konsens bemüht und orientierte sich an den Strömungen bzw. Flügeln der Partei. Warum fiel er aber spätestens in Niederbreisig im Januar 1967 nicht erneut um und machte sich Schollwers Ideen zu Eigen, um die Partei zu integrieren und seine Macht zu retten?[531] Viele in der Partei erwarteten dies: „Wenn er erst einmal merkt, daß die Mehrheit hinter dem neuen Programm steht, ist er auch dafür."[532] Doch dass Mende als Oberschlesier eine Anerkennung der Oder-Neiße-Linie vor einem Friedensvertrag ablehnte, erklärt sich aus seiner Biografie. Mende war gegen den Abschied von der aktiven Wiedervereinigungspolitik. Für ihn war auch zu Zeiten als Minister Bewegung in der Deutschland- und Ostpolitik stets ein Mittel gewesen, die Wiedervereinigung zu erreichen. Eine neue Deutschlandpolitik aber wollte sich mit den Ergebnissen des Weltkriegs arrangieren und die DDR als gleichberechtigte Größe in der internationalen Politik ansehen. Das brächte nach seiner Ansicht das Ende des Anspruchs für Deutschland, als eine Nation leben zu können. Mende weigerte sich, das aufzugeben, wozu er sich durch Tradition, Prägung, Erziehung und Erfahrung verpflichtet fühlte.[533] Daher ruderte er ab 1967 von bereits eingenommenen Positionen zurück.

Mende hatte auch Skepsis bezüglich der langfristigen Pläne seiner Kontrahenten zur Reform der Partei. Er sah das für die Existenz der FDP entscheidende bürgerliche Zusammengehörigkeitsgefühl in Gefahr. Zudem war Mende Anfang 1967 der Meinung, dass die Mehrheit der freidemokratischen Mitglieder und Wähler seinen Kurs unterstützen und einen abrupten Umschwung in der Deutschland- und Ostpolitik nicht gutheißen würden. „Ich habe den Fehleinschätzungen geglaubt. [...] Ich habe geglaubt, ein Drittel der Partei stünde hinter Rubin, Schollwer und Schroers, zwei Drittel sei aber anderer Meinung. Darin haben mich die größten Landesverbände Nordrhein-Westfalen, Bayern, Baden-Württemberg und Niedersachsen bestärkt. Wenn Sie so wollen, habe ich also aus Opportunismus die Mehrheit

---

[530] Vgl.: Erhard, in Hübsch / Frölich, S. 249.
[531] Vgl.: Jansen, in Oppelland, S. 141.
[532] Ein FDP-Abgeordneter gegenüber dem *Stern*. Bissinger, Manfred: „Keine Angst vor Ulbricht", in: Der Stern, 20. Jg., Nr. 11, 12. März 1967, S. 20.
[533] Vgl.: Wildermuth, in Mischnick, S. 203-204.

so gesehen."⁵³⁴ Das war eine fatale Fehleinschätzung des Taktierers Mende. Er übersah die Machtverschiebungen in seiner eigenen Partei.

Außerdem schreckte der konfliktscheue Vorsitzende offensichtlich vor Widerständen oder gar Flügelkämpfen zurück, wenn er Schollwers Ideen vollends unterstützen sollte. Auch lag ihm eine Fundamentalopposition, wie sie seinen Kontrahenten vorschwebte, nicht. Parteienstreit war im zuwider. Er fühlte sich als Mann der Exekutive. Entscheidend dafür, dass er nicht erneut umfiel, war aber auch – und hier finden sich Parallelen zu seinem Auftritt in Essen –, dass er sich nicht zu denen bekennen wollte, denen er maßgeblich seinen Sturz als Minister und den Karriereknick zu verdanken hatte. Doch Mende wollte sich auch aus einem weiteren Grund nicht mit den Reformern und ihren Ideen identifizieren: Habituell trennten den bürgerlichen Offizier Welten von der neuen Generation in der Partei und ihren Vorstellungen von Politik und Gesellschaft. Das zeigte sich vor allem im März und April 1967.

6.13.4 März / April 1967: Showdown – Ein polarisierender Mende gegen Reformer, „Brainpool" und Medien

Mendes Position wankte. Die Macht der Medien, die er lange Zeit für sich nutzen konnte, schlug auf ihn zurück.⁵³⁵ *Stern*-Chefredakteur Nannen versuchte den freidemokratischen Parteivorsitzenden zu einer „völlig neuen Opposition"⁵³⁶ zu überreden. Die Liberalen sollten in einer radikalen Kehrtwendung aus der gemeinsamen Deutschland- und Ostpolitik aller Parteien des Bundestags ausscheren, die DDR und die Oder-Neiße-Grenze anerkennen und eine Konföderation beider deutscher Staaten im Sinne Moskaus und Ost-Berlins akzeptieren. *Der Stern, Der Spiegel, Die Zeit, Frankfurter Rundschau, Süddeutsche Zeitung* und auch die *ARD* würden die FDP hierin unterstützen. Als Mende ablehnte, forderte Nannen in einer „Kampfansage", Mende müsse den Posten als Parteivorsitzender freigeben.⁵³⁷ Er machte seinen publizistischen Einfluss geltend, um Mendes Sturz zu betreiben. *Der Stern* und *Der Spiegel* stellten den deutschlandpolitischen

---

⁵³⁴ Erich Mende am 28. November 19977 gegenüber Josten. Josten, a. a. O., S. 428-429.
⁵³⁵ Vgl.: Hill, Gunda / Dörgeloh, Volker / Hohlbein, Hartmut: Der Einfluss der Massenkommunikationsmittel auf den Richtungswechsel der FDP, in: Gegenwartskunde, 20. Jg. H. 3/1971, S. 277-287 [im Folgenden zitiert als: Hill et al., a. a. O.].
⁵³⁶ Mende,1988, S. 324.
⁵³⁷ Ebd., S. 324-325.

Reformern viele Seiten zur Verfügung. Ihre guten Kontakte zur Presse nutzten in München Hamm-Brücher, in Berlin Borm und in Frankfurt am Main Hans-Herbert Karry, um einen Wechsel an der Parteispitze zu propagieren. Auch *liberal* nahm eine auffallend distanzierte Haltung zur FDP ein und drängte mit Nachdruck auf politische Veränderungen. „Es ist absolut notwendig [...] sich gegenüber der FDP als Organisation distanziert zu verhalten."[538] Es begann der Weg der Provokation, den Schroers gegenüber Mende einschlug und bei dem er durch Beiträge in *liberal* von Marx, Rubin, Schollwer und Günter Hartkopf, dem Direktor der Berliner Senatsverwaltung für Bundesangelegenheiten, unterstützt wurde.

Mit Rückendeckung von Schroers und auch Friederichs suchten ab Februar die Verfasser der Papiere von Niederbreisig den Weg an die Öffentlichkeit. Im März druckte *Der Stern* Auszüge aus Schollwers Studie wie auch Rubins Artikel *Stunde der Wahrheit*. Schroers nutzte seine Verbindungen zum *Stern* und zu Nannen, damit die Artikel von Schollwer und später auch Rubin größere Publizität erfuhren. Die Wirkung einer Vorabveröffentlichung der Schollwer-Studie in *liberal* war noch verpufft.[539]

Offenbar handelte es sich bei den Veröffentlichungen im *Stern* nicht um eine von den Reformern frühzeitig geplante konzertierte Aktion. Die Reformer bestritten derartige Vorwürfe.[540] Bundesgeschäftsführer Friederichs war aber involviert.[541] Mende machte ihn – auch für die Indiskretionen in der Bundesgeschäftsstelle – verantwortlich und wollte ihn als Bundesgeschäftsführer absetzen.[542]

„Ein radikaler Plan macht in der FDP Furore." „Keine Angst vor Ulbricht."[543] Der Artikel über Schollwers Ideen trieb einen Graben in die Partei. Die Brisanz wurde durch die ausdrückliche Verknüpfung mit der Koalitionsfrage verstärkt. Der Führungskampf wurde angeheizt. Rubins Artikel *Stunde der Wahrheit*, der ebenfalls im *Stern* erschien, verstärkte den

---

[538] Schroers an Ernst Jouhy, 2. Februar 1967, AdL 9273. Zitiert nach: Josten, a. a. O., S. 429. Auch: Schroers, Rolf: Öffnung nach links, in: liberal, 9. Jg., H. 2/1967, S. 81-84.
[539] Rubin, Hans Wolfgang: Stunde der Wahrheit, in: liberal, 9. Jg., H. 3/1967, S. 161-164.
[540] So auch in einem Interview Rubins mit der Zeit. Höfer, Werner: Die Legende von Rubins Dolchstoß. Gespräch mit dem Bundesschatzmeister der Freien Demokraten, in: Die Zeit, 24. März 1967. Schollwer behauptete, er habe nie mit Rubin über die sukzessive Veröffentlichung der Beiträge gesprochen. Vgl.: Josten, a. a. O., S. 434.
[541] Siehe: Baring, 1998, S. 262.
[542] Vgl.: Josten, a. a. O., S. 190. Siekmeier, 1998, S. 318.
[543] Bissinger, Manfred: „Keine Angst vor Ulbricht", in: Der Stern, 20. Jg., Nr. 11, 12. März 1967, S. 18-20.

Riss in der FDP.[544] Er stützte die Thesen von Schollwer, Schroers und Marx aus Niederbreisig. Der Bundesschatzmeister rechnete schonungslos mit den Illusionen der Mende-FDP ab: Wer die Wiedervereinigung wolle, müsse sowohl die Oder-Neiße-Grenze wie auch die Existenz eines zweiten deutschen Staats anerkennen. Er propagierte daher eine realistische Deutschland- und Ostpolitik. Schollwer wie auch Rubin distanzierten sich aber von einer völkerrechtlichen Anerkennung der DDR.[545]

Mit den Artikeln von Rubin und Schollwer ging Mendes Demontage in die nächste Runde. „Der Kampf um einen neuen Kurs der FDP"[546] hatte allerdings bereits Jahre zuvor begonnen und nicht erst jetzt, wie Mende annahm. Im März 1967 offenbarten sich dabei die Kräfteverhältnisse in der Partei.[547]

Mende disqualifizierte Schollwers Artikel. Doch Schollwer konnte mit dem Verweis, er sei kein Politiker, als publizitätssüchtiger Sonderling abgetan werden.

Rubin allerdings war als Mitglied des Bundesvorstands in einer bedeutenderen Position als Schollwer. Um Rubin formierte sich das Mende feindlich gesonnene Lager. In der Fraktionssitzung am 14. März stießen seine Thesen auf Ablehnung. Weyer stellte sich demonstrativ gegen Rubin und die Reformer und sprach von einem „Dolchstoß in den Rücken der FDP".[548] Er unterstützte Mende. Der Vorsitzende, in dem Gefühl, die Bonner Fraktion wie auch der Landesverband Nordrhein-Westfalen stünden hinter ihm, setzte auf Konfrontation statt Integration und wollte Rubin isolieren. Doch im Bundesvorstand am 17. März hatte der Schatzmeister Fürsprecher. Hamm-Brücher, Borm, Bucher und Rademacher unterstützten ihn. Von Kühlmann-Stumm, der ehemalige Finanzminister Starke, Weyer sowie Zoglmann standen zur Linie Mendes. Mit 13 von 19 Stimmen wurde

---

[544] „Die Stunde der Wahrheit", in: Der Stern, 20. Jg., Nr. 12, 19. März 1967, S. 26-28. Der Artikel Rubins ist abgedruckt bei: Rubin, Hans Wolfgang: Die Stunde der Wahrheit, in: Benz, Wolfgang / Plum, Günter / Röder, Werner: Einheit der Nation. Diskussionen und Konzeptionen zur Deutschlandpolitik der großen Parteien seit 1945, Stuttgart 1978, S. 204-208 (Neuzeit im Aufbau, Darstellung und Dokumentation, Bd. 3) sowie in: Baum, Gerhart Rudolf / Juling, Peter: Auf und Ab der Liberalen von 1848 bis heute, Gerlingen 1983, S. 128-131.
[545] Vgl.: Baring, 1998, S. 261-262. Josten, a. a. O., S. 431-433. Koerfer, 1981, S. 54-56.
[546] Mende, 1988, S. 326.
[547] Auch: Strobel, Robert: Selbstzerfleischung in der FDP. Schollwers radikale Thesen zur Deutschlandpolitik, in: Die Zeit, 10. März 1967. Ders.: Richtungskämpfe in der FDP. Der öffentlich ausgetragene Streit droht die Partei zu zerreißen, in: Die Zeit, 24. März 1967.
[548] Welt am Sonntag, 11./12. März 1967.

schließlich Rubins Verhalten ausdrücklich missbilligt.[549] Zudem brachte der Vorsitzende, der sich nun wieder gestärkt fühlte, ein Parteiausschlussverfahren wegen parteischädigenden Verhaltens gegen Rubin in Gang. Er sprach von dessen „mephistophelischen Einfluß".[550] Mende fühlte sich durch Rubins Unterstützung für Schollwers Thesen ausgespielt, herausgefordert und beleidigt. Der Affront bestand für ihn trotz aller inhaltlichen Vorbehalte in der Vorgehensweise und im Zeitpunkt. Mende kritisierte, dass sich Rubin nicht an die Mehrheitsbeschlüsse der Partei gehalten habe.[551]

Mende „kämpft[e] mit dem Rücken an der Wand."[552] Eine Stellungnahme des Haushaltsexperten Georg Emde verdeutlichte, welches Renommee Mende als Parteivorsitzender noch hatte: Er war zwar nicht einverstanden, wie Mende die Partei führte. Aber wenn man keine bessere Führungspersönlichkeit zur Auswahl habe, dann sei Unzulänglichkeit immer noch besser als das sonst unvermeidbare Chaos, so Emde.[553]

Der Bundesparteitag vom 3. bis 5. April 1967 in Hannover wurde zur Bühne der Grabenkämpfe. Sachfragen über die Anerkennung der DDR und der Oder-Neiße-Linie überschnitten sich mit unterschiedlichen Auffassungen über den künftigen Kurs der Freidemokraten und deren Position im Parteiensystem wie auch mit Personalfragen. Jungdemokraten, Augstein und Nannen gegen Mende. Neuer Kurs gegen Beharrung, gegen die „Troika

---

[549] Bundesvorstand am 17. März 1967, S. 732. Vgl.: Siekmeier, 1998, S. 323-324. Allerdings fehlte nahezu die Hälfte der Vorstandsmitglieder. Um das Votum durchzusetzen, musste der Kreis um Mende warten, bis die Teilnehmerzahl gesunken und das Ergebnis gesichert war. Rubins Kreisverband Essen wollte den Querdenker aus der Partei verbannen. Im Landesverband schlug ihm Ablehnung entgegen. Er wurde aufgefordert, den stellvertretenden Landesvorsitz niederzulegen.
[550] Mende, 1972, S. 182.
[551] Siehe: Koerfer, 1981, S. 57. „Die Wähler wollen keinen wilden Haufen", in: Der Spiegel, 21. Jg., Nr. 15, 3. April 1967, S. 32. Auch: Bissinger, Manfred / Gründler, Gerhard E.: Mende sucht nach den „Verrätern", in: Der Stern, 20. Jg., Nr. 12, 19. März 1967, S. 196-200. Doch warum preschte Rubin vor? Öffentlichkeitswirksame Medienauftritte lagen dem Kassenwart nicht. Politische Ambitionen hatte Rubin nie erkennen lassen. Profilierungssucht und Geltungsdrang schieden somit als Grund für seinen Vorstoß aus. Rubin begründete seinen Vorstoß mit dem „Mut der Verzweiflung". Seine Initiative sollte die Partei anregen. Zudem war seine Frau zu jener Zeit schwer erkrankt. Persönlich und politisch war er aufgewühlt. Höfer, Werner: Die Legende von Rubins Dolchstoß, in: Die Zeit, 24. März 1967.
[552] Die Welt, 22. Februar 1967.
[553] Landesvorstand der nordrhein-westfälischen FDP am 15. März 1967, AWDS, Ia/5. Siehe: Siekmeier, a. a. O., S. 322.

Mende – Weyer – Zoglmann"[554], die „reaktionären Hindenburger"[555], – so lässt sich der Konvent knapp umschreiben.

Der Gastdelegierte Augstein wie auch Nannen und die Jungdemokraten wollten Mende bereits in Hannover stürzen. Publizistisch hatten die Journalisten die Sach- und Führungsdebatte bereits vor dem Parteitag angeheizt. Augstein hatte in einem bissigen Kommentar das Ende der Parteiführung vorausgesagt, falls sie sich nicht zu Reformen durchringen sollte. „FDP Ade?"[556]

Der Kreis um Mende wollte mit aller Macht verhindern, dass sich Augstein auf dem Parteitag ein Agitationsforum bot. Auf Antrag Weyers wurde im Bundesvorstand beschlossen, dass Gastdelegierte lediglich in den Arbeitskreisen Rederecht haben sollten, nicht jedoch im Plenum. Einpeitscher Weyer setzte sich mit den Jungdemokraten auseinander, die den Beschluss nicht anerkennen wollten und Rederecht für Augstein im Plenum forderten. Es kam zur ersten Abstimmungs-Kraftprobe, welche die Altvorderen knapp gewannen. Augsteins Rede wurde nur im Parteitagsdienst der Jungdemokraten abgedruckt: Nicht sachliche Notwendigkeit sondern private Stimmungen und Interessen hielten Mende im Amt, so Augstein.[557] Nannen wiederum ließ auf dem Parteitag Mappen mit den Thesen der Reformer verteilen: *„Die Stunde der Wahrheit". Eine Dokumentation zur Deutschlandpolitik.* Doch Nannen wollte nicht nur informieren, sondern auch mitmischen. Ein „Offener Brief an eine kleine Partei" forderte unverhüllt zum Putsch gegen Mende auf: „Noch ist es für die FDP Zeit, mit Erich Mende das Trauma des Umfallens loszuwerden. Aber es ist wohl auch allerhöchste Zeit."[558]

Bereits im Februar hatte Klaus Horn, stellvertretender Landesvorsitzender der Jungdemokraten in Hessen und ein alter Widersacher Mendes, öffentlich einen Wechsel an der Parteispitze gefordert.[559] Die Landesvorstände

---

[554] Die Welt, 5. April 1967.
[555] Kempski, Hans Ulrich: Am Rande des Abgrunds im Kampf mit sich selbst, in: Süddeutsche Zeitung, 6. April 1967.
[556] Augstein, Rudolf: FDP ade?, in: Der Spiegel, 21. Jg., Nr. 12, 13. März 1967, S. 32. Es wurde spekuliert, dass auf dem Parteitag eine Reformer-Gruppe um Friederichs, Genscher, Rubin und Scheel die programmatischen Grundlagen der FDP ändern und eine neue Führung wählen wollte.
[557] DJD-Parteitagsdienst, H. 3, 5. April 1967, AdL, A 1-339. Siehe: Siekmeier, 1998, S. 337.
[558] Nannen, Henri (Hrsg.): „Die Stunde der Wahrheit". Eine Dokumentation zur Deutschland-Politik der FDP, Hamburg o. J. [1967]. Siehe: Siekmeier, 1998, S. 338.
[559] Süddeutsche Zeitung, 28. Februar 1967.

Bayern und Rheinland-Pfalz der Jungdemokraten sowie mehrere Hochschulgruppen des LSD forderten daraufhin Mendes Rücktritt. Auch Dehler plädierte für eine Neuwahl der Parteiführung. Bis Februar 1967 hatte er sich hin und wieder für Engelhard als Mendes Nachfolger ausgesprochen. Der hatte jedoch am 13. Februar 1967 definitiv abgelehnt.[560] Die Landesverbände Berlin, Bremen und Hamburg sowie Abgeordnete aus Baden-Württemberg, Hessen, Niedersachsen und Rheinland-Pfalz sowie Leverenz aus Schleswig-Holstein unterstützten in Hannover die Reformer. Mende fand maßgeblichen Rückhalt bei Weyer und dem trotz der Essener Krawalle noch geschlossenen Block aus Nordrhein-Westfalen. Auch die meisten Abgeordneten aus Baden-Württemberg, Bayern – der konservative Dietrich Bahner war neuer Landesvorsitzender –, Hessen, Niedersachsen und Schleswig-Holstein standen hinter Mende. Die Machtverteilung entsprach in etwa der klassischen Aufteilung in der FDP zwischen links- und nationaldemokratischem Flügel.[561]

Die Diskussion um die Anerkennung der Oder-Neiße-Linie stand im Mittelpunkt des Parteitags und erwies sich als Kristallisationspunkt einer Neuorientierung der FDP.[562] Mende lehnte es ab, die Grenze vor einem Friedensvertrag anzuerkennen. Auf Kompromissangebote ging er nicht ein. Die Lösung im Zwist über das Hannoveraner Aktionsprogramm und die Grenzfrage brachte der erkrankte Genscher, der nicht in Hannover war und von Friederichs zu Hilfe gerufen wurde. Die Jungdemokraten machten sich Genschers Entwurf zu Eigen. Friederichs übermittelte den taktischen Kompromiss. Weyer präsentierte in Absprache mit Mende, der einlenkte, eine Synthese der Vorstellungen von Mende und Genscher. Der Konflikt war entschärft.[563]

Der Parteitag bekannte sich zum Primat der Wiedervereinigung, die nicht an territorialen Fragen scheitern sollte. Die Grenzfrage sollte auch weiter-

---

[560] Thomas Dehler fordert Neuwahl der FDP-Führung, in: Neue Rhein-Ruhr-Zeitung, 30. März 1967. Engelhard an Dehler vom 13. Februar 1967, AdL, NTD N 1-2107.
[561] Kempski, Hans Ulrich: Am Rande des Abgrunds im Kampf mit sich selbst, in: Süddeutsche Zeitung, 6. April 1967. Koerfer, 1981, S. 66.
[562] Vgl.: Flach, Karl-Hermann: Im Hintergrund geht es um die nächste Koalition – Warum die Deutschland-Debatte in der FDP erbittert geführt wird, in: Frankfurter Rundschau, 5. April 1967.
[563] Vgl. zu den Diskussionen: Protokoll des Arbeitskreises V (Deutschland-, Außen- und Sicherheitspolitik) auf dem FDP-Parteitag in Hannover am 3. April 1967, in: Benz, Wolfgang / Plum, Günter / Röder, Werner: Einheit der Nation. Diskussionen und Konzeptionen zur Deutschlandpolitik der großen Parteien seit 1945, Stuttgart 1978, S. 223-235 (Neuzeit im Aufbau, Darstellung und Dokumentation, Bd. 3).

hin von der Lösung der deutschen Frage auf einer Friedenskonferenz abhängig gemacht werden. Erst dort sollte im Falle eines Zielkonflikts der nationalen Frage Vorrang vor der territorialen Frage eingeräumt werden. Von den ursprünglichen Ideen Schollwers und Rubins, die eine Anerkennung der Oder-Neiße-Linie befürworteten, blieb somit kaum etwas übrig. Die Reformer hatten sich ein Mandat für einen radikalen und auf Konflikt orientierten Oppositionskurs erhofft, doch die Führungsspitze konnte sich durchsetzen.[564]

Mende konnte sich somit in der Sache behaupten. Die Reformer steckten in letzter Minute zurück und akzeptierten den Kompromiss Genschers und Weyers. Der Preis war jedoch hoch. Mende errang einen „Pyrrhus-Sieg".[565] Der Konflikt war nicht entscheiden. Die Lager waren annähernd gleich groß. Zudem war er kaum an der Kompromissfindung beteiligt. Eigentlich hätte er als Vorsitzender eine Lösung suchen müssen. Doch seine Zeit war abgelaufen. Er hatte keinen Einfluss mehr.

Solch einen Parteitag hatte noch niemand erlebt. Es war kein „säkularisierte[r] Feldgottesdienst" und keine Akklamationsparty, die nach einer perfekten Parteitagsregie ablief.[566] Der Konvent war diskussionsfreudig, offen, anarchistisch, tumulthaft und ging bis an den Rand der Selbstzerfleischung. Wie verhielt sich Mende? Seine Rede wurde von Zwischenrufen, Buh- und Pfui-Lauten sowie Zischen der jüngeren Delegierten unterbrochen.[567] Sie reimten: „Laßt uns am Sturz von Mende werken, damit wir bald die Wende merken."[568] Die Jungdemokraten sorgten dafür, dass studentische Streitkultur auch bei der bürgerlichen FDP Einzug hielt.

Mende kam mit den Angriffen nicht klar und wusste nicht, wie er reagieren sollte. Verunsicherung schlug schnell in Aggressivität um, in ein trotziges Jetzt-erst-recht. Am Ende stand Konfrontation um jeden Preis. Er attak-

---

[564] Lediglich Schollwers Verklammerungskonzept konnte sich durchsetzen. Die Liberalen wollten die innerdeutschen Beziehungen vertraglich auf eine neue Grundlage stellen und auf allen Ebenen mit Ost-Berlin verhandeln. Der Alleinvertretungsanspruch Bonns schrumpfte so nur noch auf ein moralisches Postulat. Diese Forderung war in der Partei kaum umstritten. Vgl.: Siekmeier, 1998, S. 340-345, 457.
[565] Zundel, Rolf: Happening in Hannover, in: Die Zeit, 7. April 1967.
[566] Der Hamburger Jungdemokrat Gerhard Moritz Meyer. Schröder, Dieter: „Seien Sie doch froh, daß wir umgefallen sind", in: Der Spiegel, 19. Jg., Nr. 14, 31. März 1965, S. 42.
[567] Kempski, Hans Ulrich: Am Rande des Abgrunds im Kampf mit sich selbst, in: Süddeutsche Zeitung, 6. April 1967. Vgl.: Wieder an die Ostfront, in: Der Spiegel, 21. Jg., Nr. 16, 10. April 1967, S. 27-29.
[568] Wildermuth, in: Mischnick, S. 203.

kierte seine Widersacher, so wie man ihn noch nicht erlebt hatte. Hasserfüllt peitschte er die Stimmung hoch. Der stets verbindliche Mende warf seinen Gegnern Verstoß gegen Parteibeschlüsse, mangelnde Abstimmung, Illoyalität und Anarchie vor.[569] Seine Reaktion auf das Zischen: „Passen Sie auf, daß Sie das Gebiß nicht verlieren."[570] „Erich Mende, der Mann mit dem Gentleman-Image, den stets eine ´Aura der Vornehmheit´ umgab, entpuppt sich als grobschlächtiger Demagoge, der mit Schaum vor dem Mund auf seine Kontrahenten eindrischt."[571] Der stürmische Applaus und die Ovationen zu Beginn des Parteitags hatten ihn womöglich in seinem fatalen Entschluss bestärkt, ein für alle Mal mit den Rebellen abzurechnen.[572] Mende schätzte die Stimmung in der Partei erneut falsch ein und war immer noch der Ansicht, es handelte sich bei den Rebellen um eine „verschwindende[...] Minderheit".[573]

Zwar zeigte Mende am Ende des Parteitags keine Spur mehr von Verbissenheit und Gereiztheit. Er bat gar um Nachsicht für seine Entgleisungen und stellte sich in die Tradition des Rhetorikers Dehler. Selbst die Jungdemokraten lobte er als lebensnotwendiges Element der Unruhe.[574] Doch es hatte sich gezeigt, Mende, der sieben Jahre lang seine Partei durch Kompromisse und Leerformeln zusammengehalten hatte, verlor 1967 und vor allem in Hannover die Contenance und wandelte sich vom Integrator zum Polarisierer. Einen Vorgeschmack darauf gab er bereits im Dezember 1966 in Essen. Im Vorfeld des Hannoveraner Parteitags und auf dem Konvent selbst schien er komplett verwandelt. Mende spitze die Konflikte zu statt sie zu mildern und aus der Welt zu schaffen. Er setzte auf Konfrontation, anstatt sich wie so oft lavierend zu verteidigen. Der Parteivorsitzende meinte, von Kühlmann-Stumm und er stünden offensichtlich einem „radikalen Linkskurs" der FDP im Wege und unterstrich, dass er bereit war, den Kampf aufzunehmen. „Ich bin ein Gegner der Flucht aus der Verantwor-

---

[569] Vgl.: Zundel, Rolf: Happening in Hannover, in: Die Zeit, 7. April 1967. Siekmeier, 1998, S. 326-328. Mendes Rede vom 3. April ist abgedruckt bei: Mende, Erich: Streit um Deutschland, in: Benz, Wolfgang / Plum, Günter / Röder, Werner: Einheit der Nation. Diskussionen und Konzeptionen zur Deutschlandpolitik der großen Parteien seit 1945, Stuttgart 1978, S. 217-223 (Neuzeit im Aufbau, Darstellung und Dokumentation, Bd. 3).
[570] Zundel, Rolf: Happening in Hannover, in: Die Zeit, 7. April 1967.
[571] Ebd. Siekmeier, 1998, S. 326.
[572] Siehe: Siekmeier, 1998, S. 326.
[573] Mende, 1988, S. 327.
[574] Vgl.: Kempski, Hans Ulrich: Am Rande des Abgrunds im Kampf mit sich selbst, in: Süddeutsche Zeitung, 6. April 1967.

tung, und das um so mehr, als ich den Eindruck habe, daß es dabei weniger um Personen als vielmehr um die Richtung geht."[575]

Warum aber polarisierte Mende vor allem in Hannover so stark und beharrte unnachgiebig auf seinen Positionen? Sicher, biografische Empfindlichkeiten eines Grenzlanddeutschen aus Oberschlesien wie auch seine Verpflichtung auf das nationale Ziel der Wiedervereinigung spielten eine Rolle, ebenso Misstrauen gegenüber den langfristigen Zielen der Reformer. Er lehnte daher den radikalen Kurswechsel in der Deutschlandpolitik ab. Noch stärker aber empörte sich der überaus prestigebewusste Mende über das Vorpreschen seiner Kontrahenten auf einem Politikfeld, in dem er lange Zeit das Agendasetting bestimmt hatte. Mende schätzte es nicht, wenn ihm jemand die Schau stahl, zumal in der für ihn bedeutenden Deutschen Frage.[576] Ein geknickter Vorsitzender verübelte ihnen den Sturz in die Opposition und den Verlust des Ministeriums. Zudem unterschätzte er den Einfluss seiner Kontrahenten und nahm sie nicht ernst. Aber in Hannover zeigte sich noch ein weiterer Grund, warum Mende seinen Führungsstil so radikal änderte und sich nicht mehr um Integration bemühte. Er sah sich als Opfer einer konzertierten Aktion und Verschwörung. Augstein und Nannen nahm er als Drahtzieher wahr, die das pöbelnde Jungvolk anheizten, um ihn fertig zu machen.[577] In seiner gesamten politischen Karriere hatte er Machtkämpfe dieser Art vermieden, um sich durchzusetzen. Sein Ehrenkodex eines Offiziers verbat es ihm. Mende war kein skrupelloser Machtpolitiker. Er war anständig und fair und wusste deshalb nicht, wie er auf den Aufstand gegen ihn reagieren sollte. Er schlug daher mit den gleichen Mitteln zurück, mit denen er angegriffen wurde, um seine Macht zu demonstrieren.

Doch Mendes gewandelter Führungsstil kann noch auf eine weitere Ebene übertragen werden. Er kam mit dem Wertewandel in der Gesellschaft, der

---

[575] In einem offenen Brief vor dem Konvent hatte er konstatiert, die Kampagne in den eigenen Reihen habe eine verblüffende Ähnlichkeit mit den Angriffen der DDR-LDP auf die westdeutsche FDP. Damit wollte er seine Gegner als dem Kommunismus zugeneigt brandmarken. Welt am Sonntag, 2. April 1967.
[576] Hamm-Brücher erkannte dies und hielt Mende vor, aus „gekränkte[r] Eitelkeit" gegen Rubin und seine Anhänger zu Felde zu ziehen. „Wir hatten in Erich Mende den Mann, der in den Fragen der Deutschlandpolitik und der Ostpolitik vorangegangen ist." Nun habe jedoch mit Rubin ein anderer „die Initiative ergriffen". Das könne Mende wohl nicht verdauen. Bundesparteitag am 3. April 1967 in Hannover, AdL, A 1-323. Zitiert nach: Siekmeier, 1998, S. 330.
[577] Siehe: Mende, 1988, S. 327. Dass DJD und LSD in Hannover an einer Verschwörung beteiligt waren, lässt sich nicht genau belegen. Zwischen Studentenbund und Jungdemokraten gab es nur bedingt Absprachen. Josten, a. a. O., S. 225-226.

neuen Freizügigkeit und den damit verbundenen neuen Umgangsformen der Rebellen nicht klar. Bürgerlicher Anstand, Dankbarkeit, Respekt und Achtung vor Vorgesetzen waren Grundprinzipien für ihn. Verstöße dagegen, wie in Hannover, als junge Delegierte seine Rede durch Zwischenrufe und Laute störten, brachten ihn zum Toben und ließen ihn als konservativen Wüterich erscheinen. Er blieb stur und unversöhnlich und war tief gekränkt über die Undankbarkeit seiner Partei und vor allem des Nachwuchses. Als seine Kontrahenten Reformakzente setzten und die Führung herausforderten, verlor er die Nerven und reagierte hektisch und gereizt und trieb den Konflikt somit auf die Spitze. Mende offenbarte sich so als Mann der alten FDP der 1950er und frühen 1960er Jahre, der sich selbst überlebt hatte.

Mende beging in Hannover einen taktischen Fehler. Er wollte offensichtlich die Vertrauensfrage stellen, um seine Position zu festigen. Doch die Reaktion auf seine Eröffnungsrede veranlasste ihn zum Rückzug. Er lehnte es ab, sich als Vorsitzender bestätigen zu lassen und verwies darauf, er sei bis 1968 gewählt. Seine Führungsschwäche und Orientierungslosigkeit waren zwar eklatant, doch Mende schien angesichts mangelnder Alternativen genug Unterstützung für eine Wiederwahl gehabt zu haben. Die Reformer, sein „Brainpool" wie auch die Medien wollten ihn zwar stürzen, doch die wichtigsten Landesverbände und seine Vorstandskollegen standen hinter ihm. Die Gruppe seiner Kritiker war recht unstrukturiert und deshalb noch nicht schlagkräftig genug. Es gab keinen Gegenspieler, der als Nachfolger in Frage kam. Weyer wollte nicht. Scheel war krank. Genscher war noch nicht so weit. Die Linken hatten kein stringentes Konzept und keine Führungsgestalt. Hamm-Brücher konnte zwar Parteitage mitreißen, doch sie war keine Organisatorin einer Opposition.[578]

Mendes missglückter Versuch von Hannover aber, durch polarisierende Führung Stärke zu demonstrieren und die parteiinterne Diskussion zu stoppen, verstärkte den Ruf nach seinem Rücktritt und einer Radikalisierung der Reformen. Die Landesverbände Baden-Württemberg und Nordrhein-Westfalen beschlossen in Hannover, den ordentlichen Parteitag 1968 bereits für Januar einzuberufen. Mendes Position war „schwer erschüttert".[579] „Was ihn jetzt noch im Amt hält, ist nur der Restbestand von Disziplin in

---

[578] Vgl.: Schreiber, Hermann: Empörung im Herzen. Im Kopf ein Violinsolo, in: Der Spiegel, 21. Jg., Nr. 16, 10. April 1967, S. 30-31.
[579] Die Welt, 6. April 1967.

dieser Partei".[580] Hannover läutete somit die letzte Etappe in Mendes Abstieg ein.

6.13.5 Mende zwischen Hannover-Eklat und IOS-Engagement: Roulette um den Parteivorsitz und berufliche Neuorientierung

Nach dem Parteitag trat der Richtungs- und Machtkampf in eine entscheidende Phase. Auch bei denen, die wenig für Reformen übrig hatten, hatte Mende Kredit verspielt. Partei und öffentliche Meinung wendeten sich gegen ihn. Die Programmdiskussion lief bereits an ihm vorbei, wie das Hannoveraner Aktionsprogramm zeigte.[581]

Katalysator der Forderungen nach einem Führungswechsel waren neben Verlusten bei Wahlen[582] Zeichen von Amtsmüdigkeit bei Mende. Er wollte sich stärker um die Familie kümmern, seine Habilitation über die *Entwicklung des Parlamentsrechts in der modernen Demokratie* beenden und war an einer Professur in Politikwissenschaft interessiert.[583] Er orientierte sich bereits jenseits der praktischen Politik und nahm den Parteivorsitz nur noch halbherzig war.

Bereits im Januar 1967 hatte Mende angekündigt, sich 1968 nach Ablauf seiner zweijährigen Amtszeit vom Vorsitz zurückzuziehen. Er schlug Weyer als Nachfolger vor. Der lehnte jedoch erwartungsgemäß ab.[584] Mende war nur bereit, den Platz für Weyer zu räumen, da auch er eine Umwandlung der FDP in eine Linkspartei ablehnte. Jedem anderen Kandidaten hingegen wollte er sich in einer Kampfabstimmung stellen. Doch womöglich brachte Mende Weyer nur als Alibi ins Spiel, um Bereitschaft zum

---

[580] Ein Vorstandsmitglied nach dem Parteitag. Zundel, Rolf: Happening in Hannover, in: Die Zeit, 7. April 1967.
[581] Das Aktionsprogramm von Hannover nahm nicht nur zur Deutschland- und Ostpolitik, sondern auch zur Demokratisierung von Staat und Gesellschaft, zur Hochschul- und Bildungspolitik sowie zu Finanz-, Sozial- und Wirtschaftsthemen Stellung und leitete ein neues Selbstverständnis ein. Die FDP legte ein Bekenntnis zur liberalen Idee ab, betrachtete sich als „die bewegende Kraft unserer Zeit" und definierte sich nicht mehr durch Abgrenzung gegenüber schwindenden Feindbildern. Ziele des Fortschritts. Aktionsprogramm der Freien Demokratischen Partei, abgedruckt in: Juling, a. a. O., S. 180-199. Nach Hannover begann die FDP, verschüttete Tendenzen des Liberalismus, die eine offene Gesellschaft und eine radikale Demokratie forderten, in das Zentrum einer Grundsatzdiskussion zu rücken.
[582] Am 12. März in Berlin, am 23. April in Schleswig-Holstein und Rheinland-Pfalz sowie am 4. Juni 1967 in Niedersachsen verlor die FDP.
[583] Siehe: „Die Wähler wollen keinen wilden Haufen", in: Der Spiegel, 21. Jg., Nr. 15, 3. April 1967, S. 39. Mende, 1988, S. 335-336.
[584] Vgl.: Mende, 1988, S. 321. Auch: Siekmeier, 1998, S. 322-323.

Verzicht zu demonstrieren. Mende wusste, dass er keine Ambitionen hatte und er sich auf seine Unterstützung verlassen konnte. Weyer hing an seinen Posten in der Landespolitik und war als Landesvorsitzender, Innenminister und stellvertretender Ministerpräsident unabkömmlich.[585] Auf der Tagung in Niederbreisig wiederum meinte Mende, er werde Parteivorsitzender bleiben, solange es gewünscht werde.[586] Als sich schließlich durch eine in seinen Augen „gezielte Indiskretion aus dem Kreis einiger Parteifreunde" die Hoffnungen auf eine wissenschaftliche Karriere zerschlugen, war Mende fest entschlossen, seine Politikkarriere zu verlängern.[587] Jedoch sah er sich zunehmend dem Vorwurf ausgesetzt, er besetze den Parteiposten nur so lange, bis er eine sichere berufliche Alternative habe.

Bereits unmittelbar nach dem Parteitag von Hannover meinte Dehler, „aus psychologischen Gründen wäre es nützlich, wenn die Partei in den Wahlkampf von 1969 mit einer neuen führenden Figur hineingehen könnte."[588] Augstein lieferte publizistische Unterstützung und forderte Mende in einem offenen Brief zum Verzicht auf eine erneute Kandidatur auf. „Ich bitte Sie: Räumen Sie bis zum nächsten Parteitag Ihren Platz für Leute, die etwas mehr und Lohnenderes im Sinn haben. Mit Ihnen geht es nicht mehr, gegen Sie auch nicht. [...] Nur eine rettende Linie ist für das Jahr 1969 in Sicht: Koalition mit der SPD."[589] Mende wiederum lenkte ein und schlug erneut Weyer als Nachfolger vor. Doch der schlug das Angebot erneut aus. So verlief die Anregung im Sande.[590] Das schien Mende auch bezweckt zu haben, wusste er doch, dass Weyer verzichten würde.

Zwei wichtige Figuren hatten in Hannover im April wie auch bereits beim Vorstandstribunal gegen Rubin im März gefehlt: Genscher und Scheel waren krank und waren daher nicht in die Konflikte involviert. Scheel war bereits beim „Umfall" im Kabinett Ende Oktober 1966 nicht dabei. Neben

---

[585] Er war durch seine guten Kontakte zu Ministerpräsident Kühn das entscheidende Bindeglied in der sozialliberalen Koalition in Düsseldorf. Weyer war fest überzeugt, dass Teile der Bundes-SPD die Düsseldorfer Koalition beenden und ein Bündnis nach Bonner Muster installieren wollten.
[586] Siehe: Siekmeier, 1998, S. 323.
[587] Es regte sich Widerstand, die Universitäten dürften kein Abstellplatz für ehemalige Politiker sein. Das richtete sich besonders gegen den bürgerlichen Mende. Er hatte daraufhin seinen Antrag zurückgezogen. Mende, 1988, S. 335-336.
[588] Dehler in Monitor am 5. April 1967, AdL, NTD, N 1-264.
[589] Augstein, Rudolf: Lieber Herr Dr. Mende!, in: Der Spiegel, 21. Jg., Nr. 16, 10. April 1967, S. 28.
[590] Landesvorstand der nordrhein-westfälischen FDP am 24. April 1967, AWDS, Ia/5. Siehe: Siekmeier, 1998, S. 347.

Weyer wurde er immer stärker als möglicher Nachfolger Mendes gehandelt. Er hatte im Dezember 1966 ein Ministeramt in Düsseldorf ausgeschlagen, um sich in Bonn zu profilieren.[591] Scheel war seit längerem Hoffnungsträger der Reformer, obwohl er keineswegs ihr Repräsentant war, sondern für einen pragmatisch-reformorientierten Kurs der Mitte stand. Der ehemalige Bundesminister wurde von den Jungdemokraten, den Liberalen Studenten, dem Seniorenverband wie vom Kreis um *liberal* ermuntert, sich um den Führungsposten zu bewerben.[592] Bereits unmittelbar nach dem Parteitag zeigte er seine Ambitionen. Er übte deutliche Kritik an den Vorgängen von Hannover. Wäre er vor Ort gewesen, hätte er sich um Entspannung bemüht. „Denn ich bin nun einmal ein Mann des klassischen Ausgleichs".[593] Scheel wollte sich von keiner Seite vereinnahmen lassen und pries seine Fähigkeiten zur Integration an. So blieb er für beide Lager akzeptabel und sprach diejenigen an, die in Sorge um den inneren Frieden der FDP einen Schlichter an die Spitze wünschten. Zudem übernahm er den Vorsitz einer Kommission, die bis zum nächsten Bundesparteitag ein neues Grundsatzprogramm erarbeiteten sollte. Er konnte sich dadurch weiter profilieren. Doch er zögerte und zauderte, wusste nicht, ob er sich aus der Deckung wagen sollte. Er zweifelte an seiner Eignung. Daher wurde Scheel auch von den Reformern zunehmend skeptischer beurteilt: „Eine ideale Lösung dürfte die Berufung dieses Mannes an die Spitze der Partei kaum sein."[594]

Da Scheel seine Kandidatur nicht offiziell anmeldete, drehte sich das Personalkarussell im Sommer 1967 weiter. Dehler, Genscher, Mischnick und Scheel waren für den Parteivorsitz im Gespräch.[595] Neben Mende stand auch der angeschlagene Fraktionsvorsitzende von Kühlmann-Stumm zur Disposition. Dehler schlug vor, Partei- und Fraktionsführung in einer Hand zu vereinen. Es deutete sich an, dass Mischnick, auch als Mendes Nachfolger im Gespräch, schon bald den Fraktionsvorsitz übernehmen sollte. Aber es kursierte auch das Gerücht, die FDP sollte von einer Troika geführt werden, in der Mende politisch überleben sollte. Trotz der Führungsdiskussionen standen Weyer und der mächtige Landesverband Nordrhein-Westfalen

---

[591] Siehe: Genug Ärger, in: Der Spiegel, 21. Jg., Nr. 15, 3. April 1967, S. 30.
[592] Vgl.: Josten, a. a. O., S. 191, 193.
[593] Höfer, Werner: „Operation Scheel" und die FDP. Gespräch am Krankenbett mit einem liberalen Rekonvaleszenten, in: Die Zeit, 14. April 1967. Stuttgarter Zeitung, 14. April 1967.
[594] Schollwer-Tagebücher 1966-1970, 30. Juni 1967, AdL, 6966/100. Siehe: Siekmeier, 1998, S. 347.
[595] Frankfurter Neue Presse, 5. Juli 1967.

weiterhin hinter Mende. Weyer verteidigte ihn. Er plädierte dafür, Mende sollte auf dem Freiburger Parteitag im Januar 1968 als Vorsitzender wiedergewählt, Scheel hingegen Stellvertreter werden.[596] Weyer war bereit, auf seinen Bundesposten zu verzichten.

Doch die Ereignisse überschlugen sich. *Die Welt* berichtete am 17. Juli 1967 ausführlich über ein Gespräch Dehlers mit Journalisten. Der frühere Partei- und Fraktionsvorsitzende nannte demnach Scheel seinen Kandidaten, der über einen „hohen Intellekt" und „große wirtschaftliche Erfahrung" verfüge und dessen „ungewöhnliche Formulierungskraft seiner Ideen" ihn beeindrucke.[597] Dehlers eindeutige Parteinahme für Scheel beruhte dabei weniger auf sachlichen Gemeinsamkeiten – er lehnte die Aufgabe des Primats der Wiedervereinigung ab –, sondern hing „vor allem damit zusammen, daß er die damalige Parteiführung aus tiefster Seele verabscheute."[598]

Der Vorstoß Dehlers war bedacht, denn es verdichteten sich die Hinweise, Mende sei zu einer neuerlichen Kandidatur entschlossen. Seine Chancen auf eine Wiederwahl standen nicht schlecht, da sich kein Gegenkandidat aus der Deckung wagte und Weyer ihn stützte. Das „Duell mit Samthandschuhen" geriet so in seine entscheidende Phase.[599]

Fünf Tage später war Dehler tot. Vor allem Hamm-Brücher verkündete Dehlers Wunsch als dessen Vermächtnis und trug so dazu bei, dass Scheels Aussichten auf den Parteivorsitz stiegen. Auf Initiative von Friederichs fand an Scheels Urlaubsort im österreichischen Hinterthal Anfang August 1967 ein Treffen statt, an dem auch Rolf Schroers sowie Gerhart Baum als Vorsitzender der Jungdemokraten und Reinhard Roerich für den LSD teilnahmen.[600] Der Pragmatiker der Mitte und die Reformer verbündeten sich.

---

[596] Doch Mendes Darlegung, wonach Weyer Haußmann und den Landesverband Baden-Württemberg für seinen Vorschlag gewann und sich somit die beiden mächtigsten Landesverbände auf eine Wiederwahl einigten, entspricht nicht den Tatsachen. Mendes Vertrauter Haußmann war seit 1964 nicht mehr Landesvorsitzender. Der südwestliche Landesverband zählte nicht mehr zu Mendes Stützen. Siehe: Mende, 1988, S. 333. Siekmeier, 1998, S. 348.
[597] Thomas Dehler fordert Ablösung Erich Mendes im Parteivorsitz. Walter Scheel soll künftig die Freien Demokraten führen, in: Die Welt, 17. Juli 1967.
[598] Verheugen, Günter: Ein Gespräch mit Thomas Dehler, in: Dorn, Wolfram / Henning, Friedrich (Hrsg.): Thomas Dehler. Begegnungen – Gedanken – Entscheidungen, mit einem Vorwort von Walter Scheel, Bonn o. J., S. 64-68, hier: S. 64.
[599] Zundel, Rolf: Duell mit Samthandschuhen – Die FDP lebt sich in die Oppositionsrolle ein, in: Die Zeit, 14. Juli 1967.
[600] Schollwer-Tagebücher 1966-1970, 9. August 1967, AdL, 6966/100. Vgl.: Josten, a. a. O., S. 192.

Scheel rang sich dazu durch, gegen Mende zu kandidieren. Der engere Bundesvorstand votierte Ende August einstimmig für die Kandidatur Scheels.[601] In einem vorab veröffentlichten Interview im *Stern* erklärte er „seinen Führungsanspruch". Auf die Frage, was mit Mende werden sollte, antwortete er spöttisch, ein österreichischer Vizekanzler beispielsweise würde „Generaldirektor der Donau-Dampfschiffahrtsgesellschaft" werden.[602] Doch das Blatt wendete sich erneut. Mende resignierte trotz Dehlers Vermächtnis und den Bemühungen von Scheel und den Reformern um Hamm-Brücher, Friederichs und Schroers nicht. Auf der Tagung des Bundesvorstands am 31. August 1967 ging Mende aufs Ganze, meldete seinen Führungsanspruch an und konnte sich durchsetzen. Scheel musste sich bittere Vorwürfe wegen seines Vorstoßes im *Stern* gefallen lassen und wurde kleinlauter. Am Ende der Sitzung war er gezwungen, allen Führungsansprüchen zu entsagen. Mende war überlegen. Er erhielt vom Vorstand den Segen für eine erneute Amtszeit. Es zeigte sich, an der Bundesspitze hatte er noch Rückendeckung.[603]

Mende wollte Scheel in seine Führungsstruktur einbinden. Er sollte als Nachfolger Dehlers Bundestagsvizepräsident werden und zudem auf dem Parteitag im Januar 1968 Weyers Stellvertreterposten bekommen.[604] „Walter, jetzt haben sie dich völlig entmannt", wunderte sich Zoglmann, dass Scheel die Demütigung widerstandslos über sich ergehen ließ.[605] Doch Scheel nahm das Angebot des Parteivorsitzenden an. Er wollte sich durch das repräsentative Amt aus der Schusslinie bringen. Mende aber konnte Scheels Ambitionen auf den Parteivorsitz als einen Bluff entlarven. Scheel hatte sich so ausgeschaltet, dass er nur noch als Verlegenheitskandidat akzeptiert werden konnte.

Warum aber ging Mende derart in die Offensive und demontierte Scheel? Warum übernahm er angesichts der Widerstände gegen ihn nicht selbst das nach Dehlers Tod verwaiste repräsentative Amt des Bundestagsvizepräsidenten, das immerhin seinem Habitus entsprach? Mende wollte dem Druck der in seinen Augen unanständigen und unbürgerlichen Rebellen nicht wei-

---

[601] Bundesvorstand am 25. August 1967, S. 754.
[602] Der Mann, der nach Mende kommt, in: Der Stern, 20. Jg., Nr. 37, 10. September 1967, S. 82. Schollwer-Tagebücher 1966-1970, 5. September 1967, AdL, 6966/100.
[603] Vgl.: Siekmeier, 1998, S. 349.
[604] Vgl.: Der Spiegel, 21. Jg., Nr. 37, 4. September 1967, S. 18.
[605] „Reiner Tor", in: Der Spiegel, 21. Jg., Nr. 39, 18. September 1967, S. 30.

chen. Ein Offizier hatte hart zu sein und nicht nachzugeben, so seine Ansicht.

Er ging noch aus einem weiteren Grund in die Offensive. Zwar war Ende August 1967 nicht wirklich sicher, dass er in Freiburg auch erneut zum Parteivorsitzenden gewählt werden würde. Doch er ging keine Risiken ein. Der Berufspolitiker Mende war frei von der Befürchtung, ohne Job dazustehen, falls seine Wiederwahl scheitern sollte. Er hatte, nachdem seine Ambitionen auf eine Professur gescheitert waren, bereits eine neue Beschäftigung in der Wirtschaft. Ohne Hoffnung auf ein Comeback als Minister in Bonn orientierte Mende sich neu und konnte so viel Geld verdienen, wie noch nie zuvor in seinem Leben.

Er war guten Mutes, die neue Aufgabe mit dem FDP-Vorsitz verbinden zu können. Doch Mende hatte die Stimmung in der Partei falsch eingeschätzt. Als Anfang September schließlich sein Engagement als Verwaltungsratsvorsitzender der deutschen Tochter von *Investment Overseas Service* (IOS) bekannt wurde, brach ein Sturm der Entrüstung los. Er stand bereits seit dem 1. September in Diensten von IOS-Chef Cornfeld. Die FDP-Spitze konnte Mendes neuen Job nicht glauben. FDP-Vorsitz und IOS-Engagement schienen unvereinbar. Zudem bot ein FDP-Vorsitzender, der Geschäftsmann einer amerikanischen Firma war, der NPD Angriffsfläche.

„Das hätte Erich mir bestimmt gesagt. So kann er mich doch nicht anlügen.", so der aufgeregte Weyer.[606] Er versuchte, Mende am 6. September zu überreden: „Tu´s nicht Erich! Schlaf noch mal 24 Stunden drüber. Das kannst du uns nicht antun!"[607] Er habe bereits unterschrieben, so Mendes Reaktion. „Erich, wir sind geschiedene Leute."[608] Weyer kündigte ihm die Freundschaft auf.

Der nordrhein-westfälische Landesvorsitzende war verärgert und fühlte sich hintergangen. Schließlich war er seinem Bundesvorsitzenden in der Vergangenheit Schutzschild gewesen und hatte wenige Tage zuvor noch für dessen erneute Kandidatur gekämpft. Weyer war zudem düpiert, da sein Konzept für die Zukunft der Partei zerstört war. Zur gleichen Zeit wurde ein bereits vor dem Umschwung geführtes Interview von ihm verbreitet, in dem er seinen Rückzug vom Posten des Parteivize zu Gunsten von Scheel

---

[606] Hill et al., a. a. O., S. 286.
[607] Mein Boß heißt Cornfeld, in: Der Spiegel, 21. Jg., Nr. 38, 11. September 1967, S. 29.
[608] Hill et al., a. a. O., S. 286.

ankündigte und Mendes Wiederwahl in Freiburg empfahl.[609] Auch Zoglmann war entsetzt: „Mit dem bin ich fertig."[610] „Panama-Erich"[611] hatte seine beiden letzten Vertrauten Weyer und Zoglmann verstoßen und mit ihnen den Landesverband Nordrhein-Westfalen. Auch die Landesverbände Bayern, Hessen, Niedersachsen und Schleswig-Holstein, die in Hannover mehrheitlich auf seiner Seite standen, sowie die Mehrheit im Bundesvorstand rückte von Mende ab. Somit stellten sich – neben Fraktion, Geschäftsstelle, „Brainpool" und Reformern – alle Machtzentren gegen den Bundesvorsitzenden.

Weyer drängte Mende zum Verzicht auf den Chefposten. „Der IOS-Job und der FDP-Vorsitz sind unvereinbar miteinander." Doch Mende sah das anders und verwies uneinsichtig auf Rubin, der in den Osthandel verstrickt war.[612] Eine erneute Zerreißprobe stand bevor. Genscher nahm schließlich die Sache in die Hand. In einem Telefonat mit Mende erklärte er ihm unmissverständlich, dass Landesverbände, Bundespartei und Bonner Fraktion eine Job-Koppelung nicht akzeptierten. Er riet ihm zum Verzicht auf den Parteivorsitz.[613] Am 7. September gab Mende verbittert und zornig auf und teilte der Fraktion mit, nicht mehr für den Parteivorsitz zu kandidieren.[614] Er kam damit der Entscheidung durch die Fraktion zuvor.[615] Er beschuldigte seine Kontrahenten, ihn seit Hannover „wie ein Stück Wild" gehetzt zu ha-

---

[609] Siehe: Mein Boß heißt Cornfeld, in: Der Spiegel, 21. Jg., Nr. 38, 11. September 1967, S. 28-29.
[610] Hill et al., a. a. O., S. 286.
[611] Die IOS war in Panama registriert. Daher der Name „Panama-Erich".
[612] Mein Boß heißt Cornfeld, in: Der Spiegel, 21. Jg., Nr. 38, 11. September 1967, S. 29.
[613] Siehe: Ebd.
[614] Am 8. September 1967 gab er dem Bundesvorstand seinen Verzicht auf eine erneute Kandidatur bekannt. Bundesvorstand am 8. September 1967, S. 766.
[615] Die Behauptung von Hill, Dörgeloh und Hohlbein, Der Stern hätte in seiner Ausgabe vom 10. September Mendes IOS-Engagement vorzeitig bekannt gegeben, um damit eine Nominierung durch den Vorstand zu torpedieren, ist falsch. FDP-Spitze und Öffentlichkeit waren zu diesem Zeitpunkt bereits informiert. Mendes Sturz und Scheels Nominierung waren nicht die Folge einer Verschwörung linker Printmedien. Auch: Mein Boß heißt Cornfeld, in: Der Spiegel, 21. Jg., Nr. 38, 11. September 1967, S. 27-29. Zundel, Rolf: Die kopflose FDP. Jeder Parteiführer ist besser als keiner, in: Die Zeit, 15. September 1967. Siekmeier, 1998, S. 350-351.

ben.⁶¹⁶ So wurde der IOS-Coup, der ihm die Sicherheit für eine erneute Kandidatur gab, zu einer taktischen Fehlleistung ersten Grades.⁶¹⁷

Selbst Weyer spielte nach Mendes Rückzug mit dem Gedanken, den Chefposten zu übernehmen. Mende schlug ihn erneut als seinen Nachfolger vor, wohl auch, um ihn unter Druck zu setzen.⁶¹⁸ Er lehnte jedoch ab. Wenn er angetreten wäre, hätte kein anderer eine Chance gehabt. Nachdem auch Mischnick verzichtet hatte, lief alles auf Scheel zu. Er kam aus dem Urlaub nach Bonn, um sich die Führungsposition nicht noch einmal nehmen zu lassen. Der Landesverband Nordrhein-Westfalen setzte sich für ihn als neuen Parteivorsitzenden ein.⁶¹⁹ Am 14. September nominierte ihn der Bundesvorstand mit zwei Enthaltungen.⁶²⁰

6.13.6 Ein neuer Parteiführer der Liberalen – Zum Aufstieg von Walter Scheel

Scheel wurde auf dem Freiburger Parteitag am 30. Januar 1968 deutlich mit 216 von 246 bei acht Gegenstimmen zum Parteivorsitzenden gewählt.⁶²¹ Er hatte vor der neuen Herausforderung gezaudert. Er war durch Krankheiten und den Krebstod seiner Frau Eva 1966 schwer mitgenommen, so dass er seinen eigenen Namen und Geburtstag gleich mit auf ihren Grabstein hatte meißeln lassen. Im April 1967 wurde er operiert. Es ging ihm erst besser, nachdem er 1967 seine spätere Frau Mildred kennengelernt hatte. Er entdeckte seine Leidenschaft für Politik wieder. Wenn Eva noch gelebt hätte,

---

⁶¹⁶ Mende, 1988, S. 335.
⁶¹⁷ Weiterer Katalysator bei Mendes Abgang war die Porst-Affäre. Mendes Duzfreund Hanns-Heinz Porst, stellvertretender FDP-Bezirksvorsitzender in Mittelfranken und Juniorchef des Unternehmens Photo-Porst, war 1967 wegen des Verdachts auf Landesverrat verhaftet worden. Porst hatte geheime Details der FDP an Ost-Berlin verraten. FDP-Politiker waren Erpressungsversuchen ausgesetzt. Vgl.: Koerfer, 1981, S. 151-152. Mende, 1988, S. 341-344. Auch: „Schlafen ausgezeichnet", in: Der Spiegel, 22. Jg., Nr. 5, 29. Januar 1968, S. 27.
⁶¹⁸ Bundesvorstand am 8. September 1967, S. 766.
⁶¹⁹ Landesvorstand der nordrhein-westfälischen FDP am 14. September 1967, AWDS, Ia/5.
⁶²⁰ Bundesvorstand am 14. September 1967, S. 767.
⁶²¹ Mit Scheel kündigte sich ein Generationswechsel in der Partei an. Neben die Gruppe der etwa 50-jährigen Politiker der Kriegsgeneration um Scheel, Hamm-Brücher, Maihofer, Mischnick, Rubin, Schroers und Weyer traten mit Baum, Dahrendorf, Friederichs, Flach, Genscher, Menke-Glückert und Moersch Männer um die 40.

wäre er nicht in dem Ausmaß politisch aktiv geworden, so Scheel im Rückblick.[622]

Dynamik und Selbstbewusstsein strahlte er 1967 nicht aus. Zweifel an seiner Eignung spielten eine Rolle. Wohl scheute er auch den Showdown mit seinem Duzfreund Mende. Er mied die direkte Konfrontation in der Öffentlichkeit, auch als Mende sich öffentlich um eine erneute Kandidatur bemühte. Als Mende sich schließlich entschloss, wieder zu kandidieren und Scheel Ende August abkanzelte, gab dieser fast kampflos auf und schien nahezu erleichtert, noch einmal davon gekommen zu sein. Schließlich fiel ihm das Amt geradezu zwangsläufig zu.[623] Doch er war nach dem Stimmungsumschwung Ende August und dem Verzicht Weyers nur die zweite Wahl.

Euphorie über Scheels Berufung wollte nicht aufkommen. „Scheel ist die Fortsetzung von Mende mit anderen Mitteln". „Er hat alle Nachteile Mendes, aber es fehlen ihm Mendes Vorzüge".[624] Seine Eigenschaften und sein lockeres Auftreten – Maier nannte ihn eine spielerische Natur – störten und schienen nicht zu einem Parteivorsitzenden zu passen. Er war „sozusagen der Herr von Scheel".[625] Von ihrem Parteivorsitzenden erwarteten die Liberalen aber, dass er ernster, aggressiver, energischer und nicht so oberflächlich war. Doch Scheel fehlte es an Standfestigkeit, Statur und Kanten. Zudem war er für viele programmatisch immer noch ein unbeschriebenes Blatt.

Doch Scheel wurde zugetraut, die Partei zu integrieren. Er war nüchtern und sachlich. Er war kein Visionär oder brillianter Rhetoriker. Aber einen einseitig argumentierenden Vorsitzenden konnte die FDP nicht gebrauchen. Sie benötigte einen versöhnlichen und kompromissfähigen Mittler. Scheel entzog sich einer festen Einordnung in die Denkschablonen der FDP. Fle-

---

[622] Siehe: Baring / Koerfer, Walter Scheel, in: Bernecker, Walther L. / Dotterweich, Volker (Hrsg.): Persönlichkeit und Politik in der Bundesrepublik Deutschland. Politische Portraits, Bd. 2, Göttingen 1982, S. 132-146, hier: S. 140-141 [im Folgenden zitiert als: Baring / Koerfer, Scheel, in Bernecker / Dotterweich].
[623] Vgl.: Siekmeier, 1998, S. 362.
[624] „Reiner Tor", in: Der Spiegel, 21. Jg., Nr. 39, 18. September 1967, S. 30.
[625] Schreiber, Hermann: „Sozusagen der Herr von Scheel", in: Der Spiegel, 22. Jg., Nr. 5, 29. Januar 1968, S. 29. Vgl.: Siekmeier, 1998, S. 360. Siekmeier, Mathias: Walter Scheel (*1919), in: Oppelland, Torsten (Hrsg.): Deutsche Politiker 1949-1969, Bd. 2: 16 biographische Skizzen aus Ost und West, Darmstadt 1999, S. 155-164, hier: S. 158 [im Folgenden zitiert als: Siekmeier, in Oppelland].

xibel und auf Wahrung der Unabhängigkeit bedacht, wollte er sich nicht dauerhaft an eine Parteigruppierung binden.

Scheel hatte bereits Anfang der 1950er Jahre darauf geachtet, keiner bestimmten Richtung in der Landespartei oder -fraktion zugeordnet zu werden.[626] Er hatte sich als Jungtürke nicht so stark von Dörings Hass auf Adenauer anstecken lassen. Er war Minister unter Adenauer. Das brachte ihm die Unterstützung der Bürgerlichen ein. Im Gegensatz zu Mende betrachtete er jedoch die nationalstaatliche Einigung nicht nur als aussichtslos, er lehnte sie auch entschieden ab. Er war Verfechter der Entspannung, des europäischen Gedankens und der supranationalen Integration und hatte seit Beginn der 1960er Jahre entscheidend dazu beigetragen, die Europa gegenüber skeptische Haltung der Partei zu ändern.[627]

Scheel repräsentierte 1967 die pragmatischen Freidemokraten der Mitte um Genscher und Mischnick, die sich von beiden Extremen in der Partei fernhielten, aber die Partei modernisieren wollten.[628] „Meinung Richtung heißt Scheel" antwortete er jedem, der ihn festlegen wollte.[629] Die Kämpfe 1967 verfolgte er so dezent aus dem Hintergrund und exponierte sich nicht. Er sympathisierte mit den Reformern, plädierte aber in der Oder-Neiße-Frage für Zurückhaltung. „Ich bin ein Parsifal, ein reiner Tor. Beim Messerstechen mache ich nicht mit. Die Messerhelden stechen sich meistens selber ab", so seine Ansicht.[630] Als er wieder in das Geschehen eingriff, präsentierte er sich als Integrationsfigur. Das machte ihn schließlich für alle Seiten akzeptabel.[631] Die jungen Radikalliberalen unterstützten Scheel und sahen in ihm einen Hoffnungsträger, war er doch kein Nationalliberaler der alten Schule. Mit ihm hofften sie, die Partei zu neuen Ufern zu führen, schließlich hatte er im Herbst 1966 der bürgerlichen Koalition ein Ende bereitet und sich für eine Koalition mit der SPD eingesetzt. Weyer hingegen war zu sehr als Einpeitscher gegen die Reformer aufgetreten.

---

[626] Vgl.: Papke, 1992, S. 107.
[627] Scheel favorisierte ein gesamteuropäisches Sicherheitssystem mit Garantie durch Amerikaner und Sowjets, welches die bestehenden Bündnisse ablösen und Entspannung schaffen sollte. Als Fernziel sah Scheel die Vereinigten Staaten von Europa. Sie sollten sich als dritte Kraft gegenüber den hegemonialen Bestrebungen der Supermächte emanzipieren. Vgl.: Siekmeier, in Oppelland, S. 161-162.
[628] Vgl.: Lösche / Walter, S. 70-72. Siekmeier, 1998, S. 457-458.
[629] Baring, in Genscher, 1984, S. 39.
[630] „Reiner Tor", in: Der Spiegel, 21. Jg., Nr. 39, 18. September 1967, S. 30-31.
[631] Vgl.: Strauch, Rudolf: Walter Scheel – Mann der Mitte, in: Die Welt, 19. Januar 1968.

Scheel hatte einen ähnlichen Führungsstil wie Mende: Er hatte höfliche Umgangsformen auch im Konflikt. Scheel „renne nicht mit dem Kopf gegen die Wand, sondern suche eine verborgene Tür hinter der Tapete", so Dehler.[632] „Meine Devise ist: verhandeln und nie aufgeben". „Dabei kann es vorkommen, daß ich von den eigenen Vorstellungen Abstriche machen muß. Das schadet aber nichts. Ein Kompromiß hat den Vorteil, daß er auf einer breiteren Grundlage ruht und damit bessere Aussichten auf Dauerhaftigkeit hat als ein einsam gefaßter, mit Härte durchgesetzter Beschluß."[633]

Doch trotz Kompromissbereitschaft und höflicher Umgangsformen war Scheel im Gegensatz zu Mende nie ein pflegeleichter Verhandlungspartner. Er war hart und duldete keine Nachlässigkeit gegenüber sich selbst.[634] „Im Inneren" war er „ein ganz harter Mann", so Barzel über ihn.[635] Eine „unnachahmliche[...] Mischung von Härte und Heiterkeit" konstatierte Schroers.[636] Stil und geschliffene Umgangsformen bewahrten Scheel wiederum davor, dass aus Gegnern in der Sache persönliche Feinde wurden. „Walter Scheel hat eine Gabe, die Wahrheit so zu sagen, daß sie nicht verletzt, aber dennoch gesagt wird."[637]

6.13.7 Vom Parteivorsitzenden zum rechtskonservativen, isolierten Abtrünnigen – Mende nach 1967

Mende fand sich nicht damit ab, dass Scheel sein Nachfolger werden sollte. Er intrigierte im Hintergrund gegen dessen Kandidatur. Immerhin war er es gewesen, welcher der Koalition mit der Union Ende Oktober 1966 den Todesstoß versetzt hatte, was Mende den Ministersessel gekostet und seine exekutive Karriere beendet hatte. So kam bei Mende Groll und gewiss auch eine Revanchestimmung auf, dass ausgerechnet Scheel ihm an der FDP-Spitze folgen sollte. Auch war gekränkte Eitelkeit im Spiel, dass er in der Partei nicht mehr die erste Geige spielte. Zudem fürchtete er, dass mit Scheel politische Kurskorrekturen verbunden waren. Mende traute ihm nicht die Standfestigkeit zu, dem Linksruck zu begegnen. Er sah in ihm gar

---

[632] Ebd., S. 21.
[633] Zirngibl, Willy: Gefragt: Walter Scheel, Bonn 1972, S. 14 [im Folgenden zitiert als: Zirngibl, a. a. O.].
[634] Siehe: Baring / Koerfer, Scheel, in Bernecker / Dotterweich, S. 135.
[635] Baring, in Genscher, S. 22.
[636] Ebd., S. 21. Auch: Kempski, Hans Ulrich: „Dieser Mann hat Ellenbogen aus Eisen", in: Süddeutsche Zeitung, 1. Februar 1968.
[637] Dehler über Scheel. Zirngibl, a. a. O., S. 6.

einen verkappten Sympathisanten der Radikalliberalen. Die Gefahr, die daher von Mende ausging, war nicht zu unterschätzen.

Das Karriereende vor Augen, wurde Mende nach seinem Verzicht auf eine erneute Kandidatur vor allem in der Außen- und Deutschlandpolitik immer mehr zum orthodoxen Rechtsaußen der FDP, wie bereits die Bundestagsdebatte am 13. Oktober 1968 zeigte.[638] Der Freiburger Parteitag verschreckte ihn. Es wurde ein Abschied „ohne Wärme, ohne menschliche Töne".[639] Ralf Dahrendorfs Diskussion mit Rudi Dutschke auf dem Dach eines Kleinbusses, Dahrendorfs Plädoyer für eine Öffnung der FDP für neue Ideen, gesellschaftliche Probleme wie außerparlamentarische Randgruppen als auch dessen propagierter Abschied von der Zünglein-an-der-Waage-Strategie – „Unser Anspruch ist es vielmehr, dieses Land zu regieren"[640] – verstörten Mende.[641] Slogans wie „Opas FDP ist tot" und „Wir schaffen die alten Zöpfe ab" sowie die neue Bezeichnung F.D.P. verstärkten seine Antipathie. Die Freidemokraten entwickelten sich in seinen Augen vor allem unter dem Einfluss des emporstrebenden Quereinsteigers Dahrendorf zu einer neuen Linkspartei.[642] Habituell und thematisch war das nicht mehr seine bürgerliche, nationale FDP.[643]

Je mehr in der Partei die Debatten über die Aufgabe des Alleinvertretungsanspruchs, die Anerkennung der DDR und der Oder-Neiße-Grenze als auch über die Koalitionsfrage tobten, desto stärker distanzierte sich Mende. 1968 gab die FDP als erste Partei den Alleinvertretungsanspruch auf. Sie versagte einer Entschließung im Bundestag ihre Zustimmung. Mende enthielt sich der Stimme. Im Januar 1969 legte die Partei einen Entwurf für einen Generalvertrag vor, der die Beziehungen zwischen Bonn und Ost-Berlin regeln sollte. Hier wurde erstmals die Zweistaatlichkeit politisch anerkannt. Mende lehnte den Entwurf ab.[644] Auch wenn die FDP im Wahlkampf 1969 von ihren radikalen Parolen Abstand nahm und von Gebietsverzichten keine Rede war, blieb Mende doch unversöhnlich.

---

[638] Mende am 13. Oktober 1967 im Bundestag, in: Verhandlungen des Deutschen Bundestages, Stenographische Berichte, V. Wahlperiode, Bd. 65, Bonn 1967, S. 6369C-6374D.
[639] Die Welt, 31. Januar 1968.
[640] Bundesparteitag am 30. Januar 1968 in Freiburg, AdL, A 1-363.
[641] Vgl.: Mende, 1988, S. 371. Wildermuth, in Mischnick, S. 206.
[642] Siehe: Mende, 1972, S. 244.
[643] Das in Freiburg neu geschaffene Präsidium war eindeutig linkslastig. Die Verteilung im Bundesvorstand hingegen war ausgeglichener. Hier waren die Konservativen nicht nur zahlenmäßig im Vorteil. Ihre Galionsfiguren erzielten auch die besten Ergebnisse. Mende erhielt die meisten Stimmen und wurde Beisitzer. Vgl.: Mende, 1988, S. 348-349.
[644] Siekmeier, 1998, S. 371-372, 376.

Doch er war isoliert. Er hatte 1969 Schwierigkeiten, einen Wahlkreis zu finden. Die Jungdemokraten versuchten, seine Kandidatur für den Bundestag zu verhindern. Bei der Bundespräsidentenwahl stimmte er entgegen der Vorgabe Scheels für Schröder. Die Bildung der SPD/FDP-Koalition 1969 in Bonn war für den ehemaligen Parteivorsitzenden ein „parlamentarische[r] Staatsstreich[...]" gegen die siegreiche Union und den Wählerwillen.[645] Er sah keine Basis für eine Koalition mit den Sozialdemokraten. Mende torpedierte daher die Koalitionsbildung, da er einen weiteren Linksruck und die Umsetzung der neuen Konzepte in der Deutschland- und Ostpolitik fürchtete. Er gründete ein „Gegenpräsidium", welchem unter anderem Achenbach, Ertl, Graaff, Haas, Menne, Starke und Zoglmann angehörten. Die Basis der Partei stand mehrheitlich gegen ihn: „Kopf hoch, Walter!" „Mende ist ein Verräter." „Gewarnt wird vor Quisling Brutus Mende."[646] Er stimmte bei der Wahl im Bundestag gegen Brandt.

Seine Abneigung erklärte sich aber noch aus einem weiteren Grund: Bei einer Regierungsbeteiligung an der Seite der SPD konnte er persönlich nicht profitieren. Scheel, den er als Hauptschuldigen für die Misere der Partei sah, bekam das Außenministerium, dem sich Mende im Herbst 1966 so greifbar nah gefühlt hatte. Er missgönnte Scheel den Karrieresprung.[647] Daher forderte er seinen Nachfolger auf, das weniger prestigeträchtige Finanzressort zu übernehmen.

Mendes Bedeutungslosigkeit verstärkte sich nach der Koalitionsbildung. Er gründete 1970 die National-Liberale-Aktion (NLA), ein Sammelbecken der Gegner Scheels vom rechten Rand der FDP. Vergeblich setzte er sich für Genscher als neuen Parteivorsitzenden ein. Die Wahlniederlagen und der Linkskurs hatten seine Überzeugung verschärft, die Partei habe unter ihrem derzeitigen Vorsitzenden keine Zukunft. Als auf dem Bonner Parteitag 1970 sein Antrag nicht zur Debatte und zur Abstimmung zugelassen, aber ein Missbilligungsantrag gegen ihn angenommen wurde, zeigte sich, dass Mende vollkommen isoliert war und keinen Einfluss mehr hatte. Er kandidierte nicht mehr für den Bundesvorstand. „Am Schluß bot er das Bild eines Mannes, der seine letzte Patrone verschossen hat."[648]

---

[645] Mende, 1988, S. 390.
[646] Grunenberg, Nina: „Kopf hoch, Walter!" Nach der Wahl in Scheels Hauptquartier. Tauziehen um die Koalition, in: Die Zeit, 3. Oktober 1969.
[647] Auch: Siekmeier, 1998, S. 430.
[648] Baring, 1998, S. 360.

Aus Protest gegen die Deutschland- und Ostpolitik der sozialliberalen Koalition und besonders gegen die Verträge von Moskau und Warschau trat er am 9. Oktober 1970 zur CDU über.[649] „Ein Mann mit hohen Verdiensten um die Partei resignierte, und keiner weinte ihm eine Träne nach."[650]

Doch warum verabschiedete sich Mende nach 1967 nicht komplett aus der Politik? Warum setzte er sich Ende der 1960er Jahre dem Hass der Jungdemokraten aus? Warum schlug er 1970 ein Angebot aus, EG-Kommissar zu werden. In Brüssel wäre er doch den von ihm gehassten Konflikten in der Partei enthoben gewesen.[651] Warum fing er stattdessen in der CDU wieder bei Null an und übernahm gar einen Wahlkreis im tiefroten Nordhessen, zumal er den Basiskontakt nie besonders mochte?[652] Diese Fragen zu beantworten, bleibt einer ausführlichen Biografie über Erich Mende vorbehalten. Interessant wäre es in diesem Zusammenhang auch zu klären, warum andere Politiker aus der Frontgeneration des Zweiten Weltkriegs länger politisch erfolgreich sein konnten als Erich Mende, so zum Beispiel Helmut Schmidt und Franz Josef Strauß.

6.14 Fazit

6.14.1 Persönlichkeitsfaktoren, Führungsstil, strukturelle Faktoren, Konstellation – Zur erwarteten Berufung Mendes und zum absehbaren Ende seiner Amtszeit

Erich Mende hatte Charaktereigenschaften, die seinen Aufstieg maßgeblich beschleunigten. Sein Erscheinungsbild und seine Präsenz in den Medien machten ihn bekannt.[653] Er sah gut aus, war auf sein Äußeres bedacht, war

---

[649] Ihm fehlte der Verweis auf das Selbstbestimmungsrecht des deutschen Volkes und die Notwendigkeit eines Friedensvertrags mit Gesamtdeutschland, der seiner Ansicht nach erst endgültig über Grenzen entscheiden konnte. Vgl.: Mende, 1988, S. 423, 459-460. Auch bei der IOS erlebte Mende 1970 Niederlagen. Nachdem der Investmentkonzern Ende 1969 in Schwierigkeiten geraten war, trat er aus dessen Diensten aus. 1972 erlitt die IOS einen spektakulären Zusammenbruch. Mende war bis 1980 als Wirtschaftsjurist im Dienste der Bonnfinanz / Deutscher Herold tätig.
[650] Wildermuth, in Mischnick, S. 213.
[651] Siehe: Mende, 1988, S. 430.
[652] „Ich fing wieder ganz unten an, bei Versammlungen in Dorfgasthäusern, diskutierte auf Marktplätzen, stritt mich mit Stortrupps herum, die aus Göttingen von Marburg von kommunistischen Zellen in Kleinbussen angereist kamen. Ich war ganz auf mich selbst angewiesen, das kostete viel Überwindung und ging manchmal an die Grenzen der Selbstachtung." Mende, 1988, S. 435-436.
[653] Siehe: Jansen, 1999, S. 166.

ehrgeizig, eloquent, galant, trat sicher auf und bemühte sich, Everybody´s Darling zu sein. Durch seine Rhetorik konnte er viele in seinen Bann ziehen. Doch charismatisch wirkte Mende nicht.

Sein Privatleben trug er nach außen. Familie Mende glänzte in Homestorys der Illustrierten. Stolz war Erich Mende auf seine Statur und seine Gesundheit. Um seinen Körper fitt und attraktiv zu halten, trieb er Sport. Der Gesundheit wegen bevorzugte er Fisch- und Diätnahrung.

Es mischten sich Fakten über den wasserpolackschen Apoll[654] mit Vorurteilen. Er galt mit seinen krausen Haaren als Brillantine-Beau unter den Politikern, war als „Umfaller", „schöner Erich", „Mann der Suada"[655] und Ritterkreuzträger mit gesamtdeutschem Impetus der Kabarettisten liebstes Kind. „Heldenmut, der das Risiko inbegriff, in Häßlichkeit zu sterben, war Erich Mendes Sache nie."[656] Es hieß, er sei eitel, strebsam, korrekt, selbstgefällig wie ein Pfau, ließe sich Dauerwellen machen und stände unter dem Einfluss seiner geltungsbedürftigen zweiten Frau Margot, Kunstmalerin und Kriegerwitwe. Sie war Sekretärin und Dolmetscherin für ihn sowie engste Ratgeberin – oft gegen den Widerstand aus Parteikreisen. Margot Mende spornte ihn an: „Aufstehen, Erich! Karriere machen", so ihr Weckruf – offenbar gefolgt vom Kommando: „Nicht umfallen, Erich!".[657] Er bestätigte ihren Einfluss: „Meine Frau, die viel von Politik versteht, sagt immer: `Alles, nur nicht das Verteidigungsministerium.´"[658] Erichs Schwerpunkte in der Außen- und Militärpolitik kamen ihr entgegen, da sie sich gern auf diplomatischem und gesellschaftlichem Parkett bewegte.

Mende war bestrebt, sein Image zu erhalten bzw. zu verbessern. Doch er wirkte gezwungen. Sein Auftreten wirkte oft künstlich. Vieles, was er sagte und tat, entsprach vielmehr dem Wunsch, ein populärer Politiker zu sein. Weil er diese Hoffnung durchscheinen ließ statt sie hinter einer Fassade staatsmännischer Souveränität geschickt zu verstecken, schienen die Vorurteile bestätigt.[659] Es gelang ihm nicht, seinen Ehrgeiz und seine Eitelkeit

---

[654] So eine Bezeichnung von Heuss für Mende.
[655] Backhaus, Wilhelm: Mende – Ein Mann der Suada, in: Der Spiegel, 17. Jg., Nr. 31, 31. Juli 1963, S. 15.
[656] Schröder, Dieter: Dabeisein und doch dagegen, in: Der Spiegel, 19. Jg., Nr. 35, 25. August 1965, S. 27.
[657] Endlich Frau Minister... Margot Mende freut sich!, in: Neue Welt am Sonnabend, 2. November 1963.
[658] Erich währt am längsten, in: Der Spiegel, 15. Jg., Nr. 23, 31. Mai 1961, S. 25.
[659] Siehe: Heilmann, Sigmar: Ein Parteiführer dankt ab. Erich Mende als Interpret und Organisator der FDP, in: Handelsblatt, 11. September 1967.

durch Distanz und Gelassenheit zu überdecken. Innerlich war er unsicher. Dass er sich lieber mit einem Pool intellektueller und eigenständiger junger Mitarbeiter statt mit loyalen Vertrauten umgab, zeugte von seiner intellektuellen Eitelkeit, die Selbstzweifel verbarg. Als Kind wurde er von der Familie umsorgt. Er war stets auf der Suche nach Anerkennung und Sympathie. Zurückweisungen und Kränkungen vertrug er nicht. Der „Umfall" im Herbst 1961 und die Schmähungen erschütterten sein ohnehin nicht besonders starkes Selbstbewusstsein. Seine Eitelkeit brauchte er daher als Kraftquelle, um sich in den Medien und in den Gremien der Partei stets aufs Neue zu profilieren. Mende liebte das Schillernde, die Publicity, hörte sich gern reden und ließ sich gern ablichten. Er bedurfte stets des Halts der Äußerlichkeit und der Selbstbestätigung durch die Medien.

Trotz aller Selbstzweifel, die er bereits in der Kindheit und Jugend hatte, als sein Vater hohe Ansprüche an ihn gestellt hatte, trat Mende selbstsicher auf. Er verkörperte in seinem Lebenslauf sowie seinem Verhältnis zur Vergangenheit die Mehrheit seiner Altersklasse – keine Emigration, keine Verbindung zu Politik und Politikern vor 1933. Die Kriegsteilnahme sahen sie als nationale Pflicht.[660] Im verwundeten und dekorierten Mende erkannten sich daher die jüngeren Deutschen der Nachkriegszeit wieder.[661] Zudem waren seine unideologische und pragmatische Haltung, seine Orientierung auf Aufstieg und Karriere wie auch seine Korrektheit, Formalität und bürgerliche Höflichkeit symbolisch für die 1950er Jahre. Doch Mende ragte mit seiner Tapferkeit und seinen Fähigkeiten als Offizier aus seiner Generation heraus.[662]

Auch sein politischer Aufstieg erklärt sich maßgeblich dadurch, dass er als Wehrmachtsoffizier der Frontgeneration des Zweiten Weltkriegs angehörte. Neben der schlichten Notwendigkeit, im Nachkriegsdeutschland Geld zu verdienen, brachte ihn die nationale Gesinnung eines oberschlesischen Grenzlanddeutschen zur national eingestellten FDP. Mende war in der Partei Quotenaufsteiger der Frontgeneration und sprach durch seine Vita wie sein Engagement in der Kriegsgefangenen-, Kriegsopfer- und Kriegsverurteiltenfrage die Zielgruppe der Soldaten und Kriegsopfer an.

---

[660] Siehe: Erich währt am längsten, in: Der Spiegel, 15. Jg., Nr. 23, 31. Mai 1961, S. 22.
[661] Siehe: Frankfurter Allgemeine Zeitung, 17. Oktober 1961.
[662] Erich währt am längsten, in: Der Spiegel, 15. Jg., Nr. 23, 31. Mai 1961, S. 23.

Als Offizier in der Wehrmacht hatten sich Führungseigenschaften verfestigt, die Mende bei seinem politischen Aufstieg zum Vorteil gereichten, so vor allem Pflichttreue, Verantwortungsgefühl, Überzeugungskraft, Misstrauen, Ehrgeiz und Taktik. Mende hatte sich zudem als glänzender Organisator erwiesen und konnte diese Kompetenz als Politiker nutzen. Ferner hatte sich seine unideologische und pragmatische Gesinnung verstärkt, nachdem ihn bereits im Elternhaus der Parteienstreit der Weimarer Republik abgeschreckt hatte. Mende hatte im Krieg den elementaren Ernstfall erfahren. Maßgeblich aus diesem Grund suchte er in seiner politischen Karriere stets den Konsens. Er verließ nie die Mitte der Partei. Dabei moderierte und lavierte er zwischen verschiedenen Ansichten.

Unter diesen Voraussetzungen gelang es Mende in den 1950er Jahren, in der Freien Demokratischen Partei rasch aufzusteigen. Als Organisationstalent war er zudem in der Bonner Fraktion unentbehrlich, nachdem er in der Nachkriegszeit als Landesgeschäftsführer bereits den Aufbau der Parteiarbeit in Nordrhein-Westfalen organisiert hatte. In der ersten Legislaturperiode war er Fraktionsgeschäftsführer. Bereits 1953 wurde er Vize und 1957 Vorsitzender der Fraktion. In den Flügelkämpfen der frühen 1950er Jahre vermittelte er, ohne dass seine eigene Position allzu deutlich wurde. So konnte er 1952 eine Spaltung der Partei verhindern. Den Stimmungen und Mehrheiten in der Partei gab er sich zugehörig, war aber dabei so geschickt und unverbindlich, dass er bei einem Scheitern selbst nicht diskreditiert war. So sympathisierte er mit der Nationalen Sammlung wie auch 1956 mit den Plänen der Jungtürken.

Doch Mende konnte in den 1950er Jahren aufsteigen und sich als Integrator präsentieren, da er Bundespolitiker und somit nicht direkt in die Vorgänge im nordrhein-westfälischen Landesverband verwickelt war. Er war als Bonner Repräsentant und Vermittler zwischen den Strömungen das moderate Aushängeschild der sich in der politischen Ausrichtung wandelnden nordrhein-westfälischen FDP. 1956 wurde er so stellvertretender Bundesvorsitzender. Das war ein untypischer Aufstieg für die föderalen Freidemokraten.

Nach dem Scheitern der Jungtürken 1958 und dem Rückzug des Bundesvorsitzenden Maier lief alles auf den Fraktionschef Mende zu, der im Januar 1960 Parteivorsitzender wurde. Kontrahenten gab es nicht, die ihm den Posten streitig machen konnten. Dörings und Weyers Ambitionen waren 1958 gescheitert. Die Landesverbände Baden-Württemberg und Nordrhein-

Westfalen einigten sich auf seine Wahl. Mende war Bundespolitiker, hatte sich als fähiger Organisator erwiesen, konnte integrieren und verkörperte als Quotenaufsteiger der Frontgeneration und Ideal der 1950er Jahre den Generationswandel in der FDP. Er hatte die Partei thematisch vor allem in der Deutschlandpolitik profiliert. Die FDP schien mit ihrem neuen pragmatischen und unideologischen Parteiführer, der adrett anzuschauen, ehrgeizig und rhetorisch begabt war, auf der Höhe der Zeit. Die Frontgeneration war an der Macht. Die freisinnigen Honoratioren bestimmten nicht mehr das Erscheinungsbild der Parteispitze. Doch Mende war durch seine Umgangsformen, seine lateinischen Zitate und seine Tapferkeitsorden aus dem Krieg tief im bürgerlichen Lager verankert und bildete eine Brücke zwischen den Lebenswelten.

Mendes Aufstieg war „steil und stetig"[663] – ebenso sein Abstieg. Ernsthafte Niederlagen musste er erst in der Zeit als Parteichef verkraften. Er sah sich als Parteiführer der Freidemokraten in den 1960er Jahren anderen Rahmenbedingungen ausgesetzt, als bei seinem Aufstieg in den 1950er Jahren.

Mende erlebte viele Höhen und Tiefen, konnte sich stabilisieren, um danach noch anfälliger zu erscheinen. Mit dem Wahlerfolg 1961 war er auf dem Zenit seiner Macht als Parteivorsitzender. Nach dem Eintritt der FDP in die Adenauer-Regierung erlebte er 1961/1962 eine beispiellose Talfahrt. 1963 stabilisierte sich seine Position nach dem plötzlichen Tod seines Kontrahenten Döring und nach seinem Wechsel ins Bundeskabinett. Die uneinige innerparteiliche Opposition, Weyers Zurückhaltung wie auch die Bundestagswahl 1965 erleichterten es ihm, an der Spitze zu bleiben. Oft hing sein Schicksal als Vorsitzender allein von für ihn günstigen Umständen ab, die er nicht beeinflussen konnte.

Mendes politische Biografie ist zwar stark mit der Geschichte der FDP verbunden, nicht jedoch mit der politischen Ideengeschichte des Liberalismus.[664] Die Beschlüsse der Mende-Jahre waren keine bewusst auf Eigenständigkeit bedachten programmatischen Anstrengungen, sondern dienten eher der Klärung wichtiger tagespolitischer Fragen, um die mittelständische, bürgerliche und national gesinnte Klientel zu befriedigen. Herbe Kritik gab es daher an der ausschließlich auf die CDU orientierten, bürgerlichen, nationalen und mittelständisch geprägten Mende-FDP. Ihr Vorsitzen-

---

[663] Jansen, 1999, S. 161.
[664] Siehe: Jansen, 2003, S. 221.

der war kein konzeptioneller Denker und kein „geistiger Anführer", der die Lage analysieren und daraus Konsequenzen für die Praxis ziehen konnte. „Dazu mangelt es ihm schlichtweg an intellektueller Kraft, dominieren zu sehr Oberflächlichkeit und Neigung zu Platitüdenhaftem."[665] Dort, wo er merkte, dass alte Einstellungen nicht mehr weiterhalfen, verzichtete er darauf, konsequent Kurskorrekturen in die Wege zu leiten. Programmatisch profilierte ihr Vorsitzender die Partei daher kaum.[666] Gesellschaftspolitische Entwürfe beschäftigten ihn nicht. Dörings und Flachs Konzept einer Volkspartei stand er skeptisch gegenüber, hätten doch die Freidemokraten ihr Image als gesellschaftliche Elite verloren. Die gesellschaftlichen Veränderungen der 1960er Jahre ignorierte er. Den Bedeutungsverlust der alten selbstständigen Mittelschichten, das Wachstum des tertiären Sektors wie auch die Wandlungen in der eigenen Partei nahm er nicht bewusst wahr. Mende nutzte so die Entfaltungsmöglichkeiten aufgrund des gesellschaftlichen Wandels nicht, seine Partei strategisch zu positionieren.

Eine Reflexion über Tradition, Selbstverständnis, Strategie, Koalitionsoptionen und langfristige Ziele schien dem pragmatisch veranlagten Frontsoldaten Mende überflüssig. Sein Pragmatismus hatte frühe Wurzeln in der Zeit, als für Visionen kein Platz war. Er hatte nie besonders darüber nachgedacht, was ihn eigentlich zu einem Liberalen hatte werden lassen.

Zudem beschränkte sich Mende zunehmend thematisch zu sehr auf die Außen-, Deutschland- und Sicherheitspolitik. Er setzte im Gegensatz zu den 1950er Jahren kaum Akzente in anderen Bereichen. Denen nahmen sich seine Kontrahenten stark an. Die Diskussion über rechtsstaatliche Aspekte überließ er Bucher, Dehler und Döring. Sozialpolitik war Mischnicks Bereich. In der Europapolitik profilierte sich Scheel, in der Bildungspolitik Hamm-Brücher. Liberale Ideologie und Selbstverständndis vertraten besonders Döring und Flach. Mende vergab so viele Möglichkeiten, sich zu profilieren und das Agendasetting zu bestimmen.

Unvorbereitet landete die FDP 1966 in der Opposition. In der neuen Phase suchten die Liberalen, vor allem die Reformer und die Kräfte der pragmati-

---

[665] Siekmeier, 1998, S. 94.
[666] Lothar Gall stellte bereits fest, dass der deutsche Liberalismus nach 1945 kaum mehr ausgiebige theoretische Grundsatzfragen debattierte. An die Stelle dieser fundamentalen ideologischen Konflikte trat eine Politik des pragmatischen Ausgleichs. Siehe: Gall, Lothar: Liberalismus und Auswärtige Politik, in: Hildebrand, Klaus / Pommerin, Reiner (Hrsg.): Deutsche Frage und europäisches Gleichgewicht. Festschrift für Andreas Hillgruber zum 60. Geburtstag, Köln – Wien 1985, S. 31-46, hier: S. 45.

schen Mitte, eine neue Führung, die den Weg zu einem zeitgemäßen Liberalismus, zu neuen Konzepten besonders in der Deutschland- und Ostpolitik wie zu einer Koalition mit der SPD ebnen sollte. Dafür aber taugte der staatstragende bürgerliche Repräsentant Mende nicht. Von seiner Politikauffassung und seinem Selbstverständnis her war er eigentlich ein Mann der Exekutive. Ihm lag das Amt des Gesamtdeutschen Ministers näher als das des Parteivorsitzenden: „Es ist oft ein undankbares Amt. Eine liberale Partei macht es sich oft schwer, auch anderen und insbesondere ihrem Vorsitzenden. Ich hätte mir manchmal gewünscht, diese Last nicht zu haben."[667] Als Kabinettsmitglied konnte er gestalten, Erfolge verbuchen, repräsentieren als auch seine Eloquenz und seine lateinischen Zitate mediengerecht in Szene setzen. Den Höhepunkt seiner politischen Laufbahn stellte daher ohne Zweifel die Zeit von 1963 bis 1966 dar. Die Übernahme des Ministeramts wurde so zum retardierenden Moment in seiner Karriere und verzögerte seinen Sturz. Nach dem Wechsel in die Opposition stand er daher als Parteivorsitzender zur Disposition.

Mende war eher der „Generaldirektor"[668] der FDP für die Zeit der Regierung. Er war, zumal in der Opposition, kein Polarisierer, der das Profil der FDP herausstellen und die widerstrebenden Gruppen innerhalb der Partei zu einem harten und geschlossenen Block einen konnte. Der Offizier Mende hatte während des Kriegs gelernt, Konflikte zu verdrängen und Differenzen durch Formelkompromisse zu überbrücken. So taktierte, moderierte und lavierte er als Parteiführer zwischen den Positionen und wirkte gar – wie der „Umfall" 1961 und der Kabinettskompromiss in der Steuerfrage im Herbst 1966 bewiesen – opportunistisch. Er griff Aspekte aus Schollwers Reformstudie auf, scheute sich aber, eindeutig Stellung zu beziehen. Wenn das Bündnis mit der Union in Gefahr geriet, steckte er zurück, da er Konflikte scheute. Ungeachtet der „martialischen Aura", die der Ritterkreuzträger Mende verbreitete, war er in der Politik kein Kämpfertyp, sondern ein anpassungsfähiger „Taktiker der Macht".[669]

Er beherzigte nicht, dass die FDP von Krisen lebt, um sich als Korrektivpartei zu behaupten. Ruhige Zeiten sind ihr Verderb. Darum muss sie Un-

---

[667] Gaus, 2001, S.234.
[668] So eine Bezeichnung des Journalisten Walter Henkels, der sich wiederum auf eine Äußerung Mendes über seine Arbeit als FDP-Vorsitzender bezog. Henkels, Walter: Erich Mende, in: 99 Bonner Köpfe, Düsseldorf – Wien 1963, S. 200-203, hier: S. 202.
[669] Siekmeier, 1998, S. 94.

ruhe schaffen, wo sich ihr Gelegenheit bietet. Doch das war nicht Mendes Politikstil. Er lehnte – geprägt durch die negativen Erinnerungen aus der Weimarer Republik – Parteienstreit ab. Anderen Liberalen, wie Döring, Flach, Scheel und Weyer, fiel die Aufgabe zu, Koalitionskrisen zu initiieren. Döring profilierte sich in der „Spiegel-Affäre", Scheel im Oktober 1966, als er den Rückzug der liberalen Minister aus der Bundesregierung auslöste. Mende gab so das Agendasetting aus der Hand.

Mende hatte nicht die Kraft, seine Kontrahenten und vor allem die revoltierende Linke in der Partei zu unterwerfen. Dazu war er zu harmoniesüchtig. Arroganz war ihm ebenso fremd wie die Leidenschaft des Hasses. Mende war ausgesprochen fair und verbindlich im politischen Umgang mit Freunden wie Konkurrenten. Als Parteivorsitzender war er zu gutmütig und trug trotz seines ausgezeichneten Gedächtnisses nichts nach. Sein Anstand verbot ihm die nötige Härte und Konsequenz. Er versuchte, Streit im Guten und durch Entgegenkommen und Moderation zu schlichten. Intrigen lehnte er ab, um Gegner auszuschalten, Befugnisse zu erweitern oder neue Posten zu besetzen. Obwohl er die Macht mochte, besonders die exekutive, lag ihm das Spiel mit der Macht nicht, um sie auszudehnen. Er war keine alltägliche Erscheinung im harten Politikgeschäft, in dem gewöhnlich ein härterer Umgangston herrscht und in dem Machtspiele, Brutalität wie unnachgiebiges Auftreten gefragt sind. „Ein leicht selbstgefälliges Genügen am äußeren Status" hinderte ihn daran, sich in der Politik zu behaupten.[670] Sein Lebensmotto von Cicero bestätigte dies: „Was Du auch tust, handle klug und bedenke die Folgen." Seine Charakterisierung Erhards hätte auch seine eigene sein können: Er war „ein Freund kollegialer und liberaler Harmonie, der an das Gute im Menschen glaubte und von ihnen Zuneigung erwartete."[671]

Mende hatte von den drei Weberschen Bedingungen eines erfolgreichen politischen Anführers vor allem Verantwortungsgefühl und Augenmaß. Politische Leidenschaft spürte man bei ihm selten. Dafür war er zu zurückhaltend, sicherte sich zu sehr ab und ging nur selten Risiken ein.

Obwohl Mende von seiner Zugehörigkeit zur Frontgeneration wie auch von seiner Prägung her kein bürgerlicher Honoratior war, handelte der „Gene-

---

[670] Fromme, Friedrich Karl: Mit einem sympathischen Anflug auch von früher, in: Frankfurter Allgemeine Zeitung, 28. Oktober 1986.
[671] Mende, 1988, S. 110.

raldirektor" Mende aber so. Der Rollenwechsel hin zum polarisierenden und attackierenden Oppositionsführer konnte ihm deshalb nicht gelingen. Auch nach 1966 spielte der treue, beherrschte, anständige und zutiefst bürgerliche Offizier, Ritterkreuzträger mit der straffen Haltung und „Generaldirektor" der Freidemokraten die Rolle des Staatsmanns im Bundestag, aber nicht die eines Oppositionspolitikers. Ein Fiasko Mendes als Oppositionschef einer Partei, die sich zudem einer Großen Koalition gegenüber sah, war somit abzusehen.

Vor diesem Hintergrund bedarf Mendes Sturz als Parteivorsitzender einer weiteren Erklärung. Nachdem 1960 der Wechsel vom freisinnigen Honoratior Maier zum pragmatischen Frontoffizier Mende als Generationswechsel und Beginn einer neuen Ära umjubelt worden war, sah sich der Vorsitzende ab Mitte der 1960er Jahre wiederum einer neuen – linksliberalen – Generation in der Partei gegenüber, die ihn an den Rand drängte. Mende verkörperte die Generation der Nachkriegspolitiker. „Generaldirektor" Mende gehörte mit seinen Überzeugungen und seinem Habitus zu den Politikern der Ära Adenauer und deren „Nachspielzeit", der Regierung Erhard.[672] Doch die Nachkriegszeit war 1966/1967 zu Ende. Die Ritterkreuz-Mode der 1950er Jahre war passé. Mende passte sich nicht den neuen Entwicklungen in Partei und Gesellschaft an. Damit war auch seine Zeit als Parteiführer abgelaufen. Er hatte sich politisch überlebt.

Mende war typischer Vertreter der FDP der 1950er Jahre, die sich vorrangig um die Integration der Kriegsheimkehrer, Flüchtlinge und Vertriebenen – darunter auch frühere Nationalsozialisten – bemüht hatte. Ihn trennten Welten von den nun in die Partei strömenden jungen Akademikern, in deren politischer Sozialisation die Ereignisse der 1960er Jahre eine entscheidende Rolle einnahmen.[673] Selbstverständnis und Erscheinungsbild Mendes unterschieden sich so grundsätzlich von denen der gewandelten FDP der späten 1960er Jahre.[674] Während in den 1950er Jahren pragmatische und unideologische Politiker gefragt waren, hatte sich die Gesellschaft der 1960er Jahre politisiert. Es herrschte der Wunsch nach inneren Reformen und Projekten, um verkrustete Strukturen zu durchbrechen. Doch der „Generaldirektor" Mende hielt nichts von radikal-demokratischen Programmen und Projekten zur Umgestaltung der Gesellschaft. Der bürgerliche Vorsit-

---

[672] Jansen, in Oppelland, S. 142.
[673] Siehe: Dittberner, a. a. O., S. 119.
[674] Siehe: Baring, 1998, S. 476.

zende konnte zudem nicht mit dem Wertewandel und der neuen Offenheit in der Gesellschaft – den kalkulierten Tabubrüchen und bewussten Provokationen – umgehen, wie sich sowohl 1961 in Hamburg, 1963 in München als auch 1967 in Hannover zeigte.[675] Bereits 1961 meinte er: „Ich bin ein erbitterter Gegner der Schluckauf-Sänger, des Geröhres und der Sexual-Vibrationen."[676] Seine Lieblingsbücher waren Faust I und II. Seine Lieblingsmusik stammte von Mozart, Tschaikowsky und Beethoven.

Mende vertrug die Kritik vor allem der neuen, linken Kräfte nicht. Der „Generaldirektor" beklagte sich über mangelnden Respekt und Dank wie fehlende Disziplin. Für den Frontoffizier waren nicht erst seit dem Krieg, sondern bereits seit seiner Kindheit Disziplin und Respekt im Umgang mit Vorgesetzten selbstverständlich.

Der Verlust des Ministerpostens im Herbst 1966 verstärkte seinen Unmut. Er lastete den Karriereknick seinen Kontrahenten an, die seiner Ansicht nach die Koalition zum Bruch getrieben hatten. Sein Verhältnis zu seiner Partei änderte sich weiter, als ihm selbst, der seine Warnungen bestätigt sah, der Weg in die Opposition angelastet wurde. Er fasste es zudem als persönliche Demütigung auf, dass er 1967 kaum noch Einfluss auf die Partei hatte. Ferner konnte er aufgrund seiner Herkunft als oberschlesischer Grenzlanddeutscher den Kurswechsel in der Ost- und Deutschlandpolitik nicht unterstützen. Zwar hatte er als Gesamtdeutscher Minister durch eine Politik der kleinen Schritte – trotz Taktik und Opportunismus – Bewegung in die Deutschlandpolitik gebracht und die Partei von den überkommenen Vorstellungen der 1950er Jahre distanziert, doch war er nicht bereit, von der aktiven Wiedervereinigungspolitik abzurücken und die DDR wie auch die Oder-Neiße-Grenze vor einem Friedensvertrag anzuerkennen. Die nationale Einstellung eines Grenzlanddeutschen hatte Mendes Weg zur FDP ermöglicht. Er wurde zunehmend heimatlos, als die Freidemokraten den nationalen Gedanken aufgaben, denn er selbst änderte im Gegensatz zu seiner nach links driftenden Partei seinen politischen Standpunkt kaum, versteifte sich aber auf seine Rechtspositionen. Vor allem in der Deutschland- und Ostpolitik, seiner Kernkompetenz, entglitt ihm daher das Agendasetting. Nach dem Sturz in die Opposition geriet er in die Defensive. Sein

---

[675] Aus diesem Grund mochte er trotz seiner rhetorischen Fähigkeiten Wahlkämpfe nicht besonders. Wahlkampf „kostete viel Kraft und Nerven". Sachliche Argumenten zählten oft nicht. Das lief Mendes Naturell zuwider. Mende, 1984, S. 317.
[676] Henkels, Walter: Der „Generaldirektor" der FDP, in: Frankfurter Allgemeine Zeitung, 1961.

„Brainpool" bestimmte maßgeblich die Öffentlichkeitsarbeit. Er hatte seinen intellektuellen Mitarbeitern Freiraum gelassen, den sie ungeniert zur eigenen Profilierung nutzten. Mende hatte die Eigendynamik unterschätzt.

Unter diesen Bedingungen wandelte sich Mende 1967 – vor allem auf dem Parteitag in Hannover zeigte sich dies – von einem besonnenen Mann der Mitte und Grandseigneur zu einem nationalliberalen Fossil, „beleidigten Polarisierer" und „galligen Flügelmann".[677] Bereits in den Jahren zuvor hatte er die in seinen Augen aufmüpfige Minderheit der Reformer brüskiert und sich nicht um Integration bemüht. Doch die Klausurtagung in Niederbreisig im Januar 1967 bildete den Wendepunkt. Bis dahin hatten Schollwer und die Reformer gehofft, Mendes Unterstützung auf dem Weg zu einer neuen Ost- und Deutschlandpolitik zu haben – immerhin hatte er als Minister sich oft zu Aspekten der Schollwer-Studie bekannt. Doch der Bundesvorsitzende zog sich von früheren Positionen zurück, beharrte auf seinen Standpunkten und exponierte sich in der Deutschland- und Ostpolitik gegen die Reformer. Er gab seinen bewährten Führungsstil auf und polarisierte, statt sich um Integration zu bemühen.

Seine Erfolgsgeschichte basierte auf seiner Scharnierstellung in der Partei. Er war für alle Strömungen die Kompromisslösung an der Parteispitze. Doch 1967 wandelte sich die FDP nach links. Mende verlor seine Scharnierstellung und konnte einem Flügel der Partei zugeordnet werden. Damit wurde er politisch obsolet. Ironie der Geschichte ist es, dass Mende, an dem Zeit seines Lebens der „Umfall" von 1961 haftete, seine Karriere dadurch beendete, dass er 1967 einen Kurswechsel der Partei nicht mitmachte. Er fiel nicht erneut um.[678]

Es zeigte sich, Mende war allein durch Prägung und Vita nicht in der Lage, sich neuen Gegebenheiten anzupassen. Dabei hätte er seine eigene Identität verleugnet. Sein nahezu kampfloser Verzicht auf den Vorsitz war letztendlich Folge von Zermürbung und Demontage, denen er mit seiner Siegesgewissheit, seiner Aufstiegsorientierung und seiner Harmoniesucht nicht gewachsen war. Aufstieg und Fall Mendes zeigen somit, dass er unausweichlich seinen persönlichen Stärken und Schwächen ausgeliefert war.

---

[677] Lösche / Walter, a. a. O., S. 66. Walter, Franz: Der zwölfte Mann, in: Frankfurter Allgemeine Zeitung, 5. Mai 2001.
[678] Siehe: Jansen, in Oppelland, S. 141.

Schnell musste Mende die Spitzenposition räumen: Nachdem der Zwang zum Konsens während der Regierungszeit – ein wichtiges Disziplinierungselement – von der Partei gefallen war, stand er zum Abschuss bereit. Die Liberalen hatten ihn schon längst satt und suchten nach Wegen, ihn stilvoll abzuservieren. Die FDP verfuhr mit ihm, wie sie auch in Vergangenheit und Zukunft mit ihren abgehalfterten Vorsitzenden umging. Mendes Erfolge zählten nicht mehr. Es gab Kritik an seinem Pathos, seinem Nationalstolz und seiner Erscheinung. Bereits seit dem Herbst 1961 war ihm zunehmend die Macht über die Fraktion entglitten. Döring und Weyer hatten zeitweise stärkeren Einfluss als Mende, wie sich in der „Spiegel-Affäre" gezeigt hatte. Sein Nachfolger im Fraktionsvorsitz, von Kühlmann-Stumm, erwies sich als schwach. Genscher profilierte sich als einflussreicher Akteur, der die Fäden zog. 1966 beendete die Fraktion die bürgerliche Koalition, nachdem Scheel den Rückzug der Minister ausgelöst hatte. Die Reformer in der Partei um die Jungdemokraten, den Studentenbund, den Seniorenverband, Mendes „Brainpool" sowie Hamm-Brücher, Borm und Bucher traten geschlossener und selbstsicherer auf. Der „Brainpool" um Friederichs, Genscher, Marx, Moersch und Schollwer wie auch Flach hatten sich vom Förderer Mende emanzipiert und bestimmten das Agendasetting. In der Bonner Geschäftsstelle, ursprünglich Mendes Machtzentrale, hatte Friederichs das Sagen. Er unterstützte die Reformer. Die Medien, einstmals Mendes Mittel, um mit Partei und Öffentlichkeit zu kommunizieren, stellten sich seiner beharrenden Politik entgegen. Die Landesverbände Berlin, Bremen und Berlin opponierten bereits vor 1966/1967. Lediglich im Bundesvorstand hatte Mende 1967 noch Rückhalt. Besonders Weyer und der Landesverband Nordrhein-Westfalen aber auch eine Mehrheit in Bayern, Hessen, Niedersachsen und Schleswig-Holstein wie Gruppen in Baden-Württemberg stützten ihn. Doch nach seinem IOS-Coup wendete sich mit dem Landesverband Nordrhein-Westfalen um Weyer und Zoglmann seine letzte Machtbasis gegen ihn. Niemand stützte ihn mehr. Durch seine Protegierung als Quotenaufsteiger hatte sich Mende kaum stabile Seilschaften und Netzwerke aufgebaut. Das wurde ihm 1967 zum Verhängnis.

Mendes Abgang als Parteivorsitzender bedarf jedoch noch einer weiteren Erklärung. Er fiel 1967 nicht erneut um und sympathisierte nicht mit den neuen Mehrheitsverhältnissen, da er Ziele und Habitus ablehnte. Doch auch sein Verständnis von Politik und Parteivorsitz trug dazu bei, dass er sich von den neuen Entwicklungen distanzierte. 1945 war er zur Politik gekommen, da er Geld verdienen wollte. Die FDP hatte sich angeboten, da sie einen tüchtigen Organisator zum Aufbau ihrer Parteistrukturen gesucht hatte. Freunde aus Kriegszeiten hatten den Kontakt hergestellt. Doch ein liberales Selbstverständnis hatte Mende nicht. Einzig der nationale Charakter wie auch das Zusammengehörigkeitsgefühl der in der Partei stark vertretenen Frontgeneration band ihn.

Mende war „kein geborener politischer Führer".[679] Er hatte zwar politische Passion, eine politische Berufung hatte er jedoch nicht. Mende wollte Karriere machen. Für ihn wurde Politik so zu einem Beruf wie jeder andere.[680] Seine Maxime auch als Politiker war der alte preußische Soldatenspruch: „Höchstes Glück findet der Soldat im Bewußtsein freudig erfüllter Pflicht."[681]

Mende führte die FDP organisatorisch-bürokratisch wie ein Geschäftsführer oder „Generaldirektor", der Politik wie eine Ware vertrieb. Organisation und Öffentlichkeitswirkung waren ihm wichtig, langfristige Strategien hingegen zuwider. Er war kein Ideologe oder Stratege. Der „Generaldirektor" Mende wollte keine Programmatik durchsetzen, sondern eine Parteimaschine erfolgreich arbeiten lassen. Daran erkannte man seine Generalstabsausbildung im Zweiten Weltkrieg.

Als er das Ministeramt, seinen Traumjob, verlor und in der Partei ins Abseits geriet, sah er sich nach einer anderen Herausforderung, einem nächsten Karriereschritt, um. Er spekulierte mit einer Professur in Politikwissenschaft und stellte sich schließlich in die Dienste der IOS. Politik war für ihn zwar interessanter, das Geschäftsleben aber dankbarer.[682] Im November 1967 wiederum kündigte er an, nach einer schöpferischen Pause 1969 erneut den Parteivorsitz anstreben zu wollen. Als er 1969/1970 keinen Einfluss mehr auf die Freidemokraten hatte und er sich noch schlimmeren Diffamierungen als 1967 ausgesetzt sah, kehrte er ihnen den Rücken und suchte sich mit der CDU ein anderes politisches Betätigungsfeld. Der Schritt konnte nicht überraschen. Auf die Frage, welche Partei politische Heimat eines katholischen Schlesiers mit deutschnationalem Familienhin-

---

[679] Ende einer Dienstfahrt, in: Der Spiegel, 20. Jg., Nr. 45, 31. Oktober 1966, S. 34.
[680] Siehe: Heilmann, Sigmar: Ein Parteiführer dankt ab. Erich Mende als Interpret und Organisator der FDP, in: Handelsblatt, 11. September 1967.
[681] Henkels, Walter: Der „Generaldirektor" der FDP, in: Frankfurter Allgemeine Zeitung, 1961.
[682] Siehe: Die Zeit, 24. November 1967.

tergrund in der Bundesrepublik sein würde, würde man ohnehin nicht FDP antworten.

Vor diesem Hintergrund war die politische Karriere Mendes eigentlich bereits mit dem Verlust der Regierungsbeteiligung 1966 beendet. „Was dann kam, waren Nachhutgefechte, Absetz- und Rückzugsbewegungen, ohne Fortune, taktisch und ökonomisch schlecht abgesichert."[683] Sie ließen Mende als einen reaktionären wie unseriösen Politiker erscheinen, der nur auf seine eigenen Vorteile bedacht war. Hier verspielte er sich Sympathien, die er in den Jahren zuvor gewonnen hatte, als er als Gesamtdeutscher Minister durch eine Politik der kleinen Schritte die Folgen des Mauerbaus mildern konnte. Neben dem „Umfall" 1961, seinem Wankelmut, dem Ritterkreuz am Frack und dem Weckspruch seiner Frau bestimmten so auch sein Wandel zum polarisierenden Rechtskonservativen wie auch sein Amtsverständnis als Berufspolitiker, das IOS-Engagement und der Parteiübertritt sein Image in der Nachwelt. Urteile ehemaliger Parteifreunde über Mende beziehen sich meist auf den Wechsel des „mehr oder weniger angebräunte[n] Rechts-Konservative[n] zur CDU".[684] Er schien als Parteivorsitzender der Freien Demokraten gescheitert.

6.14.2 Erich Mende – Als Parteiführer gescheitert?

Zweifelsohne war Mende als Vorsitzender einer FDP in der Opposition der falsche Mann, doch war er deshalb als Parteivorsitzender gescheitert? Gibt das Image, das der Nachwelt in Erinnerung ist, das gesamte Bild des Parteiführers Mende wieder? Mitnichten. Trotz innerparteilicher Richtungskämpfe und Generationskonflikte über die Außen-, Deutschland- und Ostpolitik, den Kurs der Partei wie das liberale Selbstverständnis gelang es ihm, sich acht Jahre als Vorsitzender zu halten und eine Spaltung von Partei und Fraktion zu verhindern. Trotz veränderter Rahmenbedingungen in den 1960er Jahren, Wandlungen im Wählerspektrum, innerparteilicher Opposition und Diadochenkämpfen in der Union erreichte er es zudem, dass die Bonner Koalition fünf Jahre hielt.

Mende stand als Parteivorsitzender vor schwierigen Aufgaben: Er musste dem Image der „Umfaller-Partei" entgegenwirken, ohne dabei die Koalition

---

[683] Baring / Koerfer, Mende, in Bernecker / Dotterweich, S. 81.
[684] Hamm-Brücher, Hildegard: Freiheit ist mehr als ein Wort. Eine Lebensbilanz 1921-1996, München 1997, S. 457.

zu gefährden bzw. gar zu sprengen. Zudem geriet er als Minister und Vizekanzler auf einen Grat zwischen Partei- und Regierungsamt. Er war Kritik ausgesetzt, wurde gar mit Franz Blücher verglichen. Dabei war Mende in der ersten Hälfte der 1960er Jahre kein schlechter Vorsitzender. Im Gegensatz zu seinem Vorgänger Dehler gelang es ihm, seine Partei rücksichtsvoll und umsichtig zu lenken. Sein aktiv integrierender, lavierender und moderierender, oft gar opportunistisch erscheinender Führungsstil im Stile eines „Generaldirektors" der Nachkriegszeit erwies sich bis zu seinem Wandel 1967 als geschickte und umsichtige Gratwanderung zwischen den verschiedenen Interessengruppen in Partei, Fraktion wie Koalition.[685] Mende suchte nicht die harte Auseinandersetzung und den unversöhnlichen Ton, war aber auch kein in sich ruhender Stoiker. Seine durch Strebsamkeit, Ehrgeiz und Anpassung erreichte Position des Parteivorsitzenden wollte der Primus der Schulzeit durch Ausgleich und Kompromisse halten.[686] „Es zwang geradezu zum Ausgleichen und zu Kompromissen, wenn die FDP nicht durch einseitige Entscheidungen zerbrechen sollte." „Wo andere Weisungen geben können, müssen sich die Liberalen mit Empfehlungen begnügen. Liberale Disziplin ist oft [...] ein Widerspruch in sich."[687] So verhinderte Mende in kritischer Zeit ein Auseinanderfallen der FDP, auch wenn es Pyrrhussiege waren, die an seinem Prestige zehrten.

Er verließ dabei nie die Mitte der Partei, hielt Distanz zu den Flügeln – wie im Krieg wollte er nie zwischen die Fronten geraten – und bemühte sich um Konsens und Integration. Er sympathisierte mit neuen Ideen, ohne die Konzepte der Vergangenheit zu diskreditieren. Mende war „ein nationaler, aber auch ein sozialer Liberaler, [aber] weder ein Nationalliberaler noch ein Sozialliberaler".[688] Er bot so eine große Projektionsfläche. Jeder konnte auf ihn das projizieren, was er in ihm sah. Das unterschied ihn von Dehler. Diese Projektionsfläche brauchte die individualistische und föderalistische liberale Partei, die in Bund und Ländern sowohl mit der CDU als auch mit der SPD koalierte. Als Mann der Mitte zwischen den alten Nationalliberalen und den sich formierenden Linksliberalen war er derjenige, mit dem sich beide Richtungen lange Zeit abfinden konnten, auch weil keine Alternative bestand. Vor allem in der Zeit, als er Minister und Vizekanzler war,

---

[685] Lösche / Walter, a. a. O., S. 66.
[686] Vgl.. Walter, in: Forkmann / Schlieben, a. a. O., S. 137-138.
[687] Mende, 1984, S. 440.
[688] Fromme, Friedrich Karl: Vom Fronterlebnis geprägter Liberaler, in: Frankfurter Allgemeine Zeitung, 17. Januar 1983.

konnte er eine Art präsidialen Führungsstil pflegen, da seine Regierungsämter Macht ausstrahlten und ihn der unmittelbaren Parteiarbeit enthoben. Hier ähnelte er Maier, auch wenn er nicht den Nimbus in der Partei hatte wie sein Vorgänger. Erst als ein verbitterter Mende den Kurswechsel in der Deutschland- und Ostpolitik ablehnte, seinen Führungsstil änderte und sich – nicht mehr um eine Gratwanderung zwischen den verschiedenen Strömungen bemüht – exponierte, war seine Zeit endgültig abgelaufen. Hieran zeigte sich aber, dass Mende trotz seines opportunistischen Wesens die Kraft zu Resistenz und Beharrung hatte. Seinen Überzeugungen blieb er treu. Das waren eigentlich wichtige Eigenschaften, die für die Überwindung von Krisen existenziell sind und die ein politischer Anführer braucht, um auch eine unpopuläre Politik zu vertreten und populistischen Versuchungen zu trotzen.[689] Doch Mende war nur noch Relikt vergangener Zeiten. Er hatte die Notwendigkeit zum Wandel nicht erkannt.

Seine Gratwanderung zeigte sich vor allem in der Deutschland- und Ostpolitik, als er zwar Schollwers Gedanken von 1962 gegenüber – ausgenommen die Anerkennung der DDR und der Oder-Neiße-Grenze sowie die Aufgabe des Alleinvertretungsanspruchs und des Primats der Wiedervereinigung – nicht abgeneigt war, sich aber nie vollends zu ihnen bekannte, um Partei, Fraktion und Koalition nicht zu spalten. Geschickt gelang es ihm so lange Zeit, die Balance zu halten. Vor der Bundestagswahl 1961 bereits war es ihm gelungen, die Nationalliberalen in den eigenen Reihen von ihrer Fixierung auf eine aktionistische Wiedervereinigungspolitik zu lösen und die Vorbehalte gegenüber einer Koalition mit der Union zu verdrängen. Seinen nationalliberalen Hauptkontrahenten Dehler versuchte er – wenn auch vergeblich – als Bundestagsvizepräsidenten einzubinden.

Bei Koalitionskonflikten mit der Union wiederum gab Mende schnell nach, versuchte gar, Streitigkeiten erst gar nicht aufkommen zu lassen. Er musste – wie die „Spiegel-Affäre" 1962, die Debatte um den Kandidaten für das Amt des Bundespräsidenten 1964 als auch die Frontstellung gegen Strauß als Bundesminister 1965 zeigten – von der eigenen Partei zu einer stärkeren Profilierung gedrängt werden.

Adenauers Vorurteil über den freidemokratischen Vorsitzenden, „Wenn Herr Dehler in die Trompete stößt, dann nimmt Herr Mende eine Flöte."[690],

---

[689] Siehe: Walter / Dürr, a. a. O., S. 46.
[690] So Adenauer am 20. Februar 1962, in: Adenauer, 1992.

erwies sich als wahr. Allerdings war Mendes Taktik nicht schlecht. Er wollte die Union und vor allem die CSU – nach der „Spiegel-Affäre" und der Festlegung, 1965 nicht mit Strauß in eine Regierung einzutreten – nicht brüskieren und ihnen keine Möglichkeit geben, die Koalition auf Kosten der Freidemokraten zu beenden. Denn unabhängig von seinem konfliktscheuen Führungsstil und seiner Abneigung parteipolitischen Streits, was ihn oft nachgeben ließ, sah Mende die Gefahr, dass sich die FDP bei einer zu starken Profilierung in der Koalition selbst gefährden würde. Das Damoklesschwert der Großen Koalition und der Wahlrechtsänderung hatte er stets vor Augen. Als bürgerlicher Repräsentant und „Generaldirektor" einer Partei, die aufgrund ihres geringen Organisationsgrads, ihrer mittelständisch-nationalen Ausrichtung, ihrer gouvernementalen Orientierung wie auch ihres Selbstverständnisses als Elite der Gesellschaft nur durch Regierungsbeteiligung Macht und Einfluss erlangen konnte, war Mende nur an einer Koalition mit der Union gelegen. Eine Bündnis mit der SPD konnte er sich trotz taktischer Winkelzüge, um die Befürworter einer solchen Option in den eigenen Reihen nicht zu verprellen, nicht vorstellen. So gab er bereits 1961 nach und führte die FDP aus Gründen des Machterwerbs in eine Koalition unter Adenauer. So bekannte er sich frühzeitig, die Koalition nach der Bundestagswahl 1965 fortzusetzen. Er akzeptierte auch, dass Erhard 1965 Buchers Justizressort mit einem Unionspolitiker besetzte.

Mende erwies sich zwar „nicht als eine überragende politische Persönlichkeit", aber als „geschickter Taktiker."[691] Durch die Fixierung auf die Union und eine umsichtige Gratwanderung etablierte ihr „Generaldirektor" die FDP als Mehrheitsbeschaffungs- und Korrektivpartei im bürgerlichen Lager und als drittstärkste Kraft im Parteiensystem. Auch wenn sie 1966 in die Opposition stürzte und ab 1969 mit der SPD koalierte, blieb die bürgerliche Option bewahrt. Die von ihm begründete strategisch zentrale Position der Freidemokraten im bürgerlichen Lager sicherte der Partei nach 1961 Gestaltungsmöglichkeiten, die weit über ihre Sitzzahl im Bundestag hinausgingen. Mende verhinderte damit, dass die FDP das Schicksal vieler kleiner Parteien in den 1950er Jahren teilen musste. Angesichts der Flügelkämpfe und Generationenkonflikte wendete er zudem eine Spaltung von Partei und Fraktion ab. Als Minister der bürgerlichen Koalition hat Mende die Profilneurose der FDP gemeistert.[692] Das alles ist sein historisches Ver-

---

[691] Westdeutsche Allgemeine, 9. September 1967.
[692] Weser-Kurier, 9. September 1967.

dienst, auch wenn er es unterließ, die Freidemokraten auf neue Herausforderungen vorzubereiten und als Oppositionsführer die falsche Besetzung war. Zu seinem Erfolg als politischer Anführer einer Regierungspartei trug maßgeblich sein Amtsverständnis als Berufspolitiker und politischer Manager – als „Generaldirektor" der Freien Demokratischen Partei – bei. Somit entsprach seine Art der politischen Führung lange Zeit den Anforderungen einer Partei, die sich endgültig im Parteiensystem etabliert hatte.

Mendes Erfolg politischer Führung erklärt sich noch aus einem weiteren Aspekt. Er brüskierte zwar die jungen Reformkräfte, da er ihren radikaldemokratischen Kurs und ihr aufmüpfiges Verhalten ablehnte und sie letztendlich für das Ende der Koalition und seiner Ministerzeit verantwortlich machte. Er hielt sie für eine Minderheit in der Partei, nahm sie nicht ernst und bemühte sich nie richtig um eine Integration. Andererseits wiederum gab er ihnen – auch vor dem Hintergrund seines Führungsstils – so erst die Chance zur Profilierung gegen ihn und seine beharrende Politik. Zudem sammelte er in der Parteizentrale junge talentierte und intellektuelle Menschen um sich, denen er – misstrauisch gegenüber Parteikollegen – Vertrauen schenkte. „Generaldirektor" Mende gab ihnen vielfältige Freiräume zur Profilierung. Das zweite Schollwer-Papier 1967 entstand gar in seinem Auftrag. Doch er verlor die Kontrolle über seinen „Brainpool". Der Nachwuchs emanzipierte sich und bekannte sich zu immer progressiveren Ideen nicht nur in der Deutschland- und Ostpolitik. Mende konnte deren Konzepte wie auch Koalitionspläne nicht teilen. Aber er wurde zum Geburtshelfer einer Neuausrichtung der FDP. Zudem konnte nur vom hohen Niveau der Wahlergebnisse Mendes von 1961 und 1965 die neue Parteiführung unter Scheel überhaupt das Wagnis eingehen, einen nicht unerheblichen Anteil der Wählerschaft zu verprellen und die Partei neu auszurichten.

Zudem hatte maßgeblich Mende als Gesamtdeutscher Minister durch eine Politik der kleinen Schritte die FDP in der Deutschlandpolitik profiliert. War er in den 1950er Jahren noch weitgehend als Anhänger der von Pfleiderer und Dehler vertretenen Ideen aufgefallen, so war er doch im Unterschied zu ihnen bereit, seine Vorstellungen den jeweiligen Veränderungen in der internationalen und europäischen Politik anzupassen und bei der Verfolgung des Ziels Wiedervereinigung Taktik nicht zu verschmähen. Bis in die zweite Hälfte der 1960er Jahre hinein leistete er so wesentliche Beiträge für eine zeitgemäße Deutschlandpolitik.[693] Er hatte es geschafft, das Gesamtdeutsche Ministerium zum begehrten Objekt zu machen, wie die Regierungsbildung 1965 zeigte. Erfolge als Minister konnte er auch als Erfolge der FDP verbuchen. Sie erwiesen sich als Mittel, um den Liberalen nach dem „Umfall" 1961 ein neues Image zu geben.[694]

Geschickt bewahrte Mende lange Zeit in einer Gratwanderung zwischen den Interessen von Fraktion, Partei und Koalition die Liberalen vor einer Spaltung und die Regierung vor einem Bruch. Trotz Widerständen war sein Beharren auf der Funktion der FDP als Mehrheitsbeschaffer und Korrektiv im bürgerlichen Lager erfolgreich. Langfristig half er, die bürgerliche Option der Freidemokraten zu sichern. Durch eine Politik der kleinen Schritte profilierte er die FDP in der Deutschlandfrage. Eher unbewusst half er bei der Bildung einer neuen politischen Generation und eines neuen Kurses in der Partei mit. All das machte trotz seines absehbaren Endes als Parteivorsitzender letztendlich den Erfolg der politischen Führung des „FDP-Generaldirektors" Erich Mende aus.

Vielleicht wird er eines Tages eine Art Denkmal für die FDP: Liberal in seiner persönlichen Verhaltensweise und seinem Amtsverständnis, bürgerlich in der Frontstellung gegen Sozialismus und Kollektivismus sowie national in seinen Vorstellungen von der Deutschlandpolitik.[695]

---

[693] Siehe: Schollwer, in Mischnick, S. 453.
[694] Siehe: Körper, a. a. O., S. 193.
[695] Siehe: Fromme, Friedrich Karl: Mit einem sympathischen Anflug auch von früher, in: Frankfurter Allgemeine Zeitung, 28. Oktober 1986.

7 Thomas Dehler, Reinhold Maier und Erich Mende – Führungstypen, Führungsstile und Bedeutung für die FDP

Obwohl Thomas Dehler, Reinhold Maier und Erich Mende als Parteiführer der FDP in dieser Arbeit getrennt analysiert wurden, kann ihre Bedeutung für ihre Partei letztendlich nur im Zusammenhang interpretiert werden – gerade weil sie unterschiedliche Persönlichkeiten und Führungsstile verkörperten.

Nach den Amtsjahren des blassen Anpassers und passiven Moderators Blücher, in der sie in den Sog der Adenauer-CDU geraten waren, suchten die Freidemokraten eine Persönlichkeit, die das Profil durch begrenzte Koalitionskonflikte schärfen sollte. Doch mit seiner das individualistische und föderale Selbstverständnis der Liberalen missachtenden Mission in der Außen-, Deutschland- und Ostpolitik spaltete der Zentralist, Polarisierer und zur politischen Führung eigentlich unfähige Dehler aus der Frontgeneration des Ersten Weltkriegs die Fraktion wie auch die Bonner Koalition. Der rhetorische Vulkan trieb die FDP nahezu in den Ruin. Allerdings stilisierte er sich durch seine Unnachgiebigkeit gegenüber Adenauer wie seinen Idealismus in Fragen der Nation und der Gerechtigkeit zum Märtyrer der Freien Demokraten, der sich von Adenauer und den Katholiken nicht hatte brechen lassen. Hierdurch schuf er langfristig die Grundlagen, weshalb sich die FDP als eigenständige drittstärkste Kraft im Parteiensystem behaupten konnte.

Nur nach der Ära Dehler war es dem passiven Vorsitzenden Maier überhaupt möglich, die politische Führung zu übernehmen. Durch seine Fähigkeit zu lavieren und zu taktieren, seine Distanz zur Macht wie zur Partei selbst sowie durch seinen Nimbus als liberales Urgestein kittete der im liberalen württembergischen Traditionsmilieu des Kaiserreichs geprägte Maier als „Präsident" der FDP die Scherben, die Dehler hinterlassen hatte. Er integrierte und konsolidierte die in seinen Augen kleine, aber feine Partei. Maier hielt sich dabei im Hintergrund, die Macht in der Bonner Zentrale hatten Döring bzw. Mende. Der Vorsitzende stellte wenig konfliktträchtige Sachthemen in den Mittelpunkt seiner Politik, vor allem die für ihn entscheidende Wirtschaftspolitik. Zudem begannen unter seiner Ägide Bemühungen, die Organisationsstrukturen zu professionalisieren. Obwohl er deren Eigenständigkeit betonte, führte er die FDP durch eine effiziente Führungslosigkeit wieder auf den zum Überleben wichtigen Pfad, den sie bereits vor Dehler beschritten hatte und der dem Selbstverständnis der bürgerlich-liberalen Klientel jener Zeit entsprach. Er bekannte sich zur CDU als einzig denkbarer Koalitionspartner.

Der zutiefst bürgerliche Mende baute auf den Fundamenten der Führung Maiers auf und verkörperte bei Amtsantritt 1960/1961 als stark national orientierter Aufsteiger der Nachkriegszeit das Juste Milieu der Bundesrepublik wie auch einen Generationswechsel. Er erkannte das Bedürfnis der liberalen Klientel nach einer Koalition mit der Union bei gleichzeitiger Profilierung als Korrektiv gegen klerikale wie sozialistische Einflüsse. Mit seinem Wahlsieg 1961 etablierte er die FDP als drittstärkste Kraft im Parteiensystem der Bundesrepublik. Durch seine Fixierung auf die Union als einzig möglicher Koalitionspartner sicherte er den Freidemokraten langfristig die Option einer bürgerlichen Koalition. Mende, dem organisatorisch-bürokratischen „Generaldirektor", gelang es in einer Gratwanderung durch seinen im Gegensatz zu Maier aktiv moderierenden, vermittelnden und lavierenden Führungsstil geschickt, in einer Zeit innen- und außenpolitischer Veränderungen die Position der FDP in der bürgerlichen Koalition zu sichern, ohne dabei Partei oder Fraktion zu spalten bzw. – bis 1966 – die Koalition zu brechen. Hierzu trug maßgeblich sein Amtsverständnis als Berufspolitiker und politischer Manager bei. Doch der Pragmatiker der Frontgeneration des Zweiten Weltkriegs übersah die Veränderungen in Partei und Gesellschaft der 1960er Jahre. Den neuen Kräften stand er inhaltlich, kulturell, biografisch wie habituell ablehnend gegenüber. Auf Anfeindungen reagierte er verletzt, gereizt und unversöhnlich. Er bemühte sich nicht, sie zu integrieren, beharrte auf seinen Positionen und überließ ihnen thematisch das Feld. So gab er den Reformern eher unbewusst die Chance zur Profilierung und wurde zum Geburtshelfer des neuen Kurses in der FDP. Durch seine Frontstellung gegen die Reformer bot Mende als Oppositionspolitiker somit nicht mehr die vielschichtige Projektionsfläche seiner früheren Amtsjahre, die die individualistische und föderale FDP benötigte. Der integrierende Exekutivpolitiker hatte als Offizier während des Kriegs gelernt, Konflikte zu verdrängen und Differenzen durch Formelkompromisse zu überbrücken. Doch in der parlamentarischen Opposition war auch ein Anführer gefragt, der das Profil der Partei herausstellen und die verschiedenen Gruppen zu einem harten und geschlossenen Block einen konnte. Erich Mende als bürgerlich-honoriger „Generaldirektor" hatte sich schließlich Ende der 1960er Jahre politisch überlebt. Der Ritterkreuzträger wirkte wie ein Relikt der unideologischen, pragmatischen und aufstiegsorientierten 1950er Jahre. Über mangelnde Zukunftsperspektiven wie Undankbarkeit der Partei enttäuscht, suchte sich der Berufspolitiker Mende eine neue Herausforderung außerhalb der Politik.

8 Bibliografie

8.1 Quellen / Quelleneditionen

Archiv des Deutschen Liberalismus, Gummersbach (AdL)

    A 1 (Protokolle der FDP-Bundesparteitage)

    A 12 (Protokolle des FDP-Bundeshauptausschusses)

    A 26, A 31, A 32 (Nachlass Erich Mende, NEM)

    A 34 (Büro Reinhold Maier 1957-1959)

    A 40 (Protokolle der FDP-Bundestagsfraktion)

    N 1, N 53 (Nachlass Thomas Dehler, NTD)

    N 11 (Nachlass Max Becker)

    6954/42, 6954/43, 6957/53, 10804/7 (Handakten Schollwer)

    6966/100 (Schollwer-Tagebücher 1966-1970)

Archiv der Wolfgang-Döring-Stiftung (AWDS)

    Ia/5 (Landesvorstand der nordrhein-westfälischen FDP)

    Ia/11 (Landesausschuss der nordrhein-westfälischen FDP)

Hauptstaatsarchiv Stuttgart (HStAS)

    Q 1/8 (Nachlass Reinhold Maier, NRM)

Archiv für Christlich-Demokratische Politik, Sankt Augustin (ACDP)

    ACDP I-269 (Bestand Erich Mende vor allem nach 1970)

Adenauer, Konrad: Teegespräche 1961-1963, bearb. von Hans Peter Mensing, Berlin 1992 (Adenauer, Rhöndorfer Ausgabe, Stiftung Bundeskanzler-Adenauer-Haus).

Ders.: Erinnerungen, sieben Bde., Augsburg 1996.

Archiv der Gegenwart. Deutschland 1949 bis 1999, Sankt Augustin 2000.

Baum, Gerhart Rudolf / Juling, Peter: Auf und Ab der Liberalen von 1848 bis heute, Gerlingen 1983.

Benz, Wolfgang / Plum, Günter / Röder, Werner: Einheit der Nation. Diskussionen und Konzeptionen zur Deutschlandpolitik der großen Parteien seit 1945, Stuttgart 1978 (Neuzeit im Aufbau, Darstellung und Dokumentation, Bd. 3).

Brandt, Willy: Erinnerungen, Frankfurt am Main 1989.

Braunn, Wilfried (Bearb.): Nachlaß Reinhold Maier. Inventar des Bestandes Q 1/8 im Hauptstaatsarchiv Stuttgart, Stuttgart 1980 (Veröffentlichungen der Staatlichen Archivverwaltung Baden-Württemberg, Bd. 37).

Buchstab, Günter (Bearb.): Adenauer: „Stetigkeit in der Politik". Die Protokolle des CDU-Bundesvorstands 1961-1965, Düsseldorf 1998 (Forschungen und Quellen zur Zeitgeschichte, Bd. 32).

Bundesgeschäftsstelle der Freien Demokratischen Partei (Hrsg.): Die Situation der Parteien vor der Bundestagswahl 1965. Parteiinterne Analyse der FDP-Bundesgeschäftsführung, o. O. o. J [Bonn 1965].

Ders.: (Hrsg.): Deutschlandpolitik der FDP. Daten und Dokumente von 1945 bis heute, Bonn 1972.

Ders.: (Hrsg.): Liberale Politiker zur deutschen Frage 1947 bis 1974, Bonn 1974.

Bundesvorstand der FDP (Hrsg.): Zeugnisse liberaler Politik. 25 Jahre F.D.P. (1948-1973), Bonn 1973.

Bundesvorstand der FDP. Die Liberalen unter dem Vorsitz von Theodor Heuss und Franz Blücher. Sitzungsprotokolle 1949-1954, zwei Halbbände, bearb. von Udo Wengst, Düsseldorf 1990 (Quellen zur Geschichte des Parlamentarismus und der politischen Parteien, vierte Reihe, Deutschland seit 1945, Bd. 7/I).

Bundesvorstand der FDP. Die Liberalen unter dem Vorsitz von Thomas Dehler und Reinhold Maier. Sitzungsprotokolle 1954-1960, bearb. von Udo Wengst, Düsseldorf 1991 (Quellen zur Geschichte des Parlamentarismus und der politischen Parteien, vierte Reihe, Deutschland seit 1945, Bd. 7/II).

Bundesvorstand der FDP. Die Liberalen unter dem Vorsitz von Erich Mende. Sitzungsprotokolle 1960-1967, bearb. von Reinhard Schiffers, Düsseldorf 1993 (Quellen zur Geschichte des Parlamentarismus und der politischen Parteien, vierte Reihe, Deutschland seit 1945, Bd. 7/III).

Dehler, Thomas: Reden und Aufsätze, Köln – Opladen 1969 (Schriftenreihe der Friedrich-Naumann-Stiftung zur Politik und Zeitgeschichte, Bd. 13).

Ders.: Bundestagsreden, mit einem Vorwort von Walter Scheel, Bonn 1973.

Dorn, Wolfram / Henning, Friedrich (Hrsg.): Thomas Dehler. Begegnungen – Gedanken – Entscheidungen, mit einem Vorwort von Walter Scheel, Bonn o. J.

Flach, Karl-Hermann: Klein aber fein? Die FDP nach der Wahl, in: Die Neue Gesellschaft, 13. Jg., H. 1/1966, S. 20-25.

Ders.: Ende der Nachkriegszeit, in: liberal, 8. Jg., H. 10/1966, S. 721-723.

Ders.: Liberaler aus Leidenschaft, mit einem Geleitwort von Walter Scheel, München – Gütersloh – Wien 1974.

Ders.: Noch eine Chance für die Liberalen oder: Die Zukunft der Freiheit. Eine Streitschrift, Frankfurt am Main 1977.

Ders.: Mehr Freiheit für die Menschen. Beiträge zur liberalen Politik, hrsg. von der Friedrich-Naumann-Stiftung, Baden-Baden 1979 (Schriften der Friedrich-Naumann-Stiftung, Liberale in Programm und Praxis).

Gaus, Günter: Zur Person. Von Adenauer bis Wehner. Porträts in Frage und Antwort, Köln 1987.

Ders.: Was bleibt, sind Fragen. Die klassischen Interviews, hrsg. von Hans-Dieter Schütt, zweite Auflage, Berlin 2001.

Genscher, Hans-Dietrich (Hrsg.): Heiterkeit und Härte. Walter Scheel in seinen Reden und im Urteil von Zeitgenossen. Festschrift zum 65. Geburtstag, Stuttgart 1984.

Ders.: Erinnerungen, dritte Auflage, Berlin 1995.

Hamm-Brücher, Hildegard: Nachruf auf Thomas Dehler, in: liberal, 9. Jg., H. 8/1967, S. 561-563.

Ders.: Freiheit ist mehr als ein Wort. Eine Lebensbilanz 1921-1996, München 1997.

Hauptstaatsarchiv Stuttgart (Hrsg.): Reinhold Maier – Katalog zur Gedächtnisausstellung in Schorndorf vom 15. Oktober bis 10. Dezember 1989, Stuttgart 1989.

Hertfelder, Thomas / Heß, Jürgen C. (Hrsg.): Streiten um das Staatsfragment. Theodor Heuss und Thomas Dehler berichten von der Entstehung des Grundgesetzes, mit einer Einleitung von Michael F. Feldkamp, bearb. von Patrick Ostermann und Michael F. Feldkamp, Stuttgart 1999 (Stiftung Bundespräsident-Theodor-Heuss-Haus, Wissenschaftliche Reihe, Bd. 1).

Heuss, Theodor: Tagebuchbriefe 1955/1963. Eine Auswahl aus Briefen an Toni Stolper, hrsg. und eingeleitet von Eberhard Pikart, Tübingen – Stuttgart 1970 (Veröffentlichung des Theodor-Heuss-Archivs).

Ders.: Lieber Dehler! Briefwechsel mit Thomas Dehler, hrsg. und kommentiert von Friedrich Henning, mit einem Geleitwort von Hildegard Hamm-Brücher, München – Wien 1983 (Der politische Liberalismus in Bayern, Studienreihe des Thomas-Dehler-Instituts, Bd. 2).

Juling, Peter: Programmatische Entwicklung der FDP 1946 bis 1969. Einführung und Dokumente, Meisenheim am Glan 1977 (Studien zum politischen System der Bundesrepublik Deutschland, Bd. 19).

Kaack, Heino: Zur Geschichte und Programmatik der Freien Demokratischen Partei. Grundriß und Materialien, Meisenheim am Glan 1976 (Studien zum politischen System der Bundesrepublik Deutschland, Bd. 18).

Maier, Reinhold: Ende und Wende. Das schwäbische Schicksal 1944-1946. Briefe und Tagebuchaufzeichnungen, Stuttgart – Tübingen 1948.

Ders.: Abgeordnete send au Leut! Geschichten aus unserer Heimat, Remstal, Berglen, Wieslauftal, Welzheimer Wald, Schurwald, o. O. 1960.

Ders.: Bedrängte Familie, Tübingen 1962.

Ders.: Ein Grundstein wird gelegt. Die Jahre 1945-1947, Tübingen 1964.

Ders.: Feldpostbriefe aus dem Ersten Weltkrieg 1914-1918, Stuttgart 1966.

Ders.: Erinnerungen 1948-1953, Tübingen 1966.

Mende, Erich: Das verdammte Gewissen. Zeuge der Zeit 1921-1945, zweite Auflage, München – Berlin 1983.

Ders.: Die neue Freiheit 1945-1961, zweite Auflage, München – Berlin 1984.

Ders.: Von Wende zu Wende. Zeuge der Zeit 1962-1982, München – Berlin 1988.

Mischnick, Wolfgang: Von Dresden nach Bonn. Erlebnisse – jetzt aufgeschrieben, Stuttgart 1991.

Moersch, Karl: Kurs-Revision. Deutsche Politik nach Adenauer, Frankfurt am Main 1978.

Nannen, Henri (Hrsg.): Die Stunde der Wahrheit. Eine Dokumentation zur Deutschland-Politik der FDP, Hamburg o. J. [1967].

Padtberg, Beate-Carola (Hrsg.): Wir suchen Deutschland. Reinhold Maier als Bundespolitiker, Gerlingen 1989.

Pfleiderer, Karl Georg: Politik für Deutschland. Reden und Aufsätze 1948-1956, Stuttgart 1961.

Reinhold-Maier-Stiftung Baden-Württemberg (Hrsg.): Reinhold Maier. Festschrift zum 90. Geburtstag, Stuttgart 1979 (Schriftenreihe der Reinhold-Maier-Stiftung zur Geschichte, Praxis und Programmatik des Liberalismus in Baden-Württemberg, Nr. 7).

Ders.: (Hrsg.): Reinhold Maier. Die Reden. Eine Auswahl, Bd. 1, Einleitung, Zusammenstellung und verbindender Text von Wilhelm Hofmann, mit einem Vorwort von Jürgen Morlok, Stuttgart 1982 (Schriftenreihe der Reinhold-Maier-Stiftung zur Geschichte, Praxis und Programmatik des Liberalismus in Baden-Württemberg, Nr. 12).

Rubin, Hans Wolfgang: Koalitionspolitik, in: liberal, 8. Jg., H. 8/1966, S. 561-563.

Ders.: Vertane Chance, in: liberal, 8. Jg., H. 9/1966, S. 644-647.

Ders.: Stunde der Wahrheit, in: liberal, 9. Jg., H. 3/1967, S. 161-164.

Ders. (Hrsg.): Freiheit, Recht und Einigkeit. Zur Entspannungs- und Deutschlandpolitik der Liberalen, Baden-Baden 1980 (Schriften der Friedrich-Naumann-Stiftung, Liberale in Programm und Praxis).

Sauer, Paul: (Hrsg.): Reinhold Maier – Briefwechsel mit seiner Familie 1930-1946, Stuttgart – Berlin – Köln 1989.

Schollwer, Wolfgang: Liberale Opposition gegen Adenauer. Aufzeichnungen 1957 bis 1961, hrsg. von Monika Faßbender, München 1990 (Biographische Quellen zur deutschen Geschichte nach 1945, Bd. 9).

Ders.: FDP im Wandel. Aufzeichnungen 1961-1966, hrsg. von Monika Faßbender, München 1994 (Biographische Quellen zur deutschen Geschichte nach 1945, Bd. 15).

Schroers, Rolf: Konstellationen, in: liberal, 8. Jg., H. 9/1966, S. 641-643.

Ders.: Öffnung nach links, in: liberal, 9. Jg., H. 2/1967, S. 81-84.

Stephan, Werner: Das liberale Porträt. Reinhold Maier zum 75. Geburtstag, in: liberal, 6. Jg., H. 5/1964, S. 28-31.

Ders.: Acht Jahrzehnte erlebtes Deutschland. Ein Liberaler in vier Epochen, Düsseldorf 1983.

Strauß, Franz-Josef: Die Erinnerungen, zweite Auflage, Berlin 1989.

Verhandlungen des Deutschen Bundestages, Stenographische Berichte, I.-V. Wahlperiode, Bde. 1-70, Bonn 1950-1969.

Witte, Barthold C.: Für die Freiheit eine Gasse. Aus dem Leben eines liberalen Bürgers, Stuttgart 2003.

8.2 Zeitungen und Zeitschriften

Augsburger Allgemeine

Bonner Generalanzeiger

Christ und Welt

Der Spiegel

Der Stern

Die Welt

Die Zeit

Frankfurter Allgemeine Zeitung

Frankfurter Neue Presse

Frankfurter Rundschau

Hamburger Echo

Handelsblatt

Heidelberger Tageblatt

Kölner Stadtanzeiger

Neue Rhein-Ruhr-Zeitung

Neue Welt am Sonnabend

Neue Zürcher Zeitung

Norddeutsche Zeitung

Rheinischer Merkur

Stuttgarter Nachrichten

Stuttgarter Zeitung

Süddeutsche Zeitung

Telegraf

Westdeutsche Allgemeine Zeitung

Quick

8.3   Sekundärliteratur

Ackermann, Eduard: Politiker. Vom richtigen und vom falschen Handeln, Bergisch Gladbach 1996.

Albertin, Lothar (Hrsg.): Politischer Liberalismus in der Bundesrepublik, Göttingen 1980 (Sammlung Vandenhoeck).

Allemann, Fritz, René: Bonn ist nicht Weimar, Köln 1956.

Asendorf, Manfred / Bockel, Rolf von (Hrsg.): Demokratische Wege. Deutsche Lebensläufe aus fünf Jahrhunderten, Stuttgart – Weimar 1997.

Baring, Arnulf: Im Anfang war Adenauer. Die Entstehung der Kanzlerdemokratie, dritte Auflage, München 1984.

Ders.: Machtwechsel. Die Ära Brandt – Scheel, Stuttgart 1998.

Baum, Gerhart Rudolf / Juling, Peter: Auf und Ab der Liberalen von 1848 bis heute, Gerlingen 1983.

Bender, Peter: Die Ostpolitik Willy Brandts oder die Kunst des Selbstverständlichen, Reinbek 1972.

Ders.: Die „Neue Ostpolitik" und ihre Folgen. Vom Mauerbau bis zur Vereinigung, dritte, überarbeitete und erweiterte Neuausgabe, München 1995 (Deutsche Geschichte der neuesten Zeit vom 19. Jh. bis zur Gegenwart).

Benz, Wolfgang / Graml, Hermann (Hrsg.): Aspekte deutscher Außenpolitik im 20. Jahrhundert. Aufsätze Hans Rothfels zum Gedächtnis, Stuttgart 1976 (Schriftenreihe der Vierteljahreshefte für Zeitgeschichte, Sondernummer).

Benz, Wolfgang / Plum, Günter / Röder, Werner: Einheit der Nation. Diskussionen und Konzeptionen zur Deutschlandpolitik der großen Parteien seit 1945, Stuttgart 1978 (Neuzeit im Aufbau, Darstellung und Dokumentation, Bd. 3).

Benz, Wolfgang (Hrsg.): Neuanfang in Bayern 1945-1949. Politik und Gesellschaft in der Nachkriegszeit, München 1988.

Berg, Thomas (Hrsg.): Moderner Wahlkampf. Blick hinter die Kulissen, Opladen 2002.

Bernecker, Walther L. / Dotterweich, Volker (Hrsg.): Persönlichkeit und Politik in der Bundesrepublik Deutschland. Politische Portraits, zwei Bde., Göttingen 1982.

Bertsch, Herbert: Die FDP und der deutsche Liberalismus 1789-1963, Berlin 1965.

Besson, Waldemar: Württemberg und die deutsche Staatskrise 1928-1933. Eine Studie zur Auflösung der Weimarer Republik, Stuttgart 1959.

Bierbach, Wolf: Machtwechsel in Düsseldorf. Der Beginn der zweiten sozialliberalen Koalition 1966, in: Geschichte im Westen, 2. Jg., H. 1/1987, S. 59-70.

Blumenwitz, Dieter et al. (Hrsg.): Konrad Adenauer und seine Zeit. Politik und Persönlichkeit des ersten Bundeskanzlers. Beiträge von Weg- und Zeitgenossen, zwei Bde., Stuttgart 1976.

Bösch, Frank: Die Adenauer-CDU. Gründung, Aufstieg und Krise einer Erfolgspartei 1945-1969, Stuttgart – München 2001.

Bolesch, Hermann Otto / Heyne, Herbert: Kennen Sie eigentlich den? Erich Mende, Bonn 1965.

Borchert, Jens (Hrsg.): Politik als Beruf. Die politische Klasse in westlichen Demokratien, Opladen 1999 (Reihe Europa- und Nordamerika-Studien, Bd. 5).

Brauers, Christof: Liberale Deutschlandpolitik 1949-1969. Positionen der FDP zwischen nationaler und europäischer Orientierung, mit einem Vorwort von Hans-Dietrich Genscher, München – Hamburg 1993 (Politikwissenschaft, Bd. 17).

Brochhagen, Ulrich: Nach Nürnberg. Vergangenheitsbewältigung und Westintegration in der Ära Adenauer, Berlin 1999.

Brunn, Gerhard (Hrsg.): Neuland – Nordrhein-Westfalen und seine Anfänge nach 1945/46, Essen 1986.

Bürklin, Wilhelm / Rebenstorf, Hilke et al.: Eliten in Deutschland. Rekrutierung und Integration, Opladen 1997.

Burns, James MacGregor: Leadership, New York et al. 1977.

Busch-Müller, Esther: Das Europa-Verständnis deutscher liberaler Politiker im Spiegel der Anfänge der europäischen Union. Die Saarfrage und Thomas Dehler 1949-1956, Hamburg 1993.

Casdorff, Claus Hinrich (Hrsg.): Demokraten. Profile unserer Republik, Königstein / Taunus 1983.

Dexheimer, Wolfgang F.: Koalitionsverhandlungen in Bonn 1961-1965-1969. Zur Willensbildung in Parteien und Fraktionen, Bonn 1973 (Untersuchungen und Beiträge zu Politik und Zeitgeschehen, Bd. 14).

Dittberner, Jürgen: FDP – Partei der zweiten Wahl. Ein Beitrag zur Geschichte der liberalen Partei und ihrer Funktionen im Parteiensystem der Bundesrepublik, Opladen 1987.

Doering, Detmar / Stockhausen-Doering, Lieselotte: Kräfte des Wandels? Liberale Jugendorganisationen von der sozialliberalen Koalition bis heute, Sankt Augustin 1990 (Schriften der Friedrich-Naumann-Stiftung, Liberale Texte).

Dorn, Wolfram / Wiedner, Wolfgang (Hrsg.): Der Freiheit gehört die Zukunft. Wolfgang Döring. Eine politische Biographie, Bonn 1974.

Dürr, Tobias / Walter, Franz (Hrsg.): Solidargemeinschaft und fragmentierte Gesellschaft. Parteien, Milieus und Verbände im Vergleich. Festschrift zum 60. Geburtstag von Peter Lösche, Opladen 1999.

Edelman, Murray: Politik als Ritual. Die symbolische Funktion staatlicher Institutionen und politischen Handelns, Frankfurt am Main – New York 1990 (Reihe Campus, Bd. 1033).

Elgie, Robert: Political Leadership in Liberal Democracies, London 1995.

Fagagnini, Hans Peter: Was soll denn politische Führung?, in: Zeitschrift für Politik, 47. Jg., H. 3/2000, S. 274-292.

Faßbender, Monika / Hansen, Klaus (Hrsg.): Feuilleton und Realpolitik – Rolf Schroers: Schriftsteller, Intellektueller, Liberaler, Baden-Baden 1984 (Schriften der Friedrich-Naumann-Stiftung, Liberale in Programm und Praxis).

Felber, Wolfgang: Eliteforschung in der Bundesrepublik Deutschland: Analyse, Kritik, Alternativen, Stuttgart 1986 (Teubner-Studienskripten zur Soziologie, Bd. 129).

Fenske, Hans: Der liberale Südwesten. Freiheitliche und demokratische Traditionen in Baden und Württemberg 1790 bis 1933, Stuttgart – Berlin – Köln – Mainz 1981 (Schriften zur politischen Landeskunde Baden-Württembergs, Bd. 5).

Fischer, Erhard: Lebensbilder aus Schorndorf. Eine personen- und familiengeschichtliche Dokumentation, Schorndorf 1988.

Fogt, Helmut: Politische Generationen. Empirische Bedeutung und theoretisches Modell, Opladen 1982 (Beiträge zur sozialwissenschaftlichen Forschung, Bd. 32).

Forkmann, Daniela / Schlieben, Michael (Hrsg.): Die Parteivorsitzenden in der Bundesrepublik Deutschland 1949-2005, Wiesbaden 2005 (Göttinger Studien zur Parteienforschung).

Friedrich, Carl J.: Political Leadership and the Problem of the Charismatic Power, in: The Journal of Politics, Vol. 23, Issue 1/1961, S. 3-21.

Gall, Lothar (Hrsg.): Liberalismus, zweite Auflage, Königstein / Taunus 1980 (Neue Wissenschaftliche Bibliothek, Bd. 85).

Genscher, Hans-Dietrich (Hrsg.): Heiterkeit und Härte. Walter Scheel in seinen Reden und im Urteil von Zeitgenossen. Festschrift zum 65. Geburtstag, Stuttgart 1984.

Gestrich, Andreas / Knoch, Peter / Merkel, Helga (Hrsg.): Biographie – sozialgeschichtlich, Göttingen 1988 (Kleine Vandenhoeck-Reihe, 1538).

Glaeßner, Gert-Joachim: Demokratie und Politik in Deutschland, Opladen 1999.

Glatzeder, Sebastian J.: Die Deutschlandpolitik der FDP in der Ära Adenauer. Konzeptionen in Entstehung und Praxis, Baden-Baden 1980.

Gonitzke, Andreas: „Innerparteiliche Demokratie" in Deutschland. Das kritische Konzept und die Parteien im 20. Jahrhundert, München 2004 (DemOkrit, 1).

Görtemaker, Manfred: Geschichte der Bundesrepublik Deutschland. Von der Gründung bis zur Gegenwart, München 1999.

Greiffenhagen, Martin / Greiffenhagen, Sylvia (Hrsg.): Handwörterbuch zur politischen Kultur der Bundesrepublik Deutschland, zweite, völlig überarbeitete und aktualisierte Auflage, Wiesbaden 2002.

Gutscher, Jörg Michael: Entwicklung der FDP von ihren Anfängen bis 1961, Meisenheim am Glan 1967.

Hacke, Christian: Zur Weltmacht verdammt. Die amerikanische Außenpolitik von J. F. Kennedy bis G. W. Bush, zweite, aktualisierte und erweiterte Auflage, München 2002 (Schriftenreihe der Bundeszentrale für politische Bildung, Bd. 420).

Hartwich, Hans-Hermann / Wewer, Göttrik (Hrsg.): Regieren in der Bundesrepublik II. Formale und informale Komponenten des Regierens in den Bereichen Führung, Entscheidung, Personal und Organisation, Opladen 1991.

Hein, Dieter: Zwischen liberaler Milieupartei und nationaler Sammlungsbewegung. Gründung, Entwicklung und Struktur der Freien Demokratischen Partei 1945-1949, Düsseldorf 1985 (Beiträge zur Geschichte des Parlamentarismus und der politischen Parteien, Bd. 76).

Ders.: Gründung und Entwicklung der liberalen Landesparteien 1945-1948, in: Geschichte in Wissenschaft und Unterricht, 36. Jg., H. 9/1985, S. 632-641.

Heitmann, Christof: FDP und neue Ostpolitik. Zur Bedeutung der deutschlandpolitischen Vorstellungen der FDP von 1966 bis 1972, Sankt Augustin 1989 (Schriften der Friedrich-Naumann-Stiftung, Liberale Texte).

Helms, Ludger: Politische Führung als politikwissenschaftliches Problem, in: Politische Vierteljahresschrift, 41. Jg., H. 3/2000, S. 411-434.

Henkels, Walter: 99 Bonner Köpfe, Düsseldorf – Wien 1963.

Henning, Friedrich: Die Haußmanns. Die Rolle einer schwäbischen Familie in der deutschen Politik des 19. und 20. Jahrhunderts, Gerlingen 1988.

Ders.: Das Porträt. Franz Blücher, in: Geschichte im Westen, 11. Jg., H. 2/1997, S. 216-223.

Ders.: Thomas Dehler und Konrad Adenauer, in: liberal, 40. Jg., H. 1/1998, S. 66-72.

Hennis, Wilhelm: Richtlinienkompetenz und Regierungstechnik, neu abgedruckt in: Berliner Republik, 4. Jg., H. 1/2002, S. 20-27.

Hildebrand, Klaus: Von Erhard zur Großen Koalition 1963-1969, mit einem einleitenden Essay von Karl Dietrich Bracher, Stuttgart 1984 (Geschichte der Bundesrepublik Deutschland, Bd. 4).

Hildebrand, Klaus / Pommerin, Reiner (Hrsg.): Deutsche Frage und europäisches Gleichgewicht. Festschrift für Andreas Hillgruber zum 60. Geburtstag, Köln – Wien 1985.

Hill, Gunda / Dörgeloh, Volker / Hohlbein, Hartmut: Der Einfluß von Massenkommunikationsmitteln auf den Richtungswechsel der FDP, in: Gegenwartskunde, 20. Jg., H. 3/1971, S. 277-287.

Hrbek, Rudolf (Hrsg.): Personen und Institutionen in der Entwicklung der Bundesrepublik Deutschland. Symposium am 27. Oktober 1984 aus Anlaß des 80. Geburtstages von Theodor Eschenburg, Kehl – Straßburg – Arlington 1985.

Hübner, Götz E. (Hrsg.): Remstal-Politik. Schorndorfer Symposion und Seminar. Reinhold Maier zum 100. Geburtstag, Schorndorf 1991.

Hübsch, Reinhard / Frölich, Jürgen: Deutsch-deutscher Liberalismus im Kalten Krieg. Zur Deutschlandpolitik der Liberalen 1945 bis 1970, Potsdam 1997.

Hüwel, Detlev: Zwischen Düsseldorf und Bonn. Der Sturz der Regierung Arnold, in: Geschichte im Westen, 1. Jg., H. 1/1986, S. 81-96.

Jansen, Hans-Heinrich: Probleme und Aufgaben einer „Geschichte der FDP 1949-1960", in: Jahrbuch zur Liberalismus-Forschung, 7. Jg., 1995, S. 206-216.

Ders.: Erich Mende. Skizzen für eine Biographie und eine biographische Skizze, in: Jahrbuch zur Liberalismus-Forschung, 11. Jg., 1999, S. 158-167.

Ders.: Erich Mende. Bemerkungen zu den biographischen Möglichkeiten, in: Jahrbuch zur Liberalismus Forschung, 15. Jg., 2003, S. 215-222.

Jesse, Eckhard: Wahlrecht zwischen Kontinuität und Reform. Eine Analyse der Wahlsystemdiskussion und der Wahlrechtsänderungen in der Bundesrepublik Deutschland 1949-1983, Düsseldorf 1985 (Beiträge zur Geschichte des Parlamentarismus und der politischen Parteien, Bd. 78).

Josten, Ulrich: Für einen erneuerten Liberalismus. Die Zeitschrift *liberal* und die FDP bis 1969, Hamburg 2001 (Schriftenreihe Studien zur Zeitgeschichte, Bd. 23).

Juetter, Peter: EWG – Kein Weg nach Europa. Die Haltung der Freien Demokratischen Partei zu den Römischen Verträgen 1957, Bonn 1985.

Juling, Peter: Programmatische Entwicklung der FDP 1946 bis 1969. Einführung und Dokumente, Meisenheim am Glan 1977 (Studien zum politischen System der Bundesrepublik Deutschland, Bd. 19).

Kaack, Heino: Zur Geschichte und Programmatik der Freien Demokratischen Partei. Grundriß und Materialien, Meisenheim am Glan 1976 (Studien zum politischen System der Bundesrepublik Deutschland, Bd. 18).

Keinemann, Friedrich: Der 20. Februar 1956 aus der Sicht der Forschung, in: Geschichte im Westen, 11. Jg., H. 1/1996, S. 91-106.

Kempf, Udo / Merz, Hans-Georg (Hrsg.): Kanzler und Minister 1949-1998. Biografisches Lexikon der deutschen Bundesregierungen, Wiesbaden 2001.

Kirchner, Emil. J. (Ed.): Liberal Parties in Western Europe, Cambridge et al. 1988.

Kitzinger, Uwe Webster: Wahlkampf in Westdeutschland. Eine Analyse der Bundestagswahl 1957, Göttingen 1960.

Kleßmann, Christoph: Zwei Staaten, eine Nation. Deutsche Geschichte 1955-1970, zweite überarbeitete und erweiterte Auflage, Bonn 1997 (Schriftenreihe der Bundeszentrale für politische Bildung, Bd. 343).

Klingl, Friedrich: „Das ganze Deutschland soll es sein!" Thomas Dehler und die außenpolitischen Weichenstellungen der fünfziger Jahre. Eine Analyse der außenpolitischen Konzeption und des außenpolitischen Verhaltens Thomas Dehlers, München 1987 (Der politische Liberalismus in Bayern, Studienreihe des Thomas-Dehler-Instituts, Bd. 3).

Knorr, Heribert: Der parlamentarische Entscheidungsprozeß während der Großen Koalition 1966-1969. Struktur und Einfluß der Koalitionsfraktionen und ihr Verhältnis zur Regierung der großen Koalition, Meisenheim am Glan 1975 (Studien zum politischen System der Bundesrepublik Deutschland, Bd. 9).

Kocka, Jürgen / Nipperdey, Thomas (Hrsg.): Theorie und Erzählung in der Geschichte, München 1979 (Theorie der Geschichte, Beiträge zur Historik, Bd. 3).

Koerfer, Daniel: Die FDP in der Identitätskrise. Die Jahre 1966-1969 im Spiegel der Zeitschrift „liberal", Stuttgart 1981.

Ders.: Kampf ums Kanzleramt. Erhard und Adenauer, Berlin 1998.

Körper, Kurt J.: FDP. Bilanz der Jahre 1960-1966. Braucht Deutschland eine liberale Partei?, Köln 1968 (Kölner Schriften zur Sozialwissenschaftlichen Forschung, Bd. 1).

Lange, Erhard H. M.: Wahlrecht und Innenpolitik. Entstehungsgeschichte und Analyse der Wahlgesetzgebung und Wahlrechtsdiskussion im westlichen Nachkriegsdeutschland 1945-1956, Meisenheim am Glan 1975 (Marburger Abhandlungen zur Politischen Wissenschaft, Bd. 26).

Langewiesche, Dieter: Liberalismus in Deutschland, Frankfurt am Main 1988 (Neue Historische Bibliothek, edition suhrkamp, Neue Folge, Bd. 286).

Lösche, Peter / Walter, Franz: Die SPD: Klassenpartei – Volkspartei – Quotenpartei. Zur Entwicklung der Sozialdemokratie von Weimar bis zur deutschen Vereinigung, Darmstadt 1992.

Lösche, Peter: Kleine Geschichte der deutschen Parteien, zweite Auflage, Stuttgart – Berlin – Köln 1994.

Lösche, Peter / Walter, Franz: Die FDP. Richtungsstreit und Zukunftszweifel. Darmstadt 1996.

Dies.: Katholiken, Konservative und Liberale: Milieus und Lebenswelten bürgerlicher Parteien in Deutschland während des 20. Jahrhunderts, in: Geschichte und Gesellschaft, 26. Jg., H. 3/2000, S. 471-492.

Löwenthal, Richard / Schwarz, Hans-Peter (Hrsg.): Die zweite Republik. 25 Jahre Bundesrepublik Deutschland. Eine Bilanz, zweite Auflage, Stuttgart 1974.

Maassen, Hermann / Hucko, Elmar (Hrsg.): Thomas Dehler. Der erste Bundesminister der Justiz, mit einem Geleitwort von Hans-Jochen Vogel, Köln 1977.

Mannheim, Karl: Wissenssoziologie, Berlin 1964.

Marten, Heinz-Georg: Die unterwanderte FDP. Politischer Liberalismus in Niedersachsen. Aufbau und Entwicklung der Freien Demokratischen Partei 1945-1955, Frankfurt am Main – Zürich 1978 (Göttinger Politikwissenschaftliche Forschungen, Bd. 1).

Matz, Klaus-Jürgen: Reinhold Maier (1889-1971). Eine politische Biographie, Düsseldorf 1989 (Beiträge zur Geschichte des Parlamentarismus und der politischen Parteien, Bd. 89).

Mauch, Berthold: Die bayerische FDP. Porträt einer Landespartei 1945-1949, München 1981 (Der politische Liberalismus in Bayern, Studienreihe des Thomas-Dehler-Instituts, Bd. 1).

Mende, Erich: Die FDP. Daten, Fakten, Hintergründe, Stuttgart 1972.

Merseburger, Peter: Willy Brandt. 1913-1992. Visionär und Realist, München 2004.

Mintzel, Alf / Oberreuter, Heinrich (Hrsg.): Parteien in der Bundesrepublik Deutschland, zweite Auflage, Opladen 1992.

Mischnick, Wolfgang (Hrsg.): Verantwortung für die Freiheit. 40 Jahre F.D.P., mit einem Vorwort von Otto Graf Lambsdorff, Stuttgart 1989.

Morlok, Jürgen (Hrsg.): Liberale Profile. Freiheit und Verantwortung, Stuttgart 1983.

Niedermeyer, Oskar / Stöss, Richard (Hrsg.): Stand und Perspektiven der Parteienforschung in Deutschland, Opladen 1993.

Oppelland, Torsten (Hrsg.): Deutsche Politiker 1949-1969, zwei Bde., Darmstadt 1999.

Ott, Gabriel: Thomas Dehler, Hof 1985.

Papke, Gerhard: Zum Stand der Forschung zur Geschichte der Freien Demokratischen Partei, in: liberal, 33. Jg., H. 4/1991, S. 34-41.

Ders.: Unser Ziel ist die unabhängige FDP. Die Liberalen und der Machtwechsel in Nordrhein-Westfalen 1956, Baden-Baden 1992 (Schriften der Friedrich-Naumann-Stiftung, Wissenschaftliche Reihe).

Ders.: Liberale Ordnungskraft, nationale Sammlungsbewegung oder Mittelstandspartei? Die FDP-Landtagsfraktion in Nordrhein-Westfalen 1946-1966, Düsseldorf 1998.

Rilling, Detlef: Thomas Dehler – Eine politische Biographie. Ein Leben in Deutschland, Inaugural-Dissertation zur Erlangung des Doktorgrades der Philosophischen Fakultäten der Universität Augsburg, Augsburg 1988.

Rollig, Kirsten: Aus dem Wortschatz der F.D.P. Sprachliche Strategien der Wahlwerbung von 1969 bis 1994, Marburg 2000.

Romein, Jan: Die Biographie. Einführung in ihre Geschichte und ihre Problematik, Bern 1948.

Rothmund, Paul / Wiehn, Erhard R. (Hrsg.): Die F.D.P./DVP in Baden-Württemberg und ihre Geschichte. Liberalismus als politische Gestaltungskraft im deutschen Südwesten, mit einem Geleitwort von Jürgen Morlok, Stuttgart – Berlin – Köln – Mainz 1979 (Schriften zur politischen Landeskunde Baden-Württembergs, Bd. 4).

Rütten, Theo: Der deutsche Liberalismus 1945 bis 1955. Deutschland- und Gesellschaftspolitik der ost- und westdeutschen Liberalen in der Entstehungsphase der beiden deutschen Staaten, Baden-Baden 1984.

Sarkowicz, Hans (Hrsg.): Sie prägten Deutschland. Eine Geschichte der Bundesrepublik in politischen Portraits, München 1999.

Sauer, Paul: Demokratischer Neubeginn in Not und Elend. Das Land Württemberg-Baden von 1945 bis 1952, Ulm 1978.

Ders.: In stürmischer Zeit. Lebensbild des Menschen und Politikers Reinhold Maier (1889-1971), Stuttgart 1989 (Veröffentlichungen des Archivs der Stadt Stuttgart, Bd. 44).

Schmidt, Michael: Die FDP und die deutsche Frage 1949-1960, Münster – Hamburg 1995.

Schnabel, Thomas: Württemberg zwischen Weimar und Bonn 1928 bis 1945/46, Stuttgart et al. 1986 (Schriften zur politischen Landeskunde Baden-Württembergs, Bd. 13).

Schneider, Herbert: Ministerpräsidenten. Profil eines politischen Amtes im deutschen Föderalismus, Opladen 2001.

Schollwer, Wolfgang: Zwischen Pragmatismus und Utopie. Zur FDP-Deutschlandpolitik in den fünfziger und sechziger Jahren, in: Deutschlandarchiv, 21. Jg., H. 3/1988, S. 275-281.

Schröder, Karsten: Die FDP in der britischen Besatzungszone 1946-1948. Ein Beitrag zur Organisationsstruktur der Liberalen im Nachkriegsdeutschland, Düsseldorf 1985 (Beiträge zur Geschichte des Parlamentarismus und der politischen Parteien, Bd. 77).

Schumacher-Hellmold, Otto: Von Anfang an dabei. Aufzeichnungen eines Bonner Zeitgenossen. Adenauer-Dehler, Versöhnung der „Erzfeinde", in: liberal, 30. Jg., H. 3/1988, S. 83-93.

Schumann, Hans (Hrsg.): Baden-Württembergische Porträts. Gestalten aus dem 19. und 20. Jahrhundert, Stuttgart 1988.

Schwarz, Hans-Peter: Die Ära Adenauer. Gründerjahre der Republik 1949-1957, mit einem einleitenden Essay von Theodor Eschenburg, Stuttgart 1981 (Geschichte der Bundesrepublik Deutschland, Bd. 2).

Ders.: Die Ära Adenauer. Epochenwechsel 1957-1963, mit einem einleitenden Essay von Johannes Gross, Stuttgart 1983 (Geschichte der Bundesrepublik Deutschland, Bd. 3).

Ders.: Adenauer, zwei Bde., München 1994.

Serfas, Günther: „Lieber Freiheit ohne Einheit als Einheit ohne Freiheit". Der Neubeginn der Demokratischen Volkspartei in Württemberg-Baden 1945/46, Heidelberg 1986.

Siekmeier, Mathias: Restauration oder Reform. Die FDP in den sechziger Jahren – Deutschland- und Ostpolitik zwischen Wiedervereinigung und Entspannung, Köln 1998 (Zeitgeschichtliche Studien).

Simon, Klaus: Die württembergischen Demokraten. Ihre Stellung und Arbeit im Parteien- und Verfassungssystem in Württemberg und im Deutschen Reich 1890-1920, Stuttgart 1969.

Soell, Hartmut: Helmut Schmidt. 1918-1969. Vernunft und Leidenschaft, München 2003.

Sontheimer, Kurt: Die Adenauer-Ära. Grundlegung der Bundesrepublik, zweite Auflage, München 1996 (Deutsche Geschichte der neuesten Zeit vom 19. Jahrhundert bis zur Gegenwart).

Stiftung Haus der Geschichte der Bundesrepublik Deutschland (Hrsg.): Nach-Denken. Thomas Dehler und seine Politik. Wissenschaftliches Symposium am 8. Dezember 1997 aus Anlaß des 100. Geburtstages von Thomas Dehler, Bonn 1998.

Stöss, Richard (Hrsg.): Parteien-Handbuch, Die Parteien der Bundesrepublik Deutschland 1945-1980, zwei Bde., Opladen 1983/1984 (Schriften des Zentralinstituts für sozialwissenschaftliche Forschung der Freien Universität Berlin, Bde. 38/39).

Toman-Banke, Monika: Die Wahlslogans der Bundestagswahlen 1949-1994, Wiesbaden 1996.

Treffz-Eichhöfer, Friedrich: Reinhold Maier. Sein Weg und sein Wollen, Berlin 1953 (Köpfe der Zeit).

Ders.: Graswurzel-Demokratie. Vom Werden und Wachsen des Südweststaats Baden-Württemberg, Stuttgart – Zürich 1982.

Ullrich, Hartmut: Die Rolle von Bundestagsfraktion und außerparlamentarischen Parteigremien in der politischen Willensbildung der FDP, in: Politische Vierteljahresschrift, 8. Jg., H. 1/1967, S. 103-125.

Vogel, Bernhard / Haungs, Peter: Wahlkampf und Wählertradition. Eine Studie zur Bundestagswahl von 1961, Köln – Opladen 1965 (Politische Forschungen, Bd. 7).

Wagner, Dietrich: FDP und Wiederbewaffnung. Die wehrpolitische Orientierung der Liberalen in der Bundesrepublik Deutschland 1949-1955, Boppard am Rhein 1978 (Militärgeschichte seit 1945, 5).

Walter, Franz: Milieus und Parteien in der deutschen Gesellschaft. Zwischen Persistenz und Erosion, in: Geschichte in Wissenschaft und Unterricht, 46. Jg., H. 9/1995, S. 479-493.

Ders.: Führung in der Politik. Am Beispiel sozialdemokratischer Parteivorsitzender, in: Zeitschrift für Politikwissenschaft, 7. Jg., H. 4/1997, S. 1287-1336.

Ders.: Parteipolitik und Milieubindung, in: Blätter für deutsche und internationale Politik, 42. Jg., H. 8/1997, S. 964-969.

Walter, Franz / Dürr, Tobias: Die Heimatlosigkeit der Macht. Wie die Politik in Deutschland ihren Boden verlor, zweite Auflage, Berlin 2000.

Walter, Franz: Die SPD. Vom Proletariat zur Neuen Mitte, Berlin 2002.

Weber, Max: Wissenschaft als Beruf 1917/1919. Politik als Beruf 1919, hrsg. von Wolfgang J. Mommsen und Wolfgang Schluchter in Zusammenarbeit mit Birgitt Morgenbrod, Tübingen 1992 (Max Weber Gesamtausgabe, Abteilung I, Schriften und Reden, Bd. 17).

Wegner, Konstanze (Bearb.): Linksliberalismus in der Weimarer Republik. Die Führungsgremien der Deutschen Demokratischen Partei und der Deutschen Staatspartei 1918-1933, eingel. von Lothar Albertin, Düsseldorf 1980 (Quellen zur Geschichte des Parlamentarismus und der politischen Parteien, Reihe 3: Die Weimarer Republik, Bd. 5).

Wendehorst, Alfred / Pfeiffer, Gerhard (Hrsg.): Fränkische Lebensbilder. Neue Folge der Lebensläufe aus Franken, Bd. 10, Neustadt / Aisch 1982 (Veröffentlichungen der Gesellschaft für Fränkische Geschichte, Reihe VII A).

Wengst, Udo: Thomas Dehler 1897-1967. Eine politische Biographie, München 1997 (Eine Veröffentlichung des Instituts für Zeitgeschichte und der Kommission für Geschichte des Parlamentarismus und der politischen Parteien).

Winkler, Heinrich August: Der lange Weg nach Westen. Bd. 2: Deutsche Geschichte vom „Dritten Reich" bis zur Wiedervereinigung, München 2000.

Winterhoff-Spurk, Peter / Jäckel, Michael (Hrsg.): Politische Eliten in der Mediengesellschaft, Rekrutierung – Darstellung – Wirkung, München 1999.

Zirngibl, Willy: Gefragt: Walter Scheel, Bonn 1972.

Zitelmann, Rainer: Adenauers Gegner. Streiter für die Einheit, Erlangen – Bonn – Wien 1991 (Reihe Extremismus und Demokratie, Bd. 2).

Zülch, Rüdiger: Die dritte Partei im Kräftefeld des Koalitionssystems. Von der FDP zur F.D.P., Köln 1971 (Inauguraldissertation zur Erlangung des Doktorgrades der Wirtschafts- und Sozialwissenschaftlichen Fakultät der Universität zu Köln).

Zundel, Rolf: Die Erben des Liberalismus, Freudenstadt 1971.

9 Personenregister

Achenbach, Ernst 198, 241, 257, 259-260, 278, 287, 298, 303-304, 314, 325-326, 382

Adenauer, Konrad 53, 59-60, 66-68, 71-72, 74-81, 83-84, 86, 88-94, 96-102, 104-106, 110, 112, 115-117, 119-122, 124-129, 139-140, 143, 147, 151-152, 159, 166, 178, 182, 187-189, 191-192, 200, 204-205, 207-208, 210-211, 214, 234, 237, 242-243, 246, 252, 255, 263, 273, 277, 281-286, 288-291, 293-294, 298, 300, 306-307, 309-313, 317, 323-324, 326, 333-335, 379, 387, 391, 398-399, 403

Arnold, Karl 100-101, 193, 242

Augstein, Rudolf 155, 172, 273, 354, 363-364, 368, 371

Bahner, Dietrich 365

Bahr, Egon 267

Baring, Arnulf 46

Barzel, Rainer 232, 316-317, 323, 335, 345, 380

Baum, Gerhart Rudolf 373

Bazille, Wilhelm 150, 156, 182

Becker, Max 91, 96, 102, 107, 113, 149, 171, 204, 213, 245, 260

Beethoven, Ludwig van 392

Bennigsen, Rudolf von 55

Berg, Fritz 102, 179, 195, 220

Berg, Gunter 45

Berg, Hermann 102

Blücher, Franz 66-70, 72, 75-76, 84, 89, 91-92, 97, 102-104, 113, 117, 122, 127, 129, 152, 155, 166, 209, 239, 243, 255, 259, 281, 283, 336, 397, 403

Bolz, Eugen 150, 156, 182

Borm, William 264, 269, 322, 325, 354, 361-362, 394

Borttscheller, Georg 75, 286

Brentano, Heinrich von 94, 113, 289

Brentano, Lujo 63

Brodeßer, Karl-Friedrich 268

Bruckmann, Peter 134

Bucher, Ewald 107, 170, 251, 262-264, 305, 320, 324, 329-330, 344, 348, 354, 362, 388, 394, 399

Cornfeld, Bernie 375

Dahlgrün, Hans 342, 344, 347

Dahrendorf, Ralf 381

Daub, Gerhard 270

Dawson, William 161

Dehler, Georg 59

Dehler, Klaus 333, 348

Dehler, Thomas 29-30, 36-38, 40-42, 44, 47-48, 54, 59-130, 135-138, 141-145, 147-149, 161, 166-167, 171-177, 181, 183-184, 188-191, 196, 199, 201-202, 204, 209, 212, 216, 218-222, 225-226, 232-233, 235, 240, 244, 246-247, 252, 255-256, 259-260, 263, 266, 268-270, 272, 274-276, 278-282, 285-287, 291-292, 298, 303-305, 309, 312, 314, 318, 320-321, 324-327, 329, 333, 338, 345, 365, 367, 371-374, 380, 388, 397-398, 400, 403-404

Dietrich, Hermann 157

Döring, Wolfgang 36, 76, 83, 85-86, 88, 97, 99-100, 107, 110, 114, 127, 138, 143, 144-145, 147-148, 164, 166-169, 175, 177-178, 183, 186, 188-189, 194, 196, 198-201, 210-211, 216, 221, 232, 234, 241-242, 244-245, 250-251, 255-258, 259, 263, 272, 274, 278-280, 282, 286-288, 291, 294-296, 299-300, 305-311, 313-315, 319, 345, 379, 386-388, 390, 394, 403

Dorn, Wolfram 344, 354, 356

Dundaleck, Ernst 233

Dürr, Hans-Jürgen 270

Dutschke, Rudi 381

Emde, Georg 363

Engelhard, Edgar 83, 110, 202, 286, 288, 290-292, 338, 365

Erbe, Walter 170

Erhard, Ludwig 88, 110, 179, 195, 205, 220, 277, 281-284, 289, 299, 315-317, 323-324, 326-328, 330-333, 335-338, 340, 342, 345, 347, 351, 390-391, 399

Ertl, Josef 349, 382

Euler, August Martin 69, 76, 83-84, 91-93, 95, 97, 102-104, 107, 117, 122, 152, 155, 170, 174, 180, 240

Fassbender, Heinrich 92

Filbinger, Hans 351

Flach, Karl-Hermann 168, 177, 252, 265-266, 269-272, 281, 294, 296, 299, 305, 314, 321, 340-341, 346, 354-355, 388, 390, 394

Friederichs, Hans 265-266, 269, 271, 322, 326, 332, 343, 345, 353-354, 361, 365, 373-374, 394

Gaus, Günter 48

Genscher, Hans-Dietrich 121, 261, 265-267, 332, 338-339, 341, 343-345, 347, 353-355, 365-366, 369, 371-372, 376, 379, 382, 394

Gentner, Hermann 163, 205, 219

Gerstenmaier, Eugen 200, 277, 283-284, 289, 299, 335

Graaff, Carlo 185, 320, 382

Gutscher, Jörg Michael 43, 45

Guttenberg, Karl Theodor Freiherr von und zu 299, 310, 349

Haas, Albrecht 108, 382

Hallstein, Walter 113, 119

Hamm-Brücher, Hildegard 269-271, 320, 346, 354-355, 361-362, 369, 373-374, 388, 394

Hartkopf, Günter 361

Haußmann, Conrad 134

Haußmann, Friedrich 134

Haußmann, Wolfgang 76, 83, 95, 97, 108, 144, 148, 152, 154-155, 159, 163, 170-171, 182, 202, 204, 208, 211, 219, 277, 279, 288, 322, 342

Henkels, Walter 64

Henning, Friedrich 44

Heuss, Theodor 18, 62-63, 69, 71-72, 83, 90-91, 94-95, 98, 102, 111, 113, 115, 121, 152, 154, 159, 174, 234, 241, 251, 256, 273, 277, 279-280, 288, 296

Hindenburg, Paul von 66

Hitler, Adolf 91, 227, 229

Holl, Karl 270

Hopf, Volkmar 306

Höpker-Aschoff, Hermann 71-72, 234

Hoppe, Hans-Günter 264, 315

Horn, Klaus 364

Jansen, Hans-Heinrich 45-46

Juling, Peter 207

Kastenmeyer, Günther 325

Kellner, Wolf-Erich 270

Kennedy, John F. 254, 281

Kiesinger, Kurt Georg 349, 357

Koerfer, Daniel 46

Kohut, Oswald 108, 113, 174, 251, 262, 278, 286, 288, 290-291, 325

Körper, Kurt J. 43

Krone, Heinrich 284, 299

Krümmer, Ewald 326

Kühlmann-Stumm, Knut Freiherr von 234, 251, 261-262, 266, 268, 313, 316, 319-320, 325-326, 330, 332, 335, 348, 354, 356, 362, 367, 372, 394

Kühn, Heinz 351

Lenz, Hans 170, 262-263, 316

Leuze, Eduard 152, 170

Leverenz, Bernhard 75, 180, 262-263, 279, 365

Locke, John 17

Lösche, Peter 28, 43-46

Lübke, Heinrich 264, 284, 299, 311, 323, 330

Lücke, Paul 310, 323

Lüders, Marie-Elisabeth 112, 121

Maier, Anna Sophie 135

Maier, Gottlieb 131, 133, 135

Maier, Hermann 131

Maier, Magda 174

Maier, Reinhold 29-30, 35-38, 40-42, 44-45, 47, 63, 73-76, 82-83, 89, 95, 104-106, 114-116, 121, 124, 131-226, 233, 244-248, 250-253, 255-256, 259-260, 268, 272-273, 276-277, 281-282, 288, 296, 312, 321, 342, 346, 378, 386, 391, 398, 403-404

Manteuffel, Hasso von 240

Marx, Hermann 265, 268, 270, 353, 357-358, 361-362, 394

Matz, Klaus-Jürgen 45, 214

Mende, Erich 25, 29-30, 35-38, 40-42, 45, 47-48, 54-55, 63, 68, 72, 75-76, 82-83, 91, 95, 97, 105, 107-112, 114, 116, 130, 138, 144-145, 148, 152, 163, 167, 169, 171-176, 178-179, 181-184, 186-187, 194, 197-198, 200-205, 207, 210-213, 215-217, 219-220, 222, 225-401, 403-405

Mende, Manuela 280

Mende, Marcus 280

Mende, Margot 280, 284, 318, 384

Mende, Max 225-226

Mende, Walter 225, 227-228

Menke-Glückert, Peter 270

Menne, Alexander 262, 349, 382

Meyers, Franz 232, 340

Michels, Robert 15, 23

Middelhauve, Friedrich 67, 75, 83, 85-87, 95, 97, 99, 104, 107-108, 152, 170, 193, 233-234, 240-242, 244, 258

Mischnick, Wolfgang 107, 204, 261-262, 264, 267, 295, 316-317, 320, 354, 372, 377, 379, 388

Moersch, Karl 265, 268, 305, 333, 338, 344, 353-354, 394

Möller, Alex 153

Montesquieu, Charles de Secondat 18, 23

Moßmayer, Moritz 169

Mozart, Wolfgang Amadeus 392

Mühlen, Klaus Freiherr von 163, 179, 188-189, 208, 211, 219

Müller, Gebhard 153

Nannen, Henri 274, 354, 360-361, 363-364, 368

Naumann, Friedrich 55, 63

Naumann, Werner 67, 73, 76, 87, 240, 242

Neumayer, Fritz 84, 91-92, 102-104

Nietzsche, Friedrich 17, 23

Nowack, Wilhelm 95, 97, 108

Ollenhauer, Erich 252

Palm, Guntram 171

Papke, Gerhard 43

Payer, Friedrich 134

Pfleiderer, Karl Georg 79-80, 83, 89, 140, 176, 206, 208, 246, 267, 400

Pier, Bernhard 232

Preusker, Victor Emanuel 84, 91-92, 97, 102-104

Rademacher, Willy Max 75, 83, 110, 282, 325, 354, 362

Raichle, Gerhard 341

Reif, Hans 75

Richter, Eugen 55

Riehl, Wilhelm Heinrich 15, 22, 33

Rilling, Detlev 44

Röder, Hansfritz 15, 23

Roericht, Reinhard 373

Rubin, Hans Wolfgang 75, 84, 166-167, 169, 179-180, 198, 256, 258-259, 270-271, 320, 327, 338-341, 346, 354-355, 359, 361-363, 366, 371, 376

Saam, Hermann 333, 341

Schäfer, Hermann 69, 75, 84, 91-92, 96, 102-104, 121-122

Scheel, Mildred 377

Scheel, Walter 83, 85, 88, 97, 107, 127, 138, 143, 166-167, 176, 198, 232, 234, 242, 251, 257, 267, 272, 279, 299-300, 319, 327, 340-341, 343-345, 354, 369, 371-375, 377-380, 382, 388, 390, 394, 400

Schiller, Friedrich 207

Schiller, Karl 350

Schiller, Theo 42

Schlüter, Leonard 94-95

Schmid, Carlo 185, 201, 204

Schmidt, Helmut 232, 350, 355, 383

Schneider, Heinrich 90, 111, 251, 262-263, 278, 280, 286-288, 291

Schollwer, Wolfgang 48, 265, 267, 301-305, 309, 313-314, 322-323, 327-328, 332, 336, 338, 353-355, 357-362, 366, 389, 393-394, 398

Schröder, Gerhard 88, 110, 289, 299, 323, 330, 334, 336, 382

Schroers, Rolf 271, 340-341, 354, 357-359, 361-362, 373-374, 380

Schultz, Fritz-Rudolf 337

Schumacher, Kurt 65, 102, 139, 234-235

Schumacher-Hellmold, Otto 234, 268, 277

Schürmann, Petra 112

Schwennicke, Carl-Hubert 75, 83-84, 89, 91-92, 102-104, 117, 122

Siekmeier, Mathias 43, 46

Smirnow, Andrej 231

Sorin, Valerian 231

Stammberger, Wolfgang 108, 306-307

Starke, Heinz 311, 313, 333, 358, 362, 382

Stegner, Artur 76

Steinhoff, Fritz 100-101

Stephan, Werner 83, 113, 164, 167-168, 252

Strauß, Franz Josef 191-192, 232, 258, 277, 282-284, 289, 295, 299, 307-308, 311-314, 317, 322-323, 330-337, 345, 348, 383, 398-399

Strauß, Walter 306

Sulzbach, Walter 15, 17, 23

Tschaikowsky, Pjotr Iljitsch 392

Uhland, Ludwig 207

Ungeheuer, Josef 83, 177, 267

Wachsmuth, Wilhelm 15, 23

Walter, Franz 43-46

Weber, Karl 331

Weber, Max 28, 32, 51, 63, 123, 214, 390

Wedeking, Wendelin 26

Wehner, Herbert 186-187, 201, 221, 300, 310, 349

Weirauch, Lothar 83

Wellhausen, Hans 75, 83-84, 89, 91-92, 95, 98, 102, 104, 117, 122

Wengst, Udo 44

Weyer, Willi 76, 83, 85, 88, 100, 107-108, 110-111, 113, 127, 138, 143, 147, 162, 166-167, 177, 188-191, 198-199, 201-202, 204, 210, 232, 235, 241-243, 245, 250-251, 256-259, 268, 272, 275, 279, 282, 284, 286, 288-289, 299, 306-309, 311, 313, 315-316, 319, 326-327, 329, 332-335, 338-340, 344-345, 347-348, 351, 353-354, 362, 364-366, 369-379, 386-387, 390, 394

Wildermuth, Eberhard 208, 240

Witte, Barthold C. 270

Wittwer, Konrad 208

Zoglmann, Siegfried 198, 235, 251, 257, 261-262, 288, 315, 320, 330, 332-333, 335, 342-344, 354, 358, 362, 364, 374, 376, 382, 394